R

THORN BIRD

索·恩

忘 掉 地 平 线

Heinrich August Winkler

Heinrich August Winkler
Geschichte des Westens: Die Zeit der Gegenwart
Vol.4:© Verlag C.H.Beck oHG, München 2015

The translation of this work was supported by a grant from the Goethe-Institut which is
funded by the German Ministry of Foreign Affairs.

〔德〕

海因里希·奥古斯特·温克勒　著

吴宁　译

〔第四卷〕

Geschichte des Westens

西方通史

〔上〕

当前时代

DIE ZEIT
DER
GEGENWART

GOETHE
INSTITUT

社会科学文献出版社
SOCIAL SCIENCES ACADEMIC PRESS (CHINA)

本书获誉

2016 年莱比锡欧洲图书奖

评委的评选不仅表达了对最具影响力的德国史学家和学者之一的尊敬，而且还激发了人们期待听到获奖者用明确的语言来表达德国人在欧洲的相互理解过程中树立起自信心的获奖感言。

——雅妮娜·弗莱舍尔（Janina Fleischer），《莱比锡人民日报》，2015 年 12 月 11 日。

温克勒用跨越古今和严谨准确的叙述将以往年代从我们身边逝去的历史和事件又活生生地重现在人们面前。

——阿尔弗雷德·普福斯尔（Alfred Pfoser），《蝴蝶周报》，2015 年 3 月 11 日。

借助这本智慧、详实、生动的历史书，人们极大地扩展了自己了解世界的视野。

——爱伦·波密喀尔克（Ellen Pomikalko），《图书市场》，

2015 年 3 月。

扣人心弦的一部最新的全球政治史。

——丹妮埃拉·明克尔（Daniela Münkel），《法兰克福汇报》，2015 年 3 月 10 日。

此书是一座里程碑！

——登尼斯·舍克（Denis Scheck），《每日镜报》，2015 年 3 月 1 日。

前无古人的史学工作的压轴之作……

——温弗里德·施特雷特（Winfried Sträter），德国电台文艺部，2015 年 2 月 25 日。

扛鼎之作。

——彼得·福斯（Peter Voß），3Sat 电视台，2015 年 2 月 23 日。

海因里希·奥古斯特·温克勒是一位非凡的大家。

——托马斯·克里曼（Thomas Kliemann），波恩《General-Anzeiger》报，2015 年 2 月 21 日。

波澜壮阔的终曲和弦乐章。

——《戈斯拉尔日报》（Goslarsche Zeitung），2015 年 2 月 20 日。

/ 本书获誉 /

海因里希·奥古斯特·温克勒用又一部大师之作结束了他堪称丰碑的《西方通史》。

——米歇尔·海塞（Michael Hesse），《法兰克福评论报》，2015 年 2 月 10 日。

精彩纷呈的 4500 页。

——迪尔克·库尔布尤威特（Dirk Kurbjuweit），《明镜周刊》，2015 年 12 月 12 日。

对当前最困扰我们的问题的一次敏锐剖析。

——《德累斯顿晨邮报》，2015 年 2 月 8 日。

值得一读！

——《图片报·好书推荐》，2015 年 2 月 13 日

温克勒的著作浅显易读，尤为重要的是他对西方文化基础的阐发，即他的价值规范思想。

——米歇尔·海塞（Michael Hesse），科隆《Stadt-Anzeiger》报，2015 年 2 月 6 日。

4500 页论述我们文化圈的鸿篇历史巨著。

——赫尔穆特·卡拉塞克（Hellmuth Karasek），《汉堡晚报》，2015 年 1 月 31 日。

他旗帜鲜明地对我们时代的核心话题表明了态度：伊斯兰主义、爱国欧洲人士反对欧洲伊斯兰化运动，以及作为影响深远的划时代之年——2014 年。

——乌伟·维特施托克（Uwe Wittstock），《焦点》新闻周刊，2015 年 1 月 31 日。

该书将行云流水般呈现的丰富史实与深刻的历史分析结合在了一起。

——理查德·赫尔青格（Richard Herzinger），《世界报》，2015 年 1 月 31 日。

铿锵有力的终曲乐章。

——古斯塔夫·赛布特（Gustav Seibt），《南德意志报》，2015 年 1 月 29 日。

危机泛滥时代全面和必不可少的政治定位。

——约尔格·希莫尔赖希（Jörg Himmelreich），德国电台文艺部，2015 年 1 月 26 日。

分量很重，成果斐然。

——安婕·韦伯（Antje Weber），《南德意志报》，2015 年 1 月 22 日。

一部大师的杰作。

——科林·克劳奇（Collin Crouch），《商报》，2015 年 1 月 9 日。

"于是，一个'新时代'便于 1989 年……拉开了序幕，然而其方式尤其与许许多多欧洲人所想象的迥然不同。尤为难能可贵的是温克勒高屋建瓴般的对历史和当前现实的叙述。"

——托马斯·施佩克曼（Thomas Speckmann），《新苏黎世报》，2015 年 7 月 30 日。

"一部开卷有益、史料详实和可读性强的著作。"

弗洛里安·凯辛格尔（Florian Keisinger），《柏林共和国》双月刊，2014 年 12 月。

"这样一部如书中所呈现的西方史，迄今为止未曾有过。"

福尔克尔·乌尔里希（Volker Ullrich），德国广播电台，2014 年 11 月。

"难以想象有比之更为睿智、详尽和全面的论述了，不愧为一部大师之作。"

乌尔里希·赫伯特（Ulrich Herbert），《法兰克福汇报》，2014 年 11 月。

"此书如此详尽扎实地呈现了当前时代的历史形成过程，读者夫复何求？"

/ 本书获誉 /

彼得·帕佩特（Peter Pappert），《亚琛日报》，2015 年 6 月 6 日。

"全球化时代首部全球视野的重要历史著作。"

——《达姆施达特回声报》在线，2015 年 5 月 4 日。

"这样一种面向未来的对以往历史的把握定位，乃是一部具有多重特点的、纪念碑式的、举世无双和文字精彩的著作。"

——克里斯蒂安·里希特（Christian Richter），5 Plus 电视台，2015 年 1 月。

"这段文字精炼、高屋建瓴的结论乃是他 4500 页之巨的毕生之作的精华所在。"

亚历珊德拉·福德尔 - 施密特（Alexandra Föderl-Schmid），《标准报》，2015 年 4 月 25 日。

"严格按照年代顺序，文字老派典雅，针砭不留情面，令人过目难忘。"

《世界报》周日版，2015 年 3 月 22 日。

前　言　/　*001*
导　论　/　*005*

上

第一章　从高歌猛进到走向悲剧：1991~2001年

第二章　从"反恐战争"到全球金融危机：2001~2008年

下

第三章　一切安全的终结：2008～2014年

从文明规范工程到文明规范进程：回顾与展望

前　言

于 2014 年秋出版的我的《西方通史》第三卷讲述的是冷战时期的西方史，亦即从第二次世界大战结束至苏联解体的四十六年。第四卷，也就是最后一卷，从第三卷结束的地方——1991 年开始。本卷叙述的是从这一年起已经成为往事的将近四分之一世纪的历史，亦即最新的可称为当代史的断代史。

犹如绘画中的透视技法一样，当代史是所有时间维度的消失点中最短暂的那个。本卷叙述的当代史一直讲到 2014 年。2014 年，许多国家都在举行第一次世界大战爆发 100 周年、第二次世界大战爆发 75 周年、盟军在诺曼底登陆（D-Day）70 周年以及柏林墙倒塌 25 周年的纪念活动。但是，世界在 2014 年也历经了一场新的东西方对峙。暂且可以肯定的一点是，在 1989 年和 1991 年之后，所有把希望寄托在俄罗斯会按照共同价值观逐步"西方化"的人都犯了误判形势的错误。

作为转折之年，2014 年或许也可以因为其他的原因而载入史册。当前，一个极端恐怖组织——"伊斯兰国"在叙利亚和伊拉克的势力扩张已经造成了中近东地区冲突战线戏剧般的变化。在抗击逊尼派极端主义的前提下，两个当年的"宿敌"——什叶派的伊朗和美国之间，出现了策略上携手合作的迹象：此举不啻这个世界瞩目地区国家间关系的一场革命。同时，恐怖主义的逐步全球化也给 2001 年发生在纽约和华盛顿的恐怖袭击带来了新的视角：这起事件似乎愈发显得是一个普遍不安全时代的开始，甚至是 21 世纪的真正起点。对美国来说，具有全球意义的太平洋地区未来可能比欧洲具有更为重要的战略地位。

但凡涉及这些冲突、危机和历史过程的内容，也同样适用于本卷所谈到的其他问题：许多事态还在继续发展变化之中，其结局不可预见，距离现在时间过于短暂。就最新成为过去的历史而言，重要的资料来源还未对外开放，有关这个时代狭义上的史学论文数量少之又少。有鉴于此，与更为久远的历史阶段相比，关于当代史的所有结论都更多地带有暂时和主观的特点。

尽管如此，对最新成为过去的历史避而不谈，不是摆脱这一困境令人信服的办法。"如果没有最终结合实际的研究决心，就不会有国家学方面富有启发性的问题和实质性的答案。"在希特勒时代被迫流亡、1933 年英年早逝的德国法学家赫曼·黑勒（Hermann Heller），曾在其身后出版的著作《德国国家学》中说过这样一句话。为当前时代的历史定位做出一份贡献，在我看来是历史学"最终结合实际的研究决心"之一，尤其是当历史学以当代史作为研究对象之时。

这部《西方通史》的出发点、主导动机和文明规范的透视焦点，是关于我将之称为西方文明规范工程的问题，亦可谓之关于价值观和行为标准的问题。这些价值观和行为标准不仅经历了在欧洲部分地区——深受西方教会影响的"拉丁语系"古老大陆，以及在独特历史条件下绵延数百年的发展过程，而且在 18 世纪末的美国和法国《人权宣言》中找到了它们经典的表达方式。从此以后，大西洋两岸的西方便有了一个不得不为之苦心励志、努力奋斗的主题。

1789~1989 年这两百年的西方历史不仅仅，而且很大一部分是为了获得或拒绝获得构成 1776 年和 1789 年两次大西洋革命遗产的人权思想的历史。这是我在阐述过程中以之为出发点的三个观点中的第一个观点。第二个观点，我不仅把西方的历史看作违反其自身价值观的历史；第三个观点，而且，我也把它看成不断自我修正或富有成效的自我批评的历史。

1989年"和平革命"所带来的巨大的民主化动力，使围绕获得和拒绝1776年和1789年思想的斗争在西方内部取得了某种（虽然不是彻底和最终的）结果。然而，世界范围内围绕不可剥夺人权的普世有效性的争论还在继续。这场争论很可能会成为21世纪的重大主题之一，甚至可能成为它统领一切的主题。

近年来，历史和社会科学中对文明规范问题的兴趣有增无减，已经达到了一种可以说是"标准规范转折"的程度。当然，这种研究兴趣并非新鲜事物。仅以历史主义鼎盛时期为例，史学家约翰·古斯塔夫·德罗伊森（Johann Gustav Droysen）在他于19世纪50年代撰写的《史学》（Historik）一书中，就已经强调了一种"以道德力量和思想为依据"的历史阐释法的重要性，并在此语境中创造了一个表达某一民族和某一时代"伦理水准"的新词。

尽管内部矛盾对立重重，西方民主国家依然具有这样一种共同水准，而且，它们自己也认为，应当努力将它们的价值观水准变成一个世界性的水准。但是，它们距离这个目标的实现——标准规范的全球化还相差很远。西方必须在很大程度上自己承担这个结果的责任：其政治实践常常带有否定自己文明规范工程的倾向。此前，这部《西方通史》已经一再谈到这个话题，在最后一卷中还将不止一次对之加以论述。

在最后一卷也完稿封笔之际，我要再次表达我的谢意。感谢罗伯特·博世 (Robert Bosch) 基金会、格尔达·汉高（Gerda Hendel）基金会、阿尔弗里德·克虏伯·冯·波伦和哈尔巴赫（Alfried Krupp von Bohlen und Halbach）基金会、汉斯·林吉尔 (Hans Ringier) 基金会、埃贝林和格尔德·布塞留斯－时代周刊基金会 (die ZEIT-

Stiftung Ebelin und Gerd Bucerius），感谢它们使本人可以借重自己多年的工作人员莫妮卡·罗斯托伊彻（Monika Roßteuscher）以及莎拉·比安琪（Sarah Bianchi）、达里奥·普拉蒂（Dario Prati）、基兰·海纳曼（Kieran Heinemann）和安吉洛·达本多（Angelo D'Abundo）非常专业的帮助。莫妮卡·罗斯托伊彻、安格拉·阿布迈尔（Angela Abmeier）、格蕾琴·泽豪森（Gretchen Seehausen）、基兰·海纳曼和安吉洛·达本多把我的手稿转换成了可打印的电子版本。在此，向他们致以衷心的感谢。我于1991~2007年执教的柏林洪堡大学历史系为我提供了一间设备齐全的办公室，对此，我谨代表其他各位向我的同事米夏埃尔·博格尔特（Michael Borgolte）、亚历山大·尼岑阿德尔（Alexander Nützenadel）和彼得·布尔舍尔（Peter Burschel）以及负责行政事务的吉塞拉·格拉波（Gisela Grabo）表示感谢。

C.H.贝克出版社的总编辑德特勒夫·费尔肯（Detlef Felken）一如既往，以始终如一的热情关注力通读了本卷。亚历山大·戈勒（Alexander Goller）给了我许多宝贵的提示并编纂了书后的附录。雅娜·勒施（Janna Rösch）女士、西蒙娜·贡蒂（Simone Gundi）女士和贝蒂娜·布劳恩（Bettina Braun）女士是校读时不可或缺的助手。对此，我一并致以谢意。

最后，我想对一个"必要条件"[1]表示感谢：没有我的夫人，我根本无法开始并完成过去十二年中一直耗费我精力的这项计划。《西方通史》在成书过程中哪些内容应当归功于她所提的问题、她的思考建议和批评意见，只有我自己心里最清楚。因此，这里的最后一卷也同样题献给她。

柏林　2014年11月

海因里希·奥古斯特·温克勒

---

[1]　原文为拉丁文"sine qua non"。（本书脚注皆为译者注）

导 论

　　苏联在 1989~1991 年的解体无疑是世界史上一个影响深远的重大事件。但是，历史的转折从来就不意味着连续性的戛然而止。反之，1989~1991 年的时代转折之后，长期以来被压制的各种古老传统的惯性力量很快浮出了水面。比如在俄罗斯，其表现形式为东正教会和一种源自沙皇帝国时代大国思维的咄咄逼人的反西方路线；在巴尔干半岛，其表现形式为形形色色具有破坏性的民族主义（铁托时代南斯拉夫多民族国家曾经只依靠专制手段仅仅从表面上消除了这些民族主义）重新抬头。1989~1991 年的时代转折意义未受到足够重视的另一个原因，是许多在 20 世纪 90 年代被认为具有颠覆性的新生事物在更早的时代就已经出现。毋庸置疑，东西方冲突的结束带来了巨大的全球化的推动力。但是，这股推动力仅仅是延续了伴随生产和分工的国际化（因第三世界，如亚洲"四小龙"——新加坡、韩国、马来西亚和中国台湾地区的加速工业化而起）而一同出现的那些事物。这一现象也同样适用于 80 年代初开始的对国际金融市场的全面放松管理。当 1989 年的"和平革命"使战后时代行将闭幕时，欧洲所发生的历史剧变对这个正在如火如荼进行的过程起了加速推动的作用。

　　同样，以美国为首的西方工业国家，不断膨胀的公共债务早在

1989 年之前就已经存在。特别是罗纳德·里根当政时期的巨额军费开支让美国的预算赤字逐年飙升。比尔·克林顿当政期间的巩固预算措施只是昙花一现。如同数十年前林登·B.约翰逊总统当政时的越南战争一样,乔治·W.布什总统为回击 2001 年"9·11"恐怖袭击事件所发动的"反恐战争",也同样依靠的是贷款政策的支持。此外,使美国经济雪上加霜的,是克林顿政府时期开始的、通过只是表面上优惠的"次级贷款"给低收入家庭的住房提供大量资金支持的鼓励政策。这种次级贷款使私人家庭的负债达到了前所未有的程度,因而,这项政策对 2008 年秋世界金融危机的爆发起了决定性的推动作用。

当此之时,东欧集团解体后所形成的世界单极局面已成为过去。中国、印度和巴西迅速崛起,成了"全球玩家";与此同时,中国还成了美国国债的最大买家,亦即变成了美国的最大债权人;俄罗斯在弗拉基米尔·普京的统治下重新巩固了它的世界大国地位,并且越来越多地以这种新的面目出现在世界舞台上。美国因在 2003 年以模棱两可的理由发动了伊拉克战争,从而不仅在国际上损害了它的道德信誉,而且还招致了重要的欧洲盟友的不满和抵制。除此之外,"反恐战争"还带来它的另外一个影响:出于所谓的安全利益,美国国家安全局(NSA)不仅在友好国家有系统地搜集情报,而且还对本国人民进行窃听活动。

在 1989 年具有象征意义的事件——柏林墙倒塌四分之一个世纪后,跨大西洋两岸的关系初看起来,似乎处处充满着紧张、矛盾和不和谐的主调。许多美国人将欧洲人看成既脱离实际又自私自利的美国反恐斗争的受益者。反之,欧洲人则普遍认为,美国出于一种近乎疯狂的安全需要,将它的自由理想抛到了九霄云外。双方的相互指责并非完全没有来由。

然而,欧洲并没有成为一种联合西方内部与始终还是世界头号强国的美国相制衡的力量。全球金融和债务危机暴露出欧盟最伟大的成就之一——它的共同货币的结构性缺陷：缺少一个协调一致的预算、财政和经济政策。货币联盟非但未能促进欧洲人民团结协作，反而导致欧元区"国势强大"和"国势弱小"的成员国之间妒恨情绪的死灰复燃。在重大的外交和安全政策问题上用一个声音说话，欧盟离它的这个目标似乎还十分遥远。

如今在非西方国家面前，西方的表现经常给人以一种各自为政、一盘散沙的印象。在世界人口中，西方所代表的这部分人口的数量在不断减少；它在世界经济中的地位，一如其政治影响一样日渐式微。但是，有一种力量依然将西方从根本上凝聚在一起，并形成其前所未有的全球吸引力，这就是1776年美国革命和1789年法国大革命所体现的文明规范工程。发生在欧洲人和美国人之间的争执，大都围绕着如何解释这些共同价值观。相比最初制订人权宣言的那些深陷于大男子主义和种族主义偏见的作者来说，18世纪末两次大西洋革命的使命更加理性睿智。不唯如此，它还一如既往地是西方社会实践的一个修正坐标，所有被部分剥夺或完全剥夺人权的人皆可以以之为参照和源泉。

联合国全体大会于1948年12月10日通过的《世界人权宣言》中所包含的承诺，由于缺乏对新成立的世界组织成员国的国际法约束，因而无法通过法律程序实现。尽管如此，这项决议并非始终形同虚设。西方资本主义国家将其作为同社会主义进行意识形态斗争的武器；后者在抨击欧洲列强的殖民主义和美国的种族歧视时，把1948年宣言中的道德内容作为挞伐的依据。《世界人权宣言》为第三世界国家的反殖民主义解放运动和美国黑人的民权运动提供了同剥削和压迫做斗争的合法性。自1975年欧洲安全与合作会议签署《赫尔辛基协议》以来，东欧国家集团的持不同政见者可以针锋相对地让其政府面对这样一个事实，即他们在协议上的签字，至少在纸上再次承认了重要的基本自由。

　　1776 年和 1789 年思想无比巨大的力量还远未枯竭凋敝，它迫使西方民主国家不断对其政治实践进行修正，并最终将文明规范工程转化成文明规范进程。

第一章

从高歌猛进到走向悲剧：
1991～2001年

/ 从马斯特里赫特到申根：彷徨于深化和扩张之间的欧盟

1991年12月9~10日，欧洲共同体的国家元首和政府首脑齐聚马斯特里赫特（Maastricht），参加他们所经历的无数次重要会议中最难忘的一次会议。会议讨论的结果产生了西欧一体化历史上一次质的飞跃——《马斯特里赫特条约》。条约使欧洲共同体在通往经济和货币联盟的道路上向前迈进了一大步，而在通往政治联盟的道路上却只移动了很小的一步。

早在1991年11月6日，德国总理科尔在联邦议会发言时就已宣布，不仅在德国，而且在现代历史中一条经验教训就是，"那种认为经济和货币联盟可以没有政治联盟而能够绵延持久的想法是一种错误的观念"。在科尔眼里，政治联盟不外乎是一个更为雄心勃勃目标的前奏，正如他多次形容的那样，这种联盟是一个欧洲的联邦制的国家，或者是欧洲版的"美利坚合众国"。但是，随着两个单独的政府首脑会议——一个是关于经济和货币联盟问题，另一个是关于政治联盟问题——定于1990年12月召开，朝着一个方向前进之路被确定下来。一年后，若想改变这一发展方向，即使花费很大的政治气力也徒劳无益了。

德国总理科尔和法国总统密特朗于1990年12月在一封写给当时的理事会主席、意大利总理安德烈奥蒂（Andreotti）的联名信中，表明了对"一个强大的和团结的政治联盟的态度"，该联盟"贴近人民大众，坚定地走符合自己联邦制使命的道路"。然而，这封联名信终究是一纸单纯的意向声明罢了。在关于政治联盟的具体内容上，德法双方并没有形成一致意见，而且，欧共体的两个成员国英国和丹麦对所谓"联邦制使命"不屑一顾。有鉴于此，两个政府首脑会议所取得的结果不尽相同：目标相对明确的是大多数成员国所希望建立的货币联盟，而在政治联盟问题上则缺乏具有约束性的共识。

《马斯特里赫特条约》使欧洲共同体变成了欧洲联盟。从此以后，欧盟就是一个统一的框架，或是建立在三个"支柱"之上的共同的总体架构：欧洲共同体、共同外交与安全政策（GASP）以及司法和内政方面的合作。超越国家范围的合作只是其中第一个支柱所具有的特征，除了有关经济和货币联盟的新协议，它还包括欧洲煤钢共同体、欧洲经济共同体和欧洲原子能共同体（EURATOM）的协议在内。第二个和第三个支柱所涉及的是政府间合作领域。

经济和货币联盟的第一阶段已于1990年1月1日启动，其重点是开放资本流通市场，以及各成员国之间经济政策的调整适应。第二阶段的启动时间定于1994年1月1日，其间要设立一家独立的欧洲中央银行；第三阶段的启动时间定于1999年1月1日。这个阶段要做的工作是建立一种欧洲的共同货币，以及把各成员国货币政策的职权移交给共同体。将1999年1月1日定为第三阶段的启动时间是德国总理科尔做出的一个政治让步，他不顾德国联邦银行副行长汉斯·蒂特迈尔（Hans Tietmeyer）的顾虑和担忧，使货币联盟成了一个板上钉钉不可逆转的事实。

作为《马斯特里赫特条约》核心组成部分的《欧洲联盟条约》，以1957年《罗马条约》的前言为依据，认同"更加紧密的联盟"（ever closer union）的目标和职权辅助原则。根据该原则，更高一级机构只有在下一级机构的办事能力不足以履行相关职能时，才可以将有关工作归属到自己的职权范围内。在各国公民本身的国籍之外，增加了欧盟公民的身份，并且根据居住地原则使其享有选举和被选举权。一个新设立的地方委员会为地方和地区政府机构能够声张自己的利益诉求提供了可能性。在针对一系列问题进行"共同决策程序"方面，欧洲议会被赋予了针对欧洲理事会所提建议按程序行使的否决权。此外，欧盟委员会的人事任命必须经过欧洲议会的批准。

英国通过谈判，不仅争取到了不参加第三阶段货币联盟的权利，而且还在条约的社会政策章节上获得了又一个"选择性退出"的权利。缘此，该章节的内容被写进了一份由其余 11 个成员国联合签署的有关社会政策的专项协议中。英国首相约翰·梅杰是"联邦"概念和不受欢迎的"F 一词"①的坚决反对者和民族国家主权的坚定拥护者。在外交和安全以及司法和内政领域的合作问题上，他决定性地参与了以严格的政府间合作模式为方向的制定工作。倘若在上述政治领域中，在更大程度上采取超国家的合作模式，并且用少数服从多数的决策方式取代理事会的一致通过原则，以及比之欧盟条约中的规定，赋予欧洲议会对欧盟委员会更广泛的监督职权，也同样符合德国关于政治联盟的设想。

在共同货币体系的构建问题上，联邦德国的意见占据了上风。欧洲中央银行（以下简称"欧洲央行"）（EZB）获得了如同德国联邦银行那样的独立地位；在其最高决策机构——欧洲央行理事会中，成员国的央行行长都是握有一票表决权的代表。成员国负有避免赤字过大的义务，并且需遵守"马斯特里赫特标准"：计划和实际的财政预算赤字通常不允许超过 3%，公共债务状况不能超过以市场价格计算的国内生产总值的 60%。1979 年生效的欧洲货币体系中关于政府支出、通胀率、利息和政府赤字的趋同标准继续有效。只有在所有成员国于上述领域都取得进一步成效的情况下，货币联盟的第三阶段才能于 1999 年如期启动。这之后，"公共债务"原则开始执行。根据此原则，每个成员国必须自己承担支付资金短缺的风险；缘此，支付资金短缺取代了通货膨胀和汇率的风险。从主权债务原则中衍生出了"不救助原则"：完全排除对货币联盟其他成员国的

---

① 原文为 "f-word"，指的是英文 federal（联邦）一词的首字母。

债务责任。

　　然而，所有这些保证措施都还不足以打消专家和政治家们的疑虑。正如美国经济学家巴里·艾肯格林（Barry Eichengreen）在1992年指出的那样，欧洲货币联盟是一个极其异质的经济体。在这个经济体中，经济强大的、传统上有很高预算自律性的国家，与那些经济实力较弱、比他国更习惯于通货膨胀和举债度日的国家，成了一根绳上的蚂蚱。欧洲共同货币的启用意味着利息的降低，而利息的降低又增加了对国家和非国家的经济主体更进一步借款举债的诱惑。同时，一个价格稳定的欧洲货币联盟必定会增加竞争的压力，并且会加重企业决策错误的后果。为了有效遏制这些危险，严格的银行监管制度、真正的财政联盟以及行之有效的政治联盟不可或缺。这个政治联盟必要时可以采用自动制裁的方式迫使成员国实现其预算和经济政策的趋同。但是，这种政治和经济的结合体并不存在：德意志联邦共和国为了东、西德统一大计，不想让德法两国的关系出现裂痕，在这种情况下，它于1989年和1990年实际上同意了货币联盟优先于政治联盟的计划。于是，这个政经合一的联合体便功亏一篑。

　　在德国，出于不愿意轻易放弃本国的欧洲最坚挺货币的原因，人们对欧洲共同货币的顾虑尤为强烈。这些顾虑不仅表现在经济学家、法学家和政治家身上，而且在一系列自民党人士，甚至是绿党人士身上表现得尤为显著。在多个针对1992年2月7日签署、1992年12月2日由联邦议院以压倒多数批准的《马斯特里赫特条约》的宪法申诉案中，申诉人强调，由于把主权权益移交给超国家的欧洲联盟，德国联邦议院的权利遭到剥夺，民主的原则被架空。此外，某些权限的外移违反了德国的《基本法》，原因在于，在与《基本法》有关的重大事务上，如今由欧洲而不是由德国做出决策。因此，新修订的将欧盟条约合法化的《基本法》第23条违背了《基本法》的精神，理由是：根据第 79 条第 3 款的"永恒条款"，新修订的这一条违反了根本的不可变更的宪法原则。

联邦宪法法院在于 1993 年 10 月 12 日做出的《马斯特里赫特判决书》中驳回了上述申诉，理由是，由《基本法》保证的基本权利标准也适用于欧盟的共同体法。民主原则并不妨碍德意志联邦共和国加入一个有超国家组织机构的共同体中。但是，加入这个组织的前提在于，在"国家联合体"（这是联邦宪法法院创造的一个新词）中，要使来自人民的合法化流程和影响程序同样得到应有的保障。这个合法化流程的实现方式是将欧盟机关的行为向各成员国议会进行反馈，同时还包括获得欧洲议会的支持。倘若所有成员国都根据统一的代表制选举法来选举欧洲议会，而且议会对共同体的政治和立法的影响不断增大，那么，欧洲议会的支持作用将得到进一步的加强。将管辖权移交给欧盟，必须始终限制在特定的领域之内，并且必须经过德国立法机构的明确授权；不允许超出欧盟条约文本以外单方面增加共同体的管辖权。"最重要的是，扩大联盟的民主基础要与欧盟一体化同步进行，并且在一体化进程中，继续将成员国充满活力的民主制度保持下去。"没有欧盟民主合法化程序的同时加强，没有成员国对民主制度的维护，就没有欧盟进一步的一体化，——这就是联邦宪法法院《马斯特里赫特判决书》的简要精髓。

其他成员国也同样遇到了条约批准的困难。英国首相约翰·梅杰在经历了一场包括与他的前任玛格丽特·撒切尔在内的保守派反对者的艰苦较量之后，为了确保得到下院的多数支持，不得不把于 1993 年 7 月 23 日进行的最后一次表决同信任案问题捆绑在一起。出于提高个人威望的目的，法国总统密特朗在 1992 年 9 月 20 日通过全民公投的方式让法国人民投票决定条约的命运。公投结果是 51.1% 的微弱多数表示赞同：此结果与其说是反映了法国人民对条约内容的反感，不如说是对密特朗个人和其政策的不满。

作为第一个批准条约的国家，丹麦也进行了一次全民公投。1992年6月2日，公投结果是50.7%的多数反对《马斯特里赫特条约》。当1993年5月共同体在爱丁堡峰会上就极富争议的问题——欧盟公民身份、不参加第三阶段货币联盟的权利、保留丹麦克朗、自主的外交和国防政策——给予丹麦以"选择性退出"形式的特殊权利时，丹麦公民于1993年5月18日被再次请到了投票箱面前。这次，他们以56.8%的多数同意了经过修改的条约。但是，丹麦民众最初对条约说"不"给人们带来的震惊依然余波未平：反对的态度不仅凸显了为主权而自豪的丹麦人与欧盟之间由来已久的隔阂，同时也说明，各国政府在过久的时间内将欧洲的统一看成了一件政府职能范围之内的事务，并且没有给予主权人——成员国人民的合法化权利特别的重视。当《马斯特里赫特条约》于1993年11月1日，即德国联邦宪法法院做出判决两周半之后生效时，各国政府和欧盟应当从这样的现实情况得出什么样的结论，仍然是个没有答案的问题。

签署《马斯特里赫特条约》的墨迹未干，条约中规定的共同外交与安全政策就经受了首次考验。1992年4月2日，由译利科·拉日纳托维奇（Željko Ražnatović）（绰号"阿尔坎"）指挥的一支被称作"老虎军团"的塞族人自由军向边境附近的波斯尼亚和黑塞哥维那（以下简称波斯尼亚），村庄比耶利纳（Bijeljina）发起进攻，由此翻开了南斯拉夫国体继承战争史上新的一页。4月6日，美国和欧共体承认波斯尼亚和黑塞哥维那为独立国家。几天过后，"波黑塞族共和国"宣告成立。紧接着，总共拥有25万人并由拉特科·姆拉迪（Ratko Mladić）指挥的"塞族共和国"部队在南斯拉夫人民军的支援下，侵入东波斯尼亚地区，并立刻开始驱逐当地的非塞族居民。自4月8日起，在经过迫击炮和重炮对小城福查（Foča）的轰击后，塞族部队占领了福查。之后，塞族军队把小城的男人同女人分开，将前者驱赶到苏捷斯卡河（Sutjeska）的桥上，并全部枪杀，尸体统统被抛入河中。波斯尼亚的塞族部队还在东波斯尼亚的其他地区犯下了同样的罪行。直到1992年7月，姆拉迪奇的部队已将波黑的三分之二领土置于其控制之下。

其间，萨拉热窝已陷入波斯尼亚的塞族军队的围困之中。各种火炮几乎昼夜不停地从四周山头向这座波黑的首府城市进行攻击，狙击手肆无忌惮地开枪射杀出现在他们枪口下的平民百姓。1992年8月25~26日，波斯尼亚多民族文化的象征——国家图书馆遭到破坏，大约200万册图书以及大量珍贵的手抄本和古籍化为灰烬。

然而，西方此时的反应却十分冷淡。华盛顿方面认为，波斯尼亚的事务必须由欧洲人牵头解决：国务卿贝克（Baker）受布什总统的委托于1992年6月底在电话中向忧心忡忡的德国总理科尔表达了这一态度。但是，欧共体这时却深陷各行其是、意见相左的状态中：法国和英国不想卷入一场与塞尔维亚的冲突；在德国，首先是自民党人士认为，《基本法》排除了联邦国防军以任何形式在德国领土之外介入军事行动的可能性。当汉斯·迪特里希·根舍（Hans Dietrich Genscher）外长于1992年5月17日卸任，外交部长一职由同党战友克劳斯·金克尔（Klaus Kinkel）接任之后，这一立场始终未有改变。在这种形势下，欧共体在前南斯拉夫的调解人卡灵顿勋爵（Lord Carrington）的种种努力均未能取得任何实际效果。

同样的情况也发生在联合国身上。1991年9月，联合国对当时已经名存实亡的南斯拉夫实行武器禁运。1992年5月30日，也就是塞尔维亚狙击手在萨拉热窝集市射杀16名在面包店前排队的无辜居民三天之后，安理会做出了对南斯拉夫联盟共和国（4月底由塞尔维亚和黑山合并而成）的经济和武器禁运的决定。由于此前实行的武器禁运继续有效，并且从联合国的角度来说也同样适用于波黑，况且塞尔维亚拥有比波黑更好的军事装备，所以，5月30日的决议只是对贝尔格莱德表示的一种不满罢了。彼时，波斯尼亚的穆斯林仅从沙特阿拉伯、科威特、马来西亚和印度尼西亚等伊斯兰国家得到了同情和支持。阿利雅·伊泽特贝戈维奇（Alija Izetbegović）政府从这些国家中获得了用以非法购买武器的数百万美元的援助。除此之外，还有大约 1500 名穆斯林"圣战勇士"志愿前往波斯尼亚，帮助那些受到威胁的穆斯林教友跟基督徒进行战斗。

1992 年 8 月初，英国（第四）电视四台（Channel 4）的一则来自奥马尔斯卡（Omarska）的报道让世界大为震惊。奥马尔斯卡是波斯尼亚塞族人设立的一个集中营，在"种族清洗"期间，波斯尼亚人和波斯尼亚的克罗地亚人被从他们的居住地驱赶到这里。被囚禁的人数远远超过 5000 人，700 多人在遭到杀害后被丢入万人坑，许多妇女被强奸，酷刑和其他虐待行为比比皆是。那些出现在镜头面前骨瘦嶙峋的囚徒，使人不禁想起 1945 年被盟军解放的德国集中营里的惨状。

时任欧共体理事会主席的英国首相约翰·梅杰于 8 月底立即在伦敦召开商讨波斯尼亚问题的国际会议，会议不仅确认了波黑共和国捍卫领土完整和进行自卫的权利，而且认为重武器应当置于联合国的监督之下，以及应当采取一切方式为实施人道主义援助提供保证。联合国提出的理由是，唯有如此，才能控制波斯尼亚难民涌入中欧和西欧特别是涌入德国的大潮。除此之外，还设立了一个调查战争罪行的专门委员会。美国前任国务卿赛勒斯·万斯（Cyrus Vance）和英国前外交大臣欧文爵士（Lord Owen）受命以伦敦决议为依据，在日内瓦开始与冲突各方进行谈判，以期达成和平解决波黑问题的方案。

在经过七个月的商讨之后，斡旋代表万斯和欧文于 1993 年 1 月拿出了一份把波黑划分为十个省的计划，这十个省虽然不是清一色的民族，但都有一个占人口多数的族群。尽管存有重大疑虑，伊泽特贝戈维奇政府还是同意了这一建议。波黑塞族共和国总统拉多万·卡拉季奇（Radovan Karadžić）起初也对这一建议表示同意，但是，波斯尼亚的塞族议会于 5 月中旬在帕莱（Pale）决定，要通过全民公投来决定是否同意这份计划。最后投票的结果是大多数人反对斡旋代表所提出的建议。

克罗地亚人对万斯和欧文的计划也表示不满。早在 1991 年 3 月底，克罗地亚总统弗拉尼奥·图季曼（Franjo Tudjman）就曾在卡拉多热窝（Karadjordjevo）与塞尔维亚总统斯洛博丹·米洛舍维奇（Slobodan Milošević）会晤，以损害穆斯林波斯尼亚人的利益为代价，就克罗地亚和塞尔维亚之间分割波黑的可能性进行磋商。1992 年 7 月，以马特·博班（Mate Boban）为首的克罗地亚人的民族主义派别在波黑领土上宣布成立一个自己的国家——波黑克族共和国；该共和国从 1993 年 1 月起得到了图季曼的大力支持。1993 年 5 月，博班和卡拉季奇在奥地利的格拉茨（Graz）会晤，商讨对波黑进行分割事宜。这之后，克罗地亚人和穆斯林之间便爆发了一场公开的战争。1993 年 11 月 9 日，曾经是穆斯林、克罗地亚人和塞尔维亚人共同和平生活象征的莫斯塔尔城（Mostar）中，修建于 16 世纪、横跨内雷特瓦河的古桥遭到克罗地亚国防委员会武装组织的破坏。这一破坏行为成了克罗地亚 - 波斯尼亚战争备受世界瞩目的一个高潮事件。

克罗地亚人和穆斯林交战的同时，塞尔维亚人在波黑东部的"种族清洗"仍在继续。肆无忌惮地枪杀波斯尼亚男人和强奸波斯尼亚妇女的罪恶行径每天都在发生。由联合国秘书长、埃及人布特罗斯·布特罗斯 - 加利（Boutros Boutros-Ghali）于 1993 年 10 月设立的调查委员会在一份临时报告中指出，某些地区的强奸行为是一种有计划推行的"政策"。在该委员会设立前一年的 1992 年 10 月 9 日，为了防止塞尔维亚的空袭轰炸，联合国安理会就已经宣布波黑上空为禁飞区。但是，这项决定的实施却久拖未行：直到 1993 年

4月7日，北约才开始对波斯尼亚空域进行监视。德国国防军的空中预警机也参与了监视行动。

德国政府于4月2日做出的决议并非未遭到反对。联合执政的自民党想通过紧急提案的方式让联邦宪法法院来澄清与此相关的宪法问题；社民党在其紧急提案中也表示了政治上的关切。4月8日，设在卡尔斯鲁厄（Karlsruhe）的宪法法院拒绝发布反对联邦政府决议的限制令，理由是，这种法律行为将会给联邦德国的盟友带来不可挽回的信任损失。针对"境外"军事行动的最终判决于1994年7月12日正式做出。据此，鉴于德意志联邦共和国隶属于一个集体安全体系，联邦国防军可以在同盟的疆域以外执行人道主义和军事行动。但是，联邦政府通常必须事先（紧急情况下可以事后）获得联邦议院简单多数的"决定性"的批准。这样，社民党和自民党的提案便被驳回。1994年7月22日，根舍外长的继任者克劳斯·金克尔在联邦议院会议上表示，在联邦宪法法院的判决之后，德意志联邦共和国在军事问题上还将继续保持"经过考验的克制文化"。在经过后续辩论之后，联邦议院以绝对多数批准了联邦国防军的军事行动，目标是阻止塞尔维亚对波黑的空袭。

对塞尔维亚人进攻的任何阻止行动，都不是因为欧洲人的主动行动，而是因为美国人的运作和努力。这不仅涉及安理会1992年5月底实行的经济制裁，而且也涉及安理会1992年10月在波黑设立禁飞区的决定。但是，布什政府根本不准备派遣美国地面部队进入前南斯拉夫地区。布什的继任者、民主党人比尔·克林顿和国务卿沃伦·克里斯托弗（Warren Christopher）自1993年3月以来一直敦促欧洲盟友组织一支5万人的干预部队，在当事各方都接受万斯和欧文的计划之后，执行在波黑维护停战状态的任务，但是，这一想法遭到了法国的坚决反对。如同他的前任布什一样，克林顿对美国更多的军事介入也同样心存戒虑，望而却步。

自从波斯尼亚塞尔维亚人无数次违反波黑上空的禁飞令，直至在对萨拉热窝最严重的一次攻击——1994年2月5日的"集市屠杀"中，有68人在迫击炮的攻击中丧生，这一系列的战争行径终于引发了对侵略者的第一次军事打击。4月28日，四架闯入"禁飞区"的塞尔维亚战斗机被击落。联合国的一项最后通牒致使塞尔维亚人停止了对波斯尼亚首都的炮击，并从萨拉热窝周围的山上撤走自己的部队，波斯尼亚首都机场得以恢复使用。然而，在波斯尼亚的其他地区，塞族人对穆斯林平民百姓的暴行仍在继续。安理会第824号决议，即在斯雷布雷尼察（Srebrenica）、图兹拉（Tuzla）、泽帕（Žepa）、戈拉日德（Goražde）、比哈奇（Bihać）和萨拉热窝设立"安全区"，不过是漠视事实真相和蒙蔽自己眼睛的一纸空文：除了萨拉热窝外，联合国的维和部队在其他地方既无法保证老百姓的安全，也无法阻止波斯尼亚塞尔维亚人推进的势头。反之，美国在1994年3月成功地结束了克罗地亚人和穆斯林居民之间的战争，并且为克罗地亚和波黑之间的进一步相互合作创造了条件。

1993年11月1日《马斯特里赫特条约》生效后，正式改称为"欧盟"的欧共体在1993~1994年西方世界在波斯尼亚所取得的微不足道的进展中几乎毫无建树。当美国敦促不再让波黑受自1991年9月起对整个南斯拉夫实行的武器禁运的限制时，英国首相约翰·梅杰表示反对，其理由是，安理会的这项决议可能会导致他的政府垮台。法国总统密特朗则想要使塞尔维亚尽可能免受国际上的严厉制裁。在德国，即便是在法律上已解决了关于是否允许在"境外"参与军事行动的争议，对联邦国防军在联合国牵头下在巴尔干半岛参加任何多国部队作战行动的抵制依然十分强烈。

至此，在这场波黑战争面前，西方的民主国家不攻自破败下阵来，且欧洲比美国更是有过之而无不及。在这种情况下，当南斯拉夫联盟共和国于1994年8月初正式宣布结束对波斯尼亚的塞尔维亚人提供支持之时，结束战争仍然遥遥无期。这时，波黑塞族共和国已非常强大，足以依靠自己的军队以及来自塞尔维亚的志愿人员一如既往地继续进行"种族清洗"。

《马斯特里赫特条约》是欧洲共同体走向深化的一个步骤。1989~1991年的时代转折之后，欧共体12国必须面对的另一个挑战，即这个国家联合体的扩展问题。当"冷战"尚未结束，只有"西方"的国家才能加入欧共体，乃不言而喻之事。除了一个成员国，共同体其余的国家均为北约组织的成员。鉴于其独特的地理位置以及与英国密切的经济关系，人们认为，可以把1973年加入欧共体的中立国家爱尔兰当作一个例外。在加入欧共体的四年前，西班牙于1982年成为北大西洋公约组织第16个成员国。

东欧集团解体后，中立国的标准便不再适合作为拒之门外的条件，或是不成为不申请加入的理由。于是，瑞典、芬兰、奥地利和瑞士（若它表示愿意）的加盟就成了不难想象之事。倘若芬兰和瑞典谋求加入欧盟，那么挪威重新申请加入共同体也同样是可能之事。而且，中欧和东南欧前共产党统治的国家，只要满足必要的条件，并且希望加入欧共体以及自1993年后希望加入欧盟的话，它们也是可以想象的候选国。早在1989年12月，欧洲理事会就提出了一个促进波兰和匈牙利经济结构调整的全面援助计划——《波兰和匈牙利：经济结构调整援助计划》（Poland and Hungary: Aid for Restructuring of the Economies），简称 PHARE。该计划后来进一步扩展到中欧和东南欧绝大多数国家中。但是，这些国家要成为共同体的正式成员，当时似乎还有很长的一段路要走。

在欧共体12国中，德国总理科尔是共同体向北和向东扩展的坚定支持者。由于奥地利、瑞典和芬兰都是欧洲自由贸易联盟（EFTA）的成员国，所以在经济和政治文化上都不存在影响加盟的较大障碍。波罗的海三国、波兰、捷克斯洛伐克（1993 年后为捷克和斯洛伐克）和匈牙利倘若要成为成员国，则需要有一个较长的过渡期。在科尔看来，20 世纪 90 年代初的斯洛文尼亚和克罗地亚还不是欧共体未来的成员国，罗马尼亚和保加利亚更无从谈起。有鉴于对势力日渐强大的伊斯兰激进主义危险的担忧，科尔始终将 1952 年已是北约成员国、1964 年加入欧洲共同市场（EWG）的土耳其成为正式成员国的可能性排除在外。导致科尔否定态度的另一个动机是人口问题。科尔认为，由于人口的增长，土耳其将会在数十年内超过共同体的头号强国德国的人口数量，并取而代之。

科尔所寻求的欧盟扩张与他关于联邦制的深化统一过程的设想相抵触，这点不仅有目共睹，同时也说明不希望进一步深化的英国和丹麦为何要支持他在扩张问题上的立场。反之，法国、意大利、西班牙和葡萄牙对任何扩张的计划都持谨慎小心的态度。它们担心，就中欧和东南欧国家而言，接纳新国家首先会给本国的农业带来不利，因为新国家将长时间、大范围地从农业和结构基金中享受共同体的扶持资金，从而对现有的受益国造成不利影响。其中，法国还有其他层面的忧虑：一方面，接纳斯堪的纳维亚半岛国家将会加强欧盟内部拥护自由贸易派阵线的力量；另一方面，波恩方面敦促向北欧和东欧扩张，似乎可以解释为德国力图增强自己在中欧和东南欧的影响力。

奥地利于 1989 年 7 月就已提出加入欧共体的申请。1991 年，地中海的两个岛国马耳他和塞浦路斯，以及瑞典、芬兰和挪威也相继提出加入。瑞士的申请半途夭折，原因是在 1992 年 12 月的全民公决中，瑞士人中 50.3% 的微弱多数反对加入欧洲经济区，亦即反对当年 5 月建立的欧共体和欧洲自贸区的"大厦架构"。马耳他和塞浦路斯因本国弱小的经济实力而面临重大问题，需要有一个漫长的加盟谈判过程。瑞典在 20 世纪 90 年代初深陷于一场严重的经济和金融危机之中，其通货膨胀率在 1990 年时为 10.35%。芬兰在 1990 年也同样陷入了一场严重的经济衰退之中，国内生产总值减少了将近两位数，原因是苏联的解体以及与之相关联的东部市场的消失。尽管如此，这两个国家皆为欧洲经济十分发达的国家，并且是欧盟潜在的纯缴费国。拥有丰富石油资源的挪威及奥地利同样如此。

1993 年春，芬兰、瑞典、挪威和奥地利开始入盟谈判。奥地利谈成了为期十年的对过境车辆的数量限制，并争取到了限制外国人在本国境内修建度假别墅和向山区农民发放补贴的权利。挪威在经过与法国和西班牙的艰苦磋商之后，在捕鱼权问题上达成了妥协，挪威满意而归。至 1994 年年底，所有的入盟协议签署完毕。但是，四个国家中只有三个国家的民众在入盟问题上与其政府及执政党保持一致：1994 年 6 月奥地利的支持率是 66.6%，芬兰 10 月的投票结果是 57%，瑞典 11 月的结果是 52.2%。然而，如同 1972 年一样，挪威多数民众反对加入欧盟：1994 年 11 月公投时，52.7% 的民众投票说"不"。也正如同 1972 年一样，二十二年后，在挪威北部较贫困的农村地区持反对意见的人占多数，而在奥斯陆东南部周边的富裕地区支持者占多数。

1995 年 1 月 1 日，芬兰、瑞典和奥地利被隆重地接纳为欧盟成员国。挪威事实上成了欧盟的部分成员国。由于它的特殊身份，挪威享受到欧洲经济区内成员国的利益，时常参与共同的外交和安全政策决策，但没资格参与布鲁塞尔的决策过程，是共同体的一个纯缴费国。

相比 1995 年的三个新成员国，中欧和东南欧的社会主义国家在入盟问题上不得不等待更长的时间。1991 年 12 月，共同体与匈牙利、波兰和捷克斯洛伐克签署了联合及临时协议；1994 年 12 月，与立陶宛、拉脱维亚和爱沙尼亚关于起草联合协议的谈判开始进行；

1995 年 6 月，协议开始生效。欧盟内部反对很快接纳这些国家入盟的种种顾虑，有显而易见的原因：与绝大多数"老成员国"相比，这些当初的经互会成员国一穷二白；鉴于西方国家居高不下的失业人数，一想到来自中欧和南欧的劳工移民浪潮，那些担心欧盟扩张会造成物质损失的人们就会忧心忡忡。

从另一个角度来看，帮助前东欧集团国家加入世界经济以及社会和政治稳定体系，避免在共同体的"家门口"出现新的战争地区，在政治上是功德无量之事。国家衰亡将会带来怎样的危险，当年南斯拉夫的例子足以说明问题。从长远看，只有欧盟才能够起到稳定局面的作用。欧盟不允许再重蹈此前波黑问题的覆辙。

与此同时，欧盟有责任向候选国阐明，为达此目标，必须满足哪些前提条件。1993 年 6 月，12 国在丹麦首都举行的峰会上，批准了申请国今后可以遵照执行的哥本哈根入盟标准。这项会议决定规定，"一俟某候选国能够履行与成员国资格相关的各种义务，并且满足所要求的经济和政治条件"，那么它即可被接纳为成员国。

作为首要的先决条件，欧洲理事会要求，申请国"已实现了作为民主和法制秩序、维护人权以及尊重和保护少数民族之保障的制度稳定性"。其次，成员国资格还要求一个"运行良好的市场经济，以及能够承受欧盟内部竞争和市场压力的能力"。除此之外，成员国资格还要求各候选国，"承担成员国身份所产生的各项义务，并且能够把政治联盟以及经济和货币联盟也当作自己的目标"。

为了防止对入盟谈判速度寄予过高的期望，欧盟强调，"欧盟接纳新成员的能力，以及同时保持欧洲一体化推动力的能力"，不仅应当受到它自己，而且也应当受到候选国的尊重。欧洲理事会将始终密切关注，"候选国在满足入盟条件方面取得了哪些进步"，并从中得出相应的结论。入盟候选资格是否能变成成员身份，首先取决于但不仅仅取决于相关申请国的情况。欧盟明确表示，它将坚持继续深化的目标，尤其是坚持政治联盟的目标，无论各成员国对此目标做怎样的具体理解。

　　若是有人认为，《马斯特里赫特条约》的签署会给欧盟大家庭中各国的经济带来稳定，那么不久就会大失所望。1992 年 7 月 16 日，德国联邦银行出人意料地将贴现率从 8% 提高到 8.75%，这是 1935 年以来所达到的最高水平。此举是对通胀率上涨至 4.3%、货币数量的加速增长和迅速增加的政府债务做出的回应。正如物价的走高和流通货币的迅速增加一样，政府债务的快速增长也是广泛依靠贷款来完成德国统一所造成的后果：1985~1995 年，政府债务从不到 4000 亿马克上升到超过 1 万亿马克，数量翻了一番多。提高贴现率使德国政府陷入困局：一周前，在慕尼黑召开的第 18 次世界经济峰会上，所有与会代表皆认为，应该降息以振兴世界经济。

　　未过多久，德国提高贴现率给世界经济带来的后果便接踵而至。与之前相比，德国此时吸引了更多外国资本进入本国，从而对其他工业国家的货币造成了不利影响。美元汇率下跌 1.5 芬尼，降至 1.47 马克；9 月 8 日，芬兰马克被迫贬值；意大利货币承受巨大压力，从而迫使德国联邦银行宣布不再买进里拉（根据 1979 年欧洲货币体系条约有义务购买）。紧接着英镑下跌，首相梅杰不得不于"黑色星期三"——1992 年 9 月 16 日宣布英国退出欧洲货币体系。几天后，英镑货币贬值：汇率下跌 9 芬尼，降至 2.69 马克。

　　法国也险些步英国后尘，但得以幸免，原因在于，三天后关于《马斯特里赫特条约》的全国公投迫在眉睫。1992 年 9 月 20 日涉险免遭公投滑铁卢之后，法国总统密特朗请求德国总理科尔敦促联邦银行发表一份约束性的声明：无论出现何种情况，都将保住法郎。科尔从其所请，并最终达到了使持不同意见的联邦银行行长赫尔穆特·施莱辛格（Helmut Schlesinger）满足法国总统愿望的目的。

/ 036

倘若他不这样做，或许在《马斯特里赫特条约》生效之前，货币联盟就已名存实亡。德国政府和德国联邦银行之所以没有拂法国的面子，完全是出于政治原因：德国不想通过充分展示自己的经济实力而使欧洲统一面临危险。但是，由于在货币政策上帮了法国人的忙，这就意味着德国在无意中间接承认，由于通过贷款方式完成了德国统一，欧洲的主导货币——德国马克被削弱；并且，由于试图扭转这一局面，又使得仰仗德国联邦银行货币政策的国家在金融和经济上陷入了受制于人的境地。

但是，不论货币政策如何风云变幻、摇摆不定，1993 年 1 月 1 日，亦即由 1987 年《单一欧洲法案》所规定的日期，欧洲单一市场启动生效。然而，单一市场并没有带来所希望的经济腾飞。欧盟的平均失业率攀升到了 11%；在出现新一轮对法郎的投机浪潮之后，欧洲货币体系的震荡波幅飙升到了 ±15%。1994 年 1 月 1 日，欧洲货币联盟第二阶段如期开始，由此，在法兰克福设立欧洲货币研究所也随之启动。该机构的任务是，为欧洲中央银行体系做组建的准备工作。与此同时，欧洲经济区条约也即行生效。

半年后，即 1994 年 7 月，在希腊科孚岛（Korfu）举行的欧盟峰会上，各国元首和政府首脑要就 1995 年 1 月任期届满、迄今为止政绩最大的欧盟委员会主席雅克·德洛尔（Jacques Delors）的继任者事宜做出决定。在经过长时间的激烈争论后，首脑们同意了对卢森堡总理雅克·桑特（Jacques Santer）的任命。与科尔总理所看好的比利时首相让－吕克·德阿纳（Jean-Luc Dehaene）不同，桑特比较可以确定的一个特点是，他不会像其前任那样积极推进欧洲的一体化。这点正是英国首相梅杰不同意比利时总理而选择卢森堡总理的一个根本原因。

尽管在 90 年代中期的欧盟，尤其是在德国，老百姓对货币联盟以及对欧洲的总体项目普遍持怀疑态度，但是，一些领域所取得的进步依然有目共睹。共同体于 1992 年取消了把对农产品价格的支持与农民的收入直接挂钩的做法，部分农产品的价格大幅度降低（牛肉下降约为 15%，粮食甚至下降了 29% 左右）。农民收入的损失通过直接付款方式得到了部分补偿，此外，还增加了按照农村企业经营土地面积的大小发放新补贴的项目，以及对奶牛和肉牛饲养、环境保护、植树造林、退耕还田和休耕的奖励。这些改革措施不仅降低了农产品的生产过剩（表现为不折不扣的"牛奶成河"和"黄油成山"现象），而且减少了整个农业政策的财政支出。共同体财政资金结构调整的受益者是结构基金或地方基金，以及 1991 年末在马斯特里赫特新设立的凝聚力基金。此外，特别是地中海地区国家、爱尔兰和德国东部的联邦州也是这项改革的受益者。

欧洲农业政策的改变与所谓的"乌拉圭回合"，即在《关贸总协定》（GATT）框架内降低关税谈判紧密相关。在经过七年艰苦卓绝的谈判后，此回合于 1993 年 12 月结束，并且带来了体现在消除补贴和其他贸易限制上的农产品贸易的自由化。谈判经历漫长时间的主要原因在于一再受到美国猛烈批评的欧盟农业保护主义。在经过长期较量后，美国最终实现了向欧盟国家出口更多货物和有限减少欧盟补贴的目标。但是，若要将其看成共同农业政策的转折点，还是无从谈起。农业政策的基本特征依然是保护主义。当法国农民强烈抗议布鲁塞尔所做的妥协时，欧洲理事会被迫给予他们额外的帮助和补偿。

/ 038

比"乌拉圭回合"更为久拖未决的，是取消欧共体成员国之间人员往来方面的边境检查问题。1985 年 6 月，法国、联邦德国、荷兰、比利时和卢森堡的政府代表在卢森堡摩泽尔河畔的申根（Schengen）小镇会晤，商讨逐步取消相关检查的准备工作。根据《申根协定》的规定，直到 1990 年 1 月 1 日，将彻底取消边境检查。当然，这里所指的是 1985 年共同制定这个雄心勃勃计划的国家之间的内部边界。但是，《申根协定》在实施过程中并不如预期那样畅行无阻：警察部门的安全顾虑绝非空穴来风，尤其是在毒品交易和形形色色有组织犯罪带来的问题上。

　　1990 年 6 月，第二份《申根协定》签署。该协定将在完成必要的安全措施后（其中包括一个基于电子数据处理的共同缉捕系统），于 1992 年 1 月 1 日生效，但实际的生效时间是 1995 年 3 月 26 日，亦即在原来的《申根协定》签署十年之后。除了当初的签署国，意大利、西班牙和葡萄牙也参与到取消内部边境的计划之中，1995 年 4 月起奥地利也紧随其后。第二年，斯堪的纳维亚半岛国家，包括非欧盟成员国挪威和冰岛，加入"申根区"。唯有英国在这个问题上依然坚持它所谓的"特立独行"（spendid isolation）政策。当 1997 年该协定通过《阿姆斯特丹条约》被升格为共同体政策的一部分，英国还是顽固地坚持这一立场，以至于又出现了一个新的英国的"选择性退出"。为了避免在阿尔斯特地区（Ulster）边境实行更严格的检查，爱尔兰效仿了英国。但是，对大多数欧盟公民来说，《申根协定》成了比其他任何欧共体或欧盟的决定更为直观的一种体验：内部边境检查的取消带给人们的不仅是一种自由行的体验，而且也是一种增加个人自由的感觉。有鉴于此，1985 年的五个先驱国家可以将此成就在自己功劳簿上大书一笔。[1]

对于美国来说，1992 年的重头戏是 11 月的总统大选。现任总统乔治·H.W. 布什试图通过一种自信的外交和安全政策在如今已变为"单极"的世界上长久地巩固他领导下的美国所取得的"冷战"胜利成果。3 月初，《纽约时报》刊载了一则关于由国防部长迪克·切尼（Dick Cheney）的副手、负责国防政策的副部长保罗·沃尔福威茨（Paul Wolfowitz）牵头制定的一份五角大楼内部的战略文件的报道。这份战略文件阐述了美国的军事力量在全球继续存在的理由，其目的在于，阻止一个新的敌对超级大国的崛起，必要时采取威胁使用核武器的手段以遏制新核大国的出现。这份 1992 年 3 月编纂的备忘录在某种程度上构成了布什于前一年 9 月，即华沙条约组织解散数月后所提出的新裁军倡议富有攻击性的对立面：布什曾在此倡议中宣布，美国将从欧洲撤走所有可用作战场武器的陆基短程导弹及军舰上搭载的战术核武器。

外交方面，在美国及其盟友取得 1991 年海湾战争胜利之后，以色列和巴勒斯坦的关系又重新成了美国中东政策的核心问题。在华盛顿的巨大压力下，自 1990 年 6 月起担任以色列右翼政府总理的伊扎克·沙米尔（Yitzak Schamir）于 1991 年 8 月被迫同意参加关于中东问题的会谈。此次会议由布什和戈尔巴乔夫提议于 10 月在马德里举行，除了包括以色列的阿拉伯邻国叙利亚，巴勒斯坦解放组织也参加了这次会议。但是，直到 1992 年 6 月由伊扎克·拉宾（Yitzak Rabin）领导的左翼工党在大选中获胜，并于随后一个月组成由他领导的有沙斯党（Sephardim Shomrei Torah）参加的联合政府之后，在西班牙首都举行的谈判中达成妥协的机会才得到增加。面对犹太教正统派教徒和定居者运动积极分子的强烈抵制，拉宾政府与巴解组织领导人亚西尔·阿拉法特（Jassir Arafat）初步达成了

/ 040

一份解决问题的轮廓方案：撤出大部分被占领土，建立巴勒斯坦自治政府作为未来独立国家的核心；作为交换条件，巴方承认以色列国，以及巴勒斯坦人放弃暴力。拉宾的让步得益于布什承诺的根本推动，即美方给予以色列五年的慷慨贷款。

尽管布什总统取得了无可争议的外交成果，但是，他于1992年秋再次当选的前景并不乐观。自1990年以来，美国陷入了一场严重的经济衰退之中，且这场衰退又反映在糟糕的民调数据之中。1992年的预算赤字为2900亿美元。1992年6月，虽然经济有所好转——第三季度增长了3.8%，第四季度甚至增长了5.7%，但是，民调机构发现，有利于布什竞选的转折局面并没有出现。1992年5月发生在洛杉矶的严重种族骚乱致使53人死亡，数千人受伤。时隔五天之后，布什总统才到这个加利福尼亚的百万人口城市视察。对此，许多美国人十分不满，这点在"民意调查"结果中也有所反映。

布什在1992年面临的两个竞选对手是：民主党候选人、阿肯色州州长威廉（比尔）·杰斐逊·克林顿，以及无党派候选人、靠自己创建的电子数据系统公司赚钱起家的亿万富翁罗斯·佩罗（Ross Parot）。克林顿将他选战的重点锁定在经济振兴的目标上，其最蛊惑人心的竞选口号是："抓住经济，傻瓜！"（It's the economy, stupid!）为了消除债务和赤字，克林顿不仅提出要对美国的巨富课以重税，并且降低公共开支，同时他也要求增加对教育和普通医保的投资。佩罗为自己宣传造势的方式是号召大家爱国，以及讲述他自己作为企业家的成功经验。出人意料的是，他于1992年7月退出了竞选，并于9月再度参选。民调显示，佩罗的参选首先损害的是布什，而非克林顿，二者的比例关系为二比一。

共和党一方面承诺减少数额巨大的政府债务，另一方面却又主张降低税率以振兴经济。除此之外，他们竞选活动的相当一部分是针对民主党候选人的人身攻击。鉴于其被曝光的婚外情，克林顿被指责品行不端，不适合担任总统职务。布什竞选班子最保守，也最著名的成员帕特·布坎南（Pat Buchanan）提出竞选口号，认为克林顿和他的"竞选伙伴"——田纳西州民主党参议员阿尔伯特（阿尔）·戈尔（Albert "Al" Gore）代表了"有史以来对男女同性恋最亲善的双驾马车"。这一鼓动宣传将共和党的竞选活动推入了低谷。

共和党的手段并没有帮助布什总统赢得 1992 年 11 月 3 日的大选。虽然克林顿只得到了 43.01% 的相对多数选票，但是明显领先于得票率 37.45% 的布什。佩罗的支持率是 18.91%，这是自 1912 年以来"第三党派"候选人所获得的最好结果。在总共 538 个有资格选举总统的选举人中，克林顿赢得了 370 个选举人，布什为 168 人，佩罗一无所获。在参众两院，民主党皆赢得了多数，但在众议院中不得不遭受微小的损失。共和党再次证明他们不仅是一个代表有钱人、白人和具有新教及盎格鲁 - 撒克逊色彩的政党，而且把代表社会阶层的多数派政党的位子也拱手让给了试图争取大多数"其他"选民的民主党。

在总统大选和克林顿上任之前，在任总统还做出了几项外交上的重要决策。11 月 24 日，联合国秘书长布特罗斯 - 加利请求布什向内战中山河破碎和受到饥饿威胁的索马里施以援手。总统对在美国领导下的联合国执行和平任务的联合行动（Unified Task Force①，简称 UNITAF）表示赞同，大约 3 万名士兵将参加此次行动。12 月 3 日，安理会做出相关决议；六天后，首批"恢复希望行动"的士兵飞抵索马里。稍后不久，布什本人也亲自访问了这个位于非洲东北部的国家。此次行动的任务是联合国于 1992 年 4 月形成决议的维护和平使命联合国索马里一号行动（UNOSOM I）（该行动在向饥饿中的民众提供最紧迫的救助时，遭到当地"军阀"的阻

/ 042

---

① 英文意为：联合行动部队。

挠），与一个新的、有权采取军事强制措施的执行和平行动双管齐下。可是，权限管辖混乱的后果直到白宫的权力更迭之后方才显现出来。

1993年伊始，布什和叶利钦于1月3日在莫斯科签署了一项美俄裁减军备协议——《第二阶段削减战略武器条约》。条约规定，到2003年两国应减少60%的战略核武器数量。1993年1月19日，布什在任期的最后一天再次在伊拉克采取军事行动。他下令对伊拉克南部有军事嫌疑的设施进行轰炸，目的是惩罚萨达姆·侯赛因派遣他的部队进入与科威特交界的非军事地区，以及伊拉克战斗机闯入本国北部和南部的禁飞区。在任期的最后几周内，布什总统做出的一项跟军事完全无关的决定，是于1992年12月17日签署了《北美自由贸易协定》（NAFTA）。除了美国，该协定的缔约国家还有加拿大和墨西哥。在1994年1月1日生效前，这份在国内不无争议的协定，除了将给克林顿带来与奉行贸易保护主义的民主党以及与害怕墨西哥廉价劳工竞争的工会组织的严重冲突外，还将给他增添一桩由其1992年的竞争对手罗斯·佩罗发起的关税保护运动的麻烦。

在即将卸任总统一职时所处理的最后几桩政务中，其中的一件引发了重重争议：布什赦免了其前任罗纳德·里根手下的几个心腹干将，其中有曾经担任部长职务的卡斯帕·温伯格和乔治·舒尔茨，以及总统的前安全顾问罗伯特·麦克法兰。上述几人皆因与"伊朗门"事件有关而被检方起诉。对此，布什的继任者束手无策，只能听任其利用总统权力，将政治前途的考量置于追究可能的司法责任之上。

美国第42任总统比尔·克林顿于1946年8月出生于阿肯色州小城霍普市（Hope）的一个低微但并非贫寒的普通人家。他的原名叫威廉·杰斐逊·布莱斯三世（William Jefferson Blythe Ⅲ），15

岁时随改嫁的母亲改姓其赌徒和酒鬼继父的姓氏。克林顿早年即加入民主党，他的偶像是约翰·F.肯尼迪。1963年7月，还是中学生的他曾经有幸和肯尼迪握过手。从华盛顿特区的乔治敦大学毕业后，部分出于在臭名昭著的越南战争期间逃避当兵服役的目的，克林顿作为罗德奖学金获得者到英国牛津留学。之后，他在耶鲁大学念完了法学专业。1975年，他和同样是学法律出身，在才华、政治抱负和口才方面毫不逊色的希拉里·罗德姆（Hillary Rodham）结为伉俪。1979~1981年以及1983~1992年，克林顿任阿肯色州州长。在州长任上，他赢得了政治上极为能干的"新民主党人"的声誉。他懂得如何将经济自由和社会保守的改革尝试巧妙地结合起来。然而，流传甚广且颇为其政敌津津乐道的是关于他在男女关系上的出轨行为，以及关于克林顿夫妇卷入银行和房地产生意，即所谓"白水门丑闻"的小道传闻。这些传闻皆与他在阿肯色州担任州长的这些年有关。从1993年起，"白水门案"由一位独立调查人进行调查，该案使克林顿的整个总统任期蒙上了一层阴影。直到2000年，案件调查结果显示，比尔和希拉里·克林顿二人皆未有任何违法犯罪行为。

克林顿上任刚两周，就于1993年2月5日签署了布什曾经两度否决的一项社会政策法案——《家庭和医疗休假法案》。该法案为劳动者在生重病的情况下享有12周不带薪休假提供了保障。新总统国内政策的主要目标，是通过提高税收和减少开支来整顿国家财政预算。此前计划中的一项减轻中产阶级纳税负担的政策被他推迟出台；另一项为创造新就业岗位所设立的600亿美元的基金计划，因共和党和部分民主党人的反对而流产。尽管阻力重重，1993年8月，克林顿在主要问题上实现了他的目标：虽然优势非常微弱，但赢得了国会对一个五年预算方案的多数支持。该方案的内容包括，提高所得税的最高征税额，以收入25万美元为起征点，税率由31%提高至39.6%，公司税的最高等级增加1个百分点。经过努力，他的

/ 044

削减国防和社会项目开支计划，以及同时实行的一项更有利于对有子女抚养的低收入人群延迟缴税的政策获得通过。这些措施的最终结果，是要为实现在五年时间内节省至少 5000 亿美元的开支做出贡献。

克林顿首届总统任期最有争议的一项改革涉及同性恋在军队中的地位问题。总统意欲为他们在陆军、海军和空军中不受限制地参军服役敞开大门，但遭到了以参联会主席科林·鲍威尔为首的高级军官们的强烈反对。最后，克林顿被迫以一种不能令人满意的解决办法，即用"不问不说"（don't ask, don't tell）的原则退而求其次：对新兵和军队人员不询问其性取向，而且也不向别人公开自己的性取向。克林顿为同性恋者争取权利的努力损害了他在民众中的受欢迎程度：在任期的头四个月，他的政策支持率由 57% 跌到了37%。

克林顿不仅力图通过医疗保障制度的改革来解决医保行业爆炸式上升的开支问题，而且也试图借此来消灭他所认为的丑闻般的不公平现象：3700 万美国人根本没有医疗保险，或是其他许多人没有足够的医疗保险这个事实。但是，他的这些努力均未成功：克林顿把致力于完成这项任务，且需在三个月内拿出建议方案的工作小组的领导权交给了他的夫人希拉里·克林顿，此举在共和党和他自己的民主党内均遭到了抵制和反对。正如政治学家西达·斯科波尔（Theda Skocpol）指出的那样，工作小组于 1993 年 9 月提交的结果，是一个"以市场为导向和以国家为构架进行改革的折中方案"，因此，无法平息来自国会议员的批评之声。若照此方案，雇主们将不得不为其员工承担四分之三的医保费用；地方保险公司将在政府监督下相互竞争；联邦政府将为交不起医保费的人承担其费用。

共和党不失时机地将克林顿的这一计划说成是官僚主义，甚至是国家社会主义式的阴谋诡计，简言之，一种"大政府"的手段伎俩。民主党内部同样是各执一词，莫衷一是。此前在北美自由贸易区问题上因表示反对意见而遭受打击之后，工会组织的最高机构——美国劳工联合会－产业工会联合会（AFL-CIO）此次对支持总统的医保计划兴致索然。1994 年 9 月，在提交国会进行投票之前，克林顿不得不撤回该项计划。倘若提早将国会纳入方案的制定过程，那么，克林顿此次国内政策上的重大失利或许能够得以避免。

1993 年 2 月 26 日，亦即在克林顿宣誓就任总统五周之后，纽约世贸大厦地下停车场的一次炸弹袭击震惊了全美国。此次袭击事件中，有 6 人死亡，1000 多人受伤。事后很快发现，此次袭击的幕后策划者是出生于埃及、住在纽约布鲁克林区的盲人酋长奥马尔·阿卜杜勒·拉赫曼（Omar Abdel Rahman），他曾经为抗击入侵阿富汗的苏联军队而招募过阿拉伯的"圣战"人员。袭击的实施者是以科威特人拉姆兹·尤素福（Ramzi Yousef）为首的一伙人，他将自己的行动看成是对以色列持续杀害巴勒斯坦自由战士的一种抗议。尤素福在阿富汗的"圣战"者训练营接受过技术培训，该训练营的伊斯兰激进分子曾经在 1979 年之后得到美国金钱和武器援助，目的是给苏联的入侵以致命的打击。此后，伊斯兰激进分子的势力不断壮大，最终于 1992~1996 年在兴都库什山下的这个国家上台掌权。在"我的敌人的敌人就是我的朋友"的口号下，美国培植了一股势力，这股势力毫无疑问仇恨一切美国和西方的价值观。1993 年 2 月发生在纽约的这起袭击，还不是使美国认清自己过于短视的"务实政策"危险的最后一次事件。

/ 046

克林顿就职后要处理的第一个外交危机是索马里内战。1992 年 12 月，布什根据联合特遣队（UNITAF）向这个东北非国家派遣了大约 3 万名"美国大兵"（GIs）。克林顿上台后，有 21000 人从那里撤回国内。1992 年 8 月底，美国根据当年 4 月联合国批准的联合国索马里（UNOSOM）二号行动，派遣了 4400 名三角洲部队和陆军游骑兵部队前往索马里。1993 年 10 月 3 日，游骑兵部队的士兵分乘四架"黑鹰"直升机前往首都摩加迪沙，执行抓捕可能在那里出现的恶贯满盈的"军阀"穆罕默德·法拉赫·艾迪德（Mohammed Farah Aidid）的任务。艾迪德是 1993 年 6 月杀害 24 名巴基斯坦联合国维和士兵的元凶。抓捕行动在艾迪德民兵的火箭弹攻击中受挫，18 名美军士兵阵亡，84 人受伤。在持续 17 小时的交火后，一名阵亡美军士兵的尸体被欢呼雀跃的艾迪德民兵拖拽着在摩加迪沙游街示众。这些镜头经过电视被传播到全世界，美国公众群情激奋，怒不可遏。

虽然美国人在索马里首都得以暂时恢复了某种程度的"秩序"，但是过后不久，美国从索马里开始撤出自己的部队。1994 年初，安理会决定，减少 UNOSOM 二号行动的维和部队数量，1300 名自 1993 年 4 月以来参与行动的德国国防军士兵随即撤出索马里。索马里发生的一切，不仅使国防部长莱斯·阿斯平（Les Aspin）、克林顿政府以及整个美国脸上无光，而且使联合国的形象也受到了影响。联合国和美国的关系陷入了一场严重的危机之中，国会甚至不允许政府承担超过四分之一的维和或执行和平行动的费用。应向联合国支付的会费也久拖不付，1993 年 10 月支付了拖欠的部分会费，直到 1999 年，参议院才做出决定，重新向联合国正常支付会费。对于联合国人道干预及和平努力的理想来说，美国的态度意味着一种沉重的政治抵押：这就是准备得十分糟糕、由一支多国部队共同承担且协调完全不足的 UNOSOM 一号行动、UNITAF，特别是 UNOSOM 二号行动所造成失败的最致命后果。

摩加迪沙行动失败一周过后，美国和联合国又在加勒比海地区再遭败绩。1993 年 10 月 11 日，根据联合国和克林顿政府一段时间以来的计划安排，"夏伦郡"（Harlan County）号军舰抵达海地的太子港。船上共有大约 200 名美国和加拿大士兵、警察和工程师,他们的任务是,为恢复 1990 年 12 月经过民主选举产生的、1991 年被军事政变推翻的让 - 贝特朗·阿里斯蒂德(Jean-Bertrand Aristide)的领导地位进行准备。阿里斯蒂德的对手在首都纠集和武装了一群暴民,企图阻止船上人员登陆上岸,并取得成功。"Harlan County"被迫掉头返航,海地的军人政府大获全胜:世界上最强大的国家和联合国在数天之内再度蒙羞。

受到美国和联合国在索马里的挫败直接影响的还有另外一个非洲国家——当年比利时的殖民地卢旺达。比利时人曾经舍弃占卢旺达人口超过 85% 的胡图族,扶持占人口少数的图西族。1961 年卢旺达获得独立后,情况发生了根本的变化:胡图族欺压图西族,许多图西人逃往乌干达和扎伊尔,并从那里跟新的统治者进行游击战。武装组织和帮派从这两个民族中招兵买马,由于大量人口失业,投奔其门下者趋之若鹜。1993 年夏,美国、英国、法国以及成立于 1963 年的非洲统一组织(OAU)敦促胡图族和图西族达成一项协议,协议规定双方权力分享、自由选举和建立一支共同的军队。联合国将出面监督协议的执行情况,并于 8 月 4 日为支持卢旺达的一项新行动(联合国援助卢旺达行动①)进行准备。

/ 048

1993 年 10 月 5 日,亦即在"摩加迪沙之战"两天后,安理会将对原计划有 8000 名士兵参加的 UNAMIR 进行投票表决。但是,在吸取索马里的经验教训后,美国想尽量减少派往卢旺达的兵力,并迫使安理会做出了派遣一支仅有 2500 人的部队的决定。在随后的数月中,由薪水低、武器装备差和对卢旺达局势一无所知的士兵组成的小规模部队来到了昔日的比利时殖民地。没有迹象表明,这支小部队能够完成在卢旺达推进所寻求的"建国"任务。

―――――――――――――

① 英文名是:United Nations Assistance Mission for Rwanda。简称 UNAMIR。

1994 年 4 月 6 日，导致胡图族对图西族进行公开种族屠杀的事件终于发生了：卢旺达总统朱韦纳尔·哈比亚利马纳（Juvenal Habyarimana）和布隆迪总统西普里安·恩塔里亚米拉（Cyprien Ntaryamira）的座机被击落，二人均遭不测。这一事件的真相始终未能彻底查清，人们怀疑是由极端的胡图人所为。哈比亚利马纳曾以卢旺达民主化及民族和解运动辩护师的面目出现，所以成了胡图人的眼中钉。保罗·肯尼迪（Paul Kennedy）在他关于联合国的论著中，对此次谋杀事件的后果做了如下描述："胡图人持续一百天的种族灭绝行动……导致了 80 万人被杀。被抛到河里的图西人的尸体成堆地浮在水面上向下游漂去，就像砍伐的树干顺流而下漂向锯木厂一样。胡图族的民兵也攻击他们所憎恶的、参与 UNIAMIR 行动的比利时士兵，比利时士兵迅速离开了这个国家。之后，胡图民兵闯进了联合国的营地，杀戮那里的图西人。他们这样干，据称是联合国部队从索马里撤离给他们壮了胆，在他们眼里，撤离行动是西方国家不能忍受自己部队损失的一个证明。"

联合国部队指挥官，来自加拿大的罗密欧·达莱尔（Romeo Dallaire）将军曾对可能出现的种族灭绝行为发出警告，却无人予以理睬。只有少数几个非洲国家，首先是塞内加尔，根据安理会 1994 年 5 月 17 日做出的 UNAMIR 二号决议向卢旺达增派了部队。在美国，几乎不存在对克林顿政府施压，以结束这场种族灭绝行径的公众压力。经过长时间的犹豫不决之后，华盛顿于 7 月才同意按照 UNAMIR 二号决议中所分配的增派美国部队的数量派出军队。此前不久，法国于 6 月底根据与联合国协调的"绿松石行动"已向卢旺达派出了部队，任务是建立人道主义保护区，但事实上并没有解除政府军及与之结盟的胡图民兵的武装。有鉴于此，图西人指责法国部队出于自身利益与胡图人沆瀣一气。究竟有多少人在"绿松石行动"中获救，不得而知。7 月 18 日，在乌干达流亡地成立的战绩显赫的图西族民间武装组织——由后来的总统保罗·卡加梅（Paul Kagame）领导的卢旺达爱国阵线宣布内战结束，并成立了由图西族和胡图族组成的民族统一政府。此前，无数胡图人，其中包括妇女和儿童，成了图西人报复行动的牺牲品。100 多万胡图人逃往刚果民主共和国，结果不仅导致了邻国的局势不稳和蒙博托·塞塞·塞科（Mobutu Sese Aeko）政权于 1997 年 5 月垮台，而且还引起了一场更大的难民悲剧。

虽然美国在 90 年代是一个没有对手的世界霸主，但它在非洲却没有发挥世界政治领袖作用。无论是在索马里还是在卢旺达，没有一个全球大国的影响会对美国构成威胁，而且，问题的核心也不在于获得这两个国家珍贵资源的开采权。就卢旺达而言，或许一种下意识的种族主义也在潜移默化地发生作用：相比巴尔干半岛的"种族清洗"，"撒哈拉沙漠以南非洲"的种族灭绝对西方来说显然更加无足轻重。即便是在前南斯拉夫问题上，不论是布什当政时期还是克林顿时代早期的美国，均明显保持按兵不动的态度。虽然在总统大选期间，民主党候选人对时任总统在波斯尼亚战争问题上的被动表现进行过抨击，但是，当参联会主席鲍威尔向新总统说明，为了美国在波斯尼亚和黑塞哥维那军事行动的成功需要至少 5 万名士兵时，克林顿起初并没有打算出兵进行军事干预。直到关于塞族人针对波斯尼亚人和克罗地亚人的恐怖行径的骇人听闻报道进一步增多，总统方才不得不采取更为强硬的态度。有报道称，1994 年 2 月 28 日，美国的导弹击落了 4 架闯入波黑禁飞区的塞尔维亚战斗机。这将不会是美国对塞尔维亚入侵行为的最后反应。

克林顿试图与俄罗斯进行尽可能密切的合作。相比于前南斯拉夫的其他任何地区，俄罗斯由于历史的原因，感觉与信奉东正教的塞尔维亚有更近一层的关系。1993 年 4 月初，在加拿大温哥华举行的两位国家元首首次高峰会议上，克林顿向他的俄罗斯伙伴鲍里斯·叶利钦宣布，向俄罗斯提供60亿美元的紧急援助，以支持俄罗斯的政治和经济改革。该项援助生效的条件是：4月25日进行的俄罗斯全民表决将给叶利钦的政策带来多数支持。根据《温哥华宣言》，两个大国在国际事务中要成为一种伙伴关系，并且要在化学武器和核武器方面推进全球范围裁减军备的进程。一个月之后，国防部长莱斯·阿斯平宣布美国放弃由罗纳德·里根总统制定的、以太空为基地的全面导弹防御体系计划，即"星球大战计划"（SDI）。由此充分表明，双方对冷战思维模式均采取明确的拒绝态度。

对于萨达姆·侯赛因统治下的伊拉克，克林顿在军事上毫不手软。1993年6月27日，克林顿下令对伊拉克情报部门在巴格达的总部进行导弹攻击，这是华盛顿对伊拉克特工4月中旬刺杀在科威特访问的前总统乔治·H.W.布什未遂的回应。第二年秋天，即1994年10月初，克林顿再度被迫对萨达姆的挑衅予以回击：伊拉克军队向科威特边境地区集结，差点酿成一场新的"海湾战争"。克林顿调集一支36000人的部队和较大数量的作战飞机前往科威特；英国也同样增加了自己在海湾地区的军事存在。英美展示实力的效果立竿见影：萨达姆·侯赛因撤走了他的部队，稍后又授意伊拉克议会承认了科威特的主权。

在执政的第一年，克林顿在中东的另外一个地区获得了一个梦寐以求的扮演和平调解人角色的机会。继1991年秋马德里中东问题会议上商定的、先在华盛顿后在奥斯陆进行的以色列和巴勒斯坦解放组织之间的谈判后，1993年9月初，在挪威的积极参与下谈判获得突破：巴解组织承认以色列国的存在，以及它的和平和安全生活权利的合法性；除此之外，巴解组织还承诺，未来放弃使用暴力并参与共建中东的和平进程。以色列方面则承认巴解组织是巴勒斯坦人民唯一的代表，并且承诺，最多五年之内将加沙地带和约旦河西岸的大部分地区置于巴勒斯坦自治政府的控制之下。应克林顿的邀请，以色列外长西蒙·佩雷斯（Schimon Peres）和巴解组织执行委员会国际事务负责人马哈茂德·阿巴斯（Mahmud Abbas）于 9 月 13 日在白宫玫瑰园举行的隆重仪式上签署了有关原则声明，以色列总理伊扎克·拉宾和巴解组织主席亚西尔·阿拉法特出席了签字仪式。

华盛顿这场轰动一时的仪式之后，继之而来的是艰难曲折的谈判和双方极端分子一再阻止和平解决争端的企图。1994 年年底，一个狂热的犹太定居者在希伯伦（Hebron）的易卜拉欣清真寺开枪射杀了 29 人；在由此引起的暴乱中又有 20 多人丧生。尽管如此，拉宾和阿拉法特于 5 月 4 日在开罗签署了《加沙－杰里科协定》中关于《华盛顿加沙地带宣言》的执行规定，9 月 29 日在以色列西南部的埃雷兹（Erez）签署了另一项协定，该协定使在约旦河西岸和在杰里科城（Jericho）建立巴勒斯坦的国民管理机构成为可能。随后于 10 月 26 日，又缔结了约旦和以色列之间的和平协议。该协议在克林顿的见证下，由侯赛因国王和拉宾总理在两国交界的红海海滨艾因伊夫罗纳（Ein Avrona）共同签署。美国总统马不停蹄，从约旦首都安曼继续飞往大马士革，目的是想说服叙利亚总统哈菲兹·阿萨德（Hafiz al-Assad）对以色列采取更为积极的和平政策，但未能取得突破。

/ 052

此后，一连串的恐怖袭击事件不断发生。1995 年 8 月 21 日，一名巴勒斯坦人在耶路撒冷袭击了一辆以色列的公交车，造成 4 人死亡，100 多人受伤。五周半之后的 9 月 28 日，拉宾和阿拉法特在华盛顿签署了一份将约旦河西岸地区划分成不同等级的自治区的临时协定。这是拉宾与巴解组织签署的最后一份协议文件。11 月 4 日，这位此前同佩雷斯和阿拉法特一道荣获诺贝尔和平奖的以色列总理在特拉维夫和平集会上讲演结束离场时，被一名犹太民族主义定居者刺杀身亡。半年后，右翼利库德集团主席、和平进程的坚决反对者本雅明·内塔尼亚胡（Benjamin Netanjahu）于1996年5月29日以比其对手西蒙·佩雷斯领先1%的得票率，赢得了以色列总理的第一次直接选举。从此，中东再度回到剑拔弩张的对峙状态。

在其他一些危机地区，克林顿的外交更有成效。1994年底，联合国根据美国的提案，授权所有成员国采用一切手段对海地进行干预，目的是推翻军政府和重新恢复民主制度。1994年9月19日，美国部队未费一枪一弹在海地登陆。此前，在威胁进行干预的背景下，美国前总统吉米·卡特（Jimmy Carter）经过苦口婆心的游说，终于成功说服海地军政府首脑拉乌尔·塞德拉斯（Raoul Cédras）放弃政权，流亡他国。1994年10月15日，前总统阿里斯蒂德重新回到了三年前他被军队赶走的总统位子上。

1994年秋，当事关阻止朝鲜宣布退出《禁止核武器条约》的关键时刻，吉米·卡特又为克林顿立下了汗马功劳。10月21日，亦即在朝鲜的党和国家领导人金日成去世三个月之后，这位美国前总统成功地与平壤缔结了一份框架协议。根据此协议，朝鲜放弃它的核计划并拆除它的核电设施；作为交换条件，卡特受克林顿的委托向朝鲜保证，向它提供能源供应，建造两座轻水反应堆并进行经济合作。日本和韩国也一同为两座轻水反应堆的建造提供资金。1995年5月，一份补充版的《禁止核武器条约》在日内瓦签署。自1985年起，朝鲜民主主义人民共和国即属于条约签署国之列，自1994年后，属于条约签署国的还有乌克兰、白俄罗斯和哈萨克斯坦。但是，在不属于签署国的国家中，有已经拥有核武器的以色列、即将制造出第一颗原子弹的印度，以及其他一些或是谋求拥有核武器的国家，如巴基斯坦、伊朗、伊拉克和利比亚，或是巴西和阿根廷这样有能力制造这种武器的国家。朝鲜并没有彻底放弃发展核武器的野心，这一点在21世纪初即暴露无遗。的确，在禁止核扩散问题上，国际社会离全球共识还相去甚远。

就另一个危机地区——北爱尔兰而言，克林顿仅出于保住总统位子的原因，就不得不对之表示关注：正如其本人一样，数以百万计的美国人的祖先也是爱尔兰人，他们中的大多数都是民主党的铁杆选民。1994 年年初，当克林顿给爱尔兰共和军的政治臂膀——信仰天主教的新芬党党首格里·亚当斯（Gerry Adams）发放访美签证时，伦敦的梅杰政府大为恼火。在美国等诸方的压力下，爱尔兰共和军在这年的 8 月底宣布停止武装斗争。一年多之后的 1995 年11 月底，英国首相约翰·梅杰和爱尔兰总理约翰·布鲁顿（John Bruton）宣布，关于在阿尔斯特地区实现持久和平的努力取得了突破。包括新芬党在内的所有政党，均被邀请参加关于解除准军事组织的武装，以及关于新教徒和天主教徒之间政治和解的谈判；一个以民主党参议员乔治·米切尔（George Mitchell）为首的国际委员会将对和平进程进行监督。

此后，克林顿立即启程前往都柏林、伦敦和北爱尔兰进行访问，并会见了敌对阵营的领导人——天主教阵营的格里·亚当斯和新教阵营的伊恩·佩斯利（Ian Paisley）。所到之处，克林顿尤其受到天主教徒们的热烈欢迎。然而，克林顿的访问并非意味着北爱尔兰冲突的结束。1996 年 2 月 9 日，爱尔兰共和军在伦敦的金丝雀码头商业区制造了一起炸弹袭击事件，目的是以这种方式表示，在没有找到和平的解决办法之前，他们不愿解除武装。克林顿并未因此而动摇决心。通过米切尔，他继续对阿尔斯特的新教徒和天主教徒之间的和解施加影响。

对于美国的国内政策来说，1994 年 11 月 8 日是个重要的转折点：克林顿的民主党在中期选举中损兵折将，反对派共和党大获全胜。自1912年以来，"大老党"①首次在国会的参众两院中拥有多数席位。在众议院中，共和党占得230席，比之前增加了54席；民主党丢掉了54席，仅剩下204席。此后，来自佐治亚州极端保守的纽特·金里奇（Newt Gingrich）成了多数派领袖。他俨然以"候补总统"的形象登台亮相（虽然最后无缘总统宝座），并为他提交的"美国契约"提案争取多数支持。该提案是一份立法计划，核心内容是将预算平衡写进宪法，并且还包括有关减税和节省政府开支的法律等。在参议院中，多数派领袖的角色由来自堪萨斯州、政治上毫无特色的共和党参议员鲍勃·多尔（Bob Dole）充任。由于增加了9个席位，所以共和党在参议院中如今是52席，比民主党多了4席，民主党则损失了9席。

对于国会中发生戏剧般席位变化的原因，大多数观察家对此所见略同。克林顿在很大程度上被认为是一个运气欠佳的总统，不论是在对内还是在对外政策上皆是如此。共和党把克林顿的医保改革描画成一种朝着官僚化、集权化甚至是专制化方向发展的步骤。正像"武器院外集团"所发起的运动一样，他们对此的煽动宣传收到了同样的效果。以全美步枪协会为首的"武器院外集团"运动反对克林顿在9月签署的一项打击暴力犯罪的法案，该法案禁止销售19种半自动武器。除此之外，新闻媒体还不断以"白水门事件"的调查进展，以及克林顿在任阿肯色州州长时似有非有或确有其事的桃色新闻为炒作对象。正如1994年11月的事态所表明的那样，这一波紧似一波的"曝光"浪潮使克林顿和他的民主党元气大伤。有鉴于此，克林顿两年后是否能再度入主白宫，其可能性自1994年中期选举以后被认为几乎为零。

在克林顿的对手中，基督教新教原教旨主义分子是一群顽固

---

① 原文为"Grand Old Party"，常用来代称共和党。

的死对头。这些新教原教旨主义分子聚集在以帕特·罗伯逊（Pat Robertson）为首的"基督教联盟"麾下，并自1994年底以来，以前所未有的密切程度与共和党进行合作。罗伯逊能言善辩，是各种阴谋论的支持者。按照其说法，共济会和传说中的光明兄弟会会员、自由主义者和共产党人已经抱团，企图破坏信奉基督教的美国。比这股势力更右倾的是国民自卫运动的极端分子，他们在23个州里有大约800名武装民兵。在这个与政府势不两立的组织的活跃分子中，蒂莫西·麦克维（Timothy McVeigh）即是其中之一。他是极右派和同情纳粹思想的作家、狂热的反犹太主义者威廉·皮尔斯（William Pierce）的信徒。1995年4月19日上午，麦克维与他的两个同伙、帮凶特里·尼克尔斯（Terry Nichols）和迈克尔·福捷（Micheal Fortier），在俄克拉荷马城对一座政府大楼——艾尔弗雷德·P.默拉（Alfred P. Murrah）联邦大楼实施了爆炸袭击。168人（其中有19名儿童）在这次由本国人所为、迄今为止最可怕的恐怖袭击中丧生，大约600人受伤。四天后，克林顿总统在俄克拉荷马城发表的感人至深的讲话中，对遇害者表示悼念。他号召人民与制造仇恨和恐惧的势力进行斗争。他的讲话打动了许多曾经的政敌。民调显示，84%的美国人对克林顿处理1995年4月19日这场悲剧的方式表示认同。

1995年，克林顿不得不面对的第一场外交政策挑战来自美国南部的邻国。1月中旬，财政部长罗伯特·鲁宾（Robert Rubin）向总统报告，墨西哥已处在经济崩溃的边缘。为了支撑墨西哥货币，美国要向其提供250亿美元的贷款支持，墨西哥才能得到拯救。克林顿考虑后认为，墨西哥货币崩溃所引起的世界经济风险要远大于提供美元支持的风险；此结论得到他最尖锐的反对者纽特·金里奇的认同。但是，提供贷款援助的想法却遭到了工会和与工会关系密切的民主党人的强烈反对，以至于总统的相关提案在国会中未能获得通过。克林顿靠从

（1934年在经济危机时代设立的）经济稳定基金中拿出200亿美元贷款的办法，找到了解决问题的途径。墨西哥从美国、国际货币基金组织、国际清算银行和加拿大银行一共得到了大约500亿美元的资金支持，从而渡过了本国金融危机的难关。然而，美元在1995年4月却跌到了1美元只兑换1.36马克的历史最低点。这个最低点不仅是墨西哥货币危机带来的影响，而且也是美国长期居高不下的预算赤字造成的后果。

1995年秋，预算危机愈演愈烈，一触即发。倘若不提高公共债务的上限，美国将面临无力进行财政支付的危险。由于共和党一概拒绝增加贷款，并且要求减少社会福利开支，特别是减少"医疗保险"范围中的医疗补贴，克林顿总统不得不先于11月再于12月采取关闭政府部门的措施，——该措施在1990年的《预算执行法案》的"扣押"条款中有强制性的规定。持续三周的第二波关闭政府部门措施，导致了政府工作人员拿不到工资，博物馆和国家公园等公共设施被迫关门停业的后果。

美国公众认为，对这些由克林顿施加给他们的强硬措施该负责任的不是他本人，而应当是一意孤行的共和党人，尤其是金里奇。在糟糕的民调结果面前，克林顿的对手不得不于1996年1月做出让步。在克林顿做出调整预算政策，至2002年拿出一份收支平衡的财政预算后，共和党才同意在当时的财政年度给予政府部门和国家机构完成其工作所需要的贷款额度。由此，克林顿赢得了他任职以来最为严峻的一次国内政策方面的力量博弈。此前不久，他还取得了迄今为止外交上的最大成功：随着1995年12月14日《代顿协议》在巴黎签署（下文将详述），波斯尼亚战争宣告结束。这两个事件——预算问题的解决和巴尔干半岛实现和平，让比尔·克林顿第一次能以某种乐观主义的态度去展望1996年11月的总统大选。[2]

　　1995 年 7 月 11 日，经过两天的炮击之后，波斯尼亚塞族人的部队在他们最高指挥官拉特科·姆拉迪奇的指挥下，向由联合国设立的、位于波斯尼亚东部斯雷布雷尼察的保护区发起进攻。此次行动属于执行波黑塞族共和国总统拉多万·卡拉季奇于 3 月 8 日发出一道命令：把穆斯林群众从剩余的飞地——斯雷布雷尼察和泽帕赶走。对这次事件，法国人伯纳德·维耶（Bernard Janvier）将军领导的联合国维和部队（UNPROFOR）和驻扎在斯雷布雷尼察、由托马斯·卡雷曼斯（Thomas Karremans）上校指挥的 150 名荷兰蓝盔士兵均未做好准备。荷兰士兵在姆拉迪奇将军的部队面前完全束手无策，眼看着姆拉迪奇的部队将大约 7000 名波斯尼亚男人同妇女和儿童分开，然后成群结队押送至城外，并在那里将其枪杀。

　　欧洲自 1945 年以来，从未发生类似于 1995 年斯雷布雷尼察大屠杀那样的种族灭绝事件。然而此时，"种族清洗"不单单发生在波斯尼亚塞族人一方。1995 年 5 月，克罗地亚军队未遭遇任何抵抗，闯入了联合国在斯拉沃尼亚（Slawonien）西部设立的保护区；8月，他们占领了"克拉伊纳（Krajina）塞尔维亚共和国"，赶走了那里的 15 万 ~20 万塞族人。如同在斯拉沃尼亚一样，在克拉伊纳也同样发生了克罗地亚人犯下的战争罪行：在焚毁村庄和炮击难民的过程中，有数百人死于非命。就波黑而言，克罗地亚人以及居住在克罗地亚的波斯尼亚人发动攻势的结果，是使波斯尼亚的塞族人一方与波斯尼亚人和克罗地亚人结为盟友的另一方之间形成军事和领土上的僵持局面。

/ *058*

　　在 7 月的暴力升级之前，西方国家就已从迄今为止在波黑问题的失误中吸取了教训。应联合国秘书长布特罗斯－加利的请求，北约在 6 月决定组建一支快速反应部队（Rapid Reaction Force，简称 RRF）。这支快速反应部队由配有重武器的，来自英国、法国和荷兰的机动部队士兵组成。德国派出了 1500 名士兵，他们以克罗地亚为基地，以狂风战斗机和医疗救助来支援快速反应部队。斯雷布雷尼察大屠杀之后，北约加强了对波斯尼亚塞族人目标的空中打击力度。该行动得到了联合国安理会的同意，并且在克林顿的推动下，安理会于 6 月 16 日对快速反应部队进行了相关授权。

美国介入力度的增大是结束波黑战争努力的决定性因素，对此，新当选的法国总统雅克·希拉克（Jacques Chirac）也极力敦促。8 月，克林顿总统派遣他的安全事务顾问托尼·雷克（Tony Lake）和国务卿沃伦·克里斯托弗的副手彼得·塔尔诺夫（Peter Tarnoff）前往西欧国家的主要首府和莫斯科，以求为波黑制定出一个和平解决问题的框架。此前担任过驻德大使，美国国务院现任欧洲和加拿大事务国务秘书理查德·霍尔布鲁克（Richard Holbrooke）临危受命，以外交手段争取塞尔维亚总统米洛舍维奇同意这一目标。

霍尔布鲁克完成这一使命的机会在于，米洛舍维奇的立场足够现实，并能认识到终于下定决心采取强有力行动的西方将无往而不胜。塞族共和国总统拉多万·卡拉季奇需要更多时间才能清醒认识到这一点。当米洛舍维奇拒绝给克拉伊纳的塞族人提供支持时，卡拉季奇甚至指责他卖国。北约经过猛烈的空中打击之后，迫使卡拉季奇于 9 月初做出让步，从而使停火谈判得以开始起步。当谈判陷入僵局时，快速反应部队再度实施空中打击，并迫使波斯尼亚塞族人于 10 月 12 日同意临时停火。同样的情况也发生在即将攻取塞族人固守的巴尼亚卢卡（Banja Luka）的波斯尼亚政府军以及与之结盟的克罗地亚人方面。有鉴于此，卡拉季奇除了委托米洛舍维奇在即将举行的和平谈判中为没有得到国际法承认的波斯尼亚塞族共和国代言之外，别无其他选择。

在国际社会为确保解决波斯尼亚冲突的过程中，具有亲塞尔维亚传统的俄罗斯起着至关重要的作用。早在数年前，克林顿就想方设法加强叶利钦在同其民族主义和共产党对手较量中的地位。由于克林顿决定性的参与和推动，俄罗斯于 1993 年 7 月在东京举行的第 19 届世界经济峰会上，获得了 280 亿美元经济援助的承诺，并且随后于 1994 年 7 月在那不勒斯举行的峰会上，首次被接纳为七国集团首脑政治会谈的成员。1994 年，当需要说服乌克兰和哈萨克斯坦放弃留存在其领土上的核武器时，克林顿和叶利钦也相互配合协作。1994 年 6 月，俄罗斯甚至加入了北约的"和平伙伴关系"计划。但是，当克林顿为了推进北约东扩，欲把有意愿加入北约的中欧和东南欧前华沙条约组织成员国也招募进来时，这位俄罗斯总统认为这是对其国家安全和国际地位的一种威胁。1994 年和 1995 年之交，他甚至认为，美国和俄罗斯的关系是一种"冷和平"，并且拒绝将"和平伙伴关系"计划进一步升级更新。

在此背景下，克林顿借联合国成立 50 周年庆典之际，于 1995 年 10 月 23 日在纽约说服叶利钦，派遣一支俄国部队参加波黑的和平使命行动，——此举乃是一个不折不扣引起巨大轰动的成功。虽然叶利钦坚持俄国的派遣部队不受北约领导，但他并不反对让其听命于一位美国将军的指挥。

/ 060

1995 年 11 月 1 日，在位于美国俄亥俄州代顿市的赖特－帕特森空军基地，塞尔维亚总统斯洛博丹·米洛舍维奇、克罗地亚总统弗拉尼奥·图季曼和波黑总统阿利雅·伊泽特贝戈维奇之间的谈判开始举行。除了上述三方，美国、俄国、英国、法国和德国也参加了谈判。牵头人的角色由理查德·霍尔布鲁克担任，他以铁腕般的强硬态度多次成功阻止前南斯拉夫谈判代表团中的一方离席终止谈判。

1995 年 11 月初，波黑的基本态势呈现出一种近乎"势均力敌"

的局面：波斯尼亚人和克罗地亚人控制了领土的 51%，波斯尼亚的塞族控制了 49%。有观点认为，这种权重分配的态势应当保持不变。在代顿的谈判过程中，谈判各方就如下解决方案达成了一致看法：作为独立的国家，波斯尼亚和黑塞哥维那保留战前的边境线不变；8 月 28 日那天还是波斯尼亚塞族人炮击事件的舞台并造成 38 人死亡的萨拉热窝，仍然是整个国家的首都。波黑全国分为两个完全自治的、几乎同样大小的部分或"实体"——波黑联邦和塞族共和国。整个国家只有外交、外贸、货币和国籍的管辖权。根据克罗地亚的要求，联邦被划分为拥有相当自治权的州。难民有权重返家园，并得到合理的赔偿。

三周后，代顿谈判结束。谈判的结果几乎无法让人对这个被设计出来的国家依靠自身的力量存活下去抱有希望。几乎无任何迹象可以表明，彼此不共戴天的民族愿意进行彼此间建设性的合作。难民重返家园的权利只是停留在纸上的空文：在他们当初被驱赶出去的地方，眼下的局势无法让人想象能够重新开始一种良好的邻里关系。就波黑而言，代顿协议事实上意味着对"种族清洗"结果的承认，"实体"之间的边界划分对塞族占领者有利。反之，在 11 月 12 日的另一份单独协议里，克罗地亚争取到了将斯拉沃尼亚东部地区重新纳入版图的好处，也因此得到了恢复战前边界的保证。1995 年 4 月，联合国决定组建一支 5000 人的联合国恢复信任行动部队，简称 UNCRO（United Nations Confidence Restoration Operation），从而阻止了新一轮的"种族清洗"。

1995 年 12 月 14 日，在克林顿总统亲自出席的情况下，《代顿协议》在巴黎隆重签订。尽管这个有待执行的解决方案十分脆弱，但是，《代顿协议》还是给南斯拉夫国体继承战争史上最为血腥的一页画上了句号。在这场冲突中，有 10 万人失去了生命，将近 200 万人无家可归。有关这个昔日多民族国家的其他危机地区，比如科索沃等,《代顿协议》并未触及。

　　由于有 1995 年 12 月 15 日安理会的一项决议,在波黑毕竟存在一支
57000 人的受北约领导的联合国维和部队,即执行部队(Implementation
Force,简称 IFOR)。这支特遣部队由来自 16 个北约国家和 17 个其他
国家,其中包括来自俄罗斯和乌克兰的士兵组成,其任务是阻止战火重
燃。联合国高级代表手中握有特别授权,可以在紧急情况下强制执
行联合国的指示。缘此,波黑变成了一个联合国的保护国。虽然波
黑因此失去了自身行动的能力(因为需要三个不同民族的基本共识,
而此共识根本不存在),但是,这项措施却是直接的当事方于 1995
年所能达成的最低限度的共同结果。

　　有鉴于代顿谈判期间的时局,不可能取得比协议内容更多的
结果。倘若如同温和的科索沃领导人易卜拉欣·鲁戈瓦(Ibrahim
Rugova)所要求的那样,西方国家坚持同时解决科索沃问题,那么
1995 年 12 月的协议就不可能达成。与波斯尼亚问题不同,对米洛
舍维奇和其国内的政治阶层来说,科索沃是塞尔维亚,亦即南斯拉
夫联邦共和国不可分割的一部分。缘此,塞尔维亚的立场是,所有
涉及这个省份的事务皆为内部事务,其他国家无权干涉。正因如此,
关于前南斯拉夫问题将会从国际事务中消失的推测,没有证据可以
为此提供依据。[3]

歌德曾经在他的《鲜蛋，好蛋》一诗中写下过这样的诗句："欢欣鼓舞并非买来的鲱鱼，以盐腌之可保年年有余。"1990年之后，德国所走过的发展历程证实了诗人的说法。在两德统一的欢乐过后不久，人们对东德并入西德在经济和社会上所带来的后果的失望接踵而至。最初，鉴于原东德千载难逢的市场机遇，德国西部各州到处呈现一派统一后的繁荣景象：1990年，国内生产总值实际提高了5.7%，1991年为5.1%。然而1992年，德国西部也遭受了世界经济衰退的波及：国内生产总值在1992年仅有1.8%的微弱增长，1993年实际下降了2%，这是德意志联邦共和国历史上从未有过的降幅。

在德国东部的新联邦州，国内生产总值则从1989年的3360亿东德马克下降到1991年的2060亿西德马克，票面跌幅几乎达到40%。两德统一之前，西德工会曾经在劳资谈判中争取到了两位数的工资增长、更短的劳动时间和更长的解雇保护期的权益。正因如此，这些斗争成果对无数企业由于缺乏竞争力而迅速破产倒闭起了推波助澜的作用。一个非工业化过程由此揭开了大幕，伴随现象即是失业率的不断增加。失业率增加首先波及的是妇女，她们中的大多数在东德时代是职业妇女。失业率从1990年的2.7%上升到1992年的14.8%，1998年达到19.5%。2000年的16.5%虽然明显有所降低，但还是比德国西部各州的7.2%高出1倍多。

/ *063*

东部经济的下滑对国家提出了进行经济和财政政策调整改革的要求。仅依靠贷款方式，亦即通过进一步的政府举债来支撑德国统一的计划已经难以为继。1991年3月8日联邦政府做出决定，与提高燃油税和天然气税一道，同时施行一种"团结税"，其形式为：在所得税上增加7.5%的附加税（起初有期限，自1995年以后为无期限）。同一天，联邦政府还决定每年财政拨款120亿马克，以推行《东部振兴共同计划》。根据这一计划，财政拨款将用于兴建基础设施、扩建交通网、促进地区经济结构、扶持造船行业以及出台环保措施和创造就业岗位等。1994年和1995年以后，又增加了在联邦政府、各州总理和各党派（基督教民主联盟、基督教社会联盟、自民党和社民党）之间商定的"团结公约"的资金支持项目。1991~1995年，从德国西部流向德国东部的转移支付金额总计为6150亿马克。对联邦德国来说，此举即意味着政府暂时告别了巩固预算的路线。公共负债率在1982~1989年从50.1%减少到45.8%，至1992年又回升到了50%。政府债务（包括现金贷款在内）从1989年的4900亿马克上升到1995年的约10000亿马克。

面对出现的"统一危机"，德国东部大部分民众甚为不满。这场危机是1989年后原中欧和东欧国家所陷入的"剧变危机"的德国翻版。然而，如同历史学家格哈德·A.里特尔（Gerhard A.Ritter）所指出的那样，在德国新联邦州和东边的邻国之间存在着一个值得注意的不同点："德国东部民众普遍希望自己的生活能很快达到西部的水平，而且，以此目标为衡量标准，不顾工资收入的显著增加，依然对差距怨声载道；而中欧和东欧后社会主义国家的民众则将他们的新环境与前政府垮台前的处境相比较，愿意把较小的改善皆当作发展成就来看。"

德国东部民众有足够的理由对统一后的西部德国表示不满和嫉妒，而且这种怨气不仅仅局限在1989年之前那些"既得利益者"身上。在许多领域内，特别是在高等院校、政府部门、司法和警察系统，政治上有问题的以及不能续用的岗位任职人员必须让位给来自德国西部那些常常摆出一副好为人师、无所不知和高人一等姿态的应聘者。许多德国东部的民众觉得自己的阅历变得一文不值，沦落成了所谓的"二等德国人"。在这样的情况下，对新环境的不满和怨气就转化成了对原东德怀旧式的美化和憧憬，即所谓的"东德怀旧症"，但极少变成对昔日当权者的同情和支持。这些当权者中，不少人已被法庭宣判多年徒刑，其中包括原国家安全部长埃里希·米尔克（Erich Mielke），昂纳克的继任者埃贡·克伦茨（Egon Krenz）等。昂纳克本人因曾下令在柏林墙开枪而以杀人罪受到刑事起诉，但因身患肝癌，于1993年1月被免予起诉而得以躲过审判。之后不久，这个当年的德国统一社会党领导人出国投奔旅居智利的女儿，并于1994年5月以81岁高龄在智利去世。

在德国东部民众对德国西部民众的不满和怨气中，也夹杂着对难民的不满情绪。1991年波斯尼亚战争爆发后，大量难民从前南斯拉夫来到德国，其中一部分人被安置在德国东部闲置的房屋和公寓内居住。1991年9月，位于萨克森州霍耶斯韦达（Hoyerswerda）的一处安置难民的住所，在当地居民的喝彩声中被极右分子袭击；1992年夏，在罗斯托克市的利希滕哈根区（Rostock-Lichtenhagen）发生了持续数周、集体迫害式的和敌视外国人的骚乱，这场骚乱引起了全世界的关注。但是，仇外情绪并不是德国东部地区所特有的现象，这点在随后的六个月中便暴露在光天化日之下：1992年11月在莫尔恩（Mölln）、1993年5月在索林根（Solingen）发生了纵火事件。在这两起纵火袭击中，数个土耳其家庭的5名儿童和3名妇女丧生，其他26名家庭成员不同程度受伤。事件表明，在德国西部也同样存在针对来自其他文化人群的愚蠢偏见和深刻敌意。

自80年代末以来，德国的难民数量不断增多。1992年超过了438000人，其中仅有4.3%被承认是政治避难者。德国接纳的欧共体难民总人数超过四分之三（78%），其中部分原因是基于《基本法》第16条第2款第1句的文字表述："受政治迫害者享有避难权。"这条规定反映了纳粹独裁统治和1933年后德国人流亡异国他乡的经验教训。然而，对于90年代初这种规模的难民潮以及大量滥用避难权的现象，

《基本法》的起草者们未曾想到，而且也不可能想到，因此，他们最终也无法想到由这个新挑战所产生的越来越难以解决的难民住宿及安排照顾问题。

很久以来，联盟党力主修改《避难法》，自民党和社民党起初则表示反对。经过漫长的辩论和来自左翼党和教会的强烈抗议，最终达成妥协，并将修改内容写进了于1993年7月1日生效的《基本法》第16a条，以及《避难程序法》的修订版中。经过修订的法律中，保留了个人避难权。但是，从"安全的"第三国入境德国的人员不可再引述避难权为依据。这条规定原则上也同样适用于那些来自"安全的"原籍国的人员。如何理解"安全的"这个概念，该条款做了烦琐细致的解释，以至于《基本法》成了一部带有程序规定的有悖于宪法本质的"超载"法律。德国通过新规定，将自己不愿承担的责任推诿给"第三国"，这点成了备受批评及难以自圆其说的众矢之的。

1994年是第二次全德范围的联邦议会大选年。在联邦政府希望"得分"的政绩中，有4月批准通过的护理保险法案，该法案是除了医疗保险、意外保险、养老保险和失业保险之外法定社会保险的第五个支柱。这个最新险种的目的，是要促进针对护理需求风险的预防工作，减轻地方政府社会救助开支的负担。护理保险的服务内容包括居家护理和住院护理，费用由雇员和雇主共同承担。鉴于其无可争议的社会进步意义，以劳工部部长诺伯特·布吕姆（Norbert Blüm）为首的护理保险制度拥护者，对这个（传统上德国式的）制度架构所带来的后果——非工资劳动成本的增加以及累及德国企业的竞争力，采取了"舍不得孩子套不住狼"的态度。为了减少雇主的成本压力，所有的联邦州（萨克森州除外）都取消了一个法定节假日，即宗教年度倒数第二个星期三的忏悔祈祷日。1995年1月1日，该法生效。作为科尔时代社会政策方面最重要的成果，该法将长期实行。

1994 年春，离联邦议会大选还有半年多时间，经济形势开始好转；德国西部各州国内生产总值的年平均增长率为 2.1%。对于波恩的执政党来说，经济复苏的信号在政治上来得恰到好处。同样恰逢其时的，是可作为完成德国统一加以庆祝的一个事件：1994 年 8 月 31 日，5 月间被选为里夏德·冯·魏茨泽克（Richard von Weizsäcker）继任者的联邦总统罗曼·赫尔佐格（Roman Herzog）、总理科尔和俄罗斯总统鲍里斯·叶利钦从德国送走了最后一批驻扎在原东德的苏联士兵和非军事人员。

10 月 16 日，德国第 13 届联邦议会通过选举产生。基民盟和基社盟得票率 41.5%、社民党 36.4%、德国绿党（1993 年 5 月由联盟 90 并入绿党，成为一个统一政党）7.3%、自民党 6.9%，民主社会主义党的得票率为 4.4%，但由于在四个选区直接获胜，从而以总共 30 名议员进入联邦议会（3 个直接席位等同于 5% 进入议会的资格）。绿党和自民党尽管明显失票，但在议会中仍占多数，共有 341 个席位。1994 年 11 月 15 日，赫尔穆特·科尔第 5 次当选联邦总理。社民党总理候选人、原莱茵兰-普法尔茨州州长鲁道夫·沙尔平（Rudolf Scharping）继续担任社民党主席。但是好景不长：在 1995 年 11 月举行的曼海姆（Mannheim）党代会上，经过激烈的角逐和投票，其党主席一职被萨尔州总理奥斯卡·拉方丹（Oskar Lafontaine）所取代。

在赫尔穆特·科尔连任联邦总理两年半前，英国首相约翰·梅杰也成功连任首相。出乎多数观察家的预料，在 1992 年 4 月 9 日的下院大选中，保守党胜出，得票率为 41.9%，仅比 1987 年 6 月玛格丽特·撒切尔当政时所得的 42.3% 略少。尼尔·金诺克（Neil Kinnock）领导的工党得票率为 34.4%，比五年前多出 3.6 个百分点。自民党得票率为 17.9%，比自由党和社民党组成的联盟在 1987 年的得票减少了 4.6 个百分点。保守党在下院中比其他党派领先 21 个席位，但是明显少于撒切尔时期下院选举后所得席位。除了梅杰和保守党，对选举结果感到高兴的还有英国独占鳌头的新闻巨子——澳大利亚人鲁伯特·默多克（Rupert Murdoch）。他的新闻集团旗下的发行量最大的大众报纸《太阳报》在选举日出版的大标题是："如果金诺克获胜，但愿最后一个离开英国的人把灯关掉。"

　　约翰·梅杰的第二届首相任期并非吉星高照、风平浪静。关于"黑色星期三"，即 1992 年 9 月 16 日，首相被迫宣布英国退出欧洲货币体系及直接导致英镑贬值的后果，本书前文已有叙述。1993 年 5 月，财政大臣诺曼·拉蒙特（Norman Lamont）被以不讲情面的方式解职，并由肯尼斯·克拉克（Kenneth Clarke）接任。有别于其前任，克拉克被认为是一个"拥欧派"人士。虽然梅杰在党内围绕批准《马斯特里赫特条约》和由他在谈判中争取到的"选择性退出"的较量中获胜，但是，其反对者和批评者的人数（如今也包括拉蒙特在内）有增无减。

　　1993 年 12 月，梅杰在唐宁街 10 号与爱尔兰政府首脑艾伯特·雷诺兹（Albert Reynolds）会谈后宣布，倘若爱尔兰人民在全民公投中表达这样的意愿，那么，英国将不阻拦爱尔兰共和国与阿尔斯特地区的统一。此言一出，一些保守党的"强硬派"立刻做出强烈反应。除此之外，梅杰还曾授权与 1991 年 2 月用火箭弹袭击首相府的爱尔兰共和军进行秘密会谈。起初，爱尔兰共和军并不为伦敦的路线变化所动：1994 年，有 61 人在爱尔兰地下组织的袭击中丧生，比 1993 年增加了 13 人。1995 年，仅有 9 起袭击事件的记录。在美国的敦促下，爱尔兰共和军于 1995 年 8 月宣布，停止进行武装斗争。1995 年 11 月底，梅杰与他的爱尔兰同事约翰·布鲁顿及克林顿总统举行了之前文中已经提到过的会晤。会晤向北爱尔兰的敌对阵营发出呼吁，要求各方放下武器，走相互和解的道路。

相比内部失和的保守党，工党给人的印象是个团结一致的政党：尼尔·金诺克在下院选举之后承担了选举失败的责任，并于1992年7月辞去党主席的职务；由来自苏格兰的律师约翰·史密斯（John Smith）取而代之，但他于1994年5月因心脏病突发去世。两个最有希望接任党主席一职的人是内务大臣托尼·布莱尔（Tony Blair）和"影子内阁"财政大臣戈登·布朗（Gordon Brown）。他们是党内右翼的两个年轻政治家，不仅亲密无间，而且迄今一直密切合作。二人达成共识，由支持率更高的布莱尔接任工党主席职务。不过，布朗是否与布莱尔达成默契，即七年之后接替布莱尔任党主席，并且倘若大选获胜，再接替布莱尔出任首相，外界对此存有争议。二人一致认为，如果工党再度掌权，且能够长时间执政的话，工党必须继续坚定推行由金诺克和史密斯所开启的革新进程：绝不回到国有化、与工会关系密切、要求单方面裁减军备和退出欧盟的老路上去。

托尼·布莱尔于1953年出生在一个保守的律师家庭，本人也是由牛津大学培养出来的一名律师。1994年7月21日，他在党代会上以明显优势当选党主席，得票率为57%，其竞争对手约翰·普雷斯科特（John Prescott）为24.1%。作为第一项新举措，布莱尔在1995年4月的党代会上建议，取消党纲"第4条"规定的企业国有化，并获得支持和通过。他提出了由老工党脱胎换骨而来的"新工党"的奋斗概念。在他看来，新工党必须继承和发扬撒切尔时代最重要的执政成果。首先是备受布莱尔赞赏的对工会的削权。他认为，工会应当为战后英国经济的衰落负主要责任。1995年夏，布莱尔飞赴澳大利亚，目的是向《太阳报》、《泰晤士报》和《天空》电视频道的大老板鲁珀特·默多克说明新工党路线的诚意。工党与其竞争对手保守党的区别之处在于，工党视撒切尔和梅杰所忽略的社会责任为己任，尤其是教育体制的改革，以及苏格兰和威尔士的地方自治的"分权问题"。布莱尔的纲领能否得到多数人的支持，未来才见分晓。

梅杰第二届首相任期内最引起轰动的大事之一，无疑是英吉利海峡海底连接英国和法国的"欧洲隧道"于1994年5月6日竣工通车。这是英国和法国工程师们的技术杰作，但是，某些保守的英国人却对隧道潜在后果心存疑虑。在交通政策方面，同样重要的是1994~1997年逐步推行的对英国国营铁路公司的私有化，即所谓的"解除管制"。不久即证明，这项措施并非一项具有前瞻性的基础设施政策，而是适得其反。

但是，国际新闻媒体在90年代前期连篇累牍报道的新闻却是"疯牛病"问题：这是一种于80年代末在英国首次以传染病方式出现的牛脑海绵状病，医学名称叫Bovine Spongigorm Encephalopathy（简称BSE），是由于在家畜饲料中添加动物骨粉而致。疯牛病是否会传染给人类，起初众说纷纭。对这种危险，英国农业、渔业和食品部部长约翰·塞尔温·格默（John Selwyn Gummer）曾在1990年予以坚决否认。

对病牛大量灭杀势在必行，但还不足以平息欧洲大陆消费者的恐慌心理。特别是德国对英国牛肉的抵制，导致英国肉类出口锐减。为了防止疯牛病扩散，欧盟兽医委员会于1996年3月宣布，禁止英国的牛肉和活牛出口到欧盟国家。其间，有重大迹象表明，有人因染上此病不治身亡。

/ 070

在经济方面，尤其得益于1992年9月英镑贬值的效应，英国经济开始恢复元气。1994年国内生产总值的实际增长率为4.3%，1995年为2.9%，1996年为2.8%，1997年为3%，明显好于德国的经济增长。由于从德国西部到德国东部的巨额转移支付，德国的经济增长更加缓慢：1994~1997年平均为1.85%。在通货膨胀和失业率方面，英国的形势在90年代也优于欧洲大陆。

尽管如此，面对1997年的下院大选，梅杰政府还是显得底气不足，前景黯淡。倘若 1996 年有某个流行语能够配得上"年度词语"称号的话，那么非"sleaze"莫属，此语大约相当于"黑幕"之意。在英国的新闻媒体中，关于军工企业 Churchill Matrix 的经理人开庭受审的报道让英国公众感到尤为震惊。萨达姆于 1998 年用毒气攻击库尔德人后，在英国政府有关部长不管不问的情况下，该公司继续向萨达姆政权提供军用产品。除此之外，媒体还曝光了两件丑闻：一是保守党议员尼尔·汉密尔顿（Neil Hamilton）接受历史悠久的哈罗德百货公司阿拉伯大老板的贿赂，条件是在下院中专门提出一些特定问题；二是前财政大臣乔纳森·艾特肯（Jonathan Aitken）被指控收受好处并做伪证（他因此于 1999 年被判处 13 个月的徒刑，其中 7 个月必须在监狱服刑）。在此背景下，1997 年初的众多迹象表明，英国政府即将换届易人。加之，此后形势的发展更增加了工党在下院选举中获胜的前景。

　　1991 年 5 月 15 日，法国经历了一件开天辟地、前所未有之事：在其历史上出现了第一位女总理——埃迪特·克勒松（Edith Cresson）。此前曾担任欧洲事务部长和农业部长的克勒松接替米歇尔·罗卡尔（Michel Rocard）出任总理。密特朗显然对罗卡尔缺乏信任，不认为他能冲锋陷阵，带领社会党一路过关斩将走向 1993 年的国民议会大选。正是由于这一点，密特朗总统对克勒松寄予厚望：比之罗卡尔四平八稳和以争取中间派为主的态度，克勒松能够拿出一个左翼党更有希望击败右翼党的旗帜鲜明的政策。

　　但是，这次政府首脑的人事变动很快被证明是一个失策：克勒松的执政风格是一种自我炫耀的作风；重大问题决策时常常不与同事沟通商量，而且毫不掩饰对下属的轻蔑傲慢态度。她最有争议的措施之一，是将名闻遐迩的法国国家行政学院从巴黎迁往斯特拉斯堡（Straßburg）。这一做法的目的，是以此为样板鼓励"外迁"，亦即将国家机构从首都迁往外省。法国民众对女总理的这种行事风格颇为反感。1992年3月，在克勒松被任命为政府总理十个月之后，59%的法国人对其执政风格表示不满。同时，法国的经济数据也无法帮助克勒松提升自己的支持率。1990年下半年以来，经济增长速度放缓，失业人数在1992年超过了就业人口的10%。此外，各种关于社会党通过违法手段加强该党财务状况的报道也时常见诸报端。

在1992年3月的地方选举中，社会党不折不扣地遭到了选民的惩罚：它仅获得18.2%的选票，左翼党总共得票不到30%，而议会中的右翼党得票率为33%，国民阵线党13.6%，环保党（"生态保护者"）14.7%。在同时进行的省议会选举中，社会党的表现几乎同样让人失望。密特朗旋即做出反应：4月2日，他任命时任经济和财政部长皮埃尔·贝雷戈瓦（Pierre Bérégovoy）接替埃迪特·克勒松。新总理以稳健扎实、注重预算原则和货币价值稳定的政治家风格著称，而且上任以后始终恪守这些原则。他认为，在一国范围内采取"赤字开支"来应对世界经济的衰退并非良策，而且，就欧盟货币联盟的准备工作而言，也颇具危险性。有鉴于此，法国的经济继续下滑，失业率不断攀升：1993年2月，失业人数超过了惊人的300万。

/ 072

数周之后，即1993年3月21日和28日，开始了国民议会的两轮选举。社会党在选举中遭到惨败。相比1988年6月的大选，社会党损失了400万张选票，与结盟的党派总共仅获得19.2%的选票和67个议席，而五年前为279个席位。大选的赢家是代表市民阶层的右翼党。戴高乐主义的保卫共和联盟获得19.83%选票和247个席位，吉斯卡尔·德斯坦派的法国民主同盟为18.64%和207个席位，独立的右翼党派为4.4%和36个席位。国民阵线和环境保护党分别获得12.42%和7.6%的选票，因多数选举法的规定而未能进入议会。

　　正如 1986 年的情形，此次选举结果只允许有一种所谓的"同居"①可能性，即总统和执政党不属于同一阵营的一届政府。保卫共和联盟主席——巴黎市长雅克·希拉克决心已定，为了参加1995 年的总统竞选，不想此时与密特朗较量，因此放弃出任政府总理。总理一职由前经济部长、保卫共和联盟的爱德华·巴拉迪尔（Édouard Balladur）出任，内务部长则由戴高乐主义者查尔斯·帕斯夸（Charles Pasqua）担纲，他之前在 1992 年 9 月关于《马斯特里赫特条约》的公投中曾鼓动人们说"不"。外交部长是保卫共和联盟秘书长阿兰·朱佩（Alan Juppé）。其他大多数政府部长职位未按照希拉克和巴拉迪尔的约定，最后皆给了法国民主同盟的政客。该党秘书长弗朗索瓦·贝鲁（François Bayrou）出任教育部长。

　　巴拉迪尔接手的是一个千疮百孔的烂摊子。预算赤字、社保赤字和失业保险赤字分别为 3500 亿法郎、1000 亿法郎和 360 亿法郎。初时，新总理的经济政策与他的社会党前任并没有根本区别，亦即完全以减少财政支出为主要施政目的。在工会组织和议会多数表示反对后，巴拉迪尔才决定，采用大量国家贷款方式来创造新就业岗位。如第一届"同居"政府一样，第二届政府同样致力于取消国有化的工作，这项工作在左翼党 1988 年选举获胜后曾被迫中断，巴黎国家银行和埃尔夫 - 阿奎坦石油公司是巴拉迪尔政府进行私有化最重要的两家企业。帕斯夸的国内政策有强烈的右翼特点。他通过一系列新法律试图限制普通移民，特别是来自非洲的移民进入法国，并且加大了移民家庭团聚的难度。其间，根据宪法委员会的一项判决，他曾不止一次越过第五共和国宪法所允许的范围。

　　巴拉迪尔的前任皮埃尔·贝雷戈瓦，在国民议会选举开始之前

---

　　① 　原文为：cohabitation，意为"同居"，在德法媒体和学术界时常使用，其含义作者随后已做解释。

受到讽刺刊物《鸭鸣报》(*Le Canard Enchaîné*)的指控,据称,其于1986年为了购买巴黎的一处房产,曾经从密特朗的一个身份不明的朋友那里得到过100万法郎的无息借款。三年后,这个身份不明的朋友因为内幕交易受到证券交易监管部门的调查。面对这一指控,贝雷戈瓦精神压力过大,于1993年5月1日开枪自杀,这件事首先使密特朗总统遭受了重大打击。

密特朗的总统任期将于1995年届满。在执政的最后几年中,他的健康状况因罹患癌症而大受影响。自1994年起,由于新披露的档案资料,不仅第二次世界大战期间他在维希政府当政时所扮演的角色,而且他与勒内·布斯凯(René Bousquet)的多年友谊也越来越多地被法国公众所议论。布斯凯是当年"法兰西国"① 的警察局长,曾组织策划对犹太人的大搜查,并于1991年因反人类罪被起诉。鉴于外界的指控,密特朗于1994年9月接受过一次电视访谈,但访谈对澄清事实真相未起到任何作用,而且让许多左翼党人士感到疑点重重、不知所云。

/ 074

1995年春,总统大选开始。在4月23日的第一轮选举中,社会党的利昂内尔·若斯潘(Lionel Jospin)得票率为23.3%,领先于得票率为20.84%的希拉克,排名第三的是得票率为18.58%、其间与希拉克反目的巴拉迪尔,排名第四的是国民阵线的让-玛丽·勒庞(Jean-Marie Le Pen),得票率为15%。在5月17日进行的第二轮选举中,希拉克以得票率52.64%获胜。5月17日,他任命前外长阿兰·朱佩为政府总理。两个月后的7月16日,希拉克首次承认法国在驱逐法国犹太人问题上同样负有责任。弗朗索瓦·密特朗从未打算要做此举动。1996年1月8日,法兰西第五共和国历史上最充满矛盾的和最让人捉摸不透的总统密特朗去世,享年79岁。

---

① 原文为:État français,指的是纳粹德国占领下的法国,亦即维希政府时期。

　　法国北部的邻国比利时于 1994 年 2 月出台了一部新宪法，宪法赋予三种不同语言——荷兰语、法语和德语——族群各自的议会和政府，与国家议会和国家政府完全同等的地位，因而使比利时王国成了一个特殊形式的联邦国家。缘此，这三个不同的群体甚至有权各自缔结国际协定，并以自己相关领域的部长为代表与欧盟进行谈判。宪法赋予布鲁塞尔特殊地位，但是，最富有争议的问题并未得到解决：讲双语的首都，究竟是否应当作为一个特殊群体——一个在荷兰语区的瓦隆族飞地，还是作为一个讲法语人口占大多数的弗拉芒地区的首都，这个问题依然悬而未决。

　　新宪法是多年复杂艰难谈判的结果，却对解决北方富裕的弗拉芒地区和南方富裕程度较低的瓦隆地区之间的长期冲突帮助甚少。弗兰德地区是贸易、高科技和服务业的重镇，瓦隆地区则以开采煤矿为主，且产量呈严重下降趋势。各个地区皆有自己的党派体系，其中，以"弗拉芒集团"（后更名为"弗拉芒利益党"）为组织形式的北方分裂主义及右翼极端势力日渐强大。在这种情况下，组成国家政府变得困难重重。即使是在修改宪法之后，不仅弗拉芒族和瓦隆族之间的持久和解依然遥不可及，而且比利时作为一个共同国家的存在也依然未得到保障。

　　荷兰没有类似比利时国内的问题。但是，1994 年也成了荷兰国内事务的一个转折点。这年，基督教民主党人吕德·吕贝尔斯（Ruud Lubbers）历时十二年的执政期届满。1982~1989 年，吕贝尔斯先是在同右翼自由党组成的联合政府中，后是在同社民党组成的联合政府中担任首相。他的基督教民主呼吁党作为跨越教派界限的政党，有力地推进了荷兰政坛"去信仰支柱化"，亦即改变了曾经是铁板一块和宗教倾向浓厚的政治环境。在和社民党联合执政期间，社民党不得不接受对残疾人士退休金要求的限制措施。此举在工党内部引起强烈争议，最后，该党主席、财政部长维姆·科克（Wim Kok）取得胜利。1994 年 5 月的议会大选给自由派的反对党带来了票数的大幅增加，而两个执政党则蒙受巨大损失。相比于1989 年的大选，基督教民主联盟的支持率从 35% 下降到 22%，工党从 32% 降至 24%。

然而，对工党的维姆·科克来说，大选的失败同时也是一场胜利：作为如今的第一大党领袖，他与两个自由派政党组成了联合政府。还在任工会领袖期间，科克就已证明自己具有谋求社会平衡和政治妥协的能力：他于 1982 年决定性地参与制定的《瓦森纳协定》，亦即雇主和雇员之间的一项协议，成了荷兰社会协作的《大宪章》。该协议的核心内容，一方面是没有全额工资补偿的劳动时间减少和弹性化，另一方面是创造新的更加灵活的工作岗位。

作为政府领导人，科克延续了推行 1982 年协议的有益经验。随着他走马上任就任首相，"圩田模式"①的蜜月期拉开了序幕。"圩田模式"是一种社团主义的政治模式，它以国家、工会和雇主联合会的相互协作为基础，并且以经济政策的自由化、降低失业率、减少预算赤字、更多的自负其责和福利的增长为目标。1994~2002 年，

/ 076

科克领导下的两届政府取得了十分可观的成就。这些成就不仅赢得了英国首相托尼·布莱尔和德国总理格哈德·施罗德，而且还赢得了比尔·克林顿的赞赏。这种社会自由主义的共识政策也有其弊端和不足，这点在世纪转折之后便逐渐显出端倪。

与欧共体的创始国荷兰和比利时不同，葡萄牙和西班牙均是1986 年加入欧共体的新成员。历史上一直是欧洲最穷国家之一的

---

① 原文是：Poldermodell，有"圩田模式"、"波德模式"或"荷兰模式"等多种译法，指的是荷兰历史上产生的一种民主模式。其特点是多方协作，各司其职，和谐发展。

葡萄牙，1989~2000 年从欧共体获得了大约 300 亿欧元的扶持资金。这笔钱帮助葡萄牙的人均收入从 1985 年只有欧共体平均水平的 52.5%，提高到了 1989 年的将近 70%。1985~1995 年，里斯本政府由阿尼巴尔·卡瓦科·席尔瓦（Anibal Cavaco Silva）领导的自由保守主义的社民党组成。政府内阁与社会党的国家总统马里奥·苏亚雷斯（Mario Soares）一道，以"同居"方式共同执政，并坚定不移地实行一种市场经济和以开放劳动市场为主导的政策。1989 年 6 月，通过宪法修正案取消了社会主义的社会模式和农业改革，取而代之以多元化的民主制和市场经济体系。

安东尼奥·德·奥利维拉·古特雷斯（Antonio de Oliveira Guterres）领导的社会党在 1995 年 10 月大选中的胜利，并没有给自 70 年代后期以来所推行的政策带来根本性的改变。虽然不遗余力地致力于国家的现代化，但在 90 年代中期葡萄牙在许多领域十分落后，工业和农业依然缺乏国际竞争力。因此，大批葡萄牙人纷纷向欧共体更富裕的国家移民；国家机构臃肿，人浮于事；与欧共体和欧盟的老成员国相比，教育事业不受重视缺少发展。

自 1982 年 10 月和 12 月西班牙议会大选以来，由费利佩·冈萨雷斯（Felipe González）领导的西班牙工人社会党组阁执政。选举半年前，即 1982 年 5 月 30 日，虽然社会党坚决反对，但西班牙仍然加入了北约组织。1986 年 3 月，亦即西班牙加入欧共体的同一年，西班牙人在一次公投中，对留在北约表示赞同。不过，正式成为北约军事体系的成员则是在 1997 年 12 月。

社会党广泛奉行的是一种"新自由主义"经济政策，目的在于使西班牙的企业具备国际竞争力，以及促进私人企业投资，对国有企业实行私有化和（尽管只是适当地）开放劳动市场。初时，冈萨雷斯得到了最大的社会主义工会组织——总工会的支持。1976~1984 年，总工会在政府的部分参与下，与雇主联合会——西班牙企业家联合会就工资谈判和就业问题达成协议。但是，执政的社会党和总工会于1988年关系破裂。反对冈萨雷斯内阁现代化政策的抗议浪潮声势浩大，终使工会组织向工人发出号召，于12月进行全国总罢工。由于政府继续坚持自己的路线，1992年5月再次爆发了全国跨行业的大罢工。

冈萨雷斯执政十四年的政绩毋庸置疑。80年代中期之后，国内生产总值年平均增长率为2.9%，而欧共体为2.4%。人均收入，特别是由于来自"布鲁塞尔"的数以百亿计的资金扶持，从欧共体1985年平均水平的70.4%，增加到1993年的78.1%。外国企业投资增长了8倍，对外贸易增加了5倍。农业的比重迅速下降；服务业的发展速度高于工业的发展速度，2002年，有将近3/4（74%）的从业人口从事第三产业。

增长率最高的是旅游产业，它不仅是福利增长的主要来源，同时也是危害环境和房地产热的重要原因。大兴土木破坏了许多海滨景观，并且隐藏了"泡沫"的危险。冈萨雷斯执政期间的政府负债增加了2倍：1982年占国内总产值的31.4%，1996年达到了65%。失业率，特别是年轻人的失业率居高不下，这不仅是弗朗哥统治时期遗留的僵化的解雇保护条款的恶果，而且也是职业教育领域存在重大缺陷造成的严重后果。就业岗位的缺乏在一个令人担忧的事实中可见一斑：在整个经济合作与发展组织（OECD）中，西班牙以60%的就业率排在最后。

冈萨雷斯政府采取的许多改革措施，遭到了人民同盟以及1989年之后人民党保守势力的强烈反对。诸如在中小学和高等院校的改革以及地区之间的财政预算平衡问题上，人民党一再向宪法法院提起上诉，以期推倒相关的新法律。在西班牙打破中央政府集权的问题上，社会党和保守党也同样意见相左：右翼党派传统上墨守成规、畏惧变革，左翼党派则更加灵活开放、锐意进取。1978年的宪法确定了拥有自治权的自治地区，最初，只有巴斯克、加泰罗尼亚和加利西亚地区保留了"民族"概念。80年代，自治区（Comunidades Autónomas）的数量增加到了17个。

政治上最敏感的多事之地是Euskadi①，即西班牙的巴斯克地区。巴斯克独立运动的为首组织是埃塔（ETA），全称是"巴斯克祖国与自由"（Euskadi Ta Askatasuna）。弗朗哥独裁政权结束后，埃塔建立起了一个集媒体、机构、政党等于一身的组织体系。然而，他们代表的只是一个（尽管）强大的少数民族——巴斯克。如加泰罗尼亚一样，绝大多数巴斯克人也在那年10月接受了1979年的自治地位。甚至埃塔的一部分——埃塔政治军事派也对此表示同意，而该组织的极端势力——埃塔军事派和其政治臂膀人民团结党则对此表示拒绝，并要求立即建立一个独立的和社会主义的"巴斯克国"。

1980年，埃塔军事组织的恐怖活动升级，大约100人在他们的袭击中丧生。同年，除了人民团结党之外的所有巴斯克党派联合成立了"和平阵线"。尽管如此，依靠敲诈勒索得来的保护费（他们称之为"革命税"），极端分裂分子得以继续在整个西班牙进行袭击活动，平均每年都有40人因此成为他们的牺牲品。由何塞·巴里奥努埃沃（José Barrionuevo）和他的副手拉斐尔·维拉（Rafael Vera）领导的马德里政府内务部认为，这是一种超出法律范围的非常状态，并且在1983~1987年依靠反恐解放小组的以牙还牙行动来对付埃塔的暴力浪潮。该小组置现行法律于不顾，在埃塔组织成员喜欢藏身的法国巴斯克地区对其实施打击。1988年1月，六个巴斯克党派中的五个联合成立了反恐联盟。一年后的1989年1月，埃塔被迫主动向西班牙政府提出停止暴力行动。冈萨雷斯政府同意与埃塔进行对话，但是，在极端的巴斯克分裂分子重新实施袭击后，对

---

① Euskadi是巴斯克语，"巴斯克地区"之意。

话被迫中断。

1993 年 6 月，西班牙议会提前举行大选。社会党获得了大约 39% 的有效选票和 350 个议席中的 159 个议席，再度成为第一大党，却失去了议会的多数地位。仅靠加泰罗尼亚自治区统一与联合党在议会中的支持，社会党才得以保住了执政权。因一系列的腐败丑闻，冈萨雷斯时代的最后一页被蒙上了阴影。1994 年，西班牙军队的一名将军被谋杀，埃塔组织的恐怖活动达到了新的高潮。这时，反恐解放小组的国家恐怖主义也随之大白于天下，冈萨雷斯首相涉嫌为这场"肮脏的战争"授权。1995 年 5 月，工人社会党在地方和大区选举中损兵折将。半年后，加泰罗尼亚政府首脑、统一联盟党领袖霍尔迪·普霍尔（Jordi Pujol）终止了与社会党的宽容协定。

于是，重新大选势在必行。1996 年 3 月，何塞·玛丽亚·阿斯纳尔·洛佩斯（José Maria Aznar López）领导的人民党在大选中获胜。洛佩斯获得了 350 个议席中的 156 席。和工人社会党一样，他也同样需要一个宽容伙伴才能组阁执政，统一联盟党再次充当了这个角色。继社会党之后，保守党现在也获得了一个给民主的西班牙打上自己烙印的机会。[4]

/ 一个体系的崩溃：1991～1995 年的意大利

　　20 世纪 90 年代前期，没有一个西欧国家像意大利那样经历了如此戏剧般的变化。东欧共产党政权的垮台及"和平革命"给意大利共产党带来了直接影响。柏林墙倒塌之后，党主席阿希尔·奥凯托（Achille Occhetto）未经与意大利共产党中央委员会商议，很快做出反应并提出建议，去掉该党名称中的"共产党"字样。1990 年 3月，在博洛尼亚（Bologna）召开的党代会上，三分之二的代表同意奥凯托的建议，重新成立一个面向从左翼天主教信徒到绿色环保人士的所有进步力量的新左派党。1991 年 2 月，从原来的意大利共产党中派生出了两个不同的政党——具有改革和社会民主特征的左翼民主党和正统的重建共产党。以《宣言报》为核心的左翼知识分子团体也并入了重建共产党。

　　这一时期，意大利的权力中心是所谓的"CAF 体系"。"CAF"是三位政治家姓氏的缩写字母，即天主教民主党的政府总理朱利奥·安德烈奥蒂（Giulio Andreotti）、意大利社会党总书记贝蒂诺·克拉克西（Bettino Craxi）和基督教民主党总书记阿纳尔多·福拉尼（Arnaldo Forlani）。意大利政坛该发生什么不该发生什么，均由此三人商量决定。安德烈奥蒂 1989～1992 年担任政府总理，推行的是经济自由化和收紧银根的政策，目的是遏制巨额政府债务和使意大利能够加入未来的欧洲货币体系。他实行提高税率和减少公共开支政策；推进对没有竞争力的国营企业和银行的私有化，增强地方政府权限，并致力于使官僚主义的决策过程更加透明化。长期以来一直是财政部一个下属部门的意大利央行——意大利银行，如今不仅有了对基准利率的自主决定权，并且可以拒绝政府采用账户透支来筹集资金的一贯做法。然而，自意大利于 1990 年又完全回到欧洲货币体系中，以及货币汇率被固定在 ±2.25% 的波动范围之后，意大利央行在货币政策上就被捆住了手脚。

1989~1991 年，虽然新的无息债务，即原始债务不断减少，1992 年意大利甚至还有了财政盈余，但是，安德烈奥蒂政府却无法根除意大利财政和经济政策中的一个顽疾——国家不得不负担沉重的利息压力。主要原因在于，意大利曾经在 60 年代和 70 年代因向本国民众出售 Buoni Ordinari del Tesoro（BOT）的国债券而负债累累。90 年代中期，支付利息吞噬了超过五分之一的政府预算以及将近 40% 的税收。巨额利息的唯一好处，是它决定性地降低了通货膨胀率。但是，它却同时抑制了私人和公共投资以及经济的增长。在这种情况下，让人困惑的是，意大利准备以何种方式来满足最重要的"马斯特里赫特标准"之一：1995 年，意大利的政府负债占到国内生产总值的 120%，比欧盟规定的最大允许标准高出 1 倍。

另一个意大利政治的顽疾，是主要在意大利南部流行并由黑手党操纵的贿选行为。由于有三个到五个所谓的"优先候选人票"——通过在政党选举名单上勾选单独一名候选人的方式让其获得高票——从而为人为操纵选举打开了方便之门。提出把多个优先候选人票减少为一票这项改革动议的，是天主教民主党的幕后银行家、1962~1964 年的意大利总统安东尼奥·塞尼（Antonio Segni）的公子、议员马里奥·塞尼（Mario Segni）。由于他所在的政党和社会党一样均不同意他的动议，所以他打算把宝压在全民公投上。在左翼中间派的一个广泛改革联盟的支持下，公投于 1991 年 6 月举行。在参加投票人数不足 63% 的情况下，公投结果获得了将近 96% 的多数支持率，相当于占所有拥有投票权公民的 60%。这个结果使"CAF 体系"和站在它一边的新闻媒体遭受了一次颜面扫地的败绩。

/ *082*

影响力远在塞尼之上者，是天主教民主党的弗朗切斯科·科西加（Francesco Cossiga）总统，他自 1985 年起担任意大利共和国的国家元首。科西加（有传闻称其曾是情报机关的线人）公开宣扬宪法改革，目的是以美国为样板，将意大利政体变成总统制。他梦寐以求的并归纳在"第二共和国"概念之下的这些改革，不仅意味着意大利政治的右转，并且只有在与他有目的拉拢的右翼党派（直至"新法西斯"分子）结盟的情况下才可能实现。此外，自1991年春以来，科西加对所有意大利有名有姓的政治家（安德烈奥蒂和克拉克西二人除外）都进行过人身攻击，这些攻击带有明显的右翼民粹主义色彩。

对总统这种咄咄逼人的论战攻势能够抱有同感的，是对现行体制持反对态度的右翼政党，诸如以学医不成改而从政的翁贝托·博西（Umberto Bossi）为首的地方主义直至分裂主义的北方联盟等。该联盟脱胎于1982年成立的伦巴第联盟和其他一些地方抗议团体，他们大造舆论声势，反对由富庶的北方出钱扶持贫穷落后的意大利南方地区。但是，"新法西斯主义"的意大利社会运动几无可能在总统制的右转中获利。该党内部帮派林立、四分五裂，形成了以皮诺·拉乌蒂（Pino Rauti）为首的革命和反资本主义的极端派，以及以詹弗兰科·菲尼（Gianfranco Fini）为首的温和派。菲尼企图与右翼的中间派结盟，但此时仍未放弃他的法西斯主义立场。当1992年10月墨索里尼的"进军罗马"行动70周年时，菲尼还伸出右臂行法西斯礼，并把墨索里尼称作20世纪意大利最伟大的国家领导人。

1992年4月5日，议会大选投票开始。两个最大的执政党不得不承受损失选票的结果，天主教民主党得票率为29.7%，比1987年减少了4.1个百分点，意大利社会党得票率为13.6%，失票0.6个百分点。得票结果略有改观的是天主教民主党和社会党的联合政府执政伙伴——自由党、社民党和共和党，它们的总得票率从8.7%增加到了10%。左翼民主党获得了16.1%的选票，得票率低于五年前的26.9%。继续坚持左派立场的重建共产党得票率为5.6%；意大利社会运动党得票率5.4%，较之1987年损失了0.2个百分点。大选真正的获胜者是北方联盟，虽然在全国的支持率仅为 8.6%，但在意大利北部却为 17%，在有些地区甚至更多：在伦巴第区为 25%，在皮埃蒙特区为 19.4%，在威尼托区为 18.9%。北方的选举结果对意大利来说是个警示信号：倘若抗议情绪在全国蔓延，那么意大利的政治体系将面临严重危险。

举行大选的数周前，即 1992 年 2 月 17 日，在米兰发生了一件其影响在当时还无法估量的事件：检察官安东尼奥·迪·皮埃德罗（Antonio di Pietro）下令逮捕了 Pio Albergo Trivulzio 养老院的院长马里奥·基耶萨（Mario Chiesa）。基耶萨凭借与在米兰几乎可以呼风唤雨的社会党领导人、前总理贝蒂诺·克拉克西的关系当上了养老院院长。当他正要接受 700 万里拉的"tangenti"，即好处费的时候，被"当场"抓获。克拉克西不想出面捞人，而基耶萨则来了个"和盘托出"。他的供词揭出了一张地方上存在的无孔不入的腐败网：在克拉克西的导演下，参与建设医院、学校、地铁线和机场的公司必须拿出工程预算费用的 3%~20% 打点起关键作用的政党。其中社会党得利最丰，继之是天主教民主党和共产党，以及共产党的两个后继派系。

在号称是"Tangentopoli"，即以"好处费之都"而载入意大利史册的米兰，开始了一场英勇无畏的检察官和知道真相后的民众之间的联手行动。这场行动以"廉政之手"（Mani puliti）著称，并且以以往检察官和人民群众打击有组织犯罪的行动为榜样。进一步的调查很快发现，米兰只是不折不扣的冰山一角，"好处费"现象不仅在伦巴第大区，而且在整个意大利比比皆是。知名的大企业，如 Oliveti 和 FIAT 等，均未脱干系，而且有相当一部分国家和地方政府机构也卷入其中。

截至 1993 年 3 月 31 日，亦即米兰丑闻事件首度曝光一年后，意大利全国一共抓捕了 1356 人，还有超过 1000 人需接受调查。其中，152 名国会议员和参议员受到牵连，另外有 852 名区级和市县级的政客也未能幸免。在企业、职员和国家官员中，受牵连的达 1487 人。1993 年夏，当"好处费"危机达到高潮时，电视新闻里每天充斥的都是逮捕政客、官员和企业家的画面。在被检察院调查的著名政客中，除了安德烈奥蒂和克拉克西，还有天主教民主党人安东尼奥·加瓦（Antonio Gava）、阿纳尔多·福拉尼和奇利亚科·德美达（Ciriaco de Mita），社会党人克劳迪奥·马尔泰利（Claudio Martelli）和詹尼·德米凯利斯（Gianni de Michelis），自由党人雷纳托·阿尔蒂西莫（Renato Altissimo），共和党人乔治·拉马尔法（Giorgio La Malfa），社民党人卡罗·维齐尼（Carlo Vizzini）和原共产党干部普利莫·格雷甘蒂（Primo Greganti）。但是，最后只有极少数案件做出宣判。大多数的审理程序均以不予起诉、和解或因证据不足无罪释放结案。根据历史学家延斯·彼得森（Jens Petersen）的评论，比腐败所带来的物质和财税损失更严重的问题，是人们道德和心理受到的损害。"非法之举和道貌岸然就像癌细胞一样侵蚀着成长中的社会群体的思想和行为，并波及越来越广范的大众阶层。制度给一小部分负面的精英人群带来了好处，并宣传了各种一直影响社会日常生活的行为方式。"

议会大选七周之后，即 1992 年 5 月 25 日，意大利选出了一位新总统。在任期届满前不久，最后在政治上成为孤家寡人的弗朗切斯科·科西加辞去了总统职位，他的继任者是颇受各方尊敬的天主教民主党人士奥斯卡·路易吉·斯卡尔法罗（Oscar Luigi Scalfaro）。他就职后的首要任务之一，是任命一位新总理。朱利奥·安德烈奥蒂因涉嫌多年与黑手党有牵连，如今是泥菩萨过河自身难保，并于 1992 年 6 月 28 日宣布辞职。曾经希望能接替总理职位的贝蒂尼·克拉克西，也因为"好处费"丑闻曝光，无缘入围新总理人选。而另一位社会党人士、公法教授朱利亚诺·阿马托

（Giuliano Amato）则名声清白颇有口碑，斯卡尔法罗授命他进行新一届政府的组阁事宜。

由天主教民主党、社会党、社民党和自由党组成的阿马托政府，出台了一项大刀阔斧的削减开支政策，目的是要在短期内抑制新债务的增加，并在长期内逐渐消除以往的陈年旧账。阿马托最大的政绩之一，是说服行业劳资合同的谈判双方最终放弃"浮动标准"，即工资跟随货币贬值自动调整的惯例，并且促成了实际工资的（尽管是微不足道的）下调。然而，阿马托政府未能阻止意大利里拉的持续下跌。9 月，阿马托政府被迫退出欧洲货币体系；紧接着，里拉对德国马克陡然贬值了 24%。尽管各界民众纷纷抗议，政府的财政紧缩政策依然不变。阿马托政府实行的一系列对许多意大利人有切肤之痛的政策包括：停止国家公务员加薪，取消提前退休制，提高退休年龄，以及征收住房和不动产特别税等。

在此期间，关于"好处费"的司法调查和媒体曝光仍在继续。米兰检察院于 1992 年 12 月宣布，因涉嫌贪腐和敲诈勒索，检方已启动对贝蒂尼·克拉克西的调查程序。1993 年 3 月，克拉克西辞去意大利社会党总书记职务，但是，议会拒绝取消他的免于起诉权。1994 年 5 月（此时他已不是新当选的议会议员），这位社会党昔日的领导人逃往突尼斯，他在那里的哈马马特（Hammamet）海滨有一处豪宅。在几场不同的缺席审判中，克拉克西一共被判处 28 年徒刑。由于直到 2000 年 1 月去世前从未返回意大利，所以克拉克西没有受到任何法律判决的惩罚。

1993 年 3 月，巴勒莫（Palermo）检察院指控参议员、前总理朱利奥·安德烈奥蒂为黑手党谋取好处，并对其进行调查。安德烈奥蒂被迫频繁出席庭审，其中，一部分案件由于过了追诉时效，另一部分案件因证据不足而未有结果。无果而终的情况也同样出现在针对安德烈奥蒂蓄谋指使暗杀一名记者的案件审理中。虽然他在

2002 年 11 月的二审中被判处 24 年徒刑，但在 2003 年 5 月的上诉审理中，因证据不足被宣布无罪释放。

在巴勒莫，除了"好处费"丑闻外，有组织犯罪在 1992~1993 年也经常成为媒体报道的头条新闻。1992 年 3 月 12 日，安德烈奥蒂的一位密友、经常同黑手党做政治"交换生意"的天主教民主党欧洲议会议员萨尔瓦·利马（Salvo Lima）在巴勒莫附近被暗杀。此次暗杀是利马昔日"合作伙伴"的一次报复行动，目的是针对不断升级的针对地下组织头目的追捕缉拿行动向天主教民主党发泄不满。十一周后的 5 月 23 日，司法部反黑手党委员会负责人——乔万尼·法尔科内（Giovanni Falcone）法官和他的妻子及其保卫人员，在巴勒莫附近遭遇炸弹袭击身亡。6 月，一名认真尽职调查黑手党的办案人员——巴勒莫法官保罗·博尔塞利诺（Paolo Borsellino）和他的七名陪同人员，被汽车炸弹炸死。

为了回应一系列袭击事件，阿马托政府向西西里岛派遣了 7000 名军队士兵，同时制定了更严厉的针对当地黑手党成员的抓捕计划，并推出了一项法律：允许警察和安全部门对黑手党组织进行渗透，并对"有悔改之意"的黑手党马仔和跟班提供与政府进行合作的方便。这些新措施收到了明显的效果。1993 年 1 月 15 日，警方成功抓获通缉追捕二十多年的黑手党组织"我们的事业"的头目萨尔瓦托雷·托托·里易纳（Salvatore "Toto" Riina）。此举是黑手党迄今为止所遭到的最沉重打击之一。一年半之后，警方又抓获一条大鱼。1994 年 6 月 2 日，通缉追捕十一年之久的黑手党首领朱塞佩·普尔维伦蒂（Giuseppe Pulvirenti）在卡塔尼亚（Catania）落网，成为轰动一时的新闻。

1993 年 4 月 18~19 日，意大利举行了多次全民公决，其中之一涉及由马里奥·塞尼提出的关于采用参议院多数选举法的提案。该提案获得了多数民众的支持。公投后不久，阿马托政府辞职下台，原因是民众强烈反对一项法律草案。该草案规定，凡是因违反政党筹款规定，只"轻微"触犯法律而获罪者，不论是政客、官员还是企业家一律免于坐牢的惩罚。阿马托辞职后，总统斯卡尔法罗任命德高望重的无党派人士、意大利银行总裁卡洛·阿泽利奥·钱皮（Carlo Azeglio Ciampi）为阿马托的继任者。新任总理组成了一个以专家为主的内阁。钱皮政府继续实行阿马托政府的紧缩银根政策，推进政府管理体制的改革，并促使劳资双方进行定期的协商谈判，旨在就不超过通胀率的提高工资问题达成协议。此外，作为政府首脑的钱皮还说服众议院，参照参议院的模式采用多数选举法。

1993年秋，一场可以称为迄今为止占主导地位政党的自行解散运动拉开了大幕。11月，率先打头阵的是意大利社会党，该党因克拉克西及其继任者马尔泰利的贪腐丑闻声名狼藉，不得不改名换姓为"意大利社会主义者"以重整旗鼓，结果还是未能咸鱼翻身。新年伊始，天主教民主党又步其后尘。该党在1993年11月的地方选举中丢失了20%以上的选票，遭受了所有执政党中最惨重的损失。自1992年10月起任该党主席的米诺·马丁纳佐利（Mino Martinazzoli）要求该党于1994年1月解散，并起用法西斯年代之前曾使用过的名称——"人民党"以图东山再起。但是，并非所有的天主教民主党人都步调一致。以皮尔·费迪南多·卡西尼（Pier Ferdinando Casini）为首的右翼保守势力拒绝了马丁纳佐利的建议，成立了自己的天主教民主中心党与之分庭抗礼。

在迄今最重要的执政党分崩离析的同时，极端的右翼政党在部分地区却戏剧般地攻城略地。在1993年11月的市县议会选举中，北方联盟延续了它在意大利北方的上升势头。在有些中小城市，北方联盟甚至跃升为第一大党。在意大利中部和南部地区，意大利社会运动党两个著名的代表进入了二选一的投票阶段，但是未能如愿以偿：党主席詹弗兰科·菲尼在罗马，墨索里尼的孙女亚历山德拉·墨索里尼（Alessandra Mussolini）在那不勒斯皆功亏一篑。左翼民主党领导下的左翼联盟候选人也一路过关斩将。他们在罗马、那不勒斯、热那亚、威尼斯和的里雅斯特（Triest）的首轮选举中，均获得了多数选票，并且在罗马和那不勒斯的第二轮选举中获得胜利。在巴勒莫，昔日的天主教民主党人士、网络民主运动的创始人莱奥卢卡·奥兰多（Leoluca Orlando）以高票当选该市市长。

对意大利政党格局产生深远影响的人物是"媒体大亨"西尔维奥·贝卢斯科尼（Silvio Berlusconi）。他通过自己亲手创建的菲宁韦斯特集团掌控着一个由私人电视频道、报纸、出版社、保险公司、连锁电影院、百货公司和建筑公司组成的庞大帝国。菲宁韦斯特集团的"发明人"，是贝卢斯科尼自1978年起就是其会员的名叫"共济会"的秘密组织。贝卢斯科尼与贝蒂尼·克拉克西曾有过密切合作，后者则一直以这位大富豪政治臂膀的姿态活跃在政坛。当克拉克西大权旁落时，贝卢斯科尼也兔死狐悲物伤其类。由于钱皮政府准备出台的一项媒体法将威胁到贝氏在私人电视领域的垄断地位，贝氏感到如芒在背坐立不安。1993年底，菲宁韦斯特集团债台高筑，米兰检察院因"好处费"丑闻对贝卢斯科尼的调查，对他来说更是雪上加霜。贝氏的弟弟因非法生意已经有案在身，同时，关于贝氏本人早年同黑手党来往的传言也充斥街头巷尾。他的心腹之一马塞罗·德尔·乌特里（Marcello Dell'Utri）已被查明同黑手党有瓜葛。

若想免受司法部门的追踪调查，唯一的途径是投身政治，原因在于，位高权重的政党领袖通常能找到办法阻止议会取消他们的豁免权。除此之外，从政还有另外一个策略上的考量：迄今为止执政党的分崩离析给意大利政坛的中间派势力留下了一个真空地带，从而使民众产生了需要一个强势人物来领导国家的普遍愿望。贝卢斯科尼自信可以满足人们的这一需求和愿望。1993年

11 月，他集中自己旗下公司的所有力量，成立了一个随时可摇身一变成为政党组织登台亮相的民间运动，其蛊惑人心的名称曰："前进，意大利"——这是一个意大利足球迷通常用来给国家队加油鼓劲的口号。

两个最大执政党的土崩瓦解迫使钱皮于 1994 年 1 月向总统斯卡尔法罗提交辞呈，缘此，新议会大选势在必行。大选的日期定在 3 月 27~28 日。贝卢斯科尼同博西的北方联盟以及菲尼的意大利社会运动结成选举同盟。此前，意大利社会运动于 1 月刚刚更名为"民族联盟"，以表示该党同其法西斯主义传统保持某种距离。意大利前进党和北方联盟结成的同盟启用"自由之极"（Polo delle Libertà）的名称，而与菲尼在意大利中部和南部的民族联盟结成的选举同盟则冠名为"好政府之极"（Polo del Buon Governo）。除此之外，意大利前进党和皮尔·费迪南多·卡西尼领导的天主教民主中心党也就选举事宜达成默契。

与此同时，与多数选举法的规定相适应，左翼党阵营也结成了选举同盟：左翼民主党与重建共产党联手结成"进步党"参选联盟。此举虽然加强了两党在左翼阵营中的地位，但削弱了在同己方联手的绿党和奥兰多的"网络民主运动"之外，争取中间派阵营选票的机会。人民党，即此前的天主教民主党与马里奥·塞尼（1993 年他与天主教民主党分道扬镳）的参选政党联合，组成了"意大利条约党"。

大选结果犹如一场山崩地裂的大地震。右翼联盟共获得 42.7% 的支持率，其中意大利前进党得票率为 21%，民族联盟 13.5%，北方联盟 8.4%。进步党联盟共 34%，其中左翼民主党 20.4%，占最大部分，重建共产党 6%。人民党的支持率为 11%，塞尼的运动党为 4.7%。这个结果不仅是自 1945 年以来前所未有的左翼和右翼政党两极分化的局面，而且，法西斯主义的继承者此前也从未染指过国家政权。1994 年 3 月 27~28 日的大选是一个意义深刻的转折点，它不仅标志着意大利战后政治体系的终结，而且也标志着意大利民主制度的未来究竟该往何处去的时代的开始。

冰冻三尺，非一日之寒。政治体系的崩溃早有预兆。倘若巨额政府债务和社会保护主义式的对劳务市场的封闭隔绝是长期以来危机的物质原因，那么，蔓延猖獗的贪腐现象以及政治与有组织犯罪的沆瀣一气，就是人们对传统政党和国家总体失去信任的道德原因。以贝卢斯科尼为代表的危机受益者，不可能消除那些形形色色的弊端。从某种角度来说，这位意大利的媒体大王，就像两次世界大战期间美国的媒体"沙皇"威廉·伦道夫·赫斯特（William Randolph Hearst）和时下英国的媒体巨头鲁伯特·默多克一样。

如同贝氏一样，这两位媒体巨无霸也同样主张通过集中垄断的媒体力量，对公共舆论进行有效的操控。当然，与他们的意大利同行所不同的是，赫斯特和默多克本身并没有向国家政权伸手。相比此二人，贝卢斯科尼的过人之处在于，借助通俗化的手段将舆论影响非政治化，换言之，在由他掌控的私人电视频道中，巧妙而不露声色地降低节目的格调和品位，以达到虽不能阻止严肃认真的政治讨论，但至少可以对之加以限制的目的。

倘若菲宁韦斯特公司大老板在此领域不深谙成功之道，那么他就不可能在1994年3月的大选中击败对手夺得胜利。自从1994年5月10日当上总理后，贝卢斯科尼手中不仅掌握了对抗司法部门追查的更好手段，而且还试图逐步消除迄今为止针对政府官员滥用权力的防范措施，并且使普遍存在的贪腐现象公然登上大雅之堂。唯有他能够让立法权和行政权听命于由他广泛控制的非正式的"第四种权力"，从而仅留给第三种权力——司法权十分有限的活动空间。只要他能够牢牢把握手中的权力，那么他就可以不动声色地改变国家宪法。在这种情况下，正如英国政治学家科林·克劳奇（Colin Crouch）所说的那样，民主制度和三权分立就有褪变成徒有其表的

"后民主"的危险。

贝卢斯科尼政府刚上台执政两个月，众议院议长、北方联盟议员艾琳·皮维蒂（Irene Pivetti）和参议院议长、意大利前进党的卡罗·斯科纳米利奥（Carlo Scognamilio）即于1994年7月11日，对意大利国家广播电视公司（RAI）新一届管理委员会进行了任命。他们所挑选的来自文化和经济界的五名代表，皆为亲政府人选，其中，委员会主席由米兰企业家莱蒂齐亚·莫拉蒂（Letizia Moratti）担任。三天后，内政部长阿尔弗雷多·比昂迪（Alfredo Biondi）颁布一条政令，该政令对羁押措施加以重大限制，并扩大了辩护方的权利。当参与对"好处费"丑闻进行调查和审理的米兰法官和检察官随即做出反应并声明，在此条件下无法继续开展工作时，政府方面才被迫撤回这道政令。针对米兰法官提出的加大对主动和被动行贿惩罚力度的建议，政府和亲政府的媒体皆表示强烈反对。

1994年11月22日，贝卢斯科尼收到一封米兰检察院的调查通知书。经济警察发现，菲宁韦斯特集团旗下的几家公司在税务检查时向检方人员行贿。对此，贝卢斯科尼通过一次在所有电视台播出的讲话做了应答。讲话中，他指责司法部门滥用职权，将刑法用作政治的工具。一周后的11月29日，位于罗马的最高法院以所谓的不公正为由，剥夺了米兰法官对即将开庭的、针对49名被指控有受贿行为的税务官员进行审理的管辖权，并将司法程序改在布雷西亚市（Brescia）进行。又过了一周，12月6日，最为著名的米兰检察官安东尼奥·迪·皮埃特罗辞去了检察官职务并离开司法机关。反对派报纸纷纷就这一举动做出评论，认为这是司法部门处理"好处费"丑闻面临失败危险的一个信号。

然而，12月22日发生了一件出人意料之事：因正在进行的针对贝卢斯科尼的调查，北方联盟退出现政府，从而使联合政府失去议会中的多数，之后，贝卢斯科尼宣布辞职。斯卡尔法罗总统任命财政部长、无党派人士兰贝托·迪尼（Lamberto Dini）接任总理职务。迪尼成了非政客出身的专家内阁的领衔人物，这个专家内阁以前届政府温和派和中间加左翼政党组成的一个不稳定多数为基础，继续推行阿马托和钱皮政府的巩固财政政策。贝卢斯科尼则继续奉行肆无忌惮的在野党策略。毫无疑问，一俟机会出现，他将重新伸手掌权。随着他的辞职，意大利的政治危机进入了一个新阶段，第一共和国向第二共和国的过渡远未结束。[5]

捷克斯洛伐克于 1992 年解体，是中东欧地区年轻的民主国家历史上最具有戏剧性的一个事件。共产党统治结束后，捷克和斯洛伐克分道扬镳，各奔东西。这场大戏的主角，捷克方面是保守派公民民主党主席、具有坚定经济自由思想的财政部长瓦茨拉夫·克劳斯（Vaclav Klaus），斯洛伐克方面则是民主斯洛伐克运动党主席弗拉迪米尔·梅恰尔（Vladimir Meciar）。1991 年，梅氏在布拉格插手干预的情况下，被斯洛伐克国民议会免去了斯洛伐克总理职务。在克劳斯眼里，迅速和坚定不移地搞活和开放经济远比抱残守缺一个捷克斯洛伐克这个共同国家更为重要。相比有很好工业基础的捷克，他的强硬路线给经济相对落后的斯洛伐克带来了更为严重的影响。当年 5 月，捷克和斯洛伐克联邦共和国的平均失业率为 6.6%，其中捷克共和国为 4.3%，斯洛伐克共和国为 11.8%。

瓦茨拉夫·哈维尔（Vaclav Havel）总统是国家统一最坚定的捍卫者。他在 1991 年 11 月的一次充满激情的电视讲话中，号召人民支持他不顾议员们的反对也要推行的对捷克斯洛伐克国家政体的一场全面改革。哈维尔对议会民主和形形色色的政党组织历来敬而远之，极力主张举行全民公投，以期为实行总统制扫清道路。此外，他还极力游说废除捷克和斯洛伐克代表各占一半的参议院。但是，这一动议并未如愿以偿。虽然他的支持者试图给议员施加重重压力，但是议会多数拒绝向总统做出任何让步。

议会大选于 1992 年 6 月 5~6 日举行，大选结果彻底改变了政坛格局。克劳斯的公民民主党一跃成为第一大党，获得了捷克国民议会 200 个席位中的 66 席，公民民主党的两个盟友——民主公民联盟和基督教民主人民党共获得了 40 个席位，双方的总席位数使未来政府有了一个稳定的多数。在反对派政党中，共产党以 35 席取得了最佳的选举结果。以前外长伊日·丁斯特贝尔（Jiri Dienstbier）为首的、曾经在政府内阁中出任部长人数最多的公民论坛，因未能达到5%的门槛界限而功亏一篑。梅恰尔的民主斯洛伐克运动党在选举中大获全胜，获得了150个议席中的74席，在竞选中比民主斯洛伐克运动党更加公开支持整个国家解体的斯洛伐克国民党赢得了15个议席，同样主张斯洛伐克独立的左翼民主党也有29席。

选举后的第三天，克劳斯和梅恰尔在布鲁诺（Brünn）举行长时间会晤，会晤达成了一个明确共识：联邦制政体大限已至，无可挽救，因此，现在起应当为和平解体做好各项组织准备工作。这项工作由双方同等数量代表组成的临时政府负责承担。7月17日，斯洛伐克宣布独立和主权。三天后，于7月3日曾试图竞选连任无功而返的瓦茨拉夫·哈维尔放弃了捷克斯洛伐克的国家总统职位。1992年12月31日，捷克和斯洛伐克联邦共和国不复存在。1993年新年第一天，捷克共和国和斯洛伐克共和国开启了各自国家的新纪元。正如克劳斯和梅恰尔商议的那样，两个国家设立了关税联盟和自由边境贸易区。瓦茨拉夫·哈维尔于1月26日当选捷克总统，斯洛伐克国民议会于2月15日选举民主斯洛伐克运动党人米哈尔·科瓦奇（Michal Kovac）为国家元首。布拉格政府首脑为瓦茨拉夫·克劳斯，布拉迪斯拉发的政府首脑为弗拉迪米尔·梅恰尔。

国家的分裂说明了这样一个事实，即在90年代伊始，捷克人民和斯洛伐克人民之间的共同纽带已经不足以维系国家的统一。成立两个独立的国家符合斯洛伐克大多数民众的意愿，捷克民众也接受了这一意愿。存在了四分之三世纪的国家——倘若不算1939~1945年由纳粹德国制造的国家分裂的话——以非暴力的方式得以顺利解散分家，这是对两国政治文化的一种嘉许。中东欧国家"后共产主义"的民主制度经受住了它的第一场重大考验。

对匈牙利来说，90 年代前期国内事务最重要的转折点是 1994 年 5 月大选带来的政权交替。1993 年 12 月约瑟夫·安塔尔（Jozsef Antall）去世之后，以其继任者彼得·博罗什（Peter Boross）为总理、自 1990 年 3 月开始执政的保守派和自由派联合政府，被匈牙利社会党和自民党阵营的自由同盟组成的联合政府所取代。在 5 月 8 日进行的第一轮投票中，社会党以 32.99% 的得票率跃居为第一大党，第二大党是得票率 19.74% 的自由同盟，第三大党是博罗什的匈牙利民主论坛党，得票率为 11.74%。第二轮选举中，社会主义党占据 386 个议席中的 209 席，获得了议会中的绝对多数。

此时，匈牙利的经济形势堪忧：预算赤字占国内生产总值的 8.3%，外贸赤字为 40 亿美元，债务偿付率比前一年增加了 20 个百分点。为了有效地应对金融和经济危机，社会党和自由同盟组成了联合政府，其最高目标是，在不引起严重社会不公的情况下，迅速和坚决地推行市场经济。政府首脑由社会党主席和前外交部长霍恩·久洛（Gyula Horn）担任。

尽管遭遇过数次执政危机，但是，由社会党和自由同盟组成的联合政府还是度过了四年的执政期。由社会党改革家、财政部长拉约什·博克罗斯（Lajos Bokros）提出，于 1995 年 3 月顶住社会党左翼的抵制得以实行的"一揽子计划"，是一系列严格的财政和税务措施。1995 年 9 月，政府再度出台了不受欢迎的大学普遍收费制度。政府的紧缩开支政策给人民的生活水平造成了明显影响：相对于前一年，老百姓的平均工资在 1995 年下降了 12.2%，消费降低了 7.1%；国家财政预算中的社会支出减少了 5.4%。严格的节约政策收得了可观的经济和财政效果：财政赤字相比于 1994 年从 8.3% 下降为 6.0%，经常项目收支赤字从 39 亿美元减少到 25 亿美元；债务偿付率从 51% 降到 44%；国内生产总值增长了 1.5%，失业率下降了 0.4 个百分点。国企的快速私有化为改善经济状况起了重要作用，但是，政府承诺的社会福利政策的补偿却未能得到实现：民众普遍收入降低，贫困人口不断增加。

在外交和安全政策方面，霍恩政府所追求的是与前两届保守内阁同样的目标：和中东欧其他新兴的民主国家一样，匈牙利遵循坚定的"西方路线"。1994 年 11 月，布达佩斯政府与北约缔结了双边合作协议；1996 年 4 月，它正式提出加入北约组织的申请。次年 7 月初，北约组织成员国在马德里峰会上决定，与匈牙利以及同样提出申请的波兰和捷克进行加盟谈判。在 1997 年 11 月举行的仅有 49% 有投票资格的匈牙利人参与的全民公决中，85.3% 的绝对多数赞同匈牙利加入北约组织。1999 年 3 月，匈牙利和波兰及捷克一道，同时成了北约组织的成员国。

匈牙利加入欧盟的努力并没有如此迅速得以实现。除了加入前需要解决经济问题，还存在少数民族政策问题。1994 年 2 月，亦即在博罗什政府期间，匈牙利同欧盟之间的联合协议开始生效；同年 4 月 1 日，匈牙利正式提交入盟申请。在入盟问题上，欧盟委员会于这年春天针对各个申请国列出了一份问题清单。其中，匈牙利除了在医疗卫生和打击腐败方面尚需改进外，还面临着如何对待国内最大的少数民族——有 50 万人之众的罗姆人的问题。匈牙利绝大部分罗姆人的居住和医疗状况十分糟糕，其失业率在 1993 年为 49.7%（非罗姆人的失业率为 12.9%），寿命比其他匈牙利人要短大约 10 年。霍恩政府于 1997 年 7 月拿出了一个改善罗姆人教育状况的措施方案。但是，实现罗姆人融入当地社会方面的突破，尚无从谈起。相比而言，中间派和左翼联合政府的另一项努力更加富有成效，即改善居住在斯洛伐克和罗马尼亚这两个邻国的匈牙利少数民族的社会地位。1995 年 3 月，霍恩和梅恰尔总理签署了一项关于保护少数民族的基本协议；1996 年 9 月，关于涉及生活在罗马尼亚的 170 万匈牙利人的权益协议也签署生效。

霍恩政府执政的前两年，匈牙利的经济状况有了很大好转，以至于内阁于 1996 年开始放宽政府的财政紧缩政策。但是，社会党和自由党在民众中推行的勤俭节约措施仍在发生影响，政府在社会政策上欠账颇多。缘此，两党联合政府在 1998 年 5 月的大选中能否获胜，其前景比四年更为黯淡，而最活跃的右翼反对派——青年民主主义者联盟（简称"青民盟"）的胜率则更大。

对波兰来说，90 年代前期是一段政局不稳的时期。在 1991 年 10 月大选产生的国民议会中，活跃着来自 19 个不同党派的议员。直至 1993 年，以四分五裂的"团结工会"中的不同阵营和派别组成的历届政府像走马灯一样，常常维持数月便失败下台。其中存在时间最长的一届，是由汉娜·苏霍茨卡（Hanna Suchocka）担任总理、从 1992 年 7 月初至 1993 年 10 月底掌权的政府。时任波兰总统莱赫·瓦文萨（Lech Walesa）是一个十足的毕苏斯基（Pilsudski）元帅的崇拜者，他毫不掩饰自己对国民议会和政党的蔑视，而且把严格遵守法律视作儿戏。1994 年 11 月，当着宪法法院法官的面，他公开宣称："无须总是遵守法律的条文字句，法律是一回事，实际效率是另一回事。"

1991 年之后，与财政部长莱谢克·巴尔采罗维奇（Leszek Balcreowicz）的名字联系在一起的经济改革逐渐显出可衡量的成果。通货膨胀率从 1991 年底的 60% 减少到三年之后的大约 38%；国民收入在 1990 年下降了 11.6%，到了 1991 年仅下降 7%。但是，对于广大民众来说，这一切还不足以安慰人心，失业人数还在进一步增加：1991 年为 12.2%，1994 年则为 14% 左右。正如 1992 年夏秋的上西里西亚矿区一样，罢工是人们表达社会抗议最常见的方式。然而，自 1994 年以后，经济振兴的迹象已有目共睹：1993~1998 年，国内生产总值增长了 1/3，失业率至 1998 年降到了 10.3%，西方国家对波兰的投资呈稳定增长趋势。

/ 097

正当波兰民众对由前"团结工会"阵营组成的历届政府越来越不满时，国民议会大选于1993年9月举行。左翼政党渔翁得利，成了人民积怨和不满情绪的受益者。1990年1月，波兰统一工人党改组为波兰共和国社会民主党，领导人是年富力强的亚历山大·克瓦希涅夫斯基（Aleksander Kwasniewski）。他在1985~1987年担任青年部长，并且在1983~1990年任政治局委员。1992年6月，该党联合包括波兰教师同盟和小园林企业家联盟在内的小党派组织，共同成立了民主左翼联盟。除了社会抗议，民众对波兰政坛日渐增强的教会影响力的普遍不满也帮了"后共产党人"的忙。大选给左翼政党带来了巨大的胜利：民主左翼联盟比1991年增加了8.4%的选票，支持率为20.4%；民主左翼联盟的潜在组阁伙伴农民党获得了15.4%的选票，增加了6.7个百分点。紧随其后的是塔德乌什·马佐维耶茨基（Tadeusz Mazowiecki）的自由联盟，其得票率从12.3%降到了10.6%。这样，社民党和农民党在议会460个席位中总共拥有303个议席，取得了稳定多数。两党组成联合政府，由农民党主席瓦尔德马·帕夫拉克（Waldemar Pawlak）担任政府总理。

左翼政府继续坚定实行搞活经济、私有化和巩固财政的方针。1994年11月，波兰国家银行为了进一步降低通胀率，宣布于1995年1月1日进行币制改革：取消四个零，10000旧兹罗提改为1个新兹罗提。3月初，前共产党人士约瑟夫·奥莱克西（Jozef Oleksy）接替帕夫拉克出任总理。在其领导下，波兰出台了一项私有化法律，内容涉及一直尚未完成的大型企业国有化事宜。外交方面，社民党领导的内阁政府继续坚守前几届政府的亲西方路线。1994年3月，在北约的"和平伙伴关系"计划范围内，波兰、法国和德国（1991年8月成立的"魏玛三角合作"伙伴）开始了新的紧密军事合作。1994年4月8日，波兰正式提出加入欧盟的申请。

1995年11月，波兰举行总统选举。在第二轮投票中，社民党人亚历山大·克瓦希涅夫斯基得票率为51.7%，击败了此前两年一直对左翼政府持强烈批评态度的时任总统瓦文萨。奥莱克西总理因被指控曾做过俄罗斯的间谍，于1996年1月被迫辞职。克瓦希涅夫斯基总统任命众议院副议长、无党派人士沃齐米日·齐莫舍维奇（Wlodzimierz Cimoszewicz）接替总理职务。次年，波兰颁布了一部新宪法，新宪法在1997年5月25日经全民公决——尽管是以微弱多数——获得通过：只有43%有投票权的波兰人参加了投票，其中53%投了赞成票。新宪法加强了政府的地位，总体而言，它是一个议会民主制和总统民主制的混合体。

  在1997年9月进行的议会大选中，保守的团结工会联盟以33.8%的得票率赢得了胜利。代表"团结工会"阵营中自由派的自由联盟斩获了13.4%的支持率，左翼民主党联盟也有27.1%的选票入账，明显好于四年前的选举结果。此前与它联合执政的农民党则遭到重创，仅获得7.3%的选票。大选之后，顺理成章地出现了一届代表中间和右翼势力的政府，即由保守的团结工会联盟和自由联盟组成的联合政府，两者共拥有460个议席中的261席。新任总理为团结工会大选行动派的耶日·布泽克（Jerzy Buzek），外交部长为"团结工会"的早期智囊人物、自由联盟的布罗尼斯瓦夫·盖雷梅克（Bronislaw Geremek）。历次议会大选之后，均有政权更迭，这几乎成了90年代波兰政坛的一条规律。

  在波罗的海东岸三国中，拉脱维亚和爱沙尼亚自从获得国家独立后，最初在政坛抛头露面的皆为昔日的共产党人，他们同时也是拉脱维亚和爱沙尼亚的爱国人士。爱沙尼亚是第一个完成政权更迭的国家。1992年10月，国家独立人民阵线组织的创建人之一、中产阶级保守派人士伦纳特·梅里（Lennart Meri）取代了在任总统阿诺尔德·吕特尔（Arnold Rüütel）。同月，国家总理首次由来自保守派祖国联盟的马尔特·拉尔（Mart Laar）出任。在拉脱维亚，农会候选人、经济学家冈蒂斯·乌尔马尼斯（Guntis Ulmanis）于1993年7月作为前拉脱维亚最高苏维埃主席阿纳托利斯·戈尔布诺夫斯（Anatoljis Gorbunovs）的继任者当选国家总统。此前的6月，拉脱维亚举行了第一次自由选举。在此次选举中，由支持改革的前共产党人和在国外避难的拉脱维亚人士组成的联合体——"拉脱维亚之路"一跃成为第一大党，并和农会联手共同组成了一届联合政府。

在波罗的海东岸的第三个国家立陶宛，立陶宛国家独立人民阵线主席、反共派人士维陶塔斯·兰茨贝吉斯（Vytautas Landsbergis），于1990年3月取代最高苏维埃主席、改革派共产党人阿尔吉尔达斯·布拉藻斯卡斯（Algirdas Brazauskas）出任议会议长和国家元首。在立陶宛独立后的1992年10月和11月间进行的首次议会选举中，立陶宛民主工人党成为第一大党，由此，其主席布拉藻斯卡斯再度成为国家元首。在1998年1月的总统选举中，他不敌无党派人士瓦尔达斯·阿达姆库斯（Valdas Adamkus）败选。而此前，1996年10月和11月间，右翼民族主义的祖国党在议会选举中胜出，自此，总理职务由保守派人士盖迪米纳斯·瓦格诺留斯（Gediminas Vagnorius）担任。

对爱沙尼亚和拉脱维亚来说，最棘手的内政事务是强大的少数民族的地位问题。在爱沙尼亚，俄罗斯族人（大部分是自1940年后才移民至此）占全国人口的30%，在拉脱维亚则占到了34%。爱沙尼亚于1993年7月制定了一项法律，将俄罗斯族和乌克兰族宣布为外国人。由于俄国政府的强烈抗议，该法律的规定有所缓和，并在欧盟的影响下于1995年做了明显的放宽。但是，凡是想获得爱沙尼亚国籍及选举权的人，仍然必须要会说爱沙尼亚语。拉脱维亚的情况也类似，即自1995年起，若要获得拉脱维亚国籍，必须掌握居住国的语言，并且还要具备居住国文化和历史知识。1998年，相关的法律规定放宽之后，在所有居民中有75%的人拥有了拉脱维亚国籍。对于在1989年俄罗斯人占人口总数9.4%的立陶宛来说，实行更为慷慨大度的政策并非难事：凡是在立陶宛拥有第一居住地的人，可在两年内无任何附加条件获得立陶宛国籍。

在90年代，以欧洲和跨大西洋两岸的西方为取向是波罗的海东岸三国政治的一个共同标志。1994年2月，爱沙尼亚、拉脱维亚和立陶宛加入了北约组织的"和平伙伴关系"计划；1995年6月2日，三国又与欧盟签署了联合协议。正式加入欧盟的未来前景，不仅是三国经济开放，而且也是政治开放的一种动力。爱沙尼亚和拉脱维亚对本国严格的国籍法的放宽，很大程度上是避免过度偏离欧洲标准的一种努力。[6]

/ 与西方划清界限：鲍里斯·叶利钦时代的俄罗斯

苏联解体之后，俄罗斯开始了一段戏剧性的以内部权力斗争、经济和货币政策动荡起伏、资本主义式的疯狂掠夺以及腐败现象猖獗为特征的时代。在 1991 年 6 月全国选举中获胜的叶利钦，其周围的谋臣和说客几乎都是来自其家乡叶卡捷琳堡（1924~1991 年称斯维尔德洛夫斯克）的亲信和老乡，这就导致了与他的副手、前阿富汗战争老兵亚历山大·鲁茨科伊（Alexander Ruzkoj）将军，以及于 1991 年 8 月在反戈尔巴乔夫派的政变中站在他一边的人民代表大会主席、车臣人鲁斯兰·哈斯布拉托夫（Ruzlan Chasbulatow）之间的龃龉和摩擦。1992 年 4 月，俄罗斯总统叶利钦不得不向他的对手做出让步，放弃了身兼将近半年之久的总理职务。1992 年 12 月，他与极力主张经济开放的总理叶戈尔·盖达尔（Jegor Gaidar）分道扬镳，并向议会提议相对保守的维克托·切尔诺梅尔金（Viktor Tschernomyrdin）为接替人选。提议得到了人民代表大会大多数代表的同意。

1992 年，俄罗斯遭受了迅速蔓延的通货膨胀和经济急速下滑的打击，不仅消费品物价上涨了将近 1000%，而且工业品价格也上涨了近 1500%，与此同时，工业生产总值和零售业总额却分别下降了 23% 和 42%。七国集团于 1993 年 3 月制定了一项高达 434 亿的财政援助计划，以帮助俄罗斯重振经济。在此期间，工厂企业的私有化迅速推进，与此同时，在短时间内通过合法或非法手段攫取巨额财富的所谓"新俄罗斯人"，大部分都是旧体制下的权贵和既得利益者。与工业领域不同，农业的私有化进展缓慢，而且苏联时代的干部，亦即集体农庄的领导，如今摇身一变都成了新的非国营大企业的领导人。

偏离大力推进经济开放的主航道，只给叶利钦带来了一个短暂的喘息机会而已。这位不按常理出牌且嗜酒如命的总统身上的张扬性格，以及要把权力的天平更多倾向于行政权力的做法，必然导致与人民代表大会之间的矛盾冲突。1993 年 4 月 25 日，俄罗斯人民得到了一次在全民公决中对叶利钦的经济政策和宪法路线的命运做出决定的机会。53% 的投票公民投了赞成票，但是，关于权力平衡的问题并未就此得到解决。9 月 21 日，叶利钦通过一纸总统令解散了人民代表大会和最高苏维埃，此举不仅明显与宪法背道而驰，而且可说是一次赤裸裸的政变。六天后，叶利钦再度通过一项政令将俄罗斯联邦的地方管理职能归属到中央政府的部长联席会议之下：这是对现行宪法的又一次打击。

叶利钦的对手决心已定，对于剥夺他们手中权力的行为绝不逆来顺受。许多迹象表明，早在叶利钦的两项总统令颁布之前，他们就已经开始准备进行一场实力的较量。10 月 3 日，在训练有素和装备精良部队的帮助下，他们占领了白色大楼（议会所在地）和莫斯科市政府。之后，经过流血战斗，又占领了奥斯坦金诺电视台。叶利钦宣布进入紧急状态，并决定不动用内务部的警察部队，而是调动常规部队来对付起义分子。调动来的部队于 10 月 3 日晚到达莫斯科。与此同时，国防部在叶利钦在场的情况下做出决定，于次日清晨向联邦议会大楼发动攻击。攻击行动以双方都付出重大伤亡为代价取得成功，根据政府方面的统计，有 187 人死亡和 400 多人受伤。哈斯布拉托夫和鲁茨科伊被迫投降。在这场短暂的内战中，许多无辜的平民也失去了生命。

叶利钦希望通过 1993 年 12 月 12 日的议会大选和同时进行的由他提议的对新宪法的全民公决，来给他的所作所为补上一个民主合法的规程。叶利钦提交给俄罗斯人民审批的宪法文本，除了一个拥有非同寻常实权的强有力的总统，还设置了一种两院制，即一个由普选产生的国家杜马和一个联邦委员会。这一构架最终的实际结果无外乎就是总统制。罢免总统的程序需要杜马三分之二多数以及联邦委员会四分之三多数的批准。只有依靠三分之二议员的多数，杜马才可以取消总统的否决权。虽然杜马可以对政府首脑表示不信任，却不能予以罢免。在投票率为54.8%的情况下，58.4%的人投了新宪法的赞同票，相当于占全国有投票权人数的30.7%。因此，有历史学家认为，俄罗斯第一共和国向第二共和国的过渡是建立在脆弱的合法化基础上的过渡。

在按照根本尚未生效的新宪法规定进行的杜马选举中，亲政府的民主集团仅获得30%的支持率，与工业界"巨头"关系密切的中间派集团赢得了23.6%的选票，民族派及共产党集团以36.7%的得票率斩获了相对最多的选票，其中，弗拉基米尔·日里诺夫斯基（Wladimir Schirinowski）的极右翼自民党得票率为22.9%，在所有政党中独占鳌头。超过三分之一的俄罗斯选民都把选票投给了反对新体制且不赞同深度改革的极端反对派中的左翼或右翼政党。从此次选举的结果中，看不出人民群众对民主新开端的广泛支持态度。似乎是有意要对这一局势加以强调，俄罗斯杜马于1993年2月23日以多数票通过了对1991年8月和1993年10月政变分子给予大赦的决定。

在担任俄罗斯总统的头几年，叶利钦在外交上谋求建立与美国及其西欧盟友，特别是与德国的良好关系。前文中，针对叶利钦和布什总统于1993年1月3日在莫斯科签署《第二阶段削减战略武器条约》已有叙述，该条约对截至2003年减少战略核武器的数量进行了规定。1993年6月，俄罗斯从古巴撤出了它的最后一批部队。一年后，即1994年6月22日，俄罗斯加入了北约的"和平伙伴关系"计划。数日后，叶利钦在希腊科孚岛举行的欧盟峰会上签署了一项合作协议，欧盟在协议中宣布逐步向俄罗斯的产品开放自己的内部市场。1996 年 2 月，俄罗斯被接纳为欧洲委员会的第 39 个成员国。在同西方的关系中，一个始终存在的争议是北约的东扩计划，该计划满足了地处中欧和东南欧的原华沙条约组织成员国的安全需求，但在俄罗斯却不仅被广泛认为是对其谋求大国地位的质疑，而且被认为是一种长期的军事威胁。因此，叶利钦于 1995 年 3 月明确拒绝了北大西洋公约组织的东扩计划。

在叶利钦执政期间，俄罗斯联邦同中欧和东南欧原盟友国家之间的关系总体良好。1992 年 10 月，在莫斯科把关于 1940 年 3 月内务人民委员会部队在卡廷（Katyn）杀害数以万计波兰军官的秘密文件移交给波兰政府后不久，俄罗斯从波兰撤走了它的最后一批部队。同年 10 月 29 日，俄罗斯首次证实了数十年来一直予以否认的、1939 年 8 月签署的《苏德互不侵犯条约》秘密附加协议的存在，该附加协议的内容是，允许苏联吞并波兰东部地区。俄罗斯于 1994 年 8 月 31 日从德国撤走了最后一批部队；为此，德国在柏林举行了隆重的庆祝仪式。但是，仪式因叶利钦酒后失态试图面对电视机镜头指挥军乐队而被蒙上阴影。

俄罗斯同前苏维埃共和国乌克兰的关系十分复杂棘手。俄国政府和乌克兰政府于 1992 年 8 月达成协议，设立一个共同的最高指挥机关来解决黑海舰队问题。1993 年 6 月，双方就分割黑海舰队首次达成共识。1993 年 7 月 9 日，最高苏维埃通过一项决议，根据此决议，黑海舰队的主要基地塞瓦斯托波尔（Sewastopol）是俄罗斯领土。对此，乌克兰表示坚决反对。直到 1997 年 5 月，双方才找到了化解争议的办法：鲍里斯·叶利钦和列昂尼德·库奇马（Leonid Kutschma）总统就双方的关系签署了一份基本协议，协议确认了两国的领土完整，从而也确认了克里米亚半岛和塞瓦斯托波尔属于乌克兰。除此之外，协议还约定双方在各自的国家为少数民族提供保护。1999 年 3 月，双方又签署了关于分割黑海舰队及其军事设施的另一项协议。协议规定，俄罗斯有权租用塞瓦斯托波尔大部分的港口设施，租期起初为二十年（2010 年租期延长至四十年）。

叶利钦的俄罗斯与另一个前苏维埃共和国白俄罗斯有着非比寻常的关系。1994 年 7 月，白俄罗斯议会反腐败委员会主任亚历山大·卢卡申科（Alexander Lukaschenka）在议会大选中胜出。他曾经许诺，要通过与俄罗斯的密切合作来帮助白俄罗斯摆脱严重的经济危机，如今，他试图通过与叶利钦的紧密合作来兑现这一承诺。卢卡申科的法宝是计划经济、专制统治和压制反对派，这样，他就与欧盟和欧洲委员会产生了尖锐的矛盾，但并没有站到俄罗斯的对立面上。1995 年 2 月，他和叶利钦签署了一项边境及友好协定，协定的内容涉及两国经济和防务联盟，以及有限的政治一体化。1997 年 4 月，两位总统签署了一份联盟条约，条约涉及在保留各自国家主权情况下的联合事宜，并于 2000 年 1 月开始生效。2000 年 10 月，卢卡申科下达指令，议会大选在没有欧洲安全与合作组织（OSZE）及其后续组织——欧洲安全与合作会议（KSZE）观察员的情况下进行。在千禧年交替之际，白俄罗斯是唯一一个始终没有同苏联时代割断联系的欧洲国家。

1994 年 11 月初，在没有事先与其他国家机构商议的情况下，俄罗斯联邦安全委员会做出决议，对地处北高加索地区的车臣自治共和国发动攻击。做出这一决定的直接原因，是车臣的反叛分子扣押了俄罗斯士兵作为人质。12 月 11 日，叶利钦总统批准进行军事干预，之后，4 万名士兵开进了车臣。

车臣谋求国家独立的努力在俄罗斯欧亚殖民史上是一个始终未得到解决的问题。自 18 世纪初，俄罗斯就开始侵占高加索北部的大片穆斯林居住地，并镇压当地民族对俄罗斯统治的反抗。除此之外，车臣还是第二次世界大战期间在斯大林命令下被流放的民族之一，原因在于，这些当地民族被认为是德国侵略者潜在的盟友。车臣的伊斯兰分裂分子不可能对俄罗斯理解他们获得独立自由的愿望抱有希望，因为俄国政府的退让很容易成为高加索地区其他谋求独立的民族效法的榜样。苏联解体之后，保存俄罗斯现有的版图比以往任何时候都显得尤为重要。对俄罗斯政权来说，无条件捍卫领土完整，是维护大国地位的前提条件。早在苏联建立之前，俄罗斯就已经具有了这样的大国地位，并在经历了1991年的时代巨变之后挽救了这样的地位。有鉴于此，面对车臣反叛分子不心慈手软，不仅是俄罗斯国家利益之所需，而且也是别无选择。

经过大约八个星期的激战，车臣的首府格罗兹尼（Grozny）陷落。据统计，有25000人在1995年1月的炮火攻击中丧生。攻占格罗兹尼之后，双方紧接着开始了十分惨烈的游击战。其间，反叛组织人员得到了来自众多阿拉伯国家穆斯林志愿者的支援。伴随车臣的战事，在俄罗斯还发生了车臣极端分子的恐怖袭击活动。由于俄罗斯南部小城布琼诺夫斯克（Budjonnowsk）医院的大量人质无法用军事手段解救，俄罗斯政府被迫同意就停火问题进行谈判。虽然停火状态的确于8月2日开始，但是并没有延续很长时间。1996年4月，车臣反叛武装领导人和"总统"焦哈尔·杜达耶夫（Dschochar Dudajew）在俄罗斯的导弹攻击中丧生。1996年8月，俄罗斯的亚历山大·列别德（Alexander Lebed）将军与此前刚重新夺回格罗兹尼的车臣过渡政府首脑阿斯兰·马斯哈多夫（Aslan Maschadow）商议并达成了又一项停火协议。协议约定，俄罗斯于1997年1月完成撤军。5月，叶利钦和已当选为自治共和国总统的马斯哈多夫签署了一份和平协定。该协定并没有对车臣的政治地位做出明确结论，此事要到2001年底再行商定。

当此之时，车臣的和平和安宁还遥不可及。在车臣和邻国达吉斯坦（Dagestan）以及莫斯科，车臣叛乱分子实施的恐怖袭击始终不断。1999 年 9 月，随着俄罗斯的新一轮攻势，第二次车臣战争爆发。俄罗斯的空中打击造成大约 20 万人背井离乡，逃到邻国印古什（Inguschetien）避难。12 月 25 日，俄罗斯部队再度进攻格罗兹尼；2000 年 1 月 6 日，军事行动鸣金收兵。但是，战争并未就此结束，而是转移到了山区，并且成了多年后一直主宰俄罗斯政治的重要话题。

1995 年 12 月 17 日，第二次杜马选举开始。由根纳季·久加诺夫（Gennadi Sjuganow）领导的共产党以 22.3% 的得票率和 157 个议席成为第一大党，第二大党是亲政府的"我们的俄罗斯之家"（Our home-Russia）集团，获得了 10.1% 的选票和 55 个议席，第三大党为日里诺夫斯基的俄罗斯自由民主党，获得 11.2% 的选票和 51 个议席。以经济改革家格里戈里·亚夫林斯基（Grigorij Jawlinski）为首的反对派——俄罗斯统一民主党仅得到 6.9% 的选票和 45 个议席。倘若共产党、民族主义党和与之结盟的农业集团寡头能够团结一致，那么他们就能够批准法律，阻止总理的选举以及对政府表达不信任，却不能迫使其辞职。为了达到能对总统的否决权予以推翻的三分之二多数，三方的实力还不够强大。

当叶利钦于 1996 年夏再度竞选总统时，他对自己手中这张王牌的威力了然于胸。在 6 月 16 日的选举中，他获得了 35.3% 的选票，久加诺夫为 32%。以 14.5% 的支持率位居第三的是列别德将军，他因在车臣战争中赞同用政治手段解决争端而颇受拥戴。当叶利钦成功地说服列别德出任国家安全委员会主席一职时，第二轮选举的结果便不再有任何悬念。7 月 3 日，叶利钦得票率为 53.8%，久加诺夫为 40.3%。至此，俄罗斯在总统制道路上向前迈进了一大步，而在民主的道路上则止步不前。

俄罗斯杜马于 1996 年 8 月批准维克托·切尔诺梅尔金连任总理，而列别德将军在国家安全委员会主席的位子上只坐了几个月，在 10 月就被叶利钦解职了。1997 年 3 月，俄罗斯总统在芬兰赫尔辛基与美国总统克林顿的高峰会晤中，为解决北约东扩的争议问题铺平了道路。北约组织此前曾宣布，只要目前的安全局势维持不变，北约就不准备在新成员国中增加武器部署，以及长期驻扎实质性的战斗部队。除此之外，也不会提升北大西洋公约组织的进攻能力。

5 月底，叶利钦和北约成员国的国家元首和政府首脑以及北约秘书长哈维尔·索拉纳（Javier Solana），在巴黎协商达成了《相互关系、合作与和安全基础文件》。该文件重复了北约曾经有意识和"有条件"所作的意向声明，并且就设立一个共同的咨询和协调委员会，即后来的北约 - 俄罗斯委员会进行了约定。协议双方一致认为，相互之间不视对方为敌人，而且有责任针对双方，以及针对第三国、其主权和领土完整及政治独立放弃部署或使用武力，并尊重各民族的自主决定权。一个月后，俄罗斯成了世界主要经济大国俱乐部的正式成员。1997 年 6 月在美国丹佛（Denver）举行的第 23 届世界经济峰会上，"七国集团"变成了"八国集团"。

俄罗斯经济到 1997 年秋进入了一个相对稳定的阶段：国内生产总值不再继续下滑，通货膨胀率也呈下降趋势，但是失业率仍然居高不下。然而，危机的征兆在这一时期再度出现，尤其反映在国库赤字和国内债务方面。造成国家财政状况不佳的原因，首先在于税收不足、官僚主义、腐败现象猖獗、国有企业亏损等，简言之，管理不善的情况无处不在。为叶利钦连任总统立下汗马功劳的行业巨头都懂得减轻税负的门道，其中总统制的管理体系经常帮了他们的大忙。根据俄国内政部的估计，90 年代中期活跃在俄罗斯的犯罪组织有 8000 个；40% 的私企和 60% 的国企以及半数的银行都处在黑手党组织的控制之下。国家的税务管理形同虚设，以至于在 90 年代中期只有为数很少的俄罗斯人按时纳税。依靠国家订单开工吃饭，但不得不长时间等待财政部门付款的企业，常常捉襟见肘，无法给工人支付工资。

1998 年 3 月底，叶利钦总统因切尔诺梅尔金总理解决经济问题不力将其革职。谢尔盖·基里连科（Sergej Kirijenko）成了他的接任者，并于 4 月被国家杜马批准任命，但是也同样无法扭转局面。他提交的改革计划一开始受到杜马的极力阻挠，致使国际货币基金组织不得不减少已经承诺的财政援助。在俄罗斯联邦议会通过了一项一揽子削减开支方案之后，国际货币基金组织批准了一笔 115 亿美元的过渡贷款；8 月 6 日，俄罗斯又从世界银行得到了一笔 12 亿美元的贷款。在遭受了股票市场的重大汇率损失之后，叶利钦总统最后被迫放弃了对俄罗斯货币贬值的抗拒。8 月 17 日，汇率放开，卢布随即损失了 60% 的兑换价值。大批银行由于无法应对蜂拥而至的顾客，不得不申请破产；债务偿还暂时停止，俄罗斯实际已无偿付能力。

叶利钦再次将局势发展的责任推卸到政府总理身上。8 月 23 日，基里连科被解职。此时，叶利钦临时起用的继任者恰恰是此前刚被推翻的总理的前任——3 月被指责处理经济问题不得力的维克托·切尔诺梅尔金。当杜马拒绝对切尔诺梅尔金的任命时，叶利钦迫于议会的压力，又任命外交部长叶夫根尼·普里马科夫（Jewgenij Primakow）为新任总理。在 9 月 11 日议会表示信任之后，普里马科夫推出了一套严格的节约开支政策，同时辅之以花大力气实行原料出口的措施。银根紧缩政策虽然起到了稳定金融市场的作用，但对俄罗斯民众来说却是无奈地勒紧裤腰带过日子的开始。除此之外，其他一些苏联的后继国家也受到莫斯科经济政策转向的重大影响，对俄罗斯的出口急剧减少。

虽然国家政策不断调整变化，但是腐败依然十分猖獗。1999年 3 月，叶利钦的亲信、独联体执行秘书鲍里斯·别列佐夫斯基（Boris Beresowskij），因涉嫌洗钱及从事非法生意被解职；其他许多经济犯罪案件还有待进一步揭露出来。两个月之后的 5 月 12 日，叶利钦再次撤换了他的政府总理，接替叶夫根尼·普里马科夫的是时任内务部长谢尔盖·斯捷帕申（Sergej Stepaschin），但他也是一任短命总理。8 月 9 日，叶利钦启用弗拉基米尔·普京接替斯捷帕申。普京是别列佐夫斯基的门徒和俄罗斯联邦安全局 FSB 的负责人。正如普里马科夫和斯捷帕申一样，他的职业生涯也是从克格勃开始。普京是 15 个月中被替换上来的第五位政府总理，他下定决心，绝不像前任那样很快交出手中刚刚得到的权力。在他所做的首批决策中，包括前文所提到的对车臣的军事攻势，因此，战火第二次烧到了高加索山区的非独立国家车臣。在 1999 年 12 月 19 日的杜马选举中，普京强有力的领导作风得到了回报，克里姆林宫的执政党"Jedinstwo"统一俄罗斯党（统俄党）出人意料地取得了 23.3% 的好成绩。然而，共产党以 24.3% 的得票率再度成了实力最强的政党。

叶利钦的地位因为 1998 年的财政危机遭到了持久性的削弱。共产党于 1999 年 5 月提出一项针对他的弹劾提案，未获成功，但是，这一胜利并未使他日渐下降的个人威望得以回升。他本人对俄罗斯糟糕的国内形势应负主要责任，却每每让政府总理成了"替罪羊"。发生在其家族内部的贪腐行为是路人皆知的公开秘密，针对他个人的有关指控已经日益公开化。1999 年 12 月 31 日，叶利钦出人意料地宣布辞职。此前，临时代行总统职权的普京向他保证，赋予他不予追究刑事责任的豁免权。2000 年 3 月 26 日，总统选举提前进行。普京在第一轮选举中旗开得胜，获得了 52.94% 的支持率，而他最强的政治对手——共产党人根纳季·久加诺夫的得票率为 29.21%。

/ 111

与中欧和东欧的"后共产党国家"不同，俄罗斯联邦在 90 年代并没有走上通往西方之路。有别于波罗的海东岸三国、波兰、捷克、斯洛伐克和匈牙利，俄罗斯在历史上从来就不是古老西方世界的一员。正如它未曾有过广泛的民权社会一样，七十多年的共产党统治也未能消除它的专制国家传统。多数原则、自由选举、言论和新闻自由的引进，曾经是戈尔巴乔夫当政期间的重大成果。但是，西方文化中的价值观，如个人的人权和公民权、普遍意义上的三权分立、司法独立、法制的承诺，尤其是避免权力过度集中的"代议制政府"和"监督与平衡"，皆不能简单地引进照搬。况且，在政治活动家当中，只有为数很少的人认为有必要和有希望实行这种照搬照抄的做法。

当亚历山大·索尔仁尼琴（Alexander Solschenizyn）于1994年5月底从美国流亡地回到俄罗斯时，他认为有必要提醒人们不能照搬西方模式进行改革，并且要求他的俄罗斯同胞恪守俄罗斯的传统价值，重新恢复沙皇帝制。对西方的批评并非仅此一家。不仅东正教会，而且在知识分子当中，许多人感到有责任继承和发扬当年与"西方佬"相对立的东西，即19世纪的斯拉夫民族传统，并且对大多数西方所坚持的价值观，如启蒙教育和个性自由发展，有着根深蒂固的保留看法。对保守的俄国人来说，这些价值观后来所产生的东西，都是颓废和没落的事物，公开表现和容忍同性恋尤其应当予以鄙夷和唾弃。

相反，具有积极向上含义的，不仅是以集体为重的价值观和对悠久历史传统的尊重，而且还包括关于君士坦丁堡于1453年灭亡后，莫斯科作为"第三个罗马"应运而生的神话故事：相信俄罗斯的历史救赎使命，不让正义的信仰衰微，并且与西方的理性主义和个人主义进行抗争。宗教信仰的复兴和东正教影响的扩大即与这种精神文明的探寻紧密相关，同时，"文化课"的普遍兴盛也如出一辙。1992~1993年，俄罗斯在中学、大学和理工高等院校开设了这样一门必修课，目的是要增强学生对历史形成的俄罗斯民族的认同感。

叶利钦总统任期逐渐失去合法性的另一个原因，是许多俄罗斯人将其总统任期与一种不加批判地照搬西方模式的做法等同视之。事实上，人们对西方文明成果的正式接受，的确主要局限在鼓励资本主义式的自由竞争和定期进行的自由选举之上。已经侵蚀到权力中心深层的腐败现象，葬送掉了叶利钦作为改革家和民主的捍卫者于1991~1992年所赢得的政治权威。90年代末，俄罗斯接受一种新类型权威主义的条件似乎已经成熟，其特点是一种强人政治，国内以安定和秩序为目标，在边境地区以强硬手段镇压分裂活动，并在国际舞台上重塑俄罗斯的大国形象。弗拉基米尔·普京不仅善于解读时代的信号，而且也善于采取相应的行动。[7]

在担任美国总统之前，比尔·克林顿就是一个善于学习的政治家。直到他入主白宫之后，这个特点还一直体现在他身上。他是美国最高领导人中，第一个真正了解自己国家政治和军事力量的经济和财政界限所在的人。如果美国不能减少预算赤字和抑制公共债务的增长，那么它就无法维持世界大国的地位。这一认识对克林顿的为政之道影响至深。1992 年，美国政府的账面预算赤字为 2900 亿美元，四年之后仅剩下 1160 亿美元。

在上台执政的前几年，克林顿奉行一种不事张扬、保持克制的外交路线，这是他倡导和实行以经济为主的治国方针的结果。作为世界经济大国，美国在第 42 任总统领导下，遵守克林顿于 1993 年 2 月 26 日，亦即他宣誓就职几周后在华盛顿的美利坚大学所发表的格言："我们必须面对竞争，而不是逃避竞争。"完成其前任乔治·H.W. 布什已着手筹划的北美自由贸易区（NAFTA）项目，以及在 1995 年 1 月 1 日建立一个联合国新的专门机构——世界贸易组织（WTO），二者皆完全符合这一路线的宗旨。作为 1947 年成立的关税及贸易总协定（GATT）的后续组织，世贸组织的双重目标是在遵守公平的劳动和社会保障条件下使贸易市场自由化。

正如力主俄罗斯参加七国集团峰会一样，克林顿在打造与中国的经济和政治关系方面也同样不遗余力。他认为，中国是一个非常重要的销售市场，因此，他于 1994 年 5 月公开与把贸易问题和强调人权相挂钩的做法保持距离。他的前任里根和布什实际上已经心照不宣地与这种"挂钩的做法"脱离了关系。克林顿更为重视的是中国开放和搞活经济的政策，尤其注重解决北京中国的"盗版产品"问题。

1995 年 11 月在代顿谈判解决波斯尼亚战争问题，是克林顿当政头三年所取得的无可争议的成就。克林顿由此所获得的国际声望，以及于 1996 年新年伊始与共和党在预算问题上经过艰苦卓绝斗争所取得的胜利，其时机在 1996 年大选年对克林顿来说恰到好处。但是，在国会参众两院占多数的反对派实力非常强大，从而迫使克林顿在 1996 年夏实行社会救助体制改革，而这项改革与其说是反映了克林顿的要求，不如说是带有反对派的印记。改革的核心是废除对有抚养子女家庭补助计划（AFDC），从而取消了有救助需求人士申请终生国家救济的权利。每个有工作能力的家庭户主必须在两年内找到一份工作，否则他或她在期满之后无法再获得政府的救济金。除此之外，发放给合法移民的福利补贴也大幅减少。民主党参议员帕特里克·莫伊尼汉（Patrick Moynihan）将之称作"自'国家重建'以来，亦即南北战争以后，重建南方各州政治体制至今最残酷的社会政策做法"。事实上，该项法律是一个非常重要的标志，它告别了富兰克林·德拉诺·罗斯福的"新政"以及林登·B.约翰逊的"伟大社会"，虽然国家给予的福利未遭废除，但是相比以往，更加严格按照市场要求的变化进行了调整。

/ 114

    部分是由于副总统阿尔·戈尔的建议，克林顿放弃了一项否决权，因为，按照人道主义衡量，不若此他就会失去其他的他认为必要的国家福利制度改革的机会。最终，他在 1996 年 1 月 23 日的"国情咨文"演讲中，不仅谈到了"大政府"时代的结束，而且要求进行一次广泛深入的国家福利制度改革（sweeping welfare reform），目的是要让人们丢掉享受国家福利的习惯，转而投身到工作中去。不管怎样，克林顿在一年后成功地推出了一项与 1996 年 8 月 22 日出台的那项冷酷无情的法律完全不同的新福利政策。为了帮助低收入人群，在他的努力下，国会于 8 月初提高了法定最低工资标准。除此之外，克林顿承诺，将尽快纠正他所提到的这类改革的错误。总之，克林顿愿意妥协的态度，使得社会福利政策在 1996 年秋季的选战中事实上没有成为一个有碍于他的话题。

在总统大选的数月前，发生了一系列非常引人注目的国际事件，其中有 1996 年 6 月 25 日发生在沙特阿拉伯首都利雅得，由狂热的伊斯兰分子发动的对美国军事基地库拜尔大楼的一次恐怖袭击。在这次袭击中，有 19 名美国军人丧生，包括美国人和阿拉伯人在内的大约 500 人受伤。恐袭发生的时间是里昂第 22 届世界经济峰会举行的前夕，会上原定要讨论的重点议题之一就是国际反恐斗争。9 月初，美国空军的战机再次轰炸了伊拉克南部的目标，原因是萨达姆·侯赛因政权此前又一次闯入了联合国设立的北纬 32 度线以南的禁飞区。三周后的 9 月 27 日，激进的塔利班占领了喀布尔，并在那里宣布成立"阿富汗伊斯兰酋长国"。塔利班"宗教学生"首批实行的措施之一，就是处决 1992 年被推翻的总统穆罕默德·纳吉布拉（Mohammed Najibullah）。

自 1996 年 5 月起，塔利班领导人毛拉·穆罕默德·奥马尔（Mullah Mohammed Omar）的盟友当中有一个曾经腰缠万贯、富可敌国的沙特商人奥萨马·本·拉登（Osama Bin Laden）。此人是自年初以来被美国追捕，并且以"基地"组织闻名的国际恐怖组织的创始者和领导人。在美国的强烈敦促下，本·拉登于 1996 年年中被迫离开他逗留的国家苏丹前往阿富汗。由于他自 1984 年起就与"圣战"者一起抵抗苏联的入侵，所以，这个兴都库什山脚下的国家转瞬之间就成了国际恐怖主义的大本营。这个情况引起了克林顿政府和中情局的极大忧虑和高度重视。

在以往的总统选战中，外交政策通常轻描淡写一带而过，恐怖主义更是无须讨论、无足轻重的话题。共和党提名参议院多数派领袖、来自堪萨斯州的罗伯特·多尔（Robert Dole）为本届总统候选人，而且同 1992 年一样，参加竞选的还有无党派人士、亿万富豪罗斯·佩罗。选举结果是，时任总统克林顿大获全胜：克林顿得票率为 49.2%，多尔 40.7%，佩罗 8.4%。共和党在参议院中多得了 2 个席位，而在众议院失掉了 8 个席位，但在国会的两院中他们仍占多数。克林顿于 11 月 5 日在阿肯色州小石城所做的"获胜演讲"中，谈到了"生机勃勃的美国中心"（vital American Center）的生命力问题，其中所借用的概念为历史学家小阿瑟·施莱辛格（Arthur Schlesinger, jr.）于 1949 年首创。

在第二届总统任内，克林顿得以对 1996 年夏通过国家福利制度改革法案的签署施加到美国民众身上的一些强硬和无情的政策进行了补偿。他成功取消了对合法移民福利救助的限制，通过免除税负改善了"工作贫困人群"的收入，并且降低了高等院校的学费。1996~2000 年最大的一项福利政策成果，是 1997 年出台的国家儿童健康保险计划（SCHIP）。为此，联邦政府斥资约 200 亿美元，以保障低收入家庭儿童和青少年的医疗保险。某种意义上作为支持社会福利法案的补偿和回报，共和党得以将资本收益税从 25% 降低到 20%。

克林顿政府在经济和财政政策上所取得的成就，为共和党和民主党在制定新法律时相互合作提供了便利。这个时期，经济呈现增长势头。国内生产总值在克林顿第二届总统任期年均增长 3%，失业率从 1993 年初的 7.3% 下降到 1997 年初的 5.3%；其间，通货膨胀率为 3%，并继续下降，1998 年降到 1.6%。贫困发生率也同样呈下降趋势，而且在非洲裔美国人中比美国白人中的幅度更大。1997 年的预算赤字为 220 亿美元，不到 1992 年的 1/10。1998 年初，实现了自 1960 年以来的首次预算盈余。《纽约时报》称之为"其意义可与柏林墙倒塌相提并论"的财政奇迹。

然而，克林顿政府在社会政策方面所做的努力也存在问题。1995 年 5 月 2 日，亦即在连任总统一年半之前，克林顿宣布了一项促进住房权的政改措施。"国家住房战略"的目标是，要使迄今为止住不起房的美国人都能拥有一套自己的住房。随后，房利美公司

（银行和储蓄所为之提供抵押贷款的公司中规模最大的一家）闻风而动，开始与政府紧密合作，降低为所谓"次级借款人"（即低收入人群）提供贷款的条件和要求。尽管如此，在 90 年代后期，不属于经济条件良好贷款人范畴的欲购房者，比其他经济状况良好的同胞平均要多付 3%~4% 的利息。对于口袋里有钱的人来说，购置一套价值 24 万美元、贷款期限 30 年的房产所需支付的利息大约为 2.275%。

在克林顿政府以及银行、建房储蓄银行和抵押银行的巨大压力下，房利美于 1999 年 9 月做出决定，今后将予以更多的优惠和照顾。在一项新的"试行计划"中，"次级借款人"只需比普通贷款人多付 1% 的利息，而且，倘若在两年内定期还贷，可以免除他们的支付利差。90 年代中期施行的这些贷款条件放宽政策的受益者，首先是拉美裔和非洲裔美国人。1993~1998 年，这两个群体的贷款人数分别增长了 87.2%%，而非拉美裔白人的贷款人数则只增加了 31.2%。1999 年贷款条件的进一步降低，意味着拥有住房的人数将有更大的增长。这是一个克林顿政府致力于实现的目标，目的是借此消除美国社会中社会的、种族的和人种的对立和差别。

由此，克林顿政府走上了一条危险之路。由于这项政策，政府推动了建筑业的繁荣，也因此造成了房地产价格的上涨。倘若此时不同的抵押利率也大幅提高，最后超出"还贷能力不足"的举债人的经济能力，那么他们就将被迫出售自己的房产。如果这种情况大面积出现，房地产市场的崩溃以及随之而来的银行危机就将不可避免。

其时，提醒人们高度警惕的呼声并不鲜见。1999 年 9 月 9 日，《纽约时报》援引了美国企业研究所专家彼得·沃利森（Peter Wallison）的意见。他把借给穷人的贷款称为另一个"储蓄行业"（thrift industry），并以此影射储蓄贷款银行（S&L）的先例。该银行于 1988 年和 1989 年间破产倒闭，倒闭花掉了纳税人大约 3000 亿美元。倘若"次级贷款"试验失败，那么政府就必须像前次一样出面救助，并为其后果损失买单。（If they fail,the government will have to step up and bail them ont the way it bailed out the thrift industry.) ①

　　克林顿时期对美国银行业全球化所做的最重要的贡献，将被证明是一项后果几乎同样严重的举措：取消1933年6月颁布的格拉斯－斯蒂格尔法案，取而代之以1999年11月出台的格雷姆－里奇－比利雷法案。格拉斯－斯蒂格尔法案是富兰克林·D.罗斯福总统执政第一年通过的一项法律，旨在抑制投机行为，把商业银行业务和投资银行业务划分开来（并成立了联邦存款保险公司，用以为所有储蓄存款提供最高达2500美元的赔付担保）。1999年法律制定者的用意，是增强美国商业银行的国际竞争能力。事实上，随着格拉斯－斯蒂格尔法案的废除，阻止进行衍生品投机交易的最后一道屏障也随之消失，从而像"次级"贷款的实际情况一样，助长了一种新情况的出现，最后导致了2008年9月雷曼兄弟投资银行的崩溃和一场全球性的金融危机。90年代末，有识之士对这种危险的提醒呼吁不乏其人。但是，在经济繁荣的形势之下，那种认为金融市场的松绑乃是持续增长保证的声音占了上风。

　　克林顿的第二届总统任期因一桩丑闻被蒙上阴影，而且克林顿本人也因之差点丢掉总统的乌纱帽。1998年1月，关于克林顿和白宫实习生莫妮卡·莱温斯基之间有两性关系的传闻被曝光。在当年阿肯色州政府职员保拉·琼斯（Paula Jones）指责克林顿对其性骚扰的法庭讯问中，克林顿面对控方律师的有关问题起誓保证，他和实习生莱温斯基之间没有发生性关系。当"白水门事件"的特别调查员肯尼斯·斯塔尔（Kenneth Starr）又就莱温斯基案件进行调查

---

　　①　　此处英文原意为：如果它们失败的话，政府将不得不像救助储蓄行业时一样出面救助它们。

时，克林顿在公开场合下再次重复了自己的证词。但是，在无可辩驳的证据面前，克林顿不得不于1998年8月首次在"大陪审团"面前及之后在公众场合承认，他或许从法律的角度明确回答过了相关的问题：在1995年和1996年间，他和莫妮卡·莱温斯基在白宫椭圆形办公室确实进行过多次"口交"，确实发生过"不正当的性接触"（inappropriate sexual contact）。

对于肯尼斯·斯塔尔这样一个有右翼政治倾向的人来说，与保守派的共和党一起合作，指控克林顿做伪证和妨碍司法，并对其执行罢免程序的机会终于来了。1998年10月8日，众议院启动这一程序。12月19日，众议院批准了向参议院建议启动针对总统弹劾程序的提案。在表决时，共和党大多数议员投了赞成票，而民主党大多数议员则投了反对票。1999年1月7日，弹劾程序在参议院进行。然而，显然把克林顿看成是60年代那种臭名昭著"精神"化身的特别调查员斯塔尔，此时已备受争议。他盲目的热情和干劲在参议院得到的结果却适得其反：在1999年2月12日的最后表决中，克林顿在被指控做伪证的问题上，以55票对45票被宣布无罪；在妨碍司法问题上，以50票支持对50票反对旗鼓相当。若要罢免总统，需要三分之二多数的支持方能成立。

克林顿的弹劾程序是自1868年针对安德鲁·约翰逊总统的弹劾程序之后的第一次，上次弹劾只因一票之差未达到三分之二多数而未获成功。当时弹劾程序的起因是一个政治性的问题：约翰逊总统以损害美国黑人为代价，以求得北方和南方各州白人之间的和解，从而招致了共和党对这位亚伯拉罕·林肯继任者的愤怒。同样属于政治性质的还有理查德·尼克松总统所犯的错误，这些错误促使众议院于1974年7月向参议院提出了启动弹劾总统程序的动议。尼克松辞职在先，因而躲过了被弹劾的劫数。相反，克林顿被指控的是非政治性的过错，属于私人性质。就他本人而言，这些过错非常尴尬且有损名誉，但构不成违宪或损害美国的国家安全利益。在美国公众眼里，特别调查员的做法越来越无法理解。克林顿的人气非但没有因为这些指控而受到丝毫影响，而且在1998年的中期选举中，民主党甚至在众议院还多得了5个席位。这一现象显然有悖常理。通常情况下，克林顿的民主党在其执政第六年的"上院"选举中必然要遭受损失。

正当被人们戏称为"莫妮卡门"的丑闻在1998年夏天的那几周通过媒体传播持续发酵时，美国驻肯尼亚和坦桑尼亚大使馆分别遭到了血腥的恐怖袭击。1998年8月7日，在内罗毕（Nairobi）和达累斯萨拉姆（Daressalam）的袭击中，共有200多人丧生，4500多人受伤。两次袭击的幕后推手是奥萨马·本·拉登的"基地"组织。克林顿立即下令，对位于阿富汗的恐怖组织训练营和位于苏丹的一家制药厂进行报复行动。事后很快发现，被怀疑向本·拉登提供化学武器的这家制药厂蒙受了不白之冤。自1998年8月的袭击之后，清除"基地"组织和干掉本·拉登——这个目标终于被置于美国安全议程的首要地位。根据该项挑战本身的特点，此任务自然而然地落到了中情局和联邦调查局的头上，而非由军队承担。

伊拉克仍然被怀疑涉嫌生产制造化学武器。当萨达姆的女婿、负责违禁的ABC武器计划的军工部长侯赛因·卡迈勒（Hussein Kamel）于1995年叛逃到约旦之后，独裁者萨达姆甚至自己承认，他的专家们曾经研究过如何发展生物武器和制造原子弹。于是，由此开始了一个与联合国特别委员会（UNSCOM）的检查员短暂合作的阶段。但是，萨达姆·侯赛因在1996年便终止了这段插曲，重新回到他惯用的拖延和妨碍特别委员会工作的伎俩上来。这时，国务卿沃伦·克里斯托弗（Warren Christopher）于1996年底卸任，接替他职位的是马德琳·奥尔布赖特（Madeleine Albright）。她于1997年3月宣布，即使伊拉克政权满足了联合国的所有要求，美国也仍然坚持1991年海湾战争之后实行的对伊拉克的制裁。此言不啻火上浇油，进一步加剧了与伊拉克的冲突。

1998年2月，加纳籍的联合国秘书长科菲·安南与萨达姆·侯赛因通过谈判达成协议，协议将放宽制裁与对伊拉克进行新的检查作为交换条件，从而开始了再度合作的新插曲。但是，伊拉克政府于1998年8月5日宣布取消同联合国特别委员会的合作，理由是联合国对伊拉克的态度几乎没有丝毫改变。除此之外，巴格达还于10月31日终止了联合国的监视计划。安理会和秘书长科菲·安南要求萨达姆·侯赛因立刻收回这两项措施，萨达姆无动于衷。直到美国和英国威胁采用军事打击手段时，伊拉克政权才被迫做了短暂的让步。12月中，特别委员会负责人理查德·巴特勒（Richard Butler）向联合国报告，检查员在伊拉克再度受到重重阻挠。旋即，美国政府号召特别委员会的所有成员立即离开伊拉克。此后不久，"沙漠之狐"行动于12月16日开始，美国和英国对伊拉克的可疑设施及秘密警察机构和共和国卫队，进行了为期四天的空中和巡航导弹打击。

虽然军事打击是一次成功的行动，但是政治上的近期目标并未达到。伊拉克再次宣布特别委员会的工作已经结束，并且拒绝今后任何形式的合作。就外交而言，"沙漠之狐"也并非一次成功的行动。除了俄国和中国，法国也在安理会对英美两国的军事行动提出了尖锐批评。其中不仅有国际法方面的顾虑，而且经济利益也起了相当重要的作用。1998年12月21日，安理会的三个大国要求终止限制伊拉克石油出口的制裁，以及取消或至少是重新确定特别委员会的工作，但是，这项动议因美国表示将使用否决权而归于失败。安理会有否决权的大国之间的矛盾也对后续工作，即1999年12月成立的新巡查机构——联合国监督检查和验证团（UNMONIC）产生了不利影响。在得到莫斯科同意的情况下，位于维也纳的国际原子能机构总干事、瑞典人汉斯·布里克斯（Hans Blix）出任这个新工作小组的负责人，他被认为是一位对巴格达持灵活立场的代表人物。但是，萨达姆同样拒绝与他合作，尽管这时制裁措施已有所松动。

"沙漠之狐"行动和众议院围绕弹劾程序的辩论同时发生，从而使和平主义的左翼批评人士以及一些自由派的美国人将此行动戏称为"莫妮卡的战争"，亦即克林顿试图转移人们视线的障眼法。8月间，克林顿就已经因为对"基地"组织的报复行动耳闻了此类言论。但是，"沙漠之狐"行动的另一位批评者——前国务卿亨利·基辛格则认为，美国的反应还远不够强硬。事实上，克林顿距离10月31日《伊拉克解放法案》进一步强调的、用轰炸和导弹打击要达到的"更换政府"的目标——推翻萨达姆·侯赛因，的确还很远。

第二年秋，克林顿在外交上不得不遭受一次惨重的失败。10月13日，众议院的共和党多数派阻止批准1996年9月签署的《全面禁止核试验条约》（Comphrehensive Test-Ban Treaty），该条约对所有核武器试验一律予以禁止。按照反对者的观点，面对伊朗、伊拉克和朝鲜这些国家的危险，美国不能放弃这样的核试验。1998年5月，印度和巴基斯坦的核试验引发了全世界的抗议浪潮，美国不批准该条约，不仅意味着是对消除核军备竞赛努力的又一次沉重打击，同时也意味着世界上最强大的核大国议会使自己的总统当众颜面扫地。

在国际政治的另一个领域，比尔·克林顿的努力取得了令他更为满意的成果——作为北爱尔兰和平的调解人。3月17日是爱尔兰的"圣徒"——圣帕特里克的节日。这天，他邀请北爱尔兰所有政治派别的代表到白宫做客，旨在敦促他们做出历史性的妥协。1998年4月10日，《圣周五协议》签署。协议赋予北爱尔兰一种半自治权，使其继续留在英国，并且确定了基督徒和天主教徒之间的权力分配。

事实上，若是没有克林顿任命的美国调解人——参议员乔治·米切尔（George Mitchell），以及英国工党首相托尼·布莱尔和爱尔兰总理伯蒂·埃亨（Bertie Ahern）的积极参与，协议很难最终达成。不过，该协议也存在明显不足，北爱尔兰激进的新教党——伊恩·佩斯利的民主统一党不在协议签署者之列。

克林顿总统在中东问题上的外交干预似乎也同样颇见成效。10月，克林顿成功说服了以色列和巴勒斯坦冲突中的两位冤家对头——以色列总理本雅明·内塔尼亚胡和巴解组织主席亚西尔·阿拉法特以及身患重病的约旦国王侯赛因，由他牵头在马里兰州的怀伊河议事堂举行共同会晤。经过八天的艰苦谈判，总统和他的与会伙伴于10月23日似乎给华盛顿带回了一个充满美好前景的结果：以色列宣布，愿意将约旦河西岸的大片土地置于巴勒斯坦自治政府的控制之下；作为交换，巴勒斯坦承诺，将其宪法中几处锋芒毕露的反以色列文字予以删除，并在中情局的监督下，把恐怖分子嫌疑人遣送回以色列。

然而，双方的极端分子——强硬的犹太人定居者和极端的巴勒斯坦人认为协定的内容根本无法接受。尽管以色列部队于11月20日开始从占领区撤出，但是，经过新的暴力事件后于12月2日又停止了撤军行动。12月21日，以色列议会否决了内塔尼亚胡的中东政策，并同意工党提前进行大选的提案。1999年5月17日，工党领袖埃胡德·巴拉克（Ehud Barak）在总理直选中以56.1%对43.9%的得票率击败内塔尼亚胡。1999年9月，其间已作为七党联合政府首脑的巴拉克和阿拉法特达成共识，执行怀伊河签署的协议。10月12日，开始清除以色列的非法定居点。但是两个月之后的12月5日，以色列总理批准了在纳布卢斯（Nablus）为以色列定居者建造500套住房的新计划。巴勒斯坦人对这一挑衅立刻做出反应：终止和平方案的谈判。

1998年，前南地区再度成为国际危机的事发地。波斯尼亚战争结束后，联合国于 1995 年底取消了对南斯拉夫联邦共和国的所有制裁。两年后的 1997 年底，在科索沃发生了阿尔巴尼亚族人针对塞尔维亚族人长期歧视的和平及暴力的群众抗议。1998 年 3 月 5 日，塞尔维亚军队和警察对科索沃解放军发动了一场大规模进攻，在普瑞卡兹村（Prekaz）屠杀了 58 人，造成之后不久约 5 万科索沃阿尔巴尼亚人流离失所。3 月底，科索沃举行被塞尔维亚视为违法的总统和议会大选，温和的民主联盟在选举中胜出，该党主席易卜拉欣·鲁戈瓦当选为总统。3 月 31 日，联合国对南斯拉夫实行武器禁运。随后，以斯洛博丹·米洛舍维奇为首的南斯拉夫政府通过 4 月 23 日进行的一次全民公投，表达了他们的强硬态度。

克林顿总统和国务卿马德琳·奥尔布赖特皆下定决心，绝不让科索沃变成第二个波斯尼亚。在美国的敦促下，联合国于 1998 年 6 月中旬开始为结束科索沃的暴力冲突做准备。塞尔维亚警察部队于 7 月中旬再度对手无寸铁的科索沃阿尔巴尼亚族人发动进攻，并造成 25 万人大规模背井离乡时，局势进一步激化。9 月 23 日，联合国安理会通过了第 1199 号决议，要求立即停火、采取避免人道主义灾难的措施和进行政治对话。美国国务院派出波斯尼亚问题谈判老手理查德·霍尔布鲁克前往贝尔格莱德，旨在说服米洛舍维奇总统回到谈判桌上来。然而，当联合国在 10 月 12 日发出的为期四天的最后通牒要求南斯拉夫答应联合国的条件时，米洛舍维奇才改变了他的路线。10 月 13 日，他向霍尔布鲁克承诺，从科索沃撤走 4000 人的特种部队，并且允许 2000 名欧洲安全与合作组织，即所谓科索沃检查团的观察员，前往危机地区了解局势。在几周内，塞尔维亚似乎有诚意避免科索沃的战争。但不久即证明，这是一种假象。

/ 125

1992 年 6 月，在克林顿当选美国总统前的五个月，由联合国发起的环境和发展大会在里约热内卢召开。会议的背景和缘起，是 1987 年由挪威首相格罗·哈莱姆·布伦特兰（Gro Harlem Brundtland）领导的一个委员会撰写的，为人类未来和子孙后代利益着想、倡导可持续发展（sustainable development）的报告《我们的共同未来》，以及《关于消耗臭氧层物质的蒙特利尔议定书》（Montreal Protocol on Substances that Deplete the Ozon Layer）。在这两个前期工作基础上召开的里约环境大会，通过了《里约宣言》和《21世纪议程》。在这两个文件中，工业国家承认自己对符合环境要求的全球发展负有特殊责任，表达了愿意采取一系列环境保护措施的意向。然而，不论是主要的工业国家，还是主要的发展中国家，都不愿意承担有约束性的责任。"里约大会"是否产生了实际效果，至今仍存有争议。无论如何，此次会议终究代表了一种世界政治模式的转变，即对南北平衡必要性的认识——这正是威利·布兰特（Willy Brandt）所领导的南北委员会及其于1987年提交的总结报告所表达的愿望。这一认识开始取代东西方冲突范畴内的思维定式。

1992年也是阿尔·戈尔的《濒临失衡的地球》一书的出版之年，戈尔在书中号召人们制定一项环境和发展政策方面的"全球马歇尔计划"。可是，戈尔作为副总统几乎无法实现他的主张和抱负。不仅由他提出的也得到克林顿支持的向能源消费征收环保税的打算未能成功，而且他所致力的将环保署改组为环保部的努力也功亏一篑。

1997年12月，一次新的世界环境大会即将在日本京都召开。美国代表团团长是商务部副部长斯图尔特·埃森斯塔特（Stuart Eizenstat）。克林顿交给他的任务，是努力争取达成一项非受制于人的，亦即非约束性的协议，并且争取以中国和印度为首的主要发展中国家的共同参与。会议开始前不久，副总统阿尔·戈尔于12月8日也赶到京都来支持埃森斯塔特。会议期间，以法国和德国环境部长为首的西欧国家代表——绿党人士多米尼克·瓦内（Dominique Voynet）和基督教民主党人安格拉·默克尔（Angela

Merkel）要求制定具有约束性的规定，以限制二氧化碳和其他有害物质的排放，而美国在阿根廷、加拿大、澳大利亚、新西兰和日本的支持下，采取的是一种拖延的谈判策略。

十天会议谈判所取得的结果——《京都议定书》，是西欧国家和以美国为首的国家集团之间的一种妥协：2008~2012 年，温室气体排放要比 1990 年的水平平均减少 5.2%，减排的"领头羊"是欧盟和德国，前者的指标为 8%，后者为 21%。美国只愿意减排 7%。新兴国家和发展中国家不承担减排义务，但它们被邀请自愿参与《京都议定书》中所约定的要求。对于那些因极地冰层融化受到海平面升高威胁的岛屿国家来说，会议的结果不异于是个沉重的打击。会议决定，倘若协议被 55% 的国家——其二氧化碳排放占全球总量的 55%——批准，那么协议即开始生效。

《京都议定书》的签署固然重要，但另一重要的问题在于，美国是否将批准该协议。早在 1997 年 6 月，参议院以 95 票对 0 票批准了西弗吉尼亚州的民主党人罗伯特·伯德（Robert Byrd）和内布拉斯加州的共和党人查克·黑格尔（Chuck Hagel）的一项共同提案。该提案的内容是，参议院将不批准有损于美国经济和不包括发展中国家相关责任在内的任何协定。在老牌欧洲国家所代表的西方和北美洲的新西方之间，很少有像在环境保护这种一般性问题上，以及在节约化石能源这种特殊问题上出现过如此重大的意见分歧。如果像克林顿这样的民主党总统，在关于地球变暖问题上都不能为欧洲分忧、同舟共济，那么，人们就更无法期待一位对工业界友好的共和党总统会对温室气体排放问题采取重视的态度。与欧洲迥然不同，对于一种已经得到充分论证的学术观点，即南极洲上空臭氧层空洞的不断扩大，其原因很大程度是缘于无节制的能源消费——这点在美国一直备受争议。因此，美国是否会执行《京都议定书》所规定的指标，在 1997 年底还是一个悬而未决的问题。[8]

/ 现代改革派和传统保守派：社会民主党掌权的时代

在比尔·克林顿第二届总统任内，欧洲政府首脑中没有哪一位像 1997 年 5 月 1 日英国下院选举中获胜的托尼·布莱尔一样，与美国总统如此志同道合，配合默契。在这次下院选举中，布莱尔的工党获得了 43.2% 的支持率，保守党为 30.7%，自民党为 16.8%。与 1992 年的大选相比，选票变化很大：保守党丢失了 11.2 个百分点的选票，工党增加了 8.8 个百分点的得票。按照多数选举法的规定，胜者获得下院 659 个议席中的 418 个，占总数的 46%，①从而保证了维持政府稳定的绝对多数。保守党的席位为 165 席，自民党为 46 席。自 1945 年以来，英国各党派还从来没有数量如此大的政治转变，而且，工党也从来没有像现在这样在下院有如此强大的实力。

随着 1997 年 5 月 1 日大选的落幕，不仅为时六年半的约翰·梅杰政府时代宣告结束，而且，十八年前随着 1979 年 5 月玛格丽特·撒切尔当选首相后开始的保守党统治也寿终正寝。工党此次获胜的主要原因在于，布莱尔和他的影子财政大臣戈登·布朗在竞选中承诺，其为政方略并非是要另起炉灶，而是要比保守党做得更好。为了与以往数十年的工人和工会政党形象有所区别，布莱尔及他所领导的工党坚持称自己为"新工党"，而且愿意从根本上继承"撒切尔革命"真正的或自认为的成果，但是将更加致力于被保守党忽略的社会责任，特别是教育方面的任务。布莱尔的竞选口号之一就是"教育，教育，还是教育"。布莱尔和他的党内同仁不是将"老工党"价值体系中最高的价值财富——社会平等，而是将人人机会均等意义上的社会公正，或曰要"包容"不要"排斥"的思想置于首要地位。企业国有化不再是工党纲领的组成部分。"新工党"赞同私

---

① 原文计算有误，应为 63%。

有制、自由创业和市场经济：这一信条决定性地帮助布莱尔和布朗的工党得到了新中产阶级，特别是职员阶层的广泛支持。

然而，"新工党"的纲领并不是与该党学说唱反调，或介于资本主义和国家社会主义之间的"第三条道路"。布莱尔以及与之关系密切的政治学者，如安东尼·吉登斯（Anthony Giddens），或是诸如彼得·曼德尔森（Peter Mandelson）和阿拉斯泰尔·坎贝尔（Alastair Campell）这样的"政治化妆师"所宣传的执政理念，更多的是一种德国社民党1959年哥德斯堡纲领意义上的社民党的改革主义与近年来被北大西洋东西两岸的左翼中间派力量所接受的新自由主义的特定元素相结合的探索和尝试。其中，后者尤其指的是这样一种观念认识：私人企业通常比国有企业更有效率；面对不断深入的全球化，国家的任务在于努力提高本国企业和银行的国际竞争力，以及重视更加灵活地开放和管理劳务市场。

90年代后期英国的经济数据已经证明，不能不分青红皂白同"撒切尔主义"一刀两断彻底决裂。1996~2000年，英国的国内生产总值平均增长3.2%，因而比德国的2%更为强劲。1994~2008年，英国经济的年平均增长率为2.8%，通货膨胀率为1.7%，失业率为5.3%，明显低于欧洲大陆的水平。由"铁娘子"交由英国人民实行的铁面无情的结构改革，即坚定不移地从陈旧过时的工业社会向现代化的服务型社会过渡，似乎已经显出成效。伦敦再度成为除了纽约之外最重要的世界银行和金融中心。缘此，从"新工党"的视角来看，人们有足够的理由坚持撒切尔政府时期所开创的路线，并且继续推进搞活金融市场的政策。

/ 129

布莱尔政府所推行的社会政策变革之一，是从1998年起实行大学每年收取约1000英镑学费的制度（虽然工党在大选前曾宣称不会出台此规定），而且学生是在学习期间，而不是在考试过后缴纳学费。作为社会政策的伴随措施，低收入家庭的学生可以少交学费，还可以获得实际上的无息贷款。除了高校，工党政府还向中小学投入了更多的教育经费：相关的经费开支从 1996~1997 年占国内生产总值的 4.8%，上升到十年后的 5.7%。针对"劳动贫困"阶层，政府于 1998 年制定了普遍的法定最低工资标准，并且借鉴美国模式实行"税款抵免"，即国家的工资补贴。对托尼·布莱尔来说，比尔·克林顿几乎是他思想上各方面的盟友：凡是"新民主党"在美国所实行的国家福利制度改革，"新工党"都要在英国推而广之。

大选刚过几天，财政大臣戈登·布朗在英国就已经名声大振：他于 1997 年 5 月 6 日宣布，英格兰银行在货币政策方面将获得完全的自主经营权，也就是完全独立于政府的管控。相关的法律，亦即英格兰银行法案，于 1998 年 6 月 1 日开始生效。布朗一反英国的传统做法，以德国联邦银行和美联储为借鉴对象，目的是要帮助英国货币获得持久的稳定性。虽然政府因此失掉了一个经济和财政政策的权力工具，但这正是他所想要的效果。更具争议的改革措施，是于同年废除了对红利股的缴税优惠政策，首先受影响的是养老基金的投资组合，因而也影响到了对工党来说至关重要的一个选民群体——退休人员。显而易见，布朗对他的改革所导致的这一结果始料未及。

在"新工党"所做的竞选承诺中，其中之一涉及"分权"问题，亦即赋予苏格兰和威尔士以自治权。1997 年 9 月，两地举行全民公决。苏格兰 73.4% 的多数民众同意选举一个自己的国民议会，大约 60% 的选民赞同拥有自己的税收权。然而，威尔士只有 50.3% 的民众赞同选举自己的地方议会，支持率刚过半数。在 1999 年 5 月按比例选举法进行的议会大选中，"新工党"在苏格兰和威尔士都获得了胜利，紧随其后的是两地的地方政党——苏格兰民族党和威尔士党。在爱丁堡，新选出的议会充分利用自己手中的权力，在医疗卫生、地区行政管理、大中小学教育、法律和环境政策方面制定新的法律法规。新获得的自治权削弱抑或增强了苏格兰坚定的民族主义者要求完全独立的呼声，这个问题在 20 世纪末还难下结论。但是，当时所达到的"分权"程度显然还不是最终解决"苏格兰问题"的答案。

　　1998 年 5 月，爱尔兰，亦即阿尔斯特地区和爱尔兰共和国也举行了全民公投。4 月 10 日所达成的《圣周五协议》（亦称为《贝尔法斯特协议》），在北爱尔兰以 71% 的赞成票获得通过；在爱尔兰共和国（出于协议的原因必须修改宪法）则以 94.4% 的赞成票得到批准。6 月，举行了新的北爱尔兰议会选举，温和的阿尔斯特统一党的大卫·特林布尔（David Trimble）被议会选为政府首脑。但是，冲突并未就此结束。1998 年 8 月 15 日，爱尔兰共和军一个自立门户的极端组织——"真正的爱尔兰共和军"在奥马（Omagh）附近制造了一场袭击事件，有 29 人死亡，200 多人受伤。此次事件还不是对和平进程的最后一次打击。然而，布莱尔政府决心已定，绝不动摇在美国支持下所采取的在阿尔斯特地区的调和政策，并将始终恪守这一方针。

　　在同欧盟的关系问题上，布莱尔的态度则不是如此这般坚定果断。一般而言，布莱尔的基本立场是拥护欧洲的立场。从长远的角度来说，他并不排除英国加入共同货币体系的可能性。然而另一方面，正如他的两位保守党前任一样，他对进一步加深的一体化，亦即凡是与"联邦制"沾边的事物均明确表示反感。按照党内某些朋友的观点，布莱尔对待欧洲统一的矛盾态度，同他在 1995 年与欧洲统一的坚决反对者——媒体大亨鲁伯特·默多克之间缔结的非正式"城下之盟"密切相关。按照自民党主席帕迪·阿什当（Paddy Ashdown）的说法，工党的前内政部长及后来的欧盟委员会主席罗伊·詹金斯（Roy Jenkins）曾于 1997 年秋被迫说过这样一句提醒布莱尔的话："首相必须做出抉择，要么想领导欧洲，要么想获得默多克的支持，鱼和熊掌不可兼得。"布莱尔如何作答，不得而知。在欧洲问题上，他的态度一直是策略性的，倘若不是机会主义的话。

与之相反，每当涉及"人道主义干预"话题时，布莱尔作为道德原则的捍卫者总是一马当先。在尊重独立国家的主权与维护人权和其他至高无上的法律规范发生矛盾冲突的情况下，这位英国首相总是站在后一个原则一边。1999 年 4 月 22 日在芝加哥所做的演讲中，当讲到当时的科索沃局势时，布莱尔对不干涉别国内政原则做了辩证的解释：大规模驱逐和种族屠杀行为从来就不是内政问题，而是对国际和平和国际安全的威胁，对此必须做出相应的回应。2000 年 5 月，前英国殖民地塞拉利昂的革命统一阵线叛军（包括未成年的儿童军），拒绝向联合国维和部队交出武器，杀死 4 名联合国士兵，将 500 人作为人质，并对无辜民众施以残忍的暴行。这时，伦敦政府言必信行必，遵守了自己的原则，即"布莱尔信条"：布莱尔政府向交战地区派出了 2000 名伞兵。英国士兵在短时间内终止了流血冲突，并为联合国维和部队完成自己的使命创造了条件。

倘若说英国出兵塞拉利昂是不言自明的"人道主义干预"，那么，前文所提到的大不列颠联合王国参与的"沙漠之狐"行动就并非无懈可击。英美空军于 1998 年 12 月对伊拉克的空袭轰炸，完全符合布莱尔所坚决捍卫的同美利坚合众国"特殊关系"的路线。关于北大西洋公约组织介入科索沃事务（英国在其中起着积极的作用）的争议，后文还将加以论述。如同科索沃的案例一样，对没有联合国授权的"人道主义干预"表示赞同，与对发动战争攻击加以辩护不可混为一谈。布莱尔援引一种也许是高于成文国际法的干预义务作为理由，这种做法无论如何是十分危险的。2003 年的伊拉克战争表明，从对凌驾法律之上的国际紧急状态法的宣扬当中或许也能推导出干预行动的结论，但这种结论与"人道主义"概念完全风马牛不相及。

布莱尔政府的外交政策对 2001 年 6 月 7 日英国大选的结果仅有微乎其微的影响。具有决定性影响的，是在"新工党"领导下英国的经济持续好转，蒸蒸日上：2000 年，国内生产总值的实际增长率为 3.9%，达到 1994 年以来的最高水平。工党在选举中赢得 40.7% 的选票，结果与四年前比仅有很小差距，保守党和自民党得票率分别为 31.7% 和 18.3%，略好于四年前。议席分配的情况也同样变化不大，由托尼·布莱尔组阁执政已是板上钉钉：工党可以再度按照他的意图重新塑造英国的形象。

如同英国一样，法国也是一个核武大国。1995 年 9 月 5 日，法国总统雅克·希拉克通过 1992 年以来首次在穆鲁罗瓦环礁（Mururoa Atoll）进行的核武器试验向世界公众昭示了法国的新实力。新西兰对这一试验的状告两周之后被海牙国际法院驳回。直到 1996 年初，法国又连续在南太平洋进行了两次核武器试验。然而，法国外长埃尔韦·德·查瑞特（Hervé de Charette）于 1995 年 12 月 5 日公布的一项决定却并没有多少"戴高乐主义"色彩：法国将重新参加北约防务计划委员会（Defence Planning Committee）的会议。虽然此举没有取消戴高乐于 1966 年 3 月宣布的法国退出北约军事组织的决定，但是，1995 年 12 月的声明却是朝着这个方向迈进的一个步骤。

法国政府的军事政策也体现在希拉克于 1996 年 2 月 22 日在一个电视访谈节目上所发表的声明之中：他宣布取消普通兵役制，建立一支包括宪兵在内 352000 人的职业军队，这就是说，法国军队将裁减 148650 人。早在六十年前，希拉克的偶像夏尔·戴高乐就在他 1934 年出版的《建立职业军》一书中主张建立一支职业军队。"冷战"结束后，希拉克认为实现这一计划的时机已成熟。对义务兵役制取而代之的是自愿参加的社区工作，以及为期五天的强制性的"公民约会"，即凡是步入成年阶段的法国男女青年，都必须从事公益性的工作。对此，朱佩政府于 1996 年做出了相关的决定。

90 年代中期，法国财政政策的重点是围绕欧洲共同货币做前期准备：如果法国想从一开始就加入欧元货币体系，那么它就必须按照马斯特里赫特标准的要求，将财政赤字降到国内生产总值3%的水平以下。为达此目的，政府提高了营业税、财产税和公司税等税种。朱佩政府事先未与工会协商，于1995年11月向国民议会提交了一项严苛的社保改革方案和一项削减医疗卫生开支的计划，此举引发了大规模的社会抗议。游行和罢工，特别是铁路工人游行和罢工的规模，是法国1968年5月以来从未有过的。罢工行动迫使政府收回了计划中的部分内容。第二年，朱佩内阁也未能在经济政策方面有所建树。1996年的国内生产总值增长率仅为1.6%，从而被普遍认为是一种增长停滞；1996年9月，有309万人（12.6%）的从业人口失业。引起公众社会激烈讨论的，还有于1996年12月获得通过的移民法，该法废止了外国人居住满十年后居留权自动延长的规定。1997年4月，宪法委员会取消了这项新规定：对于朱佩政府和极力要求对法律做诸多严格修订的右翼势力来说，此举即意味着他们的失败。

1997年4月21日，希拉克出人意料地解散了国民议会。然而，当时并不存在采取这一步骤势在必行的抑或仅仅是明显的理由：希拉克阵营在议会中拥有稳定多数；新一届议会大选要到1998年3月才举行。希拉克做此决定的用意，是想给他的总统任期注入一种新的动力，而且他显然认为，在任期结束时，他再次获得"总统多数"的机会要低于1997年春这个时节。议会大选的结果打破了他的如意算盘。在5月25日的第一轮选举中，社会党以23.49%的支持率胜出，跟随其后的是戴高乐派得票率15.65%的法国保卫共和联盟，以及德斯坦派得票率14.22%的法兰西民主联盟。在6月1日的第二轮选举中，三党得票情况分别为38.1%、22.8%和20.8%。但是，社会党的支持率不足以形成绝对多数：与其他较小的左翼党派一道，他们拥有总共577个议席中的268席。

　　无奈之下，希拉克只能委托再度任社会党总书记的利昂内尔·若斯潘进行组阁，从而产生了第五共和国建立以来第三个"同居"政府。若斯潘与共产党、绿党和让－皮埃尔·舍韦内芒（Jean-Pierre Chevènement）领导的民主运动党谈判组成了共拥有 319 个议席的联合政府（即"复数的多数"，后又称为"复数的左派"）。社会党人士出任 26 个政府部门中的 18 个部长，其中，休伯特·韦德里纳（Hubert Védrine）任外交部长，伊丽莎白·基古（Élisabeth Guigou）任司法部长，多米尼克·斯特劳斯－卡恩（Dominique Strauss-Kahn）任财政和经济部长，舍韦内芒任内政部长，绿党人士多米尼克·瓦内任环境部长，交通部和体育旅游部由共产党执掌。

　　如同整个西欧一样，法国在 1998~2000 年也经历了一段经济繁荣时期。其经济增长率在这几年中均在 3% 以上，失业率降至 70 年代初的水平：2001 年为 8%，比五年前降低了 4 个百分点。正如雅克·德洛尔的女儿、社会党劳工部长玛蒂娜·奥布里（Martine Aubry）于 1997 年 10 月宣布并于 1998 年 5 月由国民议会批准的，将每周工作时间减少为 35 小时的法律一样，政府为 25 岁以下的青年求职者制订的一项公益工作计划，也为减少失业率起了帮助作用。每周 35 小时工作制，这一新规定起初只适用于超过 20 名员工的企业，随后自 2002 年 1 月 1 日起在几乎所有企业中实行。"奥布里法案"增加了工会和社会党"好斗分子"对若斯潘政府的支持力度，但是，这一社会政策的后果却是对法国企业国际竞争力予以沉重打击。劳工部长在宣布其缩短工作时间计划之前，未同雇主方面进行过任何协商沟通，这就更进一步触怒了一位"企业老板"：1997 年底，雇主联合会——法国全国雇主理事会主席让·冈杜瓦（Jean Gandois）愤然辞职，以示抗议。

　　若斯潘政府最有争议的社会政策之一，是一项关于非婚姻关系的法律，即《民事互助契约》（Pacte civil de solidarité，简称

PACS）。保守派人士和教会皆将其视为同性恋运动的胜利，认为这不仅是一般意义上传统价值观的失败，更是婚姻和家庭的失败。1999 年 1 月底，他们号召法国民众在巴黎举行抗议游行，有近 10 万人参加了这次行动。然而，这一切均未能阻止该法于 1999 年 10 月 13 日获得通过。

在对待自由的问题上，政府并非总是意见一致。执政以来，内政部长舍韦内芒与司法部同仁伊丽莎白·基古摩擦不断。在他看来，在科西加岛的独立运动问题上，总理和大多数内阁部长所做的让步太多，于是，他于 2000 年 8 月以辞职表示抗议。然而，财政和经济部长斯特劳斯－卡恩于 1999 年 11 月提出辞职，却并非出于政治原因。有指控称，他在做律师期间用虚假账单收受过一个大学生救助组织支付的服务费。这项指控后来被检察院撤回。斯特劳斯－卡恩在财经部的继任者是洛朗·法比尤斯（Laurent Fabius）。新官上任三把火：他调整了其前任所制定的严格的财政路线，收到立竿见影的效果：2001 年 11 月，法比尤斯不得不承认，六年来，公共债务再度增加。

2000 年 9 月 24 日，法国人民被号召参加关于第五共和国宪法修订案的全民公投。他们这次要投票决定的，是关于共和国总统执政任期的问题，即总统任期从七年缩短为五年，也就是说，时间长度等同于一届国民议会任期。调整的用意，是尽可能避免所谓的"同居"现象，即国家元首和由不同政党组成的议会多数同时并存。在这一问题上，希拉克和若斯潘没有不同意见。法国民众以 73.2% 的多数赞同缩短总统执政期，不过，只有 30.3% 有投票权的法国人参加了这次"全民动员"的投票表决。但是，"同居"现象仍然未被完全排除。共和国总统依然保留了解散议会的权力。

在法国国内政策方面，希拉克总统起初几乎放手将这一领域交由"复数左派"政府掌管。在对外政策上，总统和总理的看法有着相当广泛的一致。1998 年 12 月 4 日，法国国防部长阿兰·

理查德（Alan Richard）和英国国防部长乔治·罗伯逊（George Robertson），在希拉克、若斯潘和布莱尔的见证下，在停靠在圣马洛（Saint Malo）附近布列塔尼海上的 HMS "伯明翰" 号驱逐舰上签署了一项联合声明。两国在声明中达成了进一步加强军事合作的协议，并且就今后欧盟必须拥有自主的军事行动能力，以及拥有相应的军事手段问题表明了态度。当若斯潘于 2000 年夏打算在法国担任欧盟轮值主席国期间施行自己的主张时，希拉克用自己的总统特权提醒他不得妄自行动。在总统任期就要结束时，希拉克更是进一步加强了对国内政策的干预。他对在他看来过于自由化的司法改革提出了尖锐批评，提醒要更加注重安全和社会稳定问题。2002 年总统选举的火药味已经提前到来。

　　法国的东部邻国——德意志联邦共和国即使在 90 年代后期也必须面对德国分裂的后果影响，以及用何种方式来完成两个德国重新统一的问题。1991~1995 年，将近四分之一（23% 或者是 1400 亿马克）由养老和失业保险产生的、从德国西部流转到德国东部的巨额转移支付，给经济增长和德国的国际竞争力（由于不断增加的非工资劳动力成本）造成了沉重负担。1998 年，德国的国内生产总值增长率为 1.97%，远落后于法国（3.4%）、英国（3.5%）和美国（4.4%）。1998 年的失业人数为 428 万人，占就业人口的 12.3%，是 1949 年以来的最高水平，其中德国东部的失业率（19.5%）严重拉高了德国的整体水平。

　　显而易见，德国需要进行大刀阔斧的体制改革，因此，诸如 "改革刻不容缓" 和 "改革阻碍" 这样的用语不胫而走，绝非空穴来风。鉴于 1995 年和 1996 年的形势，赫尔穆特·科尔的传记作者汉斯－彼得·施瓦茨（Hans-Peter Schwarz）将当时的局面称为 "白白浪费的年代，是 1994 年 10 月大选获胜后一种毫无计划、精疲力竭和缺乏前进目标的一味等待的结果"。当联合政府的基民盟／基社盟和自民党准备着手多项雄心勃勃的改革时，他们仅实现了其中的部分目标。1995 年，在邮政系统的改革过程中，德国的公法企业——联邦邮政改制成了名为德国电信（TELEKOM）的股份公司，并于 1996 年上市。随后，1995 年也同样改制为股份公司的德国邮政于 2000 年上市。自 1996 年起，在党主席奥斯卡·拉方丹领导下的社民党开始利用和绿党在联邦参议院中的多数地位，阻挠科尔政府必须经过参议院批准的重要政改措施，首当其冲者是计划中的税改方案。此方案的目标是显著降低纳税的起征税率和最高税率（前者从 25.9% 降为 20%，后者从 53% 降至 35%）。

在涉及病人分摊成本的医保制度改革方面，联合政府于 1997 年 6 月成功地否决了联邦参议院的异议。同样情况也发生在参议院于 1997 年 12 月对养老制度改革法案的表决中。考虑到投保人寿命的不断延长，该法增加了一条"人口因素"作为补充。人口因素逐步将"基准退休金标准"从平均净收入的 70% 降为 64%。与之前于 1992 年初生效的新规定，亦即将退休金以毛工资变化情况为标准改为以净工资变化情况为标准不同，1997 年的退休金制度改革是在没有政府和反对派按惯例达成一致情况下完成的：这种情况在德意志联邦共和国实属首次出现。

赫尔穆特·科尔在第五次连任联邦总理后要努力实现的首要目标，是让欧洲的共同货币"欧元"——如同 1995 年 12 月在欧盟马德里峰会上决定的那样——在 1999 年 1 月 1 日起生效。关于此优先目标，后文还将做进一步详述。倘若没有科尔对遵守时间表的锲而不舍，1998 年 5 月 2~3 日在布鲁塞尔由欧洲理事会通过的、在欧盟 15 国中的 11 国启用欧元的计划就难以实现。1998 年 4 月 23 日，联邦议会绝大多数代表对启用欧洲新货币的计划表示赞同。但是，德国民众对即将告别德国马克并不持欢迎态度。在阿伦斯巴赫

（Allensbach）的一家民意调查机构于 1997 年 4 月公布的调查结果中，只有 21% 的被调查者赞同采用欧元，52% 的人表示反对。

尽管如此，科尔还是寄希望于，他作为欧洲政治家的声望能够在 1998 年秋举行的联邦议会大选中再次助力他得到组阁的机会。早在 1997 年 4 月 3 日，出乎包括党内盟友在内许多人的意料，他宣布来年再度竞选政府总理。1998 年 3 月 1 日下萨克森州州议会选举之后，社民党竞选联邦总理的人选也已确定：竞选人不是党主席拉方丹，而是此次汉诺威（Hannover）[1] 选举的大获全胜者、德国人气最高的社民党人格哈德·施罗德。施罗德于 1944 年 4 月出生在威斯特伐利亚地区莫森贝格镇（Mossenberg）一个贫寒的工人家庭，其父在第二次世界大战中阵亡。施罗德利用业余时间学完了大学的法学课程，至 1990 年一直以独立执业律师为业。1990 年，他当选为下萨克森州总理，此后他被认为是一位注重经济的务实政治家。他承诺将实行一种"新中间派"的政策（尽管对之可做不同的具体理解）。"创新和公正"是这次社民党的竞选口号。

在 1998 年 9 月 27 日的大选中，社民党获得 40.9% 的有效选票，从而跃升为第一大党。其他各党的得票情况是：基民盟和基社盟 35.1%，联盟 90/ 绿党 6.7%，自民党 6.2%，民主社会主义党 5.1%。由于社民党和绿党共获得议会 669 个议席中的 345 席，拥有稳定多数，因此，事实上只有这两个党才有可能组成联合政府。除此之外，社民党在 1986 年 8 月的纽伦堡党代会上已经对十年内逐步下马核能项目表示赞同，从而清除了组成联合政府的障碍。因此，在新政府任期内逐步下马核能利用计划的协定便构成了联合政府协议的一个核心内容。

早在新选出的联邦议会举行首次全体大会之前，在美国盟友的敦促下，1992 年选出的上届联邦议会做出了最后一项重要决议：在

---

① 汉诺威是德国下萨克森州（Niedersachsen）首府。

科索沃局势不断升级的背景下，联邦议会以包括大部分社民党和绿党议员在内的多数票，批准了联邦国防军在前南地区可能参加北约军事行动的提案。1998 年 10 月 27 日，格哈德·施罗德获得 665 票中的 351 票，当选为德意志联邦共和国第七任总理。副总理兼外交部长是绿党政治家约瑟夫（又称"约施卡"）·费菲尔（Joseph Fischer），社民党主席拉方丹出任财政部长，前任党主席鲁道夫·沙尔平任国防部长，内政部长是 1989 年从绿党改换门庭加盟社民党的奥托·席利（Otto Schily），环境、自然保护和核电站安全部由绿党人士于尔根·特里廷（Jürgen Trittin）执掌帅印，出任经济部长的是一位来自能源行业的无党派人士沃纳·穆勒（Werner Müller），劳动部长由工会干部、社民党人瓦尔特·里斯特（Walter Riester）担任。里斯特于 2001 年 5 月成为以他的名字命名的、得到国家补贴的私人养老金计划——"里斯特养老金"之父。在施罗德内阁的五名女性中，有一位成为一个传统部门的掌门人——社民党的司法部长赫塔·多依布勒－格梅林（Herta Däubler-Gmelin）。

在历经了被广泛认为是新政府上任的手忙脚乱阶段之后，德国有史以来第一个红党和绿党政府推出了一系列根本性的革新措施，这是自 60 年代末和 70 年代初以来规模最大的一波改革浪潮。参照北欧模式的"生态税制改革"第一阶段，于 1999 年 4 月 1 日已经开始生效。此项改革提高了对燃料、燃气和取暖燃油的矿物油税，并且引入了电力税，目的是限制对环境有害的化石能源消耗。在 2000 年 1 月 1 日开始的第二阶段改革中，再次提高了燃料和电能的价格，并且对高效率的燃气和蒸汽发电厂以及对热电联产装置免除了矿物油税。增加的财政收入用来降低社保的缴费金额，从而减少了非工资劳动力成本，降低了失业率。

在长期逐步下马核电项目问题上，经过和电能生产行业谈判协商达成一致，最后一座核电站将于 2021 年退出电网。缘此，德国是第一个采取这种革命性步骤的发达工业国家。但是，直到相关法律的出台，需要核电站运营商和绿党都做出重大让步，这中间还要经过若干年时间。直到 2002 年，联邦参议院才批准了核电下马计划。随着带有无法预测风险的核电被逐步淘汰，国家有目的地出台了对诸如风电、太阳能以及生物质和地热的扶持政策。2000 年 4 月，第一部致力于这个目标的法律开始生效。

　　另一项改革举措所涉及的是消除对同性恋的法律歧视问题。在绿党的推动下，联邦议会于 2000 年 10 月 10 日通过了一项关于同性恋者双方登记生活伴侣关系的法律。依靠在联邦议会中的多数地位，红党和绿党联合政府不仅实现了通过在民政部门或是其他政府部门进行登记从而对生活伴侣关系从法律上加以承认，而且实现了一系列诸如财产法和继承法方面的有利于此种关系的其他改进措施。还有一些措施方案，诸如婚姻和生活伴侣关系在税务方面的一视同仁等，由于联盟党在联邦参议院的反对而未能通过。2002 年 8 月 1 日该法案生效。巴伐利亚州、萨克森州和图林根州之前对该法案的上诉，在 2002 年 7 月被联邦宪法法院驳回。

　　由于社民党和绿党同属政治上的左翼党派，所以，人们可以期待两个执政党对长期以来颇有争议的国籍法问题也进行一番改革。在德国，通常情况下一条制定于 1913 年法律中的基本原则——"血统决定国籍"（血缘法或种族法）仍然有效：至少父母的一方为德国人，其本人即为德国人。在德国，有数以百万计的儿童，其生活在德国的父母皆不是德国人。有鉴于此，这条法律不仅形同一个旧时代的老古董，而且也是某种生物论和决定论思维的表现。如果将之与大多数西方民主国家所实行的"出生地决定国籍"（居住地法）原则相比较，那么它就是一条非常落后的法律规定。根据居住地法，不是血统决定国籍，而是出生地决定国籍。除此之外，人们还可以在满足某些特定条件的情况下，获得所在国的国籍，亦即通过一种意愿方式加入相关国家的国籍。

奥托·席利领导下的联邦内政部起草的一项法律草案所依照的正是这样一个原则。然而，倘若没有包含双重国籍可能性在内的条款，该草案便不会引发诸多的争议。草案之所以有双重国籍的规定，其理由在于，如此可为外国人的融入提供便利。联盟党坚决拒绝这种"两本护照"的做法，他们认为，这样做将会给滥用法律和对国家"脚踏两只船"的态度打开方便之门。当黑森州于 1999 年 2 月 7 日举行州议会选举时，以州长候选人罗兰·科赫（Roland Koch）为首的基督教民主联盟（以下简称"基民盟"）在三个星期内一共收集到了约 40 万人反对红党和绿党计划中的这项改革的选票。大规模的动员号召帮助基民盟获得了选举的胜利，由罗兰·科赫为州长的基民盟和自民党联合政府取代了之前以社民党人汉斯·艾歇尔（Hans Eichel）为首的社民党和绿党联合政府。

对红党和绿党组成的联邦政府来说，黑森州的选举结果意味着失去了联邦参议院中的多数地位。在和自民党达成妥协的基础上，新国籍法才最终以多数获得通过。此前的"两本护照方案"被"选择解决方案"所取代：倘若父母的一方至少在德国生活了八年以上，那么，在德国出生的外国人的子女将自动获得双重国籍；直到 23 岁，他们必须在选择德国国籍还是选择父亲或母亲国籍之间做出选择。经过修订后的法律得到了莱茵兰－普法尔茨州社民党和自民党的赞同，从而在联邦参议院以多数获得通过。2000 年 1 月 1 日，新国籍法生效。与之前的法律状况相比，德国的进步有目共睹：由于红－绿－黄①临时联盟的改革努力，德国变得更加"西方化"了。

执政的最初几个月，给红党和绿党联合政府造成极大困难的并不是两党之间的矛盾对立，而是社民党内部一股暗流涌动的冲突。

---

① 红－绿－黄分别代表社民党、绿党和自民党。

总理格哈德·施罗德代表的是经济政策的革新派，财政部长和党主席奥斯卡·拉方丹则代表社民党的传统派。施罗德首先注重的是如何提升德国的国际竞争力，而拉方丹所关心的则是以需求为导向的经济政策，亦即注重提高工资、增加社会福利和降低利率。由于他不仅要把德国，而且也想把整个欧盟领上这条路，因此，他很快就成了新政府中在国内和国外最有争议的人物。正像他有足够的理由来为其有效调节金融市场的主张进行辩护一样，他关于借助凯恩斯的增长理论，亦即通过增加政府债务的方式来解决德国和欧盟结构性问题的假设也同样存在漏洞，受人攻击。

1999年3月11日，拉方丹出人意料并且未做任何解释，突然辞去联邦财政部长和德国社会民主党主席职务，同时，他也不再担任了联邦议会议员。三天前，他和总理施罗德之间的矛盾在社民党党务委员会内公开化。显而易见，拉方丹已经认识到自己在和施罗德的权力斗争中处境不利，取胜无望。在未经交手就除掉了党内最强劲对手之后，施罗德争取到了此前不久刚败选黑森州州长的汉斯·艾歇尔接替拉方丹的财政部长一职。他本人暂时代行社民党主席职务。4月12日，在波恩举行的特别党代会上，他以大约76%的支持率当选为德国历史最悠久政党的主席。

在联合政府内，施罗德此后在经济和财政政策问题上一人定调，而且毫不掩饰他在这方面同托尼·布莱尔有着比其他欧洲同仁更进一层的关系。1999年6月，经由这两位政治家的授权，两国在伦敦签发了一项原则声明——《施罗德和布莱尔文件》。在这份文件中，德国和英国的两位政府首脑公开表示，要将传统的福利社会改造成以知识为导向的服务型社会，以及建立一种新型的国家与公民的伙伴关系。在社民党内部，施罗德的现代化改革路线却一直备受争议。虽然拉方丹辞去在党内和政府中担任的职务削弱了传统主义阵营的实力，却并未使其销声匿迹。

　　当此之时，最大的在野党基民盟正经受一场最严重的内部危机的考验。在围绕一宗新的非法政党献金丑闻的调查过程中，1998 年 11 月起任该党名誉主席的赫尔穆特·科尔被迫于 1999 年 12 月 16 日公开承认，在 1993~1997 年一共接受了 150 万 ~200 万马克的捐赠，并且将其转移至私人金库，因而触犯了政党法。基民盟的党内同仁要求科尔指名道姓公开捐赠人的名字，科尔以所谓的"君子协定"为由予以拒绝。2000 年 1 月，波恩检察院以涉嫌背信不忠对科尔启动调查程序。2000 年 1 月 10 日，科尔的接班人、党主席沃尔夫冈·朔伊布勒（Wolfgang Schäuble）承认，他于 1994 年从军火商卡尔海因茨·施莱伯（Karlheinz Schreiber）手中接受过 10 多万马克的捐赠，这笔捐赠并没有按照规定在基民盟的财务报告中列出。2 月 16 日，朔伊布勒辞去了党主席和议会党团主席的职务。4 月，秘书长安格拉·默克尔在艾森市（Essen）召开的党代会上被选为新的党主席。1999 年 12 月 22 日，在未经和朔伊布勒事先商量的情况下，默克尔在《法兰克福汇报》上要求毫无保留地澄清政治献金丑闻，并要求科尔彻底退出日常的党务活动。

　　迫于巨大的压力，科尔于 2000 年 1 月 18 日放弃了名誉主席的职位。2001 年 2 月 28 日，波恩市中级法院终止了对他的调查程序。在通过捐款弥补了基民盟的财产损失后，科尔宣布愿意分别缴纳 15 万马克给国库和慈善项目以作抵偿。但是，缴纳钱款并不能将他屡次触犯法律的行为从人们的记忆中抹去。若干年之后，他为德国统一和欧洲一体化所做的贡献才重新得到人们的普遍承认，并且，相比于他给德国政治文化造成的损失，这些贡献受到大部分德国百姓的肯定性评价。

　　历史上还从未像 90 年代后期那样，在同一时间里有为数如此众多的社会民主党和社会党的政府首脑在欧盟国家掌权当政。在继伦敦的托尼·布莱尔和巴黎的利昂内尔·若斯潘之后，1998 年最初是波恩的——在德国政府于 1999 年夏从莱茵河畔迁往施普雷河畔 ① 之后——后来是柏林的格哈德·施罗德接踵而至。早在 1994 年，荷兰首相就由社会自由主义的政改先驱维姆·科克出任。同年在瑞典开始执政的是英格瓦·卡尔松（Ingvar Carlsson），他和 1996 年当选的继任者戈兰·佩尔松（Göran Persson）一样，都属于社民党的改革派。由社民党担任政府首脑的还有其他两个北欧的欧盟成员国丹麦和芬兰：哥本哈根的波尔·尼鲁普·拉斯穆森（Poul Nyrup Rasmussen）1993~2001 年任首相，他是西欧最坚定的改革家之一；赫尔辛基的帕沃·利波宁（Paavo Lipponen）1995~2003 年任总理。在奥地利，1970~2000 年的政府总理都由社民党（1991 年前还叫"社会党"）一手包办。此外，葡萄牙和希腊的政府总理也是社民党人：里斯本从 1995 年至 2002 年，雅典从 1993 年至 2004 年。

代表"资产阶级"的政府首脑被社民党或社会党的政府领导人所取代，其原因在不同国家不尽相同。在许多国家，如荷兰、英国和德国，导致这一易人局面的原因在于，社民党之前皆有的放矢地努力争取中产阶级选民的支持，在一系列所谓"后物质"问题上（如环保问题）持一种开放态度，并且坚定不移地把诸如谋求本国的国际竞争等自由经济立场视为己任。经过自身改革之后的社民党试图显示出与保守派和自由主义政党的不同和差异，他们强调公共事业（如教育和基础设施开发等）的重要性，并且坚守一个信条：只有"强有力的肩膀"比"弱小的肩膀"承担更多的重担，才能更加接近社会公正的目标，亦即"团结互助"的思想大兴于天下。

用这一世界观进行思考的欧洲政府首脑，如托尼·布莱尔、维姆·科克、波尔·尼鲁普·拉斯穆森和格哈德·施罗德等，都将美国总统比尔·克林顿视为他们的同路人。1999 年 4 月底，四位政

———————————

① 施普雷河（Spree）是一条流经德国首都柏林的河流。

府首脑和意大利总理、左翼人民党主席马西莫·达莱马（Massimo D'Alema）借北约庆典峰会之际聚首华盛顿，就6月载入《施罗德和布莱尔文件》中的议题交换看法。随后不久，应美国民主党的邀请，布莱尔、科克、施罗德以及"第三条道路"的其他代表——其中包括希拉里·克林顿——再度聚首华盛顿，参加以"21世纪先进管理"为主题的一次国际会议。次年，施罗德邀请世界上16个国家的元首和政府首脑齐聚柏林，在更大的范围内就同一主题交换意见。其中，托尼·布莱尔因"夫人生产"缺席，以色列总理埃胡德·巴拉克因中东的紧张局势告假未到。除了施罗德和科克，来自欧洲其他五个国家的政府首脑均参加了2000年6月2日在柏林夏洛腾堡宫举行的会议。他们是法国的利昂内尔·若斯潘、瑞典的戈兰·佩尔森、意大利的朱利亚诺·阿马托、葡萄牙的安东尼奥·古特雷斯和希腊的康斯坦丁·西米蒂斯（Konstantinos Simitis）。北美洲的代表是比尔·克林顿和加拿大总理让·克雷蒂安（Jean Chrétien），南美洲的代表是阿根廷总统费尔南多·德拉鲁阿（Fernando De la Rua）、巴西总统费尔南多·卡多佐（Fernando Cardoso）和智利总统里卡多·拉戈斯·埃斯科瓦尔（Ricardo Lagos Escobar）。前来与会的还有新西兰女总理海伦·克拉克（Helen Clark），南非总统塔博·姆贝基（Thabo Mbeki）。

柏林会议代表在众多问题上均达成了基本一致的看法，其共识点之多给人留下了深刻的印象：市场经济只有在同社会责任相辅相成时才会有良好前景；现代化的国家管理所代表的治国方略，是经济政策同谋求全民就业、社会公正和环境保护的相互结合；应当赋予发展中国家和新兴国家参与全球经济事务的同等地位。但是，在如何具体实践这些共识的问题上，"先进"国家元首和政府首脑之间的看法相去甚远，这点也表现在欧洲的与会代表身上。现代化的改革派，如科克、布莱尔、施罗德和佩尔森等，与诸如若斯潘这样的传统派社会党人意见不一，想法各异。对于在全球化条件下"社会公正"这个概念究竟意味着什么，人们无法期待双方对这个问题给出共同答案。此外，与会代表也无从知道，他们或是他们所属的党派力量究竟在多长时间内能够决定本国的命运。克林顿总统的任期于 2001 年 1 月行将届满。施罗德的客人们今后每年聚首一次的意向，充其量只是一种良好的愿望表达罢了。

在 90 年代后半期经历"左转"的欧洲国家中，意大利也名列其中。1996 年 4 月议会大选的获胜者（虽然是以微弱优势）是一个党派联合体，即所谓的"橄榄树"联盟（L'Ulivo）。参加这个中间派和左翼党派联盟的政党，是由前共产党脱胎而来的左翼民主党、由前天主教民主党重组的人民党、无党派人士和前总理兰贝托·迪尼的参选党派以及绿党。新总理是经济学教授、前天主教民主党人士罗马诺·普罗迪（Romano Prodi）。自 1947 年以来，首次出现了若干年前还是共产党党员的政客参加意大利政府的情况，其中包括内政部长乔治·纳波利塔诺（Giorgio Napolitano）和工商部长皮埃尔·路易吉·贝尔萨尼（Pier Luigi Bersani）。左翼民主党共出任 21 个部中的 10 名部长。

在普罗迪的领导下，意大利于 1996 年 11 月重返欧洲货币体系：倘若意大利不想被拒于欧元门外，这是必由之路。由于"橄榄树"联盟在议会中必须依靠正统左派的重建共产党的支持，所以，普罗迪内阁从一开始就立足不稳。1998 年 10 月，由于重建共产党内部意见不一，无法支持 1999 年的政府预算，导致政府垮台。普罗迪的接任者是马西莫·达莱马，他成了意大利第一个有"后共产党"背景的政府总理。如同其前任迪尼和普罗迪一样，达莱马也同样推行整顿预算、国企私有化和减少政府开支的政策，因而被重建共产党顽固地认为是"新自由化"并遭到抨击。

一段时间以来，"橄榄树"联盟政府同西尔维奥·贝卢斯科尼为首的右翼反对派似乎有达成修宪意见的可能，内容包括国家总统直选、重新明确规定众议院和参议院的职能，以及一项为第一大党带来有利地位的新选举法。达莱马在很大程度上向"媒体大王"做了让步。但是，由于在对贝卢斯科尼至关重要的要求方面，如取消党派非法融资和做假账的犯罪构成要件，以及给"好处费之都"一案中涉案人员大赦等，他的意见未被采纳，所以，已谈妥的折中方案以遭到拒绝而告终。

/ 148

　　达莱马在意大利民众中所推行的这套"勉强"政策，未使他的政府受到民众的拥戴。在遭受了 2000 年 4 月地方选举的重大损失后，左翼民主党的首位总理宣布辞职。1999 年 5 月起任意大利共和国总统的卡洛·阿泽利奥·钱皮任命前社会党的政府总理朱利亚诺·阿马托接替达莱马的职务。由于阿马托将改革重点圈定在比较易于达成共识的措施上，所以，他成功地于 2001 年 3 月推出了一套雄心勃勃的改革方案：大范围下放中央政府权力。2000 年 10 月 7 日，在仅有 1/3（34.1%）有投票资格的意大利选民参加的全民公投中，将近 2/3（64.2%）的投票人支持相关的修宪方案。

　　正当全民公投之时，意大利"左转"的这段插曲早已经曲尽人散。出于对"橄榄树"联盟政策的不满，在 2001 年 5 月 18 日进行的议会大选中，许多之前选举现任执政党的选民给由贝卢斯科尼的意大利前进党、詹弗兰科·菲尼的民族联盟和翁贝托·博西的北方联盟组成的竞选联合体——"自由之家"投了支持票，从而帮助他们赢得了选举胜利。在众议院和参议院选举中，右翼候选人分别获得了 45.4% 和 42.5% 的支持率。以前绿党人士、1999 年加入普罗迪创建的"民主党"的罗马市长弗朗西斯科·鲁泰利（Francesco Rutelli）领导的"橄榄树"联盟党，也分别获得了 43.7% 和 39.2% 的得票率。在第二届贝卢斯科尼政府中，当年的"新纳粹分子"菲尼担任副总理，博西为政府改革部长。如果说中间派和左翼政府在意大利所实行的是不温不火的节约开支政策的话，那么右翼政府——除了进一步将权力地方化之外——首先宣布的是减税政策。在这种情况下，坚定不移地与造成意大利跌入经济、政治和道德危机的各种传统决裂，再次变得遥不可及。

与意大利的局势不同，西班牙的政局在 90 年代末开始"右转"。由前税务稽查官何塞·玛丽亚·阿斯纳尔（José Maria Aznar）所领导的保守派人民党，在 1996 年 3 月 3 日的议会大选中获胜。由于缺少议会的绝对多数，所以，获胜者必须依赖加泰罗尼亚的地方党——统一与联合党，以及巴斯克地区和加纳利群岛的小型自治组织的支持。这种无奈之举所付出的代价，就是批准给这些自治地区大量的财政拨款。

为了满足《马斯特里赫特条约》的趋同标准，阿斯纳尔政府采取了诸如搞活劳动力市场这样的大刀阔斧的改革政策。新出台的法律法规允许扩大临时工的范围，订立非集体合同管辖的劳务合同，以及雇用低于最低工资标准的临时工和实习人员。除此之外，坚定不移地推行国有企业私有化进程，以及取消对国有企业的财政补贴（石煤开采不在此列）。改革成果立竿见影：失业率从 1996 年的 22% 降到了 1998 年的 18.6% 和 2000 年的 13.9%；通货膨胀率 1997 年时为 1.8%，明显低于欧盟 3% 的对比值；预算赤字的情况亦如此，2.6% 的水平比《马斯特里赫特条约》所允许的最高上限还低 0.4 个百分点；政府负债率在 1997 年占国内生产总值的 68.8%，并且在进一步减少，从而有望在不长的时间内达到 60% 的上限目标。

如同费利佩·冈萨雷斯领导的社会党前政府一样，阿斯纳尔政府也面临埃塔组织恐怖活动所带来的麻烦。1997 年 7 月，埃塔组织绑架和杀害地方政治家米格尔·安赫尔·布兰科（Miguel Ángel Blanco）事件，在巴斯克地区和马德里引发了大规模的群众游行。

一年之后，局面似乎出现了历史性的转机：埃塔组织于 1998 年 9 月宣布无限期停火，阿斯纳尔政府随后与恐怖组织的谈判代表首次进行正式接触。但是，双方的谈判并没有达成谅解。1998 年 11 月底，埃塔组织重新开始炸弹袭击。2000 年 7 月，整个西班牙皆对一轮恐怖袭击感到震惊。反对埃塔的抗议示威和集会也在巴斯克地区使成千上万的民众走上街头和广场。然而，在 2001 年 5 月提前进行的巴斯克地方议会选举中，分裂主义势力再次获得胜利，其结果是进一步加剧了马德里中央政府和维多利亚 - 加斯泰兹（Vitoria-Gasteiz）的巴斯克地方政府之间的紧张关系。

在外交政策方面，阿斯纳尔政府遵循的是一条坚定的大西洋盟友和亲美路线。在同大西洋联盟开始谈判十六年之后，西班牙于 1998 年 12 月也加入了北约的军事组织。两个月后的 1999 年 2 月，议会决定，到 2001 年时废除义务兵役制，建立一支职业军队。当人民党在议会中必须依靠自治地方的党派支持时，其民族主义倾向只能在有限的范围内得以表现。2000 年 3 月的议会大选使保守派摆脱了这种顾忌，人民党获得了众议院 350 个议席中的 183 个席位，从而在议会中获得了多数地位。于是，大张旗鼓地代表西班牙的利益，或是咄咄逼人地体现阿斯纳尔政府对这一概念的理解，就成了西班牙在外交和欧洲政策上的主要标志。同一年，当在欧盟东扩问题上涉及财政资金的重新分配和欧洲理事会的表决权重时，欧盟很快便领教了西班牙的锋芒。

在千禧年之交发生政局"右转"的另一个欧盟成员国是奥地利。在 1999 年 10 月 2 日举行的议会大选中，联邦总理维克托·克利马（Viktor Klima）领导的社民党获得了 33.2% 的选票和 65 个议席，这是该党自 1945 年以来最糟糕的选举结果。保守派的奥地利人民党和以克恩顿州州长约尔格·海德尔（Jörg Haider）为首的代表右翼民粹主义的奥地利自由党，分别获得了 26.11% 的支持率和 52 个议席。自由党所取得的大选结果（甚至比人民党还多得大约 400 张选票），反映了民众中普遍蔓延的对自 1987 年以来执政的大联合政府的极度不满情绪。人民党主席沃尔夫冈·许塞尔（Wolfgang Schüssel）注意到了民众的满腹怨气，于是，他于 2000 年初让大联合政府的组阁谈判破裂，理由是，工会组织不愿意共同承担势在必行的由两党商定的对社会福利政策进行改革的责任。

随后开始的与自由党的组阁谈判取得成效。2 月 4 日，由许塞尔任总理和苏珊娜·里斯－帕瑟尔（Susanne Riess-Passer）任副总理的人民党和自由党新政府，在同样来自人民党的联邦总统托马斯·克莱斯蒂尔（Thomas Klestil）的主持下宣誓就职。此前，克莱斯蒂尔总统经过努力，促使自由党用两位没有不良名声的党内人士替换了两名因为仇视外国人言论而引起公众注意的部长人选。除此之外，两位党主席许塞尔和海德尔也在联合政府协议的前言中保证，尊重民主的基本权利，支持欧洲一体化，承认奥地利对过去历史所负有的责任，拒绝仇外情绪、反犹主义和种族主义。

尽管如此，国内和国外对人民党和自由党组成联合政府反响非常强烈，原因是，约尔格·海德尔被认为是一个"大德意志主义者"，曾经冒天下之大不韪对纳粹时代的提供就业政策发表过溢美之词。2 月 19 日，25 万维也纳人在战后最大的群众游行集会上反对人民党和自由党联合政府。早在 1 月底时，欧盟曾就警告许塞尔不要同海德尔结盟。当人民党和自由党组成联合政府后，在希拉克的敦促下，欧盟对奥地利实行了在外交上打入另册的制裁措施。然而，制裁未起到任何效果，并在 2000 年 9 月根据三位独立评估专家的报告被取消。

2002 年，自由党由于针对计划中的税制改革的争议而陷入一场严重的危机之中。副总理里斯－帕瑟尔和财政部长卡尔－海因茨·

格拉塞尔（Karl-Heinz Grasser）于9月8日辞职，之后，联邦总理许塞尔宣布解散同自由党组成的联合政府。在2002年11月的重新大选中，人民党跃居第一大党地位，自由党不得不承受重大损失，社民党的支持率略有上升。在经过长时间的谈判后，许塞尔继续与自由党组成了联合政府。其间，海德尔代表的自由党的表现似乎有所收敛，国外因而不再将其视为对民主制度是一种危险。

吃一堑长一智。欧盟从奥地利的实例中得到了一次教训。就欧盟在类似案例中的做法而言，冻结成员国同维也纳关系的决定乃是一种过度反应。1994年，在曾经的"新法西斯分子"和仇视外国人的北方联盟参加贝卢斯科尼的第一届政府时，欧盟对此未置一词；当贝卢斯科尼于2002年5月再度与同一伙伴组成第二届政府时，欧盟也没有改变态度。意大利是创建欧洲经济共同体的元老国，并且是一个欧洲大国。而小国奥地利于1995年刚加入欧盟，因此似乎适合于被用来作杀鸡儆猴的案例。然而，对于作为制裁推手的法国来说，还有其他的动机和盘算在发生作用。在法国，社会学家伊曼纽尔·托德（Emmanuel Todd）的观点引起了社会公众的广泛关注：随着海德尔自由党的参政，德意志民族的问题又变成了一个未知数。此外，法国自己也有一个强大的极右政党——国民阵线。它可能会把对奥地利自由党的强硬立场理解成是针对自己的一种警示。但是，大多数奥地利人认为欧盟的做法不公平，因此都倾向于同情和支持许塞尔政府。当时，在某个成员国的法制和民主面临危险的时刻，欧盟被迫采取了这样的行动。但是，只有当欧盟冷静和不先入为主地分析时局，并按照有约束力的规则办事，它的反应才有可能获得积极有效的结果。[9]

1995 年，随着时间的推移，波恩政府财政部越发感到怀疑，所有准备采用欧洲共同货币的国家是否都在为满足马斯特里赫特的趋同标准真心实意地工作。趋同标准首先表现在三个指标上：预算赤字原则上不允许超过 3%，政府负债率不允许超过按市场价计算的国内生产总值的 60%，以及通货膨胀率最多只允许高出三个物价最稳定成员国平均值的 1.5%。根据已确定的马斯特里赫特时间表，考虑到物价稳定、利息水准、预算纪律和汇率机制的因素，这些要求在第三阶段开始前，最早于 1997 年 1 月 1 日，最晚于 1999 年 1 月 1日必须得到满足。鉴于采取最早的日期似乎不太现实，所以，欧盟中各国元首和政府首脑于 1995 年 12 月在马德里峰会上达成共识，"欧元"（新货币的名称）于 1999 年 1 月 1 日正式启动。

在后续的几个月中，人们认识到，为了实现《马斯特里赫特条约》雄心勃勃的目标，还需要增加更准确同时也更灵活的标准要求。正是基于这样的认识，《稳定公约》应运而生，并且在 1996 年 12月都柏林的欧盟峰会上获得通过。根据公约规定，只有在经济严重衰退和国内生产总值每年下降 3% 的情况下，3% 的新增债务上限才允许被突破。倘若出现整个国民经济的跌幅在 0.75%~2.0% 的情况，那么就要采用一种复杂的投票表决程序。如果一个欧元国家经过相应的敦促要求后，在四个月内未采取缓解不达标经济状况的必要步骤，货币联盟的成员国可以以三分之二的多数决定对其进行制裁。但是，德国所希望的自动制裁机制未被采纳，因为此机制在政治上行不通。

继 1996 年 12 月的《稳定公约》之后，1997 年 6 月又签订了《阿姆斯特丹条约》。该条约不仅加强了欧盟委员会主席的地位，赋予他一种执行规则要求的资格，而且还加强了欧洲议会的权力，扩大了它的立法权限。在经过五年的过渡期后，欧洲理事会在司法和内部政策方面可以不再需要经过一致表决通过，而是可以用有效多数来做出决定。在法国的敦促下，尤其是在法国社会党新总理莱昂尼尔·若斯潘的倡议下，需要对欧洲的就业战略更好地加以协调，并使其具有最高的优先地位。于是，《稳定公约》就脱胎换骨成了《稳定与增长公约》。在托尼·布莱尔接替约翰·梅杰担任英国首相后，英国也参与到共同体法的社会和就业政策的制定过程中。在英国的支持下，《社会协定》获得通过，从而有了一部适用于欧盟所有成员国的最低标准。

在共同外交与安全政策方面，《阿姆斯特丹条约》设立了一个新机构：共同外交与安全政策高级代表（西班牙前外长，后来担任北约秘书长的社会党人哈维尔·索拉纳于 1999 年 6 月出任首任高级代表）。但是，外交和安全政策决策必须一致通过原则被保留下来，以至于欧盟在这方面仍然鲜有机会以一个声音对外发言。《阿姆斯特丹条约》没有给欧盟在政治联盟的道路上带来进步。虽然如此，根据德国和法国的愿望，条约还是允许有一体化意愿的成员国在某些政策领域内加强相互间的合作，从而逐渐发展成一体化的"先锋派"。

《阿姆斯特丹条约》批准半年之后，欧盟的国家元首和政府首脑于 1997 年 12 月 12~13 日在卢森堡峰会上，决定与爱沙尼亚、波兰、斯洛文尼亚、捷克、匈牙利和（应希腊的敦请）塞浦路斯进行入盟的双边谈判。远期的入盟候选国是拉脱维亚、立陶宛、斯洛伐克、罗马尼亚和保加利亚。土耳其自 1963 年起通过联合协议同欧洲经济共同体建立起了相互联系，并于 1987 年 4 月提交了正式加入共同体的申请，但它均不是上述两个意义上的入盟候选国。众多欧洲国家的领导人（主要是赫尔穆特·科尔）皆认为，土耳其在体制上不具备满足 1993 年哥本哈根入盟标准的资格。同时，这一观点还反映了欧洲国家对宗教激进主义势力扩张的担心。土耳其甚为不满，反应强烈：中断了与欧盟的关系，拒绝参加由法国提议的、伴随欧盟扩展过程于 1998 年 3 月在伦敦首次召开的"欧洲会议"。

1998 年成了欧洲货币联盟的关键之年。此前的若干年中，为了降低债务水平和预算赤字，一些国家出现了许多"别出心裁的财务做账"方式。例如，法国政府在 1996 年决定，让国有的法国电信公司于 1997 年汇款 375 亿法郎到政府账上：这笔钱在今后几十年必须由政府以承担电信公司养老金的方式予以抵偿。然而，其首要作用是帮助法国政府守住预算赤字只占国内生产总值 3% 的最高上限。德国的科尔政府则想要在 1997 年中期即查明联邦银行于 1998 年将进行重新估价的黄金储备价值，目的是美化 1997 年的政府参考预算。这一如意算盘因联邦银行的反对而未能成功。

萨克森州州长、原基民盟秘书长库尔特·比登科普夫（Kurt Biedenkopf），于 1997 年 7 月在同《明镜》新闻周刊的采访谈话中，主张推迟货币联盟的时间。他认为，未来欧元国家的结构性问题尚未得到解决，而且问题的原因也不可能通过提高增值税和公司税得以消除。如果情况朝着法国所希望的欧洲经济政府和就业联盟的方向发展，那么这将改变欧盟的性质，并把欧元变成一种政治货币。假如人们认为科尔于 1991 年 11 月所说的话是正确的，即没有政治联盟作基础的货币联盟是错误之路，那么，"我们现在所做的事情就是错误的"。比登科普夫的警告并没有带来任何效果。赫尔穆特·科尔决心已定，在 1998 年联邦议会大选之前将欧洲共同货币的启动时间锁定在 1999 年 1 月 1 日。对此，即便是其可能的继任者，在 1998 年 3 月 26 日《图片报》的专访中将欧元形容为"体弱多病的早产儿"的社民党人格哈德·施罗德，也将只能望洋兴叹，无力回天。

欧盟真正的"问题儿童"不是法国和德国。在财政预算方面，法国 1997 年的预算赤字是 3.4%，1998 年是 2.8%，分别略高和略低于 3% 的规定标准。德国的数字是 1.5% 和 1.7%，情况明显好于法国。至于特别敏感的政府负债率问题，德国 1997 年为 59.8%，1998 年为 60.5%，都在占国内生产总值 60% 的上限附近徘徊；法国的数字为 65.1% 和 65.7%，均略高于标准。存在问题的国家是比利时和意大利。比利时 1997 年和 1998 年的政府债务率分别是 119.0% 和 114.6%；意大利这两年的公共负债率为国内生产总值的 128.7% 和 130.6%。在预算赤字方面，比利时 1997 年和 1998 年分别为 2.2% 和 1.5%，不存在违规问题；意大利的统计数据显示，赤字从 1995 年的 7.5% 下降到 1997 年的 2.5% 和 1998 年的 2.8%。在通货膨胀方面，意大利似乎也有明显好转，数据从 1995 年的 5.2% 降至 1997 年和 1998 年的 2%。

但是，这些都是迷惑人的假象。早在 1996 年，意大利的政府负债数据就因为卡洛·阿泽利奥·钱皮领导下的财政部在账目上做了手脚，而显得比实际的情况更加好看。经过欧盟统计局（Eurostat）的同意，钱皮于 1997 年在意大利引入了（非长期征收的）"欧洲税"；他授意主管部门出售本国的黄金储备，并对之征收盈利税，旨在借此降低财政预算赤字。通过德国设在罗马的大使馆，科尔政府了解到了普罗迪政府的这种做法。德国政府还得知，意大利财政赤字减少的原因，很大程度上是国际资本市场的利息相对大幅下降所带来的特殊效应。但是，出于压倒一切的政治原因，波恩政府将所有对意大利和比利时加入欧元体系的条件是否成熟的疑虑统统弃之不顾。两个国家皆是欧洲经济共同体的创始国，若是缺席第一轮欧洲共同货币成员国的名单，对两个国家来说，不啻是一种奇耻大辱。此外，对意大利来说，还有另一层忧虑，即普罗迪的失败将会增加贝卢斯科尼重新问鼎政府首脑的机会。

根据《马斯特里赫特条约》的规定，在政府负债率问题上，只有在负债水平呈下降趋势，且很快能恢复到国内生产总值 60% 上限以下水平的情况下，才可以允许做例外处理。虽然意大利的情况并非如此，但它的货币联盟成员资格在 1997~1998 年未受到严重影响。1998 年 5 月 1 日，在布鲁塞尔召开的具有决定性意义的会议上，欧洲理事会决定，除了英国、丹麦、瑞典和希腊，其他 11 个成员国都将成为经济和货币联盟的成员国。英国坚守其"选择性退出"的一贯立场；瑞典和丹麦保留自己做决定的权利；希腊出于自身经济状况的原因，其中包括 109.7% 的负债率、6% 的预算赤字和 5.5% 的通货膨胀率等，暂时不考虑被接纳为欧元区成员。在 11 个欧洲国家中是否采用欧元货币的决策是一个政治性的决定，它建立在所有与会国政府（首先是德国政府）的一个乐观的判断之上，即从长远来看，经济除了听从政治的标准，别无选择。

1998 年 5 月 1 日的布鲁塞尔峰会还做出了一项重要的人事决定。此前，欧元区央行行长理事会于 1997 年 11 月提议，任命荷兰人维姆·杜伊森贝格（Wim Duisenberg）为首任欧洲央行行长。然而，法国总统雅克·希拉克则坚持要让法兰西银行行长让－克洛德·特里谢（Jean-Claude Trichet）担任此职。由于科尔和杜伊森贝格的让步，最终在布鲁塞尔达成了被广泛认为是有问题的甚至是"不好"的妥协。杜伊森贝格宣布，在一半任期届满时，愿意辞职，让位给法国人。同时，他还有悖事实地宣称，辞职原因是因为年事已高，且在无任何一方施压的情况下自愿做出的决定。1998 年 6 月 1 日，总部位于法兰克福的欧洲央行开始工作，从而取代了之前的欧洲货币研究所。在 1998 年 12 月 31 日的欧盟经济和财政部长会议上，最终确定了欧元和成员国货币的汇率。1999 年 1 月 1 日，欧元变成了现实——作为非现金支付交易的支付手段，尽管起初只是作为记账单位而已。三年后，欧元硬币和纸币于 2002 年 1 月 1 日开始流通。

在此期间，欧元国家的数量从 11 个增加到了 12 个。2000 年，希腊成功实现了于 2001 年 1 月 1 日成为经济和货币联盟成员国的目标。根据雅典的经济数据，希腊的财政预算赤字在 1999 年降到了

1.8%，从而满足了相关的趋同标准。由于欧洲统计局未有异议，所以，其他国家的元首和政府首脑也无理由对希腊数据的正确性表示怀疑。2004 年 11 月，在保守派的新民主党获得议会大选胜利七个月之后，科斯塔斯·卡拉曼利斯（Kostas Karamanlis）政府承认，康斯坦丁·西米蒂斯的社会党前政府给欧盟提供了虚假数字：1999年参考年份的赤字率为 3.4%，明显高于允许的占国内生产总值 3%的上限。为了把指标美化成 1.8%，在计算赤字时，未将数量庞大的一部分军费开支包括在内。因此，希腊成为欧元货币联盟成员国是一场国家级的欺诈。

事后，欧洲统计局也发现，希腊的财政赤字数据在 1999 年之前就被雅典做了向下"美化"的手脚：1997 年从 6.4% 改为 4%，1998年从 4.1% 改为 2.5%。希腊成为货币联盟的成员国之后，在纽约高盛投资银行的帮助下，继续进行欺骗行为。借助一笔秘密贷款，即所谓的"外汇转期生意"，高盛让雅典具备了表面上能够大幅度减少美元和日元债务的能力，并得到了高达 3 亿美元的服务费作为回报。鉴于希腊政府部门存在非常明显的问题，由其他欧元区国家和欧盟对所谓的降低赤字进行一次严格的审查势在必行。但是，审查却没有做——对所有参与接纳希腊加入货币联盟的国家政府和机构组织来说，这是它们的一种政治失职，较之 1996 年和 1997 年相关责任人对意大利的虚假财务数据采取容忍态度，希腊问题有过之而无不及。

在千禧年之初，欧盟被迫与违规行为打交道的案例不仅限于希腊一家。1998 年底，欧洲议会拒绝批准由卢森堡人雅克·桑特领导的欧盟委员会提交的降低 1996 年预算的报告，原因是此前刚刚曝出，来自社会党的法国政府前总理、负责科研和开发的欧盟委员伊迪丝·克勒松，委托自己的一位牙医朋友出具了一份毫无专业价值的评估报告。虽然针对欧盟委员会的不信任案于 1999 年 1 月未能获得成功，但是，多数代表皆同意设立一个第三方专家委员会来审查针对委员会的指控提案。1999 年 3 月 15 日，专家报告完成提交。报告证实了委员会失去了对管理部门的控制，并列出了一系列不合规范、管理不善和弄虚作假行为。由于主要受牵连的委员拒绝引咎辞职，委员会于几日后集体辞职。这是欧盟历史上史无前例的事件，欧洲议会完全可以将此载入自己的功劳簿。在德国总理、理事会主席格哈德·施罗德的主持下，欧洲理事会于 1999 年 3 月底在柏林特别峰会上达成一致，推举意大利前总理罗马诺·普罗迪出任新的委员会主席。1999 年 5 月 5 日，欧洲议会批准了这一任命。批准任命与《阿姆斯特丹条约》生效恰好是在同一个月。

七个月之后，欧洲理事会于 1999 年 12 月 10~11 日在赫尔辛基举行会议，会议做出了三项影响深远的决议。第一，与拉脱维亚、立陶宛、斯洛伐克、罗马尼亚、保加利亚和马耳他就入盟问题进行谈判。第二，给予土耳其入盟候选国的地位。这不仅是一个完全符合由美国明确表达的、具有战略动机考量的决定，而且也是德国红绿两党联合政府积极推进的结果。其中联合政府也有一个国内事务方面的动机，即红绿两党想争取土耳其裔德国选民的选票。第三，2000 年 2 月召开了一次政府首脑会议，为修改欧盟的协议做准备。为下一步的东扩计划，修改协议十分必要：理事会的表决权必须重新分配和加权平均，欧洲议会的规模需要进一步扩大，欧盟委员会需要重新组建。

较之赫尔辛基决议，更为雄心勃勃的是由德国外长约瑟夫·菲舍尔于 2000 年 5 月 12 日在柏林洪堡大学作演讲时，非以部长身份，而是如他所强调的那样，以一个具有坚定信念的欧洲人和德国议员身份所提出的一个设想。这位绿党政治家赞同"从国家联合体过渡到一个完全议会化的欧洲联邦，正如罗伯特·舒曼（Robert Schuman）五十年前就已要求的那样。这个宏伟的构想就是一个欧洲议会和一个完全等同的政府，二者在联邦体制内真正共同行使立法和行政权。这个联邦必须建立在一种宪法条约的基础上"。首先要进行的堪称革命性的行动是，做出如下决定：将现有的国家联合体（联邦宪法法院于 1993 年 10 月在关于马斯特里赫特的裁决书中对欧盟如此称呼），转变为一种联邦制。倘若不是所有欧盟国家都愿意走这条路，那么，那些至少愿意更加紧密合作的国家应当订立一个基本条约来作为宪法的核心，并以此为基础建立联邦政体，从而在欧盟内形成一个"引力中心"。

在联邦德国的两位最重要的盟友那里，菲舍尔的演讲遭到了既明确又措辞委婉的拒绝。法国和英国举足轻重的党派从未考虑过要将自己的国家融合到一个同德意志联邦共和国的联邦制几乎完全一样到可以乱真的欧洲联邦政体中。同样，欧盟委员会前主席雅克·德洛尔也从未有过这样的想法。他在 2000 年 1 月 19 日接受法国《世界报》采访，当谈到"民族国家的联邦制"（fédération des États-Nations）时说，他所理解的这种联邦制，是那些有一体化意愿的成员国在经济和货币、国防和外交、内部安全和环境保护领域的一种密切的合作关系。但是，"宪法"的概念将在今后几年中被广为运用，其主要原因在于，在赫尔辛基所达成的条约修订的基本结果，远落后于许多成员国的期望值。

在 2000 年 2 月召开的政府首脑会议取得的结果基础上，欧盟国家元首和政府领导人必须在 2000 年 12 月 6~11 日的尼斯峰会上做出具有约束性的决议。在欧盟历史上，还从来没有一届由理事会轮值主席国召开的理事会议组织得如此糟糕，而且，也从未有一届轮值主席（就像雅克·希拉克在史上时间最长的这届峰会上所做的那样）如此这般只顾本国利益，而将各国不同利益调解人的身份抛诸脑后。在尤为富有争议的欧盟扩大后的理事会表决权分配问题上，希拉克坚持要求，今后法国所享有的表决权不少于重新统一后的、人口比峰会主办国多 2000 万的德国。法国伸手想得到的，英国和意大利自然也当仁不让：在欧盟扩大至 27 国之后，"四大国"各自拥有 29 票表决权。为了尽可能缩短西班牙和四大国之间的差距（西班牙大约只有德国一半的人口），总理何塞·玛丽亚·阿斯纳尔为西班牙争取到了 27 票表决权。鉴于阿斯纳尔成功地达到目的，领土略小于西班牙的波兰也获得了票数相等的表决权。虽然比利时的人口比其北方的邻居荷兰少 600 万人，但是，首相盖伊·费尔霍夫施塔特（Guy Verhofstadt）却要为本国力争与荷兰票数相等的表决权。最后，在其他成员国同意欧洲理事会今后每年在布鲁塞尔召开两次会议的情况下，费尔霍夫施塔特方才答应给荷兰人多一票表决权。关于欧洲议会席位分配的谈判则进行得不如这般艰难曲折。

鉴于欧盟成员国的数量将要增加到 27 国，在欧洲理事会中有必要采取有效多数的表决方式来代替一致同意的原则。事实上，经过尼斯会议的反复争论之后，多数决定权问题在 28 个要点内容上得到了扩展和增加。但是，在诸如社会、税务、贸易和难民政策等方面，一部分保留了无限期的一致同意原则，另一部分保留了有很长过渡期的一致同意原则。何塞·玛丽亚·阿斯纳尔在这个问题上也同样表现得非常固执强硬。他争取到的结果是：在 2007~2013 年的欧盟财政扶持期间，结构政策问题继续需要全体成员国的一致决议。这样一来，结构基金的主要受益国西班牙到那时就可以免受任何对其不利的政策变化的影响。

尼斯峰会上引入了新的多重多数表决原则：在有 27 国的欧盟中，凡是采用有效多数原则足以做出决议的地方，均必须采用多重多数原则，也就是说，至少 14 个表示同意的国家必须拥有至少 74.8% 的理事会表决权，以及代表 62% 的欧盟人口。尼斯的决定为特别具有一体化意愿的国家之间更进一步的合作提供了有利条件。除此之外，与会的国家元首和政府首脑还批准了由德国前总统罗

/ *162*

曼·赫尔佐格领导的、一个由12名成员组成的特别工作会议所提交的、由54项条款组成的《基本权利宪章》。宪章最重要的规定之一是禁止死刑判决。虽然宪章没有被纳入欧盟的条约当中，以至于成员国公民不能对宪章中所包含的权利进行起诉执行，但是，这份《基本权利宪章》对欧洲法院的司法判决来说仍然具有重要意义。

对于原则上支持欧盟的欧洲经济共同体创始成员国来说，尼斯峰会的期望和成果之间不成比例的关系非常令人失望。当在2001年6月7日爱尔兰的全民公投中（爱尔兰是唯一进行此类公投的国家，其间人们对国家中立政策的担心对公投的不利结果起了相当大的作用），会议乏善可陈的结果遭到54%的微弱多数否定时，这种失望情绪还在漫延。在欧洲理事会明确表示尊重都柏林的中立政策后，爱尔兰人在2002年10月19日举行的第二次公投中，以62.9%的多数投了《尼斯条约》的赞同票。

在爱尔兰第一次公投之前，即2001年5月31日，欧洲议会要求各国暂时停止对条约的批准程序，直到一个由欧洲议会、成员国议会和欧盟委员会的代表组成的特别工作会议对之做出评估为止。《尼斯条约》不可能在欧盟深化问题上一锤定音，这点在峰会上已一目了然。在德国总理施罗德的敦促之下，各国元首和政府首脑达成了一个"后尼斯进程"的共识。此"后尼斯进程"将在2004年之前，以另一次政府首脑会议的形式作为新的开端。2001年12月，欧洲理事会在布鲁塞尔附近小城拉肯（Laeken）召开的峰会上决定，设立由欧洲议会所要求的、入盟候选国代表将被允许以参议者身份参加的特别工作会议。特别工作会议领受的任务是，使欧盟变得更加民主、透明和高效。实现这一目标，将采用为欧盟条约的修订提供建议的方式，亦即如《拉肯宣言》所阐明的那样，为"服务于欧洲公民的宪法之路"提出建议。可见，2000年5月德国外长约瑟夫·菲舍尔在其"洪堡演讲"中所发出的倡议开始产生效应。但是，特别工作会议是否接受菲舍尔关于欧洲联邦的设想，完全是个未知数，更遑论成员国对这样一种雄心勃勃工程将采取大力支持的态度。

同样雄心勃勃的还有另外两个欧盟的倡议——《巴塞罗那进程》和《里斯本战略》。1995 年 11 月，欧盟在西班牙加泰罗尼亚首府，同从土耳其到摩洛哥的地中海沿岸国家达成一项声明。声明中，与会国同意建立一种在人权和基本政治自由基础上的政治，尤其是安全的伙伴关系，以及在 2010 年之前建立地中海自由贸易区的目标。《巴塞罗那进程》所取得的实际成果微不足道：由于以色列不愿意将它同巴勒斯坦和阿拉伯国家的关系放在议事日程之上，所以，欧盟对于促进中东的安全便无法有所建树。除此之外，协议所取得的成果也远低于 1995 年人们所寄予的期望。

2000 年 3 月，欧盟理事会在葡萄牙首都通过了《里斯本战略》决议。决议中，欧盟设定的目标是，将欧洲"打造成世界上最具竞争力和最有发展活力的知识型经济区。这个经济区能够实现经济的持续增长、更多更好的就业岗位以及更加紧密的社会团结的目标"。欧盟还表示，要以全民就业、结构改革、推出就业政策措施和大力推进科研教育为己任。此外，它还将为更简单方便地使用互联网而不遗余力。

实际情况的发展并不如 2000 年 3 月制定的规划所愿，《里斯本战略》的目标并未达成。十年届满之时，诸如巴西、俄罗斯、印度和中国这样的新兴国家，即所谓金砖国家，其经济发展的强劲势头远远超过欧盟。2010 年 3 月，亦即在批准《里斯本战略》十年之后，欧盟又做出了一项后续的规划决议——《欧盟 2020》。这项规划明显降低了调门。根据这项宣言，欧盟准备转变成一个"知识型的、可持续发展的和一体化的经济体"，并且具有"高度的就业和生产水准，以及强大的社会凝聚力"。具体的目标是，国内生产总值的

3%今后将用于科研和开发，减少温室气体排放，改善受教育的机会，以及和贫困做斗争。虽然欧盟想要对各国的相关规划方案进行严格的监督，但是有迹象表明，即便是《欧盟2020》规划战略，也依然太过雄心勃勃。一些成员国充满改革热情，精神可嘉，但远非所有国家皆如此，甚至是那些最迫切需要进行大刀阔斧结构改革的国家也非始终如此。[10]

21 世纪初，与欧盟进行入盟谈判的有十个中欧和东南欧国家。欧盟对它们提出的要求是，尽一切努力满足 1993 年确定的哥本哈根入盟标准。就要求的经济部分而言，申请国在被接纳为欧盟成员国时，至少必须证明经过巨大努力和取得长足的进步。在政治标准方面，凡是想加入欧盟的国家在正式入盟之前，都必须消除外界对其民主和法制政体完整性的所有疑虑。

/ 165

在这个问题上，不少国家百废待兴，任重道远。在保加利亚，需要由一直在野的民主力量联盟于 1997 年 4 月取代"后共产党"的执政地位。1999 年，民主力量联盟主席、政府总理伊万·科斯托夫（Iwan Kostow）解决了与马其顿及保加利亚马其顿少数民族的语言争执问题，并废除了死刑。2001 年 6 月，由不久前刚从流亡地返回保加利亚的前西麦昂二世国王领导的"西麦昂二世民族运动"赢得了议会大选的胜利。总统彼得·斯托扬诺夫（Petar Stojanow）任命这位改用普通百姓名字——西麦昂·萨克森 – 科堡 – 哥达斯基（Simeon Sakskoburggotski）——的前国王为政府总理。当社会党人格奥尔基·珀尔瓦诺夫（Georgi Parwanow）当选为国家总统时，保加利亚也出现了一个巴尔干半岛式的"同居"政治阶段。然而，由西麦昂所宣布的大刀阔斧的经济改革以及针对庇护主义和腐败现象的强有力措施并没有取得立竿见影的效果。在就任政府总理一年之后，这位昔日的国王就已经失去了许多威信。

罗马尼亚于 1996 年才发生真正的权力更迭。这年 4 月，由维克托·乔尔贝亚（Victor Ciorbea）领导的罗马尼亚反对派联盟民主协商会赢得了议会大选的胜利。乔尔贝亚担任政府总理。在经历一场政府危机之后，他于 1998 年 4 月向农民党总书记拉杜·瓦西里（Radu Vasile）交出了总理职位。在 1996 年 11 月举行的总统选举中，保守派的埃米尔·康斯坦丁内斯库（Emil Constantinescu）击败了在任总统、"后共产党人"扬·伊利埃斯库（Ion Iliescu）。在瓦西里任总理期间，政府出台了一项法律，允许公民查阅当年权倾一时的情报机关——罗马尼亚秘密警察所建立的同他们有关的秘密档案。联合政府内部无休止的争吵，以及一场严重的最终造成国家投资基金崩溃的经济和财政危机，导致了 2000 年末政权再度更迭。由"后共产党人"组成的社会民主党所领导的党派联盟在议会大选中获胜，极右阵营中的大罗马尼亚党获得了超过 1/3 的选票（28.34%），从而跃居为第二大党。

次月，伊利埃斯库再度当选罗马尼亚总统。属于"后共产党"的社会民主党人阿德里安·纳斯塔塞（Adrian Năstase）组成了少数派政府。在外交方面，政府寻求向美国和欧盟靠拢，但是，在坚定地同本国以往的专制极权历史决裂，以及与猖獗的腐败现象和有组织的犯罪做斗争方面，政府却无所作为。如同保加利亚一样，腐败现象和有组织犯罪两大痼疾，在政治阶层的参与下，发展成了后独裁时期的两大标志性现象。与南部的邻国相比，罗马尼亚在认真扎实地致力于使主要以农业为主的本国经济具有国际竞争力方面，还有许多工作要做。

在八个申请加入欧盟的中欧和东欧国家中，有一个国家的民主状况在千禧年前后面临严重威胁。在 1998 年 5 月的匈牙利议会大选中，霍恩·久洛领导的社会党和自由党联合政府，被维克托·奥尔班（Viktor Orbán）领导的、早先是自由主义后来成为民族保守主义的匈牙利公民联盟与另外两个具有保守倾向的政党，以及——尽管非正式——与小农业主党组成的大联盟所取代。奥尔班出任总理后，执政的保守派立刻走上了一条与社会党和自由党势不两立的对峙之路。1998 年 10 月的地方议会选举过后，政府对被认为是反对派盘踞的堡垒城市进行财政上的"惩罚性围剿"。1998年12月初，奥尔班公开宣称，没有反对派的存在，议会也照样运转。此后不久，一场不露声色地对议会地位的打压便拉开了序幕：以往每周召开一次的人民代表大会，变成了三周一次。

千禧年之际，匈牙利举行了纪念斯蒂芬一世（Stephan Ⅰ）于公元1000年圣诞节（或是公元1001年元旦），由西尔维斯特二世（Silvester Ⅱ）教皇加冕为国王的庆祝活动。庆祝活动使奥尔班所推行的民族保守主义达到了登峰造极的程度。其核心是对受基督教精神影响的群体——匈牙利民族的崇拜。凡是站在右翼势力一边的媒体皆能拿到用于政治广告的政府补贴。涉嫌损害匈牙利形象的反对派政治家、记者和知识分子都上了"黑名单"。只要是涉及针对左派阵营的行动，奥尔班政府均能够得到伊什特凡·舒尔卡（István Csurka）领导的、极端民族主义和至少是藏而不露的反犹主义的匈牙利正义与生活党的支持。当小农业主党在2001年夏秋分崩离析并退出内阁时，舒尔卡的正义与生活党便一跃成了实际的联合政府伙伴，从而保住了奥尔班作为少数派政府首脑的总理宝座。奥尔班政府对海外匈牙利人的关照，也同舒尔卡的观念不谋而合。2002年1月1日出台的一项法律，赋予生活在邻国的匈牙利人以特殊的优惠待遇，从而引起了罗马尼亚和斯洛伐克的强烈抗议，并导致计划于2002年3月举行的维谢格拉德集团国家（除了匈牙利，还有波兰、捷克和斯洛伐克）会议被取消。然而在国内，奥尔班却成功地通过这种方法巩固了自己的地位。

经济方面，奥尔班政府在1998年以后主要采取的是一如既往的延续性政策。如同社会党和自由党前政府一样，奥尔班也同样致力于使匈牙利具备加入欧盟的成熟条件。然而在2000年时，匈牙利的经济形势发生了变化：国内生产总值在2000~2001年从5.5%下滑到了3.8%，预算赤字从3.6%上升到了4.7%，失业率从5.7%增加到了 6.0%。衰退的原因，主要是奥尔班政府推行的对内和对外的经济保护主义：国家项目的订单常常未经招标就给了政治上可靠的匈牙利企业；在高速公路修建工程上，政府完全将招标流程弃置一旁。

右翼政党并没有实现他们所宣称的经济增长目标，这对反对党来说不啻是天赐良机。在即将于 2002 年 4 月进行的下届议会大选中，反对派有望在其他领域修改奥尔班政府路线的机会开始明显增多。选战期间，左翼和右翼势力之间的两极对立达到了匈牙利历史上前所未有的地步。

相对而言，斯洛文尼亚给欧盟带来的问题微不足道。这个当年的南斯拉夫加盟共和国很快就在候选国中脱颖而出，成了"模范学生"。1998 年，它的国内生产总值就达到了欧盟平均水平的 73%，并且在 1998~2001 年平均增长了 4.4%。截至 2002 年 9 月，入盟谈判的 31 个环节已经谈妥了 28 个。布鲁塞尔和西欧主要国家有意未予重视的一个问题是，在"后共产党"统治的斯洛文尼亚，司法部门、政府和企业管理层的主要人员中，还存在着大量共产党时代的遗留人员。自 1990 年 4 月以来，担任国家元首的是前共产党主席、坚定的改革家米兰·库昌（Milan Kucan），他于 1997 年再次当选总统。管理斯洛文尼亚的是一个联合政府，其内阁中，占据主要地位的是代表市民阶层的政党，为首者是亚内兹·德尔诺夫舍克（Janez Drnovsek）领导的斯洛文尼亚自民党。2000 年 4 月，德尔诺夫舍克在信任案投票中失败，被迫辞去总理职务。但是，在 10 月进行的新议会大选中，他再度出任新一届中间派和左翼政府总理。2002 年 12 月 1 日，他在第二轮总统选举中胜出。总理职务则由现任财政部长、经济学家安东·罗普（Anton Rop）担任，罗氏也是斯洛文尼亚自民党的一名政客。

在入盟事宜上，斯洛文尼亚的邻国克罗地亚在 90 年代末充其量只徒有梦想而已。实行专制统治的民族主义者弗拉尼奥·图季曼于1997年6月再度当选总统。在他执政期间，克罗地亚没有进行任何增加入盟希望的体制改革。与此相反，图季曼的克罗地亚民主共同体党想尽一切办法将司法部门和新闻媒体置于自己的控制之下。凡是进行私有化改造的企业，结果皆卖给了那些被认为是"铁杆忠诚"的人物。对欧盟来说，尤其具有挑衅意味的是，在1995年12月《代顿协议》缔结前后，图季曼给居住在波黑的克罗地亚民族主义分子提供了大力支持。在当地生活的克罗地亚人均获得克罗地亚共和国国籍，并且像其他海外克罗地亚人一样可以参加克罗地亚的选举。这样的举动保证了克罗地亚民主共同体党的霸主地位，却损害了波黑的内部团结。

1999年12月10日图季曼去世。在2000年1月进行的议会大选中，克罗地亚民主共同体仅得到了30.5%的选票。根据多数选举法，前共产党党员、如今的社民党人伊维察·拉昌（Ivica Racan）组成了中间派和左翼政府。在同年2月的总统选举中，左翼自由派的人民党候选人斯捷潘（斯蒂普）·梅西奇（Stjepan Mesic）胜选。梅氏从一个共产党人发展成了一个捍卫大刀阔斧改革和向欧洲开放政策的政治家。2000年一系列的宪法修订案将总统制政体改造成了议会民主制，总统不再是一个独立的权力因子。2000年夏，拉昌政府将两名克罗地亚的战犯嫌疑人，其中包括对1995年8月在克拉伊纳发生的"种族清洗"负有责任的安特·戈特韦纳（Ante Gotovina），移交给了旨在对当年南斯拉夫战争罪行进行惩罚的海牙国际法庭（由联合国于1993年设立）。这一决定在克罗地亚引起了极大争议，并导致社会自由党四名部长辞职退出内阁。

于此前一年向巴尔干半岛西部国家开启了申请成员国资格大门的欧盟，用实际行动回报了从萨格勒布传来的积极信号：2001年10月29日与克罗地亚签署了稳定和联合协议，协议于2005年2月

1 日开始生效。2002 年 12 月，拉昌政府向议会提交了一份内容广泛的立法计划，目的是为了使克罗地亚满足入盟谈判的要求和条件。图季曼的影子开始逐渐消失。2003 年 2 月，克罗地亚提出了正式加入欧盟的申请，2004 年获得了候选国的地位。

1995 年 2 月与欧盟签署联合协议的捷克共和国，于 1996 年 1 月提出了正式加入欧盟的申请。其时，布拉格联合政府总理是公民民主党主席瓦茨拉夫·克劳斯。1996 年 5 月 31 日和 6 月 1 日议会大选后，他再度连任总理。1997 年 11 月底，克劳斯因为政党献金案辞职。当欧盟于 1997 年 12 月在卢森堡峰会上决定与捷克、波兰、匈牙利、爱沙尼亚和斯洛文尼亚进行入盟谈判时，克劳斯只是代行总理职务处理国务。在提前于 1998 年 6 月进行的重新大选中，社民党获得了 32.3% 的选票，成为第一大党，党主席米洛什·泽曼（Milos Zeman）出任总理，其政府是一届得到公民民主党容忍的少数派内阁。1999 年 3 月，捷克同斯洛伐克、波兰和匈牙利一道被接纳为北约组织成员。如同加入北约一样，各大党派对尽早成为欧盟成员国的愿望也均无异议。

与捷克的情况不同，斯洛伐克在 90 年代经历了一系列严重的国内危机。在遭到总统米哈尔·科瓦奇指责，以及在议会信任案投票中失败之后，以强人手段执政的弗拉迪米尔·梅恰尔于 1994 年 3 月宣布辞职。但在提前于 9 月 30 日和 10 月 1 日进行的大选中，梅氏再度获胜，并在其他两个政党的帮助下于 12 月组成了联合政府。2 月 1 日，斯洛伐克成了欧盟的联合协议签署国。但是，欧盟于 1997 年 12 月拒绝同斯洛伐克展开入盟谈判，理由是斯洛伐克没有满足哥本哈根的标准条件。一次仓促准备的关于总统选举程序和加入北约的全民公投，于 1997 年 5 月因参加投票的人数低于 10% 而归于失败。

次年3月，所有政党均未能找到接替任期届满的科瓦奇总统的继任人选。于是，总统职能于6月交由国民议会议长代理。在1998年9月底的议会大选中，梅恰尔的斯洛伐克民主运动遭到了重大损失，但仍保住了第一大党的地位。反对派政党总共拥有超过三分之二的多数席位。联合政府总理由基督教－自由主义政党同盟即斯洛伐克民主联盟主席，激进的市场经济改革捍卫者米库拉什·祖林达（Mikulás Dzurinda）出任。

在祖林达和1999年5月首次直选出的总统鲁道夫·舒斯特（Rudolf Schuster）的领导下，斯洛伐克试图加大力度，补上民粹主义者梅恰尔曾予以拒绝的国家现代化进程这一课。出于联合政府优先的战略方针考虑，祖林达政府于1999年7月出台了一项语言法案，从而在很大程度上满足了匈牙利少数民族的要求：具有基督教民主倾向的匈牙利联盟党是祖林达内阁的组阁伙伴，而且在2002年10月大选之后，这种伙伴关系依然得以延续。次年，议会做出了大刀阔斧削减政府开支的决定，重点在社会福利领域。此外，还引入了"单一税"制，即无论是所得税、实体税、营业税还是其他税种，一律实行19%的税率。这项改革的目的，是要提高斯洛伐克对外商投资的吸引力。改革努力取得了成效：斯洛伐克同拉脱维亚和立陶宛一道，同属于1999年底组成的"赫尔辛基集团"，即第二轮入盟候选国。它们同第一轮候选国一样，于2004年5月1日成功加入了欧盟。

与斯洛伐克相比，波兰的政局在90年代后期未受危机动荡的影响。对耶日·布泽克联合政府内部稳定造成威胁的因素，是由经济自由主义、保守主义，以及来自团结工会阵营、具有较多社会民主思想的政客联合组成的自由联盟的逐步瓦解。2000年5月，自由联盟退出内阁，迫使内阁作为少数派政府继续执政。由布泽克推行的被认为是严格的预算和紧缩开支政策引起了民众的强烈抗议，但是，抗议并没有使政府改变既定方针。在 2000 年 10 月 8 日举行的总统直选中，社民党现任总统亚历山大·克瓦希涅夫斯基在第一轮中即获得 53.9% 的选票，因而得以连任。半年之后，这位连任总统所做的一个姿态不仅在波兰，而且在整个西方世界引起了轰动。2001 年 7 月 10 日，为了纪念波兰小城耶德瓦布内（Jedwabne）大屠杀事件 60 周年，克瓦希涅夫斯基对波兰当年给犹太居民带来的痛苦表示谢罪。

/ 172

  在 2001 年 9 月的议会大选中，由民主左翼和有工会背景的劳动同盟组成的社会民主联盟，共获得 41.04% 的选票和 460 个议席中的 216 席。但是，若要组成联合政府，只有同对欧洲持反对态度的农民党——人民党合作才有可能。这个当年的"花瓶党"在大选中得到了 8.89% 的支持率和 42 个席位。出任这个草台联合政府总理的是社民党人莱谢克·米莱尔（Leszek Miller）。然而，与前届政府相比，这届政府推行必要改革的决心和能力不可同日而语。在经济普遍高速增长的情况下，米莱尔政府既未控制好不断增加的失业率，也没有解决好国库财政的整顿问题。2003 年的失业人数占波兰就业人口的 19.6%，是所有入盟候选国之最。预算赤字 2002 年为 4.5%，2003 年为 5.5%。政府负债率在 2001~2003 年，从占国内生产总值的 33.0% 上升到 44.5%。此外，一系列有各大政党政客卷入的腐败丑闻更是雪上加霜。波兰倘若想成为欧盟东扩第一轮被接纳的成员国，就必须加倍付出比米勒政府在执政头两年所做的努力更大的气力。

  在波罗的海东岸三国中，爱沙尼亚是第一批被欧盟列为候选国的中东欧国家之一，拉脱维亚和立陶宛则属于第二批候选国。从 1993 年 10 月至 1994 年 11 月，以及从 1999 年 3 月至 2002 年 1 月，爱沙尼亚保守派祖国联盟政治家马尔特·拉尔出任中间派和右翼党派组成的联合政府总理。1992~2001年，总统是保守派的伦纳特·梅里，2001~2006年的总统则为前共产党改革派人士阿诺尔德·吕特尔。在拉脱维亚，掌权执政的是资产阶级政党组成的联合政府。1995~1997年及1999~2000年，总理一职由右翼自由主义人民党出身的安德里斯·什凯列（Andris Skele）担任；农民党出身的经济学家冈蒂斯·乌尔马尼斯1993~1999年任总统；1999~2007年，由从加拿大流亡地回到祖国的瓦伊拉·维凯－弗赖贝加（Vaira Vike-Freiberga）接替总统职位。在立陶宛，以前共产党改革派人士阿尔吉尔达斯·布拉藻斯卡斯为首的民主工人党，1993~1996年为立陶宛第一大党，布拉藻斯卡斯本人1992~1998年担任总统。1998~2003年，接替总统职位的是无党派人士瓦尔达斯·阿达姆库斯。在1996年10月和11月进行的议会大选中，以前任女议长维陶塔斯·兰茨贝尔吉斯为首的右翼民族主义祖国同盟胜出。在2000年10月的大选中，由布拉藻斯卡斯领导的社民党联合选举同盟拔得头筹，但起初仍然做了一段时间的在野党。2001年7月，布拉藻斯卡斯当选为新任总理。

/ 173

自1995年6月12日起，波罗的海东岸三国皆成了同欧盟签署联合协议的国家。爱沙尼亚、拉脱维亚和立陶宛均寄希望于实施尽快和全面的国企私有化，以及加速推进农业、工业和服务业的现代化。在将经济重心转向第三产业方面，爱沙尼亚突飞猛进。2001年，全国从业人口有65.6%从事服务行业；拉脱维亚为60%，立陶宛为53.9%。在经济增长方面，爱沙尼亚2001年增长了6.3%，立陶宛为6.7%，拉脱维亚为7.3%。三国同欧盟的谈判进行得迅速和富有成效：2003年，谈判已全部结束。尽管欧盟在个别领域还有挑剔指责，但对波罗的海东岸三国来说，最为重要的是它们均成为欧盟东扩第一轮的候选国。[11]

/ 未经授权的干预行动：充满争议的科索沃战争

　　1999 年 1 月 15 日，南斯拉夫共和国的武装部队和特种警察，为了对两周前一名塞族警察遭到杀害进行报复，在科索沃首府普里什蒂纳（Pristina）南部一个名叫拉察克（Racak）的村庄实施了一次惩罚行动。之前在 1 月 13 日深夜，塞尔维亚士兵和科索沃地下武装——科索沃解放军在拉察克附近就已经发生交火。1 月 16 日，联合国派出的科索沃调查团的调查人员在拉察克的民房和一个大坑中发现了 45 具尸体。检查团负责人、美国外交官威廉·沃克（William Walker）认为这是一次"屠杀事件"。来自拉察克的照片引起了全世界的震惊，其程度完全可以同三年半前 1995 年 7 月波斯尼亚的斯雷布雷尼察大规模屠杀相提并论。

　　由于来自拉察克的图片和报道对联合国随之向贝尔格莱德发出警告起了决定性的作用，因此，由沃克提交的对 1999 年 1 月 16 日所发生事件的报告，很快引起了那些认为北约组织的做法不公正和不恰当的人的注意。有些评论家立刻认为，这是科索沃解放军故意制造的血案。"如同以往 19 世纪末和 20 世纪初时的民族解放运动一样，时下科索沃解放军究竟是自由战士还是土匪强盗，到底是抵抗运动还是有组织犯罪，这里的界线并非泾渭分明。"德国历史学家霍尔姆·松德豪森（Holm Sundhaussen）做了这样的评论。地下武装组织头目的家族不仅涉足武器、毒品和人口买卖，而且还涉足人体器官交易。当阿尔巴尼亚于 1997 年因为一桩欺诈性的投机交易而陷入动乱之中时，他们乘乱从国家的军械库中搞到了各类武器，并且在南斯拉夫总统米洛舍维奇因慑于北约 1998 年 10 月 12 日最后通牒的威力而回守退缩后，成了科索沃绝大多数暴力犯罪的始作俑者。但是，如同海牙国际战争罪犯法庭首席公诉人卡拉·德尔庞特（Carla del Ponte）于 2001 年提交的调查报告所得出的结论一样，此次确系塞尔维亚人在拉察克杀害了手无寸铁的科索沃村民，其中充其量只有一半人可算作科索沃解放军的帮助者和同情者。

/ 175

面对拉察克屠杀事件，美国国务卿马德琳·奥尔布赖特紧急提议，将 1998 年 10 月 12 日北约的最后通牒重新发布，却遭到了欧洲盟友的反对。欧洲盟友主张首先谋求对事件的谈判解决方式，在谈判解决不成的情况下，再实行军事干涉。不过，欧盟内部的意见也并不统一。数周之前，英国首相托尼·布莱尔和法国总统雅克·希拉克于 1998 年 12 月 3~4 日，曾经以欧洲防务一体化领袖人物的身份，出现在法国圣马洛城（Saint-Malo）的会议上。两位领导人于 1999 年 1 月 28 日在布鲁塞尔召开的北约理事会间隙宣布，两国在紧急情况下也准备派遣地面部队前往科索沃稳定局势。但对德国来说，出于历史原因，这一方案根本不在考虑范围内：在前南斯拉夫，人们对第二次世界大战期间德国人在巴尔干半岛犯下的战争罪行依然记忆犹新。欧洲盟友最后达成的共识也改变了美国人的态度，他们同意恢复 1994 年在关于南斯拉夫问题的日内瓦会议上所设立的，由美国、俄国、英国、法国、德国和意大利（自 1996 年起）代表共同组成的"接触小组"。

接触小组于 1999 年 1 月 29 日在伦敦会晤，并达成了于 2 月 6 日在巴黎近郊的朗布依埃城堡，召开一次有冲突各方参加的会议的共识。数日后，北约理事会重申了 1998 年 10 月 2 日的"激活命令"（ACTOR）计划，以及迫不得已时在科索沃进行军事干预的决心。朗布依埃城堡会议期间发生的具有特殊意味的一件事是，作为与会大国之一的俄罗斯，虽然容忍了西方的军事威胁，却不同意进行军事介入，并且明确表示，将在安理会中对相关提案使用否决权。此外，会上还出现了另外一个非同寻常之举，即英法两国之间进行经常性的私下接触，却将德国拒之门外，虽然德国其时正担任欧洲理事会轮值主席和八国峰会的主办国。

在朗布依埃会议上，科索沃和塞尔维亚的代表没有表现出丝毫和解的意向，而且，即使是在将西方国家原计划于 2 月 13 日结束的会议两次延长（分别延长至至 20 日和 23 日）的情况下，依然故我。科索沃代表要求就科索沃的独立进行全民公投，而（分离后残存下来的）南斯拉夫的代表则坚持科索沃省无条件地属于塞尔维亚。当马德琳·奥尔布赖特亲自参加最后三天的会议谈判时，她给科索沃的阿尔巴尼亚族人施加了巨大压力，以期说服其在协议上签字，却对塞尔维亚人另眼相看，几乎未施加任何影响。2 月 23 日会议结束，贝尔格莱德和普里什蒂纳的代表均未在提交的协议草案上签字。

《朗布依埃协议》文本的内容是：结束使用武力，从科索沃撤出准军事和其他非正规武装，取消战争法，难民重返家园，以及同海牙战犯法庭进行合作；南斯拉夫联邦共和国的领土完整得到重申，科索沃获得民主自主权；国境线保持不变；协议生效三年后召开一次国际会议，在这次会议上，以"人民意志"为基础，制定一个科索沃问题的长久解决方案。缘此，科索沃的地位仍然是一个悬而未决的问题。对塞尔维亚来说，这是协议草案差强人意的重大内容之一，另一个差强人意之处，是在南斯拉夫联邦共和国的领土上驻扎外国军队（亦即如同《朗布依埃协议》中具有争议的《附件 B》所明确说明的那样，在南斯拉夫全境驻扎外国军队）。科索沃阿尔巴尼亚族人虽然未能争取到关于要求独立的全民公投，但是，因为有望召开后续国际会议和以人民意志为基础决定自身命运而备受鼓舞。

在朗布依埃决定的于 3 月 15 日移至巴黎召开并将要签署协议的最后会议上，科索沃代表迫于美国的压力，于 3 月 18 日在协议上签了字，但是塞尔维亚人却拒绝签字。3 月 19 日谈判被迫中断。几天之后，南斯拉夫部队在科索沃西北部开始了自 2 月以来已准备好的军事进攻，位于科索沃和马其顿边境地区的村庄被付之一炬。科索沃调查团于当日从科索沃撤出了自己的工作人员。直至 3 月 24 日，难民人数增加到 48.5 万人，其中有 26 万为国内难民，他们未能越过边界逃往马其顿和阿尔巴尼亚，因此只能栖身在科索沃的深山老林中。

3 月 22 日，美国外交官理查德·霍尔布鲁克在贝尔格莱德再度与米洛舍维奇进行谈判，并在谈判中提出了切合实际的及可商榷的政治条件。米洛舍维奇一概拒绝了这些条件，包括俄罗斯的巴尔干特使鲍里斯·马约尔斯基（Boris Majorski）提出的仅就协议的政治部分进行（新的）谈判的建议也未被接受。贝尔格莱德对各种让步一律置之不理的态度暴露无遗。两天之后，北约对南斯拉夫的空中打击——"盟军行动"于 3 月 24 日开始，借此，联合行动的西方民主国家要终止在科索沃发生的"种族清洗"。美国出动了 769 架飞机，是此次行动的主力。

北约的行动未经联合国安理会授权，因此有悖于国际法。出于一般意义上的保护人权，或是出于特殊意义上的避免种族屠杀的目的而实行人道主义干预，——这样一部"国际惯例法"在 1999 年并不存在。（而且，此后这方面的情况是否发生变化，也存有争议。）北约秘书长哈维尔·索拉纳于 1999 年 10 月 9 日为此次北约行动计划所申明的理由是，南斯拉夫共和国没有履行安理会的决议，特别是 1998 年 9 月 23 日的第 1199 号决议。因此，索拉纳认为，其结果就是"一场持续的人道主义灾难，原因是南斯拉夫联邦共和国没有采取具体的和平解决危机的措施。在当前科索沃危机的特殊情况下，盟友们确信，盟国方面具有进行威胁，以及在不得已情况下使用武力的合法基础"。

从法律实证主义角度看，超出成文的写入《联合国宪章》的国际法范围，而要求具有合法性的做法是对法律的一种亵渎。德国汉堡的刑法学和法律哲学教授莱因哈德·默克尔（Reinhard Merkel）

将 1999 年 5 月的科索沃战争视为一场"违法、不正当，且道义上卑鄙的战争，不论其道德目标有多么高尚"。这是一场"强迫性的战争，这场战争所使用的强迫性的武力手段在很大程度上不是针对它的对象，而是针对不相关的第三方"。

哲学家于尔根·哈贝马斯则持另一种观点。他认为，实施干预行动的西方大国可以从"erga omnes（对所有人，H.A.W.）①都有约束力的国际法基本原则中"，而且只有从这些原则中，引申出"授权进行救援行动"的结论。只要人权的制度化在全球范围内还相对薄弱，那么，"法律和道德之间的界限——正如眼前的案例一样——就可能模糊不清。由于安理会被捆住了手脚，所以北约只能援引国际法的道德作用作为依据，亦即，它所依靠的原则标准，均不存在有效的、得到国际法组织承认的法律应用和法律执行机构的支持。国家暴力被恐怖主义歪曲利用，使得传统意义上的公民意志变成了集体犯罪。倘若没有其他办法可用，那么，实行民主制度的邻国就必须允许采取国际法上正当的紧急救援手段"。但是，北约这种自我授权的做法不能成为一种常态化的惯例。

在德国，围绕着用各种可能理由为科索沃战争辩解的争论进行得非常激烈，这种激烈的争论并非偶然。1995 年 6 月，当联邦议会要对联邦国防军是否在波黑参与为"快速干预部队"提供保护和支援的提案进行表决时，在野的社民党和绿党大多数议员都投了反对票。对于 45 名与执政党一道投赞成票的离经叛道的社民党议员，时任社民党秘书长的京特·费尔霍伊根（Günter Verheugen），用德国负有履行"原则性的非武力外交"的特殊责任予以反驳，并且尤其以"二战"时对犹太人的大屠杀作为此原则的理由。

---

① "erga omnes"为拉丁文，"H.A.W."是本书作者海因里希·奥古斯特·温克勒的名字缩写。

　　如今，社民党和绿党已成了执政党。此前，上届联邦议会于
1998 年 10 月 16 日以两党大多数议员表示赞同通过了德国国防军参
与北约科索沃行动的决定。1999 年 3 月 24 日，总理格哈德·施罗
德在电视讲话中神情异常严肃地宣布，德国士兵将参加"二战"之
后的第一次军事行动，参加行动的原因，是德国人民有义务站在盟友
一边捍卫科索沃的人权和防止人道主义灾难。鉴于德国的特殊情况，
施罗德认为有必要用一个缺少说服力的提示来对此加以解释说明，
即联邦国防军在科索沃所参与的军事行动并不是一场"战争"。

　　对于德国士兵的参战行动，两个执政党中强大的少数派表示坚
决反对。1999 年 5 月 13 日，在绿党于比勒菲尔德（Bielefeld）召
开的一次特别党代会上，一名愤怒的反战人士用一袋颜料袭击并击
伤了对德国国防军出兵参战的坚定支持者、外交部长约瑟夫·菲舍
尔。在就德国出兵所做的理由解释中，菲舍尔和他的社民党内阁同
仁、国防部长鲁道夫·沙尔平，针对纳粹政权的罪行、集中营和奥
斯维辛（Auschwitz）所做的警告性的提示再次起了相当大的作用。
然而，与 1995 年不同的是，此次行动是出于德国对于人道主义救助
的特殊责任和义务。在这样一个上下文关系中，哈贝马斯将之称为
"值得存疑的历史相似性，而且，似乎菲舍尔和沙尔平不得不用其三
寸不烂之舌来掩盖内心的另一个声音"。

　　当北约于 3 月 24 日发起对南联盟的防空体系、雷达站、机
场、兵营和武器弹药库的空中打击时，北约想要阻止的人道主义灾
难正愈演愈烈。在塞尔维亚和马其顿边境的沼泽地区，亦即在布拉
采（Blace）附近，出现了一座有 8 万人之多的用帐篷搭起的临时
难民营。如同拉察克一样，从那里传出的报道图片也引起了全世界
的震惊。联合国难民署（United Nations High Commissioner for
Refugees，简称 UNHCR）旋即与北约和马其顿的政府部门配合，

先在马其顿北部，后在马其顿西部搭建了难民收容营地，从而缓解了迫在眉睫的压力。但是，南斯拉夫军队野蛮驱赶阿尔巴尼亚族人的行径还在继续。这种行径是否犹如德国国防部长沙尔平向公众汇报的那样，按照事先精心策划的所谓"马蹄形计划"在进行，固然存有争议。无论怎样，这份据传于1998年已经出台的相关原始文件没有落到西方政府手中。

西方公众对科索沃战争的了解，很大程度上受到所谓"附带损害"的影响：误击误伤所带来的附带后果使人们首先对"诉诸战争权"（jus ad bellum）表示怀疑，然后也对北约是否"遵守战争法"（jus in bello）心生忧虑。盟军的轰炸在3月27日就已经扩大到了政府大楼、桥梁、炼油厂和发电厂等重要战略目标。4月14日，一个盟军飞行员误将在道路上行走的难民队伍当成了一支军方车队，结果造成了70多名科索沃难民死亡。带有明确目的性的是4月23日盟军对贝尔格莱德一家电视台的轰炸，16名记者和技术人员在空袭中丧生。最为匪夷所思的误会是，5月7日美国的一枚精确制导炸弹击中了中国驻南联盟大使馆，造成部分馆舍被毁，3人死亡。使用穿甲弹所带来的后果是"被污染的战场"（toxic battlefield），亦即铀和剂量很低的钚对空气造成的放射性危害，其作用同样也对己方士兵造成了危险。

"附带损害"使人们认清了空中战争的极限所在。大部分战争的副作用无法事先预料。不仅德国人不同意进行地面战争，而且克林顿总统最初也未表示赞同。但是自4月底以后，托尼·布莱尔极力主张派出部队进行地面作战，克林顿也于5月底对他此前原则上的否定态度有所松动。倘若英国首相的要求得以畅行无阻，那么，北约联盟的分裂就不可避免。格哈德·施罗德使出浑身解数，力图阻止盟友采取德国无法跟进的这一步骤。联合政府两党早已定下不同意进行地面战争的主调，在这一问题上，他们不仅有议会大多数在野党议员的支持，而且背后还有广大民众撑腰。

以迅速结束战争行为和实现科索沃持久和平为目的的德国政府政策，在德国国内得到民众的普遍欢迎，其中，尽早让俄罗斯参与解决争端是一条颇为重要的建议。虽然俄罗斯对北约的空袭表示强烈抗议，却并未给米洛舍维奇提供任何支持。早在3月底，一个"五点计划"在菲舍尔外长和其亲信幕僚之间的商议中已经成熟。该计划要求立即停火，解除武装和撤出塞尔维亚非正规武装，使难民重返家园，以及要求贝尔格莱德做出保证，在《朗布依埃协议》的基础上通过政治谈判提供科索沃问题的解决方案。欧洲理事会和北约理事会分别于4月8日和12日批准了这一计划建议，并做了两点补充：建立一支和平保障部队；批准建立人道主义援助组织。

大约在同一时间，于4月8~9日在德累斯顿（Dresden）召开的八国集团司局级会议期间，俄罗斯表明了愿意接近西方立场的态度。鉴于叶利钦总统对国际经济援助的需求，以及他想让6月底在科隆举行的八国集团首脑会议顺利进行的意向，这一立场转变的原因便不言自明。4月14日，叶利钦任命前总理切尔诺梅尔金为解决科索沃冲突的特别代表。5月6日，八国集团外长在扩展的"五点计划"基础上，在波恩附近的彼得山会议上通过了一项原则声明。外长们一致同意，维持南斯拉夫共和国的主权和领土完整不变，科索沃获得实质性的自主权，以及将科索沃解放军非军事化。声明还规定，北约将实质性地参与国际安全会议，科索沃的临时政府将通过安理会的一项决议予以设立。

面对科索沃和马其顿超过100万的难民人数，北约加强了它对塞尔维亚，尤其是针对塞尔维亚的交通线和工业设施的空中打击。与此同时，谋求结束战争的外交努力也在紧锣密鼓地进行。这几周中，谈判的导演工作掌握在所谓的"三驾马车"手中，他们是：美国副国务卿和名望很高的"俄国通"斯特罗布·塔尔伯特（Strobe

Talbott），代表欧盟的芬兰总统马尔蒂·阿赫蒂萨里（Martti Ahtisaari），以及俄国代表维克托·切尔诺梅尔金。

在海牙国际战犯法庭起诉米洛舍维奇的第二天，切尔诺梅尔金于5月28日与南斯拉夫总统和贝尔格莱德政府的其他成员进行了长达11个小时的会谈。他在会谈中得到的印象是，米洛舍维奇开始意识到，他的国家大势已去，愿意就对方的要求进行磋商。多种情况的同时出现，迫使贝尔格莱德政府改变了思维方式：国家的基础设施遭到很大程度的破坏，经济形势呈灾难性的局面。西方国家可能派出它的地面部队。塞尔维亚民众的厌战情绪不容忽视，而对俄罗斯拔刀相助的希冀被证明是一厢情愿。6月1日，切尔诺梅尔金再度前往塞尔维亚首都，阿赫蒂萨里也于同一天抵达贝尔格莱德。二人于当日和次日与米洛舍维奇，及塞尔维亚总统米卢蒂诺维奇和外交部长约万诺维奇（Jovanovic）进行谈判，并得到其做出的保证，南斯拉夫联邦共和国将接受在波恩的彼得山会议上确定的和平计划。6月3~4日在科隆举行的欧洲理事会上，阿赫蒂萨里的报告获得了与会代表的认可和通过。

欧盟高峰会议结束后的第二天，停战谈判在马其顿的库马诺沃（Kumanovo）举行，并于6月9日结束。次日，南斯拉夫部队开始撤离科索沃。6月10日，北约停止了空袭行动。停止交战数小时后，联合国安理会通过了第1244号决议。决议向联合国主持下的一个国际非军事管理机构——联合国科索沃临时行政当局特派团（United Nations Interim Administration Mission in Kosovo，简称UNMIK）授权，并且得到欧盟在经济方面，以及欧洲安全与合作组织在自由选举和民主发展方面的协作。除了联合国特派团，一个国际的军事存在——驻科索沃部队（Kosovo Force，简称KFOR）也同时成立，它由北约牵头，以保证其具有"雄厚"的实力。

首批驻科索沃部队于6月11日进入科索沃。六天之后，美国和俄罗斯在赫尔辛基就俄罗斯参与国际军事存在的方式达成共识，从而保证了 6 月 18~20 日在科隆召开的八国集团首脑会议能够成为叶利钦巨大的政治和个人成就。六周之后，即 1999 年 7 月 30 日，《东南欧稳定公约》在萨拉热窝隆重签署。该条约是在德国倡议下形成的由欧盟向前推进的一项救助计划，目的是在危机四伏的巴尔干地区为经济发展、国家团结及和平合作提供长久的支持。

对于科索沃来说，结束战争并不意味着结束暴力。在塞族人驱赶阿族人之后，继之而来的是科索沃人对塞尔维亚少数民族的无以计数的报复行动，以及离开科索沃前往塞尔维亚和黑山的难民人流：总人数达到 13 万 ~20 万。科索沃解放军于 1999 年 9 月同意（名义上）解散并解除武装，其成员被编入联合国统辖下的性质相当于临时警察的科索沃保安团。

但是，科索沃解放军并没有因此销声匿迹。其最大势力的头目哈希姆·塔奇（Hashim Thaçi）不仅摇身一变成了科索沃民主党的领袖，而且成了"无国界医生"（Médécins sans frontières）救助组织前主席、科索沃特派团首任团长、法国人贝尔纳·库什内尔（Bernard Kouchner）在科索沃当地最重要的对接人物之一。易卜拉欣·鲁戈瓦领导下的温和的科索沃民主同盟，虽然在 2000 年 10 月的地方选举中以 58% 的得票率获得了压倒性多数，但是，其政治影响力远不能和以特哈契为首的武装势力相比。

长期以来，北约对科索沃解放军组织体系背后所隐藏的污秽和勾当，一直视而不见、听而不闻。2001 年 3 月在塞尔维亚南部和马其顿西北部与科索沃交界地区发生了阿尔巴尼亚族人的暴力事件，《纽约时报》以此为契机，发表了一篇苦涩的中期报告。文章认为，面对科索沃解放军，北约所采取的是一种绥靖政策，目的是不想遭受由他们解放的当地人的攻击。"华盛顿和北约的做法，似乎是科索沃解放军已经被解散和解除了武装。面对其有组织地将非阿族人从科索沃驱赶出去，杀害温和的阿族政治家，对证人和法官施加影响，从事贩毒、偷运武器和人口买卖等非法活动，他们睁一只眼闭一只眼。"六年半之后，即 2007 年 11 月，在受到国际保护的科索沃举行的第三次议会选举中，特哈契的政党跃居为实力最强的政治力量，其支持率为 34%，2006 年初去世的鲁戈瓦的政党得票率不到 23%。

在最后一场南斯拉夫国体继承战争遭到惨败之后的第二年，南斯拉夫联邦共和国经历了一次政权和政府的更迭。在 2000 年 9 月 24 日举行的总统、议会和地方选举中，出现了大量违规现象。第一轮总统选举结果即存有争议。根据联邦选举委员会的统计，米洛舍维奇获得了 40.2% 的得票率，他的挑战者、来自塞尔维亚民主反对派的律师沃伊斯拉夫·科什图尼察（Vojislav Koštunica）得票率为 48.2%，因而必须进行第二轮选举。反对派的选票统计则是另外一个结果：在任总统得票率为 38.2%，反对派竞选人 51.7%，科什图尼察本应成为当选总统。

对于反对派的民主党领袖佐兰·金吉奇（Zoran Djindjic）来说，官方选举委员会宣布的结果成了号召罢工和群众游行的契机。罢工和游行于 10 月 2 日开始，并于 10 月 5 日达到高潮，最后演变成了南斯拉夫历史上最短暂的革命之一。愤怒的人群冲进了议会以及一家效忠政府的电台和电视台。警察施放催泪瓦斯，并鸣枪示警；部分安全部队倒向示威群众。大约 18 点 30 分，科什图尼察在贝尔格莱德市政府阳台上面对人海般的群众宣告塞尔维亚获得解放，并宣布自己当选为南斯拉夫联邦共和国总统。次日，米洛舍维奇承认竞选失败。10 月 7 日，科什图尼察宣誓就职。

塞尔维亚民主反对派是一个由各种水火不容势力组成的临时联盟，其中有以生性乖张的君主主义分子武克·德拉斯科维奇（Vuk Draškovic）为首的"塞尔维亚复兴运动"，由科什图尼察领导的带有民族主义倾向的塞尔维亚民主党，以及佐兰·金吉奇领导的倡导改革和亲西方的民主党。金吉奇本人在德国求学期间曾经在于尔根·哈贝马斯门下攻读哲学。科什图尼察身上不仅缺少同西方特别是同欧盟建立联系的决心和想法，而且也缺乏对旧专制体制进行清算的意志和力量。当反对派于 2000 年 12 月赢得塞尔维亚议会大选之后，金吉奇于 2001 年 1 月当选为塞尔维亚共和国总理。2001 年 6 月 28 日，金吉奇政府把被推翻的米洛舍维奇总统移交给海牙国际战犯法庭，以显示他同旧政权一刀两断的决心。这一决定导致了塞尔维亚民族主义分子对金吉奇咬牙切齿的仇恨。2003 年 3 月 12 日，金吉奇在光天化日之下在马路上遇害，凶手即来自属于这种政治生态的犯罪网络体系。

一年前，南斯拉夫联邦共和国解体。取而代之的是由塞尔维亚和黑山组成的国家联盟，然而，这个政治结构也好景不长。2006 年 5 月，黑山人民要求独立。随后，黑山共和国于 6 月 3 日宣告独立，同塞尔维亚的国家联盟解体。南斯拉夫最终成为历史。

直到今天为止，大西洋联盟在科索沃的军事干预始终是年轻的当代史上一个有争议的篇章。在科索沃的塞尔维亚少数民族身上反复发生的，特别是 2003 年和 2004 年的暴力浪潮，以及科索沃解放军后续组织的罪恶阴谋，从一开始就导致了人们对西方行为的目的和理由愈发强烈的怀疑。然而，斯洛博丹·米洛舍维奇的塞尔维亚对阿尔巴尼亚族人的暴力镇压，并不是科索沃民族主义分子和西方宣传家的发明杜撰，而是一种威胁到整个地区和平的、对欧洲安全与合作组织（以下简称"欧安组织"）成员国（也包括南斯拉夫）于 1990 年 11 月在《巴黎宪章》中所承认的原则的挑战。因此，西方国家有足够的理由要求贝尔格莱德尊重科索沃人的人权，以及和平解决国家内部的争端，并且针对安理会中的阻挠，在没有联合国授权的情况下，采用军事手段对这一要求加以强调。

在塞尔维亚冲突期间，美国是与之对抗的主导力量。在华盛顿眼中，北约若是没有对发生在科索沃的"种族清洗"予以坚决制止，那么它就几乎失去了继续存在下去的理由。不同于"冷战"时期的苏联，由于俄罗斯这时国势衰微，无力阻止西方联盟的干涉，因此，从美国的角度来看，不存在任何构成对己方举动不利的情况。各自为政且缺乏影响巴尔干政局能力的欧盟主要成员国，紧随美国对形势判断的步调，而且相比于德国，法国和英国更为肆无忌惮。1999年初，西欧人能够迫使美国人做出让步的一步棋，是试图首先同贝尔格莱德进行谈判，而非迫不及待地把1998年10月12日的联合国最后通牒重申一遍。对于美国人来说，朗布依埃会谈只是一次例行公事而已。用德国外交家、科索沃战争最详尽研究报告之一的作者京特·约策（Günter Joetze）的话来说："美国的外交不得不用一场会议来同一份最后通牒进行交换，现在关键的问题是，要把尽量多的通牒内容拿到会议中去。"

然而事实证明，西方更大的善意没有使米洛舍维奇在科索沃问题上的立场有一丝一毫的改变。塞尔维亚的民族主义给科索沃这块土地所赋予的神话般的地位，亦即视此地为所谓的民族认同感的摇篮，使得贝尔格莱德的权力中心不可能对时局有理智和清醒的判断，其结果就是"盟军行动"的出兵干涉。尽管行动的结果从多方面看不尽如人意，但是，北约的干涉帮助科索沃人得到了从未有过的自决权，并且对一年后塞尔维亚和黑山人民从米洛舍维奇的专制统治下解放出来也起到了帮助作用。

在2000年，一个由瑞典总理戈兰·佩尔松提议，由南非法官理查德·戈德斯通（Richard Goldstone）和位于斯德哥尔摩的奥洛夫·帕尔梅（Olof Palme）国际中心秘书长卡尔·谭（Carl Tham）领导的11人专家委员会提交了他们关于科索沃战争的最终报告。报告作者认为，尽管没有联合国的授权，北约的行动归根结底也是站得住脚的。他们的结论引用了联合国三位前秘书长——哈维尔·佩雷斯·德奎利亚尔（Javier Pérez de Cuéllar）、布特罗斯·布特罗斯－加利和科菲·安南的观点为依据。三位前秘书长认为，时至今日，国际法律标准的发展已经到了这样一种程度，即面对严重违反人权和人道主义的暴行，非干涉和尊重主权的标准已不再像过去那样具有同等的有效性。因此，有组织的国际社会就拥有"一种人道主义干预的可靠选择方案作为途径，以保护弱势民族免遭严重违反人权、反人类罪和种族灭绝的灾难"。

有鉴于此，委员会建议制定一份为人道主义干预提供合法理由的原则目录，然后由联合国大会通过一份相应的宣言，并且以此为依据，制定一个由安理会做出的，以全面保障国家主权、维护人权和防止人道主义灾难为目的的对《联合国宪章》的阐释，最后，再借助一项对人道主义干预权利和责任的声明来对宪章进行内容上的补充。

2000 年的《科索沃报告》成了萌生"保护责任"（Resonsibility to Protect）原则的原生细胞之一，该原则于 2005 年 9 月在纽约举行的联合国世界首脑会议上形成决议，并被载入联合国大会关于世界首脑会议的报告当中。2006 年 4 月，安理会批准了全体大会的这份报告。"保护责任"这一概念，源自由加拿大政府于 2000 年设立的关于干预和国家主权的国际委员会。根据这一概念，每个国家负有保护本国人民免遭大规模暴行（mass atrocities）的责任。国际社会有责任在这方面为当事国提供帮助。倘若相关国家不履行这一责任以及和平手段失效，那么，国际社会就必须采取强制性措施，包括在极端情况下也可使用军事手段。世界首脑会议在它的决议中列出了保护责任所适用的情况：种族灭绝罪、战争罪、"种族清洗"和反人类罪。

/ *188*

正像联合国本身所得到的教训一样，"保护责任"并不意味着是一个进行干预的权利和义务。它也不包含对这样一个问题的回答，即如果一个或几个有否决权的常任理事国阻挠安理会履行自己的责任，国际社会应当做些什么。没有联合国的根本改革，1998~1999年西方在科索沃地区所面临的这一尴尬局面便不能得到解决。倘若在成文的国际法和不成文的对西方的价值观念具有根本意义的人道主义原则之间发生冲突的话，那么，西方国家就不得不继续在每一个单独案例上，重新决定自己应该采取什么样的态度和行动。

对于西欧人来说，科索沃战争还包含了另外一条教训，即单靠自己的力量，无法阻止发生在巴尔干半岛的屠杀行径。促使他们在大西洋联盟框架内共同行动的推手，是美利坚合众国。而且，也正是由于美国在"盟军行动"中起了关键的作用，这次行动才得以取得成功。每当涉及抵御全球范围的各种威胁时，西欧仍然离不开对北约的依赖。但是，在欧洲出现局部对和平和安全的威胁时，从自身利益出发，欧盟也必须能够独立采取行动。科索沃争端解决之后，西欧有充分的理由来加强对欧洲的安全和防卫政策的反思，并从中得出应有的结论。

欧盟在1999年就已经朝着这个目标采取了几个实际的步骤，而且，尤为重要的是，一直以来防务政策严格面向大西洋联盟的英国也决定性地参与在其中。在6月举行的科隆峰会上，各国领导人和政府首脑达成共识，将1954年建立的西欧联盟整合到欧盟当中，并承担其（于1992年重新定义的）任务，其中包括人道主义行动、救灾、维和使命以及必要情况下的军事行动。在随后于1999年12月举行的赫尔辛基峰会上，欧盟设定了自己的目标：在60天内能够调集6万名士兵执行各种任务，任务时间能够持续一年。最迟至2003年，这支（12月尼斯峰会后定名为）"欧盟干预部队"将付诸现实。为达此目的，首先需要政治上的团结统一。但是，正如我们将要看到的那样，比之科索沃战争后的最初数月，此目标在2003年对欧洲来说更加遥不可及。[12]

/ "我们都是美国人"：
从 2000 年总统选举到 2001 年 9 月 11 日恐怖袭击

对美国来说，2000 年的总统大选是压倒一切的重头戏。就总体而言，对主政白宫八年的经济成就，克林顿总统有理由感到满意。1995~2000 年，国内生产总值平均增长率为 4%，道琼斯指数在 1999 年首次超过 11000 点。在克林顿治下，美国新增债务逐步减少，并于 1998 年首次实现了三十年来的再度预算盈余。失业率下降（从 1995 年占劳动人口的 5.6% 下降到 2000 年的 4%），1995~2000 年平均通货膨胀率为 2.5%，但是，1999~2000 年又由 2.2% 回升到了 3.4%。

美国民众的平均收入在 80 年代和 90 年代不断增加，但程度不尽相同：最富有的五分之一人口为 20%，随后的五分之一富有人口为 8%，其余 60% 人口的家庭收入则几乎没有变化。然而，克林顿可以引以为豪的是，在他执政期间，美国的贫困人口比以往三十年有较大幅度减少，"社会保障"和"医疗保险"的财政基础得到了巩固和加强，通过大幅度放宽对教育的贷款和免税政策，有力地促进了普通人群社会地位的提高。

/ 190

外交上，克林顿也取得了一系列政绩。在他的总统任内，美国同俄罗斯和中国的关系得到了顺利发展。1995 年，他同由共产党统治的越南建立了外交关系。西欧的政府首脑中，不少人成了他的私人朋友。他为结束前南地区血腥的"种族清洗"（1995 年首先在波黑，后于 1999 年在科索沃）做出了决定性的贡献，并且于 1999 年 9 月促使朝鲜放弃了有争议的中远程导弹试验。

局势的发展一度表明，克林顿似乎也同样能够促成中东地区的持久和平。然而，在总统任期的最后一年，他却经历了此项努力的致命挫折。虽然经过多次由克林顿斡旋并积极参与的谈判——2000

年7月和12月在美国,10月在埃及的度假胜地沙姆沙伊赫(Scharm El-Sheikh),但是,以色列总理埃胡德·巴拉克和巴解组织领导人亚西尔·阿拉法特并没有就谈判的主要焦点——耶路撒冷的未来地位问题达成一致。从总统的观点来看,谈判失败的主要责任在阿拉法特。但是,至少要付同样责任的是以色列的民族主义者、利库德集团领导人阿里尔·沙龙(Ariel Scharon)。2000年9月28日,沙龙访问了耶路撒冷的圣殿山。此举引起了巴勒斯坦群众的暴力骚乱,即所谓的"第二次武装起义"。以色列用制裁来回应骚乱,致使自治地区的经济生活陷入瘫痪。12月9日,巴拉克辞职,但仍然临时代行政府事务。在2001年2月6日的(最后一次)总理直选中,沙龙获得了62.4%的支持率,从而大胜只获得37.6%选票的巴拉克。3月初,沙龙组成了也有工党政客参加的"民族团结政府"。以色列人和巴勒斯坦人之间的和平相处因之再度变得遥不可及。

2000年秋,从同一地区传来了一个令人震惊的、让美国人再次感到恐怖袭击的危害就在眼前的消息:10月12日,一个伊斯兰主义的自杀行动小组,在亚丁港用炸药袭击了美国的"科尔号"军舰,17名船员死亡,40多人受伤,美国海军最先进的战舰之一蒙受了高达2.5亿美元的损失。所有迹象表明,袭击是"基地"组织所为,但是,人们却拿不出奥萨马·本·拉登是罪魁祸首的确凿证据。因此,对阿富汗恐怖组织训练基地的报复打击便无法实施。若如此,则将面临国内政治上的危险:一旦美国的导弹攻击炸死或炸伤第三方人员,比如阿富汗儿童,那么,不仅克林顿将陷入困难境地,而且他的民主党以及他的总统竞选人——副总统阿尔·戈尔也将陷入困境。

阿尔·戈尔指定的副总统候选人是康涅狄格州民主党参议员约瑟夫·利伯曼(Joseph Liebermann),由此,利伯曼就成了竞选美国第二高公职的第一位犹太人。共和党方面，前总统乔治·H.W.布什的长子、得克萨斯州州长乔治·W.布什在初选中获胜，他的"竞选伙伴"是与石油生意有密切联系的哈里伯顿公司董事长、曾经在老布什手下担任过国防部长的迪克·切尼。现任副总统阿尔·戈尔不仅作为有远见卓识的环保政治家而闻名遐迩，而且还被看作一位知识分子。缘此，保守派的共和党人想方设法在选战中对其大肆抹黑。戈尔的共和党竞选对手把自己装扮成一个"富有同情心的保守主义者"（compassionate conservative），目的是想借此抵消因自己的"贵族"出身而备受人们质疑的明显的社会冷漠。但凡在对美国来说没有战略价值的地区，布什一律不给予人道主义援助，从而给人留下一种强硬的"务实政治家"的印象。作为独立竞选人参选的是消费者保护律师拉尔夫·纳德（Ralph Nader），根据当时的形势，他的参选只会给民主党的支持率带来不利影响。

乔治·W.布什于1946年7月6日出生在康涅狄格州的纽黑文市（New Haven），1964~1968年在耶鲁大学历史专业读本科。得益于其父的影响力，尽管学业成绩平平，他还是得以进入哈佛大学商学院深造，并拿到了工商管理硕士的学位。关键时刻，老布什又施以援手，帮助自己的儿子于1968年获得参加军事训练的机会，并作为飞行员先是在得克萨斯州国民警卫队，后又在亚拉巴马州国民警卫队服役，从而让这位未来的总统候选人躲过了被抽调参加越战的命运。让他变成福音教派"重生基督徒"的宗教觉醒经历，以及后来妻子劳拉的影响，帮助他戒掉了此前的酒瘾。他的个人财产来自得克萨斯的石油生意以及他当得克萨斯游骑兵棒球队股东和经纪人的经历。布什的政治生涯始于1978年，当时他竞选华盛顿州众议院的代表资格未果。他首次于1995年，再度于1999年当选为得克萨斯州州长。这段时间里，他最重要的帮手是保守派的政治顾问卡尔·罗夫（Karl Rove），此人后来被任命为总统竞选班子的大内

/ 192

总管。

在 2000 年 11 月 7 日的总统选举中，阿尔·戈尔比布什多得了 544000 张选票，得票率为 48.38%，他的共和党对手为 47.87%，拉尔夫·纳德为 2.74%。但是，阿尔·戈尔还不能算是竞选的赢家。一切要取决于谁能够得到最多的选举人的支持，这还是一个悬而未决的问题。决定成败的关键是佛罗里达州，共和党竞选人的弟弟杰布·布什（Jeb Bush）在那里担任州长。

当晚选举结束时，"阳光之州"的结果还不明朗。但是情况很快表明，恰恰是在民主党势力占优势的几个地方，选票的误导设计以及陈旧和极不可靠的计票方法导致了选举结果的重大偏差。在民主党的要求下，法院做出了在几个县进行重新计票的第一个判决。12 月 8 日，应民主党的请求，佛罗里达州最高法院下令对全州大约 45000 张有争议的选票进行重新计票。次日，由共和党要求介入的美国最高法院以 7 票对 2 票做出裁决，根据各州自己的规定，停止佛罗里达州的重新计票工作。12 月 12 日晚，最高法院以 5 票对 4 票决定，根据佛罗里达州的法律，重新计票在当天的午夜结束。由于在此之前没有得出计票结果以及无法得出计票结果，所以判决的结果是，确认布什在佛罗里达州赢得（所宣称的）大选胜利。据此，共和党候选人比民主党候选人多得了 537 张选票。

同自由派群众的愤怒反应一样，被以多数票否决的最高法院法官们的抗议也无济于事。最高法院法官多数由保守派人士组成，他们判案做决定的根据是其本人的政治信仰。除了 1857 年最高法官臭名昭著的使南方州奴隶制合法化的德雷德－斯科特案判决，几乎没有一个最高法院的判决像 2000 年 12 月 12 日的判决那样带有如此随心所欲的色彩。人们时有耳闻的"法院政变"一词即反映了这种普遍流行的看法。至此，选举人委员会中的得票数已见分晓：布什 271 票，戈尔 266 票。落败的竞选人对这一无法回避的事实表示服从，并于

12 月 13 日在令人难以忘怀的电视讲话中承认自己竞选失败。

国会选举结果不存在任何争议：共和党在众议院中比民主党多拥有 9 个议席，参议院中两党席位平分秋色，各为 50 席。这个势均力敌的局面，因 2001 年 5 月底佛蒙特州自由派共和党人吉姆·杰福兹（Jim Jeffords）退党而不复存在，民主党从中获利，成了多数派。2001 年 1 月 20 日，美国第 43 任总统宣誓就职。直到白宫的权力更迭之后，许多美国人仍然对他当选总统的合法性耿耿于怀。

副总统迪克·切尼并不是小布什政府成员中唯一来自老布什总统亲信圈子的旧故。出任白宫办公厅主任的是当年的交通部长、有"安迪"昵称的安德鲁·卡德（Andrew Card）。国务卿科林·鲍威尔（第一位担任国务院首脑的非洲裔美国人）从 1989 年 10 月至 1993 年 9 月曾经做过参谋总长，并且从 1987 年底至 1989 年初在罗纳德·里根政府任安全顾问。如同鲍威尔的非洲裔美国人背景一样，新任安全顾问、政治学家康多莉扎·赖斯（Condoleeza Rice），在老布什总统任内曾经作为苏联问题专家在，当时的安全顾问布伦特·斯考克罗夫特（Brent Scowcroft）的班子里工作过一段时间。国防部长唐纳德·拉姆斯菲尔德（Donald Rumsfeld），从 1975 年 11 月至 1977 年 1 月在杰拉尔德·福特（Gerald Ford）政府内曾担任过一次五角大楼的掌门人，并且于此前做过白宫办公厅主任。拉姆斯菲尔德的副手保罗·沃尔福威茨在新总统的父亲执政期内也担任过同样职位，并且在这个位子上于 1992 年初成了一份战略文件的"精神领袖"。这份文件给美国确定的任务是，不惜一切代价防止一个新超级大国的崛起和一个新核大国的出现。

无独有偶，与沃尔福威茨观点相仿的还有国防部副部长道格拉斯·费斯（Douglas Feith），以及 1981~1987 年在里根政府任国防部长助理、现担任颇有影响力的国防政策顾问委员会主席一职的理查德·珀尔（Richard Perle）。沃尔福威茨、费斯和珀尔是布什政府中"新保守派"的桥头堡，此外还有副总统切尼的办公厅主任、人称"滑板车"的刘易斯·利比（Lewis Libby），以及由切尼一手提拔上来的国防部主管军备控制和国际安全的副部长、后来的驻联合国大使约翰·博尔顿（John Bolton）。1991年海湾战争期间，博尔顿（尽管徒劳无益）曾经敦促占领巴格达并推翻萨达姆·侯赛因政权。美国"新保守主义者"的使命感，在好战方面并不比总统也与之有牵连的基督教原教旨主义分子逊色。恰恰是通过这种亲和力，人们才能够清楚地解释，乔治·W.布什为何从一开始就有新保守主义者为其保驾护航。

小布什政府推行的首批实际政策，得到了保守派阵营各方面的拥护。减税1.35万亿美元（总统原先甚至要求1.6万亿）首先惠及的是美国的有钱人，与民主党相比，他们与共和党的关系更为密切。对于美国因此将重新回到预算赤字和政府负债增加的老路上去，布什全然在所不惜。2002年，预算缺口为国内生产总值的2.6%，2003年上升到3.8%；政府负债率从2001年占国内生产总值的55%上升到2005年的68%。面对自2000年开始的经济下滑，特别是自美国经济中多年来一直增长迅速的"网络"行业（网络公司"新经济"）于当年3月呈下行之势以来，布什和他的顾问均认为，减少税负压力是振兴经济的一项积极政策。2000年，经济增长从4.2%下降到2001年的1.1%。2001年秋，经济陷入短暂的衰退；12月，得克萨斯州的安然能源公司倒闭，在此过程中被曝光的欺诈操作行为引起了世界范围的关注。2002年，经济开始复苏。但是，像美国90年代后期那样的经济增长已经无法再现。

布什政府制定的一项社会和教育计划是所谓"不让一个孩子掉队"的倡议，总统的用意是想借此扭转低收入家庭的孩子在入学方面所受到的不公平待遇。由于得到了民主党参议院爱德华·肯尼迪

（Edward Kennedy）等人的支持，这项举措在 2002 年 1 月形成了一项法案。但是，有批评人士一针见血地指出，这项计划完全缺乏牢靠的财政基础支撑。总统的另一项内政方面的决策被人们普遍解读为：他想借此迎合来自基督教原教旨主义阵营支持者的需要。但是，这项决策更多的是对一个极具争议的伦理问题的实用主义妥协。2001 年 8 月 9 日，布什在一次电视讲话中宣布，在经过慎重考虑和多次交流商讨之后，他决定，准许在严格条件下进行胚胎干细胞的研究。

　　布什政府第一个环境政策方面的决定，在世界上许多国家，特别是在欧洲激起了强烈的愤慨。3 月 13 日，美国宣布退出 1997 年12 月签署的气候保护《京都议定书》。总统并不否认全球范围内的气候变暖，但把它说成是一个悬而未决的问题，即不断增加的温室气体排放是否确实构成了变暖的原因，也就是说是由人类所造成的后果，尚难判断。早在四年前的 1997 年 7 月，参议院就一致反对批准给美国经济造成不利影响的气候保护国际协定。因此，布什不仅对得到参议院的支持胸有成竹，而且对得到美国石油公司的喝彩和掌声也同样底气十足。原因是，自 2001 年华盛顿权力更迭以来，石油行业的政治影响力比其他任何行业皆有过之而无不及。

　　2001 年 6 月 14 日，在与欧盟国家元首和政府首脑在哥德堡的首次会晤中，美国总统对《京都议定书》的否定态度遭到了完全的不理解和明确的批评。并且，美国的另一个"新单边主义"的做法也遭到了欧洲的同样反应：布什政府不同意设立一个对反人类罪、战争罪和侵略战争罪进行法律审判的常设国际刑事法院。诚然，布什政府的这一态度与之前克林顿所采取的立场乃是一脉相承。联合国世界人权大会曾于 1993 年 6 月在维也纳敦促建立这样一个法院。十年后的 2003 年 3 月，海牙国际刑事法院在没有西方民主国家中最大的民主国家参与的情况下开始进行工作。

2001 年 1 月后，比尔·克林顿始终不遗余力地在中东奉行的积极的和平政策戛然而止。老布什和克林顿执政期间皆曾任命一位中东和平进程首席谈判代表，这位首席谈判代表在小布什任上未被重新任命。在朝鲜半岛问题上，布什也对消除紧张局势无所作为。他毫不掩饰对韩国总统金大中以民族和解为目的的"阳光政策"的不屑。2001 年 2 月，朝鲜被美国再次定性为"流氓国家"（rogue state），平壤立刻推翻了 1994 年签署的、承诺关闭可用于制造核武器的钚生产工厂的协议。3 月，朝鲜停止了正在同韩国进行的谈判。美国对此不以为然。2001 年 8 月，布什总统向国会提交了用于国防部门的追加预算请求。五角大楼的预算在 2002 年将提高至 3433 亿美元，从而使美国能够实现其国家导弹防御系统（National Missele Defense，简称 NMD）。2001 年 12 月美国废止与苏联于 1972 年缔结的反导条约（反弹道导弹条约），此举完全符合这一对抗性和单方面的安全政策。

在布什政府执政的头七个月中，国际恐怖主义的挑战并没有受到特别的关注。2001 年 8 月 6 日，总统在每天送达的中央情报局的"简报"中，收到了一份标题为《本·拉登决定在美国境内实施打击》（Bin Laden Determined to Strike Inside U.S.）的文件。然而，这则令人警觉的消息在布什和他的亲信顾问那里不仅未能引起应有的重视，而且被认为是一则"老掉牙"的消息，没有新意。这便是总统对在国外的情报部门的分析所做的直接反应。

2001 年 9 月 11 日晨，19 名伊斯兰自杀袭击者劫持了四架美国客机，企图将其作为飞行炸弹对四个定点的战略目标进行攻击，分别是：美国资本主义的象征——纽约世贸中心双子大楼、五角大楼和华盛顿国会大厦。8 点 46 分，第一架由恐怖分子驾驶的满载燃油的飞机飞抵目标：由波士顿飞往洛杉矶的"American 11"航班以每小时 630 公里的速度撞向世贸中心北楼的半中央。第二架从波士顿起飞、同样是飞往洛杉矶的联合航空 175 次班机，于 9 点 03 分撞向南楼。半小时后，一架从弗吉尼亚州华盛顿杜勒斯国际机场起飞的波音 752 型飞机，撞到了五角大楼的西侧。第四架从纽瓦克（Newark）起飞的飞机，没有到达美国首都的空域。从手机中得知世贸中心大楼遭到袭击消息的乘客冲进驾驶舱，试图阻止劫机者的袭击计划。10 点刚过，飞机坠毁在宾夕法尼亚州尚克斯维尔（Shanksville）附近的一块农田中，机上所有 33 名乘客、7 名机组人员和 4 名劫机者无一人生还。

几分钟前，世贸中心高达 500 米的南楼在电视镜头前轰然倒塌，半小时后，北楼也坍塌倾覆。恐怖事件发生时，两座大楼中有 16000~19000 人，2600 多人在袭击中遇难，其中包括为了避免葬身火海而从大楼纵身跃下的死者，两架被劫持飞机上的乘客，数百名救援人员、消防队员和警察。9 月 11 日，恐袭中遇难总人数约达 3000 人。

奥萨马·本·拉登的"基地"组织是此次大屠杀的元凶。19 名劫机者中，有 15 人来自沙特阿拉伯。在伊斯兰激进分子眼中，沙特王室历来就是美国政府手中的工具。五名自杀袭击者——包括"American 11"航班的亡命飞行员、埃及人穆罕默德·阿塔（Mohammed Atta）——均是"汉堡窝点"的成员；他们中有人在德国生活了多年。恐怖分子是宗教和政治狂热的混合体，除了信奉为安拉的事业殉道能够永享天堂极乐，他们的思想中还夹杂着对美国、以色列甚至对西方的仇恨。伊斯兰激进分子的指责以整个西方世界为对象，认为西方企图在经济、政治和文化上征服阿拉伯人民，亦即夺走他们的民族认同感。恐怖袭击的目的就是要引起美国的大规模反应，"基地"组织可以从中渔利，达到煽动反美情绪的目的。美国的报复行动越猛烈，他们为"圣战"招募新成员的机会就越大。

乔治·W.布什从他的顾问卡尔·罗夫那里得到世贸中心北楼遭到攻击的消息时，他正在佛罗里达州萨拉索塔市（Sarasota）的一所小学里给二年级的学生讲述一本书中的故事。在9点30分的第一次公开声明中，总统把攻击称为"恐怖袭击"，并且发誓挖出袭击的元凶。在随后与副总统切尼的通话中，他告知切尼："我们正处在战争状态中。"在20点30分面对惊愕之中的美国公众的电视讲话中，他宣布，美国将不分"谁是事件的策划者，谁是窝藏他们的人"。9月11日深夜，布什在日记中写下这样一句话："今天，发生了21世纪的珍珠港事件。"

将攻击比作1941年12月7日日本偷袭珍珠港事件，二者之间的关系一目了然。2001年9月11日的恐袭是六十年来域外敌人第一次对美国本土的打击。敌对国家在美国大陆最后一次战争行为发生的时间则更为久远——1814年同英国的战争，战争于8月24~25日达到高潮。其时，英国军队占领了华盛顿，并把国会大厦、白宫和其他政府建筑付之一炬。诚然，布什于9月11日谈到的战争，与1814年的那次战争和第二次世界大战不可同日而语。此次面对的敌人不是一个国家，而是一个以极其超常规的、蔑视一切战时国际法和以"非对称"方式开战的国际恐怖组织。确定"基地"组织是幕后元凶并不困难，但要找到并击中它的指挥中心则绝非易事。即便是能成功扫清奥萨马·本·拉登周围的阴谋集团，以及阻止阿富汗继续作为国际恐怖主义的行动基地，危险也不能因此而消除：恐怖主义早已成了一个九头蛇，斩掉其中的一个或几个头，其他的头会重新长出来。

塔利班活动的阿富汗并不是唯一被华盛顿怀疑是恐怖分子帮凶的国家。国防部长拉姆斯菲尔德于9月12日在国家安全委员会中就已在总统面前问道，为什么美国将只打击"基地"组织，而不同时也打击伊拉克。如此，他便和其副手保罗·沃尔福威茨站到了同一立场：萨达姆·侯赛因的国家是反恐战争第一轮打击的首要目标。次日，沃尔福威茨在五角大楼的一次记者招待会上申明了美国的意图，即"铲除所有对恐怖主义提供支持的国家"。计划打造一个尽可能广泛的反恐联盟，亦即愿意采取多边行动的国务卿鲍威尔，立刻公开表示与这一言论保持距离："我所要做的只是铲除恐怖主义，沃尔福威茨先生表达的是他的个人观点。"

然而，布什总统更倾向于以切尼、拉姆斯菲尔德和沃尔福威茨为首的，即便是在局势不明朗的情况下也准备单方面采取行动的"鹰派"人物。9月17日，总统在国家安全委员会上要求立刻提交针对伊拉克的入侵计划。两天后，他指示中情局局长乔治·特尼特（Goerge Tenet），向他提供萨达姆·侯赛因和"基地"组织之间关系的情报。副总统切尼提出了一个与之有关的论据：亡命飞行员穆罕默德·阿塔于2001年春同伊拉克情报部门的一名间谍在布拉格碰过头。事实上，如中情局很快搞清楚的那样，阿塔相关时间内正在美国逗留。关于萨达姆·侯赛因和奥萨马·本·拉登之间的联系，一时之间找不到任何证据。因此，按照布什和切尼的观点，2001年9月还不能对伊拉克动武。

从9月14日起，布什手中握有了由他提出请求、参议院一致通过、众议院只有一票反对的全权：它授权总统，"对那些他认为进行策划、指使、实施或支持9月11日恐袭事件的国家、组织或个人，以及对那些为这些组织和人员提供藏身之地的国家、组织或个人，采取一切必要的强制措施"。布什的幕僚之前走得更远，他们要求一个仅凭怀疑即可在全世界采取军事行动的机动授权决定，却遭到了参议院的强烈反对。然而，即便是这个得到批准的"授权使用军事力量"版本，也是美国历史上总统从国会得到的权力最大的军事行动授权决定。

9月20日，布什在国会两院发表讲话，他把反恐斗争称作是一场"文明的斗争"(a civilization's fight),并号召全国上下要做好一场持久战的准备。"任何一个国家,无论是处在世界上的哪个角落,现在必须做出决定:要么站在我们一边,要么站在恐怖分子一边。……从今天起,美利坚合众国将把任何继续为恐怖分子提供藏身之地或是为他们提供支持的国家当作敌对国家。……我们的反恐战争从'基地'组织开始,但不会在那里止步。这场战争将继续进行下去,直到全世界的恐怖组织统统被发现、遏制和打垮为止。"国会"全体起立鼓掌"感谢总统的讲话,绝大多数美国人也同样对乔治·W.布什表示支持。如果说9月11日之前布什的民调支持率在50%左右,那么,"9·11"之后就上升到了90%。直到2002年3月之前,他的支持率始终保持在80%以上。

欧洲同美国的关系在90年代发生了多方面的变化。东西方冲突结束后,共同的安全利益不再像以往四十年那样具有同样重要的地位。反之,许多使双方产生隔阂的事务越来越多地出现在人们的面前:对于死刑的不同看法,宗教在社会中的作用,国家的社会责任等。除此之外,还有关于自由贸易,特别是农产品自由贸易方面深刻的意见分歧,以及自小布什接替克林顿出任总统后,双方在环境保护、对联合国的态度和设立国际刑事法庭方面的意见不一,更是有过之而无不及。无论认同与否,欧盟的所有国家都是后经典的民族国家,它们共同行使自己的一部分主权,或是将其交由超国家的机构组织加以行使。美国是一个全球超级大国,自然不愿意忍受本国的主权被打折扣。德国政治学者魏尔纳·韦登菲尔德(Werner Weidenfeld)在1996年就提醒人们注意因双方的文化认同危机所产生的"跨大西洋的文化断裂"问题。自布什入主白宫后,这个提醒比克林顿时代又增加了更多让人关切的一层理由。

2001年9月11日的悲剧使"老西方"和"新西方"突然重新

拉近了彼此之间的距离。欧洲把对纽约和华盛顿的恐袭不仅看成是对美国的攻击，而且也有充分理由看成是对整个西方世界的攻击。《我们都是美国人》（Nous sommes tous Américains）——9月13日的巴黎《世界报》登出了这个著名的大标题。德国总理格哈德·施罗德于9月12日在联邦议会上向美国表达了"全体德国人民的深切同情"，并且承诺德国给予美国"不受限制的支持——我再次强调一次：是不受限制的支持"。一周后，这个明确立场被柏林政府领导人以联邦德国不准备"冒险"为由加上了限制条件。在西欧政府首脑中，英国首相托尼·布莱尔是第一个接受美国总统个人邀请，于"9·11"后与布什会晤的领导人。9月20日，他与东道主在白宫商讨了恐怖袭击后的局势，以及华盛顿打算从中得出的结论。紧接着，布莱尔作为贵宾参加了国会会议。会上，布什就他的"反恐战争"设想进行了阐述。

除了西方世界，其他国家也表达了对美国的声援。普京总统向布什表示，俄罗斯在同恐怖主义的斗争中站在美国一边。中国表明了类似的立场。这样，两个非西方大国的声援态度使安理会2001年9月12日和18日的第1368号和第1737号决议顺利通过。两项决议指出，9月11日的袭击属于《联合国宪章》第51条所阐述的攻击行为，因此，美国有权进行自卫还击。无数第三世界国家的国家元首和政府首脑也同样对美国表示关切。可是，在许多伊斯兰国家也有完全不同的反响。不仅在阿拉伯世界的大城市，而且在北约成员国土耳其的最大城市伊斯坦布尔，双子大楼倒塌的电视画面在大街上引起了不少人的欢呼雀跃、手舞足蹈。面对这种对恐怖袭击的反应，土耳其作家奥尔罕·帕慕克（Orhan Pamuk）用下面的话做了评论："滋生恐怖主义的土壤，……既非伊斯兰教也非贫困本身，而是一种无奈感和自卑感，它们像毒瘤一样已经在第三世界国家中四处蔓延。"

股票交易所对来自纽约和华盛顿的消息的反应是股市下跌，但是并没有造成世界经济令人担忧的衰退。事件所留下的、超出经济范畴之外的痕迹，是人们心中深深的不安全感。这个世界已经经历过许多恐怖袭击，其中包括伊斯兰主义的"人肉炸弹"所制造的恐怖袭击。但是，9月11日发生在美国的恐怖袭击是完全不同的事件，因而也是一个转折点：它暴露了整个西方社会的脆弱性，特别是它们中间最强大国家的脆弱性。由一个狡猾的、被认为是极端的狂热的敌人所造成的羞辱感和软弱无能感，最初影响了美国人的整个精神状态。由布什总统表明的与恐怖主义挑战不共戴天的鲜明态度——对"美国生活方式"的坚定信念，道出了几乎所有他的同胞的心里话，并且帮助他们从集体的忧郁症中解脱出来。未来的一切皆取决于，美国将如何回击伊斯兰阴谋家对现代西方民主发源地的攻击：究竟是遵守国际法和法治国家原则，亦即恪守美国自己也共同参与创造的那些文明成果采取行动，还是按照所有强权国家不成文的座右铭——"生死关头无法度"为所欲为？由此观之，"9·11"不仅是对美国和西方的重大考验，而且也是对西方文明规范工程的重大考验。[13]

1 Jacques Delors, Erinnerungen eines Europäers (frz. Orig.: Paris 2004),
Berlin 2004, S. 412 ff.; Helmut Kohl, Aus Sorge um Europa. Ein Apell,
München 2014; Gerhard Brunn, Die Europäische Einigung von 1945 bis
heute, Stuttgart 2002, S. 264 ff. (zur Reform der Agrarpolitik: 282 ff., zu
Schengen: 284 ff.); Jürgen Mittag, Kleine Geschichte der Europäischen
Union. Von der Europaidee bis zur Gegenwart, Münster 2008, S. 225 ff.
(Mitterrand u. Kohl an Andreotti, 6. 12. 1990: 230); Luuk van Middelaar,
The Passage to Europe. How a Continent Became a Union (niederl. Orig.:
Groningen 2009), New Haven 2013, S. 181 ff.; Wilfried Loth, Europas
Einigung. Eine unvollendete Geschichte, Frankfurt 2014, S. 297 ff.; ders.,
Helmut Kohl und die Währungsunion, in: Vierteljahreshefte für Zeitge-
schichte 61 (2013), S. 455–480; Michael Gehler, Europa. Ideen, Institutio-
nen, Vereinigung, München 2010², S. 300 ff.; Ludger Kühnhardt, Euro-
pean Union – The Second Founding. The Changing Rationale of European
Integration, Baden-Baden 2008, S. 191 ff.; Harold James, Making the
Monitary Union. The Role of the Committee of Central Bank Governors
and the Origins of the European Central Bank, Cambridge, Mass. 2012,
S. 324 ff.; Kenneth Dyson and Kevin Featherstone, The Road to Maastricht.
Negotiating Economic and Monetary Union, Oxford 1999, S. 644 ff.;
Christopher Booker/Richard North, The Great Deception. The Secret
History of the European Union, London 2005³, S. 342 ff.; David Marsh,
Der Euro. Die geheime Geschichte der neuen Weltwährung (amerik. Orig.:
New Haven 2009¹, 2011²), Hamburg 2011; Barry Eichengreen, Should the
Maastricht Treaty Be Saved? (Princeton Studies in International Finance,
No. 74, December 1992, Princeton 1992); Dietrich von Kyaw, Auf der
Suche nach Deutschland. Erlebnisse und Begegnungen eines deutschen
Diplomaten und Europäers, Berlin 2009, S. 258 ff.; Pierre Favier/Michel
Martin-Roland, La Décennie Mitterrand. Tome 4: Les déchirements
(1991–1995), Paris 1999, S. 200 ff.; Franz-Olivier Giesberts, François Mit-
terrand. Eine Biographie (frz. Orig.: Paris 1996), Berlin 1997, S. 540 ff.;
Ulrich Lappenküper, Mitterrand und Deutschland. Die enträtselte Sphinx,
München 2011, S. 324 ff.; Henning Köhler, Helmut Kohl. Ein Leben für

die Politik, Köln 2014, S. 741 ff.; Hans-Peter Schwarz, Helmut Kohl. Eine politische Biographie, München 2011, S. 685 ff. (auch zu Kohls Vorstellungen von der Politischen Union; zum Telefonat Baker-Bush, 24.6.1991: 696); Stephan Bierling, Vormacht wider Willen. Deutsche Außenpolitik von der Wiedervereinigung bis zur Gegenwart, München 2014, S. 25 ff.; Gregor Schöllgen, Deutsche Außenpolitik von 1945 bis zur Gegenwart, München 2013, S. 258 ff.; Marie-Janine Calič, Geschichte Jugoslawiens im 20. Jahrhundert, München 2010, S. 311 ff.; Holm Sundhaussen, Jugoslawien und seine Nachfolgestaaten. Eine ungewöhnliche Geschichte des Gewöhnlichen, Wien 2012, S. 309 ff; Christopher Bennett, Yugoslavia's Bloody Collapse. Causes, Course and Consequences, London 1995, S. 179 (Majors Bemerkungen gegenüber Christopher zum Waffenembargo: 203); Dunja Melčič (Hg.), Der Jugoslawien-Krieg. Handbuch der Vorgeschichte, Verlauf und Konsequenzen, Wiesbaden 2007[2]; Reneo Lukic and Allen Lynch, Europe from the Balkans to the Urals. The Disintegration of Yugoslavia and the Soviet Union, Oxford 1996, S. 242 ff.; Susan L. Woodward, Balkan Tragedy. Chaos and Dissolution After the Cold War, Washington, D.C. 1995, S. 273 ff.; Tim Gallagher, The Balkans After the Cold War. From Tyranny to Tragedy, London 2003, S. 124 ff.; Steven Burg and Paul S. Shoop, The War in Bosnia-Herzegovina. Ethnic Conflict and International Intervention, New York 1999, S. 189 ff; Richard H. Ullman (ed.), The World and Yugoslavia's Wars, New York 1996; David C. Gompert, The United States and Yugoslavia's Wars, ebd., S. 122–144; Thomas Paulsen, Die Jugoslawienpolitik der USA 1989–1994. Begrenztes Engagement und Konfliktdynamik, Baden-Baden 1995; Alastair Finlan, The Collapse of Yugoslavia 1991–1999, Oxford 2004; Beverly Allen, Rape Warfare. The Hidden Genocide in Bosnia-Herzegovina and Croatia, Minneapolis 1996, S. 41 ff.; Heinrich August Winkler, Der lange Weg nach Westen, 2 Bde., Bd. 2: Deutsche Geschichte vom «Dritten Reich» bis zur Wiedervereinigung (fortan: Weg II), München 2005[6], S. 628 f. (zu den «out of area»-Urteilen des Bundesverfassungsgerichts 1993/94); Paul Kennedy, Das Parlament der Menschheit. Die Vereinten Nationen und der Weg zur Weltregierung (amerik. Orig.: New York 2006), München 2007, S. 121 ff. Das Zitat Kohls vom 6.11.1991 in: Deutscher Bundestag. Stenographischer Bericht, 12. Wahlperiode, 53. Sitzung, S. 4367. Die Kopenhagener Beitrittskriterien in: Europäischer Rat in Kopenhagen 21. und 22. Juni 1993. Schlußfolgerungen des Vorsitzes u. a., in: Bulletin des Presse- und Informationsamts der Bundesregierung, 8.7.1993. Zur Präambel der Römischen Verträge von 1957 Heinrich August Winkler, Geschichte des Westens. Vom Kalten Krieg zum Mauerfall (fortan: Geschichte III), München 2014, S. 254 f., zum norwegischen Referendum von 1972 599 f., zur Wirtschaftskrise in Schweden vor und nach 1990 894 f.

2 Bernd Stöver, United States of America. Geschichte und Kultur. Von der ersten Kolonie bis zur Gegenwart, München 2012, S. 599 ff.; Alan Brink-

ley, The Unfinished Nation. A Concise History of the American People, Boston 2008⁵, S. 912 ff.; Christian Hacke, Zur Weltmacht verdammt. Die amerikanische Außenpolitik von Kennedy bis Clinton, Berlin 1997, S. 500 ff.; Mike Lukasch, Zwischen Hoffnung und Scheitern. Die USA und der Nahostfriedensprozess 1997–2005, Paderborn 2011, S. 75 ff.; Stephan Bierling, Geschichte der amerikanischen Außenpolitik. Von 1917 bis zur Gegenwart, München 2007³, S. 205 ff.; Sean Wilentz, The Age of Reagan. A History, 1974–2008, New York 2008, S. 310 ff. (Clintons Wahlparole 1992: 321); Kennedy, Parlament (Anm. 1), S. 119 ff. (zur Rolle der UNO in Somalia, Ruanda und Bosnien; Zitat Kennedy: 129); Herbert S. Parmet, George Bush. The Life of a Lone Star Yankee, New York 1997, S. 496 ff. (zum Wahlslogan Buchanans: 503); David Maraniss, First in His Class. A Biography of Bill Clinton, New York 1995; Nigel Hamilton, Bill Clinton. An American Journey, London 2003; Detlef Felken, Bill Clinton (1993–2001): Wende nach innen und Krise der Autorität, in: Christof Mauch (Hg.), Die amerikanischen Präsidenten. 44 historische Porträts von George Washington bis Barack Obama, München 2009⁵, S. 412–423; Martin Walker, The President We Deserve. Bill Clinton: His Rise, Falls and Comebacks, New York 1996; Bill Clinton, My Life, London 2004, S. 384 ff.; Theda Skocpol, Boomerang. Health Care Reform and the Turn against Government, New York 1996¹, S. 1 ff. (Zitat Skocpol: 15); Steven M. Gillon, The Pact. Bill Clinton, Newt Gingrich and the Rivalry that Defined a Generation, Oxford 2008, S. 259 ff.; David Halberstam, War in a Time of Peace. Bush, Clinton, and the Generals, New York 2001, S. 101 ff.; Steve Coll, Ghost Wars. The Secret History of the CIA, Afghanistan, and Bin Laden from the Soviet Invasion to September, 9, 2001, New York 2004, S. 249 ff.; Tim Weiner, CIA. Die ganze Geschichte (amerik. Orig.: New York 2007), Frankfurt 2008, S. 575 ff.; Jeremy Scahill, Schmutzige Kriege. Amerikas geheime Kommandoaktionen (amerik. Orig.: New York 2013), München 2013, S. 160 ff.; Lester H. Brune, The United States and Post-Cold War Interventions. Bush and Clinton in Somalia, Haiti and Bosnia, 1992–1995, Claremont 1998; Walter Clarke and Jeffrey Herbst (eds.), Learning from Somalia. The Lesson of Armed Humanitarian Interventions, Boulder, Col. 1997; Samantha Power, «A Problem from Hell». America and the Age of Genocide, New York 2002¹, S. 329 ff.; Christian Scherrer, Genocide and Crisis in Central Africa. Conflict Roots, Mass Violence and Regional War, Westport 2002; Gérard Prunier, Africa's World War. Congo, The Rwandan Genocide, and the Making of a Continental Catastrophe, Oxford 2009; David Van Reybrouck, Kongo. Eine Geschichte (niederl. Orig.: Amsterdam 2010), Berlin 2012, S. 511 ff.; Michael Mann, Die dunkle Seite der Demokratie. Eine Theorie der ethnischen Säuberung (engl. Orig.: Cambridge 2005), Hamburg 2007, S. 633 ff. Zum Mythos der Illuminaten im Denken der radikalen Rechten: Seymour Martin Lipset and Earl Raab, The Politics of Unreason.

Right Wing Extremism in America, 1790–1970, New York 1970, S. 34 ff.; Bernard Wasserstein, Israel und Palästina. Warum kämpfen sie und wie können sie aufhören? (engl. Orig.: London 2003), München 2009², S. 121 ff.; Michael Hochgeschwender, Amerikanische Religion. Evangelikalismus, Pfingstlertum und Fundamentalismus, Frankfurt 2007, S. 166 ff. Zum Strategiepapier des Pentagons von 1993: U. S.: Strategy Plan Calls for Insuring No Rivals Develop, in: New York Times, 8. 3. 1992. Zu Medicare Winkler, Geschichte III (Anm. 1), S. 435, 438, zur Iran-Contra-Affäre 912 ff. Zum Abschuß serbischer Kampfflugzeuge am 28. 2. 1994 siehe oben S. 19.

3 Clinton, Life (Anm. 2), S. 575 f. (zu dem Gespräch mit Jelzin in New York, 23. 10. 1995); Richard Holbrooke, Meine Mission. Vom Krieg zum Frieden in Bosnien (amerik. Orig.: New York 1998), München 1998, S. 115 ff.; Lappenküper, Mitterrand (Anm. 1), S. 314 ff.; Kennedy, Parlament (Anm. 1), S. 121 ff.; Hacke, Weltmacht (Anm. 2), S. 522 ff. (Jelzin zum «Kalten Frieden»: 547); Calic, Geschichte (Anm. 1), S. 321 ff.; Sundhaussen, Jugoslawien (Anm. 1), S. 328 ff.; Gallagher, Balkans (Anm. 1), S. 163 ff.; Woodward, Tragedy (Anm. 1), S. 273 ff.; Burg/Shoop, War (Anm. 1), S. 250 ff. Mark Almond, Dayton und die Neugestaltung Bosnien-Herzegowinas, in: Melčić (Hg.), Jugoslawien-Krieg (Anm. 1), S. 439–482.

4 Gerhard A. Ritter, Der Preis der Einheit. Die Wiedervereinigung und die Krise des Sozialstaates, München 2006, S. 104 ff. (Zitat Ritter: 109, Zahlen zum Bruttoinlandsprodukt: 119, zu den Transferleistungen: 126); Manfred Görtemaker, Die Berliner Republik. Wiedervereinigung und Neuorientierung, Berlin 2009, S. 71 ff.; Eckart Conze, Die Suche nach Sicherheit. Eine Geschichte der Bundesrepublik Deutschland von 1949 bis zur Gegenwart, München 2009, S. 747 ff.; Edgar Wolfrum, Die geglückte Demokratie. Geschichte der Bundesrepublik Deutschland von ihren Anfängen bis zur Gegenwart, Stuttgart 2006, S. 431 ff.; Winkler, Weg II (Anm. I), S. 614 ff. (Arbeitslosenzahlen: 615); Marc Hansmann, Vor dem dritten Staatsbankrott? Der deutsche Schuldenstaat in historischer und internationaler Perspektive, München 2012, S. 11 ff. (zum Anstieg der deutschen Staatsschuld seit den achtziger Jahren: 14 f.); Schwarz, Kohl (Anm. 1), S. 720 ff.; Franz-Josef Brüggemeier, Geschichte Großbritanniens im 20. Jahrhundert, München 2010, S. 336 ff. (Zitat «Sun», 9. 4. 1992: 336, Wachstumsdaten: 347); Andrew Marr, A History of Modern Britain, London 2007¹, S. 477 ff.; Serge Berstein et Pierre Milza, Histoire de la France au XXe siècle, Paris 1995, S. 1201 ff.; René Rémond, Frankreich im 20. Jahrhundert, 2. Teil: 1958 bis´ zur Gegenwart (frz. Original: Paris 1991); Stuttgart 1985, S. 440 ff.; Giesbert, Mitterrand (Anm. 1), S. 499 ff.; Lappenküper, Mitterrand (Anm. 1), S. 303 ff.; Michael Erbe, Belgien. Luxemburg, München 2009, S. 23 ff.; Friso Wielenga, Die Niederlande. Politik und politische Kultur im 20. Jahrhundert, Münster 2008, S. 343 ff.; Michael North, Geschichte der Niederlande, München 2008³, S. 114 ff.; Walther L. Bernecker/Horst Pietschmann, Geschichte Portugals, München

2008², S. 126 ff.; Walther L. Bernecker, Geschichte Spaniens im 20. Jahrhundert, München 2010, S. 279 ff. (hier auch die ökonomischen Daten); ders., Spanische Geschichte von der Reconquista bis heute, Darmstadt 2002, S. 199 ff.; Paddy Woodworth, Dirty War, Clean Hands. ETA, the GAL and Spanish Democracy, Cork 2001, S. 63 ff. Das Zitat von Goethe in: Johann Wolfgang von Goethe, Werke. Weimarer Ausgabe, München 1987, Bd. 2, S. 285. Zum Fall Bousquet: Heinrich August Winkler, Geschichte des Westens. Die Zeit der Weltkriege 1914–1945 (fortan: Geschichte II), München 2011, S. 1026, 1036 f. Zum Abkommen von Waassenaar Winkler, Geschichte III (Anm. 1), S. 895, zu den irakischen Giftgasangriffen auf die Kurden 1988 1036. Zum «Schwarzen Mittwoch» und zum Treffen Clinton-Major-Bruton siehe oben S. 68.

5 Hans Woller, Geschichte Italiens im 20. Jahrhundert, München 2010, S. 364 ff. (Finis Bekenntnis zum Faschismus, 1992: 396); Christian Jansen, Italien seit 1945, Göttingen 2007, S. 202 ff.; Giuseppe Mammarella, L'Italia contemporanea (1943–2007), Bologna 2008, S. 501 ff.; Jens Petersen, Quo Vadis, Italia? Ein Staat in der Krise, München 1995, S. 123 ff. (Zahlen zur Zinslast: 125, Zahlen zu «Tangentopoli»: 159, Zitat Petersen: 160; Verschuldungsdaten: 202); Luigi Vittorio Graf Ferraris u. a. (Hg.), Italien auf dem Weg zur «zweiten Republik»? Die politische Entwicklung Italiens seit 1992, Frankfurt 1995; Pietro Ignazi, I partiti e la politica 1963 al 1992, in: Pierluigi Battista u. a., Storia d'Italia. 6. L'Italia contemporanea dal 1963 a oggi, a cura di Giovannis Sabbatucci e Vittoria Vidotto, Roma 1991, S. 191–227; Jens Boysen-Hogrefe u. Klaus-Jürgen Gern, Der italienische Schuldenberg – Ursachen und Schlussfolgerungen, in: Kiel Policy Brief, hg. v. Institut für Weltwirtschaft, Kiel, Nr. 45 (April 2012), S. 1–12; Alexander Stille, Citizen Berlusconi (amerik. Orig.: New York 2006), München 2006, S. 23 f.; Giovanni Ruggeri/Mario Guarino, Berlusconi. Showmaster der Macht (ital. Orig.: Mailand 1994), Berlin 1994; S. 58 ff.; Dirk Feustel, One Man Show. Silvio Berlusconi und die Medien, Marburg 2007; Colin Crouch, Postdemokratie (engl. Orig.: Cambridge 2008), Frankfurt 2008. Zu Hearst: Winkler, Geschichte II (Anm. 4), S. 649 ff. Zum Europäischen Währungssystem ders., Geschichte III (Anm. 1), S. 595, 630, 770 ff., zu den Buoni Ordinari del Tesoro 875, zu Berlusconis Aufstieg 876 f., zu Andreotti 944 f.

6 Philipp Ther, Die neue Ordnung auf dem alten Kontinent. Eine Geschichte des neoliberalen Europa, Berlin 2014; Padraic Kenney, The Burdens of Freedom. Eastern Europe since 1989, London 2006; Iván T. Berend, From the Soviet Bloc to the European Union. The Economic and Social Transformation of Central and Eastern Europe since 1973, Cambridge 2009; Günther Heydemann u. Karel Vodička (Hg.), Vom Ostblock zur EU. Systemtransformationen 1990–2012 im Vergleich, Göttingen 2013; James Krapfl, Revolution with a Human Face. Politics, Culture, and Community in Czechoslovakia 1989–1992, Ithaca 2013; Karl-Peter Schwarz, Tschechen und Slowaken.

Der lange Weg zur friedlichen Trennung, Wien 1993, S. 213 ff. (Arbeits-
losenzahlen: 223); William M. Mahoney, The History of the Czech Repu-
blic and Slovakia, Santa Barbara, cal. 2011, S. 231 ff.; Ladislav Holy, The
Little Czech and the Great Czech Nation. National Identity and the Post-
Communist Social Transformation, Cambridge 1996, bes. S. 102 ff.; An-
dreas Schmidt-Schweizer, Politische Geschichte Ungarns von 1985 bis 2002.
Von der liberalisierten Einparteienherrschaft zur Demokratie in der Konso-
lidierungsphase, München 2007, S. 271 ff. (ökonomische Daten: 292, 295,
zur Lage der Roma: 314 ff.); Árpád v. Klimó, Ungarn seit 1945, Göttingen
2006, S. 204 ff.; Włodzimierz Borodziej, Geschichte Polens im 20. Jahrhun-
dert, München 2010, S. 388 ff. (ökonomische Daten: 389); Andrzej Chwalba,
Kurze Geschichte der Dritten Republik Polen 1989 bis 2005 (poln. Orig.:
Krakau 2005), Wiesbaden 2010, S. 25 ff. (Zitat Wałęsa, 20. 11. 1994: 27,
ökonomische Daten: 76 ff.); Reinhold Vetter, Polens eigensinniger Held. Wie
Lech Wałęsa die Kommunisten überlistete, Berlin 2010, S. 334 ff.; ders.,
Bronisław Geremek. Der Stratege der polnischen Revolution, Berlin 2014,
S. 278 ff.; Piotr Buras/Henning Tewes, Polens Weg von der Wende bis zum
EU-Beitritt, Stuttgart 2005; Polen von A bis Z, in: Internationale Politik.
Länderporträt Polen, März/April 2013, S. 28–47 (zur Entwicklung der Ar-
beitslosigkeit); David J. Smith u. a., The Baltic States: Estonia, Latvia and
Lithuania, London 2002; Ralph Tuchtenhagen, Geschichte der baltischen
Länder, München 2009, S. 100 ff.; zu Piłsudski: Winkler, Geschichte II
(Anm. 4), S. 118 ff., 194 ff., 351 ff., 830 ff.

7 Manfred Hildermeier, Geschichte der Sowjetunion 1917–1991. Entste-
hung und Niedergang des ersten sowjetischen Staates, München 1998,
S. 1061 ff. (ökonomische Daten: 1067, Wahlen von 1995/96: 1075 f.);
Leonid Luks, Geschichte Rußlands und der Sowjetunion. Von Lenin bis
Jelzin, Regensburg 2000, S. 507 ff. (zur Kriminalitätsschätzung des russi-
schen Innenministeriums: 521); Dietmar Neutatz, Träume und Alpträume.
Eine Geschichte Russlands im 20. Jahrhundert, München 2013, S. 532 ff.;
Archie Brown, Gorbachev, Yeltsin and Putin: Political Leadership in
Russia's Transition, Washington, D.C. 2001; Herbert J. Ellison, Boris
Yeltsin and Russia's Democratic Transformation, Seattle 2006; Oleg
M. Popcov, Boris Jelzin. Der Präsident, der nicht zum Zaren wurde. Ruß-
land und der Kreml 1991–1995, Berlin 1995, S. 366 ff.; Mike Bokker and
Cameron Ross (eds.), Russia After the Cold War, Harlow 2000; Michael
McFaul, Russia's Unfinished Revolution. Political Change from Gorba-
chev to Putin, Ithaca, N. Y. 2001, S. 121 ff., 207 ff. (zum Übergang von der
Ersten zur Zweiten Russischen Republik 1993); Heiko Pleines, Wirtschaft-
seliten und Politik im Rußland der Jelzin-Ära (1994–1999), München
2003; Jutta Scherrer, Kulturologie. Rußland auf der Suche nach einer zivi-
lisatorischen Identität, Essen 2003, S. 63 ff.; dies., Requiem für den Roten
Oktober. Rußlands Intelligenzija im Umbruch 1986–1996, Leipzig 1997,
S. 52 ff.; Andreas Kappeler, Kleine Geschichte der Ukraine, München

2009³, S. 255 ff.; Martina Helmerich. Die Ukraine zwischen Autokratie und Demokratie. Institutionen und Akteure, Berlin 2003, S. 45 ff.; Winfried Schneider-Deters, Die Ukraine: Machtvakuum zwischen Russland und der Europäischen Union, Berlin 2012; Zum Mythos von Moskau als «Drittem Rom»: Heinrich August Winkler, Geschichte des Westens. Von den Ursprüngen in der Antike bis zum 20. Jahrhundert (fortan: Geschichte I), München 2012³, S. 50 f., zum Gegensatz zwischen «Slawophilen» und «Westlern» im 19. Jahrhundert ebd., S. 733 ff. Zum geheimen Zusatzprotokoll zum deutsch-sowjetischen Nichtangriffspakt von 1939: ders., Geschichte II (Anm. 4), S. 880 ff.; zu Katyn ebd., S. 898, zu den Deportationen unter Stalin S. 996. Zum START II-Vertrag siehe oben S. 42.

8 Clinton, Life (Anm. 2), S. 800 ff. (Zitat zur Lewinsky-Affäre: 801); Brinkley, Nation (Anm. 2), S. 920 ff.; Wilentz, Age (Anm. 2), S. 364 ff. (Moynahan zur Sozialreform: 367), «New York Times» zum Haushaltsüberschuß 1998: 371); Felken, Clinton (Anm. 2), S. 412 ff.; Gillon, Pact (Anm. 2), S. 273; Henry C. Kenski, Carol Chang and Brooks Aylor, Explaining the Vote: The Presidential Election, in: Robert E. Denton, Jr., The 1996 Presidential Campaign. A Communication Perspective, London 1998, S. 263–285 (Clinton, 5. 11. 1996: 263); Scahill, Kriege (Anm. 2), S. 19 ff.; Coll, Wars (Anm. 2), S. 371 ff.; Weiner, CIA (Anm. 2), S. 605 ff.; Seith G. Jones, In the Graveyard of Empires. America's War in Afghanistan, New York 2009, S. 52 ff.; Hacke, Weltmacht (Anm. 2), S. 532 ff. (Clinton, 26. 2. 1993: 538, Clinton zum Verhältnis von Außenhandel und Menschenrechten: 550); Bierling, Geschichte (Anm. 2), S. 214 ff.; ders., Geschichte des Irakkriegs. Der Sturz Saddams und Amerikas Albtraum im Mittleren Osten, München 2010, S. 23 ff.; Calic, Geschichte (Anm. 1), S. 325 ff. (Kosovo-Krise); Clyde Prestowitz, Rogue Nation. American Unilateralism and the Failure of Good Intentions, New York 2003, S. 111 ff. (zur Umweltpolitik der USA); Joachim Radkau, Die Ära der Ökologie. Eine Weltgeschichte, München 2011, S. 536 ff.; John McNeill u. Peter Engelke, Mensch und Umwelt im Zeitalter des Anthropozän, in: Akira Iriye (Hg.), 1945 bis heute. Die globalisierte Welt (Geschichte der Welt. Hg. v. Akira Iriye u. Jürgen Osterhammel, Bd. 6), München 2013, S. 357–534. Clintons «State of the Union»-Rede, 23. 1. 1996 in: Public Papers of the Presidents of the United States. William J. Clinton, 1996, Book I: January 1 to June 30, 1996, Washington, D. C. 1997, S. 79–86. Zu den «subprime loans»: Fannie Mae Eases Credit to Aid Mortgage Lending, in: New York Times, 30. 9. 1999 (hier auch die Zinsdaten und das Zitat von Peter Wallison). Zum «vital center»: Arthur M. Schlesinger, jr., The Vital Center. The Politics of Freedom, Boston 1949. Zur «Reconstruction» und zum Impeachment-Verfahren gegen Andrew Johnson: Winkler, Geschichte I (Anm. 7), S. 752 f.; zum Glass-Steagall Act und zum New Deal: ders., Geschichte II (Anm. 4), S. 643 ff., zum GATT 1100, zur «Great Society» Winkler, Geschichte III (Anm. 1), S. 437 ff., zum Rücktritt Nixons 622 ff., zur Nord-

Süd-Kommission 659, 1132 zur «S&L»-Krise 892, 965. Zum Abkommen von Dayton siehe oben S. 60 ff.

9 Brüggemeier, Geschichte (Anm. 4), S. 346 ff. (ökonomische Daten: 347, 368); Marr, History (Anm. 4), S. 509 ff. (Zitat Jenkins: 528); Tony Blair, Mein Weg (engl. Orig.: London 2010), München 2010, S. 64 ff.; Florence Faucher-King/Patrick Le Galès, The New Labour Experiment. Change and Reform Under Blair and Brown, Stanford 2010; Mark Beech and Simon Lee (eds.), The Years of New Labour, Basingstoke 2008; Anthony Seldon (ed.), Blair's Britain 1997–2007, Cambridge 2007; Anthony Giddens, Der dritte Weg. Die Erneuerung der sozialen Demokratie (engl. Orig.: Cambridge 1998), Frankfurt 1999; Sundhaussen, Jugoslawien (Anm. 4), S. 375 f. (zur Blair-Doktrin); Stefan Martens, Frankreich seit dem Ende des Zweiten Weltkriegs, in: Heinz-Gerhard Haupt u. a., Kleine Geschichte Frankreichs, Stuttgart 2008², S. 417–478 (455 ff.); Mathias Bernard, La France de 1981 à 2002. Le temps des crises?, Paris 2005, S. 89 ff.; Dominique Reynié, Chirac. Le premier président d'un monde nouveau, Paris 2007; Conze, Suche (Anm. 4), S. 775 ff.; Wolfrum, Demokratie (Anm. 4), S. 471 ff.; ders., Rot-Grün an der Macht, München 2013, S. 11 ff. (zum Schröder-Blair-Papier: 138 ff.); Görtemaker, Republik (Anm. 4), S. 85 ff. , 106 ff.; Ritter, Preis (Anm. 4), S. 351 ff. (zu den Transferzahlungen: 360 f.); Schwarz, Kohl (Anm. 1), S. 759 ff. (Zitat Schwarz: 759, Umfrage Allensbach, April 1997: 796); Gerhard Schröder, Entscheidungen. Mein Leben in der Politik, Hamburg 2006, S. 67 ff. (zur Berliner Konferenz über modernes Regieren, 2. 6. 2000: S. 328 ff.); Jansen, Italien (Anm. 5), S. 217 ff.; Mammarella, Italia (Anm. 5), S. 549 ff.; Stille, Citizen (Anm. 5), S. 194 ff.; Bernecker, Geschichte (Anm. 4), S. 320 ff.; Karl Vocelka, Österreichische Geschichte, München 2005¹⁰, S. 120 ff.; Paul Luif, Österreich, in: Werner Weidenfeld (Hg.), Europa-Handbuch, Gütersloh 2002², S. 229–236 (233 ff.) Zur These Emmanuel Todds: Die deutsche Frage ist wieder offen, in: Frankfurter Allgemeine Zeitung, 26. 2. 2000. Zu de Gaulles Buch über die Berufsarmee: Winkler, Geschichte II (Anm. 4), S. 776. Zum Godesberger Programm der SPD ders., Geschichte III (Anm. 1), S. 289 ff. Zu «Tangentopoli» siehe oben S. 83 ff., zur Bombardierung des Irak (Unternehmen «Desert Fox») 1998 120 ff.

10 Brunn, Einigung (Anm. 1), S. 298 ff.; Mittag, Geschichte (Anm. 1), S. 249 ff.; Loth, Einigung (Anm. 1), S. 329 ff.; Gehler, Europa (Anm. 1), S. 309 ff.; James, Making (Anm. 1), S. 382 ff.; Werner Weidenfeld (Hg.), Nizza in der Analyse. Strategien für Europa, Gütersloh 2011; ders./Wolfgang Wessels (Hg.), Europa von A bis Z. Taschenbuch der europäischen Integration, Baden-Baden 2011¹², S. 425 («Europa 2020»), 440 (Lissabon-Strategie); Otmar Issing, The Birth of the Euro, Cambridge 2008; Marco Buti et al. (eds.), The Euro. The First Decade, Cambridge 2010; Alberto Alesina and Francesco Giavazzi (eds.), Europe and the Euro, Chicago 2010; Schwarz, Kohl (Anm. 1), S. 797 ff.; Joschka Fischer, Die rot-grünen

Jahre. Deutsche Außenpolitik – vom Kosovo bis zum 11. September, Köln 2007, S. 253 ff.; Heinrich August Winkler, Was hält Europa zusammen? Die Europäische Union zwischen Erweiterung und Vertiefung, in: Frank Decker/Marcus Höreth (Hg.), Die Verfassung Europas. Perspektiven des Integrationsprojekts, Wiesbaden 2009, S. 281–291 (Zitate von Fischer u. Delors: 281 f.); ders., Integration oder Erosion. Joschka Fischers «Humboldt-Rede». Absicht und Wirkung, in: Rüdiger Hohls u. a. (Hg.), Europa und die Europäer. Quellen und Essays zur modernen europäischen Geschichte. Festschrift für Hartmut Kaelble zum 65. Geburtstag, Wiesbaden 2005, S. 469–474 (zum Echo von Fischers Europarede); Kreative Buchführung, in: DER SPIEGEL, Nr. 41, 7. 10. 1996 (zu den Manipulationen der Maastricht-Kriterien 1996); Was wir tun, ist abwegig (Interview mit Kurt Biedenkopf), ebd., Nr. 31, 28. 7. 1997; Operation Selbstbetrug, ebd. Nr. 19, 7. 5. 2012; Stoiber will griechische Zahlentrickser hart bestrafen, in: SPIEGEL Online, 28. 9. 2003; Griechenland kommt ungeschoren davon, ebd., 25. 11. 2004; Griechenland kommt ohne Schaden davon, in: manager magazin online, 15. 11. 2004; Patrick Walter, Beschuldigt nicht Griechenland, in: Frankfurter Allgemeine Zeitung, 11. 5. 2010. Zur Geheimanleihe von Goldman Sachs für Griechenland: Wolfgang Streeck, Gekaufte Zeit. Die vertagte Krise des demokratischen Kapitalismus, Berlin 2013, S. 182 ff. Zu Robert Schuman Winkler, Geschichte III (Anm. 1), S. 193 ff. Zu Kohls Erklärung vom 6. 11. 1991 siehe oben S. 19, zum Urteil des Bundesverfassungsgerichts zum Maastricht-Vertrag von 1993 23 f., zu den Kopenhagener Beitrittskriterien von 1993 34 f.

11 Wolfgang Höpken (Hg.), Revolution auf Raten. Bulgariens Weg zur Demokratie, München 1996; Sabine Riedel, Das politische System Bulgariens, in: Wolfgang Ismayr (Hg.), Die politischen Systeme Osteuropas, Opladen 2004², S. 593–636; Anneli U. Gabanyi, Das politische System Rumäniens, ebd., S. 553–592; dies., Systemwechsel in Rumänien. Von der Revolution zur Transformation, München 1998; Schmidt-Schweizer, Geschichte (Anm. 6), S. 339 ff. (Zitat Orbán, 1. 12. 1998: 352, Daten zur wirtschaftlichen Entwicklung Ungarns: 380); Sundhaussen, Jugoslawien (Anm. 1), S. 402 ff.; 443 ff.; Peter Stanovnik, Slowenien, in: Weidenfeld (Hg.), Europa-Handbuch (Anm. 9), S. 281–287; Martin Brusis, Kroatien, ebd. S. 181–186; Mahoney, History (Anm. 6), S. 253 ff.; Borodziej, Geschichte (Anm. 6), S. 395 ff.; Chwalba, Geschichte (Anm. 6), S. 49 ff.; Buras/Tewes, Weg (Anm. 6), S. 107 ff.; Vetter, Geremek (Anm. 6), S. 301 ff.; Tuchtenhagen, Geschichte (Anm. 6), S. 100 ff.; Wolf D. Gruner, Nordeuropa und das Baltikum, in: ders. u. Wichard Woyke, Europa-Lexikon. Länder, Politik, Institutionen, München 2004, S. 77–139 (Estland: 89–94, Lettland: 106–112, Litauen: 112–118); Andreas Pokowski, Peter Plötz, Anhaltendes Wirtschaftswachstum in Estland, Lettland und Litauen, in: Wirtschaftsdienst 2002, S. 627–633. Zum Pogrom von Jedwabne, 1941: Winkler, Geschichte II (Anm. 4), S. 961.

12 Sundhaussen, Jugoslawien (Anm. 1), S. 366 ff. (Zitat Sundhaussen: 370, zu Rambouillet: 374); Calic, Geschichte (Anm. 1), S. 325 ff.; Günter Joetze, Der letzte Krieg in Europa? Das Kosovo und die deutsche Politik, München 2001, S. 7 ff. (Zitat Joetze: 57, Zitat aus der «New York Times», 27. 3. 2001: 187); Jakob Kreidl, Der Kosovo-Konflikt. Vorgeschichte, Verlauf und Perspektiven. Zur Stabilisierung einer Krisenregion, Frankfurt 2006, S. 101 ff.; Rafael Biermann, Lehrjahre im Kosovo. Das Scheitern der internationalen Krisenprävention und -vermittlung. Wunsch und Wirklichkeit, Paderborn 2006; Jens Reuter/Konrad Clewing (Hg.), Der Kosovo-Konflikt. Ursachen – Verlauf – Perspektiven, Wien 2000; Florian Bieber/Zidas Daskolovski (eds.), Understanding the War in Kosovo, London 2003, Ivo H. Daalder/Michael E. O'Hanlon, Winning Ugly: NATO's War to Save Kosovo, Washington, D. C. 2000; Joscha Schmierer, Der Kosovokrieg, in: Melčić (Hg.), Jugoslawien-Krieg (Anm. 1), S. 439–452; Stefan Deter, Völkerrechtliche Rahmenbedingungen und die Staatengemeinschaft, ebd., S. 485–502; Dieter S. Lutz (Hg.), Der Kosovo-Krieg: Rechtliche und rechtsethische Aspekte, Baden-Baden 2000; Reinhard Merkel, Das Elend des Beschützten. Rechtsethische Grundlagen und Grenzen der sog. humanitären Intervention und die Verwerflichkeit der NATO-Aktion im Kosovo-Krieg, in: ders. (Hg.), Der Kosovo-Krieg und das Völkerrecht, Frankfurt 2000, S. 66–98 (Zitate Merkel: 67, 75); Bruno Simma, Die NATO, die UN und militärische Gewaltanwendung: Rechtliche Aspekte, ebd., S. 9–50 (Zitat Solana, 9. 10. 1998: 20); Jürgen Habermas, Bestialität und Humanität, ebd. S. 51–65 (Zitate Habermas: 55, 57, 60, 63 f.); The Kosovo Report. Conflict, International Response, Lessons Learned. The Independent International Commission on Kosovo, Oxford 2000, S. 163 ff.; Bierling, Vormacht (Anm. 1), S. 79 ff.; Rudolf Scharping, Wir dürfen nicht wegsehen. Der Kosovo-Krieg und Europa, Wien 1999, S. 107 ff. (zum «Hufeisenplan»); Fischer, Jahre (Anm. 10), S. 159 ff.; Matthias Herdegen, Völkerrecht, München 2000, S. 129 ff. (zum Völkergewohnheitsrecht); Mark Mazower, Die Welt regieren. Eine Idee und ihre Geschichte von 1815 bis heute (engl. Orig.: London 2012), München 2014, S. 383 ff.; Edward C. Luck, Der verantwortliche Souverän und die Schutzverantwortung, in: Vereinte Nationen 2008, Heft 2, S. 51–58, Matthias Wenzel, Schutzverantwortung und Völkerrecht. Zu Möglichkeiten und Grenzen der «Responsibility to Protect»-Konzeption, Hamburg 2010; Alex J. Bellamy, Responsiblity to Protect: The Global Effort to End Mass Atrocities, Cambridge 2009²; Gareth Evans, The Responsibility to Protect: Ending Mass Atrocity Crimes Once and For All, Washington, D. C. 2008; Lars Brozus/Christian Schaller, Über die Responsibility to Protect, in: Stiftung Wissenschaft und Politik, SWP-Studie, Juni 2013; Franco Algieri, Die Europäische Sicherheits- und Verteidigungspolitik, in: Weidenfeld (Hg.), Europa-Handbuch (Anm. 9), S. 585–601; Brunn, Einigung (Anm. 1), S. 301 f. (zur Eingreiftruppe der EU). Zu den Ermittlungen über das Massaker von

Račak: Täuschen und vertuschen, in: DER SPIEGEL, Nr. 12, 19. 3. 2001.
Zu Verheugens Haltung zum Bosnien-Einsatz 1995: Winkler, Weg II
(Anm. 1), S. 629 f. Zur Westeuropäischen Union Winkler, Geschichte III
(Anm. 1), S. 210, zum serbischen Kosovo-Mythos 982, zur Charta von
Paris 1062. Zum Bosnien-Einsatz der Bundeswehr siehe oben S. 28 f.

13 Brinkley, Nation (Anm. 2), S. 923 ff. (zur Einkommensverteilung: 932); Si-
lentz, Age (Anm. 2), S. 408 ff. (zur CIA-Warnung vom 6. 9. 2001: 440);
Bierling, Geschichte (Anm. 2), S. 230 ff.; Clinton, Life (Anm. 2), S. 911 ff.;
George W. Bush, Decision Points, New York 2010, S. 35 ff.; Coll, Wars
(Anm. 2), S. 537 ff.; Robert Draper, Dead Certain. The Presidency of
George W. Bush, New York 2007; Fred I. Greenstein (ed.), The George
W. Bush Presidency. An Early Assessment, Baltimore 2003; Ivo H. Daalder
and James M. Lindsay, Bush's Foreign Policy Revolution, ebd., S. 100–137;
Gary L. Gregg II/Mark J. Rozell (eds.), Considering the Bush Presidency,
New York 2004; John D. Graham, Bush on the Home Front. Domestic
Policy Triumphs and Setbacks, Bloomington 2010; Irwin Stelzer (ed.),
Neoconservatism, London 2004; Murray Friedman, The Neoconservative
Revolution. Jewish Intellectuals and the Shaping of Public Policy, Cam-
bridge 2004; Michael Burleigh, Blood and Rage. A Cultural History of
Terrorism, London 2008, S. 433 ff.; Bernd Greiner, 9/11. Der Tag, die
Angst, die Folgen, München 2011, S. 7 ff. (Zitat Pamuk: 11, zu den Moti-
ven der Entführer: 31 ff., Nationaler Sicherheitsrat, 17. 9. 2011: 82, Voll-
macht vom 13. 9. 2001: 84 f., Bush, 20. 9. 2001: 85 f.); Bob Woodward,
Bush at War. Amerika im Krieg (amerik. Orig.: New York 2002), Stuttgart
2002, S. 15 ff. (Bush, 11. 9. 2001: 32, 45, 52, Rumsfeld, 12. 9. 2001: 65,
Wolfowitz u. Powell, 13. 9. 2001: 76 f.); Nick Fielding/Yosri Fonda, Mas-
terminds of Terror. Die Drahtzieher des 11. September berichten – Der In-
sider von Al-Qaida (engl. Orig.: Edinburgh 2003), Hamburg 2003; Stefan
Aust u. Cordt Schnibben (Hg.), 11. September. Geschichte eines Terroran-
griffs, München 2005²; Anthony Summers/Swan Robbin, The Eleventh
Day: The Fall Story of 9/11 and Osama Bin Laden, New York 2011; Man-
fred Berg, Der 11. September 2001 – eine historische Zäsur?, in: Zeithisto-
rische Forschungen 8 (2011), S. 463–474; Mary L. Dudziak (ed.), Septem-
ber 11 in History. A Watershed Moment?, Durham, N. C. 2003; Wolfrum,
Rot-Grün (Anm. 9), S. 273 ff. (Schröder, 12. 9. 2001: 279, Schröder,
19. 9. 2001: 283); Werner Weidenfeld, Kulturbruch mit Amerika. Das
Ende transatlantischer Selbstverständlichkeit, Gütersloh 1996, bes.
S. 101 ff. Bushs Fernsehrede vom 11. 9. 2001 in: Public Papers of the Presi-
dents of the United States. George W. Bush, 2001, Book 2: June 30 – De-
cember 31, 2001, Washington, D. C., 2003, S. 1099 f., Rede vor dem
Kongreß, 20. 9. 2001, ebd., S. 1140–1144. Zur «asymmetrischen Krieg-
führung» u. a.: Herfried Münkler, Die neuen Kriege, Reinbek 2002. Zum
Krieg von 1814: Winkler, Geschichte I (Anm. 7), S. 410 f., Zum Dredd-
Scott-Urteil von 1857: 742, zum japanischen Überfall auf Pearl Harbour

1941: ders., Geschichte II (Anm. 4), S. 56. Zu den «Neocons» ders., Geschichte III (Anm. 1), S. 808. Zum Strategiepapier des Pentagons vom März 1992 siehe oben S. 39, zum Kyoto-Protokoll von 1997 124 ff.

第二章

从"反恐战争"到全球
金融危机：
2001~2008年

/ 从喀布尔到巴格达：布什的"反恐战争"和西方的分裂

早在 1993 年 6 月，即"冷战"结束后不久，美国参议院外交委员会主席、共和党参议员理查德·卢格（Richard Lugar）就给北大西洋联盟指派了一项全球性的新任务：北约若不想失去自己的作用，就必须准备并能够执行联盟区域以外的各种任务。卢格咄咄逼人的口号是：要么"走出家门"，要么"关门歇业"。

完全按照卢格的逻辑，美国于 1993 年 9 月在罗马召开的北约峰会上，试图将其固执己见的西欧伙伴绑定在把北约组织转变为一个全球性干预联盟的路线上。但是，直到 1999 年 4 月的华盛顿峰会，西方的龙头大国才说服它的伙伴通过了一项把对国际恐怖主义的打击作为北约紧要任务的决议。"基地"组织在纽约和华盛顿的恐怖袭击使关于"走出家门"的争论成了完全多此一举的话题：2001 年 9 月 12 日，北约首次根据成立条约第 5 条做出了联盟和防卫事务的决议。

"反恐战争"首先在阿富汗拉开了序幕。阿富汗是奥萨马·本·拉登在塔利班的庇护下操纵"基地"组织的国际恐怖活动和训练恐怖组织人员的国家。2001 年 10 月 4 日，中情局局长乔治·特尼特向总统的"战时内阁"建议，派出国外情报处的 115 名特工和特别行动部队的 300 名精锐士兵进入阿富汗，并且与当地最重要的反抗塔利班组织——北方联盟密切合作，确定对"基地"组织和塔利班进行空中战略打击的目标。美国希望采用这种方式避免盟国进行一场地面战争，这一战略方针对计划的通过起了决定性的作用。中情局获得了 10 亿美元专款用来执行其秘密计划，其中包括对部落首领和"军队大佬"贿赂等。9 月 20 日，乔治·W.布什在他的国会讲话中向塔利班发出最后通牒：要么向美国交出"基地"组织的所有为首分子，并立刻和永远关闭该组织的训练基地，要么他们将遭到和恐怖分子同样的命运。塔利班对华盛顿的要求置之不理，于是，总统于 10 月 2 日签署了"持久自由行动"的战争计划。

五日后，美国开始在阿富汗对"基地"组织的训练营和塔利班的军事设施实施空袭。由于得到俄罗斯总统普京的支持，美国得以使用诸个中亚共和国的机场，并在得到克里姆林宫明确允许的情况下，飞越俄罗斯的领空。按照计划，地面作战由美国交由北方联盟进行。虽然北方联盟最重要的领导人艾哈迈德·马苏德（Ahmed Massud）酋长在"9·11"前两天遇刺身亡，但是，依靠美国大规模的空中支援，北方联盟和与其结盟的"军队大佬"得以在短短数星期内成功推翻了塔利班政权。11 月 13 日，喀布尔落入北方联盟手中；12 月 8 日，塔利班被迫撤出了在阿富汗南部的最后根据地坎大哈（Kandahar）。但是，奥萨马·本·拉登连同他大约 800 名随从借助托拉博拉山区（Tora Bora）迷宫般的山洞，得以从其藏身之地逃往巴基斯坦。由于布什总统事先未经与五角大楼和国务院商量，同意了巴基斯坦总统佩尔韦兹·穆沙拉夫（Pervez Musharraf）的请求，用飞机将除了情报局 ISI 军官以外的巴方士兵以及所谓的"志愿人员"从昆都士（Kundus）的包围圈中解救出来，使得恐怖网络的无数其他有关人员也逃到了巴基斯坦。

鉴于 1999 年科索沃战争的经验教训，美国放弃了让欧洲的北约盟友参与阿富汗的空袭行动：华盛顿不想在选择攻击目标时被捆住手脚。不过，在"维和"及"国家建设"这些所谓的"软"任务方面，华盛顿倒是需要盟友的参与和协作。根据乔治·W.布什早在 2000 年大选时多次表露的观点，美国将尽可能避免承担后一项任务。美国和北约成员国之间的这种分工照顾到了一个国家的特殊意愿——德意志联邦共和国。为了尽可能减少来自红党和绿党联合政府的议员对联邦国防军出兵阿富汗投反对票的人数，施罗德总理决定，把关于联邦议会相关授权的投票表决同信任案捆绑在一起。2001年11月16日，在社民党和绿党总共345名议员中有336人投了赞成票。这样，仅以1票之多超过了335票的"总理多数"①。投票结果使联邦政府能够实施11月7日做出的决议：联邦国防军将派出3900名士兵参与"持久自由"行动。

在德国波恩近郊的彼得山上，联合国于11月27日至12月5日召开了商讨阿富汗和平进程方式的会议，来自阿富汗北方联盟和众多民族的代表参加了会议。会议最后达成一致，由44岁的普什图人领袖、最早为英国之后也为美国所信赖的哈米德·卡尔扎伊（Hamid Karsai）组成过渡政府。六个月之内将召开部族首领的支尔格大会（Loja Dschirga），两年内举行自由选举。彼得山会议结束不久，联合国于12月20日决定成立国际安全援助部队（简称ISAF）。22个国家的政府承诺参与行动；英国派出1500名士兵，占最大比例。安全援助部队的主要任务是，保护阿富汗的过渡政府，保证喀布尔大区的安全。

美国和北方联盟于2001年秋迅速取得的军事胜利冲昏了许多政治家的头脑：他们对于给兴都库什山下的这个国家带来和平，一劳永逸地赶走塔利班，以及将这个"失败国家"变成一个民主、多元、愿意接受西方价值观的普通国家的机会做了过于乐观的判断。持久自由行动和国际维和部队各自拥有一套指挥系统，但职能却相互关联。于是，北约于2003年8月被迫接过了国际维和部队的领导和协调职权。2003年10月，联合国安理会批准，将国际维和部队的活动范围扩大到喀布尔及其周边以外的地方。

塔利班从他们的挫败中很快恢复了元气。他们中间名气最大的

---

① "总理多数"（Kanzlermehrheit）是德国媒体和一般政治讨论常用的一个非正式词语，代指联邦议会成员的多数，亦即绝对多数。

首领奥马尔毛拉（Mullah Omar）在巴基斯坦的奎达（Quetta）建立了一个新的指挥体系，并且扩大了塔利班在巴基斯坦和阿富汗边境地区的势力范围，导致了伊斯兰堡政府对这片地区失去控制的情况越来越严重。这个当年由巴基斯坦情报部门一手培养起来的"学生"，变成了一股不再受其"师父"管教的独立武装。2002年起，塔利班在阿富汗南部赫尔曼德省和扎布尔省的势力又重新抬头。新建的学校和医院遭到破坏，老百姓遭到有预谋及有计划的恐吓。2003年8月，大约200名阿富汗人成了塔利班攻击的牺牲品。美国介入阿富汗两年后，长久根除伊斯兰极端主义"古兰经弟子"或"圣战斗士"势力还无从谈起。

除了海外战场，"反恐战争"在美国也有一条国内战线：布什政府决心已定，为了达到阻止恐怖袭击的目的，要穷尽一切宪法允许之可能，并且必要时也不惜以越出这一界限为代价。众议院于2001年10月25日，参议院于次日在巨大的时间压力下，批准了《使用适当之手段来阻止或避免恐怖主义以团结并强化美国的法律》。创造这一佶屈聱牙概念的目的，仅仅是为了达成一个让人过目不忘和喜闻乐见的缩写词——《爱国者法案》。这项由总统于10月26日签署的法案大幅度限制了美国公民的权利，并且对进入美国的旅行者一律进行严格的入境检查。联邦调查局的权限明显扩大，在事先不通知当事人的情况下，可以对居民住户进行搜查。外国人若是参加被司法部和国务院认定的"恐怖"组织，即可被遣送出境。中央情报局也被授予在国内调查的权力。

基于《爱国者法案》，布什总统于2001年11月13日颁布了一项对法案的规定进一步严格化的政令：对于非美国籍的恐怖分子嫌疑人，可以判处无限期的拘禁。建立在英国1679年人身保护法之上的法治国家基本原则——没有法官的逮捕令不得逮捕任何人，以及没有法庭的调查不得拘留任何人，现在对这部分人不再适用。国会中的批评声音销声匿迹：担心被扣上对恐怖主义"心慈手软"以及不爱国的帽子，从而使议员们变得对此熟视无睹、麻木不仁。在"9·11"的阴影下，那些要求回归"法律规定"广泛适用性的自由主义者，皆明哲保身，唯恐引火烧身。

2001年9月11日的恐怖袭击导致了阿瑟·M.施莱辛格在"水门事件"丑闻高潮时曾经提到过的"帝国总统制"的重新复活。如同三十年前尼克松执政时的越南战争一样，如今"9·11"也被用来作为替目前正力图摆脱规范原则和制度"制衡"束缚的行政权力的我行我素辩护的理由。在小布什任内，属于美国总统制这个权力核心圈子里的人物，除了总统和副总统迪克·切尼的亲信班子，还有国防部长唐纳德·拉姆斯菲尔德和他的重要幕僚（为首者是五角大楼的副部长道格拉斯·费斯），以及起初阶段的司法部长约翰·阿什克罗夫特（John Ashcroft）。

在美国政府制度中，负责为白宫提供法律咨询的法律顾问办公室起着特殊的作用。为了彻底铲除恐怖主义，在主任约翰·柳（John Yoo）的领导下，法律顾问办公室事实上将那些被总统认为对体现"统一执行"（unitary executive）有必要且合目的的措施一律予以合法化。其中包括，自2001年10月《爱国者法案》生效以后，在网络和电话侦缉过程中，通过负责全球电子通信数据搜集和分析的国家安全局（NSA），对美国公民进行国内监控等。对可疑人员的电话和网络侦缉所必需的法律准许手续，几乎是自动即可得到授权：在《外国情报监视法》（FISA）基础上于1978年成立的、由11名负责此项工作的联邦法官组成的、秘密碰头开会的特别小组，除了少数提案，对联邦调查局和国家安全局的相关提案一律迅速予以批准。

直到2004年3月，约翰·阿什克罗夫特的司法部每隔45天要就监控计划办理一次书面批准手续。但是，法律顾问办公室新上任的主任杰克·戈德史密斯（Jack Goldsmith）此时却对国家安全局的做法提出了异议。司法部副部长詹姆斯·B.科米（James B. Comey）和联邦调查局局长罗伯特·米勒（Robert Mueller）说服了身患重病的司法部长，使其相信对法律做这样解释的正确性。随后，副总统的法律顾问大卫·阿丁顿（David Addington）宣布司法部的参与毫无必要，因为最终拍板权掌握在总统手中。总统的法律顾问阿尔贝托·冈萨雷斯（Alberto Gonzales）对此表示认同，于是一切依然故我。

无独有偶，与美国国内对电话、传真、邮件和其他通信方式监控有异曲同工之处的，是一个国际上的"梯队系统"（Echelon）：这是一个不受任何法律部门监管，于20世纪70年代出现，从美国、英国、加拿大、澳大利亚和新西兰的谍报机关在"二战"时共同建立的"五眼联盟"（Five Eyes）中脱胎而来的一个全球性的监视系统。2001年9月5日，亦即"9·11"发生六天前，欧洲议会的一个特别委员会无可辩驳地全面证实了全球天罗地网般监听网络的存在，并且特别对美国在欧洲的经济间谍活动提出了指责。发/ 211生在纽约和华盛顿的恐袭事件暂时让这份报告失去了显示其实际效果的机会。在"反恐战争"的大旗下，又有更多新的互联网监视系统应运而生：美国的"棱镜计划"（Prism），英国的"时代计划"（Tempora）等等，不一而足。正是由于设在马里兰州米德堡（Fort Mead）的国家安全局总部叛逃工作人员爱德华·斯诺登（Edward Snowden）于2013年夏天的披露，全世界才了解到官方监听行动的规模是何其庞大。

在美国，对总统权力做一种超出宪法允许范围的广泛阐释有其悠久的传统。在诸如1861~1865年美国内战这种极端紧急情况下，亚伯拉罕·林肯也对越出当时的法律界限未有丝毫畏惧。理查德·尼克松为了解决他所宣称的超出法律之外的紧急情况，引用了所谓"行政特权"来作为自己行动的依据。当乔治·W.布什将那些按照盎格鲁－撒克逊观念对一个法治国家具有根本意义的法律原则置之度外时，他的做法也如出一辙，而且，他的行为在当时并没有受到国会的阻挠。与总统的做派同样具有"美国特色"的是，共和党和民主党在参议院和众议院中，正努力推行一种其最终结果是立法的权力被广泛自我剥夺的政策。

　　冷静观之，在 2001 年和 2002 年之交，所有的迹象似乎皆已表明，在与恐怖主义的斗争中，阿富汗的持久和平应当被赋予最高的优先权。然而，华盛顿却另有打算。布什、切尼和拉姆斯菲尔德认为，"国家建设"方面势在必行之事基本可由欧洲盟友承担；在军事上回击"圣战组织"的进攻方面，北方联盟和由美国支持的当地军阀将发挥其作用。美国权力中心这时所关注的重点，已经对准了伊斯兰世界的另一个国家——萨达姆·侯赛因的伊拉克。早在 1990 年，保守派专栏作家查尔斯·克劳萨默（Charles Krauthammer）就已经把伊拉克当作高度危险的"核武器国家"的代名词。

　　"9·11"过去三个月后，华盛顿尽管未发现巴格达的独裁者和"基地"组织之间有何瓜葛，但是，他们对伊拉克生产和储存大规模杀伤性武器的怀疑却依然故我。此外，不仅诸如保罗·沃尔福威茨这样的新保守派人物，而且就连总统本人也认为他的父亲犯了一个错误，即在 1991 年海湾战争中没有一不做二不休，迫使伊拉克进行政府更迭。一个亲美的伊拉克政府将符合美国在石油供应方面的国家利益，而且可以减少对沙特阿拉伯的石油进口依赖，这是又一个支持对萨达姆动手的理由。除此之外，另一个值得考虑的原因是，一个亲美的伊拉克政府也将使美国的盟友以色列如释重负。然而，与上述理由相比，一个心理因素更加重要：从军事上打垮恶贯满盈的萨达姆这个看似易如反掌的目标，将会给美国带来一种把这个超级大国从 19 名伊斯兰自杀袭击者所造成的羞辱和丢脸中解脱出来的欣慰感。

2002 年 1 月 29 日，布什在对国会两院的"国情咨文"讲话中，不仅将伊拉克、伊朗和朝鲜皆算作他所说的"邪恶轴心"（axis of evil）国家，而且宣称，它们已经拥有了对世界和平构成威胁的武器。"伊拉克依然在炫耀它对美国的敌意且继续为恐怖主义提供支持。伊拉克政权十多年来一直在秘密计划生产炭疽病原体、神经毒气和核武器。这是一个曾经用毒气杀害了成千上万伊拉克同胞的政权，……这是一个同意进行国际核查，然后又将核查人员赶走的政权。这是一个对文明世界有隐瞒的政权，……无论如何，对其听之任之将会付出灾难性的代价。"

在随后的几个月中，对伊拉克战争紧锣密鼓的准备工作主宰了美国的外交和国防政策。为了使在海湾地区的军事干预有名正言顺的理由，就必须将军事干预变成"全面新安全战略"的首个及典型的运用案例。在布什和他的亲信幕僚所形成的基本共识中有这样一种观点，即美国既不能让联合国，也不能让其他国家结成的联盟阻止自己按照"美国利益"原则来采取行动。美国，只有美国，才负有按照自己认为正确的方式来制定全球安全架构的责任，因此，美国必须坚决阻止如同 1989~1991 年时代转折之前苏联那样的世界政治竞争对手再度出现。

2002 年 6 月 1 日，乔治·W. 布什在西点军校的讲话中，首次全方位阐述了"新安全战略"的轮廓。他认为，"冷战"时期所实行的威慑和遏制办法，如今对反恐斗争以及对丧心病狂的独裁者来说已不适用，假如恐怖分子和独裁者已经拥有大规模杀伤性武器和这些武器的运载火箭的话，依靠防守的做法无法赢得反恐战争。"我们必须将战役打到敌人那里去，打乱他的部署，在最坏的威胁还未出现之前就要防患于未然。在我们生活的这个世界，唯一的安全之路就是行动之路。因此，这个国家将行动起来，……我们的安全要求所有美国人民高瞻远瞩和坚定不移地行动起来，并且为了维护我们的自由和捍卫我们的生活，做好先发制人行动（preemptive action）的准备。"

布什在这里给"先发制人"一词赋予了一种完全想当然的含义。通常情况下，"先发制人"指的是一种针对直接的迫在眉睫的威胁（imminent threat）的反应，而"预防"（preventive）则指的是一种针对预期在某个时间发生的、纯属可能的攻击的反应。但是，后者恰恰是总统眼中所关注的那种危险。他所言称的"先发制人行动"的目的，是要阻止"流氓国家"（rogue states）及其恐怖主义爪牙发展成对美国的一种直接威胁。因此，在它们还没有变成现实之前，就将这种可能性予以铲除，这是问题的关键所在。

布什所做的假设，是给美国进而也是给他自己的一种战略特权：一种行动不受限制的自我授权，这种行动既无须联合国的合法手续确认，也无须盟友从政治上表示首肯。美国说到底是一个超级大国，它不再情愿接受束缚其外交和安全政策手脚的严格条件。这就是"布什主义"的核心。早在"9·11"之前，总统及其亲信就以这样的模式思考问题。但是，若是没有震惊世界的"9·11"事件，这个模式就不会有机会成为政府行为的正式标准。

2002年9月17日，布什总统签署了《国家安全战略报告》，并于9月20日在国会中对之做了阐述。借助这份文件，"布什信条"获得了一种精心包装的外表。文件开宗明义的一句话是对美国自信心的一种宣示："美国所拥有的实力和影响是史无前例和无可匹敌的。"美国将始终致力于国际组织的支持，但是，倘若在有必要行使其自卫权利的时刻，也将毫不犹豫地采取行动，先发制人地打击想要损害美国的恐怖分子。"我们必须做好准备，在流氓国家和它们的恐怖主义爪牙有能力借助大规模杀伤性武器对美国以及美国的盟友和伙伴实施威胁并对之使用这些武器之前，就阻止它们的行动。……当前迫在眉睫的危险，以及我们的对手使用武器可能造成的损失程度，都不允许有这种情况——对潜在之敌失去威慑能力的出现。我们不允许给我们的敌人抢得先手的机会。"对那些可能试图对美国的霸主地位进行挑战的各种势力，美国发出了明确的警告：美国向全世界保证，它的力量始终是强大的，足以遏制这些企图。

负责制定"新安全战略"的牵头人是总统的安全顾问康多莉扎·赖斯。赖斯倾向于多边主义的思考路线（国务卿鲍威尔与之不谋而合），但在"9·11"之后便谨言慎行，小心翼翼地避免与切尼和拉姆斯菲尔德这样的单边主义者，或是与沃尔福威茨、费斯和珀尔这样的新保守派人物发生过于明显的冲突。9月17日文件中所包含的多边主义内容，皆出自赖斯之手。除去这一点，赖斯此时和那些"鹰派人物"已走得非常之近，所以，他们能对决策结果感到满意。

"新安全战略"关于美国独步天下的霸主地位以及世界上政治对手的阐述，不禁使人想起1992年3月五角大楼的另一份内部战略文件，这份文件的主笔是当年在老布什总统任内担任国防部副部长的保罗·沃尔福威茨。就其主旨而言，两份文件如出一辙，即在任何情况下及迫不得已时，美国也将动用核武库来阻止一个新的敌对大国的出现。以往历届美国总统，从杜鲁门、艾森豪威尔、尼克松、里根直到克林顿，均未让人产生怀疑：他们在紧要关头不会让国际法和联合国决议捆住手脚，放弃他们眼中为了国家存在而势在必行的事情。有鉴于此，2002年9月的宣言并不是一个革命性的创新。但是，美国此前还从未有人像布什这样采取咄咄逼人的挑衅架势，将美国准备成为单边超级大国的国策如此明确地写入文件当中。

按照新安全战略执笔人的观点，虽然世界上所有国家皆是主权国家，但是美国要比其他国家拥有更多的主权。于是，华盛顿不仅挑战了它的潜在对手，而且也挑战了它的欧洲盟友，对此，布什及他的幕僚们皆心安理得。

美国总统于 2002 年 9 月 24 日在法国总统那里碰了一鼻子灰。在有欧盟 15 个成员国和亚洲 10 国参加、在哥本哈根举行的一次国际会议上，希拉克声明，法国"完全拒绝"（totalement opposée）布什主义，因为对预防性军事打击的辩护可能会导致"最恶劣的暴行"（les pires excès）。正忙于 2002 年夏季竞选连任的德国总理格哈德·施罗德在汉诺威的一次讲演中提醒"不要玩弄战争和军事干预的游戏"，并且宣布，德国将既不从军事上也不从财政上参与伊拉克战争（在同布什于 2002 年 1 月在华盛顿以及于 5 月在柏林的两次单独会谈中，德国政府领导人的态度没有如此明确）。副总统切尼于 8 月 26 日所做的一次好战讲演促使施罗德总理更加明确地表达了自己的立场。9 月 5 日，即联邦议会大选两周前，他在《纽约时报》的采访中明确表示，即便联合国安理会授权支持战争，德国也不会参加对伊拉克的战事。在欧洲政府首脑中，最坚定的干涉主义者是英国首相。但是布莱尔也向布什申明，同样是出于国内的原因，他认为安理会的授权对对伊拉克动武不可或缺。

除了布莱尔，国务卿鲍威尔也敦促总统对多边参与做出明确承诺。不顾切尼和拉姆斯菲尔德的反对，国务卿说服布什于 9 月 12 日在联合国全体大会的发言中加进一段文字，当中明确申明，美国在伊拉克问题上将同安理会一道制定出必要的决议，并且确保决议的实施。美国民众普遍赞同对萨达姆·侯赛因动用武力，但条件是，他们的国家要与盟友一道行动。如果多边参与，将近三分之二的老百姓（64%）表示赞同对伊拉克的军事行动，只有三分之一的人（33%）支持美国的单独策略。2002 年 10 月 10~11 日，国会为总

统开出了一张空白授权书：众议院以 296 票对 133 票，参议院以 77
票对 23 票的多数批准，为了美国的国家安全防卫利益，在总统认为
"必要和适当"（necessary and appropriate）的情况下，对来自伊
拉克的危险动用武力，并履行安理会所有相关决议。

国会提出的莫须有的理由是，伊拉克不仅拥有大量化学和生物
武器，并在继续发展此类武器，而且试图增加核武器，并为恐怖组
织提供藏身之地。这一判断是从情报机关的绝密情报中分析得出的
非常大胆的结论。此绝密文件只有参议院相关委员会的成员有资格
看到，其中对不可靠的情报来源进行过提示。其他参议员和众议员
只拿到了一份粗线条的对来自伊拉克的危险加以戏剧化的简报：这
一情况为调查委员会主席、民主党参议员鲍勃·格雷厄姆（Bob
Graham）指责中情局局长乔治·特尼特提供了口实：特尼特将情报
部门的分析结果政治化。这里，关于伊拉克战争的决策过程与 1964
年 8 月"北部湾事件"决议案的相似性一目了然。其时，国会在错
误情报的基础上为约翰逊总统放手在东南亚发动战争开了绿灯。

从 2002 年 10 月 10~11 日的反对票中（绝大部分来自民主党），
可以看出不少议员对政府所采取的路线不满甚至是不信任。然而，
在野党内部的意见也不统一：众议院中有 81 名民主党人赞成，126
人反对国会的决议；参议院的表决比例是 29：21。在投反对票的民
主党参议员中，有马萨诸塞州的爱德华·肯尼迪和伊利诺伊州的巴
拉克·奥巴马。有望参加 2004 年总统竞选的民主党参议员可能投了
赞成票，他们当中有多数派领袖汤姆·达施勒（Tom Daschle）、希
拉里·克林顿、约翰·克里（John Kerry）、约翰·爱德华兹（John
Edwards）和乔·拜登（Joe Biden）。面对布什总统的民调支持率
始终高居 60% 以上这样一个事实，对其提案投反对票将会带来被美
国公众认为"不爱国"的风险。无论怎样，布什皆可以把 2002 年
11 月 5 日的中期选举看成是有利于他的政策的一次全民公决。民主

党损失惨重，共和党重新赢得了参议院的多数席位。

三天后，即 11 月 8 日，安理会一致通过了联合国第 1441 号决议。决议不但指出伊拉克严重违反且还在继续违反 1991 年 4 月停战协议的条款，而且给了它履行安理会早期决议规定的裁减军备义务的"最后一次机会"。伊拉克必须在 45 天内为联合国监测、核查和视察委员会（UNMOVIC）以及国际原子能机构（IAEA）的代表恢复视察工作提供便利，并不加限制地与之合作。否则，伊拉克将面临"严重后果"（serious congsequences）。

这时，安理会要做的唯一一件事，就是等待萨达姆履行诺言：萨达姆于 9 月 16 日宣布，允许大约四年前，即 1998 年 12 月被终止任何合作的武器核查人员无条件重返伊拉克开展工作。安理会第 1441 号决议虽然具有最后通牒性质，但不具备进行自动惩罚的机制。法国外长多米尼克·德维尔潘（Dominique de Villepin）力排众议，成功地坚持以违反安理会的两项条件——核查人员恢复工作以及与其进行合作——作为实行强制军事措施的前提条件，从而为法国、俄罗斯和中国同意 11 月 8 日的决议扫清了障碍。德维尔潘向鲍威尔保证，假如萨达姆违反上述条件，法国将同意第二项使伊拉克战争合法化的决议。

安理会的决议再次推迟了开战与否的正式决定：从这一刻起，一切将取决于伊拉克面对国际社会的表现，以及各大国（美国一马当先）对其表现的反应。美国在波斯湾示威性地增加军力，对萨达姆满足或者至少是象征性地满足安理会的要求提供了帮助。11 月 27 日，联合国监测、核查和视察委员会以及国际原子能机构的两个核查小组，分别在瑞典外交官汉斯·布里克斯（Hans Blix）和埃及人穆罕默德·巴拉迪（Mohamed El Baradei）的率领下开始在伊拉克展开工作。12 月 7 日，伊拉克政府拿出了一份内容广泛的文件汇编，用来证实伊拉克没有大规模杀伤性武器（Weapons of Mass Destruction，简称 WMD）。这份不全面且部分内容过时的资料集既不能为这一说法的正确性，也不能为其不正确性提供证据。因此，拥有表决权的安理会常任理事国的态度也不尽相同：美国和英国认为伊拉克的文件违反了安理会的规定；俄罗斯和法国的结论是，没有证据证明联合国在大规模杀伤性武器问题上的怀疑。

在美国总统眼里，这已经不是问题的关键。2003 年 1 月初，布什告诉拉姆斯菲尔德，1 月 13 日又通知鲍威尔，他已决定向萨达姆动武。而法国总统的意见截然相反。希拉克在 1 月 17 日会见汉斯·布里克斯时声明，战争是解决问题的最坏办法，因为它将煽起伊斯兰世界对西方的反抗情绪；因此，法国不参加这样的军事行动。尤其得益于其明确的反战立场，德国总理施罗德于 9 月 22 日赢得了联邦议会大选的胜利。他确信，其他政策在红党和绿党联合政府中不可能得到支持。借助社民党于 1 月 21 日在戈斯拉尔市（Goslar）为下萨克森州议会大选举行的一次群众集会之际，他向全世界保证，德国不会赞同"一项使战争合法化的决议"（2003 年 1 月 1 日至 2004 年 12 月 31 日德国是安理会的非常任理事国）。数日之后，借《爱丽舍条约》签署四十周年庆祝活动之际，希拉克总统在巴黎会见施罗德时说，德国和法国在对伊拉克危机的看法问题上观点一致。

华盛顿旋即做出反应。国防部长拉姆斯菲尔德在 1 月 22 日的一次记者招待会上，将法国和德国贬斥为"老欧洲"。在他眼里，"新欧洲"的代表是那些曾经由共产党统治的、如今站在美国和英国一边的中东欧国家。一周之后的 1 月 30 日，《华尔街日报》和多家欧洲报纸发表了一份由西班牙首相何塞·玛丽亚·阿斯纳尔和英国首相托尼·布莱尔在西班牙首相府起草的，欧洲八国国家元首和政府领导人联名签署的公开信，信中表达了对美国的声援和对共同价值观的强调。除了布莱尔和阿斯纳尔，西尔维奥·贝卢斯科尼代表意大利，何塞·曼努埃尔·巴罗佐（José Manuel Barroso）代表葡萄牙，安诺斯·福格·拉斯穆森（Anders Fogh Rasmussen）代表丹麦，莱谢克·米莱尔代表波兰，瓦茨拉夫·哈维尔代表捷克，彼得·迈杰希（Péter Medgyessy）代表匈牙利签署了公开信。三位签署人，即米勒、哈维尔和迈杰希代表的国家，四年前刚刚加入大西洋联盟（不过，哈维尔的签字事先未与本国政府协商，并且是在其总统任期即将届满之前）。2月5日，正如六天前的"八国"一样，其他十个中欧和东南欧国家（皆为北约候选成员国，并联合在所谓"维尔纽斯集团"中）也采取了同样的立场。然而，自由党人盖伊·费尔霍夫施塔特领导下的比利时政府（由自由党、社会党和绿党组成的联合内阁）却坚定不移地站在德国和法国一边。无独有偶，自1995年起任基督教社会党和社会党联合政府首脑的卢森堡总理让－克洛德·容克（Jean-Claude Juncker）也站在了德国和法国一边。

缘此，欧洲和欧盟在2003年初所呈现的不仅是一种貌合神离的分裂状态，而且，对共同外交与安全政策的希望也成了泡影。由于几个未来新成员国的表现，欧盟东扩受到了不良影响，这种表现被巴黎和柏林认为是一种不利于团结的举动。对坚定表示站在美国一边的中欧和东南欧国家政府来说，情况则不尽相同。在它们眼里，美国是其不折不扣的保护和领导力量，亦即在紧要关头，面对反复无常的俄罗斯，美国是唯一能够给予它们某种安全感的国家。就波兰而言，还需加上另外一层因素的作用：与大西洋彼岸追求自由的伟大推动者古老的感情联系。如同他们的几位西欧同仁一样，所有中欧和东南欧国家的元首和政府首脑均怀有一个共同的愿望，即不让希拉克和施罗德这部"双驾马车"得到他们至少是心里想扮演的整个欧洲"代言人"的角色。

在"八国"的西欧政府首脑中，除了一人之外，其他皆是来自右翼党派的政客。这位"与众不同"者就是英国首相。对布莱尔来说，保持同美国的"特殊关系"乃是英国的国策，而且，伊拉克是当年国际联盟托管委员会成员国英国一如既往负有特殊责任的地方。此外，布莱尔还有一个抱负，即至少应当在某个方面表现出自己是恪守原则的道德家的形象：在专制主义和蔑视人权的政府面前刚正不阿和铁面无情，可以被解读为洗刷他自己在其他领域留下的肆无忌惮的机会主义者名声的一种尝试。

然而，同床异梦、面和心不和的不单单是欧洲，北约及整个跨大西洋的西方世界也同样意见不一、矛盾重重。拉姆斯菲尔德就"老欧洲"所说的那番话，在法国和德国激起了人们的强烈不满和反抗。《法兰克福汇报》召集了 20 位德国和法国学者对此各抒己见，其中于尔根·哈贝马斯也在被邀之列。这位德国哲学家认为，在拉姆斯菲尔德对欧洲朋友的批评中，回应他的批评的乃是"那些被抛弃了的 18 世纪美国自己的理想。从启蒙运动的精神中，不仅产生了人权宣言和联合国的人权政策，而且也产生了国际法的新成果，这些新成果如今似乎首先是被欧洲所尊奉，而不是被看来已老态龙钟的新大陆——美国"。大西洋两岸精神领域龃龉和摩擦的激烈程度由此可见一斑。

两个核查小组的负责人汉斯·布里克斯和穆罕默德·巴拉迪于 1 月 27 日分别向安理会提交了关于在伊拉克头两个月的工作报告。与同事相比，布里克斯明显带有更多的怀疑：他得到的印象是，伊拉克在生物和化学武器方面没有认真履行自己的义务，但又拿不出证实这种怀疑的证据。巴拉迪则十分肯定，伊拉克没有重新启动它的核武器计划。

安理会会议后的第二天，布什总统于 1 月 28 日在国会的"国情咨文"讲话中，向美国公众提示了即将到来的与伊拉克的战争。他认为，相信萨达姆·侯赛因的理智和克制不是应有的策略和选项。美国将请求安理会于 2 月 5 日召开会议，讨论伊拉克继续对世界采取无视态度的事实。国务卿鲍威尔不仅将拿出关于伊拉克秘密武器计划的情报和情报部门的证据，同时还将拿出萨达姆试图在核查人员面前藏匿这些武器，以及他同恐怖组织有瓜葛的情报和证据。"我们将共同协商。但是，各位请不要误解：如果萨达姆不彻底裁减武备，我们将为了我国人民的安全和世界的和平，率领盟友解除他的武装。"

此番讲话之后，几乎无人怀疑，布什决心已定，即便没有联合国的授权也要对伊拉克动用武力。总统承诺提交给安理会的证明材料既无新鲜内容，更无说服力可言。中情局提供给白宫的情报，一部分来自流亡海外的伊拉克人中那些值得存疑的线人，诸如一向惯于说谎的伊拉克国民大会主席艾哈迈德·沙拉比（Ahmed Tschalabi），另一部分来自德国和英国。这些情报绝大部分被中情局做了想当然的分析解读。其中，一名伊拉克难民（化名"曲线球"）提供的情报起了重要的作用。此人于 2000 年在德国联邦情报局面前声称，他是萨达姆生物武器计划的项目负责人，亲眼见过制造这类武器的移动实验室。关于德方对此"证人"可信度的怀疑（此人不久即被揭穿是个信口雌黄的大骗子），联邦情报局曾经向美国同仁做过通报。但是，在准备关于伊拉克大规模杀伤性武器的"证明材料"时，这些保留意见被认为无足轻重而被搁置一旁。另一份情报指称，伊拉克试图在尼日利亚采购铀原料。中情局从英国情报部门得到了相关的报告，却未能得到核实。尽管如此，这些材料均被收入了布什 1 月 28 日的讲话稿中。

安理会历史性的会议于 2 月 5 日举行。会上，国务卿鲍威尔本应拿出布什所宣称的关于伊拉克在大规模杀伤性武器领域非法活动的证据，但是，鲍威尔此时拿到安理会展示的材料，不过是些漏洞百出的蛛丝马迹而已，其中包括所谓生物武器和化学武器移动实验室的卫星照片等。分析这些照片资料最重要的情报"来源"，是证人"曲线球"此前的证词。虽然鲍威尔能让他的许多同胞对此深信不疑——民调显示，71% 的美国人认为国务卿的陈述言之凿凿——但是，鲍威尔却无法使安理会中持怀疑态度的政府代表心服口服。法国外长德维尔潘的不同意见尤为强烈，主持会议的德国外长约瑟夫·菲舍尔则以比较含蓄的方式表达了自己的不同看法。

在 2 月 14 日继续举行的安理会会议上，布里克斯提交了一份关于在伊拉克核查工作进展情况的新报告。与 1 月 27 日的报告不同，这份新报告的结论未对伊拉克大加挞伐。美国、英国和西班牙不认为或不愿认为萨达姆的态度有所转变，与此同时，俄罗斯、中国、法国和德国的代表提醒不要轻易采取强制措施。数日之后，在欧洲的许多大城市，如伦敦、巴黎、柏林、罗马、马德里和巴塞罗那等，以及在美国和澳大利亚，皆爆发了大规模反对新海湾战争的群众集会。这是自 20 世纪 80 年代早期反对北约扩张军备的抗议游行以来，甚至是自 1945 年以来规模最大的群众游行活动。

美国能否成功地在安理会中争取到第二次使战争合法化的决议（特别是托尼·布莱尔在国内绝大多数反对战争的民众以及工党内部强烈反对的压力下，极力敦促做出这项决议），此时还是个悬而未决的问题。美国国务院想尽一切办法，要把俄罗斯拉进赞同方的阵营。倘若美国的努力奏效，那么，中国就不大可能投反对票，而法国的反战态度就将十分孤立：这种局面可能最终促使希拉克放弃投出反对票。但是，不光是美国人在对普京做工作，德国人和法国人也在对其进行游说。在 2 月底的这场较量中，似乎施罗德和希拉克比布什手中拿的牌更好。

3 月初，反战派因伊拉克核查人员的新报告平添了更多的底气。巴拉迪在安理会会议上得以证实，此前美国表示怀疑的铝制管道并非是用来对铀进行浓缩的离心机，而且，所谓的与尼日利亚签订的向伊拉克提供含铀矿石的合同是一份假文件。布里克斯也注意到，在伊的核查工作进展顺利，但是，可靠的查证结果要等数月之后才有可能拿到。在华盛顿和伦敦眼里，安理会中形成投否决票的多数派的危险正在增加。3月10日，希拉克在一次电视谈话中表明了法国的反战立场。随后数日，布什和布莱尔向安理会的非常任理事国（其中包括墨西哥、智利和巴基斯坦）发出号召，要求它们赞同第二项使战争合法化的决议，但未获成功。3月16日，布什、布莱尔和阿斯纳尔在亚速尔群岛的特塞拉（Terceira）与葡萄牙总理巴罗佐会晤，就下一步的行动进行磋商。在会晤后的记者招待会上，布什用最后通牒的方式责令萨达姆做出选择，要么满足第1441号决议的要求，要么就用武力迫使其满足这些要求。

次日，布什在电视讲话中强调，由于安理会没有履行职责，所以美国将履行自己的义务。萨达姆·侯赛因和他的儿子必须在48小时内离开伊拉克，否则战争就是对他们的回答。布什在讲话中没有提及第二份决议：由于未能得到多数支持，所以讲话对此含糊其词。

自3月17日起，一个无可挽回的事实已成定局：对伊拉克的战争不是由国际社会，而是由"自愿者联盟"（coalition of the willing）所进行的战争。这场战争不是传统意义上的侵略战争，即一个国家出兵完全占领或是部分占领另一个国家，抑或是用其他方式征服另一个国家。这场战争也不是一次以终结严重违反人权为目的的"人道主义干预"。这场对伊拉克的战争是一次军事行动，其目的是要追究被猜想出来的违反联合国规定的行为的责任，并且阻止此行为在将来继续发生。军事行动并没有得到所必需的联合国的授权。因此，这场战争是违反国际法的战争——这是一个由某个国家唆使和主导的违法行为，这个国家凭借其雄厚的实力，认为自己有自主决定权，可以决定何谓合法、何谓非法的问题。

对伊拉克的战争于 2003 年 3 月 20 日打响。美国派出了 245000 名士兵，是联军的主力，英国出兵 45000 人，澳大利亚 2000 人，波兰 200 人。由于土耳其拒绝同意"自愿者联盟"经本国领土入侵伊拉克，军事行动不得不从南部，即从沙特阿拉伯、科威特和波斯湾展开。从单纯的军事角度看，"伊拉克自由行动"（Iraqui Freedom）起初以空中打击为主，并取得巨大成功。伊方准军事敢死队的顽强抵抗未能阻止美国人及其盟友迅速向首都方向推进。4 月 5 日，对巴格达的总攻开始。4 月 7 日，英国人占领了巴士拉（Basra）。两天后，萨达姆·侯赛因政权垮台。独裁者宣布放弃总统职位，并从公开场合消失。巴格达市中心萨达姆的一座巨大的独裁者塑像于 4 月 9 日被一群伊拉克反对派人士在一辆装甲车的帮助下推倒，从而象征性地结束了萨达姆用残暴的恐吓和镇压手段统治这个国家二十四年的历史。

美国占领首都后，随之而来的是持续六周的无政府状态、抢劫和纵火。五角大楼的战争计划根本未预料到此类情况的发生。此外，伊拉克军队的弹药库无人看守，民兵、叛军和犯罪分子随意拿取武器和炸药。对此置若罔闻、身着空军飞行服的布什总统，于 5 月 1 日在停泊于加利福尼亚海面的"亚伯拉罕·林肯号"航母上，以"任务达成"的横幅为背景宣布，伊拉克的大规模作战行动已经结束，暴君已被推翻，伊拉克获得了自由，美国的安全比以往更加有了保障。

胜利的消息很快被证明为时过早。美国准备了这场战争，却完全没有准备如何应对这场战争的后果。"国家建设"对布什来说依然是个陌生概念。一位名叫保罗·布雷默（Paul Bremer）的美国外交官接管了独断专行的联军临时权力机构。初时，布雷默领受国防部国务秘书（副部长）道格拉斯·费斯的指示。6 月中，布雷默成立了一个伊拉克过渡委员会，成员有艾哈迈德·沙拉比和阿亚德·阿拉维（Ayad Allawi）等流亡海外的伊拉克人，还有库尔德领导人贾拉勒·塔拉巴尼（Jalal Talabani）和马苏德·巴尔扎尼（Massoud Barzani），但后者手中没有任何实权。布雷默常常不与谙熟国情民情的伊拉克人商量就拍板做出决定。此类情况也同样发生在解散阿拉伯复兴党，以及不顾美国军方的计划在2003年5月解散伊拉克军队的问题上：这两项措施对伊拉克越来越深陷于大乱之中和长时间无法治理起了推波助澜的作用。

解散伊拉克军队不出数日，便发生了针对美军的第一起恐怖袭击。7月，袭击美国人事件上升到了500例。8月，随之又出现了一波新的恐怖浪潮，其中包括对联合国在伊拉克驻地的袭击。在此次袭击中，有22人丧生，秘书长的特使塞尔吉奥·维埃拉·德梅洛（Sérgio Vieira de Mello）也未能幸免。事件发生后，联合国马上从伊拉克撤出了大约600名工作人员。其他的援助组织在随后几个月中也相继撤出了其工作人员。2003年11月，在袭击中身亡的美军士兵达82人，达到年度最高纪录。12月13日，美军士兵在萨达姆的家乡提克里特（Tikrit）附近的一个地窖中成功抓获了萨达姆。大约两年后，对萨达姆"反人类罪"的审判于2005年10月开始。萨达姆被判处死刑，并于2006年12月30日执行绞刑。

美国并没有找到所谓萨达姆的大规模杀伤性武器。这个独裁者早在1993年就停止了他的核武器计划，并且也未试图重新制造生物和化学武器。萨达姆本人对这一情况讳莫如深、语焉不详，反而加深了国际社会对他违反联合国规定的怀疑。他这样做有其策略上的原因：要在敌对邻国伊朗面前摆出一副自己是其危险对手的架势。在萨达姆和"基地"组织之间也未发现有暗通款曲的证据：这个世俗的独裁者和恐怖组织之间，除了无耻地不择手段，其余没有任何共同之处。

为这场战争进行辩护的另一个理由并未受到上述情况的影响：

早在联军入侵伊拉克之前，布什和他的幕僚们就看好伊拉克民主化所带来的优势。如同 1945 年后的德国和日本一样，美国部队如今在伊拉克也将作为民主制度建设者的助手，大功告成后即可尽快从伊拉克全身而退。（"打垮敌人后，我们留下的不是占领军，而是宪法和议会。"布什于 2003 年 2 月 26 日在华盛顿向保守的美国企业研究所发表讲话时，针对"二战"之后的时代说过这样一番话。）一个民主的伊拉克甚至可以成为其他阿拉伯国家，乃至整个中东地区效法的榜样。但是，为了打这场战争，此理由也是难以成立的，因为它是建立在对不同历史背景的误读和误判之上。德国和日本在"二战"之后建立起来的政治制度，与其古老的传统和社会制度紧密相关，而这些条件在伊拉克并不具备。一个伊拉克民族的存在是美国的主观臆断，而非现实存在。对一个民主和持久和平的伊拉克的憧憬，充其量只是一厢情愿而已。当美国于 2003 年接管伊拉克政权时，此前还从未有过一国占领军像美国那样对自己的任务如此缺乏必要的准备。

对美国在伊拉克的形象造成严重损害的，莫过于 2004 年 4 月底通过电视画面传播到全世界的来自巴格达阿布格莱布（Abu Ghraib）监狱的照片。人们从照片中看到，该监狱的囚犯被美国部队的男女看守用残忍的方式侮辱和折磨。显而易见，这种过激行为不是个别男女士兵的个人情绪导致的，发生在阿布格莱布监狱的一切，更多的是在奉行美国驻伊拉克最高指挥官里卡多·桑切斯（Ricardo Sanchez）中将的命令。他于 2003 年 9 月所批准的审讯方式，其参照版本是自 2002 年 1 月以来，在位于古巴的美国域外基地关塔那摩监狱，对关押在那里的大约 600 名被怀疑参与恐怖活动的所谓的或是真正的恐怖分子所使用的刑讯拷打手段——用政治学者斯特凡·比尔林（Stefan Bierling）的话来说就是："剥夺睡眠，使用镣铐，赤身露体，用布蒙头，折磨姿势，疲劳动作和使用警犬，所有这些很快就成了标准化的手段和方式。"

　　桑切斯并非胆大妄为。对被怀疑参与恐怖活动的囚犯用刑，乃是经过华盛顿的国防部和司法部的授权准许，其中包括对各种酷刑的重新启用，从而使那些早在1898年菲律宾战争中使用过的臭名昭著的"水刑"（用呛水的方式作为审讯用的酷刑）得以合法化。中情局准许的剥夺睡眠最长时间为180小时。阿布格莱布、关塔那摩和中情局设在其他国家领土上的许多关押犯人的营地皆可算是法律的真空地带，之所以如此为之，理由在于：按照"非对称战争"的逻辑，"基地"组织成员、塔利班和伊拉克反美分子均不是战时国际法意义上的，也不是1929年《日内瓦公约》意义上的战俘。同时，这些关押营地的囚犯也同样不能引用法治原则——没有法官的命令不能逮捕和关押任何人——作为其申述的依据。在布什政府眼里，恐怖主义嫌疑人只要涉嫌构成安全风险，就足以被无限期剥夺人身自由。华盛顿感到自己正处在一种旷日持久的紧急状态中，并依之而采取相应的行动。

　　大约在同一时间，亦即在来自阿布格莱布监狱的报告引起全世界愤怒的同时，伊拉克的反美起义达到了一个新的规模。萨达姆统治期间，人数较少的逊尼派比占人口大多数的什叶派有更多人在国家权力机构中从政掌权。2003年5月开始的"去复兴党化"所造成的后果，使许多逊尼派人士感到自己受到了排挤和歧视。反抗美国军队在伊拉克存在的武装斗争，有相当一部分是由这部分人所发起。叛乱分子的根据地位于伊拉克西部所谓"逊尼派三角地带"的费卢杰（Felludscha）。布什总统于2004年4月部署的"夺取费卢杰行动"遭到了猛烈抵抗。临时由美国人拼凑起来的民兵组织，其成员绝大部分被证明是不可靠之人。美国人的另一条"战线"则是与什叶派教士穆克塔达·萨德尔（Muqtada al Sadr）手下的"马赫迪民兵"组织的交战。2004年4月，总计有138名美军士兵在伊拉克丧生，1200人受伤。

此后不久，布雷默的联军临时权力机关伊拉克过渡委员会和联合国达成了成立伊拉克临时政府的共识。临时政府的任务是，在计划于6月底结束的占领军政权和2005年初举行的国民议会选举期间代行政府职能。7月28日，以阿亚德·阿拉维为首的过渡政府成立，从而在形式上恢复了伊拉克的主权。国家的经济形势至此未有丝毫好转；石油开采量充其量只达到占领前的五分之四，腐败现象更加严重。安全状况在随后几个月里持续恶化，萨马拉（Samara）和费卢杰落入反叛武装手中。9月，第1000名美军士兵阵亡。2004年，伊拉克共计发生了26500起袭击事件。

在"自愿者联盟"（曾经一度由33个国家组成的临时联盟）占领伊拉克和由它带来的"改朝换代"一年半之后，实现伊拉克的和平依然无从谈起。驻扎在伊拉克的许多私人安保公司（如"美国黑水"等，为了在占领军政权结束前后弥补美国部队的数量不足），由于轻率和大量使用武器射击，非但没有在当地起到维护和平治安的作用，反倒是加剧了势态的紧张。这些雇佣兵对过激暴力行为的法律后果毫无忌惮：在联军临时权力机关负责人保罗·布雷默下达的最后一道指令中，已经承诺给予他们完全的免于起诉权。

布什总统给美国人民和国际社会列举的战争理由，要么被证明是无中生有，要么被证明是情报错误，总而言之皆是缺乏真凭实据的虚构，所以，美国不得不面对弄虚作假和散布谎言的指控。2004年4月，国务卿鲍威尔被迫承认，他在2003年2月5日安理会上的陈述皆是基于未经核实的情报材料。因为在伊拉克危机问题上的表现遭到各方的持续批评，中情局局长特尼特于6月3日辞职。

对美国的国际声誉造成更为严重影响的是，这个世界上最强大国家的政府，不论对内还是对外皆毫无忌惮地践踏了美国曾借此获得自己国家独立的那些价值观念。2004年6月28日，最高法院就布什政府的行为提出批评，指责其在没有律师帮助、合法聆讯和正规审判的情况下，在关塔那摩监狱无限期关押恐怖主义嫌疑人。提起诉讼的监狱在押人员，其中包括四名英国公民，获取了将他们的案件提交给美国法官审理的权利。然而，最高法院的决定并未起到任何实际效果。

小布什当选总统四年之后，美国陷入了一场全球性的信誉危机之中，这是美国在其迄今为止二百二十八年的建国历史上前所未有的事情。与此同时，不仅欧洲的学者，如于尔根·哈贝马斯和雅克·德里达（Jacques Derrida）等谴责布什政府"孩子般任性地破坏了国际法"，而且，美国的自由主义科学家和政论家也早就针对华盛顿的政治学者G.约翰·艾肯伯里（G. John Ikenberry）于2002年9月在《外交事务》杂志上列举出的"对国际规则、条约和安全伙伴关系的普遍蔑视"（a general depreciation of internaltional rules, treaties and security partnerships）提出了尖锐批评。

两届普利策奖得主安东尼·刘易斯（Anthony Lewis）于2002年11月在《纽约书评》上撰文写道，布什总统显然希望"打破过去50年中曾经决定国际生活的那些规则"。政治学家萨曼莎·鲍尔（Samantha Power）在2003年就曾对如今给美国形象打上印记的多重矛盾做过论述。其中，她举出两种差异作为其观点的例证："美国的自由主义保证了大多数美国人在自己国家所拥有的权利和自由，与在其他国家的非美国人面前忽视这些原则之间的差异"，以及"（根据美国政治家的说法）作为美国的行为动机的价值观，与美国的外交政策明显对之不屑一顾之间的差异"。

紧接着这一分析，鲍尔的语锋变得更为目标明确，一针见血。她谴责美国的新闻媒体，说它们"睡着了"，并且放弃了以往依靠调查研究来做新闻的传统（曾经支持过布什总统伊拉克路线的《纽约时报》和《华盛顿邮报》，于2004年5月20日十分勉强地对相关报道做了公开的自我批评）。但是，这位哈佛大学女教授最尖锐的批评锋芒指向的则是一个和宪法有关的部门："国会表现出的是一副奴颜媚骨或是虚与委蛇的嘴脸。在伊拉克战争问题上，国会没有出现过有分量的反对票，这对于一个以审查、立法和控制财政为己任的机构来说，不啻是宣布自己破产倒闭。"鲍尔继续批评道，美国从来没有承认自己曾经为萨达姆的种族灭绝政权提供过支持，它拒不服从国际刑事法院的管辖和约束。美国的政治必须进行一次彻底的修理。"必须用真正的自由主义来替代当今伪自由主义的民族主义，……将美国的实力融合到一个国际体系之中，并树立一种谨言慎行的低调形象。对于一个帝国来说（姑且不论它是迄今人类历史上最强大的帝国），这是痛苦和非同寻常之举。但是，正如常言所道，与其日后的长痛，不如眼下的短痛。"

2002~2003 年间，艾肯伯里、刘易斯和鲍尔所代表的还只是少数美国人的心声，但是，他们的言论却清楚地告诉人们，布什政府和美国不是一个相同的概念，世界上还有另外一个美国，即自由主义的美国。这个美国对它 1776 年的建国理想依然恪守不渝，不离不弃。[1]

/ 美国式的和平：一个"非正式帝国"对其基础的质疑

　　东西方冲突结束之后，美国所拥有的实力和地位空前绝后。依靠其经济实力、军事潜力和诸多的联盟，美国成了一个无与伦比的超级大国，在它面前，没有任何国家能够撼动它的霸主地位。首先是东欧剧变，继之是苏联解体，从此世界上不再必然存在与美国作为"从善之大国"分庭抗礼的所谓"从恶之帝国"。由美国共同创立和代表的"西方价值观"虽然远未畅行天下，但这些价值观已没有必要在同其他意识形态的竞争中去加以捍卫。20世纪90年代，许多人都曾议论过一个所谓"美国式的和平"概念，借以影射历史上的所谓"罗马式的和平"，即古罗马帝国在公元前146年战胜迦太基后所建立的一种国际的（或用当时的尺度衡量）及全球的和平秩序。

　　2001年9月11日的恐怖袭击改变了美国的自我形象，因之也改变了世界的格局。美国在1989年和1991年的时代转折后，成了没有意识形态对手的世界霸主，这个短暂的阶段转瞬之间已成为过去。自"9·11"后，出现了一个新的对手。如同当年美国与苏联的"冷战"一样，这个新对手以近乎相同的方式对美国的摩尼教式的观念体系和以之为基础的传教士式的思想输出提出了挑战。当年的开国元勋把美国视为"新耶路撒冷"及"山巅之城"①的信仰，在"反恐战争"的旗帜下又经历了一次重生。

　　虽然小布什政府的所作所为实质上并无"新意"可言，但是此

---

① "山巅之城"（City Upon a hill），这个概念来源于马萨诸塞州首任总督约翰·温斯罗普（John Winthrop）于1630年做的一次布道："我们必须相信，我们将是建立在山巅的一座城市，所有的目光将集中在我们身上。"此后，"山巅之城"成了美国政治生活中的一个重要隐喻，强调美国的责任感和使命感，美国像人类社会的一座灯塔，有义务将光明传遍世界。

前，对于必要情况下也采取单边行动的决心，使它从未让人产生过丝毫怀疑。不唯如此，在迫不得已时使用武力解决萨达姆问题，也并非是在"基地"组织对纽约和华盛顿的攻击后才萌生的想法。然而，若是没有恐怖袭击事件的冲击，布什政府中的"鹰派"（为首者乃是总统本人）很难清除阻碍这一侵略计划的内政和外交障碍。因此，倘若人们试图借美国外交无可争议的连续性作为说辞来淡化"9·11"事件的重大转折意义，那么，这种尝试很快就被证明是此路不通。

关于"美国式的和平"的讨论，因美国对 2001 年 9 月 11 日挑战的回应而获得了新的动力。一些有保守倾向的作家，其中包括美国政论家马克斯·布特（Max Boot）在内，号召美国承担起"乐善好施的霸主"的角色，并借此打造一个更加太平的世界。在美国授业的英国历史学家尼尔·弗格森（Niall Ferguson）将美国视为大英帝国的合法继承者，并希望它推行与全球老大身份和责任相符的政策。甚至美国一位地位很高的左翼自由主义者、哲学家理查德·罗蒂（Richard Rorty）也认为，在当前形势下，"美国式的和平"是世界人民最美好的希望所在。

然而，以古罗马和大英帝国这样的昔日世界霸主为样板，将自己视为君临天下的"帝国"，这样的要求在美国遇到了传统上的重大抵触和不同看法。正是由于当年对一个殖民帝国——大英帝国的反抗斗争，才诞生了现在的美国。一个多世纪之后，美国虽然自己也成了殖民主义国家——1898 年同西班牙的战争后吞并了波多黎各，将菲律宾置于自己的统治之下，并把古巴变成保护国——但是，这种明目张胆的殖民主义与美国的价值体系背道而驰，所以，殖民主义终究是一段插曲而已。

相对而言，通过建立经济、政治和军事的依赖性来取得对他国非正式的统治，这种观念对美国更具吸引力。英国曾经于 19 世纪一度建立过这种"非正式的帝国",其方法是对葡萄牙、阿根廷和巴西的商业控制。与这种"自由贸易帝国主义"相对应的是美国的"门户开放政策",在 19 世纪和 20 世纪之交,美国通过军事手段将这一政策强加到了中国人身上。非正式帝国主义的另一个变种,是始终伴有军事干预的、美国首先用在中美洲国家身上的所谓"美元外交"。第二次世界大战打垮"轴心国"后,美国在西欧建立了一张经济、政治和军事的关系网,这张网被挪威历史学家盖尔·伦德斯塔德(Geïr Lundestad)称为"邀请来的帝国"(Empire by invitation),即一种市场经济和民主体制的结合体,这种结合体以对标准规范的共识——对"西方价值观"的认同为基础,并通过自由选举获得合法性。

借用约瑟夫·S.奈(Joseph S. Nye)的一对概念来说,美国霸权在大西洋东岸得到的支持,并非建立在军事优势的"硬实力"之上,而是建立在美国所代表的价值观、它的文化魅力,尤其是它的"大众文化"的"软实力"之上。美国避免直接统治他国的思想,与相关国家尽可能保持独立(抑或是重新获得独立)的意愿不谋而合。当西欧曾是美利坚帝国(Imperium Americanum)一部分时,它所体现的是一种所谓"'精轻帝国'(Empire lite),亦即一种以自由的市场、人权和民主为标志的全球霸权,这种霸权依靠前所未有的最具威慑力的军事力量而得以通行于天下"[加拿大政治学家迈克尔·伊格纳季耶夫(Micheal Ignatieff)如是说]。每当美国试图在"老欧洲"所代表的西方以外地区,或者是在高度发达的工业国家(比如日本)以外的地方推行其价值观时,"软实力"通常不得不很快让位于"硬实力"。越南战争应当让美国记取的经验教训是,它在重建欧洲时所获得的那些经验,不能简单照搬到文化类型完全不同的国家之中。2003 年的伊拉克战争表明,美国"政治阶层"相当大一部分人没有牢记这个前车之鉴。

　　欧洲各国政府和知识分子对乔治·W. 布什奉行的帝国主义政策的批评，遭到了充满自信的美国新保守主义者的回击和反驳。罗伯特·卡根于 2003 年在他的《天堂与权力——世界新秩序中的美国和欧洲》一书中写道，20 世纪 90 年代，美国和欧洲之间形成了一种实力的失衡状态，"欧洲人离开了霍布斯式的没有法则的世界，走进了康德式的永久和平世界"，而美国却在重拾"那种独特的放之四海而皆准的美国式的民族主义"。在乔治·W. 布什总统当政期间，"作为美国外交政策中具有约束力的'西方'概念，已经变得无足轻重"。"美国在 9 月 11 日并没有改变自己，只是找回了自己而已。"尽管如此，"在曾经被称作'西方'的那个世界内部，并非必然将发生'文化的碰撞'。欧洲人和美国人必须调整自己，以适应美国霸权的新现实"。

　　"来自火星的美国人，来自金星的欧洲人"①——卡根的观点虽然是一种故意的挑衅，但他对欧洲的批评在许多问题上并非空穴来风。从军事角度来看，这片古老大陆上的许多国家（首先是德国）皆认为，紧要关头时，美国将会做它们不愿意做或者是无法做到的事情。法国和英国均不是和平主义国家，二者之间法国尤甚：每当前殖民地发生内部冲突时，法国总是出兵加以军事干预。但是，无论巴黎还是伦敦，均不想把它们的军事力量予以"欧洲化"，结果造成，包括建立一个欧洲共同干预部队在内的目标无法得以实现。在 20 世纪 90 年代试图解决巴尔干半岛冲突问题时，若是没有美国的积极主动和拔刀相助，结果将是一事无成；欧洲再次证明了自己缺少足以成事的能力。在 2003 年围绕伊拉克战争的争议中，一个用同一个声音说话的欧洲杳无踪影。大多数欧洲国家的政府积极参与到了布什政府所推

---

① "火星"的英文和德文为 Mars，它是古罗马神话中的战神，代表阳刚之气；"金星"的英文和德文为 Venus，是古罗马神话中的爱神和美神，代表阴柔之气。

行的分裂欧洲的做法之中。

卡根笔下所谓的"美国霸权"，很大一部分乃是欧洲的一事无成所造成的结果。但是，如同其他新保守主义者一样，《天堂与权力》的作者也未能认清，构成美国帝国雄心的物质基础正在摇摇欲坠。乔治·W.布什任期内美国所打的几场战争，造成了巨大的财政亏空；战争使政府债务节节攀升，并加剧了美国在财政上对其世界政治的对手——中国日益严重的依赖：有关这部分内容，后文将进一步阐述。

但是相对而言，在削弱西方及其领袖大国地位的诸多因素中，影响最大者莫过于对美国和欧洲曾经引以为豪的跨大西洋的价值共同体的质疑。若是没有此价值标准基础，美国于1945年后所建立的"非正式帝国"就不可能出现。与美国出钱扶持自己的帝国政治方式如出一辙，随着小布什总统任期内一方面听之任之，另一方面有意为之的跨大西洋两岸关系的不断陌生化，美国断送了自己的世界霸主地位。西方的逐步分裂，使两个非西方大国从容地坐收渔人之利：一是俄罗斯，它在伊拉克冲突中通过普京、施罗德和希拉克的相互配合，提高了自己的外交和政治地位；第二个是欧洲人和美国人都争相拉拢的中国。比之"9·11"之前，世界在21世纪的头十年中呈现了一种更加多极化的局面。虽然美国仍然是世界最强大的国家，但其霸主地位已今非昔比，危如累卵。

法国社会学家伊曼纽尔·托德（Emmanuel Todd）在2002年出版的《帝国之后：美国制度的衰落》一书中将自己视为"欧洲和美国之间文明冲突"的见证者。他认为，这场冲突证明，"西方"并没有比美国式的，特别是由塞缪尔·亨廷顿（Samuel Huntington）所论述的制度结构包含更多的组成部分。这个观点是卡根在他的分析中所没有得出的结论。反之，在其著作的最后几页，卡根着重强调了美国和欧洲所具有的"一套西方的共同价值",并且号召他的国家,再度更多地表现出昔日"建国之父"在 1776 年 7 月 4 日《独立宣言》中称为"对人类思想应有的尊重"的精神。鉴于布什政府对美国以外的国际社会一贯表现出的傲慢,人们不得不对美国是否真心实意地响应这一号召打了一个问号。[2]

　　美国的伊拉克政策在欧洲最重要的支持者——英国首相托尼·布莱尔从一开始就遭到了工党内外对其"好战"路线的强烈抵制。1997~2001 年担任外交大臣的罗宾·库克（Robin Cook），就是布莱尔在党内的反对者之一。库克在 2001 年的下院选举中，因其（在首相眼里）过于亲欧洲的立场而被贬谪到"下议院领袖"这个无足轻重的阁僚位置上。2003 年 3 月 17 日，库克出于对英国参与伊拉克战争的抗议辞去这一职务。他的辞职演讲引发了所有议会党团的议员以及听众席上观众的"起立鼓掌"——这是英国议会历史上前所未有的一幕。次日，在下院举行的投票中，工党 412 名议员中有 139 人投票反对布莱尔的伊拉克政策。

　　2003 年 5 月底，英国广播公司 BBC 的记者安德鲁·吉利根（Andrew Gilligan）对布莱尔政府提出了一项严重指控，指责其出于为计划中的战争找到更好辩解理由的目的，人为夸大（"sexed up"①）了情报部门关于萨达姆·侯赛因大规模杀伤性武器的报告。由此，一场别开生面的"战争"拉开了序幕：由布莱尔的新闻发言人阿拉斯泰尔·坎贝尔（Alastair Campbell）主导的政府言论与 BBC 之间的一场激烈的公开舆论战。迫于巨大的压力，涉嫌向吉利根提供消息的线人、在政府部门供职的武器专家大卫·凯利（David Kelly）感到走投无路，于 7 月中旬自杀身亡。由下院设立并由赫顿（Hutton）勋爵领导的一个调查委员会虽然减轻了吉利根对政府的指控，并毫不留情地批评了 BBC 获取消息的方式，但是，布莱尔的权威"媒体顾问"阿拉斯泰尔·坎贝尔还是被迫于 2003 年 8 月底宣布辞职。由调查委员会指令对他关于 BBC 风波的日记内容的调查分

----

　　①　"Sexed up"的中文意思为添油加醋。

析，不仅损害了他的公众形象，而且也使他成了首相的烫手山芋。

除了伊拉克战争，2002 年和 2003 年间尤为吸引公众眼球的还有北爱尔兰问题。由于爱尔兰共和军没有兑现解除武装的承诺，布莱尔政府于 2002 年 10 月决定，暂时取消阿尔斯特省的地方自治权，并由伦敦代行管理职权。整整一年后的 2003 年 11 月，和平解决问题的反对派——由伊恩·佩斯利（Ian Paisley）领导的民主统一党和天主教的新芬党在北爱尔兰地方选举中获胜，从而迫使布莱尔政府继续保留对阿尔斯特省的直接管辖权。在经过新的地方选举之后，上述两党才于 2007 年 5 月组成了一个联合政府。阿尔斯特省的自治权得到了恢复，但是，该地区持久的安定局面在很长一段时间内还无从谈起。

在布莱尔政府新世纪最初几年的国内政绩中，名列前茅的是 2004 年 11 月出台的禁止猎杀狐狸的禁令，猎人和动物保护者之间旷日持久的激烈争论终于尘埃落定。但是，禁令中的许多例外条款也为在与传统决裂的同时，避免走向另一个极端提供了保证。工党政府所推行的国内政策改革，并非每一项均获得成功，对上院制度进行的彻底改革尝试便是失败案例之一。虽然上院世袭席位的数量在 1999 年 11 月已减少至 92 席，但是，一项完全废除世袭席位的改革提案于 2004 年 3 月在上院以 216 票对 183 票被否决。

反之，能使布莱尔政府总体感到满意的，是它所推行的经济政策。国内生产总值和工人的工资多年来一直保持上升趋势；失业人数不断下降；英镑保持稳定；伦敦作为国际金融中心的地位得以继续扩大。其间，工厂企业的就业人数在不断减少：从 1997 年的 26.7% 下降到 2005 年的 22.1%。2005 年，最后一家土生土长的英国汽车制造商罗孚集团被迫申请破产。布莱尔政府拿出 600 万英镑作为过渡救助金。随后不久，罗孚被中国企业收购，大部分生产线被迁往这个远东国家。

　　这一时期福利不断增加的标志，是不断上涨的房地产价格：2007 年比 1997 年高出 28%，而家庭收入平均每年只增加了 2.5%。金融市场的自由化带来了宽松的货币政策。正如历史学家弗兰茨－约瑟夫·布吕格迈尔（Frank-Josef Brüggemeier）所分析的那样，这种货币政策造成的结果是："银行不再发放是收入三倍的抵押贷款，而是发放是收入六倍的抵押贷款，不再要求贷款人有自己的资金担保，最后甚至不仅使购置房产，而且也使更多的消费成了可能。"布吕格迈尔继续写道，几乎所有人都从更高的房地产价格、廉价的贷款、增加的就业岗位和更高的工资中得到了好处。"工党的政策方案似乎正在奏效，专门的产业政策、国家更大力度的干预，或是通过税收来进行财富的分配等——这一切似乎已无必要。"

　　如何减少社会的不平等现象——对于这一目标，政府不是试图通过对富人实行更高的征税率，而是通过本文此前提到的 1997 年出台的法定最低工资标准加以实现。在随后的几年中，最低工资标准被几度提高，最后在 2007 年 10 月提高到了每小时 5.52 英镑，从而使大约 170 万英国人增加了收入。此外，政府还推出了工资补贴（纳税减免）政策，为此，政府在 2004 年斥资 135 亿英镑来支持这一举措。但是，贫富差距依然十分巨大。富有的英国人看病找自己的医生和自己的医院，其子女被送进私人学校。如同前几届保守党内阁一样，工党对职业教育的重要性也未予以重视：这种忽视带来的潜在危险是，一旦出现经济衰退，年轻人的失业率将会超比例增加。

　　2005 年春，在经济形势一片大好的情况下，布莱尔认为新大选的合适时机已到。工党于 5 月 5 日连续三届蝉联第一大党的地位，但是，相比 2001 年丢失了 5.5% 的选票；工党的支持率为 35.2%，议席数为 355 席（上届为 412 席）。保守党的支持率仅增加了0.7%，获得了 32.4% 的选票和 198 个席位；自由党的支持率增加了

3.7%，获得了 22% 的选票和 62 个席位。由于受到伊拉克政策的特别影响，布莱尔的支持率大幅下滑。但是，截至当时，保守党始终未能利用政府的弱点而从中获利。对大多数英国人来说，政府更迭的时机似乎还远未到来。

下院选举两个月之后，即 2005 年 7 月 7 日，伦敦遭受了一系列恐怖袭击。这并非伊斯兰极端分子首次在一个欧洲国家的首都实施这种袭击行动：2004 年 3 月 11 日，在马德里三个火车站的恐怖袭击中，191 人丧生。在自杀式袭击者对伦敦的三列地铁和一辆双层巴士的袭击中，56 人罹难，大约 700 人受伤。两周之后，又发生了四起针对公共交通工具的袭击事件，袭击未造成重大损失。7 月 7 日的四名凶手中，有三人在英国出生，一人在童年时移民英国。7 月 21 日袭击后得以逃脱的凶手皆来自非洲。

两次连环恐怖袭击使英国民众深为忧虑。他们不得不担心，有相当数量的潜在恐怖分子生活在英国，而且，在许多寻求避难的人当中，有人准备对他们的东道国采取暴力行动。事件过后不久，英国人又恢复了自己的正常生活。他们坚定决心，不能被这伙新的潜在敌人所吓倒。面对恐怖分子的巨大威胁，英国保持自己自由法治国家的意志始终不变，这点在 2005 年 11 月 9 日即得到验证。下议院以多数票否决了在未经提起公诉的情况下，将恐怖嫌疑人的羁押时间延长至 90 天的政府提案：291 名议员赞同，322 名议员反对这项法案；在投反对票的议员中，有 49 名工党议员。这是布莱尔自 1997 年 5 月任首相以来第一次在议会中遭到败绩。

对布莱尔的工党政府来说，2001 年的当选连任可谓轻而易举。然而，施罗德和菲舍尔的联合政府却在很长时间内为其连任选举提心吊胆，颇费周章。自 1999 年以来，联合政府的两个执政党每每在联邦州的议会选举中遭遇败绩，丢盔卸甲。直到 2002 年夏，红绿两党在民调数据中还未看到重新获得多数支持的曙光。这时，两件事的发生对后来选民态度的转变起了帮助作用。8月的强降雨使多瑙河和易北河洪水暴涨，两岸变成一片汪洋泽国。这场所谓的"世纪洪水"给施罗德总理带来了不期而至的、表现自己是运筹帷幄和身临一线的"危机管理者"的机会。此外，施罗德自8月初起对德国参与可能爆发的伊拉克战争说"不"，也为他的支持率加分颇多。

在9月22日的联邦议会大选中，社民党再次成为第一大党：得票率为38.5%，比1998年减少了2.4个百分点。绿党的得票率增加了1.9个百分点，为8.6%。两党在总共603个议席中占得306席，从而在议会中形成了微弱多数。以巴伐利亚州州长埃德蒙·施托伊贝尔（Edmund Stoiber）为共同总理候选人的基民盟和基社盟，取得了38.5%的选票（仅比社民党少了6027票），比1998年时增加了3.4个百分点。自民党的支持率增加了1.2个百分点，获得了7.4%的选票。民主社会党为4%（减少了1.1个百分点），未能超过5%的门槛，却拿到了两个直接选出的议席。10月22日，施罗德连任德国总理。上届政府司法部长、社民党人赫塔·多依布勒－格梅林（Herta Däubler-Gmelin）在新政府中不再继续任职：她在大选前接受报纸采访时将布什比作希特勒，因而导致美国总统恼羞成怒。

红党和绿党的再度搭档并没有带来为政的新气象。组阁谈判进行得十分艰难，其结果被普遍认为是毫无新意的大杂烩。由于与美国总统针锋相对，施罗德总理在外交上颇得好评，但其新的执政路线却带上了引起误解的"民族主义"名声，原因在于，他在竞选时曾经谈到准备要走所谓的"德国之路"。此话一旦用在外交政策上，在国内和国外必然重新唤起人们对抵制西方传统，亦即对所谓"德国独辟蹊径"的记忆。

施罗德和俄罗斯总统普京之间的关系，渐渐发展成了一种个人之间的友谊，而他对乔治·W.布什则始终保持一种公事公办的态度，这就愈发强烈地给人造成一种德国的政策在不知不觉中改弦更张的印象。在施罗德的总理任期内，来自柏林的对普京越发限制自由甚至是独断专行政策的批判之声鲜有所闻。2004年11月22日，记者莱因霍尔德·贝克曼（Reinhold Beckmann）在采访时向这位社民党政府首脑发问：他是否认为普京是一个"地地道道的民主派"。施罗德做了肯定的回答。在2006年出版的回忆录中，施罗德认为，普京有着"基督教的信仰"，他同东正教的关系是一种"严肃认真"的关系。"普京的思维是西方式的，换句话说，他把俄罗斯的使命看作欧洲的一部分。虽然带有亚洲的成分，这一点他非常清楚，但在文化、感情和生活情感及价值观上，它是欧洲的一部分。"

在第二次执政期内，红党和绿党国内政策上极为重要的一个主题就是《2010行动纲领》：一项旨在对福利制度进行改革和使德国重新获得竞争力的改革计划。重新统一后的第二个十年伊始，德国仍然被外界视为"欧洲的病人"，此名称1999年首次见于英国的《经济学家》杂志。2002年，德国的国内生产总值几乎停止增长（0.1%），第二年又下降了0.2个百分点；而其他发达工业国家的增长率皆好于此。

显而易见，德国的经济增长之所以徘徊不前，根本原因在于：德国国内东西部之间每年高达约900亿欧元的转移支付款项。对此，欧盟在2002年5月的一份报告中认为，这是造成这种令人喟叹的事实的三分之二原因。东部新联邦州的生活水准虽然已达到了西部老联邦州80%的水平，但是，其失业率在2002年4月为19.1%，比西部高出10.3个百分点。2005年1月1日，由联邦政府和各州政府于2001年达成的《第二阶段团结救助计划》即将生效。该计划的有效期至2019年，并要求联邦政府拿出1565亿欧元投入德国东部的建设。由于相当一部分转移支付款项对社会保障体系造成了负担，所以，它推动了本已处于高位的非工资成本的进一步上涨，从而附带形成了对经济增长的一种抑制作用。同时，施罗德政府决定，通过将计划于2003年开始的税制改革推迟一年的办法，抽调资金来帮助遭遇"世纪洪水"破坏地区的恢复建设。这项决定遭到了在野党和企业家组织的强烈批评。

2002年8月16日，即在联邦议会大选五个星期前，大众汽车公司的人事总监彼得·哈茨（Peter Hartz）在柏林的法国大教堂提交了由他领导的"劳务市场的现代服务业"委员会所完成的总结报告。2002年2月设立"哈茨委员会"，是因为联邦政府已得出结论认为，工会、雇主组织和政府部门在另一种效仿荷兰的"圩田模式"的圆桌会议（即所谓的"就业联盟"）框架内，无法就一个共同的现代化战略达成一致意见。哈茨于2002年8月提交的报告，构成了《2010行动纲领》的基本框架，施罗德总理于2003年3月14日在**一项政府声明中向联邦议会就此进行了说明。这次讲话是他执政期间最重要的一次讲话。**

改革方案的出发点是这样一个共识：从国民经济的角度来看，把用于社会的福利支出片面地推给劳动部门负担，将会带来非常严重的后果。有鉴于此，施罗德宣布："我们将不得不削减国家福利，鼓励自负其责并要求每个人都更多地自己创造产值。"按照"鼓励和要求"的口号，政府将支持失业者尽快从事一份新的"合理可期"的工作，亦即有可能报酬较低的职业。为此，失业金（金额与失业前最后几个月的收入水平挂钩）发放的最长时间限定及削减为12个月（55岁以上失业人员由最多32个月减少为18个月），而且不同于以往，这一做法与失业人员此前所缴纳的失业保险金的时间长短没有关联。取消12个月之后继续支付失业救济金的规定，将其与社会救济金合并为《失业金办法（2）》；失业救济金在需要的情况下可以申请领取，这与政府一贯实行的福利原则相吻合。取消劳动局，代之以"就业中心"；联邦劳动局改为"联邦就业局"。简化创业手续，扶持求职者新技能培训，放宽解雇保护规定，并通过在许多情况下无须通过行业资格考试即可创办企业的方式，开放手工业。

实行《2010行动纲领》的相关法律，标志着德国福利社会历史上一个意义深远的转折点。减少国家福利，提倡自负其责原则——施罗德政府以此向自己政治阵营中的大多数人发出了挑战。在经过了一场短暂的党内讨论之后，社民党在2003年6月1日举行的特别党代会上，以四分之三的多数通过了由党的执委会提交审议的、同意进行改革的主导提案。然而，在一些地方党组织内部（为首者是黑森州社民党的传统左派势力），形成了一股顽强的反对派力量。在工会组织中，不仅改革的拥护者从一开始即占少数，而且，准备在议会之外进行街头抗议行动的势头也十分强烈。《2010行动纲领》中最饱受争议的部分莫过于《哈茨方案（4）》的法律规定，其核心内容即是新出台的《失业金办法（2）》。2004年，在失业人数非常之高和民主社会党的追随者为数众多的德国东部各州，发生了经常性的群众抗议活动。抗议活动被有意与1989年秋东德人民的反专制大游行联系在一起，并主要以"星期一大游行"的方式进行。每当施罗德总理和其他社民党的领导干部在工会组织的集会上为改革后的新法进行辩护时，即被台下群众的喝倒彩和叫喊声打断。

《2010行动纲领》的出台给批评之声提供了各种各样的理由。不考虑失业保险金缴纳时间的长短，一律按照《失业金办法（2）》所规定的12个月支付失业金，这样一条规定严重伤及了人们的公正感。人为地鼓励租用工、临时工和"迷你工"，催生了一个规模庞大的低工资劳务市场。事实上，在这个市场上所支付的工资常常还达不到《失业金办法（2）》所规定的水平，因而不得不通过联邦就业局的财政拨款来进行补贴。由于《失业金办法（2）》的计算方式过于死板和弊端重重，因此引发了一场不折不扣的诉诸法庭打官司的浪潮。同时，国家没有其他相应的政策措施，比如，一如既往有明确规定的财产征税，或是实行更高的遗产税等，可以缓解《2010行动纲领》给许多人带来的严酷状况。通过一种覆盖全国的法定最低工资标准——需要议会多数的支持为前提——可以使低工资劳务市场得到限制。但是，恰恰是在法定最低工资标准问题上，工会组织顾虑重重：对于大多数劳工组织来说，这一改革有可能给其工资标准的自主权带来危险。

使红绿两党联合政府陷入窘迫不堪境地的，是《哈茨方案（4）》产生的一个并不令人感到惊讶的附带后果：由此前的失业救济金同社会救济金合二为一后所造成的失业人数的上升。在经济形势低迷的背景下，这一效应导致德国的失业人数在2005年1月超过了500万，从而达到了"二战"后的最高水平。同月，工会人士、左翼社民党人和左派政党分裂组织的成员成立了一个新党——劳动和社会公平党（WASG）。大约一年前，即2004年2月，施罗德总理辞去了社民党主席职务，目的是在党代会上将该党的议会党团主席弗朗茨·明特费林（Franz Müntefering）选为其继任者。明特费林也是《2010行动纲领》坚定的捍卫者，施罗德相信他比自己有更高的整合党内力量的能力。但是，面对由最大的通俗报纸《图片报》（属于施普林格出版集团）发起的反对《2010行动纲领》的运动，明特费林也无能为力。社民党和绿党深陷于糟糕的民调数据中而翻身无望。

2005年3月，当失业人数攀升到520万时，施罗德政府做出了一项重大的调整财政政策的决定。为了遏制持续上涨的预算赤字，财政部长汉斯·艾歇尔（Hans Eichel）最初提出提高增值税的建议。然而，2005年起任经济和劳工部长的沃尔夫冈·克莱门特（Wolfgang Clement）与施罗德总理一道，力主采取更高的赤字和更高的新增公共债务政策。在这种情况下，德国政府宁可有意违反

《马斯特里赫特条约》的标准之一，亦即即使预算赤字再度超出国内生产总值3%的上限，也在所不惜。

自2002年以来，德国一直未能控制好3%的界限指标：2004年的预算赤字为3.8%，2005年为3.7%。面对欧盟委员会即将动用赤字程序惩治手段，柏林于2004年12月宣布，2005年把新增负债率降为2.9%，从而得以顺利过关。在同样准备对《马斯特里赫特条约》中规定的限制条款进行松动的法国政府的紧密配合下，德法两国政府共同破坏了这项承诺。早在2003年，柏林和巴黎就曾共同阻止欧盟委员会采用《蓝皮书》对超过3%界限指标的成员国予以警告，并敦促其遵守预算纪律。这样，欧盟的两个最大经济体就成了别国竞相效仿的样板。然而在施罗德眼里，这种违反规则的做法情有可原。他认为，在经过《2010行动纲领》大刀阔斧的改革之后，德国政府不可能指望民众能够承受更多的伤筋动骨的政策。

财政政策方面的峰回路转并没有给红绿两党带来所希望的效果。5月22日，在北威州的议会选举中，首府杜塞尔多夫（Düsseldorf）的两个联合执政党——社民党和绿党遭到重创，败给了基民盟和自民党，并失去了议会的多数。缘此，由红绿两党组阁的州政府在德国不复存在。正如施罗德对局势所做的判断，对社民党来说，在丢失了自己位于莱茵河和鲁尔河畔的"大本营"之后，重新转入攻势是一个关乎生死存亡的政治问题。当天晚上，他在与明特费林商议之后宣布，他当下的目标是力争重新大选。7月1日，联邦议会关于"非正式"信任案问题的投票表决获得了期待的结果：由于148名联合政府两党议员弃权，提案被否决。7月21日，于2004年5月接替社民党人约翰内斯·劳（Johannes Rau）当选联邦总统的基民盟党人霍斯特·科勒（Horst Köhler）解散了第15届联邦议会。两位议员对解散联邦议会提起上诉，上诉被联邦宪法法院于2005年8月25日以理由不成立予以驳回。

　　选战期间，施罗德不仅要面对在野党——基民盟/基社盟和自民党以及为它们提供支持的新闻媒体，而且还要对付一个来自左翼阵营的强大对手：在原社民党主席奥斯卡·拉方丹的积极参与下，劳动和社会公平党与民主社会党合并成立了选举联盟——"左派党"。基民盟和基社盟的总理候选人是基民盟主席安格拉·默克尔。她抬出的是对福利国家进行改革的经济友好型的竞选纲领，其中包括 2003 年 12 月在莱比锡基民盟党代会上决定的、将医疗和护理保险改为一揽子人头费为 200 欧元的保险金缴纳制度。作为财政部长人选，默克尔将前联邦宪法法院法官保罗·基尔霍夫（Paul Kirchhof）招入了竞选团队。基尔霍夫是一个对税收制度进行大刀阔斧简化改革的倡导者，他的主张被施罗德在竞选讲演中抨击为一种极度违反社会精神的做法。大多数民调结果显示，基民盟/基社盟和自民党赢得竞选的胜机明显看好。但是，作为竞选活动家，施罗德和菲舍尔再次显示出他们具有非凡的动员和号召能力。9 月 18 日选举日当晚计票结果：基民盟/基社盟得票率为 35.2%，仅稍稍领先社民党的 34.2%；自民党的支持率为 9.8%，左派党为 8.7%，联盟 90/绿党为 8.1%。

　　根据上述结果，不仅基民盟/基社盟和自民党的组合，以及社民党和绿党的组合不能构成多数，而且，如同社民党-左派党-绿党的组合一样，由社民党、自民党和绿党拼凑的"交通信号灯"组合①，也无法构成议会的多数。这样，只剩下由基民盟/基社盟和社民党组成的，如同 1966~1969 年在"老"联邦德国曾经存在过的大联合政府一种选择。虽然基民盟/基社盟的竞选结果是两党历史上第三个最差结果，但是根据当时的形势，只有在东德长大并受教育

---

　　①　社民党的代表颜色为红色，自民党为黄色，绿党为绿色，故常被媒体称为"交通信号灯"组合。

的基民盟主席才能出任这届政府的首脑。2005 年 11 月 22 日，默克尔当选联邦总理，副总理及劳工和社会部长是弗朗茨·明特费林。由社民党人担任内阁部长职务的还有外长弗兰克 - 瓦尔特·施泰因迈尔（Frank-Walter Steinmeier），他曾在施罗德政府任总理府部长，财政部长是佩尔·施泰因布吕克，他在 5 月州议会选举失利之前担任北威州州长。在基民盟的部长中，最有名的一位是沃尔夫冈·朔伊布勒，他所掌管的部门是其在科尔政府中于 1989~1991 年就已经领导过的内政部。

红党和绿党政府虽然被选下了台，但是，1998~2005 年制定的许多决策在很长一段时间内还在继续产生影响。通过参与科索沃和阿富汗战争，德国在外交政策立场方面已经同其他西方国家拉近了距离，并由此走向了"正常化"；通过对伊拉克战争说"不"，德国从唯美国马首是瞻的关系中解放了出来，并赢得了政治上的自信。施罗德和俄罗斯总统之间在 2000 年之后的几年中发展起来的密切私人关系，没有因德国历史上第三位社民党总理任期结束而就此终结：2005 年底，普京为施罗德谋取了一份薪水不菲的北溪股份公司监事会主席的职位。北溪股份公司是北海海底天然气管道的运营商。在联邦议会大选之前，柏林和莫斯科之间在 2005 年 9 月达成了关于建设海底天然气管道的协议。北溪（北欧天然气管道）的大股东是俄罗斯天然气工业股份公司，小股东是德国的能源公司 E.ON- 鲁尔天然气和巴斯夫。北溪的公司总部设在瑞士的"避税天堂"楚格州（Zug）。

在红绿两党所推行的国内政策改革中，给同时代人留下最深印象的是核电下马、生态税、新国籍法和生活伴侣关系登记等措施。在红绿两党执政期间，为了不落后于美国和英国这两个先行国家，德国实行了金融市场的开放政策，为此，它于 2003 年 12 月通过《投资现代化法案》，设立了允许对冲基金进入市场的具有相对限制性的条件。与英美国家相比，这项紧跟"新自由主义"时代精神的举措具有与时俱进的意义。德国并没有实行去工业化；而是使自己的工业走上了现代化之路，并且逐渐发展成了一个工业化的服务型社会：历史将证明，这是合乎未来发展的一种趋势。

当施罗德政府结束任期时，《2010 行动纲领》是红党和绿党联合政府最富有争议的一项举措。多年之后，德国人才逐渐认识到，2003 年的改革强健了德国的经济，巩固了它的福利国家体制。德国从已经被证明是樊笼桎梏的传统中解放了出来。尽管改革大业本身在某些方面依然需要改革，但是，它在总体上已经为德国在 2008 年世界经济危机中比之大多数欧盟成员国更为顺利地克服危机的震荡奠定了基础。

如同德国一样，2002 年也是法国的大选年。第一轮总统选举于 4 月 21 日正式开始。在任总统雅克·希拉克再度参选，社会党派出了在任总理利昂内尔·若斯潘与之一争高下。此外，还有 14 位候选人参与角逐这一国家的最高官位，其中有国民阵线的让－玛丽·勒庞，共产党的罗贝尔·于（Robert Hue），德斯坦主义的法国民主联盟主席弗朗索瓦·贝鲁（François Bayrou），2000 年 8 月辞去内政部长职务的市民运动主席、左翼民族主义的让－皮埃尔·舍韦内芒。

众多的竞选者人数导致的结果是，他们当中没有一人在第一轮选举中获得 20% 的支持率。然而，真正让人大跌眼镜的是，左翼党派中最有胜算的竞选者根本未能进入下一轮选举。希拉克的得票率为 19.9%，勒庞 16.9%，若斯潘 16.2%。若斯潘本人将这一结果形容为犹如"五雷轰顶"（coup de tonnère）。他把 4 月 21 日这一天的屈辱经验归咎于左派政客们政治上可笑的起哄行为，其中包括取得 5.3% 选票的舍韦内芒。面对第一轮的选举，希拉克是"哑巴吃黄连——有苦难言"：在法国第五共和国迄今为止所有竞选连任的总统中，还没有哪一位像他那样在第一轮中得到如此糟糕的结果。

在 5 月 5 日的第二轮选举中，左翼党派的选民们不得不为他们的分裂和不切实际的幻想付出代价，他们的唯一选择是：帮助不受欢迎的现任总统战胜他的极右翼竞争对手。在投票率达 80.2% 的情况下，希拉克获得了 82.2% 的支持率，勒庞为 17.8%。选举后次日，希拉克任命原德斯坦主义出身的、1995~1997 年在朱佩总理内阁任中小企业部长的让－皮埃尔·拉法兰（Jean-Pierre Raffarin）出任政府总理。在继之于 6 月 16 日进行的国民议会第二轮选举中，市民阶级的联合党——总统多数派联盟获得了 47.3% 的选票，从而以绝对多数的席位一马当先胜出。社会党得票率为 35.3%，共产党一败涂地，仅 3.3%。第一轮中曾赢得 11.1% 选票的国民阵线，在第二轮中不得不以 1.9% 的得票率收场。五个月之后的 2002 年 11 月 17 日，在保留其缩略语的情况下，总统所在的政党更名为人民运动联盟，前总理朱佩出任联盟主席。

在拉法兰内阁中，除了女国防部长米谢勒·阿利奥－马里（Michèle Alliot-Marie），脱颖而出的还有两位相互角逐暗中较劲的政治家：外交部长多米尼克·德维尔潘和内政部长尼古拉·萨科齐。后者于 2002 年 12 月在一场电视辩论中，驳倒让－玛丽·勒庞大出风头，之后，他作为"法律和秩序"的铁汉形象得到了显著提升。德维尔潘的世界级知名度，得益于他于 2003 年 2 月 5 日在联合国安理会历史性的会议上与美国国务卿科林·鲍威尔唇枪舌战，对鲍氏关于伊拉克拥有大规模杀伤性武器的说法提出了掷地有声的质疑。不过，在外交领域坐镇中军帐发号施令的还是总统希拉克。他与德国总理施罗德以及俄罗斯总统普京一道，共同为抵制乔治·W. 布什的伊拉克政策的反对派提供了一个强有力的外交后盾。

由社会、劳工和团结部长弗朗索瓦·菲永（François Fillon）提出的退休金计划，是 2003 年法国备受争议的国内政策改革方案之一。这项计划试图参照私营经济的养老体制对公共部门的养老体制进行改革。受牵连的人认为该计划是在削减其特权，因而对之表示强烈反对。尽管如此，法案还是获得了批准并产生法律效力。法国并没有出现像德国《2010 行动纲领》那样的改革措施。劳动力市场依然一成不变死水一潭，首先受其影响的是年轻人的就业问题。法国 2001~2005 年的平均失业率为 8.8%，仅略低于欧盟 8.9% 的平均水平。预算赤字自 2002 年起超过《马斯特里赫特条约》所规定的占国内生产总值 3% 的上限，2004 年最高时达 4.1%，2005 年为 3.6%。

2003 年 4 月，国民议会通过了一项选举法改革法案，目的是要保障稳定多数，并因此引入了第二轮选举 10% 的门槛。这年秋天，法国民众的注意力转到了围绕国营埃尔夫阿奎坦石油公司私有化过程中贿赂金丑闻的审理上。2003 年 11 月 12 日，在法国第五共和国迄今为止最大的一桩腐败案中，有 37 名被告被判刑，他们中的一些人——其中包括德国商人迪特·霍尔泽（Dieter Holzer）——被判处长期徒刑。但是，与埃尔夫阿奎坦公司所扮演的角色相关联，在 1992 年东德的洛伊纳公司私有化过程中是否有贿赂金流进了德国政客的口袋，这个问题未能得到澄清。存放于联邦总理府的可能包含有这方面材料的卷宗在 1998 年政府换届后荡然无存。

2004 年 2 月，法国以议会两院决议的形式表达了对严格遵守世俗国家理念的态度：国民议会和参议院通过了一项法律，禁止在学校穿戴穆斯林妇女和少女头巾这类有明显宗教象征意义的服饰。一个月之后，法国最大的政党不得不面对其在选民中的支持率江河日下的现实。在 3 月 21 日和 28 日举行的地方选举中，总统多数联盟只在一个地区——阿尔萨斯得以保持其执政党的地位，其他地方均成了左翼反对党的天下。

希拉克总统用改组内阁来回应地方选举的失败。德维尔潘改任内政部长，萨科齐接替无党派人士弗朗西斯·梅尔（Francis Mer）出任主管经济和财政的"超级部长"，但他在此任上只干了几个月。在被选为总统多数联盟主席之后，迫于总统的压力，他不得不于2004年11月辞去部长职务。除了因位高权重与总统发生龃龉，萨科齐与德维尔潘之间也心存芥蒂，各怀鬼胎。萨科齐怀疑这位来接替他内政部长职位的继任者，要将他这个党内的对手推到"清泉事件"①的风口浪尖上。此案涉及（如稍后曝光的那样）一家位于卢森堡的银行的假造客户资料，以及萨科齐在这家银行曾经持有或仍在持有一个私人账号的传闻，该账号据称是专门用来接受同法国向中国台湾地区出售护卫舰有关的贿赂金。萨科齐和德维尔潘之间上演的这场权斗大戏，给后来希拉克执政的最后几年打上了决定性的印记。直到这位昙花一现的"超级部长"退出政府，这出权斗戏还未完全见出胜负。

意大利在2001年5月大选后，以西尔维奥·贝卢斯科尼为首的右翼政党联盟再度夺回了执政权。在总理任上，这位该国最具影响力的媒体企业家不仅想方设法扩张自己的帝国，而且绞尽脑汁保护自己免于被追究刑事责任。2002年3月，在经过激烈的争论之后，这位政府首脑通过议会批准了一项法律，在身为总理的情况下仍然保留对其企业的控制权。出于个人目的将国家机器工具化——此种行为在2003年6月因一项豁免权法案而达到了登峰造极的地步。该法案保护五个身居国家最高职位的领导人免于司法部门的调查和起诉，并直接导致了正在进行中的针对贝卢斯科尼贿赂法官案件的程序被迫停止。但是，宪法法院于2004年1月取消了该项法律，从而

---

① "清泉事件"（Clearstream-Affäre，亦译为"清流事件"），是法国2004年涉及政府高官接受非法贿赂的丑闻事件。

使相关的法律程序得以继续进行。12 月，针对贝卢斯科尼贿赂案的审判结束，结果为无罪释放。

大多数观察家一致认为，倘若贝卢斯科尼此前没有通过意大利的私人电视台引起某种"文化革命"通过肤浅的娱乐节目和常常是巧妙的、潜移默化的政治灌输来影响广大阶层民众的思想意识——那么国家政权就不会轻易落入他的手中。作为总理，贝卢斯科尼也成功地将公共电视台——意大利国家广播电视台（RAI）置于自己的控制之下。于是，在这个对意大利至关重要的媒体领域，他近乎占据了"言论垄断"地位。在纸质媒体方面，《日报》是贝卢斯科尼帝国自家出版的报纸（诚然，这并不意味着他完全满意这张报纸所奉行的路线）。除此之外，贝卢斯科尼通过使用威逼和利诱的手段，成功地获得了对其他全国性的报纸——如米兰的《晚邮报》和都灵的《新闻报》等——的影响力。但是，始终如一和坚定不移地对政府持批评立场的是左翼自由主义的《共和报》、前身为共产党报纸的《团结报》和一度是左翼极端主义的《宣言报》，其中，后两种报纸的发行量远低于 10 万份。

贝卢斯科尼政府在经济政策上奉行的是一条自由主义路线。它延续了达莱马和阿马托政府对劳动力市场松绑和搞活的努力，但在试图放宽解雇保护问题上，却在工会的抵制面前举步不前。政府推行的政策总体上收效甚微。失业率 2001~2006 年由 9.8% 下降到 6.6%，国内生产总值增长率在 2001~2006 年一直低于欧盟国家的平均水平；预算赤字 2003~2005 年起初为 3.6%，而后是 3.5%，最后是 4.4%，均高于《马斯特里赫特条约》规定的 3% 的标准。意大利的外贸在全球贸易中所占的比例持续下降。关于贝卢斯科尼促进经济增长的战略，《传媒大王》一书的作者亚历山大·斯蒂莱（Alexander Stille）在其批判性的传记中做了这样的评论：从根本上说，这些政策措施均未跳出"对逃税者予以大赦，鼓励小业主继续欺骗财税部门，给享有政府恩宠的大公司提供国家服务和建筑项目"的套路。虽然这是讽刺性的夸张说法，但在核心问题上却一语中的。

在第二届贝卢斯科尼政府出台的一系列国内政策和措施当中，有一项新法可以名列西方民主国家颁布的最令人不寒而栗的法律之列：这就是由北方联盟和全国联盟的领导人翁贝托·博西和詹弗兰科·菲尼提出，并于 2002 年 7 月批准通过的打击非法入境和滥用避难权的法案。该法案不仅对采用非法手段（诸如乘坐破旧不堪的船只从北非出发）来到意大利的难民，而且对所有在海难中为他们提供帮助的人员（如渔民和船长），将予以罚款和监禁的处罚。对于提供帮助者来说，该法有可能带来毁灭其生计的后果。倘若一直以来不施以援手被认为是违法行为，那么，新出台的法案是将帮助他人视作违法，并将每一个以《圣经·新约》中所讲述的慈悲为怀的撒玛利亚人为榜样的助人为乐者皆视为罪犯。

初时，这一与传统道德原则背道而驰的新法在欧洲其他国家未引起人们很多注意。2003 年初，当有 300 多名非洲偷渡难民在意大利地中海岛屿兰佩杜萨（Lampedusa）海面船倾人亡时，欧洲才开始就这项非人道的庇护和难民政策展开认真严肃的讨论。莱塔（Letta）政府执政期间，罗马从根本上改变了它的态度：在"海上救援"行动的名义下，意大利海军于 2013 年 10 月在地中海上开始搜索并救助遭遇海难的难民。

在外交上，贝卢斯科尼力图在欧盟范围内树立一种"登得上大雅之堂"的形象。鉴于菲尼的全国联盟"新法西斯主义"的历史背景，以及另一个联合政府执政伙伴翁贝托·博西的北方联盟越来越公开化的仇视外国人的种族主义倾向，想要达此目的并非易事。2002 年 1 月，出于对来自北方联盟的内阁同仁敌视欧洲态度的抗议，亲欧洲的外长雷纳托·鲁杰罗（Renato Ruggiero）愤然辞职。他的继任者是职业外交家布鲁诺·博塔伊（Bruno Bottai）。伊拉克危机爆发时，意大利倒向了乔治·W.布什一边，从而也成了分裂欧洲的帮手。对贝卢斯科尼来说，意大利的立场合情合理，无可指责。他认为，同最强大的盟友产生摩擦，既无必要也得不偿失。然而，意大利人民在这个问题上并没有站在他们的总理一边：2003 年 2 月 15 日，罗马有一两百万民众走上街头，参加全球范围内反对伊拉克战争的抗议活动。

2003 年下半年，意大利成了欧洲理事会的轮值主席国。7 月 2 日，贝卢斯科尼首次以轮值国主席身份在欧洲议会亮相，立即遭到了众多议员的批评和议论。当来自德国社民党的马丁·舒尔茨（Martin Schulz）议长发言提醒政府总理和公司老板这两个职务之间存在利益冲突时，这位意大利的"骑士"回应道，意大利正在拍摄一部关于集中营的电影，他将推荐舒尔茨出演典狱长的角色。舒尔茨反唇相讥道，出于对法西斯主义受害者的敬畏，他不想对此加以评论。他接着说道，倘若理事会的轮值主席在议会的辩论中如此失态，这不可不谓大有问题。大多数议员为他针锋相对的反驳报以经久不息的掌声。

2005 年春，越来越多的迹象表明，意大利民众开始对贝卢斯科尼表示不满。2005 年 4 月，在 20 个地区中的 13 个地区议会选举中，右翼联合政府的政党仅在伦巴第和威尼托两个大区中得以保住了多数。贝卢斯科尼政府陷入了一场严重的危机之中；只因卡洛·阿泽利奥·钱皮总统的紧急呼吁，贝氏才未辞去总理职务。12 月，贝卢斯科尼成功地在议会通过了一项新选举法。该法为实力最强的政党引入了一项奖励条款（可以自动获得众议院 55% 的席位），并且为党派之间串通选举提供了便利，倘若它们至少单独获得 2% 以及至少共同获得 10% 的选民支持的话。

在 2006 年 4 月的议会大选中，这项法律并未使右翼政党联盟——自由之家从中获益。由中间－左翼党派组成的联盟，即从当年的基督教民主党到各类共产党组织，在众议院获得了微弱多数，但在参议院却未能取得多数席位。这个草台联盟的共同候选人、前任政府首脑和欧盟委员会前任主席罗马诺·普罗迪当选为总理；外交部长由前共产党人和曾经担任过政府总理的马西莫·达莱马出任。5月，前共产党改革家乔治·纳波利塔诺当选为总统。

有鉴于众议院中的微弱多数，2006年春的政权更迭是否意味着贝卢斯科尼时代的终结，这个问题远未有定论。自2001年起，贝卢斯科尼从根本上改变了意大利的政治格局。官方的反法西斯主义被一股反对反法西斯主义的潮流所取代，这股潮流与为意大利历史上法西斯主义时期进行辩护的思潮如出一辙。虽然战后时代的国家民主体制均得以延续下来，但从2001年至2006年，意大利越来越明显偏离了西方民主的政治文化。长期以来始终是意大利日常生活组成部分的政治腐败，如今被贝卢斯科尼上升成了理所当然，从而在国家层面上得以合法化。虽然这位下台后的"骑士"在电视领域不再拥有对舆论近乎垄断的控制地位，但是，私人电视频道中他的影子无处不在，依然保持着对公众舆论的影响力。贝氏几度向世人证明，他是精于利用这一权力地位门道的高手。他仅需坐等政府的错误和执政党之间的争吵，即可再度向意大利民众表明自己是现行体制的替代方案。要对这位曾经担任政府首脑五年之久的男人从政治上盖棺定论，在2006年春还为时过早。

无独有偶，贝卢斯科尼的西班牙同仁何塞·玛丽亚·阿斯纳尔在伊拉克危机问题上也从一开始就倒向了美国一边。这位马德里的政府首脑似乎刻意要用一种极具挑衅性的方式，给欧洲大陆的两个主要大国——德国和法国展示西班牙的自信。这种自信的表示不仅体现在伊拉克问题上，而且还体现在《欧盟宪法条约》的谈判中，其时，阿斯纳尔以决不妥协的强硬态度代表了西班牙的国家利益。尽管民调显示，十分之九的西班牙民众不同意自己的国家参与伊拉克战争，并且有 300 万人于 2003 年 2 月 15 日上街游行反对布什和阿斯纳尔的政策，但这位首相大人皆对之不以为然。2003 年底，西班牙的先遣部队抵达伊拉克。此次它共派出 1300 名士兵参与"自愿者联盟"的占领军部队。

经济方面，阿斯纳尔完全采取低息政策，即国家和民营企业于 1999 年 1 月 1 日在非现金支付交易过渡到欧元之后，可以用低息进行贷款。通过对地方政府土地出卖政策的放开，一股由人民党政府催生的建筑热开始出现。这股建筑热助长了在沿海地区大兴土木的势头，并且在很短的几年时间内发展出十分危险的房地产泡沫。政府借助允许签订低于最低工资标准的、行业规定以外的劳务合同的方法，开放了劳务市场。国内治安方面，巴斯克地区埃塔组织的恐怖活动依然是首要的问题。2002 年 7 月，由法院判决没收了巴斯克地区巴塔苏纳党的财产；8 月底，对该党发出了禁止活动的禁令；2004 年 1 月，宪法法院对一年半之前的禁令维持原判。

两个月后，即 2004 年 3 月 11 日，发生在马德里的阿托查、圣埃乌赫尼亚和埃尔波佐火车站的炸弹袭击震惊了西班牙首都。191 人在袭击中死亡，2000 多人受伤，其中一部分受重伤。阿斯纳尔政府立刻指责埃塔组织要对事件负责，并坚持认为是埃塔所为，尽管从一开始就有强烈迹象表明，袭击的罪魁祸首是与"基地"组织有关的伊斯兰极端分子。倘若阿斯纳尔政府的说法正确无误，那么这将增强它在不日举行的大选中的地位：人民党被认为是"法律和秩序"坚定不移的代表。"伊斯兰恐怖袭击"的说法（很快即被证实为是正确的）对保守派来说却是具有危险性的结论：它可能被看作对一个不言自明的判断的佐证，即炸弹袭击是对西班牙参与伊拉克战争的报复行动。随后几个月的调查结果显示，正是出于这样的原因，阿斯纳尔政府隐瞒了它所得到的情报，并把错误的结论广为散布，目的是影响选举的结果，进而从中获利。

这一企图并未奏效。3 月 14 日，亦即袭击事件三天后、全国反恐示威游行两天后，何塞·路易斯·萨帕特罗（José Luis Zapatero）领导的西班牙工人党以 42.6% 的得票率获得了选举的胜利，人民党为 37.6%。在左翼政党联盟和地方党派的支持下，萨帕特罗组阁成功。4 月 17 日，他在议会中赢得 350 票中的 185 票当选为首相。就职伊始，新首相立刻兑现了他在选举中的承诺：5 月 27 日，最后一批西班牙士兵从伊拉克撤离。

随着政府的更迭，西班牙出台了一系列新政，其中在外国人政策方面发生了一个深刻变化：已经找到工作的来自非洲的非法难民可以获得居留权。2005 年 5 月，萨帕特罗政府表示，只要埃塔组织放下武器，政府愿意进行谈判。次年，在巴斯克恐怖组织于 3 月宣布永久停火之后，马德里政府开始与之进行谈判。2005 年 6 月，不顾天主教会的坚决反对，议会两院批准了一项法律，该法律允许同性伴侣结婚，并给予他（她）们在国内政策方面极富争议的领养孩子的权利。

如同其前任一样，萨帕特罗不顾可能出现房地产泡沫的严重警告，继续大力推动建筑业的建房热潮。在这位社会党首相执政的八年时间里，房地产贷款总量增长了数倍。萨帕特罗没有继续实行劳动力市场的开放改革，反而扩大了解雇保护的法律规定范围（根据 2006 年的这项法律，截至当时为止，签订有限期劳务合同的 31~45 岁的员工，若是在 2007 年底前提出申请，即可以获得一份永久的和受解雇保护的工作）。改革的步伐始终未触及臃肿庞大的政府机构。虽然萨帕特罗的亲欧洲路线与阿斯纳尔相比不尽相同，但是，就西班牙在欧盟和欧元区内的竞争力而言，把他的执政期称作"白白浪费的年头"并非言过其实。

在启用欧洲共同货币的头八年里，西班牙从未与《马斯特里赫特条约》规定的赤字标准发生过冲突，外贸收支甚至常有盈余。反之，邻国葡萄牙在 2003 年 3 月却受到了欧盟委员会的一次正式警告，被要求遵守财政约束并采取紧缩银根措施。2001 年，葡萄牙的国库赤字为 4.1%；2002~2008 年，葡萄牙又三次超过了 3% 的界线，其中最高一次是 2005 年的 5.5%。西班牙的经济增长经常保持在欧盟国家的平均水平之上，葡萄牙则始终处在平均水平之下。2003 年，葡萄牙的经济甚至下滑了 0.9%。

葡萄牙民众的普遍不满情绪导致了 2003 年 3 月的提前大选和政府更迭。社会党总理安东尼奥·古特雷斯（他所领导的政党在 12 月的地方选举中遭受重大损失，其本人宣布辞职，但仍代行总理职务处理国政），被得票率为 40.2% 的选举获胜者、自由主义保守派的社会民主党最高竞选人曼努埃尔·杜朗·巴罗佐所取代。巴罗佐与右翼的人民党组成了一届联合政府，并且不久即在伊拉克冲突中与阿斯纳尔、贝卢斯科尼和布莱尔站到了乔治·W. 布什支持者一边。

新总理上台之后，并没有实行大刀阔斧的改革和财政稳定措施。葡萄牙于 1986~2011 年从欧盟结构和凝聚基金得到高达 810 亿欧元的扶持款，绝大部分投到耗资巨大的交通网络的扩建工程上，即高速公路、道路、桥梁、铁路、机场和港口等，却几乎没有用在迫切需要进行改革的普通教育和职业教育上，或是用在短期内即会产生经济增长效益的投资项目上。尽管如此，联合在欧洲人民党议会党团中的保守和基督教民主党派在取得了欧洲议会的直选胜利后，在德国基民盟主席安格拉·默克尔的游说和敦促下，推举巴罗佐作为接替罗马诺·普罗迪担任欧盟委员会主席的候选人（另一位候选人是热忱的欧洲主义者、比利时首相居伊·伏思达，此前因托尼·布莱尔的反对而出局）。欧洲理事会接受了欧洲人民党的举荐，巴罗佐于 11

月 22 日被欧洲议会选为欧盟委员会主席。

巴罗佐的接任者佩德罗·桑塔诺·洛佩斯（Pedro Santano Lopes）的总理任期如昙花一现。面对经济危机和空虚的国库，新政府也同样束手无策。在这种情况下，社会党的国家总统豪尔赫·布兰科·桑帕约（Jorge Branco de Sampaio）于 2004 年 11 月宣布解散议会，并再次安排提前大选。大选于 2005 年 2 月 20 日举行，以何塞·苏格拉底（José Sócrates）为首的社会党获得了 45% 的支持率，成为第一大党，并在议会中甚至拥有绝对多数席位。苏格拉底执政期间，整顿国家财政和外国人融入问题成了施政的当务之急。此后，当市民阶层政治家、社会民主党候选人阿尼巴尔·卡瓦科·席尔瓦（Aníbal Cavaco Silva）于 2006 年 3 月当选总统时，葡萄牙的这一施政方针也未发生改变。总统选举后，葡萄牙再度出现了政治上的所谓"同居"现象：一位保守党国家总统和一位社会党政府首脑共同当政。

早于葡萄牙四个星期，即 2003 年 2 月 12 日，爱尔兰作为第一个欧盟成员国收到了布鲁塞尔欧盟委员会的一次警告，原因不是由于过高的预算赤字，而是一方面爱尔兰 5.6% 的通胀率比欧盟平均水平高出了 2.5 个百分点，另一方面低税率顺周期性作用的政策造成了经济过热的潜在危险。布鲁塞尔的警告产生了效果：2005 年，爱尔兰的通胀率降到了 2.4%，略低于欧盟 2.5% 的平均水平。而 2001~2007 年，爱尔兰的经济增长一直处在 4.2%~5.3%，远高出欧盟成员国的平均值。2005 年人均国内生产总值为 39000 欧元，比德国高出约 12000 欧元，仅低于卢森堡（62200 欧元）。

乍看起来，爱尔兰的经济形势一派大好，由工会、雇主组织和政府于 2000 年 3 月缔结的，同荷兰的"圩田模式"有异曲同工之妙的一个社会发展公约乃是经济振兴的原因之一。而更为重要的因素则在于，爱尔兰的银行将所获得的外国贷款，特别是德国的贷款纷纷用来支持规模庞大的建筑热潮。对于这种"商业模式",政府又通过对企业和资本收益实行极低的征税加以特殊的扶持。就这种投机性的资本投资而言,爱尔兰银行本身所拥有的资本量过少,这点在2008年世界金融危机中即暴露无遗。在这场危机中,很少有欧洲国家像爱尔兰一样受到如此严重的影响。由此观之,若政府财税部门恰如其分地参与爱尔兰规模巨大的海上油气资源的开发,这或许是经济增长的一个更为稳固的基础。但是,20世纪80年代和90年代的保守派政府坐失了这一良机。他们一反惯例,将海上油气田项目统统交给大石油公司,并且对开采利润实行征税减半的政策。这场"交易"当中是否伴有腐败现象,未可得知。

通过与欧盟巧妙的后期谈判,爱尔兰总理伯蒂·埃亨(Bertie Ahern)领导下的共和党保守派政府,成功地使爱尔兰民众于2002年10月第二次全民公决中,对2001年6月曾经否决过的《尼斯条约》表示赞同。相比1999年,保守派政府在2004年6月的欧洲议会选举中损失了9.1%的选票。但是,共和党的执政能力并未因此受到影响。在2002年5月的议会大选中,它的支持率达到41.5%。2007年5月,它以41.6%的支持率再度成为第一大党。借助与此前的执政伙伴进步民主党和绿党结成的联盟,埃亨再度当选政府首脑。

2001~2006年,社会民主党在欧洲一系列国家中的执政地位先后宣告结束。关于此话题,本文此前就法国和德国的相关情况已有阐述。但是,这一大趋势的源头却始于丹麦。在2001年11月20日的议会大选中,安诺斯·福格·拉斯穆森领导的丹麦自由党以31.2%的得票率成为第一大党。这位自由党主席取代了与他同姓的社民党改革家波尔·尼鲁普·拉斯穆森——倡导"灵活保障"(flexicurity,即由flexibility和security合二为一后的新词)政策的先驱人物。所谓"灵活保障"政策,是逐步取消解雇保护、长期大范围续发工资、积极的政府劳动力市场政策以及高水准的最低工资标准的综合体。

哥本哈根的新联合政府由自由党、保守党和以皮娅·柯丝高（Pia Kjærsgaard）为首的右翼民粹主义的丹麦人民党组成。该党以12%的支持率成为第三大政党，并给丹麦王国今后的移民和难民政策打上了由其所提出的限制性措施的色彩。外交政策上，体现政府右转的具体表现是：支持布什和布莱尔的伊拉克政策以及丹麦参与"自愿者联盟"的行动。

2005年9月底，《日德兰邮报》登载了漫画家库尔特·维斯特加德（Kurt Westergaard）创作的十二幅内容涉及先知穆罕默德的漫画。在起初的风平浪静之后，这组漫画于2006年初在伊斯兰世界引发了有组织的带有暴力行为和抵制口号的抗议浪潮。截至2006年2月，有139人在反对丹麦的示威和骚乱中丧生，6人于2008年夏在巴基斯坦首都伊斯兰堡发生的、针对丹麦使馆的、以穆罕默德漫画为起因的袭击事件中死于非命。穆斯林群众要求西方尊重伊斯兰教的神圣教规，限制舆论和新闻自由，对此，自由党的拉斯穆森首相予以严词拒绝。

另一个由中间派及左派政府向中间派及右派政府的转变发生在荷兰。2002年4月16日，"圩田模式"的真正鼻祖、社民党的维姆·科克政府宣布集体辞职。科克政府辞职的原因，是要为记述在一份调查报告中的，对荷兰的联合国蓝灰士兵在塞族非正规部队于1995年7月对斯雷布雷尼察的波斯尼亚人屠杀中被指责为失职的表现承担政治责任。三个星期之后，即2002年5月6日，右翼民粹党领袖、因把科克政府的自由主义移民和融入政策视为失败政策而对之表示坚决反对的皮姆·福图纳（Pim Fortuyn），被一名狂热的环保主义者杀害。这一事件带来的冲击（这是荷兰自1672年以来的首例政治谋杀案）也影响了5月15日议会大选的结果。基督教民主呼吁党取得了 27.9% 的得票率，并且获得了 150 个议席中的 43 个，从而成为第一大党。第二大党为得票率 17% 和拥有 26 个席位的皮姆·福图纳的右翼民粹党。

7 月 22 日，基督教民主呼吁党的扬·彼得·巴尔克嫩德（Jan Peter Balkenende）就任首相。他的内阁除了有右翼自由党参加，还有皮姆·福图纳的右翼民粹党的成员。三个月之后，即 10 月中旬，政府因右翼民粹党内部的矛盾而宣布解散。在提前于 2003 年 1 月举行的大选中，基督教民主呼吁党损失了 14% 的选票，但以 28.6% 的得票率仍然保住了第一大党的地位，紧随其后的是得票率为 27.3% 的社民党。皮姆·福图纳的右翼民粹党的支持率下跌至 5.7%。经过数月的谈判，巴尔克嫩德于 5 月中旬组成了基督教民主呼吁党和右翼及左翼自由党的联合政府。新政府在社会政策方面，继承了利益伙伴和国家之间紧密合作的"圩田模式"。在移民和难民政策方面，巴尔克嫩德内阁的施政路线明显右转，这点通过 2004 年 2 月遣返 2.6 万名难民的决定即可一目了然。

2004 年秋，荷兰发生了两年半之内的第二起暗杀事件。身为电影导演和讽刺作家的伊斯兰主义强烈批判人士西奥·梵高（Theo van Gogh），被一名来自摩洛哥的狂热穆斯林移民在光天化日之下杀害。暴力事件使荷兰社会中对与穆斯林移民在"多元文化"下能否共同和平生活失去信心的各种势力的排外情绪更加高涨。荷兰自由的政治文化由此陷入了一场危机之中。同时，荷兰同欧盟之间的关系也因此受到连累，越来越多的荷兰人认为，欧盟是对本国民族认同感的一种威胁。法国民众于 2005 年 5 月 29 日在全民公投中对《欧盟宪法条约》表示反对，三天后，荷兰民众也随之说"不"。有关此话题，后文将进一步详述。

新世纪的第一个十年中，芬兰和瑞典也同样经历了从社民党领导的政府到市民阶级政党联盟政府的更替。2003 年 3 月芬兰大选之后，中间党女政治家安内莉·耶滕迈基（Anneli Jäättenmäki）的联合政府取代了社民党的帕沃·利波宁内阁；2006 年 9 月瑞典大选之后，由保守党的弗雷德里克·赖因费尔特（Fredrik Reinfeldt）所领导的市民阶级内阁取代了戈兰·佩尔松领导的社民党少数派政府。20 世纪 90 年代使社民党获益良多的改革热情，此时在各国被一种普遍的怀疑情绪所取代。社民党的改革家曾经要求其忠实选民应当具有一定的思想认识和改革承受力，最后导致了其中一部分追随者拒绝支持社民党的领导。于是，来自左翼或民粹主义的政治对手就成了坐收渔利者，抑或，倘若社民党选民用拒绝参加投票来表达其抗议，保守主义党或自由主义党也成了这类抗议的受益者。

　　21 世纪初，另一个普遍存在现象是广大社会阶层对民族认同感的担忧，这种担忧的起因是波及各国的由全球化引发的移民浪潮。高度集中地与来自陌生文化的人群打交道，引起了人们多方面地对"多元文化主义"条件反射式的抵制，其中，越来越多的人开始求助于传统的民族国家思想。一个国家单靠自身的力量已经无法应对全球化的挑战，对此，大多数国家"政治阶层"中的开明代表均心知肚明。然而，问题的关键是，他们是否能够将这种认识传达给他们自己也需要依赖其信任的人民大众。[3]

/ 扩张先于深化：2001～2008 年的欧盟

2002 年 2 月 28 日，在 2001 年 12 月欧盟拉肯峰会上决定成立的、关于欧洲未来的制宪委员会成立大会在布鲁塞尔隆重举行。经雅克·希拉克提议，各国元首和政府首脑任命法国前总统瓦莱里·吉斯卡尔·德斯坦（Valéry Giscard d'Estaing）为制宪委员会主席，副主席为比利时前首相让-吕克·德阿纳和意大利前总理朱利亚诺·阿马托。主席团还有其他九位成员，其中政府代表占绝大多数。制宪委员会的全体会议则以议员为主，它的 105 位成员分别由主席和 2 名副主席、欧洲议会的 16 名代表、各国议会的 2 名代表、15 个成员国各 2 名派驻代表，以及按照同样模式任命的、名义上只有参议资格的 13 个入盟候选国的 39 名代表组成。13 个候选国中包括土耳其，但是没有克罗地亚，后者于 2004 年 6 月才获得候选国身份。

制宪委员会很快达成一致目标，向各国政府提交一份在《拉肯宣言》中提到的《欧洲公民宪法》草案。当德国外长约瑟夫·菲舍尔于 2000 年 5 月在他的"洪堡大学讲演"中谈到关于制定一部欧洲宪法的想法时，他给这条建议设置了一个前提条件：欧盟或至少是其成员国中的一些先行国家应当事先做出决定，将现有的国家联合体转变为一种联邦制，亦即在一体化进程中先完成一个质的飞跃。其时，此项前提条件并不存在，因为这样一个决议并未有过。

倘若欧盟始终是个国家联合体，那么，欧洲宪法的概念是否有意义，是个非常有争议的问题。早在 1995 年，德国的宪法法官迪特·格林（Dieter Grimm）就对要求有一部欧洲宪法的呼声表示反对，其理由是，从严格意义上说，欧盟已经有了一部宪法——它的各种条约。只要欧盟始终是一个国家联合体，那么，它的成员国就是这些条约的主人。能够配得上宪法名称的欧洲国家人民、欧洲公众社会，以及形形色色的欧洲政党并不存在。然而，没有这样一个民主的精髓，欧盟的完全议会化就是空谈。"一部欧洲宪法无法弥合现有的隔阂，并且终将辜负人们对之寄予的期望。由它所传达的合法性是一种虚假的合法性。"

尽管有这样那样的反对意见，制宪委员会未受其干扰，开始投入工作。经过近一年半的磋商，会议于2003年7月提交了一份《欧盟宪法条约》的草案。第一部分内容涉及责任、目标、价值观和欧盟的组织架构；第二部分是由罗曼·赫尔佐格领导的一个工作小组起草的、在尼斯庄重宣布的《基本权利宪章》；第三部分是关于欧盟工作方法和政策范畴的各项规定。

在所有新规定中，加强欧盟委员会主席的地位和使其"政治化"是其最重要的新规定之一。未来，"在兼顾欧洲议会选举的同时"，委员会主席将由欧洲理事会向欧洲议会进行推荐，并且，委员会主席将从每个国家举荐的3名候选人的名单中选出委员会的组成人员。委员会将由15名有表决权和15名无表决权的委员组成。欧盟将配备1名"外交部长"，这名双重身份的外长既是外长委员会的主席，同时也是欧盟委员会的副主席。欧盟外长麾下设有欧洲外交事务服务部门，不过，该部门还有待设立。

在理事会和议会方面，制宪委员会形成的共识具有深刻的意义。在欧洲理事会中，只要采用有效多数方式进行表决，那么，简单双重多数的原则即适用于这样的表决方式：根据该原则，必须要达到成员国的简单多数，同时，这些成员国加在一起必须代表五分之三的欧盟人口。在外交和安全政策方面，保留一致同意原则不变。在国家元首和政府首脑级别上，实行由一名理事会主席代替每半年进行轮换的轮值主席国制度。理事会主席以有效多数选出，任期两年半，并可以连任。在部长理事会级别上仍然保留轮换制。凡是想在欧盟专有职责权限范围之外"加强"合作的成员国，皆可以在特定条件下使用欧盟的机关。

欧洲议会未来不仅可以参与各个单项预算的决策，而且上升为正式的立法机关，从而走上了一种两院制的道路，亦即成了由部长理事会和欧洲议会组成的立法机构。草案首次正式将由蓝底加环形的 12 颗金星组成的旗帜确定为欧盟的象征，贝多芬的《欢乐颂》被定为欧盟的盟歌，欧盟货币名称为"欧元"。

制宪委员会所提建议的目的，一方面是要在国家联合体范围内通过议会化使欧盟民主化，因而几乎成了几何学中一道"化圆为方"的命题[1]；另一方面宪法草案的宗旨是要提升欧盟的办事效力。通过《欧盟宪法条约》，制宪委员会想实现欧盟所需要的、从制度上能够完成向东欧和东南欧的扩张任务。《尼斯条约》不足以为一个更加庞大的欧盟的正常运行提供保障，这个认识构成了制宪过程的最初动因。为了使欧盟能够"做好"应对成员数量巨大增长的准备，制宪委员会竭尽了全力。宪法草案究竟有何结果，现在要由各国政府来决定。

欧洲理事会对草案的反响与制宪委员会的期待不尽相同。2003年 6 月，在希腊港口城市塞萨洛尼基（Thessaloniki）举行的会议上，国家元首和政府首脑并没有全盘接受条约的文本，而只是表示基本同意。在 10 月举行的入盟候选国首次以完全平等地位参加的政府会议上，与会代表决定对条约做几处重大修改：取消了有投票权委员和无投票权委员的区别；针对表决制度，从 2014 年起，委员会成员的比例将修改为成员国数量的三分之二；在预算审核以及外交和安全政策方面，继续保留一致同意原则不变。西班牙和波兰不遗余力地想争取在尼斯会议上商定的、对两国有利的投票权重〔波兰

---

① 化圆为方（德文：Quadratur des Kreises；英文：Squaring the Circle），是古希腊几何学中的一个命题，和三等角分问题、倍立方问题并列为几何学的三大难题。此处意指很难办到的事情。

反对派议员扬·罗基塔（Jan Rokita）的奋斗口号是："与尼斯协定共存亡！"]。正是由于这样的争议，由轮值国主席、（被大家普遍认为一事无成的）意大利总理西尔维奥·贝卢斯科尼主持的 2003 年 12 月布鲁塞尔峰会无果而终。

2004 年上半年，西班牙和波兰政府换届。马德里方面，亲欧洲的社会党人何塞·路易斯·萨帕特罗在 4 月取代了保守派的民族主义者何塞·玛丽亚·阿斯纳尔；华沙方面，无党派经济学家马立克·贝尔卡（Marek Belka）接替因众议院的一项决议而抓住"尼斯模式"不放的社会党人莱谢克·米莱尔。萨帕特罗和贝尔卡在与理事会新任主席、爱尔兰总理伯蒂·埃亨的会谈中均表示愿意让步。

经过反复磋商，各国代表达成了一个对双重多数原则进行重新定义的修改方案。新方案规定，法定数量如今改为占比 55% 的成员国，它们至少必须代表 65% 的欧盟人口。与此同时，增加了对多数决定权更加严格化的规定。2004 年 6 月 18~19 日，亦即在接纳十个新成员国数周之后，《欧盟宪法条约》（以下简称《宪法条约》）在布鲁塞尔峰会上获得通过。2004 年 10 月 29 日，《宪法条约》的隆重签字仪式在罗马举行。同样是在这座城市里，1957 年 3 月 25 日《罗马条约》由六国政府首脑正式签署。

随着文件的签署，《宪法条约》生效之路上的一个重要阶段已经到来，但是，成果仅此而已。批准程序才刚刚拉开序幕。2005 年 2 月 20 日，关于条约的首次全民公投开始进行：西班牙有 41% 的民众参加投票，其中 78.5% 的人投了赞成票。虽然法国宪法并未规定，但是希拉克总统也同样下令举行公投，目的是想借此获得民众对其政策的广泛认同，同时也准备对社会党阵营加以分化。果然，社会党分成了宪法条约的拥护派和反对派两大阵营，其中前总理洛朗·法比尤斯也出现在反对派中。除此之外，对宪法条约持反对态度的还有右翼和左翼的极端党派——国民阵线和共产党。公投于 2005 年

5 月 29 日举行。在投票率为 69.3% 的情况下，54.7% 的多数对《宪法条约》表示反对。

多数投票人说"不"的原因不尽相同。许多反对者出于国内政策的原因不希望希拉克获得成功；许多人出于对法国民族认同感的担心，不希望出现一个冠名为"欧盟"的准国家实体，因而对"宪法"一词感到格格不入；还有许多人担心法国越来越受制于来自布鲁塞尔的官僚主义，以及来自中东欧（尤其是波兰）的大量劳工造成的失业率的增加；左翼阵营的许多人认为，宪法条约中的欧洲过于缺少社会精神。再加上，希拉克同意与伊斯兰国家土耳其进行入盟谈判，这在为数众多的法国人中造成了消极影响。与全民公决的内在逻辑相吻合，在 5 月 29 日说"不"的人群中，还聚集了通常无法在一起进行积极合作的各种党派势力。当希拉克此次"向人民发出呼吁"时，其做法是受政治目的驱使的一厢情愿。由此产生的后果不仅他必须承担，而且整个欧洲也受到牵连。

当法国的数字公布后，欧盟国家的亲欧洲势力感到震惊和无奈。大家希望，被号召在三天后的 6 月 1 日进行历史上首次全民公投（宪法也同样无此规定）的荷兰民众将力挽狂澜，用鲜明的赞同态度把法国的全民公投转变成一次"不慎失手"的意外。但是，61.6% 参加公投的荷兰人说"不"，结果比法国人说"不"的数量有过之而无不及。虽然全民公投没有法律约束力，但是，直到最后始终对正面结果充满信心的巴尔克嫩德政府，却感到自己对公投负有不可推卸的责任。此前，荷兰议会的主要政治家曾经声明，假如投票率超过 30%，表决结果即为有效。而实际的投票率为 62.8%。

自 2004 年 11 月西奥·梵高遇害事件之后，没有一个欧洲国家像荷兰民众那样，对外来影响有如此强烈的担心。将本国的主权进一步拱手交给布鲁塞尔——此类想法不禁让许多荷兰人感到忧心忡忡。不唯如此，许多人还担心，随着欧盟东扩，廉价劳动力将潮水般地涌进荷兰。因此，他们认为，这将使本已不断上升的失业率雪上加霜。如同法国一样，这种担心和忧虑见之于所有政治阵营之中。最善于表达同胞这种担忧心情的，是无党派民粹主义者海尔特·维尔德斯（Gerrt Wilders）。但是，由于政治生态的不同，左翼和右翼的极端势力在此次公投中所起的作用均未超过公投时的法国。

然而，在各国特有的国情之外，2005 年 5 月和 6 月的两次公投也揭示了一个更为普遍的现象：欧洲的统一始终是精英阶层的工程；各国政府领导人闭门造车，一切问题皆独自裁定。虽然欧洲议会的重要性不断增加，但是，通过民主方式对绝大多数布鲁塞尔计划予以合法化的环节十分薄弱，所谓"欧洲怀疑论"也是对此薄弱环节的一种反应。《宪法条约》本欲在此问题上开风气之先，并且要显著减少（倘若不能彻底消除的话）欧盟民主程序上存在的不足，却因抱残守缺人群的抵触而归于失败。

虽然包括立陶宛、匈牙利、意大利和德国在内的 11 个国家已经批准了这项条约，但是，欧洲理事会于 2005 年 6 月给自己暂时安排了一个无限期的"反省间歇"。其结果是，一切都在 2003 年 2 月 1 日生效的《尼斯条约》面前止步不前。卢森堡的人民在 2005 年 7 月 10 日的公投中以 56.5% 的多数对《宪法条约》表示支持，但对形势的进一步发展未起到任何明显的积极作用。2005 年 6 月至 2006 年 5 月，塞浦路斯、马耳他、比利时和爱沙尼亚议会批准该条约后，情况依旧如此。

《宪法条约》的搁浅是继伊拉克危机时欧洲分裂之后，欧洲的建设工程在新世纪中的第二次失败。但是，欧洲所取得的成就并没有因此而被一笔勾销。自 2002 年 1 月 1 日起，欧洲的共同货币——欧元在 12 个国家中作为现金开始流通；2003~2005 年，欧盟在欧洲安全和防卫政策框架内，在波黑、马其顿、格鲁吉亚和刚果民主共和国参与了至少七次建设法治国家、维护安全和军事干预的行动；

最后，欧盟于 2004 年 5 月 1 日从 15 个成员国增加到 25 个成员国。但是，欧洲人距离"用一个声音说话"的目标还相去甚远。《宪法条约》有可能为它们提供这样一种机会。在经历了法国和荷兰说"不"之后，欧盟各国政府是否会振作精神再做一次新的尝试，尚未可知。

对西欧的"元老级"成员国来说，欧盟自 20 世纪 90 年代起开始着手实施的东扩计划并非期待中的喜庆之事。许多国家对来自中东欧地区的廉价劳动力大量涌入劳务市场感到忧心忡忡，这种普遍的忧虑在地域上紧邻未来新成员国的德国和奥地利表现得尤为强烈。缘此，柏林政府和维也纳政府皆准备在经过一个较长的过渡期后，再给予"新成员"与成员国身份相关的迁徙自由。它们的要求得到了认同：欧盟于 2001 年达成一致，在经过两年，抑或五年、最高至七年的期限之后，老成员国再给予来自中东欧入盟候选国的劳务人员完全的往来自由。实际上，在八个中东欧国家加入欧盟之后，最初只有英国、爱尔兰和瑞典向新成员完全开放了它们的劳务市场。

在欧盟新世纪的东扩计划中，能够有望在首轮入围的国家数量少于申请国的数量。首轮入围的国家包括波罗的海东岸的爱沙尼亚、拉脱维亚和立陶宛，还包括波兰、捷克、斯洛伐克、匈牙利、斯洛文尼亚以及马耳他和塞浦路斯。塞浦路斯之所以能出现在入围名单中，是因为雅典方面施加了巨大压力的缘故。这个岛国自 1974 年以来因为希腊和土耳其方面违反国际法的举动而被一分为二：南部讲希腊语的塞浦路斯共和国，以及与之对立的（外交上只得到土耳其承认的）北部讲土耳其语的族群。若是塞浦路斯在 1997 年没有作为入盟候选国入围，希腊就将行使它的否决权，阻止接纳当年曾由共产党执政的中欧和东南欧国家加入欧盟。

经欧盟促成的、由塞浦路斯共和国总统格拉福克斯·克莱里季斯（Glafkos Klerides）向北方土耳其塞浦路斯人族群发出的、作为

"完整成员"参加 1998 年开始的入盟谈判邀请遭到了北方的拒绝。2004 年初在纽约举行的希腊族和土耳其族代表关于联合国提交的和平和重新统一计划的会谈无果而终。2004 年 4 月 24 日,由联合国安排的关于和平计划的全民公投在北部地区获得了大约三分之二多数的支持,希腊族的南部地区以四分之三的多数拒绝了这项计划。一周后,即 2004 年 5 月 1 日,整个塞浦路斯在名义上,实际上只有塞浦路斯共和国成了欧盟的成员国。

几乎与塞浦路斯同时,亦即 1990 年 7 月,马耳他也提出了加入欧盟的申请。马耳他 2005 年的人均国内生产总值略高于 11000 欧元,明显低于塞浦路斯同年 17000 欧元的人均水平。与塞浦路斯共和国不同,马耳他的入盟申请在国内饱受争议。1996 年在首都瓦莱塔上台执政的工党中断了由保守党前政府开始的入盟谈判。当保守的国民党于 1998 年再度获得议会多数时,新政府重新开始与欧盟进行谈判。2002 年底,入盟谈判顺利完成。在 2003 年 3 月 8 日的全民公投中,马耳他民众中 53.6% 的微弱多数赞同加入欧盟。

2005 年,当年南斯拉夫的加盟共和国斯洛文尼亚的人均国内生产总值为 17128 欧元,略低于葡萄牙的水平(17133 欧元),明显高于希腊的水平(16315 欧元)。斯洛文尼亚的国内生产总值在 2005 年达到了欧盟 15 国平均水平的 73%,在所有中欧及东南欧的申请国中名列前茅。1989~1991 年历史转折前后,国家领导人中共产党掌权时代的前政府人员占很大比重,对此,欧盟似乎并未觉得有所妨碍。2003 年 3 月 23 日,斯洛文尼亚民众在两次全民公投中以 89.6% 的多数赞同加入欧盟,并以 66% 的支持率同意加入北约。一场与克罗地亚之间旷日持久的关于皮兰湾(Piran)划界问题的争端于 2010 年 6 月才得以解决,其时,斯洛文尼亚在一次全民公决中以微弱多数同意采取国际仲裁程序,从而为克罗地亚加入欧盟扫清了障碍。2004 年 5 月 1 日斯洛文尼亚加入欧盟后,随之于 2007 年

1月1日开始启用欧元。在此领域，斯洛文尼亚在中欧及东南欧的国家中也同样扮演了一马当先的角色。

如同斯洛文尼亚一样，匈牙利也是于1998年开始与欧盟进行入盟谈判的中东欧国家。这个当年东欧集团成员国的经济发展情况远远落后于前南斯拉夫的加盟共和国斯洛文尼亚。匈牙利的人均国内生产总值在2005年为8713欧元，仅是斯洛文尼亚的一半左右。在政府不断更迭的情况下，国企的私有化进程依然不断推进，到了2005年，国内生产总值的80%由私营经济所创造。其间，超过40%投向中欧和东南欧的外国资本流向了匈牙利。相对而言，匈牙利的政府部门官僚主义作风较少。

2002年4月，在经过一场紧张激烈的选战之后，由社会党和自由党组成的反对派在第二轮大选中赢得51%的议席，战胜了以维克托·奥尔班为首的民族保守派政党联盟。无党派的财金专家彼得·迈杰西当选为总理。在其政府执政期间，匈牙利于2003年4月12日举行了一次全民公决，83.8%的选民赞同匈牙利加入欧盟。国内政策上，迈杰西的社会党和自由党联合政府推行严格的节约开支路线，恢复了奥尔班执政期间濒危的司法独立制度，并坚决打击普遍存在的腐败现象。2004年8月，在匈牙利加入欧盟数月之后，迈杰西因被大量指控有过一段为内政部的情报部门工作的个人历史，被迫辞去总理职务。社会党主席和成功的企业家费伦茨·久尔恰尼（Ferenc Gyurcsány）接任总理，并继续奉行其前任的现代化路线。

与匈牙利不同，捷克是一个"老牌的"工业国家，其人均国内生产总值为9560欧元，比匈牙利高出约850欧元。捷克的私有化进程与匈牙利不尽相同：主宰匈牙利私营经济的是所谓"真正的"所有权人；而捷克的国企私有化则是在缴纳管理费后，将股权凭证分配给本国人民，然而，这些股权凭证的大部分都掌握在多数属于国有银行的投资基金手中，这就造成"凭证私有化"经过拐弯抹角后，始终还是一种虚假性质的转让。在经过 20 世纪 90 年代后期的衰退之后，捷克经济从 1998 年起重新开始增长，经济的复苏对顺利完成与欧盟的谈判起了良好的帮助作用。2003 年 6 月 14 日，77.3% 的捷克人在全民表决中同意加入欧盟。2004 年 5 月 1 日，捷克共和国和其他七个中东欧国家成了欧盟成员国。

2002 年 7 月以后，布拉格政府的领导人皆为清一色的社会民主党政治家，该党在 6 月 14~15 日的议会大选中以 30.2% 的支持率成为第一大党。弗拉基米尔·什皮德拉（Vladimír Špidla）之后，起初是自 2004 年 7 月起由前内政部长斯坦尼斯拉夫·格罗斯（Stanislav Gross），随后从 2005 年 4 月到 2006 年 9 月由伊日·帕劳贝克（Jiri Paroubek）担任政府总理。社民党的联合执政伙伴是基督教民主党和脱胎于民权运动的自由联盟。2003 年 2 月 28 日，作为反对派第二大党的公民民主党东山再起，成功部分复出：该党候选人、前总理瓦茨拉夫·克劳斯在议会两院的总统竞选中，成功击败了与自己的政党分道扬镳的社民党人米洛什·泽曼。克劳斯与他的前任——不介入所有党派政治、对欧洲具有浪漫情怀的瓦茨拉夫·哈维尔在许多方面秉性截然不同：新总统具有同样坚定的经济自由和民族主义思想，而且"对欧洲持怀疑态度"。假如说玛格丽特·撒切尔找到了一个她的精神继承人，那么，此继承人非这位 2003 年 3 月 7 日入主布拉格城堡总统府的男人莫属。

2005 年，于 1993 年 1 月 1 日退出捷克斯洛伐克国家联合体的斯洛伐克的人均国内生产总值为 6900 欧元，是最穷的中东欧国家之一。由于弗拉迪米尔·梅恰尔在 1990~1998 年（其间中断的时间不论）担任政府总理期间奉行非自由化政策，在该地区其他国家早已同欧盟开始入盟谈判的情况下，斯洛伐克不得不等待更长的时间。谈判于 2000 年 2 月才启动，相比欧盟同爱沙尼亚、波兰、斯洛文尼亚、捷克和匈牙利的谈判晚了将近两年时间。稍后，斯洛伐克很快跃升为首批被接纳为欧盟成员国的国家之一，其中的部分原因是（但不仅限于此），以米库拉什·祖林达为首的基督教和自由派联合政府奉行一套严格的开放搞活政策。除此之外，西欧的地缘战略和经济考量也起了重要作用：倘若只接纳波兰、捷克和匈牙利，而不接纳斯洛伐克入盟，那么，斯洛伐克四周就不得不建立一个长约 1000 公里且耗资巨大的欧盟边境管理体系。

2003 年 5 月，在 52.2% 的斯洛伐克民众参加投票的情况下，有 92.5% 的人赞同加入欧盟。国民议会于 7 月在布拉迪斯拉发批准了入盟条约。2004 年 5 月 1 日，斯洛伐克成了欧盟成员国。同一天，同样于 2003 年 3 月获得批准的加入北约的决定开始生效。2009 年 1 月 1 日，亦即欧元启动十周年这一天，斯洛伐克成了欧洲经济和货币联盟的一员。

在波罗的海东岸的三个共和国中，有两个国家 2005 年的人均国内生产总值均高于斯洛伐克：拉脱维亚为 10624 欧元，爱沙尼亚为 7823 欧元；立陶宛以 6030 欧元处于斯洛伐克的水平之下。由于爱沙尼亚政府推行一丝不苟的改革政策，欧盟于 1998 年 3 月即与爱沙尼亚就入盟事宜开始谈判，时间早于其他两个波罗的海国家。谈判于 2002 年 10 月顺利结束，爱沙尼亚人民在 2003 年 9 月 14 日以 66.8% 的支持率赞同加入欧盟。属于第二批入围的候选国拉脱维亚和立陶宛也在 2002 年 10 月顺利结束了入盟谈判。2003 年 5 月 10~11 日立陶宛的全民公投结果为 91% 的多数赞同，9 月 20 日的拉脱维亚公投以 67% 的多数赞同落下帷幕。2004 年 3 月 29 日，三个波罗的海东岸国家全部被接纳为北约成员国：这是为了有效防止俄罗斯的出尔反尔而积极努力所取得的成果。四周半之后，即 2004 年 5 月 1 日，爱沙尼亚、拉脱维亚和立陶宛加入欧盟。爱沙尼亚于

2011 年 1 月 1 日作为第一个波罗的海东岸国家加入欧元区，随后拉脱维亚于 2014 年、立陶宛于 2015 年也先后加入。

首轮入盟谈判表明，中东欧地区最大的国家是存在问题最多的候选国。在 1998 年同欧盟谈判的国家中，波兰的人均国内生产总值为 5113 欧元，在所有申请国中居于末位。其农业人口比例高于其他任何一个候选国：2002 年，波兰全国有 27.4% 的人口生活在与从事农业有关的家庭中，2003 年，农业在国内生产总值中的价值创造比例仅为 2.6%，失业率 2004 年为 19.6%，2005 年为 18.2%（同一时间捷克和匈牙利的相关数据略高于 7%）。农村的基础设施发展十分落后；经济开放不断遇到法律的障碍和官僚体制的阻力。除此之外，猖獗的腐败现象成了 2005 年大选的主要议题。欧盟委员会对波兰的问题了如指掌：2003 年的检查报告毫不留情地批评了波兰的财政政策，并明确指出，自一年前的报告以来，改革路线几乎根本未继续推行。

2001 年 9 月大选后，在波兰执政的是由 "后共产党联盟"，即民主左派联盟党和对欧洲持批评态度的波兰人民党（当年的 "花瓶党"）组成的左翼联合政府；总理是来自民主左派联盟党的莱谢克·米莱尔。2002 年 12 月，波兰发生了一件震惊全国的政治丑闻。左翼自由派的《选举报》主编、前民权人士亚当·米奇尼克（Adam Michinik）揭露了一桩由电影制片人卢·赖温（Lew Rywin）以始终未透露姓名的 "当权人物" 名义、开口要价百万以上好处费的腐败贿赂案：有人要求该报采取亲政府的办报方针，作为换取计划中制定的有利于报社利益的新闻法的回报。米奇尼克立刻向总理作了汇报，同时责令《选举报》的记者就贿赂事件进行调查并予以曝光。蹊跷的是，米奇尼克并未就此事件进行刑事起诉。2004 年 4 月 26 日，赖温因主动贿赂罪被判处两年半徒刑。2004 年 9 月，议会的一个调查委员会公布了一份调查报告，报告对民主左派联盟党的主要领导人做了一个妥协性的结论，但是，赖温所提到的"当权人物"却未能找到。

赖温丑闻给了左翼联合政府以沉重的一击，同时也给了以民族主义保守派和尤其"对欧洲持怀疑态度"的、由孪生兄弟莱赫·卡钦斯基（Lech Kaczynski）和雅罗斯瓦夫·卡钦斯基（Jarosław Kaczynski）领导的法律与公正党为首的反对派巨大的鼓舞。尽管布鲁塞尔针对波兰的弊端提出过大量的批评，大部分西欧国家政府对华沙在关于《尼斯条约》和《欧盟宪法条约》谈判中的对峙态度表示过愤怒，以及尽管波兰国内出现了各种各样的内政危机，欧盟同波兰的入盟谈判在 2002 年底还是取得了积极的结果。对此，欧盟以大局为重的政治考虑起了重要作用：大多数成员国不愿意通过推迟波兰的入盟时间，来羞辱这个曾经为 1989 年"和平革命"比其他任何国家做出过更多贡献的国家。同时，德国特别希望能够看到，它的东部国境线不再是欧盟最东部的边界。倘若首轮欧盟东扩没有波兰，那么，2004 年 5 月 1 日的"大发展"计划的效果就将大打折扣。因此，对最重要的当事国来说，这是大家不希望看到的另一种局面。有鉴于此，欧洲理事会于 2002 年 12 月根据欧盟委员会 10 月的一项建议，正式结束了同波兰的谈判。2003 年 6 月 7~8 日，在投票率为 59% 的情况下，波兰在全民表决中以 77.5% 的支持率赞同加入欧盟。

2004 年 5 月 2 日，亦即波兰加入欧盟的次日，莱谢克·米莱尔总理辞职。辞职的原因是，米莱尔此前的一个"党内朋友"，即议长马莱克·博罗夫斯基（Marek Borowski）于 3 月 24 日决定成立一个新的反对党——波兰社会民主党。5 月 2 日，克瓦希涅夫斯基任命无党派经济学教授马立克·贝尔卡为新总理。然而在其领导下，腐败丑闻并没有得到治理。2005 年 9 月 25 日，民族保守派的法律与公正党在议会大选中以 26.99% 的得票率成为第一大党。由唐纳德·图斯克（Donald Tusk）领导的公民纲领党（也是"团结工会"阵营的一个分支）获得了 24.4% 的选票，极右翼的自卫派的得票率为 11.41%，同样有右翼倾向的波兰家庭联盟为 7.97%。左翼联盟为 11.31%，遭到惨败。

2005 年 10 月的总统选举使波兰完全走上了"右转"的政治道路。10 月 23 日，华沙市长莱赫·卡钦斯基以 54% 的得票率战胜了他最强劲的对手、得票率近 46% 的唐纳德·图斯克。法律与公正党于 10 月 31 日组成了以卡齐米日·马尔钦凯维奇（Kazimierz Marcinkiewicz）为首的少数政府；12 月 23 日，莱赫·卡钦斯基就任总统。欧盟无奈地看到，波兰从一个很难对付的候选国发展成了一个很难对付的成员国。

从历史的角度来看，2004 年的欧盟东扩实际上是西方的一种扩张。随着八个国家加入欧盟和（一些国家同时）加入北约，这些处于古老西方东部边陲的国家，就与欧洲西部在"二战"之后未实行社会主义制度的部分地区联合成了一个整体。东欧剧变和苏联解体使纠正"二战"结束前夕在雅尔塔做出的分裂欧洲的决定成为可能。不仅欧盟和大西洋联盟的新成员有理由为 1945 年的不公正决定得到纠正感到高兴，而且整个欧洲的西部和大西洋的西部也有理由为之感到高兴。

欧盟并非从 2004 年之后才囊括了经济发展程度极其不同的国家。因此，它的第一轮东扩只是从数量上增加了自己的不均衡性而已。具有极其不同的政治经验背景和历史文化记忆的国家联合在一起，是不同于以往的全新事物。对于欧盟的老成员来说，"二战"时对犹太人的大屠杀在过去几十年中成了"专制恐怖"的代名词，同时还成了 20 世纪人类历史上最大的一场浩劫。新成员国不仅遭受过希特勒统治的压迫（虽然程度不同），而且也经历了数十年的苏联统治。对许多国家来说，被迫纳入苏联势力范围是一种被外族统治的经历。感受最为强烈的是波罗的海东岸的几个国家，它们先是在 1940 年，然后再于 1944 年被苏联直接吞并。对这段历史的记忆超过了 1941~1944 年被德国人统治的记忆，以及对包括爱沙尼亚人、拉脱维亚人和立陶宛人参与屠杀犹太人在内的与德国占领军和党卫军大规模合作的记忆。

倘若欧盟想要培养一种所谓的"共同情感"，那么，它就必须把新成员国的曾经的社会主义经历理解成自身共同遗产的一个组成部分，同时又不把专制统治的不同表现方式混为一谈。另一方面，欧盟的新成员国也同样面临自身的挑战，即用自我批评的态度来对待自己所遭受的双重统治的经历，并且，不回避对屠杀犹太人也同样应当负有责任。屠杀欧洲犹太人是 20 世纪最重大的核心事件之一，在西方同时在德国的西部，对这个问题的认识有一个逐步的过程。应瑞典首相戈兰·佩尔松的邀请，于 2000 年 1 月在斯德哥尔摩召开的国际大屠杀纪念会议，是将"二战"中屠杀犹太人纪念活动予以欧洲化之路上的重要里程碑。中东欧的一部分国家还没有真正走进这样一个欧洲。要建立起欧洲对"极端的年代"的整体认识，如同埃里克·霍布斯鲍姆[①] 如此称呼 20 世纪那样，还需假以时日：这点在 2004 年时已经不言自明。

西欧国家人民如今不仅已习惯于生活在"后经典"的民族国家之中，而且也习惯于共同行使他们的部分主权，或是将部分主权交由一个超国家的组织来行使。对欧盟的一些新成员国来说，尤其是对波兰来说，不久前刚刚恢复的国家主权要在所归属的国家联合体的框架中被部分分割，乃是一种无法忍受的行为。与欧盟之间的矛

---

① 埃里克·霍布斯鲍姆（Eric Hobsbawm, 1917~2012），英国历史学家和作家，《极端的年代》是他的重要著作之一。

盾冲突便由此产生，面对这些冲突，西欧几乎毫无准备。

诚然，在是否愿意放弃国家主权的问题上，老牌欧盟成员国的态度也存在很大差别。最热衷于搞联邦制的国家，是自身建立在联邦制宪法之上的比利时：1999~2008 年任比利时首相的自由党人居伊·伏思达就是主张在共同体内各国元首和国家领导人的领导下，进一步发展欧盟联邦制最坚决的拥护者。在重新统一后的德国，联邦制的趋势在 21 世纪初已不再如昔日的联邦德国那样强烈。法国的愿望是深化政府间的合作，而非对欧盟的机构加以议会化。在由 25 个国家组成的欧盟中实行中央集权式的合作，将会比在以往的共同体中更为困难，这就是法国宁愿捏鼻子忍受东扩，而不愿全力推进之的一个重要原因。

英国对任何形式的加深一体化，一如既往地持怀疑甚至否定态度，因而希望看到一个体积尽可能庞大的欧盟：共同体的成员国越多，欧洲联邦制的可能性就越小。瑞典和丹麦的想法几乎如出一辙，这两个斯堪的纳维亚国家皆曾行使"选择性退出"的权利，并且在全民公投中反对加入欧洲经济和货币联盟：2000 年 9 月，丹麦有 53% 的多数表示反对，三年之后的 2003 年 9 月，瑞典有 56% 的老百姓对之说"不"。虽然《欧盟宪法条约》于 2003 年 10 月签署，但是，早在首轮东扩之前，欧盟距离其统一进程"最终阶段"的共识还相去甚远。2004 年 5 月之后，欧洲人有了更多理由对深化之路的快速进展表示怀疑。

在 2004 年 5 月 1 日的"大发展"——接纳 10 个新成员之后，欧盟的东扩热情并未减退。这年 6 月，欧洲理事会就已正式给予克罗地亚候选国的身份。图季曼的专制时代结束四年半后，"布鲁塞尔"认为时机已到，对这个前南斯拉夫加盟共和国表现出足够大的改革决心和实际成效表示认可。其时，克罗地亚的人均国内生产总值为 8655 欧元（统计截至 2005 年），经济状况甚至更好于波兰，与匈牙利的水平旗鼓相当。

2003 年 12 月底，亦即在欧盟给予克罗地亚候选国地位半年之前，萨格勒布政府总理易人，民族保守派的克罗地亚民主共同体在议会大选中得票独占鳌头，该党领袖伊沃·萨纳德尔（Ivo Sanader）取代社民党人伊维察·拉昌出任总理。如同其前任一样，在国内政策上萨纳德尔面临一个十分棘手的问题，即满足欧盟最重要的一个要求——与海牙国际战犯法庭进行合作。因不满萨格勒布方面的态度，欧盟于 2005 年 3 月 16 日推迟了入盟谈判的开始时间。克罗地亚因此转变态度进行合作，双方的会谈最终得以在 2005 年 10 月 3 日开始。

克罗地亚成为候选国半年之后，欧盟的国家元首和政府首脑于 2004 年 12 月达成一致，于 2005 年 4 月与保加利亚和罗马尼亚签署入盟条约，而此前经过将近四年的谈判。两个国家在经济上比 2004 年入盟成员国中最穷的国家更为落后：保加利亚 2005 年的人均国内生产总值是 2778 欧元，罗马尼亚是 3459 欧元。保加利亚的农业从业人口比例为 25.6%，罗马尼亚（转化资产负债率最差的国家）的比例更高，达 36.4%。与 2004 年入盟的八个中东欧国家以及克罗地亚迥然不同，两个国家皆不属于欧洲的基督教地区，而是属于欧洲的东正教范围。两国在数百年时间里皆曾经是奥斯曼帝国的一部分，其中，罗马尼亚得以较早获得了某种程度的内部自主权。如同未经历过中世纪时精神权力和世俗权力的分离过程，即原始形式的政治分权一样，古代西方所走过的从人文主义到宗教改革直到启蒙运动的解放历程，保加利亚和罗马尼亚皆未参与其中。缘此，两个国家均缺乏法治国家和社会多元化的传统：这些历史欠账成了保加利亚和罗马尼亚政治文化的沉重负担，加重了它们摆脱以前几届政府遗留问题的困难。

　　2004 年 3 月 29 日，几乎与八个中东欧国家加入欧盟同时，保加利亚和罗马尼亚被接纳为北约成员。两国于 2004 年和 2005 年一前一后经历了政府换届。在 2004 年 11 月的罗马尼亚议会大选中，以总理阿德里安·纳斯塔塞为首的社会党虽然成为第一大党，但是，组成联合政府的却是民主自由党、民主党、罗马尼亚匈牙利族民主联盟和人道主义联盟。民主自由党的克林·波佩斯库－特里恰努（Calin Popescu-Tariceanu）当选为总理。次月，民主自由党人特里安·巴塞斯库（Traian Basescu）取代保守派的埃米尔·康斯坦丁内斯库就任总统。大约半年之后，即 2005 年 6 月，保加利亚的议会大选也导致了完全反方向的政局变化：社会党成了第一大党，党主席谢尔盖·斯塔尼舍夫（Sergej Stanischew）与以前总理西美昂·萨克森－科堡－哥达斯基为首的民族运动和土耳其少数民族党组成了联合政府。

　　欧盟委员会在评估这两个东南欧国家的政治和经济发展状况时颇费周章。2006 年 5 月，罗马尼亚在根据"全部现行欧盟法律"完成自己的义务方面首次得到了高于保加利亚的积极评价。针对 14 个问题项中的 4 项，委员会向罗马尼亚提出了"严重关切"，保加利亚的 16 个问题项中有 6 项属于"严重关切"的内容。保加利亚政府遭到批评的主要原因，是在对有组织犯罪的调查和刑事责罚问题上，以及在反腐败和反洗钱方面没能取得实实在在的成果。委员会特别指出，迄今为止还没有身处高位的政治家被起诉，只有为数很少的几个官员被开庭审判，而且，过去几年发生的 70 起买凶杀人案没有一桩破案。委员会对罗马尼亚政府在反腐败领域的进步以及在建设有效和透明的司法体制方面所取得的成果表示认可，但要求进一步改进工作。

　　在 9 月 26 日的进展报告中，欧盟委员会做了最后表态：建议欧洲理事会于 2007 年 1 月 1 日接纳罗马尼亚和保加利亚为成员国。但是，委员会在这项建议中附加了保留意见：罗马尼亚和保加利亚在加入欧盟后，还必须经过一个"考察过程"，针对对它们提出的要求。2007 年 1 月 1 日，两国加入欧盟。但是，如同 2004 年加入欧盟的中东欧国家一样，自由往来的过渡期同样适用于罗马尼亚和保加利亚。委员会于 2007 年底提交了关于这两个新成员国众多进展报告中的首份评估报告。报告内容主要涉及司法制度以及反腐败和打击有组织犯罪方面存在的重大弊端。

倘若用 1993 年的哥本哈根入盟标准来衡量，罗马尼亚和保加利亚皆不具备加入欧盟的成熟条件。按完全实现法治和民主为目标的政治标准，必须在 2000 年开始进行谈判之前就已经完成。直到两国入盟时，这些标准始终是遥不可及的一种愿望。由于罗马尼亚和保加利亚的大部分司法部门还掌握在旧司法人员手中，所以，即便是司法权形式上的独立也无法为法治提供保障。无独有偶，在同样是前政府和情报部门人员大权在握的经济和财政领域，这两个国家距离满足欧盟的条件也一样相去甚远。因此，接纳罗马尼亚和保加利亚的决定是一种政治意志的体现：欧盟要在东南欧代表一种令人信服的建立和维护国家稳定和各项秩序的力量，亦即要承担美国所不想扮演和俄罗斯不应扮演的角色。

有鉴于此，对欧盟来说，一切以稳定为重的目标便具有了比满足入盟条件而成为成员国更为优先的地位。这种优先权的变化首先缘于南斯拉夫国体继承战争的经验教训。于是，人们只能希望，罗马尼亚和保加利亚的入盟可以加快它们之前本应进行的各项改革。然而，委员会后几年的进展报告表明，这样的希望过于乐观。

欧盟扩张计划最富争议的一个篇章是土耳其的入盟问题。自1999 年赫尔辛基峰会以来，土耳其即获得了候选国的地位。欧盟在 2002 年 12 月的哥本哈根峰会上通过决议，将于 2004 年 12 月就与土耳其开始入盟谈判做出决定，倘若土耳其截至此时满足入盟的政治条件的话。在朝向这一目标迈进期间，土耳其的确取得了长足进步：在比伦特·埃杰维特（Bülent Ecevit）总理执政时期，1999~2002 年对民法以及集会和游行法进行了改革。2003 年 3 月，在 2002 年 12 月议会大选中获胜的、温和的伊斯兰正义与发展党创始人和主席雷杰普·塔伊普·埃尔多安（Recep Tayyip Erdogan）当选土耳其总理。在他的领导下，改革步伐进一步加快：继 2002 年 8 月基本取消死刑之后，适用于战争时代的死刑也被废除。此外，禁止刑讯逼供，取消警察的豁免权，加强集会和游行自由，以及至少在形式上结束对库尔德少数族群的歧视等措施也陆续出台。

2004 年 12 月 17 日，根据欧盟委员会的建议，欧洲理事会做出决定，视土耳其已具备入盟的政治条件，并且只要继续加快改革步伐，进一步改善人权状况，双方将于 2005 年 10 月 3 日开始入盟谈判。作为下一步的条件，双方还将签署一份针对土耳其和欧洲经济共同体于 1963 年签署的联合协议的补充协议。该协议的内容，是将自 1996 年以来就已存在的关税联盟扩展至 10 个新成员国，其中包括未得到土耳其承认的塞浦路斯共和国。埃尔多安总理于 2005 年 7 月 28 日接受了这一条件，但提出了一个保留意见，即土方接受这一条件与承认塞浦路斯共和国没有关联。此外，埃尔多安的声明暂时尚未得到土耳其议会的批准。有鉴于此，欧盟于 9 月 22 日不得不明确表示，埃尔多安的声明不具备法律效应。尽管如此，在奥地利放弃反对将土耳其的正式成员国地位作为最终目标之后，欧盟 25 国外长于 10 月 3 日决定，当日即与土耳其开始入盟谈判。维也纳方面之所以松口，原因在于一项协议使之打消了此前的顾虑，即在入盟谈判结束时，不仅要对土耳其是否达到入盟标准进行检查，而且还要检查欧盟是否具备从政治和经济上应对接纳土耳其后出现问题的能力。

对土耳其加入欧盟持赞同态度的领军人物是德国总理格哈德·施罗德、法国总统雅克·希拉克，以及德国社民党人、欧盟委员会成员和负责欧盟扩大事务的委员京特·费尔霍伊根。施罗德在2006年出版的回忆录中，就为什么要给予土耳其正式成员国地位的根本原因做了总结性的简要阐述。他认为，比之自1963年以来由当时的欧洲共同体和后来的欧盟所做的政治承诺更为重要的出发点，是土耳其加入欧盟的战略意义。"土耳其地处亚欧两大洲的分界线，具有独特的地缘地位，它对欧洲能源供应安全的意义，以及其本身的政治、经济和军事分量，都符合欧盟的重大利益。除此之外，一个置身于欧盟的土耳其在欧洲和伊斯兰世界的关系中可以发挥举足轻重的作用。"

反对与土耳其进行入盟谈判的政府首脑，如奥地利总理沃尔夫冈·许塞尔（Wolfgang Schüssel）、荷兰首相扬·彼得·巴尔克嫩德和丹麦首相安诺斯·福格·拉斯穆森等，皆不否认这个地处博斯普鲁斯海峡的国家的战略地位，但同时发出警告，要警惕欧盟过度扩张所面临的危险。一部分人认为，土耳其属于伊斯兰世界，这就足以让人有理由拒绝接纳其加入以基督教文化为主体的欧盟。另一部分人则重视强调基马尔主义专制统治和民族主义的传统影响：土耳其是一个对自己的主权引以为豪的国家，人们不能寄希望它会按照哥本哈根标准的要求，愿意共同参与一个政治联盟的建设，亦即在一个更高的层面上共同行使国家的主权，或是将自己的主权交由一个超国家的组织代为行使。鉴于其人口的大量增长，土耳其很快将取代德国成为欧盟最大的成员国，并从根本上改变共同体的性质。因此，人们应当放弃越发紧密的联盟，走向松散国家同盟和纯粹自由贸易区的模式。从这个角度看，与其给予土耳其正式成员国地位，不如考虑一种有条约管理的密切合作关系，亦即一种"享有特权的伙伴关系"。这个概念由历史学家海因里希·奥古斯特·温克勒

（Heinrich August Winkler）于 2002 年 11 月在公众讨论中率先提出，并在德国被基督教民主联盟和基督教社会联盟，以及在法国被总统所属的人民运动联盟所采纳。

经济上，土耳其在 21 世纪的第一个十年中取得了巨大进步：国内生产总值 2004~2006 年平均增长了 8.2%；人均国内生产总值 2004~2006 年由 5300 欧元提高到了 6000 欧元；预算赤字在同一时期平均为 2.1%。然而，埃尔多安政府的改革热情在 2005 年秋入盟谈判开始后逐渐消退。在 2006 年的进展报告中，欧盟委员会指出了土耳其在废除刑讯逼供、政治上控制军队和保障言论自由权利方面存在的问题，尤其是它的刑法第 301 条，构成了报告批评的主要原因。该条法律规定，凡是诋毁土耳其文化、国家、政府机关和部门者，皆处以最高达三年的监禁。在该条款生效期间，凡是把第一次世界大战期间对亚美尼亚人的屠杀说成是种族灭绝，或者与此相关谴责土耳其犯下"反人类罪"的人员，一律予以起诉和判刑。2005年 10 月，亚美尼亚裔记者赫兰特·丁克（Hrant Dink）因触犯该条款被判处六个月有期徒刑，缓期执行。2007 年 1 月，在丁克被一名土耳其民族主义分子刺杀半年后，他的儿子阿拉特·丁克（Arat Dink）也因这条法律被判处一年徒刑，不得假释。仅在 2006 年，就有 800 多例按照第 301 条的规定开庭审判的案例。2008 年 4 月底批准的新版法律将"土耳其文化"改为"土耳其民族"，并把量刑幅度减少为最高两年。欧盟有充分的理由谴责土耳其继续损害言论自由的做法。在宗教自由问题上，安卡拉同样止步不前。

然而，入盟谈判的最大障碍是土耳其在塞浦路斯问题上所持的立场。土耳其继续拒绝向塞浦路斯共和国的轮船和飞机开放它的港口和机场，而且，安卡拉的议会坚持拒绝批准针对 1963 年联合协议的与塞浦路斯相关的补充协议。缘此，欧盟于 2006 年 12 月决定，暂停八项谈判内容，其中包括自由贸易、自由定居和自由提供服务业产品、关税同盟和对外关系等。至此，只有一项关于科学和研究的谈判内容得以完成。与土耳其的谈判陷入僵局，对此，谈判开始一年后已不存在任何疑问。

在经过大约两年的"反省间歇"后，欧洲理事会开始对新一轮欧盟扩大之后的机构和决策程序进行改革。很大程度上由于德国总理安格拉·默克尔的敦促，各国元首和政府首脑于 2007 年 6 月在布鲁塞尔达成共识，用一个明确摒弃所有与国家性质相仿成分的"修订版条约"取代已名存实亡的《宪法条约》中的实质性内容。因此，新版条约不再是一部"宪法"，关于欧盟象征的规定皆被删除，"欧盟外长"的头衔也予以撤销。但是，新条约将依然保留《欧盟宪法条约》生效时所带来的根本性变革。

在依照 7 月底布鲁塞尔的决定举行的政府会议讨论中，在英国和波兰坚持下，由两国提出的"选择性退出"权利被写入《基本权利宪章》中。《基本权利宪章》不是"修订版条约"或"基本条约"的组成部分，而仅通过一项提示被宣布为具有法律约束力。此外，波兰争取到的其他权益是：根据"双重多数"原则进行的表决投票，不是从 2009 年而是从 2014 年开始实行；在一国提出要求的情况下，直到 2017 年 3 月 31 日将继续按照《尼斯条约》的规定进行投票表决。另一项涉及中等成员国的保护措施是，根据大约三分之一国家的提请，或是根据合计大约占欧盟人口四分之一国家的提请，欧洲理事会的讨论磋商时间可以延长，亦即可以延迟做出决定。2007 年 10 月，在理事会轮值主席国葡萄牙里斯本召开的下届峰会上，在意大利和波兰提出的其他几项修改意见被采纳之后，条约文本获得通过。随后，12 月 1 日在里斯本举行了隆重的签字仪式。至此，"修订版条约"的名称也已确定，是为《里斯本条约》。

此前，欧盟 27 个成员国的国家政府讨论决定，条约文本采用一种公文式的、非激情洋溢的文字风格，目的是通过这种方式对新一轮全民公投的风险防患于未然。这一措施果然奏效。在按照宪法规定进行全民公决的爱尔兰，所有党派皆对《里斯本条约》表示赞同，因此，公投结果中说"不"的危险看似微不足道。不料，半途中杀出了一个由千万富豪德克兰·甘利（Declan Ganley）组织和资助的"利贝塔斯"平台组织。甘利与美国的"军工复合体"关系密切。他借助一场带有浓厚民族主义色彩的"反布鲁塞尔"运动，成功赢得了大批爱尔兰人对其抵抗阵线的支持。甘利声称，《里斯本条约》"明修栈道，暗度陈仓"，最终将带来增加税赋的后果。他的说法果然激起巨大反响，爱尔兰政府未采取任何措施应对甘利的宣传鼓动。结果造成在 2008 年 6 月 12 日举行的全民公投中，在投票率仅为 53.1% 的情况下，53.4% 的选民投了反对票。

在爱尔兰全民公决的同时，14 个成员国的国会，其中包括法国、英国、波兰和德国等，批准了《里斯本条约》。不过，波兰的批准文书尚未经总统签署。爱尔兰公投之后，莱赫·卡钦斯基宣布条约已经无效。在德国，条约由联邦参议院于 5 月 23 日批准后，来自基社盟的议员彼得·高威勒（Peter Gauweiler）直接向联邦宪法法院提起上诉，宪法法院立刻请求联邦总统科勒，不要在判决宣布之前签署条约。总统应允了院方的请求。鉴于爱尔兰对条约说"不"，绝大多数国家元首和政府首脑决定，不承认爱尔兰的公投结果。2008 年 12 月，他们与都柏林政府达成协议，号召爱尔兰民众进行第二次公投。作为回报，爱尔兰得到最重要的一项承诺是，欧盟保证每个国家可以继续推举一名欧盟委员会委员。此外，欧盟还向都柏林保证，在堕胎、税务和军事中立问题上，爱尔兰的法律不受《里斯本条约》批准的影响。

/ 289

与此同时，围绕《里斯本条约》的争议在捷克愈演愈烈。在经过激烈的争论之后，先是众议院于 2009 年 2 月，后是参议院于 5

月也批准了该条约。但是，瓦茨拉夫·克劳斯总统却节外生枝：他声明，如果爱尔兰第二次公投取得正面结果，他即签署批准文书。2009年6月30日，人们翘首以待的德国联邦宪法法院关于《里斯本条约》的起诉案宣布判决结果。法院认定条约符合基本法，但条约的随行法律违宪，原因是，该法没有保障联邦众议院和参议院对决策过程的足够参与权。根据《基本法》第146条的规定，宪法法院将把国家主权进一步实质性地交由欧盟行使问题与德国人民赞同与否的结果捆绑在一起，亦即经由全民公投批准一部新宪法。随后，联邦众议院和参议院通过了新的随行法律，这些法律满足了由联邦宪法法院提出的议会"一体化参与责任"的要求。联邦总统于9月23日签署了所有相关法律，法律于10月1日生效。

次日，爱尔兰举行第二次全民公投。在投票率为59%的情况下，条约公投取得了67.1%的多数支持。这次，条约的拥护者对其支持者进行了及时的动员宣传；通过对甘利运动财务违规行为的揭露，使这个平台组织者的诚信度受到质疑。爱尔兰人民的赞同态度带来的直接结果是，波兰总统卡钦斯基于10月10日签署了关于《里斯本条约》的批准书。

但是，欧洲国家元首和政府首脑中对条约最顽固的反对者——捷克总统克劳斯始终未放弃抵抗。在他的敦请下，欧洲理事会于10月29日同意了一份条约附件。根据此附件，《基本权利宪章》不为1945年被剥夺财产的苏台德地区德意志人和匈牙利人的追偿权提供申诉理由（亦即不触及1946年颁布的"贝尼斯法令"），随后，捷克宪法法院于11月3日认定条约符合捷克宪法。在这种情况下，克劳斯才在批准书上签字。至此，《里斯本条约》的最后一道障碍被清除。2009年12月1日，条约开始生效。十天前，即11月20日，欧盟国家元首和政府首脑一致提名比利时首相赫尔曼·范龙佩（Herman von Rumpuy）为欧洲理事会首任常任主席。外交和安全政策高级代表由贸易事务委员、英国前工党政治家凯瑟琳·阿什顿（Catherine Ashton）夫人担任。

　　《里斯本条约》包含了欧盟27国为保持其正常运行所需要的最低限度的改革，同时它也代表了成员国愿意实行的最高限度的一体化。该条约是欧盟行政领域所产生的一部经典文献，欧盟的政策始终还是在此领域中经商讨达成。各国政府放弃了所有"具有民族特点"的元素，原因是，似乎如人们认为的那样，正是这些具有民族特点的元素使《欧盟宪法条约》最终功亏一篑。因此，"政治家阶层"的欧洲和人民群众的欧洲之间的差距无法由2009年12月的条约来加以弥合。对执政者有效的控制只有在拥有民主制度的民族国家框架中才有可能，而且，必须在此框架中对之继续加强有效的控制。

　　倘若有朝一日各国政府达成进一步把主权交由欧盟行使的共识，没有主权人即本国人民的明确授权，则此路不通。对此，联邦宪法法院在它关于德意志联邦共和国的《里斯本条约》判决书中已做出裁决，并且判决结果只对德国具有约束性。但是，显而易见，其他欧盟成员国也将同样不可能舍弃一种类似的合法化步骤，或曰"向人民发出号召"的程序。不过，今后是否会出现一体化过程中质的飞跃，即国家联合体发展成一种超国家的政治联盟，甚至最后演变成一种联邦制，这个问题尚无法定论：2009年底，没有一个欧洲国家政府能够想象，可以对条约再一次进行大刀阔斧的修订，甚至另起炉灶制定一部新的基本条约文件。

　　随着欧元最初在欧盟的11个国家，自2002年起在12个国家的启用，常常被人们引用的"两种速度的欧洲"变成了现实。欧元作为非现金支付手段在启动时并非一帆风顺。在首个交易日，1999年1月1日，它的比价为1.18美元，至年底，比价跌至与美元等值。2011年甚至出现了需要七国集团国家支持购买的情况。

　　欧元于 2002 年 1 月 1 日作为现金投入使用后，尤其在德国，老百姓关于物价明显上涨的不满和抱怨充斥市井街头，新货币被不分青红皂白地冠以"贵元"①的绰号。事实上，欧洲央行一直成功地将货币贬值率保持在一个低水平之上：2001~2007 年，欧元区的通货膨胀率平均不到 2.2%。2002 年的美元比价为 0.8965 欧元；2007 年 1 欧元可以兑换 1.3705 美元。对日元的比价从 108.68 涨到了 161.25 欧元，对英镑的比价由 0.52187 上升到了 0.68434 欧元。因此，与其他国际货币相比，欧元的走势被十分看好。毫无疑问，欧元已成为世界上的主要币种之一，而且是一种特别稳定的货币。

　　倘若 2002 年欧盟有 12 个国家是欧元区的成员国，那么，到 2009 年数量已增加到了 16 个：2007 年斯洛文尼亚加入欧元区，2008 年塞浦路斯和马耳他紧随其后，2009 年斯洛伐克也加入。之后，欧元区于 2011 年又增加了爱沙尼亚，拉脱维亚于 2014 年随后跟进，2015 年立陶宛也成功加入。就货币稳定而言，欧盟总体的状况并不落在欧元区之后：2007 年的通胀率为 2.3%，仅比欧元区高出 0.2 个百分点。但是，个别国家的情况堪忧。拉脱维亚的货币贬值率高达 10.1%，紧随其后的是匈牙利（7.9%）、保加利亚（7.6%）和爱沙尼亚（6.7%）。2001~2007 年，欧盟的经济增长率平均在 2.29%（欧元区为 1.96%，美国为 2.41%）。长期以来，一直处于令人不安的高预算赤字困扰下的是欧元区的希腊，以及非欧洲经济和货币联盟的匈牙利和波兰。在国家债务方面，塞浦路斯（2005 年为国内生产总值的 180.6%）乃居各国之首，紧随其后的两个国家是希腊和意大利（分别为 125.4% 和 112.8%）。但是，另外三个欧元区国家的公共负债率也超出了马斯特里赫特标准所规定的最高

---

　　① 原文为"Teuro"，由德文字"Teuer"（昂贵）和"Euro"（欧元）组成，是带有贬义的文字游戏。

限，它们是比利时（2005年为89.2%）、法国（72.9%）和葡萄牙（70.3%）。

2005年6月，欧盟国家元首和政府首脑达成一致，对1996年的《稳定与增长公约》进行改革。鉴于许多成员国，其中包括法国和德国，在遵守马斯特里赫特标准规定的预算赤字不超过国内生产总值3%的高限时所面临的困难，今后不再针对经济增长不良的国家采取赤字整顿程序（一直通行的规则是，只有在经济产值每年下降超过2%的情况下，才可以放弃制裁措施）。此外，欧盟各国还可以提出其他理由，以规避赤字整顿程序。

就稳定政策而言，当事关眼前的预算赤字问题时，有各种不言自明的理由可以允许采取更多的灵活性来解燃眉之急。但是，更为严峻的情况是政府的长期负债问题。在货币联盟所接纳的国家中，有些国家对待这个问题的管制极其宽松随意。对这些顽固轻视马斯特里赫特标准的国家进行纪律约束，在2005年还无从谈起。这里，欧盟对一种事态任凭其自由发展，这种事态将潜在地演变成对欧元区和整个欧盟的一种威胁。由此观之，若要论述欧洲经济和货币联盟的成功历史，在21世纪第一个十年的中期还为时过早。[4]

/ 贝尔格莱德、基辅、莫斯科：欧盟边界以外的欧洲

2008 年 7 月 21 日，通缉级别最高的前南斯拉夫战争罪犯拉多万·卡拉季奇在贝尔格莱德被捕，不久即被移送联合国设在海牙的战犯法庭。这个塞族共和国的前总统被指控犯有种族灭绝罪和其他反人类罪。三年后的 2011 年 5 月 26 日，被指控犯有同样罪行的波黑塞族将军拉特科·姆拉迪奇也被抓获，并于 7 月移交海牙战犯法庭。前塞尔维亚总统斯洛博丹·米洛舍维奇于 2001 年 6 月即被移送战犯法庭，他于 2006 年 3 月 11 日在审判结束前去世。

卡拉季奇的被捕和移交法庭，对塞尔维亚和欧盟之间关于稳定和联合协定的谈判起了决定性的推动作用。双方早在 2005 年 11 月已有过最初的会谈，但是，由于贝尔格莱德缺乏在战争罪犯问题上的合作态度，布鲁塞尔于 2006 年春暂停谈判。在塞尔维亚组成以沃伊斯拉夫·科什图尼察为首的新政府后，于 2007 年初重新开启谈判。2008 年 9 月，塞尔维亚议会单方面批准了同欧盟的稳定和联合协定。然而，由于荷兰的反对，协定暂时无法生效。2009 年 12 月，该协定被欧盟的一份临时协定所取代。临时协定赋予了塞尔维亚一系列的贸易便利。于 2006 年 6 月解除与塞尔维亚的国家同盟并宣布独立的黑山共和国，在塞尔维亚之前获得了一份正常的稳定和联合协定的待遇：协定于 2007 年 10 月签署，并于 2010 年 5 月生效。

对塞尔维亚和欧盟之间的关系继续造成不利影响的，是塞尔维亚不甘心接受失去科索沃这个事实。2004 年 3 月，在联合国托管区内发生了阿族人针对塞族人大屠杀式的暴乱行为：30 多间教堂和修道院被烧毁，将近 40 人死于非命。两年之后，即 2006 年 2 月，按照 1999 年 6 月安理会第 1244 号决议的承诺，在联合国主持下，开始就科索沃的最终地位进行谈判。2006 年 9 月 20 日，塞尔维亚进行全民公投，在投票率约 55% 的情况下，以 97.3% 的压

倒多数同意接受一项宪法修正案。塞尔维亚借此强调，科索沃是其领土不可分割的一部分。联合国特别代表、芬兰前总统马尔蒂·阿赫蒂萨里于 2007 年 2 月向贝尔格莱德和普里什蒂纳方面提交了一份计划，该计划虽然规定了科索沃的独立地位，但是，国际社会将在一个过渡期内对其独立地位实行监督。塞尔维亚立刻对该计划表示严词拒绝，科索沃的塞尔维亚族少数民族做出了愤怒的反应。以哈希姆·塔奇总理为首的科索沃政府也对计划表示失望。普里什蒂纳政府坚持要求尽早和完全独立，阿赫蒂萨里的计划无法满足这一要求。

2008 年 2 月 17 日，普里什蒂纳议会宣布科索沃独立。塞尔维亚和俄罗斯认为是违法行为，并请求联合国安理会出面解决（尽管徒劳无益）：秘书长潘基文宣布，国家的独立要得到各个国家而不是联合国秘书处的承认。美国和大多数欧盟成员国承认科索沃为一个独立国家，塞尔维亚立刻从华盛顿、巴黎、柏林和维也纳等地召回了它的驻外大使。然而，有几个欧盟国家拒绝承认科索沃的独立，其中有对巴斯克地区和加泰罗尼亚的分裂活动有所顾忌，不想树立一个可效仿样板的西班牙，还有因为共同的东正教信仰而感觉与塞尔维亚有特殊关系的希腊。塞尔维亚将此案起诉到国际法庭，国际法庭在 2010 年 7 月 22 日的判决书中认为，科索沃的独立声明没有违反国际法。

事实上，宣布独立的科索沃成了欧盟和大西洋联盟的受保护国。由北约领导的联合国维和部队驻留在当地，以避免两个敌对民族之间的武装冲突。新成立的欧盟科索沃法治特派团（EULEX）——迄今为止共同安全和防卫政策框架内最大的民事特派团——肩负的任务是，为科索沃的多民族警察、司法和行政制度建设提供支持。但是，欧盟不可能希望它的行动将取得立竿见影的成效。霍尔姆·松特豪森在他 2012 年出版的关于南斯拉夫及其后继国家的历史著作中总结道："民族主义、腐败、有组织犯罪、任人唯亲、管理不善等现象牢牢盘踞在这个国家……如果他们（科索沃人——本书作者注）无法摆脱刑事犯罪的桎梏，科索沃将是或永远是一个'失败国家'。"

在此之前，欧盟在前南斯拉夫的另一个地区——波黑就已经扮演过保护伞的角色：2000 年 6 月，欧盟向这个名义上独立的国家以及其他位于巴尔干西部的国家承诺，赋予它们候选国的地位。2003 年初，新成立的隶属于欧盟波黑事务高级代表麾下的欧洲警察特派团接替了 1995 年成立的国际警察工作队，负责整个国家警察系统的建设。2004 年 12 月，国际维和部队的指挥权由北约移交给欧洲维和部队（EUFOR）。但是，波黑内部的团结却始终极其脆弱：2006 年 4 月，一项宪法改革因缺少达到三分之二多数的两票而归于失败。波斯尼亚的塞族人一如既往地表现出极其强硬的不合作态度。联合国和欧盟在波黑所建立起来的局面，此处再次借用松德豪森的话来说，是一个"各种机构的怪物……这个怪物很少或者根本没有相互之间的协调合作，既难以弄清也难以掌控，而且把民众眼中的政治责任弄得面目全非"。

无独有偶，与波黑政局具有某种相似性的是马其顿的时局。2001 年初，那里的阿族解放军的士兵，即科索沃解放军，攻击了警察派出所，并在主要由阿族人居住的地区占领了多个村庄。这年 8 月，一份和平协定暂时结束了斯拉夫族和阿尔巴尼亚族的马其顿人之间的冲突。应鲍里斯·特拉伊科夫斯基（Boris Trajkovski）的请求，一支由北约领导的联合国维和部队于 2001 年 9 月解除了科索沃解放军的武装。2003 年 3 月，维和部队将指挥权移交欧盟。

两年后，欧盟赋予马其顿候选国的地位。但是，入盟谈判却遭到了希腊的阻挠。希腊曾在 1993 年 4 月接纳马其顿共和国为联合国成员时坚持要求，不用马其顿共和国自己选择的国名，而用前南斯拉夫马其顿共和国（Former Yugoslav Republic of Macedonia，简称FYROM）的国名进行注册登记。提出这一无理要求的理由是，"马其顿"这个国名可能包含了一种吞并希腊领土——马其顿省的潜在要求。由于斯科普里（Skopje）政府在与欧盟谈判问题上不屈服于希腊的要求，致使候选国地位在可预见的未来始终未见下文。对于马其顿想要成为北约成员国的愿望，希腊也采取了同样的态度，此愿望也遭搁浅。

阿尔巴尼亚同样努力寻求成为欧盟的成员国。但是，其落后的经济及在建立法治和民主政体过程中的重大弊端，让这一计划成了一个遥不可及的目标。2006年7月，萨利·贝里沙（Sali Berisha）总理代表阿政府终于成功地与欧盟签订了一份稳定和联合协定。随后于2009年4月1日，阿尔巴尼亚与克罗地亚一道被接纳为北约成员。这一成果也得益于如下事实，即2003年伊拉克危机期间，阿尔巴尼亚站在了美国一边。

在通往西方之路上面临更大困难的是另一个东南欧国家：摩尔多瓦。这个当年的苏维埃共和国不得不于1990年和1991年吞下德涅斯特地区（Transnistrien）被分裂的苦果。为此，摩尔多瓦和"德涅斯特河沿岸摩尔达维亚共和国"之间于1992年爆发了一场战争，驻扎在那里的俄罗斯第14集团军站在分裂分子一边，介入双方的交战。2006年9月，德涅斯特地区民众在一次没有得到国际承认的公投中，投票支持独立并支持加入俄罗斯联邦。共产党始终是摩尔多瓦最大的政治势力，2001年当选总统的弗拉基米尔·沃罗宁（Wladimir Woronin）也来自该党。1995年，摩尔多瓦和欧盟之间签署了一项伙伴关系和合作协定。自同年起，摩尔多瓦共和国也成了欧洲委员会的成员国。但是，由于经济落后和政治文化不发达，成为欧盟正式成员国尚不是其目标，但在可预见的未来，摩尔多瓦有可能实现这一目标。

在 21 世纪初，另一个曾经的苏维埃共和国白俄罗斯还被称作"欧洲最后的独裁政权"。2001 年 9 月，亚历山大·格里戈里耶维奇·卢卡申科宣布自己是总统大选的获胜者。根据公正的观察家得出的结论，此次大选若不是非自由的，那么也是不公平的。2002 年 10 月欧盟各国的外交部长宣布，之后，2004 年 4 月联合国人权委员会也继之宣布，它们对白俄罗斯持续违反人权的状况表示担忧。2002 年 11 月，发生在明斯克（Minsk）对欧洲安全与合作组织（OSZE）代表的阻挠和干涉举动，导致了欧盟和美国向卢卡申科发出了禁止入境的禁令。当卢卡申科转变态度并恢复 OSZE 代表的行动自由后，禁令被取消。

在 2004 年 10 月举行的一场全民公投中，卢卡申科通过一项宪法修正案为自己谋求第三次任总统做好了准备。这次公投被大多数除白俄罗斯以外的国际舆论看作是人为操纵的结果。缘此，卢卡申科于 2006 年 3 月以 83% 的支持率第二次连任总统被视为一种篡权行为。然而，这个"独裁者"或许没有必要对选举结果做手脚。许多迹象表明，大多数白俄罗斯人认为，卢卡申科持续近 12 年的统治是一种保护国家避免政局不稳和社会动荡的好事。2009 年 5 月，白俄罗斯和亚美尼亚、阿塞拜疆、格鲁吉亚、摩尔多瓦及乌克兰一道，被欧盟纳入了一个新的内容涵盖促进私有经济及环保合作等多方面内容的"东部伙伴关系"多边计划。倘若欧盟希望这一步骤能够带来白俄罗斯国内政策上的开放和松动，为时尚早。

白俄罗斯的南部邻国乌克兰在进入新世纪之后经历了一系列严重的政局不稳和社会动荡。最初的事件是一桩政治谋杀案：2000 年 9 月，记者格奥尔基·贡加泽（Georgij Gongadse）遭到绑架，随后不久他的尸首被发现。一名情报官员的录音显示，列昂尼德·丹尼洛维奇·库奇马总统卷入了此案，甚至可能是幕后推手。库奇马否认与案件有任何关系，他的声望却受到了严重影响。

2001 年，乌克兰的内部危机加剧。库奇马于 1 月解除了主管能源政策的副总理尤利娅·季莫申科（Julija Timoschenko）的职务。季莫申科此前担任过石油加工行业的高管和能源公司的负责人，赚取了很大一笔财富，并且不仅在政府部门而且在总统的亲信圈子中不遗余力地与腐败现象做斗争。从 1999 年 12 月起，前国家银行行长、在任总理维克托·尤先科（Viktor Juschtschenko）也致力于同样的目标。正因为如此，在议会于 5 月 29 日依靠共产党和亲寡头势力议员的选票对其表示不信任后，尤先科被迫辞职。随后，两位政治家（季莫申科经过六个星期的隔离审查被释放之后）开始发动他们的追随者，以求在有一定获胜把握的情况下，参加 2002 年 3 月的议会大选。但是，大选的结果并不十分明朗：尤先科的"我们的乌克兰"以 110 个议席成了第一大党，库奇马的"为了统一的乌克兰"获得 102 个席位，共产党得到 65 席，"尤利娅·季莫申科同盟"为 22 席。依靠共产党的支持，库奇马阵营得以暂时保住了执政地位。

库奇马的第二届总统任期于 2004 年秋结束，根据乌克兰宪法，他不可能再次竞选连任。政府阵营推举维克托·亚努科维奇（Viktor Janukowitsch）为继任总统人选。亚努科维奇是乌克兰东部亲俄罗斯的工业寡头所信赖之人，年轻时曾因打架斗殴两次锒铛入狱。在野党阵营中获胜希望最大的竞选人是维克托·尤先科。亚努科维奇背后有俄罗斯对大选的鼎力支持和普京总统公开的好感表示；尤先科背后的慷慨支持者是西方尤其是美国的基金会和"非政府组织"。根据民意调查结果，有望出现政府更迭：这个预测结果使当权派势力惊慌失措，如坐针毡。9 月初，尤先科在与国家情报部门负责人共进晚餐时成了毒杀行动的牺牲品。他的食物中被人混入了有毒的二噁英。这位反对派政治家大难不死，但身体却遭受了严重伤害，他的脸部因留有疤痕而遭毁容。

根据官方统计，在 10 月 31 日举行的第一轮总统选举中，尤先科得票率为 39.9%，亚努科维奇 39.3%，社会党和共产党候选人分别为 5.8% 和 5%。在 11 月 21 日第二轮选举之后，官方宣布前任总理获胜：亚努科维奇得票率为 49.5%，尤先科 46.6%。然而不久即发现，选票存在大量舞弊和笨拙的弄虚作假现象。受到蒙骗而被剥夺胜利的反对派用乌克兰前所未见的抗议示威来表达自己的愤怒。在很短时间内，群众集会特别是在基辅的迈丹独立广场上的集会活动演变成了一场"橙色革命"——因尤先科和季莫申科的支持者所用的橙色旗帜和围巾而得名。政府以反游行活动与之对抗，成千上万从乌克兰东部被运送到基辅的追随者也参加了反游行行动。但是，政府组织的反游行活动未能阻止议会对 11 月 27 日选举的弄虚作假予以谴责，并对亚努科维奇表示不信任。12 月 3 日，最高法院宣布第二次选举无效，并下令于 12 月 26 日重新选举。

在重新进行的第二次选举中，尤先科以得票率 52% 胜选，亚努科维奇的支持率为 44%。选举结果暴露了这个国家存在的深刻的地方分裂状况：在主要讲俄语的东部，前总理获得了多数选票，反对派候选人则在西部赢得了多数支持。2005 年 1 月 23 日，尤先科宣誓就任总统。2 月 4 日，议会批准了尤利娅·季莫申科总理领导下的新政府。

"橙色革命"是否能名副其实地配得上"革命"的称号，是一个有待商榷的问题。根据历史学家安德烈亚斯·卡佩勒（Andreas Kappeler）的结论，橙色革命没有带来"国家和社会的根本改变。虽然领导人被更换，但是，自 1991 年以来所建立的政治体制以及经济和政治精英们的地位都原封未动"。总统大选后刚过数月，新政府阵营的团结就已土崩瓦解。季莫申科试图通过提高工资和退休金以及增加社会福利来换取民众的支持，从而导致了通货膨胀率加剧、外国投资下降、经济衰退的结果。俄罗斯天然气工业股份公司出于政治目的提高天然气价格，更是落井下石、雪上加霜。一个和尤先科关系紧密的行业寡头——国家安全和国防委员会负责人佩特罗·波罗申科（Petro Poroschenko）对季莫申科两面三刀、阳奉阴违。他玩弄的阴谋手腕得以奏效。2005 年 9 月 8 日，政府总理季莫申科被解职，由政治上毫无特点可言的尤里·叶哈努罗夫（Jurij Jechanurow）取而代之。

因"橙色"阵营内部纷争而从中获益的是亚努科维奇新成立的"地区党"。在 2006 年 6 月的议会大选中，地区党以 32.1% 的得票率成为第一大党。紧随其后的是 22.3% 的"尤利娅·季莫申科同盟"，以及 13.9% 的尤先科的"我们的乌克兰"。"橙色"阵营虽然在议会中拥有多数地位，但在后续几个月中却不攻自破、荡然无存，原因在于，长期参与执政的社会党以及共产党和"地区党"三家携手，于 2006 年夏结成了"反危机联盟"，尤先科的政党——至少在某些政策观点上——也投入了该联盟的怀抱。2006 年 8 月 4 日，亚努科维奇实现了他出任联合政府总理的目标。执政伊始，"我们的乌克兰"的五名代表也在联合政府内阁任职。

然而不久即证明，这种乌克兰式的"同居"政府没有能力解决国家的政治和经济问题。在提前于 2007 年 9 月进行的新大选中，"地区党"获得了 34.4% 的选票，再度成为第一大党；"尤利娅·季莫申科同盟"的支持率显著增加，而"我们的乌克兰"则继续失去选民的支持。经过漫长的谈判，尤利娅·季莫申科于 12 月 18 日再次当选总理。由于一项早在库奇马执政时期开始的，在"橙色革命"期间通过的，并于 2006 年初生效的削减总统权力和扩大总理职权的宪法修正案，季莫申科手中的权力较之其第一个总理任期已不可同日而语。

但是，季莫申科的此届总理任期也未能给乌克兰带来政局的稳定。总统、政府和议会三方的权力斗争仍在继续，并于 2008 年 9 月导致了一次新的联盟结构的改变。"尤利娅·季莫申科同盟"与"地区党"结盟，目的在于进一步削弱总统的地位，并为弹劾总统扫清道路。由此，季莫申科打破了与尤先科的政党业已存在的联盟，但随后不久，即于 12 月同尤先科总统再次就组成新同盟达成一致，因而在后续一年多时间内保住了总理大权。2010 年 2 月，季莫申科在第二轮总统大选中以 45.47% 的支持率不敌得票率 48.95% 的维克托·亚努科维奇。在这种情况下，在可预见的未来继续进行"橙色革命"已缺乏现实基础。

在外交政策上，直到 2006 年和 2007 年政府更迭时，乌克兰一直在东方和西方的政策取向之间摇摆不定。2003 年伊拉克危机期间，乌克兰站到美国一边，并派出 1650 名士兵参加"自愿者联盟"，此举完全是出于权力策略考虑的权宜之计。在"橙色革命"旗帜下，乌克兰似乎想要永远和西方捆绑在一起。尤先科总统认同欧盟和北约成员国的目标；亚努科维奇在 2006~2007 年任总理时，承诺继续保持外交政策上的欧洲和西方路线。欧盟采取的则是一种按兵不动的观望态度：2005 年 2 月，一项于 1995 年订立的伙伴关系协定被一份双边的行动计划所取代；2008 年，欧盟承诺将同乌克兰签署一份联合协定。在乌克兰国内，加入大西洋联盟也同样是一个具有高度争议的问题。民调显示，只有三分之一的被调查者表示同意加入北约。在布加勒斯特召开的北约峰会上，北约国家向乌克兰和格鲁吉亚承诺，将接纳其为成员国。但是，由于德国和法国出于对俄罗斯安全利益的考虑而加以反对，乌克兰和格鲁吉亚所希望的、得到美国和波兰积极支持的"成员行动计划"未能实施。

西方主要国家的审慎态度也是对乌克兰内部政局不稳的一种自然反应。这个国家自身对其外交政策的定位始终左右摇摆、举棋不定：其东部地区倾向俄罗斯，而西部则更多地拥护欧洲和西方世界。21 世纪伊始，乌克兰还不具备一种所谓的共同政治文化；其民族形成过程也未完成。基辅想成为欧盟正式成员国的愿望尽管在波兰和波罗的海国家得到众多支持，但欧盟的创始国则大多持怀疑态度。乌克兰缺乏自身的基本共识，这点从西方对其举棋不定的态度中也得到反映。

　　较之乌克兰，苏联的主要继承者俄罗斯在新世纪伊始的发展方向更为明确——与西方民主国家所理解的共同价值背道而驰。在叶利钦任总统期间，俄罗斯联邦于 1993 年和其他 170 个国家一道在维也纳参加由联合国召开的世界人权大会，并在会议结束时签署了一份宣言和一份关于实行人权、民族自决权和民主的行动纲领。1996 年，俄罗斯被接纳为欧洲委员会成员，这就意味着俄罗斯承认保护人权和基本自由的欧洲公约。1997 年 12 月，与欧盟的伙伴和合作条约生效，该条约也同样包含了对法制和民主标准的坚守和承诺。

　　于是，这份与欧盟签署的条约成了俄罗斯曾经正式承认"西方价值"的最后一次表态。1999 年 6 月，当欧盟以"欧盟共同战略"为主题，并本着共同的民主精神向俄罗斯发出进一步加强合作的建议时，俄罗斯的回答发生了令人深省的重大变化。莫斯科在以"俄罗斯联邦与欧盟 2000~2010 年关系发展中期战略"为题所作的表态中，对民主价值只字未提。相反，文件的作者强调了横跨两大洲、在国际组织中必须自己决定自己的独立性及行动自由的大国和世界强国的地位。

　　俄罗斯的答复于 1999 年 10 月 22 日在赫尔辛基召开的欧盟 - 俄罗斯峰会上，由新任政府首脑弗拉基米尔·普京作了介绍和阐述。普京于 1952 年 10 月出生在当时的列宁格勒，1975 年起加入克格勃，1985~1990 年在克格勃设在德累斯顿的驻外机构工作。1990~1994 年，普京在列宁格勒（1991 年起改称"圣彼得堡"）市政府任职。1998 年，他升任鲍里斯·叶利钦执政期间的总统办公厅第一副主任和俄罗斯联邦安全局（FSB）局长。1999年3月，担任俄罗斯联邦安全委员会秘书，同年8月9日任政府总理。在叶利钦突然辞职后，普京于1999年12月31日出任代总统。2000年3月26日，在提前进行的总统大选的第一轮选举中，他当选为俄罗斯联邦总统。

普京的最高目标，是要恢复俄罗斯与昔日苏联时代可以比肩的世界政治地位。他在2005年4月的杜马会议上将苏联解体称作"20世纪最大的地缘政治灾难"。在担任总统的第一年，即2000年12月，他下令演唱一首"新的"俄罗斯国歌：虽然曲调依然是苏联国歌的曲调，但是歌词按照普京的要求作了改动。在国内政策上，依照努力实现强大帝国的方针，俄罗斯将建设一个"有领导的民主"制度（或用2006年以后的说法是"主权的民主"），旨在最终克服叶利钦时代非正常的甚至是部分混乱的政府管理体制。所谓"主权的民主"，普京将之形容为一种"垂直的权力体制"，用玛格丽塔·蒙森（Margareta Mommsen）的话来表达就是，"一条从克里姆林宫开始，覆盖所有国家机关的严格的命令链"。其背后的观念是，只有通过对社会和整个政治生活系统性的纪律约束，才能保证经济的生产能力和俄罗斯的国家团结。

2002年10月23日，车臣恐怖分子袭击了正在演出中的莫斯科"东北"音乐剧院。俄罗斯特种部队的解救人质行动变成了一场流血的大屠杀：除了41名劫持者，800名人质中有129人死于非命。半年后的2003年3月23日，普京下令在车臣举行关于一部新宪法的全民公决，目的是将车臣更紧密地融合到俄罗斯联邦中。在投票率为80%的情况下，有85%的选民投了赞成票。欧洲安全和发展组织当即对官方结果的代表性表示质疑。西方媒体认为在选民登记中存在大量舞弊现象。

普京在与车臣分裂分子做斗争中的强硬态度丝毫没有损害他在俄罗斯的威望。在2003年的杜马选举中，亲克里姆林宫的"统一俄罗斯"以 38% 的得票率成为第一大党。借助日里诺夫斯基的极右翼自民党和另一个名曰"故乡"的党派的支持，2004 年 3 月当选的新总理米哈伊尔·叶菲莫维奇·弗拉德科夫（Michail Jefimowitsch Fradkow）得以获得议会的广泛多数。在 2004 年 3 月 14 日的总统大选中，普京在第一轮即以 71.2% 的支持率连任。

几个月后，车臣冲突升级。2004 年 5 月，忠于莫斯科的车臣总统艾哈迈德·卡德罗夫（Ahmed Kadyrow）遇刺身亡。8 月 24 日，车臣恐怖分子用炸弹袭击了两架俄罗斯飞机，造成 90 人遇难。一周之后，一个身着黑衣的高加索女子在莫斯科的一个地铁口引爆身上的炸弹，造成 10 人死亡。9 月 1 日，33 个从印古什渗透进来的恐怖分子（大约半数是车臣人）袭击了北奥塞梯别斯兰市（Beslan）的一所学校，扣押了大约 1100 名人质。在安全部队的解救行动中，劫持者（除 1 名外）和 330 名平民（其中包括 176 名儿童）被打死。大约 600 名儿童和成年人受伤，其中一些人伤势严重。

普京对事件的反应是进一步加紧推行集权化：他宣布废除地方政府负责人的普选制度；今后，俄罗斯联邦的地方及各共和国的首脑由总统推举和地方议会批准的人选担任。自由派人士谴责此举属违宪行为，普京对之置若罔闻。除此之外，俄罗斯今后将根据一个纯粹的比例选举法选举杜马，普京希望，借此可以削弱地方主义势力和强化中央政府的权力。德国研究俄罗斯历史的专家、社民党政治家格诺特·埃勒尔（Gernot Erler）认为，普京在别斯兰恐怖事件上的反应，与美国总统乔治·W. 布什在国内问题上把"9·11 事件"加以工具化的做法异曲同工，如出一辙。事实上，对行政权力的强化在两个案例中都是对恐怖袭击做出的反应。作为对集中和强化中央权力的补偿，普京于 2005 年 4 月设立了一个新的名曰"社会议事院"的委员会，亦即一种顾问性质的社会各阶层议会。但是，这个社会议事院并没有发展成一个实权机构。批评家认为，这是普京用国家机器来管制民间社会的又一个企图。

在打击车臣恐怖主义的斗争中，俄罗斯方面在 2005~2006 年取得了若干显著成果。2005 年 3 月 8 日，叛军首领阿斯兰·马斯哈多夫（Aslan Maschadow）在首府格罗兹尼附近被俄罗斯军方人员击毙。2006 年 7 月 10 日，反政府武装首领、涉嫌莫斯科和别斯兰恐怖袭击的罪魁祸首沙米尔·巴萨耶夫（Schamil Bassajew）离奇死亡——究竟死于俄罗斯情报部门的暗杀还是殒命于车祸，最终未有定论。大半年之后，即 2007 年初，被杀害的艾哈迈德·卡德罗夫之子拉姆赞·卡德罗夫（Ramsan Kadyrow）当选为车臣总统。克里姆林宫对所取得的成果感到满意：伊斯兰恐怖主义在高加索地区进一步坐大的危险暂时被消除。

2006 年秋，两位知名的普京批评人士离奇身亡，他们的死使全世界震惊。10 月 7 日，记者安娜·斯捷潘诺夫娜·波利特科夫斯卡娅（Anna Stepanowna Politkowskaja）在光天化日之下被杀害。来自车臣的凶手于 2011 年 3 月被捕，幕后指使者一名上校警官于 2012 年底被判处 11 年徒刑。可能与情报部门和政治有关的背景及原因始终未能查清。无独有偶，前秘密情报机关人员亚历山大·瓦尔杰洛维奇·利特维年科（Alexander Walterowitsch Litwinenko），于 11 月 23 日在伦敦被人用放射性化学物质钋毒杀，案件同样扑朔迷离、疑团重重。伦敦警察厅调查发现，作案凶手是前克格勃间谍安德烈·卢格沃伊（Andrej Lugowoj），案发后，此人已返回莫斯科。莫斯科拒绝了英国提出的引渡卢格沃伊的要求。很长一段时间内，俄罗斯和英国的关系由于此事件而受到严重影响。

普京对来自西方的抗议和谴责安之若素。2007 年 2 月 10 日，他利用慕尼黑安全会议的国际论坛，面对包括德国总理安格拉·默克尔，北约秘书长夏侯雅伯（Jaap de Hoop Scheffer）和美国参议员、共和党潜在的总统竞选人约翰·麦凯恩（John McCain）等知名人士在内的与会者，强烈指责西方民主国家的北约东扩把触角伸到了俄罗斯的边界，并抨击美国的横行霸道以及寻求"单极世界霸权"的企图。同时，俄罗斯总统再次强调了他的国家作为世界大国的作用。8月，俄罗斯空军重新开始1992年后停止的远程轰炸机的长时间空中巡航计划。12月，俄罗斯取消了1992年北约和华沙条约组织缔结的关于在欧洲削减常规军备的条约。普京用为了抵制美国在中欧和东南欧地区建立导弹防御体系的计划来对这一举动进行辩解。

俄罗斯这种自信的表现得益于其经济方面所取得的某些成就。在普京的领导下，俄罗斯跃升为欧洲尤其是德国最重要的能源供应国。在格哈德·施罗德总理任期的最后几周，德国和俄罗斯于2005年9月8日签署了一项经过波罗的海的俄罗斯－德国天然气管道协议。世界原油和天然气市场价格的大幅上涨使俄罗斯从中获益，价格的上涨很大程度上弥补了俄罗斯货物出口量的下降。2000~2005年，俄罗斯国内生产总值增长了35%，外债在同期下降了1/3。2005年，俄罗斯的外债只占到国内生产总值的15%，而2000年为60%。但是，开工不足和高失业率反映出俄罗斯经济结构方面的弱点：21世纪第一个十年中期，拉动俄罗斯经济增长的资源枯竭的兆头出现；1998年的卢布贬值效应已经消耗殆尽。如果没有一次规模巨大的创新推动，2006年7月八国集团峰会的东道国俄罗斯就无法从经济上给它全球政治的雄心壮志增添底气。

2007年底，普京的威望正如日中天。俄罗斯民众普遍对政府部门缺乏信任，但对他们的总统则笃信不疑。普京的支持率大多数情况下保持在75%左右。12月初，克里姆林宫执政党"统一俄罗斯"在杜马选举中以64.3%的得票率取得了辉煌的胜利。普京被推举为该党的最高候选人。由于其第二届任期于2008年5月届满，而且宪法排除了再次连任的可能性（亦即紧接着第二届的任期），在这种情况下，至少暂时改任国家第二高位的公职已成定局。普京选择此前任政府副总理的德米特里·阿纳托利耶维奇·梅德韦杰夫作为接替总统职位的人选。梅德韦杰夫在与普京关系最密切的亲信圈子，即所谓"彼得堡帮"中属于"经济自由派"〔另两派是"律师派"和"国安派"（即"西罗维基"情报机构）〕。借此安排，普京为日后，亦即最早是在梅德韦杰夫四年任期于 2012 年 3 月届满之后，重新回到总统职位上做好了准备。2008 年 3 月 2 日，梅德韦杰夫在第一轮总统大选中以 70.3% 的得票率获胜。普京于 4 月当选为"统一俄罗斯"党主席，并于 5 月 8 日当选为俄罗斯总理。

梅德韦杰夫上任的半年中，俄罗斯和格鲁吉亚发生了严重的双边冲突。自格鲁吉亚于 1990 年宣布独立以来，莫斯科和第比利斯之间的关系被蒙上了阴影。俄罗斯支持阿布哈兹（Abchasien）和南奥塞梯（Südossetien）的当地政府。这两个分裂的、非格鲁吉亚人口占大多数的自治地区的独立要求，既未得到格鲁吉亚，也未得到国际社会的承认。在前外交部长爱德华·谢瓦尔德纳泽（Eduard Schewardnadse）任总统期间（他于 1992 年 10 月首次当选总统），格鲁吉亚置它于 1994 年 3 月加入独立国家联合体的成员国地位于不顾，和美国的关系越走越近。谢瓦尔德纳泽的继任者、在 2003 年和 2004 年的"玫瑰革命"中出任总统一职并于 2008 年初连任的米哈伊尔·萨卡什维利（Michail Saakaschwili），进一步加紧推行亲美和亲欧盟的路线。2004 年 10 月，北约理事会批准了一项和格鲁吉亚的"单独伙伴行动计划"。2006 年初，发生了数起针对俄罗斯－格鲁吉亚天然气管道的破坏活动，两国之间的关系因此进一步恶化。南奥塞梯的一次赞同自己"国家"独立的全民公投，既未得到格鲁吉亚也未得到国际社会的合法承认。

2008 年 8 月 5 日，面对来自第比利斯威胁的声音，俄罗斯政府发表声明，如果南奥塞梯的俄罗斯公民遭到攻击，俄罗斯将为他们

提供保护。8 月 7 日深夜和 8 月 8 日凌晨，格鲁吉亚旨在将南奥塞
梯重新置于其控制之下的大规模进攻开始了。萨卡什维利总统用来
为此次行动辩护的理由是，驻扎在被分裂主义分子控制的、主要由
奥塞梯人居住的、与南奥塞梯接壤的边境地区的格鲁吉亚维和部队
遭到了攻击，同时，格鲁吉亚本身的村庄，亦即主要由格鲁吉亚人
居住的地区也遭到了袭击。萨卡什维利的举动是否中了俄罗斯的圈
套，对此争议重重，但有迹象表明，此推测并非凭空捏造。在格鲁
吉亚部队攻占了南奥塞梯首府茨欣瓦利（Zchinwali）之后，俄罗斯
于 8 月 9 日向南奥塞梯派出步兵和伞兵部队，并且对那里的格鲁吉
亚部队以及格鲁吉亚的军事目标进行空中打击。同一天，俄罗斯舰
队封锁了格鲁吉亚黑海沿岸的部分海域，并将海军陆战队员运送到
阿布哈兹登陆。经过一场短暂的海上交火，俄罗斯舰队击退了格鲁
吉亚舰艇部队的反击。格鲁吉亚和俄罗斯部队在南奥塞梯进行了为
时五天的交战，最后以格鲁吉亚人的败退告终。随后，俄罗斯部队
长驱直入进入格鲁吉亚，并占领了数座城市。

8 月 12 日，法国总统尼古拉·萨科齐以欧洲理事会主席的身份
出面斡旋，达成了格鲁吉亚和俄罗斯之间的临时停火协议。数周之
后，俄罗斯部队开始撤出格鲁吉亚。在两个分裂的自治地区边境，双
方建立了缓冲地带，在前沿地区临时设立了俄罗斯的控制点。由于这
场与俄罗斯的军事冲突显然是由在国内极具争议的、被势力强大的反
对派逼入窘境的萨卡什维利总统所挑起，因此，西方对他的支持也非
常有限。俄罗斯的反应方式有失分寸，因而遭到了西方的同声谴责。
但是，俄罗斯和大西洋联盟国家都无意采取进一步的对峙。因此，
2008 年 8 月的五日战争始终只是世界政治的一段小插曲。[5]

/ **山雨欲来风满楼：新世纪第一个十年后半期的"老欧洲"和"新欧洲"**

德意志联邦共和国第一位女总理安格拉·默克尔出身于一个福音教牧师家庭。1954 年生于汉堡，长在民主德国。作为物理学家，她在柏林的民主德国科学院物理化学中心研究所工作了 12 年。1989 年秋加入"民主崛起"组织，1990 年 3 月人民议会选举后，出任德梅齐埃（de Maiziere）政府的副新闻发言人。"民主崛起"于 1990 年 10 月并入全德的基督教民主联盟后，她在科尔总理内阁中先任妇女和青年部长，后又于 1994 年任环境、自然保护和核电站安全部长。黑黄联合政府①于 1998 年败选后，她出任基民盟秘书长。2000 年 4 月，在时局动荡变幻莫测的情况下（前文已有叙述），她被选为基民盟主席，最终在 2002 年联邦议会大选后又身兼二职，出任基民盟和基社盟的议会党团主席。

自 2005 年 11 月 22 日起，由安格拉·默克尔任总理的大联合政府只能根据时局随机应变地奉行一种折中的政治路线：凡是联盟党②和社民党形成共识的政策即可予以推行，其他一概无可能。尽管如此，由于拥有足以修宪的多数，大联合政府也有可能推行更小和更单一的执政联盟所无法实现的改革措施。格哈德·施罗德总理执政期间，一项为所有各方皆认为十分必要的、重新调整联邦政府与地方州政府之间关系的改革方案，由于执政党和反对党在教育问题上不可调和的分歧立场而功亏一篑。大联合政府采取两步走的方针解决了这一挑战：于 2006 年 9 月生效的《第一阶段联邦制改革计划》的首要任务是，较之以往更加严格区分联邦和地方州的职责范

---

① 黑黄联合政府指的是联盟党（以黑色为代表）和自民党（以黄色为代表）。

② 联盟党（Unionsparteien）指的是基督教民主联盟和基督教社会联盟，亦称"姊妹党"。

围，以减少联邦参议院负责审批的法律法规的数量（如此则很容易导致联邦参议院对众议院的"阻挠"）。

在实行《第一阶段联邦制改革计划》的过程中，教育政策全面下放到地方州的管辖范围，但高等院校的新生录取和毕业生管理制度，以及"双轨制"职业教育的运行管理，仍然保留在联邦政府的职责范围中。此外，联邦政府还剥离了它在公务员法方面的统筹权限。但在与地方政府有并行交叉的立法方面，所有级别政府部门公务员的身份地位和权利义务皆由联邦政府负责制定。新政改的缺点和弊端很快暴露出来：中小学校之间越来越多的区别使学生在州与州之间的转学变得越来越难，而且毕业成绩可比性的难度也比以前增加；在公务员薪酬问题上，"穷州"和"富州"之间的差距靠联邦政府已无从弥补。

2009年7月1日出台的《第二阶段联邦制改革计划》，重点关注联邦政府和州政府之间的财政关系。其核心是引入一个有约束力的政府负债率的高限，参考样板是瑞士的相关管理规定。从2016年起，联邦政府的负债率最高只允许占到国内生产总值的0.35%；从2020年起，全面禁止地方州政府获取净贷款。在经济严重衰退和自然灾害严重的情况下，允许有例外。从而，一直以来所实行的规定——联邦政府的负债总额不能超过它的投资总额——因一项严格的规定被放弃。"债务刹车"的目的是要强制联邦政府和各州政府严格按照预算纪律办事，不若此，欧盟《稳定与增长公约》的条款就无法得到遵守（2009年，德国的政府负债率为国内生产总值的75.7%，明显超过了《马斯特里赫特条约》规定的60%的上限）。偏离合乎宪法要求的政府预算规定的情况——如同在两德统一之后已司空见惯的那样——应当成为过去。

为了整顿国家财政，从2007年1月1日起，最高税率提高至45%，增值税也从2007年1月1日起由16%提高到19%（食品、书籍和报刊依然适用7%的减低税率）。反之，为了促进经济的发展，2008年初还出台了降低企业赋税的改革，包括将法人税降至30%，以及引入25%的资本收益预提税。与此同时，在2007年9月开始对德国铁路实行部分私有化，但铁路网线仍属国有。

由于联盟党和社民党的目标设想大相径庭，所以，有关医疗改革的争议尤为漫长：联盟党主张实行人头税（也叫"健康保险费"），社民党则想推出一种普通的公民税。最后，联合政府的执政伙伴达成一致，实行一种法定医疗保险或商业医疗保险的普通强制保险，并设立一个健康基金。这个健康基金的资金，来源于全国统一规定的缴纳给法定医疗保险的保险费，以及联邦政府的拨款。保险公司除了从基金中拿到每个投保人的固定金额外，还可以得到"以健康状况为基准的"附加风险金。这些改革措施的目的是要抑制成本，促进保险公司之间的竞争，使其拥有制定投保收费价格的更多空间。

联邦议会于2007年3月批准的、至2029年逐步将退休年龄从65岁提高到67岁的决定，没有在联邦政府，而是在社民党内部引起了激烈的争论。这是一项由社民党劳工部长弗朗茨·明特费林倡议的改革方案，方案考虑到了人口老龄化越来越严重的情况，并且要保持退休机制今后的长期正常运转。如同《2010行动纲领》中的部分法律一样（首先是《哈茨方案（4）》），这项改革尤其遭到了工会方面的坚决反对。

在大联合政府中，一方反对之事，另一方则无法推行。明特费林未能就实行一种大范围法定最低工资标准的必要性说服联盟党。他的党内同仁、环境部长西格玛·加布里埃尔（Sigmar Gabriel）酝酿出台的一项全国统一的环保法计划也胎死腹中。尽管如此，在其他一些有争议的问题上，联盟党和社民党还是达成了共识：2006年2月，联邦政府决定实行一种入籍测试，主要测试申请者的语言掌握情况、受教育程度和融入社会的意愿。2006 年 11 月，各州的内政部长就被容忍的外国人（即至少在德国生活了六年，且有长期工作而无正式居留权的外国人）居留权问题达成了一致看法。2007 年 11 月，失业人数自 2001 年以来首次减少到 400 万人以下。红绿两党联合政府此前的改革措施现在开始生效。然而，社民党是否能在 2009 年 9 月的下届大选中从中获益，还是一个悬而未决的问题。

在外交政策上，基民盟／基社盟和社民党之间有着广泛的共识：两个执政搭档皆赞同欧洲的一体化和跨大西洋合作。然而，默克尔总理自有主见。与她的前任不同，作为反对党领袖，她曾经猛烈批评过施罗德总理的伊拉克政策；如今，她与乔治·W.布什保持着良好的私人关系。对弗拉基米尔·普京，她则敬而远之。当 2008 年涉及乌克兰和格鲁吉亚的北约成员国地位时，她对美国人相关计划的态度，与社民党外交部长弗兰克－瓦尔特·施泰因迈尔的态度一样鲜明。2007 年 9 月，她和施泰因迈尔之间发生了公开的意见冲突。

联合政府两个搭档之间观点一致的问题，是德国国防军 2006 年在科索沃和黎巴嫩参加的联合国维和行动，以及同年 11 月派出狂风侦察机到阿富汗执行任务事宜。在对待土耳其加入欧盟问题上，默克尔勉强接受了此前由施罗德和社民党所主张的与之进行入盟谈判的解决办法，但继续对"享有特权的伙伴关系"的目标表示支持。

如同所有前任一样，默克尔很快就将德国的外交政策变成了由她唱主角的舞台。这一点于 2007 年 6 月在梅克伦堡（Mecklunburg）的海利根达姆（Heiligendamm）举行的八国集团峰会上表现得尤为明显，其间，她以东道主身份在会议上亮相，并体现了德国乃是"全球大国"之一的形象。但是，由于美国的反对，她想把具体的气候保护目标写进大会声明的计划未获成功。同时，由于华盛顿和伦敦的阻挠，会议也没有就对冲基金的一个自愿的行为准则达成一致。根据美国的倡议，八国集团峰会确定了一项在非洲针对免疫缺陷综合征（艾滋病）、疟疾和肺结核的预防和治疗计划，为此，至2015年需要450亿欧元来完成这一计划。大会还约定，定期与中国、印度、巴西、墨西哥和南非这些新兴大国举行制度化的会议。峰会期间，全球化的反对者在罗斯托克举行了大规模的示威游行。当闭幕大会在和平的气氛中结束后，"自行其是者"和警察在大街上发生冲突。此类冲突对抗如今在主要国家召开的会议上随时都可能发生。

英国首相托尼·布莱尔在2005年5月的议会大选中第三次获胜，从而翻开了他政治生涯中既成功又艰难的一页。《欧盟宪法条约》于2005年5月底和6月初在法国和荷兰的公投中分别遭受败绩，对他来说是两个恰逢其时的事件。关于此条约，布莱尔也曾向"对欧洲持怀疑态度"的英国民众许诺进行公投，但公投是否能获多数支持，乃是个未知数。法国和荷兰对条约说"不"，为他省去了这场实力的较量。

2005年7月，在苏格兰的格伦伊格尔斯（Gleneagles）举行的八国集团峰会上，布莱尔旗帜鲜明地反对因人类造成的地球变暖而引起的气候变化，赞同增加发展援助，尤其是给非洲的援助，以及赞同给世界上最贫穷的国家减免债务。除了气候问题，在上述目标上，他皆得到了乔治·W.布什的支持。在格伦伊格尔斯峰会上决定的债务减免额总计为400亿美元。到2010年，发展援助也将每年增加500亿美元。

作为其政绩之一，在经过漫长艰难的谈判之后，布莱尔促成了分别由伊恩·佩斯利和马丁·麦吉尼斯（Martin McGuinness）领导的相互对立（处于两极）的基督教民主统一党和天主教新芬党于2007年5月在贝尔法斯特组成联合政府。此外，工党政府支持的英国的"分权"问题也取得了进展（尽管并非如布莱尔所愿）。在

2007 年 5 月的苏格兰地方议会选举中，工党首次败给了苏格兰的自治主义派。苏格兰民族党赢得组阁权，党主席亚历克斯·萨尔蒙德（Alex Salmond）出任由该党组成的少数派政府的首脑。2005 年后的若干年中，布莱尔在国内政策上主要致力于国家医疗卫生、中小学教育和福利事业以及监狱制度的改革。在任首相期间，布莱尔从没有像 2005~2007 年那样，如此坚定和广泛地扮演一个对英国社会进行改革的角色。

与此同时，越来越多的迹象表明，首相的权威已今不如昔。布莱尔多年的同路人和竞争对手、财政大臣戈登·布朗越来越多地公开表露意欲入主唐宁街 10 号的企图。在布莱尔推行的退休金改革问题上，两人的意见分歧发展到了私人关系不和的程度。民调数据显示出对工党及其政府领导人越来越不利的结果；在 2006 年 5 月的地方选举中，工党蒙受重大损失。2006 年春，一件让执政党非常难堪的丑闻在媒体上被炒得沸沸扬扬：在首相举荐晋升贵族爵位（peerage）的人选当中，不少人曾给工党提供过慷慨的贷款（不同于捐款，贷款不必向选举委员会通报）。布莱尔的私人朋友、工党最重要的募捐人迈克尔·列维（Michael Levy）爵士被捕，并在缴纳保释金后获释。或许因为布朗的背后小动作，布莱尔在任首相期间三次被检察院作为证人传讯。工党在"现金换爵位"丑闻中，共得到了高达 1395 万英镑的贷款。据传，由于无法明确证明提供贷款和推荐贵族爵位人选之间的关系，所以检察院未提起公诉。但是，丑闻的曝光给布莱尔的声誉造成了严重损害。许多迹象表明，身体状况欠佳的布莱尔将于 2007 年春决定辞去首相职务，为戈登·布朗让位。2007 年 5 月 2 日，正好是他当选首相十周年这天，布莱尔公开宣布了他的去意。2007 年 6 月 27 日，布朗入主唐宁街 10 号。

布朗上任刚数周，北岩银行——这家业务遍及全球的抵押银行于 2007 年 8 月陷入财务危机。危机的起因是后文将要讨论的由贷款扶持导致的美国房地产泡沫的破裂。为了避免危机的扩大，北岩银行在9月得到了英国央行的一笔流动资金救助。这项紧急救助措施引起了银行储户的恐慌：他们纷纷取出存款，从而将北岩银行推向了破产的边缘。2008年2月，银行被"暂时"国有化——这意味着，倘若整改失败，纳税人将要为银行的债务买单。2008年3月，北岩银行偿还了国家提供的贷款。在此次危机中蒙受损失者，是那些两手空空一无所得的银行股东。2011年，维珍集团旗下的维珍理财接管了这家银行。

北岩银行的案例暴露了一个更深层的问题——英国家庭不断增加的家庭债务。2007年底，私人债务总计为1.4万亿英镑，同比增加了9.5%。其中，2230亿英镑为消费贷款。加上抵押贷款，2007年底英国每户家庭负债56324英镑，去除贷款则为8956英镑。公共债务从2006年底到2007年底由4876亿英镑增加到了5194亿英镑（或者说，从占国内生产总值的36.4%增加到了36.7%）。为了增加国库收入，财政大臣阿利斯泰尔·达林（Alistair Darling）推出了一项提高酒税的政策。计划中提高汽油税的政策由于原油价格普遍上涨而被推迟。

2008年5月，戈登·布朗不得不为工党在地方选举中遭受的四十年来最惨重的损失承担责任。5月底，保守党在曼彻斯特附近柴郡（Cheshire）的克鲁市（Crewe）和南特威奇市（Nantwich）的补选中大获全胜，党主席戴维·卡梅伦（David Cameron）预言，"新工党"已穷途末路、日薄西山。他有针对性地在"绿色环保"问题上做文章，以争取少数民族的好感，同时表示，选举获胜后他将继续奉行布莱尔和布朗政策的基本点。由2007年12月新当选党主席的尼克·克莱格（Nick Clegg）领导的自由党，也对大选获胜寄予厚望。工党在1997年、2001年和2005年的大选中均赢得了令人心服口服的胜利，下届下院大选最晚将在2010年5月进行。从

2008 年来看，戈登·布朗想获胜的希望显得十分渺茫。

对法国总统雅克·希拉克来说，法国老百姓于 2005 年 5 月 29 日对《欧盟宪法条约》说"不"，是其执政期所遭受的最惨重的失败。他的传记作者弗朗兹 - 奥利维埃·吉斯贝尔（Franz-Olivier Giesbert）认为，自那一天起，希拉克甚至已经"政治死亡"。总统用改组政府来对这次挫败做出反应。现任内政部长多米尼克·德维尔潘取代让 - 皮埃尔·拉法兰任政府总理；总统所在的人民运动联盟党主席尼古拉·萨科齐出任内政部长。于是，萨科齐官复原职，重新回到 2002 年 5 月至 2004 年 3 月任职过的岗位。刚走马上任几周时间，萨科齐在走访巴黎市郊的古尔纳夫市（Courneuve）时宣布，要用"凯驰"①高压水枪对这个地区进行清理——向被他笼统称为"小流氓"的北非青年高犯罪率宣战。

萨科齐的"法律和秩序"的豪言壮语进一步激化了法国大城市周边地区长期存在的矛盾冲突。2005 年 10 月，先是在巴黎市郊，后又在其他大城市的市郊地区，如第戎（Dijon）、里昂（Lyon）、图卢兹（Toulouse）、圣艾蒂安（St. Étienne）和马赛（Marseille）等地，爆发了暴力骚乱，数千辆汽车在骚乱中被焚毁。11 月初，德维尔潘政府宣布全国进入紧急状态，从而使那些尤其受到动乱影响的城市的市长们也有了实行宵禁的可能。

大约半年后，即 2006 年 2 月，法国各地的学生上街游行，反对政府一项全面取消对刚参加工作年轻人的解雇保护的法律草案。3 月，得到工会和左翼政党支持的抗议游行达到了近乎总罢工的规模。政府被迫做出让步，于 4 月初收回了具有争议的法律草案（Contrat

---

① "凯驰"（Kärcher），是驰名全球的德国高压水枪清洁设备生产商。

première embauche）^①。

政府放宽解雇保护的政改措施，是对经济和社会发展审时度势的主动之举。法国正在输掉一场生产力和竞争力的国际竞赛。美国人每年的工作时间是 872 小时，英国人是 792 小时，法国人仅为 597 小时。2007 年，法国的公共债务占国内生产总值的 64.2%，虽然比德国低 1 个百分点，但是明显高于《马斯特里赫特条约》规定的上限。2007 年的经济增长率为 2.3%，低于德国（3.3%）和欧盟的整体水平（3.2%）。在人均国内生产总值方面，法国 1970 年在经合组织内排名第 11 位，2006 年下滑到了第 16 位。公共债务方面，德维尔潘宣布，至 2012 年力争降到 60%。2007 年，德维尔潘着手裁剪臃肿的公务员队伍，但只听雷声响未见雨下来。德维尔潘政府始终未能拿出一个令人信服的政改方案。

2006 年 5 月 16 日，德维尔潘不得不在国民议会上面对社会党的不信任案，这份提案也同样得到了人民运动联盟的联合执政搭档、德斯坦主义的法国民主联盟主席弗朗索瓦·贝鲁的支持。提案的缘起，是此前提到过的"清泉事件"丑闻。德维尔潘涉嫌动用情报机关来调查他的政敌萨科齐的所谓贿赂金账户。德维尔潘驳斥针对他的指控是谎言和造谣中伤，并顺利获得了多数对他的信任投票：577 名议员中只有 190 人赞同不信任提案。但是，政府首脑和他的内政部长之间剑拔弩张的关系并未就此烟消云散。政府圈子内外纷纷传言，萨科齐不久将退出内阁，以便以竞选人的身份亮相 2007 年的总统大选，同时将与旧体制一刀两断。

但是，萨科齐并没有辞职离任，此举对提升他竞选总统的成功概率反倒大有助益。希拉克本人希望德维尔潘成为自己的继任者，

---

① "Contrat première embauche" 的中文意为 "第一份劳动合同"，或简称 "就业法案"。

但未能得到他自己的政党——人民运动联盟的支持。在党内预选中，所有竞选人（包括德维尔潘在内）都先后退出竞争，萨科齐成了唯一的竞选人。他获得了党内98%的支持率。在2007年4月22日的第一轮总统大选中，萨科齐得票率为31.18%，社会党竞选人赛格琳·罗亚尔（Segolene Royal）25.87%。法国民主同盟的弗朗索瓦·贝鲁的支持率为18.57%，国民阵线党首让－玛丽娜·勒庞为10.44%。在5月6日的第二轮投票中，萨科齐以53.06%的支持率战胜了46.94%的罗亚尔。

尼古拉·萨科齐1955年1月出生于巴黎，父亲是匈牙利移民，母亲的家庭背景是希腊塞萨洛尼基的塞法迪犹太人。他的首个部长职位，是于1993年出任爱德华·巴拉迪尔总理手下负责预算事务的部长。萨科齐同希拉克之间的关系颇为紧张，原因是1995年希拉克没有支持他，而是支持信仰戴高乐主义的巴拉迪尔作为总统竞选人。甫一就任总统，萨科齐立即解散了国民议会。人民运动联盟在6月10日和17日的新大选中以314席（总数为577席）赢得了多数支持。但是，人民运动联盟和它的搭档新中间党未能实现三分之二的多数目标，甚至政府的多数还比前届少了几个席位。萨科齐任命他的顾问弗朗索瓦·菲永为政府总理，克里斯蒂娜·拉加德（Christine Lagarde）为财政和经济部长，米谢勒·阿利奥－玛丽为内政部长，此二人皆来自人民运动联盟。外交部长由无党派人士、"无国界医生"救助组织的创始人和前主席伯纳德·库什纳担任。

外交上，萨科齐采取了部分不同于希拉克的政策。他致力于同美国发展一种良好的关系，这种关系在希拉克当政时期曾一度急剧恶化。他反对土耳其成为正式的欧盟成员国，并且，如同德国总理安格拉·默克尔一样，主张给予土耳其一种"享有特权的伙伴关系"。2007年7月，他在访问非洲期间，把殖民主义称为是一个严重的错误，并且批评发展援助政策是一种对不良政府的奖励。他在梵蒂冈时，对 2005 年 4 月去世的约翰·保罗二世的继任者本笃十六世教皇的拜访是一种公开的表明姿态。他利用这次机会和其他各种场合，强调了世俗法国的基督教传统。2008 年 6 月，他出访以色列，并成为在以色列议会发表讲话的第二位法国总统（第一个讲话的法国总统是弗朗索瓦·密特朗，于 1982 年 3 月）。内政方面的信号是于 2008 年 1 月宣布的"整顿市郊地区"计划。就法国的未来发展而言，所有这一切都取决于萨科齐能否成功地推进法国经济和社会的现代化，亦即他是否能够成功地完成德维尔潘已经认识到却没有循序渐进着手实现的任务。

自 2008 年 7 月 21 日起，萨科齐总统所推行政策的宪法框架发生了新的变化。这天，国民议会和参议院在凡尔赛宫举行的联席会议上，批准了第五共和国有 50 年历史的旧宪法的一个新版本。萨科齐于 2007 年 7 月设立的、由前总理爱德华·巴拉迪尔领导的一个委员会起草的宪法修订版准备就绪。尽管以党主席弗朗索瓦·奥朗德（François Hollande）为首的几乎所有社会党议员表示反对，新版宪法还是以刚好符合规定要求的三分之二多数获得通过。

修订版宪法的重点新内容包括：将总统任期限制为两届，亦即与 2000 年 9 月的宪法修正案相对应，总统的每届任期由七年减少为五年，最多总共十年；同时仿效美国的模式，总统有向全体议会发表国情咨文的职权。未来，总统在提名政府高级职位的人选时，需要依靠议会有关委员会的协助。倘若今后政府派遣人员赴国外执行任务历时超过三个月，必须得到议会的批准。同时，不仅应总统的要求可以进行全民公决，而且在有十分之一登记选民，或是在有五分之一议会议员要求的情况下，也同样可以进行全民公决。根据宪法第 46 条，总统的特别权力在 30 天后必须受到议会的控制。总体而论，这些新规定还不足以构成对法国第五共和国的议会化，却是明确朝着这个方向迈出的一步，亦即是从开国元勋夏尔·戴高乐的精神传统中摆脱出来的一个篇章。

对意大利来说，2006 年 4 月西尔维奥·贝卢斯科尼代表的中间派和右翼政府被选下台，意味着一个新的政治不稳定阶段的开始。以罗马诺·普罗迪为首的中间派和左翼内阁虽然在众议院拥有多数席位，但在参议院却没有得到相对稳定的多数支持。兼之联合政府内部本身钩心斗角，常常导致不能形成一条共同的执政路线，其中，两个尤难合作的搭档是意大利重建共产党和意大利共产党人党。

2006 年 12 月，联合政府虽然成功地使一项极具争议的整顿国家财政法案获得通过，但是，内阁对选举法、将参议院变成一个由地方代表组成的上院，以及减少众议院人数的改革尝试却无法推行。在 2007 年 2 月参议院的一次表决失败后，普罗迪向乔治·纳波利塔诺递交辞呈，纳波利塔诺未予批准。在 2 月底和 3 月初的两院信任案表决获胜后，普罗迪虽然继续留任总理，但是，他的内阁却在 2008 年 1 月因内部分歧土崩瓦解：一个属于基督教民主阵营的政党——欧洲民主联盟退出了联合政府，致使内阁失去了议会多数。普罗迪宣布辞职；纳波利塔诺寻求过渡政府未果，在这种情况下，他被迫下令提前举行新大选。

在 2008 年 4 月 13 日和 14 日的大选中，来自中间派和右翼阵营的几个政党——贝卢斯科尼的自由人民党（由他的意大利力量党和“后法西斯主义”的全国联合合并而成）、北方联盟和自治运动党——以 46.81% 和 47.31% 的得票率分别在众议院和参议院的选举中胜出。后共产主义民主党瓦尔特·维尔特罗尼（Walter Veltroni）为首的左翼阵营得票率分别为 37.54% 和 38.01%。中间和右翼政党在议会上下两院占有多数席位，于是，西尔维奥·贝卢斯科尼不费吹灰之力第三次当选总理。

当此之时，由这位“骑士”执政的意大利正处在一种令欧盟尤其是令货币联盟感到忧虑的状态之中。根据 Eurostat（负责统计事务的欧盟机构）的数据，意大利 2007 年的经济增长率为 1.7%，在货币联盟国家中排名最末几位；欧盟 27 国中，只有匈牙利的情况（0.1%）更为糟糕。意大利的公共负债率占国内生产总值的 103.3%，在欧盟所有国家中位居倒数第二（比意大利更糟的是希腊，为 107.4%）。2008 年第二季度和第三季度的经济呈负增长，缘此，根据官方公布的标准，意大利在这年秋天已经陷入衰退之中。

/ 324

2008 年 4 月，由于工会的抵制，法航、荷航和财务状况不佳的意大利航空公司之间的收购谈判未能成功：工会坚决反对任何形式的裁员计划。8 月，意航不得不宣布破产。稍后不久，贝卢斯科尼争取到著名的意大利实业家对航空公司投资参股。随后，政府又把 25% 的股权卖给了法航和荷航。意航被解雇的员工，由国家负责支付他们八年原工资的 80%。意航享有罗马到米兰这条欧洲最繁忙空中航线的垄断权。意航暂时得到拯救，而为此所付出的代价在欧洲不禁使人怀疑，贝卢斯科尼政府是否愿意以及是否有能力将多年陷于危机之中的意大利从困境中解救出来。

就 2007 年的经济增长而言，唐纳德·拉姆斯菲尔德眼中代表"新"欧洲而非"老"欧洲的匈牙利比意大利的情况更为糟糕。在 2006 年 4 月的大选中，匈牙利自 1989 年和 1990 年巨变以来首次没有再度经历政府更迭：以费伦茨·久尔恰尼总理为首的社会党与自由党联合执政伙伴一道赢得议会多数，并组成了一届新政府。久尔恰尼随即宣布实行财政紧缩政策，旨在对国家财政状况进行整顿。稍后不久，即 9 月中旬，广播电台曝光了一段久尔恰尼在党内的讲话。在这个 5 月的内部讲话中，久尔恰尼脏话连篇地承认，他在大选之前向选民隐瞒了经济形势的严峻性，亦即不折不扣地对他们进行了欺骗。愤怒的群众随即冲击了广播电台大楼，并要求总理下台。在随后的警察干涉中，有数百人受伤。久尔恰尼保住了总理职位直到 2009 年 4 月，但他和社会党的政治形象因电台播送的这段讲话而受到不可挽回的影响。2010 年 4 月，以维克托·奥尔班为首的民族保守派青民盟在议会选举中大获全胜，赢得议会的三分之二多数。这次政权更迭将是匈牙利民主历史上影响极为重大的一个转折。

相对而言，21 世纪第一个十年后半期，中东欧其他几个国家的权力更迭并无戏剧性可言。在捷克，瓦茨拉夫·克劳斯总统的保守党在 2006 年 6 月的大选中获胜。由社民党领导的前届联合政府，被由米雷克·托波拉内克（Mirek Topolánek）总理为首的公民民主党和绿党组成的少数派政府所取代。这届政府直到 2007 年初才取得议会中的多数。2008 年 9 月，瓦茨拉夫·克劳斯被议会再次选为总统。鉴于他根深蒂固的"怀疑欧洲"态度，他的当选对欧盟来说并非让人感到欣慰。

在 2006 年 6 月斯洛伐克的议会大选中，以米库拉什·祖林达为首的中间派和左翼政府失去了多数选民的支持。以左翼民粹主义形象亮相的社民党主席罗伯特·菲乔（Robert Fico）赢得选举胜利，并与前总理弗拉迪米尔·梅恰尔的党派和民族主义的斯洛伐克民族党组成联合政府。因其令人担忧的对匈牙利少数民族和罗姆人的消极影响，这个多党联合政府在欧盟一时引起了人们的高度关注。欧洲的社民党阵营甚至暂时终止了菲乔的方向 - 社民党的成员资格。尽管如此，菲乔承诺奉行坚定的亲欧洲政策，并在经济和财政领域推行一条稳定和增长相结合的为政路线。该路线使斯洛伐克于 2009 年 1 月 1 日实现了加入欧元区的目标。2008 年 2 月，方向 - 社民党又被重新接纳到欧洲社民党阵营中。

在波兰，代表民族保守主义的法律与公正党在 2005 年 10 月的大选中获胜，并得以进一步扩大其权力和影响。2006 年 7 月，总统莱赫·卡钦斯基任命其孪生兄长雅罗斯瓦夫·卡钦斯基为政府总理。雅罗斯瓦夫·卡钦斯基在国内政策上奉行一条旗帜鲜明的右翼路线，这条路线不仅导致了与社民党的对峙，而且还导致了与团结工会阵营的自由派代表人物（其中包括与前外长及后来任欧洲议会议员的布罗尼斯瓦夫·盖雷梅克等人）的冲突。政府多次禁止同性恋者游行的法令在欧洲范围内引起了人们的普遍关注。卡钦斯基兄弟强调波兰与美国之间的密切关系和由来已久的深厚友谊，但对欧盟却保持一种敬而远之甚至是拒之门外的态度。他们与德国和俄罗斯的关系更好。在关于《欧盟宪法条约》的争议问题上，华沙政府曾极力要求在序言中写进和上帝有关的文字，未果。可是，在欧洲理事会的投票权重问题上，华沙方面从其他国家政府那里争得了可观的让步和利益。

2007年盛夏，法律与公正党与右翼政党——波兰共和国自卫党和波兰家庭联盟组成的联合政府垮台。议会随后于9月7日解散。在10月21日的重新大选中，唐纳德·图斯克的自由派公民平台——一个特别对欧洲友好的政党以41.51%的支持率胜出。图斯克与瓦尔德马·帕夫拉克的波兰农民党组成联合政府。这样，如同1993~1995年那样，波兰政府再度进入到"同居"的执政阶段。2010年4月10日，一个由总统莱赫·卡钦斯基率领的波兰代表团，在前往卡廷参加1940年被杀害的波兰军官纪念活动途中，飞机在准备降落斯摩棱斯克（Smolensk）机场时，因飞行员操作失误坠毁，机上乘员全部罹难。这一悲剧事件在波兰立刻成了反俄罗斯阴谋论的话题。在总统选举中，公民平台的竞选人布罗尼斯拉夫·科莫洛夫斯基（Bronisław Komorowski），在2000年7月4日进行的第二轮投票中，击败他的竞争对手雅罗斯瓦夫·卡钦斯基当选总统。

在图斯克政府领导下，波兰在经济和政治方面发展成了欧盟在中东欧地区的一个稳定支柱。2012年3月，经合组织将波兰称为，在 2008 年开始的全球经济危机期间，"其成员国中经济增长成就最大的国家"。2008 年波兰的经济增长率为 5.1%，欧盟的平均水平为 0.5%。与前届政府不同，图斯克政府积极参与欧盟国家之间的合作。2007 年 12 月 21 日，波兰与捷克、斯洛伐克、匈牙利、斯洛文尼亚以及三个波罗的海国家一道加入了《申根协定》。在新世纪第一个十年后半期还不是欧元区的中东欧国家中，波兰与爱沙尼亚、拉脱维亚和立陶宛一样，在稳定和增长方面脱颖而出。倘若要对欧盟东扩进行一番总结，2010 年还为时尚早。但是，波兰的发展带来了乐观的理由，这点却有目共睹。[6]

/ 多极世界取代垄断霸权：乔治·W. 布什第二届任期时的美国

2004 年 11 月，美国总统大选在即。现任总统乔治·W. 布什的支持率仍然保持在 50% 以上。在过去几年他所推行的各项政策中，许多政策都受到美国社会不同阶层的认同和欢迎：中上层拍手称好的，是下调至 15% 的股息税和 2003 年高达 3500 亿美元的减税总额；下层民众津津乐道的，是为退休和领取社会救济人员减轻一定负担的医疗体制改革。美国老百姓对布什在"9·11"事件中的坚定态度普遍表示赞同，支持美国士兵在阿富汗和伊拉克作战始终被认为是爱国之举。2008 年的失业率为 5.5%，比前一年减少了 0.5 个百分点。对共和党来说，所有这一切使他们有理由对大选的前景怀有极大的乐观和期待。

2004 年大选期间，总统的心腹政治顾问卡尔·罗夫，建议布什采取一条将使他获得新教徒们支持的坚定保守路线。总统采纳了这一建议，并反对对枪支管理法进行严格修订和堕胎。除此之外，他还要求修订宪法，旨在禁止同性恋之间的婚姻。为了对付民主党候选人、来自马萨诸塞州的自由主义参议员约翰·克里（一位有很高声望的越战老兵，后来成为"和平运动"的著名代言人），共和党发起了一场"泼脏水运动"，其手法与四年前对付阿尔·戈尔一样，污蔑诋毁无所不用其极。2004 年 11 月 2 日，布什在竞选中险胜：他的支持率是 50.73%，克里为 48.27%。在选举人票数方面，现任总统获得 286 票，民主党候选人为 251 票。共和党在参议院和众议院均拥有多数地位。

大选过后数日，在政府内属"鸽派"的国务卿科林·鲍威尔宣布，他在新政府中将不再担任职务。新闻媒体立即猜测，鲍威尔此举是为了满足总统的愿望而做出的决定。他的继任者是此前的安全事务顾问、有善于应变的"务实政治家"之称的康多莉扎·赖斯。

另一个更换领导人的部门是司法部，效忠布什的阿尔贝托·冈萨雷斯接替了约翰·戴维·阿什克罗夫特。

乔治·W.布什的第二届总统任期似乎并非一帆风顺、吉星高照。2005年8月底，路易斯安那州和密西西比州的沿海地区遭到了美国历史上破坏力最强的"卡特里娜"飓风的袭击。新奥尔良市几乎所有居民被迫撤离，数百人在飓风中丧生，他们中的大部分是美国黑人，因为没有私家车，无法躲开即将到来的洪水。许多美国人认为，总统对飓风巨大的破坏力反应过慢；尤为让人诟病的是，尽管事先多次提醒，总统始终没有对灾害的防护引起足够的重视。事实上，相关政府部门——美国联邦紧急事务管理署（FEMA）的工作人员都是共和党不懂业务的投机分子，因而造成了在紧要关头咎由自取的恶果。

飓风"卡特里娜"给布什的声望造成了严重的甚至是不可挽回的损失。随后，接连发生了一系列有身居要职的共和党人卷入其中的丑闻，其中包括颇具影响力的院外集团人士杰克·埃布拉莫夫（Jack Abramoff）和众议院多数派领袖汤姆·迪莱（Tom DeLay）二人在内。后者因为在得克萨斯州从事非法政党融资最终被迫辞职。因受布什伊拉克政策的批评者、原驻尼日利亚大使约瑟夫·威尔逊（Joseph Wilson）的污蔑行为牵连，副总统迪克·切尼的办公室主任欧文·路易斯·利比（绰号"滑板车"）以做伪证罪被起诉，并被陪审团判处13个月的徒刑。

布什第二届任期第一年最重要的一项政改计划——对养老保险制度的部分改革，于2005年10月彻底失败。总统所寻求的另一项税制改革计划也遭到了同样的命运。第二年，在围绕"拉美人"（大多来自墨西哥）居留权的争议中，布什采取的反倒是一种宽松的立场：他强调美国作为移民国家的传统，同意使非法进入美国的偷渡者地位合法化。然而，2006年10月签署的对墨西哥边境地区设施进行扩建的一项法案则更符合保守的美国人的愿望。该法案遭到了美国南方邻国政府罕见的强烈抗议。作为政绩，布什促成了国会在经过众议院和参议院历时数月之久的辩论后，于 2006 年 3 月批准无限期延长《爱国者法案》的大部分条款。虽然美国的行政部门不得不接受针对它所要求的对美国公民进行电话和电子监控的一些限制条款，但在实践中，这些限制条款皆被证明是"摆设"。

布什第二届任期伊始所面临的最险要的形势，是伊拉克局势的恶化。早在 2004 年夏，情报部门就提醒，注意两河流域这个国家的内战危险。在萨达姆倒台之后的首次选举中，由什叶派和库尔德人的政党组成的一个松散联盟取得了胜利。2005 年 4 月，议会选举库尔德人贾拉勒·塔拉巴尼为临时总统，同月，又选举宗教学者易卜拉欣·贾法里（Ibrahim al Jaafari）为总理。5 月，美国人与伊拉克警察和军队一道，向以逊尼派为主的反叛武装发起了一次大规模攻势。10 月，第 2000 个美国士兵在伊拉克阵亡。民调显示，布什总统的伊拉克政策此时仅得到 30% 美国人的支持。同年底，自 2003 年 3 月伊拉克战争开始以来，死于战事的民众人数达到了至少 4 万人。伊拉克议会的宪法委员会于 8 月提交了一份宪法草案，该草案在 10 月进行的全民公投中获得了将近五分之四投票者的支持。逊尼派少数族群几乎全部拒绝参加投票。不过，他们却参加了 12 月 15日的议会大选。布什将之称为"光荣的一天""一个转折点"，甚至是"伊拉克恐怖主义终结的开端"。但是，正如不久即被证明的那样，这仅是一厢情愿而已。

2006 年底，"基地"组织的一个行动小组，在什叶派最重要的宗教场所之一、位于萨马拉的阿斯卡里清真寺实施了一次炸弹袭击。这次恐怖行动引发了逊尼派和什叶派之间一场公开内战。此后，数以百计逊尼派清真寺被付之一炬；一千多人在什叶派的反击中丧生。5 月，美国人决定进行新政府选举：易卜拉欣·贾法里被什叶派政治家努里·马利基（Nuri al-Maliki）取代。马利基组成了有数位逊尼派人士参加的民族团结政府，但后来他却明显代表占人口大多数的什叶派的利益。与此同时，内战仍在激烈进行。10月，战争开始以来死于非命的平民人数上升到了6万人。美国缺少一个通盘考虑的战后恢复计划已众所周知，数位前美国将军，甚至还有老布什的安全事务顾问布伦特·斯考克罗夫特，皆认为国防部长唐纳德·拉姆斯菲尔德应当首先对此负责。但是，布什并不想更换五角大楼的主人，理由是，拉姆斯菲尔德对他始终忠心耿耿。

2006年11月，美国"中期选举"开始。共和党在参众两院均失去了多数席位。选举的失败引发了总统反思，同时，布什的支持率此时降到19%的最低点，这对他的反思也起了推动作用。他起用被普遍称为冷静的现实主义者、无党派的前中情局局长罗伯特·盖茨（Robert Gates），接替拉姆斯菲尔德。盖茨是国会设立的伊拉克问题研究小组成员，该小组于12月提交了他们的总结报告。报告中，小组建议外交上采取主动姿态，其中包括与伊朗和叙利亚这两个华盛顿眼里的"流氓国家"进行对话。在增派部队问题上（如同原美国陆军副参谋长杰克·基恩所赞同的那样），盖茨和其他军方人士于2006年底表示反对，但布什却表示赞同。2007年1月10日，布什在电视讲话中公开声明对他的伊拉克政策进行调整。他宣布了一项"增兵"计划：将驻伊美军人数再增加2万人。

新战略在美国民众中不得人心，并且遭到了众议院和参议院的共同反对。但是，后来的结果显示，这一战略行之有效。驻伊美军新任指挥官戴维·彼得雷乌斯（David Petraeus）将军成功地与当地数百个民兵组织达成停火协议，并使其成为事实上的美方盟友。美国新任驻巴格达大使、中东问题专家瑞安·克罗克（Ryan Crocker），上任伊始即与彼得雷乌斯不分彼此，通力合作。到2007年6月中旬，美军数量增加到了16万人。在萨马拉的金顶清真寺于 6 月再次遭到炸弹袭击后，所有的宗教领袖纷纷号召教徒们保持克制。攻击的频率自年中以后有所下降。但是，马利基政府未能审时度势，利用相对平静的局势实行有力的政改措施。7 月，逊尼派最大的一个派别退出政府内阁。8 月，在摩苏尔（Mossul）针对库尔德人一个宗教上的少数民族雅兹迪人的炸弹袭击中，有 500 多人成了冤魂。

2007 年底，政治解决伊拉克问题的可能性依然渺茫。但是，伊拉克军队和平民的死亡人数却呈不断下降趋势：11~12 月大约为 550 人，而 2~3 月时还为 3000 人。2008 年 4 月，彼得雷乌斯向参众两院的外交委员会报告了安全局势进一步好转的情况。当他在伊拉克的工作于 2008 年 12 月结束时，"增兵"战略取得了不可否认的实际效果。2008 年 12 月 14 日，布什和马利基在巴格达签署了一份合作协议，根据协议，至 2011 年底美国逐步从伊拉克撤出其作战部队。但是到时候美国是否能成功地稳定伊拉克局势，并使其能够凭借自己的力量应对恐怖主义的威胁，还是个未知数。

倘若鉴于第一个十年结束时的伊拉克局势，人们可以认为双方的交战行动在不断减少的话，那么在另一个"反恐战争"舞台上的情况恰好相反——阿富汗局势。2005 年春，美军士兵在当地亵渎《古兰经》的行径引发了一股暴力抗议浪潮。2006 年 9 月，在阿富汗南部坎大哈地区展开的、北约针对从南方渗透进来的塔利班武装人员的"水母"行动中，有数百名阿富汗平民丧生。据估计，2016 年在阿富汗南部被打死的平民达到 1500 人。就暴力情况而言，阿富汗南部和北部之间存在着地区上的差别（南方危险多事，北方相对平静），其原因在于阿富汗的南方省份同巴基斯坦边境地区比邻接壤。阿富汗的塔利班在 2001 年底被赶走后，均撤退到了巴基斯坦，并在那里重新纠集起来。巴基斯坦三军情报局（ISI）在此过程中扮演了一个不光彩的角色：它一方面是与美国结盟的巴基斯坦政府的下属机关；另一方面又充当了"宗教学生"（注：指塔利班，"塔利班"在阿富汗普什图语中意为"伊斯兰教的学生"）的保护伞。没有 ISI 的帮助，塔利班很难将其在巴阿边境地区的势力范围不断向北推进。

从政治角度来看，阿富汗自 2004 年初起变成了一个"伊斯兰共和国"：阿富汗的部落联盟大会——支尔格大会在这年 1 月对此做了明确决定。由支尔格大会通过的宪法是一种把伊斯兰传统和民主元素结合的尝试。2004 年 10 月，临时政府首脑哈米德·卡尔扎伊被选为总统；2005 年 12 月起，阿富汗有了一个选举出来的议会。阿富汗法庭根据伊斯兰教法做出的判决，经常与通过亿元计划帮助阿富汗重建的"捐助国"发生矛盾。腐败现象无孔不入，喀布尔的政府部门也同样深陷其中。尤其使西方感到不安的，是阿富汗用以制造鸦片的罂粟种植业。2007 年，全球超过 90% 的鸦片产量均来自这个位于兴都库什山下的国家。据西方的估计，阿富汗 10% 的人口跟生产和传播毒品有关。正如《南德意志报》记者斯特凡·科尼利厄斯（Stefan Kornelius）在他的报道中所叙述的那样，阿富汗警察在其中扮演了"鸦片买卖中坚力量"的角色，他们是"腐败现象的缩影"。

北约一条更为强硬的反海洛因产业的路线因德国而受阻。若要销毁罂粟作物，需要军事力量持续不断地参与，这有悖于德国的官方原则，即德国联邦国防军在阿富汗的任务不是作战，而是执行一种特殊的发展援助，并且只有在具体且明确的自卫情况下，才可以使用武器。德国实行的是一种尤为突出的"有保留政策"，亦即典型的针对阿富汗行动的"约法三章"。阿富汗战争从一开始就是一场真正的战争，采用上述方式无法赢得这场战争。但是，西方民主国家究竟有无机会成为兴都库什山下这场战争的胜者，乃是一个悬而未决的问题。

在被美国惯常谓之的"流氓国家"中，有一个国家于 2006 年被从这个名单中正式删除，这就是利比亚。删除的理由，是利比亚的独裁者穆阿马尔·卡扎菲（Muammar al-Gaddafi）公开宣布与恐怖主义一刀两断。一段时间以来，确有从的黎波里传出的相关迹象。1988 年 12 月 21 日，利比亚对飞经苏格兰小镇洛克比（Lockerbie）上空的一架美国民航客机实施恐怖袭击，造成机上 259 名乘客和洛克比镇 11 名居民丧生。十年之后，即 1999 年 4 月，卡扎菲宣布，愿意向英国交出两名袭击嫌犯。在他兑现了这一承诺后，联合国安理会暂时取消了对利比亚的制裁，欧盟紧随其后，但美国仍没有撤销对利比亚的全面禁运。2003 年，在正式为洛克比袭击事件承担责任后，利比亚设立了一个对死者家属进行赔偿的基金。第二年，利比亚又批准了 1963 年的《部分禁止核试验条约》和 1968 年的《不扩散核武器条约》。随后，欧盟取消了对利比亚的武器禁运。2006 年 5 月，美国与利比亚恢复外交关系，这个北非国家就此摘掉了"流氓国家"的帽子。

大约一年半以后，朝鲜也摘掉了"流氓国家"的帽子。2002 年 10 月，正当伊拉克危机愈演愈烈之际，朝鲜领导人金正日（1994 年去世的开国者金日成之子和继承人）重新开始了它的核武器研制计划。2002 年和 2003 年之交，朝鲜将维也纳国际原子能机构的核查人员驱逐出境，并且退出了已签署的《不扩散核武器条约》。2005 年 2 月金正日宣布，朝鲜民主主义人民共和国已拥有核武器。2006 年 10 月，他下令在朝鲜北方进行一次核试验。两年后，朝鲜放弃进一步开发核武器计划，并同意国际原子能机构进行核查。对此在有中国、美国、俄罗斯、日本、朝鲜和韩国参加的，于 1994 年设立的"六方会谈"框架内，中国的外交努力居功至伟。

另一个"流氓国家"伊朗所走的是一条相反的道路。德黑兰于 10 月宣布，愿意与国际原子能机构合作，并放弃提炼浓缩铀的计划

（核能用于军事目的的前提条件）。2004 年 11 月，这项承诺被收回。2005 年 6 月当选总统的马哈茂德·内贾德从一开始就奉行一条与西方针锋相对的路线。依靠一项新制定的法律，他于 2005 年 12 月宣布，伊朗可以随时终止国际组织对其核设施的检查。2006 年 1 月，用于提炼浓缩铀的设施投入运行。作为回应，美国于 4 月制定了一项"改朝换代"计划，即拿出 7500 万美元用于推翻伊朗现政权。

作为对 2000 年 9 月由巴解组织引起的一场巴勒斯坦人的起义，即所谓"第二次起义"中一系列恐怖袭击的回应，以色列于 2002 年春对大部分自治地区实行了军事占领，并于同年 6 月开始在边境线上修建带电的铁丝网，旨在阻止巴勒斯坦武装人员轻而易举地进入以色列领土。与此同时，拉宾总理执政时期在边境地区动工修建的保护墙工程也在马不停蹄地继续进行。半年后，即 2003 年末，阿里尔·沙龙政府接受了一项由美国、俄罗斯、欧盟和联合国组成的"中东问题有关四方"提出的和平计划，即所谓的和平进程"路线图"。这项由当时德国外长约瑟夫·菲舍尔倡导的建议，其宗旨是分三个阶段建立一个"巴勒斯坦国"，并为中东地区建立一个有国际保障的和平秩序。

但是，"路线图"最终还是一纸空文。虽然有美国的签字，但和平计划没有得到华盛顿的持久支持。2004 年 5 月，沙龙制订的一项以色列从被占领的巴勒斯坦领土全面撤军的计划，因自己的政党——利库德集团的反对而未能成功。在一次党内投票表决中，大约 60% 的党员反对该项计划。2004 年 11 月 11 日，巴勒斯坦自治机构领导人、巴解组织主席亚西尔·阿拉法特在巴黎附近的一家医院去世。去世的原因很可能是自然死亡，而非如外界立刻猜测的那样，是死于以色列秘密情报部门摩萨德的毒杀。阿拉法特的继任者马哈茂德·阿巴斯于 2005 年 2 月与沙龙达成停火协议。8 月，以色列开始从加沙地带撤出它的部队。这一步骤在以色列引起了激烈争论，并导致财政部长内塔尼亚胡辞职。11 月，沙龙脱离利库德集团，组建了自己的新党——前进党。2005 年 12 月，他突发心肌梗死，2006 年 1 月初又因脑中风陷入昏迷。2006 年 4 月 11 日，以色列内阁宣布沙龙永久丧失执政能力。大约八年后，即 2014 年 1 月 11 日，沙龙溘然长逝，享年 85 岁。去世前他一直未苏醒。

沙龙的继任者是 2006 年 3 月 28 日议会大选的获胜者和时任副总理埃胡德·奥尔默特（Ehud Olmert）。奥尔默特组建了一个有他自己的前进党、工人党、极端正统的沙斯党和退休人员成立的吉尔党参加的联合政府，并任联合政府总理。2006 年 6 月，不承认以色列的存在权并实际控制加沙地带的激进的巴勒斯坦组织哈马斯，绑架了一名以色列士兵。以色列随即封锁了加沙地带，并派出部队进入该地区搜寻被绑架的士兵（未能找到）。7 月，以色列空军轰炸了黎巴嫩南部地区，作为对什叶派真主党绑架两名以色列士兵的回击。真主党连续数周向以色列北部发射短程火箭弹。以色列进行空中打击后，又派出地面部队投入有限的战斗行动，但未能解救出两名被绑架的士兵。

8 月 11 日，联合国安理会所有成员国一致呼吁双方立即停火，以及以色列部队撤出黎巴嫩。停火由黎巴嫩军队和联合国维和部队共同监督执行。10 月 1 日，以色列从黎巴嫩撤军，解救被绑架士兵和铲除哈马斯军事力量的目标均未完成。11 月 26 日，以色列和巴勒斯坦达成在加沙地带停火以及从该地区撤军的协议。据估计，自 6 月底以来，大约有 300 名巴勒斯坦人在冲突中丧生。

2007 年 11 月 26 日，恰好是一年后的同一天，应布什总统邀请，奥尔默特总理、巴解组织主席阿巴斯和包括叙利亚在内的 16 个阿拉伯国家的代表齐聚马里兰州首府安纳波利斯，参加为期一天的中东问题会议。如同之前的中东问题会议一样，最有争议的问题——关于耶路撒冷的地位、在被占领地区撤销以色列的居民点、巴勒斯坦难民返回家园和未来"巴勒斯坦国"的架构——均未列入议事日程。奥尔默特和阿巴斯达成了一个普通时间表：到 2008 年底，在两国制解决方案的基础上完成和平会谈。"中东问题有关四方"在安纳波利斯未再被提及，原因是，美国想独挑斡旋大梁，但后来却根本无法胜任调解人的角色。马里兰会晤微不足道的结果在以色列和巴勒斯坦均引起了激烈争议。当本杰明·内塔尼亚胡于 2009 年 3 月 31 日再度当选为以色列总理时，有识之士均已看出，两国制解决方案的目标已经变得遥不可及。

布什在其为期八年的总统任期内曾两度访问非洲：第一次于 2003 年，第二次是 2007 年。首度出访停留的国家为塞内加尔、南非、乌干达和博茨瓦纳；第二次访问的国家是贝宁、坦桑尼亚、卢旺达和利比里亚。两次访问的首要任务，是设法控制免疫系统传染病 AIDS 的蔓延和扩散。非洲是受艾滋病侵害最严重的大陆，据专家估计，如果不发生根本性的转变，到 2020 年撒哈拉沙漠以南的非洲将会有 6800 万人被夺去生命，——这个数字超过了"二战"时 6000 万的死亡人数。布什的倡议促成国会于 2003 年春批准了一项艾滋病救援总统紧急计划，美国在五年中将拿出 5 亿美元的财政拨款用于此目的。早在 2001 年，布什就与联合国秘书长科菲·安南一道，为设立一个治疗艾滋病、疟疾和肺结核的全球基金积极奔走呼吁；2003 年 3 月，他宣布设立用于同样目的的千年挑战账户。八国集团于 2007 年 6 月在海利根达姆峰会上承担了相应的义务，布什的努力功不可没。

除此之外，非洲在乔治·W. 布什的政务议程中并不占有突出的地位。2003 年，美国国务院暗中运作，设法帮助利比里亚独裁者查尔斯·泰勒（Charles Taylor）流亡到另一个非洲国家，并促成联合国维和部队到这个饱受战乱蹂躏的西非国家执行维和任务。果不其然，这个被指控犯有大量"反人类罪"和出钱支持塞拉利昂内战的独裁者于 2003 年 8 月离开利比里亚，前往尼日利亚流亡。12 月，联合国部队开始解除反对泰勒的叛军武装。根据安理会 2004 年 6 月的决议，凡是泰勒存在外国银行户头上的财产被全部冻结。2007 年 6 月，海牙国际刑事法庭对泰勒进行审判，并于 2012 年 5 月判处他 50 年监禁。

新世纪之初，撒哈拉以南非洲国家中最危险的动乱策源地之一，是 1971~1979 年的刚果民主共和国。1998 年，一场由部分军事人员发起的针对洛朗－德西雷·卡比拉（Laurent-Désiré Kabila）总统腐败政权的反抗运动，得到了乌干达、卢旺达和布隆迪的支持，而为政府军提供支持的是安格拉、津巴布韦和纳米比亚。叛军没有参与经联合国调停于 2001 年 1 月达成的和平协议。安理会要求刚果的邻国从刚果撤出其部队的呼吁，始终未得到响应。2001 年 1 月，卡比拉遇刺身亡，他的儿子约瑟夫·卡比拉（Joseph Kabila）继任总统。在小卡比拉当政期间，这场已具有中非国家混战特点的内战还在继续。面对刚果军方不同派系之间的厮杀，联合国维和部队发挥的作用十分有限。美国没有在刚果问题上抛头露面。这个资源丰富的非洲国家曾经是东西方对峙时期国际冲突的焦点，此时显然已失去了国际政治关注热点的地位。

较之发生在刚果的悲剧，引起更多国际社会和美国注目的，是同时发生在苏丹的人道主义灾难。引起人们关注的部分原因在于，美国的福音派基督教徒很久以来一直非常关心受到穆斯林中央政府歧视的南苏丹教友。苏丹自 1956 年 1 月获得独立以来，大部分时间充满政变和战乱。2003 年初，在得到喀土穆政府支持的、属于阿拉伯游牧民族的金戈威德民兵与苏丹解放运动，即苏丹西部达尔富尔（Darfur）的解放运动之间爆发了一场战争。2004 年 5 月，有 100 万人（大约占达尔富尔主要以游牧业为主人口的 1/5）被迫逃离家园。联合国在 2004 年 5 月的一份报告中，指责金戈威德和政府军对平民犯有严重的侵犯人权行为；然而，叛军也同样未能逃脱类似的指控。一份于 2006 年 5 月由苏丹中央政府和一个苏丹解放运动组织签署的和平协议形同虚设，毫无作用可言。6 月，世界粮食计划署被迫停止了在达尔富尔的工作。在经过顽固抗拒之后，以奥马尔·哈桑·巴希尔（Omar Hassan al-Baschir）为首的喀土穆政府终于在一年之后，即 2007 年 6 月 13 日，同意联合国派出国际维和部队进驻喀土穆。8 月 1 日，美国成功地促成安理会做出一项决议，由联合国和非洲联盟组建一支不少于 26000 人的部队来共同完成和平使命行动。

不过，西方国家无论如何也不愿意在苏丹进行军事冒险。五角大楼坚决不同意美国部队参与行动。2008 年初，联合国和非洲联盟的维和部队勉强拼凑起 9000 人，人数仅略超过安理会决定的部队规模的 1/3。2007 年夏季之后，侵犯人权的情况在苏丹仍在继续，尽管其程度比此前几年略有好转。根据联合国 2012 年的估计，达尔富尔战争和饥荒共夺去了 30 万人的生命。2009 年 3 月，海牙国际刑事法庭以反人类罪和战争罪起诉巴希尔总统。2010 年 7 月，种族灭绝罪也被写进了巴希尔的逮捕令。但是，逮捕令却根本无法执行。

乔治·W.布什在第一届总统任期内对同中国的关系并未给予高度重视。2001 年 4 月 1 日，即美国第 43 任总统入主白宫未满三个月，一架美国侦察机在中国南海上空与一架中国战斗机相撞。美方机组人员在海南岛迫降后被捕，直到 6 月才被释放。

在 2001 年 10 月亚太经合组织（1989 年在堪培拉成立的亚太地区经济合作论坛，简称 APEC）高峰会议上，布什总统与中国的党和国家领导人江泽民在上海首次会晤。借此机会，中国的最高领导人对美国和其为打击恐怖主义做出贡献的阿富汗行动表示赞赏。2002 年 2 月，恰逢理查德·尼克松对中国首都历史性访问三十周年之际，布什对北京进行了访问。2003 年 12 月，中国总理温家宝访问华盛顿。当着中国总理的面，布什总统公开表示与陈水扁保持距离。2000 年 3 月，陈水扁作为民进党候选人当选为台湾地区领导人。此后，他不断提出"一边一国"论，积极推动"台独"，对大陆政府进行挑衅。在布什第二届总统任期内，围绕朝鲜发展核武器的冲突不断升级。中国为促使朝鲜改变态度做出了努力，赢得了美国总统的赞赏。2006 年 12 月，布什宣布美中关系正处于最好的历史时期。

在两国经济关系问题上，美国一再抱怨中国故意压低人民币币值。此外，令人担忧的情况还在于：中国已经成了继日本之后美国政府债券的第二大持有国。2009 年，两个最大债权国的排名甚至发生易位：中国持有美国 26% 的外债，日本持有 20%。1999~2007 年，中国手中持有的美国债务从 518 亿美元增加到 3866 亿美元。其间，中国所占外国债务总额的比例增加了三倍多（1997 年为 4.1%，2007 年底为 16.6%）。

外界担忧，未来中国很可能试图把手中的债权当作杠杆，用以声张自己的经济和政治诉求。一旦中国停止购买美国政府债券，或是抛售其大部分债权，那么，美元汇价以及（不光是）美国的经济将由于基准利率上涨而陷入危险境地。当然，这种逆转也同样会给中国经济造成重大损失。因此，人们有理由更加重视相互依赖所带来的互利互惠，而非彼此之间的危险。

倘若说，中国在乔治·W.布什总统执政期间已经跃升为美国在国际政治上不可小觑的对手，那么，俄罗斯的情况也同样如此。普京在"9·11"事件后对美国表示声援，并在打击恐怖主义行动中公开站在美国一边。阿富汗战争期间，他向美国空军开放俄罗斯领空，并对中亚地区的乌兹别克斯坦、塔吉克斯坦和吉尔吉斯斯坦施加影响，敦促其为阿富汗战争向美国开放本国机场。

在此背景下，布什继续奉行克林顿任总统期间开始的北约东扩政策，甚至在 2008 年积极争取前苏联的加盟共和国乌克兰和格鲁吉亚加入北约。对此，普京认为这是美国一个有悖于友好精神之举。此外，克里姆林宫的领导人还将美国在中欧和东南欧部署导弹防御体系计划视为一种威胁，尽管该计划主要针对伊朗，而非俄罗斯。2008 年 8 月，俄罗斯在梅德韦杰夫任总统期间，在南奥塞梯对格鲁吉亚总统萨卡什维利的军事行动做出极其强硬的反应，这也可看作对美国发出的信号：俄罗斯在叶利钦时代结束之后，不仅在经济和政治上恢复了元气，而且获得了政治稳定，它要求与美国平起平坐，共享世界大国地位，而且只要时机恰当，随时准备实行一种公开对峙的政策。

俄罗斯与中国、巴西和印度一样，同属被美国的全球投资银行高盛于 2001 年 11 月首次按照这些国家的首写字母命名的金砖国家（BRIC）。这些国家国内生产总值的增长明显高于"老牌的"西方工业国家和日本。2003~2007 年，中国的经济呈两位数的增长。在经济势头良好的 2007 年，中国的经济增长率为 14.2%，紧随其后的印度为 9.8%，巴西为 6.1%，俄罗斯为 8.5%。2007 年美国的相关数据是 1.9%，欧洲是 3.2%，日本是 2.2%。纽约的经济专家预测，至 2007 年，中国经济将超过德国，至 2015 年超过日本，至 2050 年超过美国。印度将在二十年内上升为世界第三大经济体。根据这项分析，俄罗斯的追赶过程明显需要更长的时间：2050 年前后有望在经济上超越德国、法国、意大利和英国。

除了经济领域，高盛的分析报告还反映出在 21 世纪第一个十年加速发生的全球性的实力变化。20 世纪 90 年代的单极局面已不复存在，"新保守派"美国一言九鼎的垄断霸权之梦已经成了一枕黄粱。世界再度成为一个多极世界，这是自"冷战"开始以来未曾有过的局面。美国虽然始终还是全球超级大国，但是，它为其霸权政策所付出的代价，尤其是为伊拉克战争所付出的代价有目共睹。乔治·W.布什执政期间，美国的政府债务——主要因阿富汗和伊拉克战争，同时也由于减税政策——从 2001 年占国内生产总值的 32.4%，上升到 2007 年的 46.8%。2001 年，美国曾经取得了国内生产总值 0.5% 的预算盈余；2002~2007 年，平均预算赤字为 2.8%。美国的贸易收支长期以来始终是逆差，包括货物和服务贸易在内的经常项目收支也同样如此。美国不仅在消耗它的老本，而且也在消耗它作为安全的资本投资市场的地位，以及它面对欧元的竞争成功保住了世界储备货币地位的优势。

在美国经济出现走下坡路兆头的同时，它的道义权威也呈下行之势。布什在伊拉克问题上的独断专行和违反国际法惯例的做法造成了大西洋两岸西方世界的深刻分裂，并且持久动摇了西方对大西洋联盟领导地位政治上一致性的信任。虽然欧盟还不能用一个声音说话，但是继法国之后，德国也表示不愿再唯美国马首是瞻。在伊拉克危机问题上，德国、法国和俄罗斯一道站出来对抗美国，这不仅是世界政治上从未有过的，同时它还是一种警示，预示美国已不再是整个西方世界的代言人。时至今日，不单是世界已经多极化，西方阵营也已经多极化。[7]

/ 一个泡沫的破灭：从全球金融危机开始到巴拉克·奥巴马当选总统

2007 年 8 月 9 日，从美国传来了令人警惕的危机信号：银行间同业金融贷款利率大幅度飙升，结果造成小投资银行纷纷倒闭，大投资银行（如美林证券和花旗集团）蒙受数十亿美元的重大损失。一些金融服务行业专做抵押贷款业务的公司不得不申请破产保护。

但是，这个于 2007 年 8 月陡然出现的问题的症结，是前文已经提到的"次级贷款"——由克林顿政府于 20 世纪 90 年代末大量给予补贴的，用于低收入人群，特别是非洲裔美国人和"西班牙裔"（或是"拉美裔"）美国人购置住房的贷款。在前文同样论述过的"网络泡沫"于 2000 年 3 月破灭之后，为了振兴经济，美国中央银行改变方针转而采取一种低息政策，从而助长了私人家庭债务负担的大幅上升（从 1980 年占可支配收入的 68% 上升到 2007 年的 128%，从 1980 年占国内生产总值的 49% 上升到 2009 年的 97%），并且催生了一个新的、此次是体现在房地产行业的泡沫的形成。当美联储于 2006 年 6 月将基准利率提高至 5.25% 时，出现了某些观察家于 20 世纪 90 年代末就已提醒过的一个现象："低信用度"的债务人失去了偿还各种房贷利息的能力，因而不得不出卖自己的房产。其结果是，房市价格迅速下跌，迅速下跌的价格又很快演变成抵押贷款机构的一场危机：银行和投资基金陷入大量"不良贷款"的泥潭之中。2007 年 6 月，抵押贷款行业的贝尔斯登投资银行被迫向它旗下的两家对冲基金的客户发出通告，他们此前 15 亿美元的存款已荡然无存。

美联储于 2008 年第一季度试图通过分三步降低主要利率（之前为 4.25%，最后一次在 3 月降至 2.25%）的方式，来应对可怕的经济下行趋势。同月，J.P. 摩根银行向贝尔斯登投资银行提出了一个和美联储共同承担的收购方案。7月，国会批准了一项法律，授权财政部在必要时用贷款或直接参股的方式挽救两家濒临破产的发放抵押贷款的机构——房利美和房地美。为此，政府债务允许最高上限再提高8000亿美元，达到10.6万亿美元。随后不久，印地麦克银行由官方机构——联邦存款保险公司接管，从而引发了客户纷纷"涌向"其他银行的浪潮。9月初，联邦住房金融局接管了共发放高达53亿美元抵押贷款的房利美和房地美。这意味着，两家抵押贷款银行被国有化，其债务全部落在了纳税人身上。

采用这一方式救助在房地产危机中陷入困境的美国第四大投资银行——雷曼兄弟银行，本应也符合上述救助措施的路线。但是，这一幕并未发生。根据布什回忆录的记述，有别于贝尔斯登银行，不向雷曼兄弟银行伸出援手的原因，是没有一个财大气粗的买家愿意挺身而出，对这个千疮百孔的公司进行重组。但更为重要的原因是，雷曼兄弟银行的债权人绝大多数是外国银行。2008年9月15日，雷曼兄弟申请破产。此时，该银行的债务总额估计达7000亿美元。因此，这桩破产案对全世界的影响程度已一目了然。

"总统先生，我们是金融恐慌的见证人。"2006年2月接替艾伦·格林斯潘（Alan Greenspan）任美联储主席的本·伯南克（Ben Bernanke）就雷曼兄弟银行破产说过这样一番话。"形势非常严峻"，财政部长汉克·保尔森（Hank Paulson）也证实了这一情况。为了避免一场美国的乃至全球的金融灾难，这位"国库"掌门人提出了一个雄心勃勃的资金总额为7000亿美元的救助方案——《问题资产救助计划》（TARP）。布什十分勉强地同意了该项计划，因为在他看来，该计划具有太多的国有经济甚至是社会主义色彩。众议院则于9月28日以228票对205票否决了这项提案，其中，96张否决票来自民主党，133张来自共和党。投资者对投标结果的回应是股市崩盘：道琼斯指数在一天之内下跌777点，创下了纽约证交所一百多年的历史纪录。在规模如此巨大的资本毁灭作用影响下，众议院于 10 月 3 日批准了财政部的一项涉及范围更广的提案——《紧急经济稳定法案》：263 名议员赞同，171 名议员反对。两天前，参议院以 74 票对 25 票通过了包括《问题资产救助计划》在内的这项法案。

随后几周，由于美联储的资金介入，美国的银行和货币市场基金均得到了大量的贷款支持，其数额很快超过了原先提及的 7000 亿美元上限。美国最大的保险公司——美国国际集团（AIG）得到了850 亿美元，并通过收购多数股票转变为国有化。为了让银行保持手中的流动资金，美联储大量购入各种证券。为了刺激经济，美联储于 12 月中旬将基准利率从 1% 降至 0.25%，从而创下了有史以来最低利率的纪录。借此，美联储为廉价资金政策确定了今后的方向。毫无疑问，这一政策显然给小储户带来了不利影响，却避免了美国乃至世界经济跌入衰退的深渊。

关于 2008 年秋来势汹汹的全球金融危机产生的原因，德国经济学家马克斯·奥特（Max Otte）在他的论著中做了这样的解答："金融危机的起因是一种有组织的不负责任行为体系，在这个体系中，牢固的金融和法律行为的基本原则至少在起源国美国遭到了全面破坏。"

奥特认为，危机的肇始者其一是艾伦·格林斯潘多年领导下的美联储银行，该行的座右铭是，货币量的增大和人为控制的低息政策是促进经济发展的切合手段；其二是美国的投资银行，它们将大部分没有良好担保的抵押贷款（即所谓的"次级贷款"）的证券化作为自己主要的生财之道；其三是国会中的民主党和共和党，他们置专家们的警告于不顾，无所顾忌地扶持低收入人群购置房产，从而助长了私人家庭的债务负担；其四是美国的抵押银行，它们几乎有求必应地提供或推介各种贷款；其五是买房置业的消费者，他们根据美国法律只用自己的不动产，而不是用自己的全部财产作为抵押债务的担保；其六是主要的评级机构穆迪、标普和惠誉国际评级，它们从证券化产品的发行机构收取评估费；其七是财务审计公司，它们几乎无一例外地对银行和投资基金的行为听之任之；其八是外国银行，尤其是欧洲银行，它们常在政府的鼓励下购买风险产品，从而对延长美国投机泡沫的时间起了推波助澜的作用；最后是经济学界，他们忽略了2004~2005年就已经显出端倪的在美国媒体上进行讨论的危机信号。

雷曼兄弟银行的倒闭，把世界推到了20世纪80年代在英国的玛格丽特·撒切尔政府和美国的罗纳德·里根政府时期所实行的对金融市场松绑政策的后果面前。对该行业放松管制，即意味着国家向国际金融资本举旗投降。当危机已成定局，国家管控才如梦初醒，并且开始时举棋不定、优柔寡断。虽然拯救雷曼兄弟银行可能花掉美国纳税人数百亿美元的税款，但毕竟相比于不采取拯救措施所产生的后果要合算得多。换言之，雷曼兄弟银行必须被划入所谓"体量太大，不可倒闭"（too big to fail）的企业之列。

如前所述，布什总统执政期间的政府负债，从2001年占国内生产总值的32.4%上升到2007年的46.8%。美国的救助措施使政府负债再度大幅飙高：2008年已达55%，2009年升至67.7%，2010年又涨到77%。预算赤字在2007年时占国内生产总值的1.1%，2008年为3.1%，2009年为9.8%。2008年9~12月，美联储的总资产从9000亿美元增加到了2.2万亿美元。

/ 348

早在2007年夏，美国房地产危机的国际影响就已显出蛛丝马迹。其时，与美国金融机构关系密切的英国北岩银行陷入财务困境，并最终倒闭。在西班牙，低息贷款曾经大量流向或是由政府引导大量流向建筑行业，其房地产泡沫也在2007年破灭，结果导致西班牙经济陷入衰退，失业人数增加。其他欧洲国家在危机的漩涡中也同样未能幸免。2008 年，有六个欧盟国家违反《马斯特里赫特条约》规定的、新增债务不能超过国内生产总值 3% 的上限。2008 年 11 月初，欧洲央行将基准利率从 3.75% 降为 3.25%，12 月初降至 2.5%，2009 年 1 月中旬又下调至 2%。从 2008 年 10 月至 2009 年 7 月，欧盟委员会共批准了高达 2.9 万亿欧元的资金计划，以救助陷入危机的银行。

在德国，两家规模较大的州立银行——巴伐利亚州立银行和西部州立银行于 2007 年在美国的次贷危机中蒙受了数十亿欧元损失。2008 年 9 月，慕尼黑的 Hypo 房地产集团几乎成了它的子公司——德国抵押债券银行（Depfa）在爱尔兰房地产市场经营活动的牺牲品。在德国银行联合会和德国政府（为此斥资 360 亿欧元）的帮助下，该集团得到救助并于 2009 年 10 月被收归国有。为了稳定客户日益焦虑的人心，总理默克尔和财政部长施泰因布吕克在 2008 年 10 月 5 日的电视讲话中，承诺为民众的银行存款进行担保。

十二天后，大联合政府批准了一项关于金融稳定基金的新法案。新基金允许做总额高达 4000 亿欧元的担保。除了银行救助措施，国家还出台了多项有利于振兴经济的计划，其中第一项由联邦政府于 2008 年 11 月、第二项于 2009 年 1 月批准实施。收效最为显著的两项计划，一是将月工资的上限提高 60% 的短工工资政策；二是"旧车报废奖励"，即若将至少九年的车龄、对环保危害尤大的旧机动车作报废处理，国家将对购买新车给予一笔数目可观的补贴。联邦政府数年前实行的削减债务政策被迫停止，政府负债由 2007 年占国内生产总值的 65.2% 上升到了 2010 年的 82.5%。

/ 349

在德国的邻国奥地利，由于五家大银行接管，以及奥地利政府和中央银行分别拿出 4 亿欧元和 5000 万欧元作担保，康世坦奇亚私人银行才没有于 2008 年 10 月破产倒闭。大约两周之后，如同柏林的大联合政府一样，维也纳的大联合政府也制定了一项高达1000亿欧元的银行救助计划，其中850亿欧元用于紧急救助担保，150亿欧元用于直接资本救助。在爱尔兰，政府于2008年9月20日将对存款的担保额度从2万欧元提高到10万欧元。同月，六家大银行随后对私人的银行存款做出担保，期限暂定至2010年。从事高风险投机业务（特别是房地产业）的盎格鲁爱尔兰银行于2009年1月被收归国有。

非欧元区的欧洲国家也不得不在非常时期采取非常之举。英国政府于2008年9月决定，将从事抵押贷款业务、债务高达630亿英镑的布拉德福德宾利私人银行收归国有。2008年11月至2009年1月，英国央行多次降低基准利率，直至降至1.5%的水平。非欧盟国家冰岛的形势更加岌岌可危。由于商业投机活动，该国最大的三家银行将资本用于冒险业务，结果血本无归。2008年10月，三家银行被收归国有。随后不久，雷克雅未克政府被迫声明，政府已无力偿还其中一家银行已经到期的超过7.5亿美元的债务。此时，政府陷入财政危机的征候已现。借助外国贷款，特别是欧盟国家的贷款，这一危局才得以扭转并转危为安。如同冰岛一样，匈牙利在2008年秋也处在财政崩溃的边缘。为了防止政府破产，国际货币基金组织、世界银行和欧盟于10月底挺身相助，三家共同筹集了总额达200亿欧元的信贷。

/ 350

需要国际货币基金组织帮助的还有另一个非欧盟国家：2009年初，濒于破产的墨西哥于4月得到国际货币基金组织承诺，可获得一笔高达470亿美元的贷款。1998年成为八国集团成员的俄罗斯，也遭到了全球金融危机的强烈冲击。由于世界经济动荡，原油价格在2007~2008年从每桶95.9美元下跌到42.5美元，作为最大的天然气和石油出口国之一的俄罗斯叫苦不迭。为了应对危机，梅德韦杰夫总统承诺给银行提供国家银行贷款，以增强银行的自有资本。

果不其然，俄罗斯从衰退中迅速恢复活力：2009 年，它的国内生产总值下滑 7.8%，2010 年再度获得 4.5% 的增长。在同样是八国集团成员的日本，其国内生产总值在 2009 年回落了 5.5%，2010 年又回升了 4.65%，其中的一个原因是，日本央行于 2008 年 10 月将基准利率下调到了 0.3% 的历史最低水平。带动全球经济增长的火车头是中国。2008 年 11 月，中国政府制定了一项超过 4500 亿美元的经济刺激计划。2008 年，中国的国内生产总值增长率为 9.6%，2009 年为 9.2%，2010 年为 10.4%。2009 年世界经济没有陷入衰退，这个远东大国所起的作用居功至伟。

金融危机的全球影响促使西方国家政府很早萌生了正式召开一个尽可能全球范围的危机峰会的想法。缘此，八国集团峰会的框架显然过小，不堪此重任。20 国集团峰会可为此提供一个更大和更适合的活动平台。自 1999 年以来，财政部长级别的会议在此平台上已经召开过多次。20 国集团除了八国集团的美国、加拿大、德国、英国、法国、意大利、日本和俄罗斯，还包括金砖四国中的中国、印度和巴西。鉴于其经济发展潜力，南非、澳大利亚、印度尼西亚、韩国、土耳其、沙特阿拉伯、阿根廷和墨西哥也是 20 国集团的成员。此外，欧盟虽然不是一个国家而是一个国家联合体，但它属于世界经济中一个举足轻重的角色，因此也是不可或缺的成员之一。

应美国总统邀请，首届 20 国集团峰会在华盛顿举行。各国元首和政府首脑就一系列普遍性的基本原则达成共识，其中包括认同市场经济、开放性的世界贸易、有利于投资的政策、规范金融市场，以及视创新和创业精神为经济增长、就业和消灭贫困的前提条件。针对金融市场的规范问题，会议结束后的大会声明提到了对评级机构、对冲基金和某些复杂金融产品必须更有效地加以管控事宜。此外，声明还提到了对"逃税天堂"予以釜底抽薪、提高银行的自有资本缓冲储备和更好地保护消费者问题。相关措施的落实则由各国自己负责。

20 国集团与会国是否将兑现它们在华盛顿所做的承诺，需另当别论。不论怎样，对之进行检查的可能性可以通过与会国今后愿意定期会晤得到某些保证（2009 年和 2010 年各两次，之后每年一次）。具有决定意义的是，通过 20 国集团峰会建立了一个可对克服危机的措施进行全球协调的对话平台。人们常将此次危机与 1929 年的世界经济危机进行对比，并非缺乏根据，然而，二者之间的区别一目了然。当年危机之时，各国仅有本国自己的，亦即常常是出于保护主义目的对世界经济衰退的应对措施。这些各自为政的应对措施不仅带有加重危机的隐患，甚至还带有潜在军事冲突的危险。

另一个重大区别表现在各国央行的货币政策方面。不同于 1929 年危机以后的情况，这种货币政策一直在持续膨胀，形成了一种货币凯恩斯主义。长期的低息政策和增发货币是否会导致通货膨胀，始终是个颇有争议的问题。就短期而言，长期低息政策和增发货币有抑制经济衰退的作用，而且其效果也得到了证明。同样情况也发生在各国政府大量实行的"赤字财政"政策上，结果使凯恩斯主义在全球又历经了一次短暂和犹豫不决的复活。

与大萧条时期迥然不同，在 2008 年之后的几年里，在经济增长火车头的带动下，国际经济不断向前发展。除了中国，印度也在扮演这样一个火车头的角色。印度的国内生产总值 2009 年增长了 8.5%，2010 年为 10.6%，2011 年为 6.3%。2009 年，即"实体经济"遭到金融危机重创的这一年，西方主要工业国家的国内生产总值均出现了戏剧性的倒退：美国为 -3.5%，德国为 -5.1%，英国为 -4.0%，法国为 -3.5%。2010 年，这些国家的经济又开始复苏，美国的增长率为 3.0%，德国为 4.2%，英国为 1.8%，法国为 1.7%。2011 年相关数字为：美国 1.7%，德国 3.0%，英国 0.8%，法国

1.7%。2009年起，2008年下跌的原油价格再度回升（2009年为87.25%，2010年为14.5%，2011年为8.2%）。这是一种更加让人刮目相看的新情况。尽管如此，在这种形势下宣布危机已经过去，还为时过早。但是，2010年和2011年的情况使人相信，世界经济不会长期衰退下去。

对美国人来说，2008年11月最吸引眼球的事件不是在华盛顿召开的20国集团高峰会议，而是总统大选。共和党提名身世不凡的越战老兵、亚利桑那州参议员约翰·麦凯恩为竞选人。麦凯恩曾于2000年试图成为"大老党"①的总统竞选人，未果。同他搭档竞选副总统的是没有外交经验的阿拉斯加州州长萨拉·佩林（Sarah Palin）。佩林的支持者是一个新极端保守运动组织——"茶社党"，其个人不近人情的立场使中间派选民对其敬而远之。民主党则以一张颇具进步意义的"入场券"参与竞选。他们的总统竞选人是伊利诺伊州参议员巴拉克·奥巴马。奥巴马因抵制伊拉克战争，反对过多的或常常轻率的死刑判决，以及赞同更加严格的枪支管理法的立场在政界崭露头角，并在选战中极力呼吁关闭关塔那摩监狱。他的"竞选搭档"是特拉华州参议员、有"温和的自由主义者"名声的约瑟夫（乔）·拜登。

/ 353

奥巴马是美国历史上第一位黑人总统竞选人。他于1961年8月4日出生在夏威夷的火奴鲁鲁，父亲是肯尼亚留学生，母亲是一位人类学专业的美国大学生。父母结婚三年后于1964年离异。奥巴马最初住在夏威夷，后因母亲改嫁一名印度尼西亚大学生，又随母亲在印度尼西亚生活过多年。10岁时，奥巴马回到夏威夷的外公外婆身边。中学毕业后，他先在加利福尼亚，后又到纽约的哥伦比

---

① 原文"Grand Old Party"，指的是美国共和党。

亚大学攻读政治学，并取得该专业的第一个学士学位。在一家商业咨询公司打工一年后，他于1985年决定去芝加哥城南的一个黑人居民区从事实际的社会工作，在那里担任"社区组织者"，负责开发社区项目，亦即由当地教区支持的各种宣传倡议活动。1988年，他获得一份哈佛法学院的奖学金，两年后，他升任享有盛名的《哈佛法学评论》主编。1991年，奥巴马从法学专业毕业，并获得博士学位。他没有进入法律界开始其职业生涯，而是再次回到芝加哥从事"社区组织者"工作，担任选举登记程序"投票项目"的负责人。该项目是一项促进选民登记的宣传倡议活动。1992年，他与同样是非洲裔美国人、事业有成的女律师米歇尔·鲁滨逊（Michelle Robinson）结为伉俪。

1996年，奥巴马赢得了他的第一次政治选举胜利：作为民主党候选人，他当选为伊利诺伊州参议员。与此同时，他在芝加哥一家律师事务所当民权事务律师，并在芝加哥大学任宪法学讲师。1995年，他出版了自传《我父亲的梦想——种族和继承的故事》。自传甫一出版，立刻成了畅销书。2004年11月，奥巴马成功登上了美国政治的大舞台：他以伊利诺伊州参议员身份进入全美参议院。此前，他在波士顿召开的民主党提名党代会上，做了一次精彩的在美国备受好评的讲演。讲演的主题"无畏的希望"于2006年成了他第二本书的书名，该书也旋即畅销美国。正如波士顿的讲演一样，该书充满激情地号召消除种族隔离，呼吁美国的民族团结。

2007年2月，奥巴马在伊利诺伊州的斯普林菲尔德（Springfield）宣布参与竞选总统职位，亚伯拉罕·林肯曾于1858年6月16日在这座城市发表过一次著名的反对奴隶制讲演。在2008年的前期选战中，奥巴马击败了被许多民主党人看好的纽约州参议员、比尔·克林顿的夫人希拉里·克林顿。2008年8月27日，在丹佛市召开的民主党候选人提名大会上，奥巴马被选为总统候选人。他提出积极乐观、使人想起约翰·F.肯尼迪雄辩讲话的竞选口号——"Yes we can"①，不仅鼓舞了大多数美国黑人，而且也鼓舞了许多美国白人。11月4日，奥巴马在总统大选中获胜。他的得票率为52.9%，约翰·麦凯恩为45.7%。从选举人那里，奥巴马获得了365张选票，麦凯恩为173张。在同时进行的国会选举中，民主党在参众两院不仅均获得多数，而且还扩大了优势。

大选过后，奥巴马利用就职前的时间进行政府内阁的人员选配。国务卿由此前的党内竞争对手希拉里·克林顿出任，国防部仍由乔治·W.布什任命的前任部长罗伯特·盖茨执掌，安全顾问人选是无党派的詹姆斯·L.琼斯（James L. Jones）将军，财政部的掌门人是被奥巴马拉进团队的美联储纽约部门总裁、十足的自由主义者蒂莫西·盖特纳（Timothy Geithner），司法部长是有非洲裔背景的民权律师、从不掩饰自己反对死刑立场的埃里克·霍尔德（Eric Holder），负责内部安全的国土安全部长由亚利桑那州州长珍妮特·纳波利塔诺（Janet Napolitano）担任，能源部长是著名物理学家、坚定的气候保护拥护者朱棣文（Steven Chu），卫生部的领导由前堪萨斯州女州长、赞同堕胎合法性的凯瑟琳·西贝利厄斯（Kathleen Sebelius）出任。

/ 355

继乔治·W.布什之后，一位像巴拉克·奥巴马这样具有时代风采的政治家出任总统，不仅让美国，而且也让大部分世界公众感到欣慰。小布什执政期间，美国的国际威望遭到了前所未有的削弱，比越战时期可谓是有过之而无不及。历史学家、美中关系史研究学者沃伦·I.科恩（Warren I.Cohen）在他的著作中认为，小布什政府做到了希特勒等独裁者的宣传喉舌皆望尘莫及之事：把美国变成了一个街头"小混混"。科恩列举了伊拉克战争、违反日内瓦公约使

---

① 中文意为："对，我们能做到"。

用酷刑、从关塔那摩囚犯关押所和从巴格达的阿布格莱布监狱流传出来的令人发指的照片作为其观点的论据。

乔治·W.布什当政时期在许多国家激起愤慨的种种"政绩"还远不止此。除了关塔那摩和阿布格莱布监狱，同样使美国的盟友瞠目结舌的，还有美国在自己国家所实行的种种"反恐战争"方式。乔治·W.布什当政的年代，美国变成了一个监控活动无处不在的国家。当情况危急时，这种体制把外部和内部的安全放在至高无上的地位，而将宪法赋予的对公民权的保护弃之如敝履。虽然民主和法制未被废除，但是，只要没有独立性的法官在仔细审查之后，以可以理解的方式不得不就此问题做出决断——干涉个人的基本权利的理由成立还是不成立，那么，民主和法制就处在危险之中。

但凡对"9·11"事件后的状况想有所改变者，皆有充分的理由对新任总统寄予厚望。奥巴马在他的讲话和文章中，一再表示要尊重法制地位和维护不可剥夺的人权。他于2009年1月20日的就职演说中也包括了这样一段话。如果美国第44任总统信守其诺言，那么，人们可以期待他会实行与前任总统迥然不同的优先政策。许多人对奥巴马寄予更多的希望——与乔治·W.布什的内政和外交政策彻底决裂。巴拉克·奥巴马在就职前所营造的这种重整旗鼓、百废待兴的乐观氛围，在他之前只有富兰克林·D.罗斯福和约翰·F.肯尼迪曾经做到过。然而，激动的人心往往也隐含着种种危险。倘若奥巴马言而无信，那么人们的热情就会转变成失望。许多迹象表明，新总统对这种可能性有着清醒的认识。[8]

1 Bernd Stöver, United States of America. Geschichte und Kultur. Von der ersten Kolonie bis zur Gegenwart, München 2012, S. 618 ff.; George Packer, Die Abwicklung. Eine innere Geschichte des neuen Amerika (amerik. Orig.: New York 2013), Frankfurt 2014, S. 180 ff.; Charles Barry, Combined Joint Task Forces in Theory and Practice, in: Philip H. Gordon (ed.), NATO's Transformation. The Changing Shape of the Atlantic Alliance, Lanham, Md. 1997, S. 203–220 (Zitat Lugar: 204); Johannes Varwick, Die NATO. Vom Verteidigungsbündnis zur Weltpolizei?, München 2008, S. 139 ff.; Seth G. Jones, In the Graveyard of Empires. America's War in Afghanistan, New York 2009, S. 87 ff.; William Maley, Rescuing Afghanistan, London 2006, S. 60 ff.; Stefan Kornelius, Der unerklärte Krieg. Deutschlands Selbstbetrug in Afghanistan, Hamburg 2009, S. 22 ff.; Klaus Naumann, Der blinde Spiegel. Deutschland im afghanischen Transformationskrieg, Hamburg 2013; Joschka Fischer, «I am not convinced». Der Irak-Krieg und die rot-grünen Jahre, München 2011, S. 48 ff. (zur Konferenz auf dem Petersberg: 64 ff.); Dexter Filkins, The Forever War, New York 2008, S. 113 ff.; Ahmed Rashid, Descent into Chaos. The U. S. and the Disaster in Pakistan, Afghanistan, and Central Asia, New York 2008; Bernd Greiner, 9/11. Der Tag, die Angst, die Folgen, München 2011, S. 81 ff. (zu den Foltermethoden der CIA: 173 ff.); ders., Das lange Leben der «Imperialen Präsidentschaft», in: ders. u. a. (Hg.), Erbe des Kalten Krieges, Hamburg 2013, S. 74–96; Jeremy Scahill, Schmutzige Kriege. Amerikas geheime Kommandoaktionen (amerik. Orig.: New York 2013), München 2013, S. 184 ff.; Charles Savage, Takeover. The Return of the Imperial Presidency and the Subversion of American Democracy, New York 2007; Jane Mayer, The Dark Side. The Inside Story of How the War on Terror Turned into a War on American Ideals, New York 2008; Michael Isikoff and David Corn, Hubris. The Inside Story of Spin, Scandal, and the Selling of the Iraq War, New York 2008; Bob Woodward, Bush at War. Amerika im Krieg (amerik. Orig.: New York 2002), Stuttgart 2003, S. 361 ff.; ders., Plan of Attack, New York 2004, S. 24 ff. (Bush zu Rumsfeld, Anfang Januar 20003: 260 ff., zu Powell, 13. 1. 2003: 269 ff.); Stanley A. Renshon and Peter Suedfeld (eds.), Understanding the Bush Doctrine.

Psychology and Strategy in an Age of Terror, New York 2007; Herfried Münkler, Der neue Golfkrieg, Reinbek 2003; Frank Ledwidge, Losing Small Wars. British Military Failure in Iraq and Afghanistan, New Haven 2011; Philip H. Gordon and Jeremy Shapiro, Allies at War. America, Europe, and the Crisis over Iraq, New York 2004; Jürgen Schuster, Das «alte» und das «neue» Europa: Die Reaktionen der europäischen Länder auf die amerikanische Irak-Politik. Ein Vergleich dreier Erklärungsansätze, Münster 2004; Stephan Bierling, Geschichte des Irakkriegs. Der Sturz Saddams und Amerikas Albtraum im Mittleren Osten, München 2010, S. 32 ff. (Bush, 29. 1. 2002: 36 f., 1. 6. 2002: 39 f., 28. 1. 2003: 58 f., Resolution des Sicherheitsrats, 8. 11. 2002: 55, 70, Schröder, 5. 9. 2002: 67, Chirac, 17. 1. 2003: 72, Rumsfeld, 30. 4. 2003, Bush, 1. 5. 2003: 124 f., Zitat Bierling: 152); ders., Vormacht wider Willen. Deutsche Außenpolitik von der Wiedervereinigung bis zur Gegenwart, München 2014, S. 93 ff.; Vincent Nouzille, Dans le secret des présidents. CIA, Maison-Blanche, Élysée: les dossiers confidentiels 1981–2010, Paris 2010, S. 353 ff.; Edgar Wolfrum, Rot-Grün an der Macht. Deutschland 1998–2005, München 2013, S. 402 ff. (Schröder, 5. 8. 2002: 412, 21. 1. 2003: 429); Günter Joetze, Der Irak als deutsches Problem, Baden-Baden 2010, S. 21 f.. (Rumsfeld, 22. 1. 2003: 120, Habermas in der FAZ, 24. 1. 2003: 121); Charles Krauthammer, The Unipolar Moment, in: Foreign Affairs 70 (1990/91), No. 1, S. 23–33 (zum Irak als «Weapon State»: 30 f.); Gerhard Schröder, Entscheidungen. Mein Leben in der Politik, Hamburg 2006, S. 149 f.; Marcel Rosenbach/Holger Stark, Der NSA-Komplex. Der Weg in die totale Überwachung, München 2014; G. John Ikenberry, America's Imperial Ambition, in: Foreign Affairs 81 (2002), S. 44–60 (53); ders., Liberal Leviathan. The Origins, Crisis, and Transformation of the American World Order, Princeton 2011, S. 221 ff.; Anthony Lewis, Bush and Iraq, in: The New York Review of Books, 7. 11. 2002; Samantha Power, Das Empire der Menschenrechte, in: Ulrich Speck u. Nathan Sznaider (Hg.), Empire Amerika. Perspektiven einer neuen Weltordnung, München 2003, S. 138–155 (142, 145, 153 f., 155); Heinrich August Winkler, Nato am Scheideweg, in: DER SPIEGEL, Nr. 40, 30. 9. 2002. Zur Bush-Doktrin: Herbert Schambach u. a. (Hg.), Dokumente zur Geschichte der Vereinigten Staaten von Amerika, Berlin 2007², S. 770–794. Zu Chiracs Gegnerschaft gegen die Bush-Doktrin u. a.: Chirac s'oppose à Blair, in: Le Parisien, 25. 9. 2002. Das Zitat aus der Rede Bushs vor dem American Enterprise Institute vom 26. 2. 2003, in: Public Papers of the Presidents of the United States. George W. Bush, 2001, Book 1: January 1 to June 30, Washington, D. C. 2006, S. 216–220. Der gemeinsame Aufruf von Jürgen Habermas und Jacques Derrida: Nach dem Krieg: Die Wiedergeburt Europas, in: Frankfurter Allgemeine Zeitung, 31. 5. 2003. Zum Zusammenhang von «Echelon», «Prism» und «Tempora»: Georg Mascolo, Die Außenwelt der Innenwelt, ebd., 25. 6. 2013. Zur Selbstkritik der «New

York Times»: From the Editors: The Times and Iraq, in: New York Times, 20. 5. 2004. Zum Krieg auf den Philippinen 1898: Heinrich August Winkler, Geschichte des Westens. Von den Anfängen in der Antike bis zum 20. Jahrhundert (fortan: Geschichte I), München 2012³, S. 962 ff. Zur Golf-von-Tonkin-Resolution von 1964 ders., Geschichte des Westens. Vom Kalten Krieg zum Mauerfall (fortan: Geschichte III), München 2014, S. 436 f. Zum Strategiepapier des Pentagons, März 1992 siehe oben S. 39.

2 Peter Bender, Weltmacht Amerika. Das neue Rom, Stuttgart 2003; Ralph Bollmann, Lob des Imperiums. Der Untergang Roms und die Zukunft des Westens, Berlin 2006; Harold James, The Roman Predicament. How the Rules of International Order Create the Politics of Empire, Princeton 2006; Europa oder Amerika? Die Zukunft des Westens. Sonderheft Merkur. Deutsche Zeitschrift für europäisches Denken, hg. v. Karl Heinz Bohrer u. Kurt Scheel, 54 (2000), Heft 9/10; Pax Americana? Hg. von der Alfred Herrhausen Gesellschaft für internationalen Dialog, München 1998; Detlef Junker, Power and Mission. Was Amerika antreibt, Freiburg 2003, S. 129 ff.; Chalmers Johnson, Ein Imperium verfällt. Wann endet das amerikanische Jahrhundert? (amerik. Orig.: New York 2000), München 2000; Joseph S. Nye, Das Paradox der amerikanischen Macht. Warum die einzige Supermacht der Welt Verbündete braucht (amerik. Orig.: New York 2002), Hamburg 2003; Andrew J. Bacevich, American Empire. The Realities and Consequences of U. S. Diplomacy, Cambridge, Mass. 2002; ders., Neues Rom, Neues Jerusalem, in: Speck/Sznaider (Hg.), Empire (Anm. 1), S. 71–82, Max Boot, Plädoyer für ein Empire, ebd., S. 60–71 (Zitat Boot: 64); Michael Ignatieff, Empire Amerika?, ebd., S. 15–38 (17 Hervorhebung im Original); Richard Rorty, Das Empire der Ungewißheit, ebd., S. 240–255 (Zitat Rorty: 253); Niall Ferguson, Das verleugnete Imperium. Chancen und Risiken amerikanischer Macht (engl. Orig.: London 2004), Berlin 2004, S. 47 ff.; Charles S. Maier, Among Empires. American Ascendancy and its Predecessors, Cambridge, Mass. 2006; Daniel H. Nexon/Thomas Wright, What's at Stake in the American Empire Debate?, in: American Political Science Review 101 (2007), No. 2, S. 253–271; Herfried Münkler, Imperien. Die Logik der Weltherrschaft – vom Alten Rom bis zu den Vereinigten Staaten, Berlin 2005; Emmanuel Todd, Après l'empire. Essai sur la décomposition du système américain, Paris 2002 (Zitat Todd: S. 202; dt. Ausgabe: Weltmacht USA. Ein Nachruf, München 2003⁵); Geir Lundestad, The United States and Western Europe since 1945. From «Empire» by Invitation to Transatlantic Drift, Oxford 2003; Robert Kagan, Macht und Ohnmacht. Amerika und Europa in der neuen Weltordnung (amerik. Orig.: New York 2003), Berlin 2003 (Zitate: S. 68, 89, 98, 101, 114, 121); ders., Power and Weakness, in: Policy Review 113 (2002), S. 3–28 (hier die Mars-Venus-These). Zu Hobbes Winkler, Ge-

schichte I (Anm. 1), S. 136 ff., zum Mythos des «neuen Jerusalem», der «City upon a hill» 265, zur amerikanischen Unabhängigkeitserklärung 277 ff. (Zitat: 280), zu Kants Schrift «Zum ewigen Frieden» 340 f., zum britischen «informal Empire» und zum «Imperialism of free trade» 705 ff., zum amerikanisch-spanischen Krieg von 1898 958 ff., zur «open door policy» und zur «Dollar diplomacy» 971 ff. Zu Reagans «Reich des Bösen» ders., Geschichte III (Anm. 1), S. 818 f., zu Huntington 1120 ff. Zum Projekt einer europäischen Eingreiftruppe siehe oben S. 188 f.

3 Andreas Wirsching, Der Preis der Freiheit. Geschichte Europas in unserer Zeit, München 2012, S. 153 ff.; Andrew Marr, A History of Modern Britain, London 2007, S. 562 ff. (Zitat Gilligan: 570); Franz-Josef Brüggemeier, Geschichte Großbritanniens im 20. Jahrhundert, München 2010, S. 360 ff. (Daten zu den industriell Beschäftigten: 364, Zitate Brüggemeier: 366 f.); Tony Blair, Mein Weg (engl. Orig.: London 2010), München 2010, S. 479 ff.; The Blair Years. Extracts from the Alastair Campbell Diaries. (Ed.) Alastair Campbell and Richard Stoff, London 2007, S. 706 ff.; Terrence Casey (ed.), The Blair Legacy. Politics, Policy, Governance and Foreign Affairs, Basingstoke 2009; Anthony Seldon (ed.), Blair's Britain 1997–2007, Cambridge 2007; Manfred Görtemaker, Die Berliner Republik. Wiedervereinigung und Neuorientierung, Berlin 2009, S. 129 ff.; Bierling, Vormacht (Anm. 1), S. 106 ff.; Wolfrum, Rot-Grün (Anm. 1), S. 402 ff. (zur Parole vom «deutschen Weg»: 413 ff., ökonomische Daten: 489 ff., Schröder, 14. 3. 2003: 540); Schröder, Entscheidungen (Anm. 1), S. 453 ff. (Zitate über Putin: 457); «Es ist meine Freiheit». Gerhard Schröder über die russische Seele, Opel und die anstehenden Bundestagswahlen, in: ZEIT-Magazin, 5. 4. 2009 (hier das Zitat aus der Sendung «Beckmann» im Ersten Deutschen Fernsehen, 22. 11. 2004); Bierling, Vormacht (Anm. 1), S. 106 ff.; Mathias Bernard, La France de 1981 à 2002. Le temps des crises?, Paris 2005, S. 108 ff. (Zitat Jospin: 115); Franz-Olivier Giesbert, La tragédie d'un président. Scènes de la vie politique (1986–2006), Paris 2006, S. 299 ff.; Dominique Reynié, Chirac. Le premier président d'un monde nouveau, Paris 2007, S. 119 ff.; Alexander Stille, Citizen Berlusconi, München 2006, S. 216 ff. (Zitat Stille: 296); Gian Enrico Rusconi u. a. (Hg.), Berlusconi an der Macht. Die Politik der italienischen Mitte-Rechts-Regierungen in vergleichender Perspektive, München 2010; Giuliana Parotto, Silvio Berlusconi. Der doppelte Körper des Politikers, München 2009; Dirk Feustel, One Man Show. Silvio Berlusconi und die Medien, Marburg 2007; Michael E. Shin and John A. Agnew, Berlusconi's Italy. Mapping Contemporary Italian Politics, Philadelphia 2008; Aram Mattioli, «Viva Mussolini!» Die Aufwertung des Faschismus im Italien Berlusconis, Paderborn 2010; Thomas Urban, Das große Aufräumen, in: Süddeutsche Zeitung, 13. 6. 2013 (zur wirtschaftlichen Entwicklung Spaniens unter Aznar und Zapatero); Walther L. Bernecker, Geschichte Spaniens im 20. Jahrhundert, München 2010, S. 322 ff.; ders./Horst

Pietschmann, Geschichte Portugals, München 2008², S. 127 ff.; Leo Wieland, Viel Beton, wenig Sinn. Haben die EU-Fördermittel Portugals Wirtschaft genützt oder geschadet?, in: Frankfurter Allgemeine Zeitung, 22. 6. 2013; Portugal, in: Wolf D. Gruner/Wichard Woyke, Europa-Lexikon. Länder, Politik, Institutionen, München 2007², S. 300–307; Irland, ebd., S. 245–254; Bernd Henningsen, Dänemark, München 2009, S. 179 ff.; Francis Sejersted, The Age of Social Democracy. Norway and Sweden in the Twentieth Century (norweg. Orig.: Oslo 2005), Princeton 2011, S. 333 ff.; Robert Bohn, Dänische Geschichte, München 2010², S. 123 ff.; Friso Wielenga, Die Niederlande. Politik und politische Kultur im 20. Jahrhundert, Münster 2008, S. 349 ff.; Michael North, Geschichte der Niederlande, München 2008³, S. 117 ff. Zum Zusammenstoß zwischen Berlusconi und Schulz am 2. 7. 2003 im Europäischen Parlament: «Ich schlage Sie für die Rolle des Lagerführers vor», in: SPIEGEL Online, 2. 7. 2003. Das Urteil des «Economist» über Deutschland: The Sick Man of the Euro, in: The Economist, 3. 6. 1999. Das Gleichnis vom barmherzigen Samariter in: Lukas 10, 25–37. Zur Großen Koalition in der Bundesrepublik Deutschland 1966–1969 Winkler, Geschichte III (Anm. 1), S. 474 ff., zu den Montagsdemonstrationen in der DDR 1989 994 ff. Zu den Maastricht-Kriterien siehe oben S. 21 f., zum Massaker von Srebrenica im Juli 1995 57 f., zum niederländischen «Polder-Modell» 75 f., zum Vertrag von Nizza vom Dezember 2000 und den beiden irischen Referenden von 2001 und 2002 160 f., zur Regierung Letta siehe unten S. 418 f.

4 Gerhard Brunn, Die Europäische Einigung von 1945 bis heute, Stuttgart 2009³, S. 282 ff.; Jürgen Mittag, Kleine Geschichte der Europäischen Union. Von der Europaidee bis zur Gegenwart, Münster 2008, S. 283 ff.; Wilfried Loth, Europäische Einigung. Eine unvollendete Geschichte, Frankfurt 2014, S. 358 ff.; Michael Gehler, Europa. Ideen, Institutionen, Vereinigung, München 2010², S. 340 ff.; Gruner/Woyke, Europa-Lexikon (Anm. 3); Reinhard Veser, Die Neuen in der EU, Wien 2004 (Beschränkung der Freizügigkeit: S. 116 ff.); Volker Ullrich u. Felix Rudloff (Hg.), Der Fischer-Weltalmanach aktuell. Die EU-Erweiterung, Frankfurt 2004; Heinrich August Winkler, Was hält Europa zusammen? Die Europäische Union zwischen Erweiterung und Vertiefung, in: Frank Decker/Marcus Höreth (Hg.), Die Verfassung Europas. Perspektiven des Integrationsprojekts, Wiesbaden 2009, S. 281–291; ders., Erinnerungswelten im Widerstreit. Europas langer Weg zu einem gemeinsamen Bild vom Jahrhundert der Extreme, in: ders., Auf ewig in Hitlers Schatten? Über die Deutschen und ihre Geschichte, München 2007, S. 168–179; ders., Grenzen der Erweiterung. Die Türkei ist kein Teil des Projekts Europa, in: Internationale Politik 58 (2003), S. 59–66; ders., Wir erweitern uns zu Tode, in: DIE ZEIT, 7. 11. 2002 (hier der Vorschlag der «privilegierten Partnerschaft» mit der Türkei); Dieter Grimm, Braucht Europa eine Verfassung?, in: ders. (Hg.), Die Verfassung und die Politik, München 2011, S. 215–254 (Zitat

Grimm: 254); Vertrag über eine Verfassung für Europa – Entwurf des Europäischen Konvents vom 18. Juli 2003, hg. v. Thomas Läuter, Bonn 2004; Elmar Brok/Martin Selmayr, EU-Verfassungskonvent und Regierungskonferenz: Monnet oder Metternich?, in: Werner Weidenfeld (Hg.), Europa-Handbuch, Bd. 1: Die Europäische Union – politisches System und Politikbereiche, Gütersloh 2006⁴, S. 673–693; ders. (Hg.), Lissabon in der Analyse. Der Reformvertrag der Europäischen Union, Baden-Baden 2008; Michael Kreile, Die Osterweiterung der Europäischen Union, ebd. S. 650–672; Philipp Ther, Die neue Ordnung auf dem alten Kontinent. Eine Geschichte des neoliberalen Europa, Berlin 2014, S. 122 ff.; Andreas Schmidt-Schweizer, Politische Geschichte Ungarns. Von der liberalisierten Einparteienherrschaft zur Demokratie in der Konsolidierungsphase, München 2007, S. 403 ff.; William M. Mahoney, The History of the Czech Republic and Slovakia, Santa Barbara, Cal. 2011, S. 256 ff.; Dan Marek and Michael Baun, The Czech Republic and the European Union, London 2011; Polen ebd., S. 132–142; Włodzimierz Borodziej, Geschichte Polens im 20. Jahrhundert, München 2010, S. 396 ff. (zur Rywin-Affäre: 400); Andrzey Chwalba, Kurze Geschichte der Dritten Republik Polen 1989 bis 2005 (poln. Orig.: Krakau 2005), Wiesbaden 2010, S. 183 ff.; Piotr Buras/Henning Tewes, Polens Weg. Von der Wende bis zum EU-Beitritt, Stuttgart 2005, S. 169 ff.; Reinhold Vetter, Bronisław Geremek. Der Stratege der polnischen Revolution, Berlin 2014, S. 341 ff.; Anneli Ute Gabanyi, Rumänien und Bulgarien – EU-Beitritte 2007 mit Auflagen, in: SWP-Aktuell, 27. Juni 2006, S. 1–4; Holm Sundhaussen, Jugoslawien und seine Nachfolgestaaten. Eine ungewöhnliche Geschichte des Gewöhnlichen, Wien 2012, S. 444 ff. (Kroatien); Étienne François, Kornelia Kończal, Robert Traba u. a. (Hg.), Geschichtspolitik in Europa seit 1989. Deutschland, Frankreich und Polen im internationalen Vergleich, Göttingen 2013; Claus Leggewie, Der Kampf um die europäische Erinnerung. Ein Schlachtfeld wird besichtigt, München 2011; ders. (Hg.), Die Türkei und Europa. Die Positionen, Frankfurt 2004; Heinz Kramer, Die Türkei im Beitrittsprozeß. Mehr Krisen als Fortschritte, in: Stiftung Wissenschaft und Politik (SWP). Diskussionspapiere, 7. 6. 2007; Eric Hobsbawm, Das Zeitalter der Extreme. Weltgeschichte des 20. Jahrhunderts (engl. Orig.: London 1994), München 1995; Wolfrum, Rot-Grün (Anm. 1), S. 598 ff. (zur Stockholmer Holocaust-Konferenz, Januar 2000); Schröder, Entscheidungen (Anm. 1), S. 354 ff. (Zitat Schröder: 356); Christian Calliess, Die neue Europäische Union nach dem Vertrag von Lissabon. Ein Überblick über die Reformen unter Berücksichtigung ihrer Implikationen für das deutsche Recht, Tübingen 2010; Olaf Leiße (Hg.), Die Europäische Union nach dem Vertrag von Lissabon, Wiesbaden 2010; Andreas Marchett/Claire Demesmay (Hg.), Der Vertrag von Lissabon. Analyse und Bewertung, Baden-Baden 2010; Marco Buti et al. (eds.), The Euro. The First Decade, Cambridge 2010; Alberto Alesina and Francesco Giavazzi (eds.), Europe and the Euro, Chicago 2010. Zu Jan Rokitas Parole: Nizza oder der Tod, in: Die Presse (Wien), 24. 9. 2003. Zum Völkermord an den Armeniern: Heinrich August Winkler, Geschichte des Westens. Die Zeit der Weltkriege 1914–1945, München 2011 (fortan: Geschichte II), München 2011, S. 22 f., zu Kemal Pascha Atatürk und dem Kemalismus 188 ff., zur Kollaboration im Baltikum 999 ff., zu den Beneš-Dekreten 1123 f. Zur Zypernkrise 1974 Winkler, Geschichte III (Anm. 1), S. 683 ff. Zum Begriff «Staatenverbund» siehe oben S. 23, zu den Kopenhagener Kriterien 34, zu Fischers Europarede vom Mai 2000 159 f., zur Grundrechtecharta und zum Gipfel von Laeken 162 ff., zu den Attentaten in den Niederlanden 2002 und 2004 262 ff.

5 Sundhaussen, Jugoslawien (Anm. 4), S. 449 ff. (Zitate Sundhaussen: 493, 497); Albanien, in: Gruner/Woyke, Europa-Lexikon (Anm. 3), S. 363–369; Moldawien, ebd., S. 391–396; Weißrußland, ebd., S. 223–228; Andreas Kappeler, Kleine Geschichte der Ukraine, München 2009³, S. 255 ff. (Zitat Kappeler: 287 f.); Martina Helmerich, Die Ukraine zwischen Autokratie und Demokratie. Institutionen und Akteure, Berlin 2003, S. 159 ff.; Brian D. Taylor, State Building in Putin's Russia: Policing and Coercion after Communism, Cambridge 2011; Ronald J. Hill and Ottorino Cappelli (eds.), Putin and Putinism, in: The Journal of Communist Studies and Transition Politics 24 (December 2004), No. 4 (Special issue); Alexander A. Dynkin, Wirtschaftswachstum: Erfolge und Probleme in der Putin-Zeit, in: Matthes Buhbe/Gabriele Gorzka (Hg.), Rußland heute. Rezentralisierung des Staates unter Putin, Wiesbaden 2007, S. 141–154 (hier die ökonomischen Daten); Margareta Mommsen, Putins «gelenkte Demokratie»: «Vertikale der Macht» statt Gewaltenteilung, ebd., S. 235–252 (zum Wandel des russischen Kapitalismus unter Putin: 235); dies./Angelika Nußberger, Das System Putin, München 2007², S. 32 ff. (Zitate Mommsen: 32, 129 f.); Richard Sakwa (ed.), Power and Policy in Putin's Russia, London 2009; Algimantas Jankauskas et al. (eds.), Transformation of Putin's Regime. Why Transitology is not Applicable to Post-Soviet Russia, Vilnius 2007; Gernot Erler, Rußland kommt. Putins Staat – der Kampf um Macht und Modernisierung, Freiburg 2005 (zum Vergleich Putin-Bush: S. 29); Boris Chavkin, Die Nostalgie nach dem Stalinschen Imperium im post-sowjetischen Diskurs, in: Forum für osteuropäische Ideen- und Zeitgeschichte 13 (2009), S. 81–99 (Zitat Putin 25. 4. 2005: 82); Otto Luchterhandt, Auf dem Wege zur Gleichschaltung der Zivilgesellschaft: Die Gesellschaftskammer Rußlands. Forschungsgruppe Rußland der Stiftung Wissenschaft und Politik, Diskussionspapier, 4. 5. 2006; Ronald D. Asmus, A Little War that Shook the World. Georgia, Russia, and the Future of the West, New York 2011; Svante E. Cornell/S. Frederick Starr (eds.), The Guns of August 2008: Russia's War in Georgia, London 2009. Zu Putins Auftritt vor der Münchner Sicherheitskonferenz, 10. 2. 2007: Sebastian Fischer, Putin schockt die Europäer, in: SPIEGEL Online, 10. 2. 2007.

Zur historischen Ost-West-Spaltung der Ukraine: Winkler, Geschichte I (Anm. 1), S. 88 f. Zum Abkommen über konventionelle Abrüstung vom November 1990 Winkler, Geschichte III (Anm. 1), S. 1061 f. Zur Rubelabwertung von 1998 siehe oben S. 108 ff.

6 Sebastian Bukow/Wenke Seemann (Hg.), Die Große Koalition. Regierung – Politik – Parteien 2005–2009, Wiesbaden 2010; Christoph Egle/ Reimut Zohlnhöfer (Hg.), Die zweite Große Koalition. Eine Bilanz der Regierung Merkel 2005–2009, Wiesbaden 2010; Bierling, Vormacht (Anm. 1), S. 154 ff.; Gerd Langguth, Angela Merkel, München 2005; Ralph Bollmann, Die Deutsche Angela Merkel, Stuttgart 2013; Dirk Kurbjuweit, Angela Merkel. Die Kanzlerin für alle?, München 2009; ders., Alternativlos. Merkel, die Deutschen und das Ende der Politik, München 2014; Stefan Kornelius, Angela Merkel. Die Kanzlerin und ihre Welt, Hamburg 2013; Marr, History (Anm. 3), S. 594 ff.; Brüggemeier, Geschichte (Anm. 3), S. 362 ff.; Jonathan Tonge, Conclusion: The Legacy of Tony Blair, in: Casey (ed.), Blair Legacy (Anm. 3), S. 299–310; Matt Beech and Simon Lee (eds.), Ten Years of New Labour, London 2008; Simon Lee, Conclusion, ebd., S. 187–195 (ökonomische Daten: 188–190); Anthony Seldon (ed.), Blair's Britain 1997–2007, Cambridge 2007; ders., Conclusion: The Net Blair Effect, 1994–2007, ebd., S. 645–650; Blair, Weg (Anm. 3), S. 559 ff.; Giesbert, Tragédie (Anm. 3), S. 364 ff. (Zitat Giesbert: 364, Zitate Sarkozy: 396, ökonomische Daten: 399 f.); ders., M. le président. Scènes de la vie politique, 2005–2011, Paris 2011; Daniela Kallinick, Nicolas Sarkozy. Vom Außenseiter zum Präsidenten, Stuttgart 2011; Rusconi u. a. (Hg.), Berlusconi (Anm. 3); Paul Lendvai, Mein verspieltes Land: Ungarn im Umbruch, Salzburg 2010; Dan Marek, The Czech Republic and the European Union, London 2011; Klaus Ziemer, Das politische System Polens. Eine Einführung, Wiesbaden 2013, bes. S. 226 ff.; Ungarn, in: Gruner/Woyke, Europa-Lexikon (Anm. 3), S. 216–223; Tschechien, ebd., S. 201–208; Slowakei, ebd., S. 193–200; OECD, Economic Surveys. Poland, March 2012 (Zitat: S. 1). Zur französischen Verfassungsreform 2008: Eine kleine Reform, in: Frankfurter Allgemeine Zeitung, 22. 7. 2008. Zur Krise von Alitalia: Für Alitalia wird das Kapital knapp, ebd., 22. 7. 2013. Zum Massaker von Katyn: Winkler, Geschichte II (Anm. 3), S. 898. Zur Wahl Angela Merkels zur CDU-Vorsitzenden siehe oben S. 144, zu Rumsfelds Formel vom «alten» und «neuen Europa» 219 f., zur Agenda 2010 242 ff., zum Clearstream-Skandal 251 f.

7 Alan Brinkley, The Unfinished Nation. A Concise History of the American People, Boston 2008⁵, S. 926 ff.; Sean Wilentz, The Age of Reagan. A History 1974–2008, New York 2008, S. 444 ff.; George W. Bush, Decision Points, New York 2010, S. 184 ff.; Condoleezza Rice, No Higher Honor. A Memoir of My Years in Washington, New York 2011, S. 71 ff.; Elisabeth Bumiller, Condoleezza Rice. An American Life. Biography, New York 2007, S. 230 ff.; Bierling, Geschichte (Anm. 1), S. 161 ff. (Zitate Bush,

Dezember 2005: 170); Peter Galbraith, The End of Iraq. How American Incompetence Created a War Without End, New York 2006; Kornelius, Krieg (Anm. 1), S. 51 ff. (Zitate Kornelius: 74); Jones, Graveyard (Anm. 1), S. 163 ff.; Rashid, Descent (Anm. 1), S. 349 ff.; Mike Lukasch, Zwischen Hoffnung und Scheitern. Die USA und der Nahostfriedensprozess 1997–2005, Paderborn 2011, S. 196 ff.; Fischer, Not convinced (Anm. 1), S. 102 ff. (zur «Roadmap»); Séverine Autesserre, The Trouble with Congo. Local Violence and the Failure of International Peacebuilding, Cambridge 2010; Filip Reyntjens, The Great African War: Congo and Regional Geopolitics, 1996–2006, Cambridge 2009; Gérard Prunier, Africa's World War. Congo, the Rwandan Genocide, and the Making of a Continental Catastrophe, New York 2009; David Van Reybrouck, Kongo. Eine Geschichte (niederl. Orig.: Amsterdam 2010), Berlin 2012, S. 511 ff.; Kurt Beck, Die Massaker in Darfur, in: Zeitschrift für Genozidforschung 5 (2004), S. 52–80; Khalid Y. Khalafalla, Der Konflikt in Darfur, in: Aus Politik und Zeitgeschichte. Beilage zur Wochenzeitung «Das Parlament», 2005/4, S. 40–46; Warren I. Cohen, America's Response to China. A History of Sino-American Relations, New York 2010, S. 263 ff. (Bush, Dezember 2006: 276); Mary Jo Devaland (ed.), China's Economic Policy Impact on the United States, New York 2009, S. 203 ff. (ökonomische Daten zur Abhängigkeit der USA von China: 230 f.); Robert G. Sutter, U.S.-Chinese Relations. Perilous Past, Pragmatic Present, Lanham 2010; Rosemary Foot and Andrew Walter, China, the United States and Global Order, Cambridge 2011; Arvind Subramaian, Eclipse. Living in the Shadow of China's Economic Dominance, Washington, D.C. 2011. Zu den BRICs: Jim O'Neill, Building Better Global Economics Paper, No. 6, 30. 11. 2001; Goldman Sachs, GEO. Confidential Issue 2003/12 (October). Zum Atomteststopabkommen von 1963 Winkler, Geschichte III (Anm. 1), S. 388 f., zum Nonproliferationsabkommen von 1968 454, 478 f., zum Besuch Nixons in China im Februar 1972 533 f. Zur Georgienkrise von 2008 siehe oben S. 309 ff.

8 Bush, Decision Points (Anm. 7), S. 439 ff. (Zitat Bernanke: 439, Bush zu Lehman Brothers: 456); Harold James, The Great Depression and the Recession, in: Journal of Modern European History 11 (2013), S. 308–314: Robert L. Hetzel, The Great Recession. Market Failure or Policy Failure?, Cambridge 2012; Gary B. Gorton, Slapped by the Invisible Hand: The Panic of 2007, New York 2010; ders., Misunderstanding Financial Crises. Why We Don't See Them Coming, New York 2012; Max Otte, Der Crash kommt, Berlin 2006; ders., Die Finanzkrise und das Versagen der modernen Ökonomie, in: Aus Politik und Zeitgeschichte. Beilage zur Wochenzeitung «Das Parlament» 2009/52, S. 9–16 (Zitat Otte: 10); Carmen M. Reinhart/Kenneth S. Rogoff, This Time is Different. Eight Centuries of Financial Folly, Princeton 2009, S. 199 ff.; Frank Illing, Deutschland in der Finanzkrise. Chronologie der deutschen Wirtschaftspolitik 2007–

2012, Wiesbaden 2012, S. 13 ff.; Barack Obama, Ein amerikanischer Traum. Die Geschichte meiner Familie (amerik. Orig.: New York 1995), München 2008; ders., Hoffnung wagen: Gedanken zur Rückbesinnung auf den American Dream (amerik. Orig.: New York 2008), München 2007; Christoph von Marschall, Barack Obama: Der schwarze Kennedy, Zürich 2009²; David Remnick, Barack Obama, Leben und Aufstieg (amerik. Orig.: New York 2010), Berlin 2010; David Maraniss, Barack Obama. The Story, New York 2012; Britta Waldschmidt-Nelson, Barack Obama 2009: Der erste afroamerikanische Präsident: A Dream Come True?, in: Christoph Mauch (Hg.), Die amerikanischen Präsidenten. 44 historische Porträts von George Washington bis Barack Obama, München 2013⁶, S. 439–464; Cohen, Response (Anm. 7), S. 263 ff. (Zitat Cohen: 289). Obamas Inaugurationsrede vom 20. 1. 2009 in: Public Papers of the Presidents of the United States. Barack Obama 2009, Book 1: The Presidential Documents – January 20 to June 30, 2009, Washington, D. C. 2010, S. 1–4. Zu Lincolns Rede in Springfield vom 16. 6. 1858: Winkler, Geschichte I (Anm. 1), S. 743. Zur Förderung von Wohneigentum unter Clinton siehe oben S. 116 ff., zur «Dotcom»-Blase von 2001 195, zum Zusammenbruch von Northern Rock 317 f.

〔德〕
海因里希·奥古斯特·温克勒 著

吴宁 译

〔第四卷〕

Geschichte des Westens

西方通史

〔下〕

当前时代

DIE ZEIT
DER
GEGENWART

社会科学文献出版社
SOCIAL SCIENCES ACADEMIC PRESS (CHINA)

下

第三章　一切安全的终结：2008~2014年

第三章

一切安全的终结：
2008～2014年

/ 不堪重负的超级大国：奥巴马时代的美国

在等待美国新总统的各种挑战中，全球金融危机是其将要面对的最大挑战。当奥巴马于 2009 年 1 月 21 日搬进白宫时，紧随美国银行危机之后，全球可能陷入 1929 年股市崩溃后严重经济衰退的危险依然如黑云压城，一触即发。一周之前，美国央行主席本·伯南克宣布，继续实行"美联储"于 2008 年秋开始的"信贷宽松"政策——以超低的利息加紧购买政府债券和抵押债券。五周之后，即 2009 年 2 月 17 日，奥巴马总统签署了美国的《经济复苏和再投资法案》：这是一项高达 7870 亿美元的经济振兴计划，国会顶住共和党的压力批准了该项计划。第二天，奥巴马宣布对住房危机受害者的救助方案，政府拿出 1750 亿美元帮助债台高筑的美国家庭免于住房被迫拍卖的命运。

若是没有上述救助措施的出台，美国经济 2009 年的下滑幅度将远大于 3.5% 的实际数字，失业率也可能增加 3.5 个百分点（即从 5.8% 增加到 9.3%）。2010 年，经济形势开始好转。道琼斯工业指数从 8000 点涨到了 13000 点，经济增长了 3%，然而失业率却再次从 9.3% 上升到了 9.6%，直到 2011 年才回落到 8.9%。奥巴马政府依靠持续的高预算赤字"买回了"经济形势的好转：2009 年的赤字为 9.8%，2010 年为 8.7%，2011 年为 8.8%。政府负债率从 2008 年的 55.5% 增加到了 2010 年的 77%，2013 年为 101.2%，绝对数字为 16.7 万亿美元。

奥巴马政府想通过提高对高收入人群的征税，试图至少在短期内支撑其经济复苏政策，但他的尝试遭到了共和党的坚决反对。共和党主张采取一种简单易行的替代方案，即通过降低社会支出来整顿国家财政。2010 年中期选举之后（"大老党"赢得了众议院的多数），共和党的态度变得愈发强硬。在经过长期的议会辩论交锋之后，奥巴马才得以在 2011 年 8 月初签署了 2011 年《预算控制法案》。该法案在 18 个月后第二次提高了政府允许的负债上限，并用减少一系列社会福利项目来对此进行补偿，从而避免了政府自己宣布陷入无支付能力的危险。

众人所担心的美国联邦储蓄委员会宽松货币政策的后果——货币的持续贬值并未出现：2007 年上升到 4.8% 的通货膨胀率，在 2008 年回落到了 0.1%；2010 年又回升至 1.6%，2011 年为 3.2%，2011 年为 2.1%。当然，这些数据并不能说明"信贷宽松"或"定量宽松"政策长期的潜在危险问题。对各国政府来说，廉价货币政策的出台正恰逢其时，因为，极低的利率不仅减轻了债务的偿付负担，而且减少了实际的债务数量。宽松政策的负面影响也不容忽视：储户所得到的存款利率往往低于通货膨胀率。任何对"美联储"以及紧随其后的其他国家央行的宽松货币政策的修正，都将关及一场新金融危机的风险：因此，从这个角度来看，2008 年所采取的这条路线还将继续奉行之。

该项金融政策的另一个条件是外国投资者继续购买美国的政府债券，特别是中国、日本、巴西的中央银行，当然还有英国、瑞士和俄罗斯的央行。中国在 2011 年成了美国政府债券最大的持有国。美国外债的 26% 和美国全部债务的 8% 为其所持有。在华盛顿官方眼里，外国投资者可能怀疑美国作为债务国的偿还能力，实际上根本不存在。奥巴马总统签署《2011 年预算控制法案》几天之后，美国的一个主要评级机构于 2011 年 8 月 5 日对这个世界上最强大国家的货币和财政状况做了另一番评价：标准普尔将美国的信用度从最高等级的 AAA 下调到仅次于这个等级的 AA+。

2008 年银行危机后，对金融市场的管控成了美国所面临的最深刻和根本性的问题。奥巴马在竞选总统时曾经承诺，要在此领域有所作为，即从"新自由主义"放任自流政策明显的失败中汲取经验教训。2009 年 6 月，他和财政部长蒂莫西·盖特纳制定了一份具有广泛改革议程的"白皮书"。这份文件成了一年后，即 2010 年 6 月及 7 月由国会批准的内容广泛的《多德－弗兰克华尔街改革和消费者保护法》（以下简称《多德－弗兰克法案》）的基础。该法案建立了一个从制度上进行管控和监督的框架，其中，"美联储"被置于核心地位；同时，它还包含了对银行和其他金融机构进行管控的详细规定，并且加强了对银行客户在衍生品交易时的特别保护。法案的补充文件——《柯林斯修正案》涉及的内容，是巴塞尔国际清算银行委员会制定的、以简称《巴塞尔协议三》而闻名的、关于银行的最低本金储备的规定。在无法阻止《多德－弗兰克法案》出台的情况下，共和党继而又想尽一切办法试图阻挠该法案的实施。结果造成，奥巴马政府此项管控政策所取得的效果，比此前已被国会大加删减的政府提案更加微不足道。直到 2013 年 12 月，即奥巴马的第二届总统任期时，一项有效限制银行自营证券交易和参股对冲基金的法律才正式被批准生效。

在国内政策上，凡是对奥巴马将与乔治·W. 布什·代一刀两断抱有希望的人，很快便大失所望。与他在大选时所做的承诺相反，新总统并不打算收回 2001 年 10 月《爱国者法案》所允许的对基本权利横加干涉的有关条款。2010 年 3 月，奥巴马签署了一项对爱国者法一系列有时间限制规定的有效期进一步延长的法令。2011 年 5 月，国会通过了一项法律，该法将关于监视恐怖分子嫌疑人通信方式的法院总许可延长至 2015 年 6 月 1 日。奥巴马也同样在这项法律上签了字。

美国国家安全局（NSA）是专门负责监听业务的一个部门。这个隶属于五角大楼的情报机构在何种程度上从事对国内和国外的监听活动，美国和世界公众直到 2013 年夏通过"出走"的 NSA 工作人员爱德华·斯诺登的揭露才见识了其庐山真面目。受到 NSA 全面监视和信息存储欲牵连的不仅是不计其数的美国公民，事实上还有非正式的"五眼联盟"（盎格鲁－撒克逊的民主国家——美国、英国、加拿大、澳大利亚和新西兰的情报部门）之外的世界上的其他国家。NSA 特别关注的，除了像联邦德国这样的紧密盟友（他们在德国显然也花大力气搞工业间谍活动），还有超国家的和国际性的机构组织——从欧盟到国际货币基金组织和世界银行直到联合国，不一而足（对后者的监视公然违反了美国也同样签署的、保证联合国豁免权的国际法公约）。更有甚者，2013 年 10 月底，人们又进一步发现，NSA 也从网络遍布全球的通信巨头谷歌和雅虎公司那里攫取信息，并还在继续从事这一活动。有传言称，一个由最高法院设立、进行秘密会议的专门委员会——外国情报监控法院（FISC）在负责对 NSA 的国内监视进行法律监督。此传言后被证实纯属子虚乌有：NSA 的相关申请几乎是一经提出便自动得到相关部门的批准。

令奥巴马的自由主义追随者尤感失望的是，总统没有兑现他在 2008 年大选中所做的承诺，即关闭古巴岛上臭名昭著的、长期关押数百名未经审判的恐怖主义嫌犯的关塔那摩监狱。诚然，对此事负首要责任者是美国国会。国会不给关闭囚犯营地所需资金批准拨款，阻挠司法部长艾里克·霍尔德提出的在纽约民事法庭对关押在关塔那摩的"9·11事件"主要策划者哈立德·穆罕默德酋长的审判计划，并认为将那里的在押人员转移到美国境内的羁押场所是一个无法承受的安全风险。除此之外，盟友国家拒绝接受被释放的关塔那摩囚犯，"基地"组织在也门的影响日益扩大：这些因素促使奥巴马在 2010 年初不再释放关塔那摩的羁押人员前往这个国家。奥巴马不想给人留下"软弱无能"的形象：或许，这就是他在国内反恐战线上没有表现出美国国内和国外的法制捍卫者期望他拿出维护法制的战斗意志的原因。

然而在医疗卫生领域，奥巴马的表现明显有别于其前任。尽管共和党强烈反对，他于 2010 年推出了（被简称为"奥巴马医改"的）《患者保护与平价医疗法案》（PPACA）。此项于 2014 年 1 月 1 日生效的法案，首次在美国引入了全民医疗保险制度，并且显著加强了患者面对保险公司的权利。通过这项改革，此前没有医疗保险的美国民众获得了医保的机会，其中，26 岁以下儿童和青少年可以享受其父母的医疗保险。尽管如此，奥巴马不得不放弃他当初打算建立的由国家出钱办的医疗保险制度，即所谓"政府解决方案"的目标。2012 年 6 月，最高法院宣布 PPACA 符合宪法规定，最高法院的判决令共和党大失所望。"奥巴马医改"不仅是一个历史性进步的标志，而且是一个对奥巴马力争在 2012 年 11 月大选中竞选连任极其有利的政治改革成果。

与医保政策改革成果有异曲同工之处的，是奥巴马作为改革家在消除对同性恋的歧视方面所取得的政绩。2011 年 7 月，总统签署了一项废除在美国军队中通行的不成文的"不问，不说"惯例的法律。根据此惯例，美国青年男女只有在不公开表明自己性取向的情况下，才可以参军服役。法律出台后，公开承认自己是同性恋者，也可以在军中服役。2012 年 5 月，奥巴马首次明确表态，赞同同性恋者结婚的可能性，从而修正了他此前对该问题的立场。与此同时，奥巴马在消除另一领域的歧视现象问题上也有所建树：上任后不久，他签署了《莱德贝特公平薪酬法》，该法案确立的目标是，维护女性的利益，消除不同性别之间在工资和薪酬上的巨大差异。

与上述政改措施迥然不同的是奥巴马第一届任期时的环保政绩。2009 年 11 月，在哥本哈根举行的联合国气候大会上，令欧洲代表感到愤慨的是，奥巴马与中国总理温家宝达成了一项最低限度的妥协：将地球变暖的设定标准限制在 2 摄氏度以下，而没有确定有约束力的减少温室气体排放的目标。2010 年 6 月，由于参议院的反对，一项已经由众议院批准的气候保护法律——旨在对可再生能源在电力生产中所占比重的最低标准进行规定的《美国清洁能源和安全法案》功亏一篑，未获通过。然而，奥巴马政府还是于2012年8月成功出台了关于至2025年减少小汽车燃料消耗（目标是实现"4升耗油量的汽车"）的规定。

另外，为了摆脱美国对外国石油和天然气供应的依赖，奥巴马政府大力扶持对迄今为止尚未开采的化石燃料的利用技术。不顾环保组织的强烈反对，美国政府授权在墨西哥湾和北极进行深海钻探。即使美国的深水地平线号钻井平台于2000年4月在路易斯安那州海上发生爆炸事故，酿成有史以来最严重的原油污染事件，而钻探工作依然照常进行。在环保技术方面同样引起争议的，是所谓"水力压裂法"：一种用化学物质和高压力水流将岩石击碎，并从油页岩中开采石油和天然气的技术。拥有丰富油页岩资源的美国有可能在数年之内完全摆脱对进口石油和天然气的依赖。与环境保护者的重重疑虑相比，这一技术前景在奥巴马政府眼中占有更为重要的分量。

在教育政策方面，政府制定了为社区学院和大学贷款提供政府经费的相关法律。在消除贫困方面，奥巴马并未取得多少政绩。在2009年2月经济振兴计划基础上，为解决失业者和"有工作的穷人"（working poors）问题斥资1020亿美元的预算立项，未能阻止贫困率在奥巴马第一届任期内从13.2%上升到15%，从而达到了20世纪60年代以来的最高水平。为了解决非法移民问题，特别是来自墨西哥的非法移民问题，奥巴马最初采取了比之乔治·W. 布什更为强硬的态度。直到2012年大选临近时，他才有目的地向"拉美裔人"或是"拉美裔美国人"示好。但是，由于共和党的反对，对移民法进行根本改革的计划未能实现。

如同"拉美裔美国人"一样，非洲裔美国人占了贫困人口相当大的比例，他们不仅比白种人更多地受到高失业率的影响，而且获刑坐牢的人数也高于白种人。此外，他们始终将美国的首位"黑人"总统视为自己的同胞。然而，若是有人认为，奥巴马的为政之道是为了"黑人社群"的利益，这种观点不攻自破。巴拉克·奥巴马的目标是当一个所有美国人的总统，而不是少数人的利益维护者。因此，他很少在"种族"问题上做文章。正因为如此，在他执政期间担任政府领导职务的非洲裔美国人的数量，要少于他的共和党前任当政时期。

奥巴马的为政之道与乔治·W.布什的最大差别，从一开始即体现在他所奉行的外交政策方面。新总统非常了解美国实力的局限性，因此，对伊拉克战争这样的军事冒险行动均采取能避则避的态度。他着眼于不同利益之间的和平调解，但始终坚持认为，美国只有保持足够强大，其利益才能得到有效的维护。只要可能，他总是采取"多方面"处理问题的方式，亦即与联合国和北约盟友进行协调合作。但是，只要他认为是出于高于一切的美国利益的需要，他也会下定决心，必要时采取"单方面"的行动。

作为对伊斯兰世界的一个善意姿态，奥巴马于 2009 年 6 月 4 日在开罗的艾资哈尔大学做了一场主旨演讲。他呼吁宗教宽容，倡导信仰自由和男女平等，并且在一个重要问题上表明了引人注目的实际立场：强调以色列的生存权和巴勒斯坦人民建立自己独立国家的要求，亦即强调"两国制解决方案"的必要性。同时，他还要求以色列停止在约旦河西岸兴建居民点。

这场讲演为奥巴马总统赢得了阿拉伯世界的赞扬和首肯，同时也赢得了两位以色列政治家——总统西蒙·佩雷斯和国防部长埃胡德·巴拉克的积极评价。但是，没有得到本雅明·内塔尼亚胡的认同。早在 5 月 19 日，奥巴马就已在白宫与内塔尼亚胡举行过会晤。会晤时，双方在巴勒斯坦问题和兴建居民点问题上的不同立场发生激烈冲突。奥巴马似乎也对双方的这种意见相左安之若素，正像此前他的前任乔治·W.布什于 2008 年和 2009 年之交在他任期的最后几天就以色列入侵加沙地带所表示的态度（对哈马斯用火箭弹袭击以色列领土的回应）一样。在奥巴马第一届总统任期内，他所做的任何努力，都未能使内塔尼亚胡改变立场。在这种情况下，以色列向约旦河西岸移民的行动一直继续进行：到 2011 年，大约有 40 万以色列人生活在被占领的地区，他们的数量只占当地人口的 1/5，却控制着 60% 且绝大多数是无偿征收的土地，消耗着至少 80% 的紧缺资源——水。

反之，美国与俄罗斯的关系发展起初看来前景良好。2009 年 6 月 5 日，奥巴马总统在布拉格的一次讲话中宣布，他将继续两个月之前，即 4 月 2 日在伦敦 20 国集团峰会上开始的与莫斯科关于裁减军备的会谈，并且尽可能于 2009 年与莫斯科谈判达成一项关于削减战略核武器的新条约。2010 年 3 月 26 日，奥巴马和俄罗斯总统梅德韦杰夫宣布，双方愿意继续限制核武器的数量。此后不到两周，即 4 月 8 日，两位总统在布拉格签署了一项新的削减战略武器条约。该条约规定，至 2020 年，双方各自将核弹头的数量从 2200 枚减少到 1550 枚，并将运载火箭数量从 1600 枚减少到 800 枚。为此，奥巴马做出的让步是，美国暂时放弃在中欧和东南欧建立导弹防御体系的计划。在两国议会批准之后，该条约于 2011 年 2 月生效。

奥巴马执政时期美国对中国实行的是一种又打又拉的双重战略。对于两国之间存在的分歧，他了如指掌：如同其前任一样，奥巴马要求人民币升值；要求中国减少温室气体排放；努力促使中国对盗版产品生产和侵害他人知识产权的行为进行打击；等等。

然而，奥巴马并不想同中国发生冲突。单是出于两国之间经济和金融的密切关系，总统就认为有必要同中国保持政治上的紧密合作。2009 年 11 月，他首次访问中国。访问期间，当中国国家主席和党的领导人胡锦涛谈到西藏是中国的一部分以及中国对台湾的主权时，奥巴马未表示异议。两位国家领导人共同签署了一项赋予中国在东南亚地区重要调解人地位的声明，这一明确的立场随即引起了印度的抗议。乔治·W.布什担任总统期间，印度于2008年被正式确认为拥有核武器的国家和美国在亚太地区的战略伙伴。奥巴马政府认为，印度依然是一个对崛起中的大国——中国的制衡力量。

当奥巴马政府成员在强调亚太地区对美国的重要性时，对中国进行遏制的想法无时不在。2009年7月22日，国务卿希拉里·克林顿在曼谷签署了东南亚国家联盟友好合作条约——由文莱、印度尼西亚、马来西亚、菲律宾、新加坡、泰国、越南、缅甸、老挝和柬埔寨10个成员国组成的东南亚国家联盟的一份协议。2009年11月，奥巴马出席了在新加坡举行的亚太经济合作组织（APEC）峰会。与此相关，希拉里·克林顿将这一系列活动称为"美国的太平洋世纪"，奥巴马于2009年11月在东京将自己称为"美国第一个太平洋地区总统"，借以暗示自己的出生地火奴鲁鲁。2011年11月17日，奥巴马在堪培拉的澳大利亚议会上宣布，美国在中东地区经历了两场持续十年的流血战争之后，现在的注意力转到了亚太地区的巨大潜力上，这是一个"明显的重心转移"。他把美国称作是"太平洋国家"，并宣布，21世纪美国将在亚太地区的所有地方体现自己的存在。

奥巴马和国务院领导人希拉里·克林顿所提出的设想，不外乎是一种战略的转变。美国竭尽全力争取欧洲民主国家作为自己伙伴的时代显然已经过去。正如美国外交关系委员会主席理查德·N.哈斯（Richard N. Haass）所阐述的那样，世界正处在"国际关系的后大西洋时代"。自1989年至1991年"冷战"结束以来，这一新情况已显出端倪。90年代的南斯拉夫内战表明，欧盟还不能胜任华盛顿赋予它的在巴尔干地区充当维持秩序力量的角色，因此，美国不得不再次施以援手拔刀相助。如今，欧洲已实现和平并免受威胁，在很大程度上它可以自己管理自己的事务。北约仍然是一支不可或缺的力量，然而，它的作用并非是要保护欧洲免受可能来自东部的新威胁，而是要防御西方所面临的共同挑战，如伊斯兰恐怖主义和为其提供藏身之所的那些国家，亦即作为全球性的干预联盟。

共产主义在欧洲亦即苏联的亚洲部分消亡后，并没有出现弗朗西斯·福山（Francis Fukuyama）所预言的情况：在全世界实现西方民主制度政通人和的太平天下。美国始终还是世界的头号强国，但离一种覆盖全球的霸主地位还相去甚远。在如今的全球化过程中，美国不仅离不开中国，而且恰恰相反，这一新局面已经发展到了可将之称为双方在国家层面上无法相互攻击的程度。在理查德·哈斯看来，世界的"无极状态"是21世纪的主要标志："世界由数十个国家所左右，它们各自拥有大小不同的军事、经济和文化实力。"西方实力的逐渐衰微有目共睹，乔治·W.布什时代的凯旋高奏已成了一种尴尬的回忆。

奥巴马认为，在小布什发动的两场战争中，伊拉克战争是一个严重的错误，原因在于，这场战争加重了美国在阿富汗战场的负担：而这场战争在他看来是合法和必要的。总统大选时，他许诺在16个月内将美军撤出伊拉克。入主白宫后，他于2009年2月27日宣布撤军时间为19个月：至2010年8月底，作战部队撤离伊拉克，仅留5万名士兵在伊拉克充当教官、顾问和反恐特种部队人员。

奥巴马能够按时完成这个时间表，首先应当归功于"增兵计划"——其前任于2007年初颁布的、奥巴马本人作为参议员否决过的、向两河流域的伊拉克大量增派美国部队的命令。在新战略的执行过程中，美国成功地防止了战事的升级：在伊拉克被打死的美军士兵由2007年的904人下降到一年后的314人，直至2009年的149人。当伊拉克于2009年6月30日庆祝美国人从伊拉克的城市和乡村正式撤军时，尚有 13 万美军士兵驻扎在伊拉克。这些军队是马利基政府可以借重的强大后盾，倘若伊拉克自己的军队和警察力量不足以阻止国家重新陷入一场公开内战的话。

果然，在逊尼派极端分子对外交部和财政部的炸弹袭击造成 95 人丧生后，马利基不得不于 2009 年 8 月中旬立即向美国寻求帮助。10 月 25 日，一个与"基地"组织关系紧密的派别对司法部和总督官实施了两起炸弹袭击，造成至少 155 人死亡。在经过其他一连串的攻击后，美国部队不得不于 2010 年 1 月再次进行干涉，在伊拉克的阿拉伯人居住的省份和位于库尔德地区的边境设立检查站。尽管如此，奥巴马总统于 2010 年 1 月 27 日宣布，美国将兑现承诺，从伊拉克全部撤出其作战部队，但仍将继续支持巴格达政府，倘若伊拉克议会大选如期举行的话。2010 年 3 月，议会选举如期开始。未按照预先计划的安排，美国除了撤出其作战部队，于 2011 年底也从伊拉克撤出了其全部军事人员，原因在于，马利基政府做出一项决定：伊拉克政府不愿意答应华盛顿的要求，给予美军士兵免予追究刑事责任的保证。

从 2003 年 3 月至 2009 年底，共有 4370 名美军士兵在伊拉克战争中阵亡。被打死的伊拉克平民估计至少有 10 万人，其中约 9 万人死于其他伊拉克人和外国恐怖分子之手。至 2009 年底，美国在伊拉克战争中的总耗费是 7000 亿美元。根据诸如诺贝尔经济学奖获得者约瑟夫·斯蒂格利茨（Joseph Stiglitz）及他的同事琳达·比尔米斯（Linda Bilmes）等专家的看法，实际的耗费要远远超出这个数字——约在 1.8 万亿至 2.7 万亿美元之间。

美国在伊拉克所取得的胜利是推翻了萨达姆·侯赛因的独裁统治。然而，萨达姆之后所建立起来的体制远远不能达到一个正常运转的法治国家和多元化民主的要求。伊拉克的政客和什叶派多数人群对逊尼派少数人群的长期歧视，是这个国家继续在大量的恐怖袭击中动荡不安，甚至是被推向内战边缘的重要原因。2003 年 3 月之前，伊拉克并不是"基地"组织实施伊斯兰恐怖主义的堡垒；乔治·W.布什带来的这场战争使伊拉克变成了这样一个堡垒。海湾地区的政治稳定根本无从谈起。反之，一个美国的宿敌却成了这场战争的"渔翁得利者"——伊朗伊斯兰共和国政权。萨达姆的倒台使伊朗少了一个最危险的外部敌人。在逊尼派占大多数并掌权的阿拉伯国家中（它们是以什叶派为主的伊朗的宿敌），布什的战争使美国的声望一落千丈。倘若奥巴马没有对这段历史予以了断，那么，他想从根本上改善同伊斯兰世界的努力从一开始就是徒劳无益，白费心机。

奥巴马认为，伊拉克战争妨碍了美国以必要的坚定决心在阿富汗进行反恐战争。他的这一看法正中要害。正如斯蒂芬·比尔林所阐述的那样，伊拉克战争"使阿富汗的冲突逐渐从华盛顿的雷达上消失，并使塔利班得以重整旗鼓，从巴基斯坦渗透回阿富汗"。为了亡羊补牢，以及为了扭转根据美国和北约驻阿富汗部队最高指挥官麦克里斯特尔（McChrystal）将军所认为的失败危险，奥巴马在兴都库什山地区采取了布什自 2007 年起在伊拉克所遵循的战略：大量增加美军的人数。2009 年 3 月，美国分两个批次将投入在阿富汗的部队数量增加到了 21 万人。2009 年底，奥巴马总统宣布再派出 3 万名士兵增援阿富汗，使增兵的总人数增加到了 10 万。此次"增兵"的战略目标是削弱塔利班的势力，从而在大约五年时间内使受过强化训练的阿富汗军队和警察具备独立应对叛乱武装的能力。

/ *370*

2009 年，美军在阿富汗的阵亡人数首次超过自 2003 年以来在伊拉克的阵亡人数。"增兵"战略起到了暂时削弱塔利班战斗力的作用。自 2011 年以来，塔利班对联合部队的攻击逐渐减少，盟军的阵亡人数也不断下降：从 2010 年的 711 人减少到 2011 年的 566 人以及 2012 年的 402 人。美国的无人机在联军的军事成果中起到了重要作用。无人机不仅在阿富汗，而且也在巴基斯坦的边境地区投入使用。根据设在伦敦的新闻调查局的调查统计，奥巴马执政期间，无人机在巴基斯坦执行了 315 次行动（布什执政期间是 52 次）。除了搜寻恐怖分子和反叛武装成员外，始终有无辜的平民百姓在无人机行动中死于非命。

2011 年底，美国首次使用无人机毙杀了一名美国公民——被中情局通缉的、躲藏在也门的伊斯兰极端分子安瓦尔·奥拉基（Anwar al-Awlaki）。两周之后，他的儿子阿卜德拉曼·奥拉基（Abdulrahman al-Awlaki）也在同样的打击中殒命。未经司法程序和法院审判即处决一个美国人，有悖于美国宪法和法治国家的根本原则：美国司法部以紧急情况下行政权具有法律之上的权力为由，超越了这一案例的法律界限。

北约在巴基斯坦领土上最严重的一次干涉行动所使用的并不是无人机，而是常规手段：根据巴基斯坦军方 2011 年 11 月底的统计，在对阿富汗边境莫赫曼德部族地区的直升机打击行动中，至少有 20 名巴基斯坦士兵被打死。巴基斯坦政府以暂时中断对北约的后勤补给来对此行动做出回应。

在美国眼里，拥有核武的巴基斯坦表面上是盟友，实际上已经成了中亚地区最大的安全隐患。巴基斯坦政府，特别是它的情报部门 ISI 对塔利班的暧昧态度，使这个国家越发变成了"基地"组织的一个秘密行动地区。若是巴基斯坦有关当局不知情，奥萨马·本·拉登也不可能轻而易举在这个国家的领土上藏身多年。当中央情报局摸清了本·拉登的藏身之所后，美国故意未向伊斯兰堡通报其铲除恐怖分子头目的计划。2011 年 5 月 1 日至 2 日深夜，一支美国特种部队在距离巴基斯坦首都北部约 40 公里，一处军事安全区中的、位于阿伯塔巴德（Abbottabad）一所坚固的楼房建筑内，成功地抓获了奥萨马·本·拉登和他的几个帮凶，本·拉登和他的男性随从被击毙。对于侵犯巴基斯坦主权的行为，美国甘愿冒此风险。

击毙本·拉登——或许从一开始就是斩首行动的根本目标——是迄今为止反恐斗争所取得的最大成果，然而，"基地"组织仿佛是条九头蛇，击毙它的首领并不能将之从这个世界完全清除干净。对此，奥巴马和他的亲信们不能抱有任何幻想。

在阿富汗方面，正如奥巴马于2009年底宣布的那样，美国从2011年7月开始逐步减少它的军事存在。2014年底，国家安全援助部队的撤离行动结束。至此，不仅西方的"胜利"如痴人说梦，而且也无任何迹象表明，哈米德·卡尔扎伊的腐败政府有能力在计划规定的时间内，依靠自己的安全部队对付塔利班的威胁。凡是盟军撤走的地方，那里的安全局势就会恶化。根据喀布尔内政部的统计，在2013年3月底至9月初，有1700多名阿富汗警察被打死。2013年上半年，有800多名阿富汗士兵阵亡，光是6月的阵亡人数就达300人。在同一时间，惨遭塔利班杀害的阿富汗平民达1300人。根据联合国的统计，这个数字比2012年前六个月增加了23%。

华盛顿的如意算盘，是塔利班和卡尔扎伊政府之间达成一种"历史性的妥协"。尽管喀布尔政府对此持怀疑态度，美国自2010年11月起，就这一解决问题方式在卡塔尔首都多哈（Doha）与塔利班的谈判代表进行过多次直接的虽然是毫无结果的谈判。根据当时的局势，无论努力寻求世俗阿富汗人和原教旨主义阿富汗人之间的谅解采取怎样一种形式，美国除了能够期望从秘密谈判中得到塔利班有约束性地拒绝对"基地"组织恐怖活动提供新的支持，得不到更多的结果。如果塔利班再度掌权，那么，不仅国际安全援助部队军事行动的果实将付诸东流，而且许多其他方面的成果也将面临危险，诸如：美国的欧洲盟友中的数个国家和非政府组织在过去几年中在基础设施、农业开发、医疗卫生、学校教育，以及男女机会平等的建立方面所做的民事建设工程等。阿富汗将重新回到2001年前的古老生活方式的风险随时可能发生。但是，所有西方盟国政府已经清醒地认识到：西方国家人民不会再相信，有必要在阿富汗继续打一场有时间限制的战争。

奥巴马竞选连任第二届总统并非稳操胜券，易如反掌。击毙本·拉登之后，他的支持率在 2011 年 5 月上升到了 60% 左右；2011 年 8 月，在关于限制政府负债的辩论期间，他的支持率又跌至 40% 左右。从一开始，他就必须面对许多保守派美国人的质疑，甚至是仇恨。他们中的一些人对奥巴马不是在美国出生，而且凭借造假的身世才当上总统的传言笃信无疑。极右派的"茶社党"把他说成是一个改头换面的社会主义者，其用意是想诋毁其最重要的一项政改计划——医疗制度改革。共和党总统竞选人、马萨诸塞州前州长、贝恩资本私募股权公司的创始人、有"大老党"不偏不倚的自由主义代表之称的米特·罗姆尼（Mitt Romney）原本能有更好的机会在 2012 年 11 月成为奥巴马的继任者，倘若他在选战中未信口开河、口无遮拦的话。他的某些竞选言论给人的感觉是，他是"超级富豪们"理想中的候选人。罗姆尼的"竞选搭档"、议员保罗·瑞安（Paul Ryan）爱莫能助，未能消除这番言论的不利影响：其明确的"右翼"立场与其说是迎合了迄今为止的民主党选民，不如说是更加迎合了保守派的共和党人。

如同 2008 年一样，奥巴马与他的竞选搭档乔·拜登一同参选总统和副总统。2012 年 11 月 6 日，奥巴马以 51.1% 的得票率胜选，罗姆尼的得票率为 47.2%。选举人中，有 206 人支持罗姆尼，人数比奥巴马少 126 人。在同时进行的 1/3 参议员的选举中，民主党得以扩大自己的多数地位：多得了 2 个席位，从而增加到了 53 席；共和党为 45 席，比此前减少了 2 席。在众议院中，共和党尽管损失了 8 个席位给民主党，但仍保住了多数席位：共和党议员人数为 234

名，民主党议员为 201 名。

奥巴马当选连任五周半之后，即 2012 年的 12 月 14 日，在康涅狄格州牛顿市（Newton）的桑迪胡克小学发生了一起前毕业生开枪杀人事件。枪案中，有 20 名儿童和 7 名成年人被打死。奥巴马立即提出动议，对枪支管理法进行严格修订。2013 年 1 月 16 日，他请求国会重新颁布一项已经过期失效的关于突击步枪和半自动武器的禁令。但是，持枪者的强大院外集团——全美步枪协会（NRA）的势力更胜一筹。它以载入宪法中的、美国公民拥有带枪权利条文的辩护人身份出面维权，并在参议院获得了多数议员的支持。2013 年 4 月 17 日，参议院以 54 票对 46 票驳回了总统的提案，从而使奥巴马在国内政策上遭受了一次重大败绩。

/ 374

2012 年和 2013 年之交，围绕着控制政府债务问题，美国历经了一次新的冲突和交锋。新年伊始，美国的财政状况面临一场"危局"的考验：倘若不能成功对政府债务超过法律允许的最高限度予以控制的话，那么增税和紧缩措施就势在必行。经过数周的反复较量，总统和政府于 2013 年 1 月 1 日至 2 日深夜达成妥协：迫于共和党的压力，总统不得不放弃对年收入至少 25 万美元的富人实行提高征税的计划，他仅在对收入 40 万美元以上的单身人士和收入 45 万以上的夫妻征收更高所得税问题上占得上风，并不得不同意削减几项社会福利计划。倘若达成一致的努力功亏一篑，那么美国经济将会骤然蒙受 5000 亿美元的损失，美国和全世界将陷入经济衰退。于是，从现在起到下一次的"财政危局"，奥巴马赢得了缓冲时间：这是总统所取得的一项重要的但极不稳定的成果。

2013 年秋，总统和国会之间再度发生了一场权力较量。在"茶社党"的巨大压力下，众议院的共和党多数派直到 9 月 30 日还在拖延阻止国会及时通过政府预算。他们的如意算盘是，借此可以迫使奥巴马部分收回 2012 年生效的、被保守派恨之入骨的"奥巴马医改"（改革的新阶段于 10 月 1 日开始）。由于总统不愿向压力低头，政府被迫关闭了大部分联邦政府的部门和机构，其中包括博物馆、图书馆和国家公园等，并且强制那里的工作人员无薪休假。

由于法律规定的最高负债限度未被提高，自 10 月 17 日起美国将不能从银行获取贷款，并不得不很快陷入无支付能力的状态，因此，预算危机迫在眉睫，并给美国的国际声誉造成了极大损害。10 月 16 日，在此千钧一发之际，冲突双方达成妥协：提高为期至 2014 年 2 月 7 日的负债限额，批准至 2014 年 1 月 15 日的一项过渡性预算。至此，由世界最大经济体的政治危机引发的一场全球性的经济危机得以再次在最后关头被逆转。2013 年 12 月 11 日，民主党和共和党的谈判代表达成了一项时间上影响深远的共识。双方就一项预算框架取得了一致意见：该预算保证了美国直到 2015 年底的支付能力，并且为政府在这段时间所做的各项规划提供了保障。2014 年 2 月，国会两院随之提高了为期至 2015 年 3 月的最高负债限额。

在国际舞台上，奥巴马同样不断遇到了他的权力界限。美国把拉丁美洲视为自家"后院"的时代已经一去不复返。曾几何时，只要美国认为局势危急，它就会以武力摆平。如今面对危局，美国已不再像"冷战"时期那样能够呼风唤雨，力挽狂澜于既倒：中美洲或南美洲某个国家的"左转"势头不仅带来了"第二个古巴"的后果，而且打破了世界政局的平衡，给美国的世界政治对手——苏联造成了有利的形势。美国不得不无奈地看到，1998 年上台的乌戈·查韦斯自 2006 年以后，不仅在委内瑞拉宣扬建立一个"21 世纪的社会主义"，而且推行一条强烈的反美路线，以及示威性地同美国的对手古巴和伊朗保持密切的关系。面对 2006 年初当选为玻利维亚总统的埃沃·莫拉莱斯（Evo Morales）一开始就以查韦斯为榜样推行反美政策，美国除了忍气吞声，别无选择。当厄瓜多尔总统拉斐尔·科雷亚（Rafael Correa）于 2012 年 6 月向美国通缉的揭秘网站平台——维基解密的发言人、向全世界公布了美国 80 万份秘密文件的始作俑者朱利安·阿桑奇（Julian Assange）提供在他的国家驻伦敦使馆的避难权时，华盛顿政府除了表示口头抗议，束手无策。口头抗议并未让科雷亚改变立场。

奥巴马就职未满一年，便于 2009 年 12 月 10 日在奥斯陆被授予诺贝尔和平奖。这一令人意外的荣誉与其说是对其迄今为止为政之道的褒奖，不如说是对美国总统的良好诚意，以及尤其是对与欧洲心之所系的希望的赞誉。奥巴马的获奖感言是介于现实主义和理想主义的一个折中和平衡。他说，战争手段在保卫和平中有自己的一席之地，但是，哪怕是一场正义的战争也不可避免地会导致人间悲剧。"士兵的勇敢和献身精神是值得赞誉的，因为它表达了对祖国、事业和战友之爱。但战争本身是绝对不值得称道的，我们永远不能以这种方式去宣扬战争。因此，我们所面临的挑战是，将这两个看似不可调和的真理统一起来，即战争有时是必要的，但在某种意义上它却是人类疯狂的一种表现。"

奥巴马上台后的一项重要工作，就是要领导美国从乔治·W.布什发动的两场战争中脱离出来：伊拉克战争和阿富汗战争。在伊拉克，虽然这个国家的和平无从谈起，但至少从表面上看似乎获得了成功。在阿富汗是否也能取得一种类似十分脆弱的"成功"，在奥巴马第二届总统任期伊始尚未可知。与其上任伊始的期望相反，他并不能做到始终如一地坚持不将美国拖进新的战争泥潭中去。在如何对待"阿拉伯之春"的问题上（在北非、海湾地区和中东地区，民众大规模反对专制政权的运动），本书将在以后的章节展开论述。当危机出现时，奥巴马并不十分在意自己是否给人留下一种"犹豫不决"的印象：他不想步其前任的后尘，其前任的轻率甚至傲慢使美国付出了威望和实质影响蒙受重大损失的代价。

就纠正布什的国内反恐斗争政策而言，奥巴马让自由的美国和所有国家的自由人士大失所望。他的表现很大程度上是国会中两股力量对比的体现。在此，国会并没有给他在诸如关塔那摩监狱问题上更多的自由权。但是，奥巴马也从未动过这样的念头，即把自己国家的安全利益（如他所认为的那样）置于对公民权的保护之下。因此，他很长时间内对 NSA 的监视行动听之任之，无论涉及的是美国公民也好，或是盟友的国家也罢。对无人机战争，他甚至比布什更加疏于过问。第 44 任美国总统同样也是一个以权力为重的政客，但比之其前任少了许多一厢情愿的行事作风。他是一个政治型的知识分子，心思缜密，对自己行为可能出现的后果总是斟酌再三。正是在这一点上，他与其前任的政策有着根本性的差别。对于大多数经历了奥巴马的第一届任期之后，对其第二届任期持很深怀疑态度的人来说，这一差别也同样没有失去他们的密切关注。[1]

2009 年，除了波兰是个引人注目的特例，其余欧盟国家都深陷于经济衰退之中。根据欧盟统计局的数据，在德国、法国和英国这三个经济大国中，德国经济以 -5.1% 的 GDP 负增长率不仅遭受了和英国（-5.2%）同样的不利影响，而且其严重程度远甚于法国（-3.1%）。2009 年 8 月，德国经济复苏的曙光才显出端倪。第二年，经济继续呈增长势头，并取得了令人惊讶的 4.0% 的经济增长。

德国 2009 年秋最重要的政治事件是它的联邦议会大选。基民盟和基社盟获得了 33.8% 的选票，这是姊妹党自 1949 年以来第二糟糕的大选结果。社民党得票率 23%，不仅丢失了 11% 的选票，而且是该党在联邦德国历史上最差的一次选举结果。从社民党丢城失地中获利的，是对社民党奉行的国家福利政策改革持尖锐批评态度的左翼党。该党于 2006 年 3 月由东德的民主社会主义党和活跃于西德的劳动和社会正义选民运动合并而成，他们的得票率为 11.9%。自民党以 14.6% 的支持率高歌猛进。绿党以 10.7% 的得票率首次获得两位数的选票。基民盟 / 基社盟与自民党一道共拥有议会 622 个席位中的 332 席，从而在议会中占据多数：双方轻而易举组成了梦寐以求的黑 - 黄联合政府。2009 年 10 月 28 日，以安格拉·默克尔为总理的第二届内阁宣誓就职，副总理是新任外长和自民党主席圭多·韦斯特韦勒（Guido Westerwelle），基民盟的前内政部长沃尔夫冈·朔伊布勒出任欧洲债务危机中地位至关重要的财政部的掌门人。

/ *378*

这届由"资产阶级"组成的联合政府很快便轻率地失去了许多民众的好感，其原因是，在新政府执政伊始，由于自民党和基社盟的敦促，政府同意给予酒店旅馆业主房间价格收费 7% 的营业税优惠政策（取代此前的 19%）：在野党及许多人士认为，这是一桩近水楼台先得月、朝里有人好办事的经典案例。2010 年 6 月，来自基社盟的国防部长卡尔－特奥多尔·祖·古滕贝格（Karl-Theodor zu Guttenberg）未经事先商议，几乎用突然袭击的方式提出了一项联邦国防军的改革建议，其目标是，至 2011 年将国防军变成一支志愿人员的军队，人数从 15 万增加到 18 万，最终人数为 18.5 万，从而使国防军比之以往更好地具备在联合国和北约领导下参与全球军事行动的能力。2011 年 3 月 24 日，联邦议会以绝对多数废止了普通义务兵役制。此时的国防部长是此前担任内政部长的托马斯·德梅齐埃（Thomas de Maizière），他于 3 月 3 日取代了两天前因博士论文剽窃丑闻下台的古滕贝格。

　　一石激起千层浪，联邦政府此时的一项决策在德国公众社会引起了一场热烈的大讨论：收回红－绿联合政府于 2000~2002 年启动的"核电下马"政策。2010 年 10 月，黑－黄联合政府延长了所有 17 座仍在运行的核电站的工作寿命，其中，于 1980 年前投产的 7 座最老的核电站继续运行 8 年，其余 10 座核电站继续运行 14 年。但是，紧接着"收回下马项目"，很快又出现了"收回已经收回的下马项目"的局面。2011 年 3 月 11 日，发生在日本东北部沿海的一场巨大海啸给福岛核电站的四座反应堆造成了灾难性的破坏。远东地区的这场核事故（这是 1986 年"切尔诺贝利核事故"以来最严重的一次）震惊了德国，并促使默克尔总理于三天后协同基民盟的环境部长诺伯特·勒特根（Norbert Röttgen）和自民党的经济部长莱纳·布吕德勒（Rainer Brüderle）宣布了一项"暂停核电"的应急政策。在富有争议地援引原子能法一段条文的压力下，投产时间较长的核电站最初停机三个月，之后于 5 月完全停止运行。针对其余核电站的命运问题，联邦政府于 2011 年 6 月做出决定，德国至 2022 年逐步下马核电。绿党和社民党终于得以感到宽慰：面对曾力图加以纠正的前政府的"能源转换"决策，如今的执政党不得不花大力气将其作为自身的一项大事来抓。

黑－黄两党联合政府摇摆不定的为政路线使它们在地方州议会选举中遭遇了一系列的惨痛失败。继 2010 年 5 月在北莱茵－威斯特法伦州被选下台后，两党又于 2011 年 3 月在巴登－符腾堡州铩羽而归。绿党在该州跃升为第二大党，党首温弗里德·克莱切曼（Winfried Kretschmann）在和社民党组成的联合政府中首次出任一个联邦州的总理。自民党在全国各地丢盔卸甲、一败涂地。在 2011 年五个联邦州举行的选举中（如 3 月在萨克森－安哈尔特州和莱茵兰－普法尔茨州），接连失去了进入议会的资格。2011 年 5 月，在经过激烈的内部权斗之后，圭多·韦斯特韦勒辞去了党主席职务。主席由在任的卫生部长菲利普·罗斯勒（Philipp Rösler）接任，并由他出任经济部长和副总理。韦斯特韦勒继续留任外交部长。

如同关于德国和欧洲今后发展该往何处去的公开讨论一样，默克尔的第二届政府内阁未能拿出可以同红－绿联合政府和后来的大联合政府相提并论的政改措施。基社盟于 2012 年 11 月为没有把孩子送进政府办的日托所，而是自己在家带两三岁孩子的父母推出了"育儿金"政策。但是，该政策在执政党内部也同样备受争议，而且完全有理由被认为是一种倒退之举——增加了那些近来被称为"无保障人群"的负担，具体来说是增加了那些低收入和低教育程度的家庭特别是那些有"移民背景"家庭的负担。

然而，前几届政府的政改措施（特别是《2010 年行动纲领》）和工会组织坚定不移的"限制工资增长"态度产生了巨大的后期效应，从而使处于 2013 大选年的德国在经济形势上比之欧元区的所有国家都要好，并且，依靠其蒸蒸日上的出口贸易，德国成了经济发展的龙头。其时，德国的失业率继续下降：从 2009 年的 7.7% 降至 2013 年的 5.4%。2012 年，当欧元区的经济因国内生产总值下降 0.6% 而整体陷入衰退时，德国以 0.7% 的增长率进入经济增长幅度最大的国家

/ 380

之列。安格拉·默克尔在欧洲国家和政府首脑中化解货币联盟危机和尽力维护德国利益的方针和路线，保证了她历久不衰的支持率。缘此，在 2013 年 9 月 22 日的联邦议会大选中，她有望为她的政党取得良好的成绩。

果不其然，基民盟和基社盟在大选中获得了 41.5% 的选票和 630 个议席中的 311 席，数量仅比 316 席的绝对多数少几席。然而，姊妹党却失掉了它们自由派的组阁伙伴自民党。自民党未能兑现其 2009 年大选时的重要承诺——建立一个新的、为老百姓减轻负担的、更简单和更公正的税务制度，同时，它还普遍被老百姓认为政治上愈发沽名钓誉，缺乏实质内容。因此，它仅获得了 4.8% 的选票，并自 1949 年以来首次失去了进入联邦议会的资格。以前财政部长佩尔·施泰因布吕克为总理竞选人和寻求红-绿联合政府的社民党，得票率为 25.7%，仅比 2009 年多出 2.7 个百分点，这是该党在联邦德国历史上第二糟糕的大选结果。得票率为 8.6% 的左翼党成为第三大党。一个新出现的、其核心诉求是危机国家退出欧元区的、"对欧洲持怀疑态度"的政党——德国选项党以 4.7% 的得票率未能通过进入议会所需要的 5% 大关。鉴于在选战中因在安全政策、欧洲政策和经济政策上不可调和的分歧，社民党拒绝与左翼党携手合作，同时，由于基民盟/基社盟与绿党之间一度不可逾越的鸿沟，所以，姊妹党和社民党的大联合政府就成了能够有稳定多数支持的政府组阁的唯一现实选择。

经过五周的谈判之后，基民盟、基社盟和社民党的主席——安格拉·默克尔、霍斯特·泽霍费尔和西格玛·加布里埃尔于 2013 年 11 月 27 日清晨签署了联合政府协议。谈判中，姊妹党实现了不加税、放弃"欧元债券"（即欧洲共同债券和共同责任）的目的。同样未写入协议的还有社民党提出的"母亲退休金"政策——为 1992 年前有生育的、迄今为止经济情况较差的母亲增加的一项社会福利。

社民党争取到的谈判结果是，直到 2017 年，在德国实行备受争议的、覆盖各行各业的、全国统一的 8.50 欧元法定最低小时工资标准，以及惠及缴满 45 年社保的老员工"63 岁退休"政策。除此之外，还有惠及在德国出生和长大、年满 18 周岁的移民家庭子女的双重国籍政策。借此，这些年轻人届时可无须在德国籍和父母的国籍之间被迫做出非此即彼的选择。

评论家认为，上述的组阁协议是一种只计眼前不顾长远的计划：在经济发展出现问题的情况下，不提高税收或不增加政府负债，如何从财政上支撑这些政策，这个问题未得到明确说明。另一个同样一针见血的意见是，在联合政府眼里，退休人员的福利显然比年青一代的福利更为重要。除此之外，还有人批评道，联合政府协议对严重忽视的基础设施建设，特别是道路、运河和桥梁的建设，没有给予足够的重视，并且没有包含任何关于有效应对收入和财产分配问题上不断加剧的不平等现象，以及救济"无保障人群"的具体措施。

此外，联合政府协议必须要经过的一个最重要环节，是大约 47.5 万名社民党党员的邮寄投票程序。12 月 14 日，社民党的投票有了结果：在投票率为 77.86% 的情况下，75.96% 的投票人对协议表示赞同。第二天，联合政府伙伴公布了内阁成员名单。基民盟提出了包括总理府办公厅主任彼得·阿尔特迈尔（Peter Altmaier）在内的六名部长人选，社民党也同样是六名部长人选，基社盟为三名部长。在基民盟前任内阁成员中，沃尔夫冈·朔伊布勒续任财政部长；托马斯·德梅齐埃由国防部长改任内政部长；此前任劳动部长的乌尔苏拉·冯·德·莱恩（Ursula von der Leyen）女士任国防部长。基社盟 2011 年起任内政部长的汉斯－彼得·弗里德里希（Hans-Peter Friedrich）出任农业部长；此前任基社盟秘书长的亚历山大·杜布林德（Alexander Dobrindt）接管交通部。社民党主席西格马·加布里埃尔出任副总理及经济和能源部长；此前任

/ 382

社民党议会党团主席的弗兰克－瓦尔特·施泰因迈尔再度出任他于2005~2009年曾经领导过的外交部的掌门人。社民党前秘书长安德烈娅·纳勒斯（Andrea Nahles）任劳动部长，她的党内同事、萨尔州前经济部长海科·马斯（Heiko Maas）出任司法部长。

2013年12月17日，安格拉·默克尔第三次当选联邦总理。她获得了621张有效选票中的462票，比大联合政府拥有的议席数少42票，比参加投票的基民盟／基社盟和社民党议员人数少39票。当日，第三届默克尔内阁成员由联邦总统约阿希姆·高克（Joachim Gauck）颁发任命书，并在联邦议会议长诺伯特·拉默特（Nobert Lammert）主持下在联邦议会宣誓就职。

大联合政府成立整整一年后，其大部分国内政策计划皆陆续形成法律法规并获得批准通过。2014年9月起，一个外部安全问题成了公众关注的焦点。该问题的重要性，只有与"伊斯兰国"恐怖武装在叙利亚和伊拉克的势力日益扩大结合起来看，才能被人们所了解和认识：德国国防军充其量只是有条件地具备参与军事行动的能力。

在德国武器装备的长期项目中，不仅许多项目由于制造业方面的错误规划未能完成，而且成本也在大幅增加。由于严重的技术问题，国防军很大一部分现有的运输机、欧洲战斗机和直升机皆不能正常使用。造成这种状况的原因，是长期以来的漠然和熟视无睹，以及特别是跟所有与军事有关的事务保持一种看似"和平主义"的敬而远之的态度。这种状况与德国必须承担更多国际责任的官方立场格格不入，背道而驰。

有鉴于此，国防部必须对国防军现有的组织结构进行彻底的改革，尤其要对军中所谓"阿富汗帮派"，即一部分与阿富汗行动有关的陆军军官的影响加以限制。针对这部分军官，专家们批评指出，国防军对国土防卫的根本任务几乎毫无准备，而且与陆军相比，前些年忽视了海军和空军的装备建设。联邦德国必须懂得，在军事领

/ 383

域，它必须展现出与自己的经济地位相匹配的实力。倘若德国拒绝接受这一观点，那么，它作为西方联盟成员的可信度以及它的外交威望就将面临危险。

与德国不同，英国在新自由主义的鼎盛时期经历了一段极端的去工业化过程。根据欧盟统计局的数据，德国的制造业在国内生产总值中所占的比例在 2000~2011 年从 22.27% 上升到 22.63%，而在工业革命的故乡英国则从 15.59% 下降到 10.86%，同时，工厂企业就业岗位的数量也从 870 万个下降到 250 万个。世界经济危机暴露出了从根本上转向服务业的英国经济的弱点。因此，英国走出经济衰退的困境比德国更为艰难。

为了抑制经济下滑，戈登·布朗领导的工党政府大幅度增加政府开支。预算赤字从 2008 年占国内生产总值的 5.1% 上涨到 2009 年的 11%，2010 年为 10.2%。公共债务从 2008 年占国内生产总值的 57.3% 增加到了 2010 年的 82.7%。失业率从 2008 年占从业人口的 5.6%，上升到了 2010 年的 7.8%。2009 年 6 月 8 日，工党尝到了选民不满和愤怒的苦头：在欧洲议会的直接选举中，戈登·布朗的工党落到了对欧持怀疑态度的保守党和主张退出欧盟的英国独立党之后，成了排名老三的落伍党。在后续的几个月中，保守党在民意调查中的表现仍然超过了执政的工党。

2010 年 1 月，在经过一年半的衰退阶段之后，经济形势再度呈现回升趋势。由此，工党看到了在最晚于 5 月进行的下院选举中连续四次战胜保守党的一线希望。根据民意调查机构的统计，保守党在 2 月优势在缩小，仅比工党多出 2 个百分点。4 月 6 日，首相将大选的日期定在 5 月 6 日。在三个主要竞选人的电视辩论中，自民党领袖尼克·克莱格侃侃而谈、表现出色，最终使得知识和能力皆不逊色，但缺乏像托尼·布莱尔那样的口才和魅力的布朗面对竞争对手的观点和高论频频点头，无可应对。

2010 年 5 月 6 日的议会大选以"悬而未决"的结果落下大幕：自 1974 年以来，首次出现三大政党中没有一个政党获得下院多数席位的局面。由 43 岁的戴维·卡梅伦领导的保守党获得 307 席，工党 258 席，自民党 57 席。三大党的得票比例分别是 36.1%、29% 和 23%。保守和自民党的席位总和达到了足够的多数，工党和自民党则需要得到地方政党的支持，才足以得到 650 个席位中的多数席位。

对自民党来说，鉴于其对议会民主制的想法和认识，要和大选的失败者工党结成联盟，是一件颇感为难之事。两党之间存在太多的分歧，尤其是在欧洲政策问题上。为了迎合党内强大的右翼和反欧派势力，在国内政策方面以温和的进步立场代表身份崭露头角的戴维·卡梅伦于 2009 年要求保守党的欧洲议会议员，退出由基督教民主党和保守党组成的联合议会党团——欧洲人民党，并联合波兰的法律和正义党以及捷克的公民民主党（卡钦斯基兄弟和瓦茨拉夫·克劳斯所领导的政党），组成一个新的集团——欧洲保守和改革党。除此之外，卡梅伦还在大选中宣布，就英国是否继续留在欧盟进行全民公投。反之，自民党是英国最为拥护欧洲路线的一个政党。只有保守党承认英国在欧洲的积极作用，它才愿意与保守党组成联合政府。卡梅伦愿意做此声明，但作为交换条件，自民党必须同意如下共识，即倘若不举行全民公决，英国不会再将其他主权交于欧盟行使。

不唯如此，保守党和自民党在谈判中还清除了另一个组阁的障碍：保守党同意就是否采用比例选举法进行全民公投，目的是要结束迄今为止在议席分配问题上自民党所受到的歧视（全民公投于 2011 年 5 月进行，最后的结果否决了保守党所反对的这项改革）。除此之外，两党还就减少预算赤字和控制政府债务的财政紧缩计划达成一致。自民党甚至答应，对他们一贯反对的提高大学学费政策表示容忍，并且仅保留在此项政策表决时投弃权票的权利。与此同时，两党还进一步达成一致，今后每五年进行一次下院选举，从而使首相不再如同以往那样可以随意解散议会。65 岁的退休年龄规定不再适用于任何情况，退休年龄从 65 岁提高到 66 岁。提高纳税减免额，以照顾低收入阶层民众。

两党达成的协议结束了"新工党"在英国为时 13 年的统治，其间，"新工党"帮助英国变成了某种所谓"撒切尔革命"的热月①。2010 年 5 月 11 日的协议为 1945 年之后英国的首个联合政府奠定了基础。戴维·卡梅伦出任首相，尼克·克莱格任副首相，负责政改事宜，其中包括选举法的改革。出任外交部领导的是以"欧洲怀疑派"著称的威廉·黑格（William Hague），财政大臣是乔治·奥斯本（Goerge Osborne），内务大臣是特蕾莎·梅（Theresa May），以上三位大臣皆来自保守党。除了克莱格，内阁中最知名的自由党人是任企业、创新和资格大臣的文斯·卡布尔（Vince Cable），以及任财政部秘书长的丹尼·亚历山大（Danny Alexander）。

/ 386

卡梅伦和克莱格联合政府最重要的内政决策之一，涉及的是苏格兰的未来地位问题。这项决策于 2012 年 10 月载入了与爱丁堡的亚历克斯·萨尔蒙德（Alex Salmond）政府达成的协议之中。萨尔蒙德的苏格兰国家党在 2011 年的地方选举中获得了议会中的绝对多数。协议为将要举行的明确赞同或反对苏格兰独立的全民公投铺平了道路；投票定于 2014 年底前举行。出生于苏格兰家庭的卡梅伦首相下定决心，竭尽全力要把苏格兰留在英国的体系中。

在新政府实行的一系列其他国内政策改革中，提高大学学费和

---

① 热月（Thermidor）一词指法国大革命时期颁布的共和历的第 11 个月，相当于格里高利历的 7 月 19 日至 8 月 17 日。由这个月又引申出了"热月政变"和"热月党"的专门名词。此处指的是对"撒切尔革命"的一种终结。

对国家医疗体制——国民医疗服务机构的调整备受争议。医疗体制改革的目的是要减少官僚制度、下放权力以及重新实行部分私有化。此项旨在尝试设置一个 26000 英镑上限的家庭社会福利政策，因圣公会和上议院的反对而未能成功。卡梅伦政府施加在英国老百姓身上的一系列冷酷无情的新政策导致了在英国的许多城市，如曼彻斯特、伯明翰和格洛斯特（Gloucester）等，于 2011 年 8 月发生了严重的社会骚乱。政府出动大批警察来应对大规模的抢劫和破坏行为。骚乱的发生不仅是撒切尔时代遗留下来的积重难返问题的反映，同时也是"新工党"政府轻率的移民政策后果的反映：大部分由英联邦和其他第三世界国家移民所构成的相当一部分城市居民人口的贫困化和前途无望。

　　保守党的紧缩政策和同时实行的英格兰银行的宽松货币政策，起初并未起到改善英国经济的作用。虽然预算赤字从 2010 年占国内生产总值的 10.2% 下降到后两年的 7.8% 和 6.3%，但仍然是欧洲最高预算赤字国之一。2012 年的失业率为 8.9%，比 2010 年的水平高出 1 个百分点。2010 年和 2011 年的经济增长率分别为 1.7% 和 1.1%，但 2012 年仅为 0.2%。2013 年春，两家主要评级机构撤销了英国 AAA 的最高等级，将其信用等级仅评为第二等的 AA+。

　　然而意想不到的是，2013 年夏末出现了经济回升的兆头：经合组织（OECD）大胆预测，英国经济的增长在这年不仅会高于预计（0.8%），而且将达到 1.5%，其势头是德国经济的 2 倍。事实上，自 2013 年以来，房地产价格上涨幅度的确是 2006 年以后所未曾有过的；银行的情况进一步稳定，长期死水一潭的贷款周转又重新步入正轨。毫无疑问，经济上升的势头在很大程度上是政府开支增加，以及依然债台高筑的私人家庭消费增加的结果。卡梅伦政府积极鼓励低收入家庭购置住房，似乎房地产泡沫及其灾难性后果从未发生。但是，尽管英镑自 2009 年以来贬值了 1/4，企业的投资和出口贸易却停滞不前。因此，从乐观的数据中并不能得出经济已经出现转机的结论：英国还没有告别"后工业"的经济模式，因为这种模式，它曾于 2007~2008 年陷入了一场严重的危机之中。

在欧洲政策方面，按照联合政府协议的约定，卡梅伦政府根据 2011 年欧盟法案明确了政府的立场和态度，即如若把超出《里斯本条约》的任何一项国家主权交于欧盟，必须以全民公投的方式征得英国人民的同意。2013 年 1 月 23 日，首相在一个主旨讲话中首次详细阐述了他关于英国和欧盟未来关系的设想。他赞赏欧盟的共同内部市场所取得的成就，同时否认了英国准备拉起吊桥充当孤立主义者的说法。他所关心的是既惠及英国又惠及欧盟的一种更好的共同体组织方式。讲话中，他还谈到了欧洲竞争力的危机（a crisis of European competiveness）以及在欧盟决策方面缺乏民主问责制（democratic accountability）的问题。鉴于成员国之间不尽相同的利益，他要求更多的灵活性，以及凡是在可能和必要的地方，将权力从共同体重新返还到各国手中。展望 2015 年的下院选举，他宣布了一项保守党关于全民公投的授权请求，意在通过公投来决定英国的"或去或留"问题。倘若欧盟一项新条约的谈判结果能提供充分理由，他本人建议英国继续留在欧盟。由此，卡梅伦开出的关于欧盟改革和英国留在共同体内的条件一目了然。

卡梅伦的讲话是两大阵营之间的平衡之举：讲话所针对的不仅是自己党内的反欧派，而且也针对欧盟中的各国伙伴。显而易见，英国前首相哈罗德·威尔逊（Harold Wilson）是卡梅伦所效仿的榜样。威尔逊在 1975 年新条约谈判取得成果之后，顶住了自己政党——工党内部反对英国继续留在欧共体内的压力，并借助一次全民公投赢得了英国老百姓的多数支持。但是，欧洲大陆这边的伙伴们是否会屈服于英国最后通牒式的压力，敢冒前景难卜的风险，愿意就《里斯本条约》之后的新条约进行谈判，还是一个完全没有定数的问题。

在卡梅伦眼中，最有可能支持其计划的国家是瑞典和荷兰。法国的反对态度毫无商量余地，德国则表现出比较通情达理的立场，其中的一个原因，是德国对卡梅伦关于将欧盟委员会的权力交还到各国手中的建议表示认同。然而，欧洲大陆大多数国家对卡梅伦讲话的印象是，英国首相并非想要对欧盟的职权范围和决策过程进行改革，而是想"挑肥拣瘦，捞取好处"，用英国话说就是"专拣樱桃吃"（cherrypicking），亦即只想享受属于欧盟内部市场的物质好处，而不想承担共同体的责任。因此，讲话的内容不仅没有新意，同时也没有迹象表明，大多数欧盟国家会强迫自己从伦敦政府领导人的建议中看出可以惠及欧洲的"更好的生意"。

/ 389

众人翘首以盼的全民公投于 2014 年 9 月 18 日在苏格兰举行。此前的几次民意调查显示，在赞同独立阵营和反对独立阵营之间，双方互有微弱的领先优势。然而在街头的广告宣传中，却是赞同独立派一马当先。这天，参加投票的人数异乎寻常地高达 85%。结果出来之后，两大阵营之间的差距大大出乎人们的预料：反对苏格兰独立派得票率为 55.3%，赞同独立派仅为 44.7%。

分析认为，出现这样一个结果的原因，可能是"大多数保持沉默的人"对脱离英国之后相关的许多不确定因素表示担心。独立后的苏格兰是否将继续保留英镑货币，以及苏格兰是否会很快被接纳为欧盟成员（需要所有 28 个成员国的一致同意），这些问题均是未知数。由于举足轻重的大公司曾威胁在独立的情况下将从苏格兰撤资，苏格兰作为企业生产基地的前途，特别是金融重镇爱丁堡的未来就将岌岌可危。相比之下，赞同独立派的理由——独立后的苏格兰将自主拥有丰富的海上石油资源，便显得微不足道。

公投之前，卡梅伦政府向苏格兰做出承诺：倘若它留在英国，英国政府将实质性地扩大苏格兰的自治权，特别是在金融、税务和社会福利政策等方面。此举化解了许多反对苏格兰独立民众的不少顾虑。9月19日，卡梅伦重申了他的这一承诺，进而也引发了威尔士、北爱尔兰甚至是英国本身的自治主义人士提出类似要求的勇气。在这种情况下，卡梅伦不得不开始着手从根本上下放英国中央政府的权力。公投结果公布数小时后，赞同独立运动的领导人亚历克斯·萨尔蒙德宣布辞去总理和苏格兰民族党主席职务。他同时做出保证，争取独立的战斗将继续下去，直到取得最后胜利。

倘若萨尔蒙德在9月18日那天赢得了公投胜利，那么，其后果就是1707年的政合国体制不复存在：对英国来说，这无疑是比失去帝国更为深刻的一次历史转折。因此，分离活动的失败使人们大大松了一口气，同时，担心独立派获胜会在本国家引起效仿作用的其他欧洲国家政府，此刻心里的一块石头也落了地。面临最大危险的国家是西班牙，那里的加泰罗尼亚自治运动正想方设法发动一场（被马德里认为是非法的）全民公投。有人假设，苏格兰民族主义者的成功也将给弗兰德地区、科西嘉岛、意大利北部的"帕达尼亚"（Padanien）和南蒂罗尔地区的分裂势力增加底气。苏格兰投票结果的消息传来，比利时、法国和意大利的政府也长舒了一口气。欧盟委员会如释重负——省却了就苏格兰入盟申请进行烦琐复杂谈判的诸多麻烦。

自从欧洲不同种族的民族国家与其他国家一道共同行使自己的一部分重要主权，或是将其交由超国家的欧盟机构行使以来，它们便损失了许多维护本国利益完整性的力量。但另一方面，欧盟不仅为联合起来的民族国家提供了在全球化环境中得以生存的有利条件，甚至成了它们赖以生存的必要条件。尽管如此，欧洲后古典式的民主国家仍然是保障公民权利，以及保障国家内部和外部安全的最高权威组织。苏格兰公投之后，人们可以期待，在可预见的未来，这种局面将继续保持下去。当然，"多民族的"民族国家找到应对寻求地方自治运动的建设性答案，是维持这种局面的前提条件。

如同英国一样，法国自 20 世纪末以来也经历了一个去工业化的过程。2000 年，制造业为国民生产总值贡献了 15.22 个百分点，2011 年仅为 10.10%。2003~2013 年，共有 75 万个制造业的就业岗位化为乌有。外贸赤字在 2011 年上升到 700 亿欧元。法国工业竞争力的下滑有目共睹，其企业经营毛利润平均低于德国 1/3。

除了企业坐失良机和错误决策，还存在政府政策应承担责任的结构性问题。法国经济生活中，国有企业所占比重传统上一直高于欧洲平均水平。2012 年，国有企业的比例为 56%，相比之下，德国不到 45%。法国五分之一的从业人员在公共部门工作，德国为八分之一。法国人 60 岁即可退休，为欧盟最低年龄；如果不算芬兰，2002 年在利昂内尔·若斯潘政府执政期间实行的每周 35 小时工作制，在欧盟中为最短工作时间。企业家对不堪重负的纳税压力、高昂的福利支出和一成不变的劳务市场怨声载道。法国从 1999 年欧元启动至 2012 年，用来衡量一个国家竞争力的单位劳动力成本增加了 26%，而其最重要的贸易伙伴德国仅为 8%，欧元区的平均上涨水平为 21.7%。

尼古拉·萨科齐在 2007~2012 年任总统期间，非常了解形势的严峻程度。2010 年，他大胆同左翼反对派和工会组织进行了一番较量，并成功地将退休年龄从 60 岁提高至 62 岁。为了反对这项计划，工会组织动员其成员起来斗争，并通过关闭加油站等方式，一度对法国的经济生活造成严重影响。在 9 月 8 日国民议会举行投票的当天，发生了大规模的群众抗议示威，有 100 多万人（按工会的说法是 250 多万人）参加了抗议行动。罢工行动直到 10 月法律生效时才逐渐平息。这项改革是对减轻政府财政负担、降低非工资劳动成本的一个重要贡献。但是，法定每周 35 小时工作制依然神圣不可侵犯。在这样的环境下，法国的全球竞争能力很难得到实现。

与退休制度改革不同，萨科齐在 2010 年 8 月下令清除罗姆人的非法营地的措施几乎未遭到法国老百姓的任何反对。由于该行动违反了欧盟的共同体法，欧盟的司法委员、来自卢森堡的维维安·雷丁（Viviane Reding）威胁要对法国进行制裁，最终迫使法国从即刻起必须尊重 2002 年欧盟的相关法令。2011 年春，长期以来关于禁止穆斯林妇女穿着遮盖全身服装的问题也在国内引起了一场激烈争论。弗朗索瓦·菲永总理领导下的政府提出了一项新法案，该法案援引法兰西共和国的世俗理念作为依据，并得到了一部分反对派政治家的支持。

法国此时最为严峻的问题依然是它的财政状况。2009 年曾经达到创纪录的、占国民生产总值 7.6% 的政府预算赤字，其回落进程十分缓慢：2010 年为 7.1%，2011 年为 5.2%，2012 年为 4.8%，所有这些指标皆再度超出了《马斯特里赫特条约》规定的 3% 的标准。菲永政府决定，先后有序地分几次实行总数为 750 亿欧元的紧缩开支措施。但是，紧缩政策的效果直到 2012 年和 2013 年才显现出来。政府负债从 2008 年占国民生产总值的 68.2%，上升到 2011 年的 86%。失业率始终在占从业人口 9% 的水平上徘徊。法国经济在 2010 年和 2011 年均增长了 1.7%，2012 年变成了零增长。2011 年 9 月，在后文将讨论的希腊债务危机期间，评级机构穆迪下调了法国最大的两家银行——法国农业信贷银行和法国兴业银行的信用等级。2012 年 1 月，法国和西班牙以及意大利一样，失去了评级机构标准普尔的最高信用等级 AAA。一年后，英国也经历了同样的命运。

在外交政策方面，萨科齐着力打造同美国和英国的良好关系。让华盛顿感到高兴的是，总统于 2009 年 3 月宣布法国重新回到北约军事一体化机构中，从而修正了夏尔·戴高乐于 1966 年所表明的立场，即在全世界面前保持法国的完整主权思想。萨科齐同样高度重视用以伸张这一主权思想的法国核力量。2010 年 11 月，他与英国签署了一项军事协议。协议规定，两个占欧盟国家军费开支几乎一半的核大国不仅在常规领域，而且也在核武器领域（其中包括核弹头的试验）进行密切合作。该协议不仅以安全战略为宗旨，而且也是巴黎和伦敦政府对外政治立场的宣示——两个联合国安理会的常任理事国对其大国地位的强调。鉴于德国在欧盟中傲视群雄的经济实力以及两国自身的经济劣势，这种大国地位转瞬之间即变成了过眼烟云。

萨科齐于 2007 年 10 月向地中海沿岸的国家首脑和政府领导人提出的"地中海联盟计划"，也同样源自这种民族"大国"思想。按照萨科齐的设想，只有地中海沿岸国家才有资格加入这个以促进和平和安全为目的的地区性组织。若此，由欧盟于 1995 年启动的、为了同样目的的"巴塞罗那进程"不仅将被法国主导的这一新组织形式所取代，而且，该组织还可能发展成为 1992 年欧盟委员会参与创建的、更带有"德国"烙印的波罗的海国家理事会的对立面。由于被排挤在此计划之外国家领导人的抵制，特别是由于德国总理安格拉·默克尔的反对，萨科齐的意图最初未能付诸实现。当地中海联盟于 2008 年 7 月正式成立时，当时欧盟的所有 27 个成员国，以及东南欧、小亚细亚和北非的 17 个沿岸国家都成了联盟的成员。不过，如同"巴塞罗那进程"一样，这个新组织的实际作用始终非常有限。许多成员国之间的矛盾分歧过于巨大，在地中海联盟内部无法得到平衡和调和。

2012 年春，法国总统大选在即。为了争取赢得国民阵线选民的支持，萨科齐在选战中极力打造一种旗帜鲜明的右翼"法律和秩序"代言人的形象，而社会党竞选人弗朗索瓦·奥朗德则试图通过社会福利政策上的承诺，赢得多数左翼阵营选民的支持。在 4 月 22 日的第一轮选举中，奥朗德得票率为 28.6%，萨科齐 27.2%，国民阵线竞选人、该党创始人让－玛丽·勒庞之女玛丽娜·勒庞的支持率为 17.9%。其他党派的得票情况是：左翼阵线的让－吕克·梅朗雄（Jean-Luc Mélenchon）为 11.1%，民主运动党的弗朗索瓦·贝鲁为 9.1%。

在 5 月 6 日的决选中，弗朗索瓦·奥朗德以 51.64% 的得票率获胜，尼古拉·萨科齐为 48.36%，从而成了继 1981 年瓦莱里·吉斯卡尔·德斯坦之后，法兰西第五共和国第二位竞选连任失败的总统。新总统解散了国民议会，并任命他的党内同事、国会议员和南特市（Nantes）市长让－马克·埃罗（Jean-Marc Ayrault）为临时政府总理。如同奥朗德本人一样，埃罗在社会党内部也被看作"社会民主派"。在 6 月 17 日进行的国民议会第二轮选举中，社会党和其他结盟的小党以 40.91% 的支持率和 280 个席位胜出。内部四分五裂的人民运动联盟（UMP）得到了 37.95% 的支持率和 194 个席位。排名第三的是国民阵线，得票率为 3.66%，绿党（欧洲生态－绿党）排在第四位。

在最终组阁成功的让－马克·埃罗政府中担任部长要职的是：前总理和《欧盟宪法条约》的反对者洛朗·法比尤斯任外交部长，皮埃尔·莫斯科维奇（Pierre Moscovici）任经济和财政部长，司法部长是出生于圭亚那的左翼激进党人克里斯蒂安娜·托比拉（Christiane Taubira），内政部长是加泰罗尼亚裔、更具"右翼倾向"的曼努埃尔·瓦尔斯（Manuel Valls），国防部长是让－伊夫·勒·德里安（Jean-Yves Le Drian），工业部长是社会党传统阵营的代表人物阿尔诺·蒙特布尔（Arnaud Montebourg），来自联合政府伙伴绿党阵营的塞西尔·迪弗洛（Cécile Duflot）任地方发展和住房部长。

奥朗德时代首批出台的社会政策中，有一项与大约 11 万法国人的利益紧密相关：埃罗政府收回了萨科齐执政时期实行的将退休年龄从 60 岁提高到 62 岁的政策，适用人群是那些向养老保险机构缴纳了 41 年养老保险金的人士。有鉴于居高不下的政府负债和预算赤字，这项政改措施极富争议。新政府要兑现的另一项竞选承诺，是使同性伴侣的婚姻关系合法化。忠于教会的天主教徒和坚定的保守人士很快组织起了一场持续数月的、反对托比拉领导的司法部法律草案的抗议运动。但是，抗议运动未能阻止国民议会于 2013 年 4 月 12 日批准该项法案。

真正对社会党总统和其政府构成挑战的是法国的经济和财政危机。法国正处在经济衰退之中：国内生产总值在 2012 年减少了 2.4%，2013 年有可能再下滑 0.1 个百分点。与德国的社会民主党相比，法国的社会党是一个传统意义上社会主义性质的、对市场经济和私有企业持批判态度的政党。让 - 吕克·梅朗雄所领导的左翼党的宣传鼓动，加大了以奥朗德和埃罗为首的改革派说服全党对深入进行社会政策改革必要性认识的难度。在这样的背景下，格外引人注目的是，埃罗政府于 2013 年 1 月在雇主与工会中的温和派，以及拥有最多会员的工会组织——法国劳工民主联盟（CFDT）之间成功地达成了一项协议。该协议包含了法国劳资关系史上前所未有的雇主和劳工伙伴关系的新内容：在订单缺乏的情况下，企业不仅可以比以往更容易减少劳动时间和降低工资，而且可以关闭生产基地，在企业内部调整员工的岗位，以及可以用"经得起法院调查"的方式解雇员工。虽然协议的目的在于鼓励签订无限期劳务合同，减少有期限劳务合同的数量（此类合同至今占大部分），但是，两个较为激进的工会组织——法国劳工总联盟和法国工人力量总会立即宣布抵制这项改革。

埃罗政府的另一项决策似乎更符合社会党的阶级斗争传统——将最高税率提高至 75%，向所有年收入超过 100 万欧元的法国人开征"富人税"。虽然新规定因 2012 年底宪法委员会的阻止未能出台，但是，"富人税"在第二年还是得以批准生效。此外，埃罗政府从 2014 年起还大幅提高了资本收益税。尤其受到这项政策严重影响的，是富有创新精神和依靠风险投资的青年企业家。为了躲避今后更大的税务压力，不少法国人将自己的住所和公司地址迁到了国外。有鉴于许多法国公众人物的逃税行为，比如电影演员热拉尔·德帕迪约（Gérard Depardieu）先是迁往比利时，后又迁往俄罗斯，法国的财政政策成了欧洲乃至全世界激烈争论的一个话题。

在巩固国家财政和面对欧盟严格规定的问题上，奥朗德于 2013 年 5 月所争取到的欧盟委员会对法国要求的放宽照顾，仅限于允许法国推迟两年时间恢复政府预算的平衡，换句话说，规定要求的 3% 的赤字上限必须在 2015 年达成。由于财政状况更为良好的国家的抵制，特别是德国的反对，奥朗德未能达到促使欧盟政策改变方向的目的（从紧缩开支，直到为了促进经济增长的更高政府负债）。

奥朗德以尊重法国的主权为由，粗暴地拒绝了欧盟委员会提出的与上述承诺相关的具体要求。但是，奥朗德和他的政府却不得不明确推行布鲁塞尔迫切要求进行的体制改革的初步举措，其原因在于，2013 年的失业率已经达到创历史纪录的 12.2%，官方被迫下调对 2014 年经济增长率的预测：由 1.2% 降为 0.9%。无独有偶，2013 年 7 月 12 日，正当法国国庆日将临的前两天，法国失掉了惠誉的 AAA 信用等级，而此前，三家主要评级机构中的一家还曾以此最高等级评估了法国的信用度。

2013 年 9 月，埃罗政府向国民议会提交了一份与法国劳工民主联盟和雇主协会共同商定的关于养老金改革的法律草案。该草案未涉及 62 岁的法定退休年龄问题，而且对公务员特权化的特殊规定也丝毫未予触及。反之，草案提高了社保缴纳金，其中包括雇主方的社保缴纳金，并且推迟了提高养老金的时间。除此之外，还增加了让更激进的工会组织——法国劳工总联盟和法国工人力量总会感到愤怒的一项新规定：从 2020 年起至 2035 年，享受全额养老金的工龄数从 41.5 年提高至 43 年。照此规定，凡是 24 岁开始参加工作的法国人，必须工作到 67 岁才可以领到全额养老金。就巩固国家财政而言，这项改革所起到的作用微乎其微，而且只有在长远意义上才能见其效果。

2013 年 9 月，经济和财政部长莫斯科维奇被迫承认，法国未能兑现于 4 月份向欧盟委员会所做的将 2013 年的赤字降至 3.7% 的承诺，而且只能完成 4.1% 的水平；2014 年的目标为 3.6%，而非此前所宣布的 2.9%。以着眼未来的财政预算政策和经济结构政策为前进方向的路线调整无从谈起。在巴黎的政府换届一年半之后，法国的欧洲伙伴愈发怀疑，在欧元区第二大成员国当政的社会党是否认清了眼前形势的严峻性和挑战的艰巨性。几乎无人奢望，法国将再现弗朗索瓦·密特朗总统上任两年内于 1983 年完成的方向转变。

然而，情况并非如此。2014 年 1 月 14 日，奥朗德总统在新年的第一次记者招待会上戏剧般地做出了方针的调整。此举被一家主要的德国报纸比作是"哥白尼式的转折"：奥朗德宣布了一份《责任公约》和一项新的、以供给为导向的经济政策，而且，他还公开承认自己是"社会民主派"，强调深入体制改革的必要性。他承诺，至 2017 年废除由雇主方支付的家庭福利，以达到降低非工资成本的目的，并在 2015~2017 年，为企业减轻净总额为 100 亿~150 亿欧元的负担。作为回馈，各行各业的雇主应当制订具体的新员工招聘和增加工资计划。法国政府有义务通过全面减少官僚主义，特别是

通过地方、中央和地区政府一级的公共部门削减人员的措施，推动改革进程向前发展，并借此实现至 2017 年节省开支 500 亿欧元的目标。奥朗德承认，社会党政府和他本人长期以来低估了危机的严重性，同时，他还明确强调德法合作的重要性，特别是在外交和安全政策领域，以及在诸如能源转换等未来重大项目方面。

总统所宣扬的大范围的"社会妥协"方案，引起了雇主方面的积极

反响，而工会组织——除了温和的法国劳工民主联盟之外——却普遍持否定态度，同样的情况也见诸梅朗雄的左翼党和共产党。右翼反对派除了一部分人以冷静的态度表示赞同，另一部分人对计划能否付诸实践表示强烈怀疑。德国邻居的反应则是普遍积极的评价，其中态度最明确者，是外长弗兰克-瓦尔特·施泰因迈尔：自2014年1月中旬起，人们有理由希望，柏林和巴黎也能够在欧洲政策的重大问题上再次达成一致。

但是，奥朗德的路线转变未能赢得法国选民的认同。在2014年3月23日和30日的地方选举中，社会党一败涂地，而保守的人民运动联盟和玛丽娜·勒庞的极右国民阵线大获全胜。果然不出所料，奥朗德以改组政府来对选举结果做出反应。接替运气不佳的让-马克·埃罗总理职位的是此前任内政部长的曼努埃尔·瓦尔斯。瓦尔斯属于社会党的右翼阵营，不仅以"法律和秩序捍卫者"的面目公开亮相，而且也是一个坚定的经济改革人士。

激烈批评瓦尔斯针对生活在法国的吉卜赛人实行强硬政策的绿党，很快就从政府内阁撤回了他们的两名部长。结果造成，奥朗德政府在议会中只剩下微弱多数可以勉强维持执政。奥朗德的亲信、此前任劳工部长的米歇尔·萨潘（Michel Sapin）出任新的财政部长，其劳工部长一职由属于社会党右翼阵营的第戎市市长弗朗索瓦·雷布萨芒（François Rebsamen）接任。党内左派人士、旗帜鲜明的保护主义者、此前领导过工业部的阿尔诺·蒙特布尔出任经济部长。党内左派阵营的另一个代表人物是新任教育部长伯努瓦·哈蒙（Benoît Hamon）。奥朗德的前任生活伴侣、其四个子女的生母赛格琳·罗雅尔接管环境部。外交、国防和司法部长的人选不变。新政府以"战斗内阁"的姿态在法国大众面前登台亮相。

/ 399

8月25日，瓦尔斯政府辞职的消息让法国公众感到意外和震惊。辞职的原因是法国《世界报》刊载的一篇关于经济部长蒙特布尔的采访报道。在这篇报道中，蒙特布尔猛烈抨击了德国的财政紧缩政策。奥朗德和瓦尔斯不允许有人对 8 月 26 日组成的新内阁必须比前届内阁更加坚决地代表改革路线持任何怀疑态度。

瓦尔斯继续留任总理。新任经济部长是奥朗德的亲信、此前任爱丽舍宫秘书长的埃马纽埃尔·马克龙（Emmanuel Macron）。马克龙在银行任职期间积累了工作经验，并被认为是信仰坚定的"自由主义者"。政府部长易人的还有另外两个社会党左翼阵营的代表人物：教育部长伯努瓦·哈蒙和文化部长奥莱丽·菲利皮蒂（Aurélie Filippetti）。哈蒙的继任者是此前负责妇女权利和体育的纳杰特·瓦劳德－贝尔斯姆（Najat Vallaud-Belkacem），新任文化部长是此前的外贸部长福乐尔·佩勒林（Fleur Pellerin）。在经过这次"右转"之后，新政府在议会中是否还拥有可靠的多数，尚未可知。因此，不单是在法国，人们对瓦尔斯第二届内阁的成功机会均表示高度怀疑。

新政府上任刚两周，前任和新任财政部长米歇尔·萨潘就不得不于 9 月 10 日发布公告，法国 2014 年再次未能将新的政府债务控制在所宣布的范围之内，即不是占国内生产总值的 4%，而是 4.4%，比 2013 年高出了 0.2 个百分点。同时，萨潘将 2014 年的增长预测从 0.5% 下调至 0.4%，2015 年的预测为 1.0%。2017 年才能实现《马斯特里赫特条约》规定的 3% 的新债务上限，比计划安排晚了两年。

瓦尔斯政府可以预见，欧盟委员会虽然心中不悦，但不会不同意法国要求推迟时间和放弃制裁的请求。布鲁塞尔的强硬态度可能进一步助长国民阵线咄咄逼人的势头（在 5 月底的欧盟议会选举中以 25% 的得票率上升为第一大党），且此危险的可能性过于巨大。倘若该党领导人玛丽娜·勒庞在 2017 年的总统大选中获胜，欧盟将可能不复存在。因此，欧盟必须不惜任何代价，避免这个"最大可能事故"的发生。[2]

对于欧洲货币联盟来说，全球金融危机必然成了它证明自己可行与否的关键时刻。创建一种共同货币是欧共体一项由来已久的工程，而且从一开始就被看作西欧政治统一的运载工具。1989年11月9日柏林墙倒塌之后，当德国问题再度被提上世界政治的议事日程时，法国总统弗朗索瓦·密特朗就敦促加快实现货币统一的步伐认为，倘若德国马克被纳入欧洲的统一货币，那么，短时间内欧洲霸权落入统一后的德国之手的危险就将大为降低。

德国总理赫尔穆特·科尔始终把货币联盟和政治联盟看成是一枚硬币的正反两面。为了避免德法之间的意见不合对德国统一造成不利影响，他同意将两项工程分而图之。换句话说，为了能够与欧洲协调一致解决德国统一问题，在1989~1990年暂时搁置解决欧洲的问题。随着时间的推移，科尔在90年代中期认为，实现欧洲统一货币目标的时机已经成熟，为此，他愿意先暂缓实现政治联盟的目标。在布鲁塞尔的谈判过程中，德国谈判代表在欧洲央行的权限设置，以及在保障其独立性问题上的主张被其他国家政府和欧盟委员会所采纳。在欧洲的政治统一问题上，德国的意见未能占得上风，法国的"欧洲国家共同的欧洲"的思想几乎全盘为各方所认可。在此背景之下，这是一个对德国来说可以接受的折中方案。

/ 401

于是，在货币联盟国家尚未建立财政联盟的情况下，货币统一开始实施。欧元区所包含的国家，不仅政治文化不同，而且国家体制也各异。换言之，货币联盟中既有传统上预算自律很强的国家，也有传统上预算自律很低的国家。面对这种各行其是的状况，欧洲央行统一的基准利率无法发挥其应有的作用。对习惯于花钱无节制的地中海国家来说，客观上过低的欧洲央行利率即意味着一种不必量入为出过日子的诱惑。于是，诸如德国这样的国家就成了上述状况的受益者：由于这些国家可以用低廉的贷款购买进口货物，德国等国就可以把自己的货物出口到这些经济实力较弱的国家。自从使用欧元之后，各国通过货币的升值和贬值来调节本国经济不均衡状况的可能性已不复存在。对于 2008 年以后将很快被称为"危机国家"的欧元区国家来说，仅剩下所谓"内部贬值"，即减少政府开支，特别是降低社会福利水平这一种选择。缘此，受危机牵连国家严重的政治和社会动荡，"富国"和"穷国"之间的冲突，"富人"和"穷人"之间的矛盾，事先早就有了前兆。

2009 年 4 月，在世界经济危机爆发半年之后，欧盟委员会提醒九个成员国政府，迅速减少它们的财政赤字。这九个成员国中，有五个是欧元区的国家，即法国、希腊、爱尔兰、西班牙和马耳他。12 月，受过度赤字程序警告的国家数量上升到了 23 个，其中有比利时、德国、意大利、荷兰、奥地利、斯洛伐克和斯洛文尼亚。早在 2008 年，欧盟委员会就对英国和匈牙利采用了过度赤字警告程序。

希腊的预算赤字在 2009 年就已高达 15.6%，这一欧盟最高水平直到后来才暴露出它的庐山真面目：至 2009 年秋，雅典向布鲁塞尔提交的报告一直还是很低的数字。2009 年 10 月，希腊政府更迭。在议会大选中，乔治奥斯·帕潘德里欧（Georgios Papandreuo）领导的泛希腊社会主义运动党（PASOK）战胜了科斯塔斯·卡拉曼利斯领导的、已经成了腐败和管理不善缩影的保守派新民主党，赢得了大选的胜利。与乔治奥斯·帕潘德里欧是同名同姓的，于 1944/45 年、1963 年和 1964/65 年任政府首脑的乔治奥斯·帕潘德里欧之孙，其父是从 1981~1989 年，以及从 1993~1996 年任希腊总理的安德烈亚斯·帕潘德里欧（Andreas Papandreuo）。2009 年底，希腊的政府债务几乎占到了国内生产总值的 130%，比欧盟 60% 的基准水平高出 1 倍多。2010 年 2 月，在布鲁塞尔召开的欧盟特别峰会向希腊发出必须采取紧急紧缩财政措施的严重警告，原因是，不如此，政府破产将不可逆转。两个月后，即 4 月 23 日，帕潘德里欧政府正式向欧盟提出资金支持的请求。

5 月初，欧盟、欧洲央行和国际货币基金组织（后被称为所谓的"三驾马车"）达成一项救助计划，救助的形式是贷款担保，总额为 1100 亿欧元，并且附带有严格的条款限制：只有在希腊满足要求的情况下，救助方才逐一支付相关款项。相比之下，欧洲央行对雅典的关照走得更远：为了支持濒于破产的银行，欧洲央行愿意接受希腊的政府债券作为担保。这种间接的、以资金向政府输血的方式，不仅丝毫未考虑主要评级机构已将希腊的信用等级下调为垃圾级（最后一次由标准普尔于 2010 年 4 月 27 日评定），而且也未顾及《马斯特里赫特条约》的"不救助"原则（no-bailout），即货币联盟的成员国不为其他成员国的债务提供担保。

整整一年时间，希腊向欧盟隐瞒了它糟糕的财政状况，并以这种方式骗取了欧元区的成员国资格。长期以来，欧盟委员会和欧洲理事会对希腊巨大政府债务的深层结构原因视而不见。两大政党大行裙带之风，将公共部门当作它们那些缺乏专业能力的追随者们的供养场所；过度膨胀的军费预算，老掉牙的土地登记制度，对船运公司和全希腊最大的土地所有者——教会事实上的税务免除，司法部门和税务管理部门低下的工作效率，不单是富人，还有广大社会阶层民众大量的逃税现象，——所有这一切，但凡有心的观察者均不可能视而不见。但是，直到政府濒临破产之时，"布鲁塞尔"和货币联盟财力强大的成员国才注意到希腊国内的这些弊端。

发生在赫拉斯人 ① 后代身上的这些情况，也同样见之于其他的危机国家之中：很长一段时间里，"欧洲"忽视了对危机信号的重视。爱尔兰的预算赤字从 2009 年的 13.7% 上升到了 2010 年的

---

① 赫拉斯人（Hellas），即古希腊人。

30.6%，这是 2009 年土地价格崩溃所造成的结果，而土地价格的崩溃又是前些年高度投机的房地产热所带来的后果。依然是西欧最穷国家的葡萄牙，其国民生产总值在 2009 年下滑了 5.2%。在标准普尔将其信用等级下调之后，葡萄牙政府债券的风险溢价陡然升高——在欧洲仅排在希腊之后。由于房地产泡沫的破裂，西班牙自 2007 年底以来深陷经济衰退之中，其预算赤字在 2009 年为 7.5%，2010 年为 7.1%；失业率在欧盟排名第一，2009 年为 18%，2010 年为 20.1%。

对希腊第一个援助计划的最初用意，是担心希腊政府破产和退出欧元区将引发一场雪崩效应，——这是"市场"针对其他危机国家和欧元本身做出的一种投机反应。除此之外，对在希腊有广泛银行业务的国家（比如法国和德国）发生银行危机的担忧，也起了重要的作用。为了应对这种危险，各国政府和欧盟委员会做出了一个主动出击的决定。2010 年 6 月，欧盟制定了一个为期两年的、由欧洲金融稳定机制（EFSM）和欧洲金融稳定基金（EFSF）组成的临时救助计划。EFSM 从欧盟预算资金中拨出 600 亿欧元，EFSF 则酌情根据明确定义的条款要求，通过总额 4400 亿欧元的贷款对相关的欧元国家施以援助，以保证它们的偿付能力和欧元区的金融稳定。EFSF 的资金来源是从资本市场借钱用作贷款，为此，成员国之间按比例进行分担，经济实力最强的德国承担的份额为 20%。连同国际货币基金组织的 2500 亿欧元，新的临时救助计划的贷款总量达到 7500 亿欧元。

第一个于 2010 年 11 月请求临时救助计划保护的国家是爱尔兰。它从欧洲央行、EFSF 以及欧盟国家的双边债券中得到了 675 亿欧元的"救助款"，即某种保证金，还有国际货币基金组织 850 亿欧元的救助金。之所以提供这笔救助金，是因为欧洲的许多银行，特别是德国银行都曾参与了爱尔兰的房地产投机买卖。第二个请求临时救助计划和国际货币基金组织帮助，并于 2011 年获得资金支持的国家是葡萄牙。它的"救助款"为 780 亿欧元。作为回报，葡萄牙必须采取严格的紧缩财政措施，此前由何塞·苏格拉底总理领导的社会党政府已表示对此承担义务。

大约在同一时间，已有迹象表明，希腊需要第二次救助计划的支持。希腊的国民经济生产在 2010 年萎缩了 4.5%，失业率从 2010 年的 12.5% 上升到了 2011 年的 17.4%。对于进一步缩减开支措施，不仅反对派的新民主党表示反对，而且一部分泛希腊社会主义党人也表示不满。5 月底，帕潘德里欧政府的一项相关提案未能在议会获得多数支持。不久，欧盟把批准进一步一揽子节省开支计划作为下一步提供救助的条件。尽管希腊发生了两次 24 小时总罢工和大规模群众示威游行，但希腊内阁根据欧盟要求提出的相关提案于 2011 年 6 月 29 日仍以微弱多数获得通过。

7 月 21 日，欧元国家在布鲁塞尔召开的一次峰会上做出了第二个救助希腊计划的决定。至 2014 年，雅典将得到由 EFSF 和国际货币基金组织提供的 1090 亿欧元资金援助。除此之外，后续还有私人银行和保险公司 170 亿欧元的资金支持。这笔资金将通过"折减债务"（hair cut），即以债权人放弃部分债权的方式进行筹集。然而，一揽子救助计划能否生效，需取决于各国议会的批准情况，特别是欧元区的德国和它的联邦议会的批准。

第二个对雅典的救助决定，未能完全打消人们对希腊债务危机可能蔓延到地中海沿岸其他国家的担心。2011 年夏，西班牙和意大利政府债券的风险溢价大幅上涨。欧洲央行旋即决定采取行动。在 8 月 7 日的一项声明中，央行对马德里和罗马政府的财政紧缩和改革计划表示欢迎，同时期望两国政府尽快实施它们的主张和计划。就意大利而言，即将离任的欧洲央行行长让－克洛德·特里谢和他的指定继任者、意大利人马里奥·德拉吉（Mario Draghi），此前在一封写给西尔维奥·贝卢斯科尼的紧急信函中已经提出这一要求。之后，欧洲央行以一种刻意的非针对性的方式宣布，央行将积极履行其债券购买计划。

由于欧盟的《工作方式条约》在第123条中禁止在一级市场上，亦即从欧元国家政府直接购买债券，因此，只有通过业务银行和保险公司在二级市场上购买国债。欧盟央行在一年前处理希腊问题时，曾经决定采用这种操作方式，但此种做法在法律上和政治上极富争议。同样的情况也见之于所谓的"二期目标"体系。通过这一体系，并借助无息贷款，德国央行成了其他国家央行的资金来源。缘此，德国央行手中在2010年底就已持有远超过3000亿欧元的债权（至2013年9月数额将增加到7320亿欧元）。

欧洲央行希望达成的目标很快取得了直接的结果：西班牙和意大利的国债利息开始回落，从而给德国的政府债券价格造成了压力。在意大利，欧洲央行希望看到的其干预行动将给改革进程带来推动的情况并未出现。意大利的公共负债占国内生产总值的120.8%，是继希腊之后欧元区内和欧盟最高的负债比例。2011年9月20日，意大利的信用等级被标准普尔从A+下调为A。唯有通过广泛深入的体制改革，意大利才有望克服由来已久的危机。但是，政治上因失去议会多数（詹弗兰科·菲尼的党于2010年7月退出联合政府所造成的后果），兼之由于2011年5月在地方选举中遭受重大败绩，以及因多个法律程序和个人丑闻而首尾难顾疲于奔命的政府总理西尔维奥·贝卢斯科尼，显然缺乏审时度势、采取必要措施的意志和气力。9月15日，众议院通过了总额为540亿欧元、包含将增值税由20%提高到21%的紧缩方案（提高税率的生效时间随后从一个季度推迟到下一个季度）。企业家联盟怨声载道，指责贝卢斯科尼政府只懂得调整税率，而对提高经济增长一筹莫展、无能为力。在此情况下，市场的反应则一如既往，未受任何影响。

　　如同世界上其他大城市和全球性反资本主义的"占领华尔街"运动一样，2011 年 10 月 15 日，在罗马爆发了针对银行经营行为、金融市场权力和削减社会福利的大规模群众示威游行。虽然群众游行在其他城市未导致暴力冲突，但在意大利首都却演变成了纵火和破坏事件，并造成了许多群众不同程度的受伤。11 月 9 日，在预算政策表决失败后，贝卢斯科尼总理宣布将辞去总理职务。参议院于 11 月 11 日，众议院于 12 日批准了在欧盟巨大压力下形成的一项进一步紧缩财政的计划。该计划的一项很重要的内容是将退休年龄（部分）提高至 67 岁，并停止给公务员增加工资。11 月 16 日，贝卢斯科尼兑现了此前声明，辞去了总理职务。

　　由于没有可选择的议会多数组合方式，总统乔治·纳波利塔诺决定，任命由前欧盟委员和享有国际威望的财政专家马里奥·蒙蒂（Mario Monti）组成一个"专家内阁"。在 2013 年 4 月大选前，这个"专家内阁"负责处理政府事务。蒙蒂于 11 月 16 日走马上任，不久，他就向议会提交了一份总额达 330 亿欧元的紧缩计划，其中包括削减养老金、加税和打击逃税的措施等内容。12 月 15 日，依靠前政府的组阁党派和在野的民主党的广泛支持，蒙蒂在关键性的以及与信任案捆绑在一起的投票表决中获胜。蒙蒂的前任在第二次下台之后是否将解甲归田退出政坛，人们不应对此存有奢望：贝卢斯科尼在 2011 年底就他未来政治生涯所说的那番话，听起来前后矛盾，不足为凭。唯一可以肯定的是，面对多桩悬而未决的法律官司，他不愿失去可以保护他免受可能被判刑坐牢的议员豁免权。

　　从欧洲央行 2011 年 8 月购买债券计划中获得利益的另一个地中海国家西班牙，于 9 月迈出了巩固财政状况的重要一步：议会批准了由何塞·萨帕特罗所领导的社会党政府，以及由马里亚诺·拉霍伊（Mariano Rajoy）所领导的保守派在野党一致同意的、帮助西班牙按照德国模式设置控制债务机制的修宪案。2010 年 5 月，议会通过了总额达 150 亿欧元的财政紧缩方案。但是，迫切需要进行的体制改革，如改革僵化的解雇保护法（该法使年轻人难于获得无限期劳务合同），却未见制定施行。同样的情况也见之于面向实践的培训制度改革。其结果是，年轻人失业人数的增加幅度甚至超过了总失业人数的增加幅度。

西班牙民众对萨帕特罗政府与日俱增的不满，使拉霍伊的人民党得以坐收渔人之利。在 2011 年 11 月 20 日的议会大选中，保守党以 44.6% 的得票率胜出。然而，与许多保守党选民的期望相反，12 月组成的拉霍伊政府立刻着手削减 165 亿欧元的公共开支。尽管如此，削减开支未能阻止预算赤字从 2011 年的 9.4% 上升到 2012 年的 9.6%。2012 年一季度，西班牙的经济萎缩了 0.3%，二季度萎缩了 0.4%。劳动失业率在 8 月攀升到占从业人口的 25.1%。在 16~24 岁的西班牙年轻人中，有 52.9% 的人没有工作（当然需要注意的是，这个数字也包括了寻找兼职工作的中学生和大学生在内）。

2012 年 6 月，拉霍伊政府被迫请求欧盟施以援手，以对一部分财务境况不佳的银行进行整顿。西班牙拿到了所申请的 1000 亿欧元援助金，但是，除了其他相关援助条款，西班牙还必须同意设立一个将所有"有毒"资产集中在一起的"坏账银行"。但是，拉霍伊拒绝接受救助计划保护的约束，因为在他看来，与此相关联的主权损失与西班牙的尊严水火不容。

欧元国家在 2010 年上半年所制定的稳定共同货币的措施和手段，皆是临阵磨枪的权宜之计。在为时至 2013 年的短期救助计划建立过程中，制定最终救助方案和一项旨在使货币联盟变为财政联盟的稳定公约的工作也在同时进行。2010 年 10 月 18 日，即欧盟国家元首和政府首脑高峰会议在布鲁塞尔召开前数日，法国总统萨科齐和德国总理默克尔在诺曼底的海滨度假胜地多维尔（Deauville）举行会晤。在此之前，德国的一贯立场是，为了使货币同盟免受反复出现的意见分歧局面的考验，对那些顽固不化的"赤字专业户"要实行自动惩罚机制，直至取消它们在欧洲理事会的表决权。与之相反，法国主张对违反马斯特里赫特稳定标准的国家采取较为宽松的处理方式，亦即采用不过于伤害各国主权原则的制裁措施。

在多维尔的会谈中，默克尔在自动制裁问题上做了让步，因而引起了德国的铁杆盟友——稳定意识特别强的国家的不满。这些国家不希望危机国家的财政部长们在制裁问题上指手画脚。然而，大多数国家元首和政府首脑认为，取消理事会中表决资格的威胁似乎过于严厉。除了这样的反对意见，在 2010 年 10 月 28 日和 29 日的布鲁塞尔峰会上，与会代表还就德法"双驾马车"未经理事会决定越俎代庖，以及剥夺其他成员国自决权的做法表示了普遍的不满。

随后，由欧盟委员会提出并得到法国支持的建议——为了解决债务问题，引入将部分债务分摊到成员国头上的"欧元债券"机制——成了一个颇有争议的话题。对这个首先将增加德国储户负担的要求，德国政府表示坚决反对。倘若接受债务担保联盟以及债务转移联盟的方案，不仅会危及德国老百姓对"欧洲大业"的支持，而且也是对联邦宪法法院的一种挑战。这是因为，联邦宪法法院于 2011 年 9 月，针对联邦议会参与向欧盟机构支付援助款项的问题，在严格的附带条款基础上，批准了对希腊的第一个救助计划。除此之外，人们还担心，若是财大气粗的国家愿意无条件出钱做担保，这种错误信号将削弱危机国家的改革意志，并无形中延长危机的持续时间。因此，解决债务问题的良策是"支持"和"稳定"双管齐下，亦即外部援助和自我帮助相结合，财力强大的欧元国家对增长的促进，与经济实力较弱的货币联盟国家迫在眉睫的体制改革协同并进。

虽然在荷兰、芬兰和奥地利等国的支持下，德国得以阻止"欧元债券计划"的出笼，但是，面对德国央行行长延斯·魏德曼

（Jens Weidmann）对之表示忧虑并公开提出批评、由欧洲央行购买危机国家政府债券的实际状况，德国政府不仅默然接受，而且事实上还予以支持。从长远看，这种间接由国家出面提供财政支持的做法（如果不是在字面上违反的话，那就是在实质上违反了《马斯特里赫特条约》的精神），是否带有通货膨胀的风险，还是一个颇有争议的问题。欧洲央行可以在自己的功劳簿上记上一笔的是，购买危机国家政府债券对"市场"起到了稳定作用。从某种意义上说，欧洲央行的做法填补了欧元国家政府由于缺乏克服危机的统一认识所留下的执行力真空。就实际作用而言，至少与各国的财政和货币政策等量齐观的欧洲央行政策的目的，是通过"明修栈道，暗度陈仓"的方式，建立一种债务和担保联盟。但从另一角度来说，此举也潜藏着将欧洲央行变成"坏账银行"的长期危险。

2011 年秋，希腊再度成为欧盟各国激烈争论的焦点。第二个救助计划还远未商议就绪，与私有债权人关于减免债务的谈判久拖未决。希腊政府负债率在 2011 年达到了国内生产总值的 170%，失业率在同年攀升到了从业人口的 17.5%。经过商议，欧元国家于 2011 年 10 月底达成一项计划，其目标是至 2020 年将希腊的政府负债率降至 120%，亦即降至一个与希腊的"债务承受能力"相符的水平，从而使其能够依靠自身力量解决财政问题。第二个救助计划的资金量从 1090 亿欧元增加至 1300 亿欧元。与计划捆绑在一起的，是对雅典进一步紧缩财政的条件和要求，以及与私有债权人有关的协定，即债权人以减少债权的方式，"自愿"放弃他们对希腊的一半债权。

此后不久，帕潘德里欧总理于 11 月 1 日提出了一项就布鲁塞尔峰会结果举行一次全民公决的计划。此举引起了各方的不解和质疑。帕潘德里欧在希腊议会中仅拥有 2 席的微弱优势。他希望借助全民公投来加强其国内的地位，同时对货币联盟的大国施加压力。但是，全民公决不仅对希腊，而且对欧元区都隐藏着潜在风险，完全有可能出现民众出于抗议目的对紧缩开支计划表示反对的情况。在这种态势下，希腊不仅将失去进一步的财政援助，而且也会导致政府破产和退出欧元区的结果。若如此，这对其他危机国家和整个欧元区将造成不可预见的后果。就政治层面而言，只有在希腊面临满足改革要求还是放弃欧元的抉择时，举行全民公投才有意义。显然，帕潘德里欧并未认清这个道理。

应萨科齐和默克尔之请，帕潘德里欧于 11 月 3 日前往戛纳，参加正在那里召开的 20 国集团首脑峰会。面对两位领导人对希腊全民公投的质疑，即由于没有对欧元表示明确的赞同或反对而可能出现的后果，帕潘德里欧同意进行一次关于要欧元还是不要欧元的公投。消息一出，在泛希腊社会主义运动党内部爆发了一股反对浪潮，从而迫使帕潘德里欧在返回雅典后叫停了全民公投计划。第二天，他向议会提出信任案，并以 153 对 145 票获得通过。11 月 6 日，帕潘德里欧出人意料地宣布辞去总理职务。完成欧盟紧缩财政计划的任务，由此便落到了他的继任者身上。卡罗洛斯·帕普利亚斯（Karolos Papoulias）总统任命无党派金融专家、前欧洲央行副行长卢卡斯·帕帕季莫斯（Lukas Papademos）为新总理。在帕帕季莫斯组成的内阁班子中，除了泛希腊社会主义运动党的 13 名部长〔他们当中包括带头起来反对帕潘德里欧的、前任和新任财政部长埃文盖洛斯·维尼泽洛斯（Evangelos Venizelos）〕，还有 2 位新民主党的部长，1 名右翼保守派人民东正教阵线党的部长和一名无党派人士部长。欧盟提出的所有党派应该对紧缩财政计划形成共识的要求，因新民主党党首安东尼斯·萨马拉斯（Antonis Samaras）的反对而归于失败。

2012 年 2 月上旬，希腊和以国际金融研究所为代表的私方债权人达成了一项债务减免总额为 1000 亿欧元的共识，从而满足了实施第二次救助计划所规定的一项条件。然而在改革的条件和要求方面，雅典与债权国之间各自抱有的期望相去甚远。希腊仅完成了50亿欧元的国有资产私有化，而不是所要求达到的500亿欧元。养老金和工资的削减幅度也同样没有达到布鲁塞尔的要求。其他的改革承诺暂时还停留在纸面上。

2012年2月，希腊议会批准了迄今为止的第四个财政紧缩计划，其中包括将最低工资标准降低为586欧元，25岁以下年轻人的最低工资标准降至525欧元，失业金减至322欧元，养老金减少10%~15%，某些类别公职人员的薪水削减20%，宣布大规模裁减国家公务员数量（至2015年总计25万人）等。随后，欧元区国家的财政部长于2月20日向成员国建议，批准对希腊的第二次救助计划。联邦德国承担了其中最大部分的担保份额，总数为380亿欧元。2012年2月27日，联邦议会借助社民党和绿党议员的额外支持票，通过了一项相关法案。90张反对票中的绝大多数来自执政党阵营，从而使其自身未达到311票的绝对多数。

欧盟国家和政府领导人于2011年12月8~9日在"欧元峰会"上做出的决议，其意义和影响远远超出了希腊一国的范围。此后，德国和法国就计划中的财政协定的基本原则形成共识，欧元国家也从总体上就最终救助方案——欧洲稳定机制（ESM）的基本原则达成一致看法。欧洲稳定机制于2012年7月开始生效，并最终于2013年夏取代了欧洲金融稳定基金（EFSF）的地位。与之紧密相关的财政联盟做出规定，在不遵守欧盟条约相关条款规定的情况下，将对有关国家进行财政制裁。此外，按照德国的模式，引入一种运用宪法条文进行保障的遏制政府债务的机制。倘若违反相关规定，有关国家可以被起诉到欧洲法院。今后，欧元国家的财政部长将在欧盟会议的基础上，更加频繁地进行接触和磋商。《金融危机中的德国》一书的作者弗兰克·伊林（Frank Illing）在他的深度研究报告中，将最终救助机制和财政政策之间的关系精辟地描述为："欧洲稳定机制是一块蜜糖面包，而财政协定是一条鞭子。今后，稳定机制将向愿意服从财政协定规定的国家提供政府财政的资金援助。"

由于英国和捷克拒绝接受欧盟其他 25 个成员国达成的共识，新规定便不能通过修改协定而被提升到共同体法的地位。在这种情况下，只剩下一条路尚且可行，即协定只在参与欧洲稳定机制和财政协定的国家中有效。按照签署国的愿望，要在五年时间内将财政协定变成欧盟的法律。然而在此之前，如同《马斯特里赫特条约》一样，财政制裁要取决于欧盟委员会的决议，换句话说，它实际上并不具有"自动制裁"的性质。

在 2012 年 1 月 30 日的特别峰会上，默克尔总理成功地阐述了她关于财政联盟的设想。在 3 月 1~2 日的另一次峰会上，会议决议以条约的形式被确定下来。只有批准财政协定的国家，才有资格申请享受欧洲稳定机制的资金款项。参与稳定机制的成员国分五次向稳定机制缴付 800 亿欧元的资金，在此基础上，再增加 6200 亿欧元的担保，这样，稳定机制达到了 7000 亿欧元的资金规模。稳定机制最多允许发放的借款量为 5000 亿欧元。正如其在 2011 年 12 月 14 日召开的联邦议会上所阐述的那样，安格拉·默克尔在财政和稳定联盟中看到了完成经济和货币联盟，以及纠正"欧元创始时期的错误"的机会。不唯如此，"一个真正的政治联盟的梦想"已经初现端倪。

/ 413

2012 年 5 月 6 日的法国总统大选成了德法关系史和欧盟历史的转折点。大选的获胜者、社会党人弗朗索瓦·奥朗德在选战中宣布，要对财政协定进行重新谈判，并且要求制定一份欧洲增长政策的计划书，以替代迄今为止由德国说了算的紧缩政策。奥朗德上任以后，财政协定并未进行新的谈判。不过，2012 年 6 月 28~29 日的布鲁塞尔欧盟峰会批准了一个新的增长协定。该协定的资金来源一部分（500 亿欧元）由欧盟的结构基金提供支持，另一部分（600 亿欧元）

从欧洲投资银行与项目有关的贷款中出资。意大利总理蒙蒂出于本国利益，要求在没有特殊紧缩条件，没有欧盟、欧洲央行和国际货币基金组织"三驾马车"监督的情况下，也能够申请使用欧洲稳定机制的资金款项。他的西班牙同事拉霍伊也提出要求，先通过欧洲金融稳定基金，然后再通过欧洲稳定机制对本国的银行进行再注资，亦即使银行债务和政府债务相分离，以打破银行和国家风险纠缠不清的状况。在弗朗索瓦·奥朗德的支持下，罗马和马德里政府领导人成功地达到了他们的目的，即放宽使用条件，使那些需要救助的国家能够获得救援资金。此举不仅被普遍解读为德国总理默克尔所遭到的挫败，而且是奥朗德－蒙蒂－拉霍伊三人组合的胜利。

不过，德国方面也并非空手而归，其成果是：通过稳定机制依然将对银行的资金支持与一项严格的"条件"挂钩。具体就西班牙而言，必须要有西班牙政府的救助申请，亦即由国家出面作为最终担保人，西班牙才能获得救助款。除此之外，各国元首和政府首脑还就设立一个共同的银行监督机构作为未来银行联盟的核心元素达成一致看法。对此，联邦政府希望能在这个问题上留下德国意见的印记。虽然峰会期间的各种报道，特别是蒙蒂此后在柏林记者招待会上的讲话，引起了人们的疑惑和猜测，但是，联邦众议院和参议院于6月29日以跨党派的三分之二多数批准了欧洲稳定机制和财政协定。由于执政党阵营的100多张反对票，联邦政府在联邦众议院中再次未能实现绝对多数的目标。

两项协定刚批准不久，联邦宪法法院就收到了多件宪法申诉状。9月12日，宪法法院在一项提前做出的判决中，同意联邦总统在各项条件均满足的情况下签署这两项协定。其中最重要的一个条件是：欧洲稳定机制不允许被解释为：无须联邦议会的批准，可随意突破由德国所承担的1900亿欧元的份额限制。联邦政府必须知会协定的伙伴方，德国保留相应的议会批准程序。倘若保留批准程序被证明无效，则德国不再受该协定的约束。

2012 年 5 月 12 日，新议会大选在政府债务危机最严重的国家希腊进行。此前参与帕帕季莫斯联合政府的几个政党被选民抛弃，损失惨重：其中得票情况最好的是新民主党，为 18.85%，泛希腊社会主义运动党得票率为 13.18%，跌到了第三大党的位置。两党总共仅获得 1/3 的选票。选举的真正赢家是由阿莱克斯·齐普拉斯（Alexis Tsipras）领导的财政紧缩计划和偿还希腊所欠债务的坚决反对派——激进左翼联盟：它获得了 16.9% 的选票。选举过后，由于数度组阁尝试失败，帕普利亚斯总统最终决定于 6 月 17 日重新举行大选。在重新选举中，新民主党以 29.66% 的得票率胜出，紧随其后的是 26.89% 的激进左翼联盟，泛希腊社会主义运动党为 12.28%。有暴力斗殴组织混迹其间的新法西斯党——正式名字为人民联盟－金色黎明（简称金色黎明）——以 6.92% 的选票成为第五大党。在有泛希腊社会主义运动党参加的联合政府中，新民主党主席安东尼斯·萨马拉斯出任政府总理。

正当财政协定和救助计划等待各国批准之时，鉴于希腊的改革进度举步不前，特别是鉴于紧缩开支的要求、国企私有化和所承诺的体制改革只听打雷未见下雨，国际货币基金组织于 2012 年 7 月 22 日宣布，准备切断对希腊进一步的财政援助。经过欧元国家与国际货币基金组织的艰难谈判，辅之以新的由雅典所制定的并由"三驾马车"认为可行的第五个紧缩财政方案，国际货币基金组织于 11 月同意希腊推迟两年完成财政紧缩计划的要求。2012 年 12 月，雅典收到了第二次救助计划的后续款项。然而，媒体关于新的减免希腊债务，以及关于第三次救助计划必要性的报道，终日不断。显而易见，希腊没有能力至 2020 年将其公共债务降低到所要求的水平，即占国民生产总值的 120%。

　　另一个危机国家——葡萄牙在 2011 年之后的几年中也同样遭受了财政危机的严重冲击。在 2011 年 6 月进行的议会大选中，自 2005 年以来执政的由何塞·苏格拉底总理领导的社会党，被选举的获胜者——以佩德罗·帕索斯·科埃略（Pedro Passos Coelho）为首的保守派社民党所取代。社民党与另一个右翼党——民主和社会中心 / 人民党联手，组成了联合政府。代表资产阶级利益的联合政府的紧缩财政计划，导致了 2011 年秋成千上万人走上街头抗议示威。随着这年 11 月的第一次总罢工，2012 年 3 月和 2013 年 6 月又进行了两次反对帕索斯·科埃略政府政策的总罢工。葡萄牙政府的所有努力皆未能阻止评级机构将葡萄牙的信用等级不断下调，直至 2012 年初降为垃圾级。葡萄牙的经济在 2012 年萎缩了 0.1%，失业率在同年上升到了 15.9%。2011 年，债务总额占国民生产总值的 108.7%，2012 年上升到了 124%，新债务由 4.2% 增加到了 6.4%。这是继西班牙（10.2%）、希腊（10%）和爱尔兰（7.6%）之后，欧盟国家排名第四的高负债率。

　　2012 年 6 月，葡萄牙宪法法院做出判决，认为帕索斯·科埃略政府预算紧缩计划的重要内容，特别是涉及政府官员的政改措施（其中包括取消国家公务员和退休人员第十四个月工资）违宪。2013 年 8 月，因保守派总统阿尼巴尔·席尔瓦所提出的宪法申诉，宪法法院又做出了一个具有类似倾向的新判决。代表资产阶级利益的联合政府几度面临解散下台的危险。但是，对国家将陷入经济和政治混乱的担忧，使得重要的参与各方最终没有分道扬镳。尽管如此，对于大多数葡萄牙人来说，在 2013 年秋要看到经济好转的一线曙光，还为时尚早。无论怎样，当经合组织于 2013 年 5 月就促进增长的改革措施公布相关数据，并把葡萄牙、希腊、爱尔兰和西班牙列为改革卓有成效的危机国家时，葡萄牙人愿将此评价视作一种鼓励和鞭策。

2012 年 6 月，欧洲的危机国家中又增加了一个新成员：塞浦路斯正式请求欧盟的财政援助，以整顿其部分陷入困境的银行业。塞浦路斯的银行业由于希腊资本的大量参股，受到这个邻国金融危机的严重影响。塞浦路斯的"商业模式"不仅仅在欧盟内部被认为是一种高度不稳定和投机的模式，这个岛国的生活来源，完全依赖其极低的资本收益税，从而使其成为逃税的商贾巨富特别是俄罗斯富豪所青睐的投资场所。塞浦路斯的名字代表的即是大规模洗钱的乐园，在这个乐园里，经济犯罪不会受到政府和司法部门的追究。因此，塞浦路斯若想得到欧盟的救助，前提条件是必须调整其经济路线，在此过程中，大刀阔斧地缩减其银行业规模，把经济全面建立在一个坚实的新基础上。

2012 年 11 月尼科西亚政府宣布，与欧盟、欧洲央行和国际货币基金组织就"救市"问题达成基本共识。2013 年 2 月，劳动人民进步党季米特里斯·赫里斯托菲亚斯（Demetris Christofias）的总统任期届满，保守派候选人尼科斯·阿纳斯塔夏季斯（Nicos Anastasiades）在竞选中获胜。由他任命的政府继续与"三驾马车"进行紧锣密鼓的谈判，并在谈判中表现了比前届政府更加主动合作的态度。

2013 年 3 月，谈判达成了一项高达 100 亿欧元的"救助协议"。根据该协议，银行、银行股东和存款储户将首次共同分担银行业的整顿费用：后者账户上所拥有的存款若是超过 10 万欧元，他们将损失掉其中的很大部分（此前的一项也同样累及小储户的"救助计划"被塞浦路斯议会否决）。该国第二大银行——大众银行被清算。许多显然提前听到风声的大投资者，已提前把他们的存款做了拆分。政府机构的工作人员不得不接受 15% 的减薪，塞浦路斯陷入了一场严重的经济危机之中。尽管如此，塞浦路斯仍然有理由对未来充满希望：这个岛国的近海海底蕴藏着大量石油资源。2013 年时，这个丰富的自然资源尚未得到开发。

意大利于 2011 年 11 月在蒙蒂总理的"专家治国内阁"成立之后，起初看似走上了经济形势好转的轨道。新政府把克服巨大的债务压力、反腐败和治理逃税问题视作自己最紧迫的治国任务，并取得了一定成效，包括对养老金所进行的改革努力。但是，劳务市场的改革却始终举步维艰：在 1970 年出台的劳动法中，第 18 条关于劳动者身份的规定为员工提供了事实上不能被解雇的保障（若是在劳动法庭进行仲裁的话），从而给年轻人求职就业造成了不利影响。在先前的共产党工会——劳工总联合会的压力下，这条备受质疑的规定基本上还是原封未动依然有效。由于议会的反对，已宣布的对政府机构的调整和精简措施以失败告终，税制简化和改革也遭到了同样命运。2012 年 12 月，蒙蒂政府一半以上的新法律还缺少配套的实施细则。

因此，2012 年的政府政绩不容乐观。按照蒙蒂总理的愿望，预算赤字应当减少到 1.3%，实际数字却是 2.7%。经济萎缩了 2.1%，而不是要求达到的 0.4%。失业率由 2011 年的 8.42% 上升到次年的 10.6%，公共债务比占国民生产总值 120% 的目标未能兑现，实际比例为 127%。12 月初，贝卢斯科尼的人民自由党宣布，不再对蒙蒂总理表示信任。面对此局面，蒙蒂于 12 月 21 日宣布辞职。纳波利塔诺总统请求他在下届大选举行之前继续留任，并将大选从 4 月提前至 2 月举行。

2013 年 2 月 24~25 日的大选出现了一个扑朔迷离的结果：前意大利共产党人党的高层人物皮埃尔·路易吉·贝尔萨尼领导的、由前共产党人和为数不多的几个前左翼基督教民主党人组成的左派民主党，连同一些实力弱小的党派团体一道，在众议院中获得了 29.55% 的选票，并且依靠贝卢斯科尼执政时期于 2005 年底出台的，选举法中规定的给予得票最多的党派加席的办法，获得了 630 个议席中的 345 席，从而成了势力最大的一派政治力量。贝卢斯科尼的阵营——中右翼联盟获得了 29.18% 的支持率和 125 个议席。蒙蒂成立的公民选择党得到了 10.56% 的选票和 47 个议席。大选真正的赢家是拒绝任何政治上站队划线的喜剧演员贝佩·格里洛（Beppe Grillo）领导的五星运动党：该党获得了 25.55% 的支持率和 109 个议席。广义而言，左翼政党在众议院中占了明显的多数，而在参议院中，左翼和右翼阵营皆未能占得上风。

　　大选过后，关于政府组阁的谈判历经数周仍未有结果。87 岁高龄的纳波利塔诺总统不得不违心地同意连任，目的是促成以民主党副主席、前基督教民主党人士恩里克·莱塔为首的大联合政府组阁成功。2013 年 4 月 28 日，莱塔政府组阁成功。政府成员大部分来自民主党、自由人民党和公民选择党。外交部长由意大利共和党的艾玛·博尼诺（Emma Bonino）担任，无党派人士法布里奇奥·萨科曼尼（Fabrizio Saccomanni）任经济和财政部长。七个部长来自自由人民党，其中贝卢斯科尼的亲信安赫利诺·阿尔法诺（Angelino Alfano）任内政部长和副总理。众议院于 4 月 29 日、参议院于次日对莱塔内阁表示信任。

　　正如人们所预料的那样，新政府面临的主要问题不在其他，而在于两大党派的尖锐对立。在放宽解雇保护法的问题上，改革遭到了来自左派的重重阻力。贝卢斯科尼坚持要求，产权人自己居住的第一处房产应重新免征房产税，由蒙蒂政府实行的旨在整顿国库的一项税收来源应当予以废除（此税的确于 2013 年停收）。除此之外，贝卢斯科尼还对联合政府发出威胁，倘若其参议员身份以及议员豁免权遭到剥夺，他即釜底抽薪，让政府倒台。威胁背后的原因，在于贝卢斯科尼因税务欺诈罪于 2013 年 8 月 1 日被判处四年监禁，不得假释，且判决已生效。按照法律规定，其上述议员权利必须予以剥夺。然而，最高法院随后宣布，由上诉法院做出的禁止贝氏担任公职五年的宣判量刑过重。除此之外，鉴于大赦的原因，服刑时间减为一年，同时考虑其年龄的因素，服刑形式为软禁或从事"社会劳动"。

贝卢斯科尼的要挟使意大利在莱塔政府成立数月之后，再度陷入政治上停滞不前的状态。2013 年 7 月，莱塔总理与欧盟达成了一项特殊约定：意大利允许拿出约 60 亿欧元用于某些特定的未来投资项目，尽管其赤字水平暂时不能像所承诺的那样，被控制在 3% 的规定标准之下。缘此，要实现预算的收支平衡，又再度变得遥不可及。经合组织于 2013 年 5 月预测，意大利的公共债务在 2013 年将上升到占国民生产总值的 132%，2014 年为 134%。工资上涨和生产率增加的剪刀差进一步扩大（2013 年比 2000 年高出几乎 40 个百分点，增加的幅度几乎是德国的 1 倍），经济形势好转的迹象仍然杳无踪影。

2013 年初秋之时，意大利发生了一桩让人瞠目结舌之事：贝卢斯科尼于 9 月 28 日要求"他的"内阁部长集体辞职。辞职的原因表面上看，是出于对 10 月 1 日开始实行的提高增值税的抗议，实质上是贝氏想通过重新大选，抢先一步逃离被解除参议员一职的命运。然而，这一次以内政部长阿尔法诺为首的自由人民党内阁成员没有听从其党首的号令。10 月 2 日，贝卢斯科尼遭到了内政方面最惨重的一次失败：在政党濒临分裂的情况下，他被迫在参议院同意支持莱塔总理的信任案，于是，他为拯救联合政府也出了自己的一份力。10 月 2 日，豁免权委员会宣布取消贝卢斯科尼的参议员资格。10 月 19 日，米兰上诉法院就禁止贝卢斯科尼担任公职的时间做出了本应更早做出的宣判：两年内禁止其担任任何公职。

11 月 16 日，自由人民党土崩瓦解。贝卢斯科尼将其党羽统统收拢到 1993 年首次命名的"意大利力量党"旗下。阿尔法诺成立了一个支持现行联合政府继续执政的"新右翼中间派"。自由人民党

的所有 5 名部长，以及 27 名议员和 30 名参议员都参加了这个维持
政府不垮的新组织中，从而使贝卢斯科尼失去了推翻莱塔政府的可
能性。最终，参议院全体会议也于 11 月 27 日宣布取消贝卢斯科尼
的参议员身份。

西尔维奥·贝卢斯科尼左右意大利政坛的二十年，是意大利现
当代史上最黑暗和最屈辱的一页。这段起初被欧洲当作闹剧来看的
历史，后来变成了一场噩梦。参议院 11 月 27 日的表决结果，给贝
卢斯科尼时代最终画上了句号。对此，至少大多数观察家和评论家
持有一致的看法。

推翻"骑士"贝卢斯科尼仅数月，莱塔政府也寿终正寝。2014
年 2 月 13~14 日，于 2013 年 12 月新当选的民主党主席、大刀阔斧
的改革家、佛罗伦萨市市长马泰奥·伦齐（Matteo Renzi）迫使他
眼中缺乏锐意改革决心的莱塔辞去总理职务。2 月 22 日，伦齐接替
莱塔出任总理。上任伊始他即宣布，改革的当务之急是针对选举法、
参议院和劳务市场的改革，继之是对行政管理和税务制度的改革。
伦齐内阁的财政部长由国际知名的经济学家皮埃尔·卡洛·帕多安
（Pier Carlo Padoan）出任。意大利国内和国外人士普遍认为，此
次政府换届将是这个备受危机影响的国家政治上东山再起的一次天
赐良机。[3]

/ *421*

欧洲央行行长马里奥·德拉吉于 2012 年 7 月 26 日在伦敦举行
的全球投资会议上所做的一次讲话，引起了全世界的广泛关注。讲
话中，他宣布欧元是"不可逆转的"（irreversible）货币，并且进
一步补充道："在我们的授权范围内，欧洲央行准备尽一切可能保住
欧元。请各位相信我，这样讲就已足够了。"

讲话的核心部分收到了所希望的效果：这句掷地有声的话把对
"金融货币市场"的诱惑——不看好欧洲共同货币的未来——来了个
釜底抽薪。对此，绝大部分媒体反响积极，但德国媒体更多发出的

却是批评之声。《南德意志报》称央行的做法为一种"恣意越权"，并认为，央行现在是想"通过规模更大、更具风险的进一步救助措施来推行它的主张"。"它会再去购买那些不允许买卖的国债，用这些钱去做不得不做的事情。央行有能力做这些事，因为它是管钱的老板，它需要多少钱即可以印多少钱。"《法兰克福汇报》则讽刺挖苦道："德拉吉在任意大利央行行长期间就学会了如何让央行为国库进行工作。国家财政和货币政策之间如今已没有了界限，采用意大利银行的那套财务花招只会把欧元区拖入更深的危机泥潭。"汉堡的《时代周报》将德拉吉称作"欧元国家隐形的政府首脑"。"如果他不增加货币的流通量，那么，欧洲多个国家和许多金融机构将无法逃脱破产的命运。若如此，欧元就将寿终正寝。如果他钞票印得太多，破产的浪潮或许不会出现，欧元还会继续存在，但可能不久就变得一文不值。这正是时下许多人忧心忡忡，将货币兑换成黄金的原因所在。"

这种对币值稳定的担忧不可能被轻易消除。人们担心，由欧洲央行提出的《直接货币交易计划》（Outright Monetary Transactions，简称"OMT"）会减弱危机国家的改革压力。对此，欧洲央行试图采取的应对办法是：明确对外表示，央行决心已定，只对愿意实行欧盟所要求的、痛苦的现代化改革的国家提供资金支持。但是，各国政府是否能够兑现自己的承诺，央行则无法做出保证。与《直接货币交易计划》相似，并且同样存在风险的一个手法是长期的再融资方案，也称"基本标书"或"大贝莎计划"①：欧洲央行用 1% 的利息向危机国家银行提供借款，银行再以此借款购买利息更高的国债，从而拐弯抹角地达到由欧洲央行间接向各国政府

---

① "大贝莎"（Dicke Bertha），是第一次世界大战中德国使用的一种巨型大炮，号称"神炮"。2011 年末及 2012 年初，欧洲央行借此比喻它为各国银行提供巨额救助借款的计划。

提供资金援助的目的。

　　缘此，人们对欧洲央行越来越多接管政府职能的做法所表示的异议并非空穴来风。但是，这种越权行为却是各国政府为政失败导致的一个结果：欧洲央行之所以如此为之，是由于各国元首和政府首脑未能达成一个对所有欧元国家皆有约束力的改革战略。欧洲央行手中并未握有扩大自己职权范围的民主授权。但凡涉及货币政策，它所拥有的得到欧盟条约保障的独立性就是财政理性的一道强制命令。但是，就财政政策而言——诸如其所宣布的、尽管尚未推行的《直接货币交易计划》——却并未得到授权。因此，在杜塞尔多夫出版的《商报》这样评论道："危机增加了欧洲央行理事会的权力，其程度如此之大，没有一个政府和其他的欧盟机构能够再与之相提并论。央行理事会通过其以多数表决做出的决议，至少可以随时让五六个国家政府垮台，或是对它们提供支持。"该文作者、《商报》驻法兰克福记者诺伯特·霍林（Norbert Höring）认为，出现这样的情况，责任在各国政府。它们自己选择了一个简单但不合法的危机解决办法，亦即一条将政治上无法推行的方案交由无法通过民主方式加以控制，或是些微可控的机构组织的道路。

　　在货币政策领域，欧洲央行遵循的是"美联储"于90年代在其主席艾伦·格林斯潘及其继任者本·伯南克领导时期实行的路线：为了振兴经济，将银行利率保持在一个低水平上。2012年7月5日，欧洲央行将基准利率由1%下调至0.75%，2013年5月2日又再度下调至0.5%，最终在11月7日下调至0.25%。这就意味着，如今欧洲央行已与早在2008年12月16日就将其利率降低到这个水平上的"美联储"并驾齐驱。美国、欧元区、英国央行尤其是日本的中央银行，月复一月地向本国经济输送大量资金（至2013年12月，仅"美联储"一家每月购买国债和房地产债券就达850亿美元），从而阻止了大衰退演变成大萧条。《南德意志报》于2012年9月将这种现象称为"货币洪水泛滥"。"诚然，这股洪水可以制造一时的快感，股票走强，股指显出上扬信号，一些国库空虚国家的债务利息几天之内有所下降，但是，短暂的兴奋并非长久的幸福。……如今在资金的支持下，出现了哪些长久的泡沫？是大都市的房地产热，抑或是黄金牛市？或者是艺术品收藏热，还是原料投机买卖？"

在雷曼兄弟银行破产五年后，大多数有真知灼见的观察家认为，2013 年秋，以谨慎态度逐步向宽松的货币政策告别的时刻已经到来。美国的经济状况总体上步入良性循环：美国中央银行尤为关注的失业率呈回落趋势（2012 年 8 月为 7.3%）。但是，让全球市场感到意外的是，美联储主席本·伯南克于 5 月和 6 月两次不同内容的讲话之后，在人们期待出现政策调整的情况下，"美联储"却依然保持 0.25% 的极低基准利率政策不变。由于欧元区的经济增长低迷（为0.7%），经济陷入衰退之中，因此，从一开始就可以确定，欧洲央行不会逆水行舟。全球最重要的中央银行一致认为，危机期间的当务之急依然是通过宽松的货币政策来换取时间。2008 年秋全球发生的经济危机虽然已是强弩之末，但是还远未销声匿迹。各国政府是否会利用中央银行为它们赢得的时间来完成各种刻不容缓的改革，人们充其量可以翘首以盼，但绝非板上钉钉。[4]

在欧盟国家中，位于中欧和东南欧的数个成员国在 2008 年后的若干年中深陷于严重的政治危机之中。匈牙利 2010 年 4 月的大选初看起来似乎为政局的稳定提供了很大保障：以维克托·奥尔班为首的民族保守派——匈牙利公民联盟获得了 52.7% 的选票和 2/3 的议席。但是，有一个事实在欧洲范围内引起了人们的普遍担忧，即继承当年匈牙利"箭十字党"反犹太人和反罗姆人传统的极右政党——"尤比克争取更好的匈牙利运动"在大选中赢得了 16.7%的支持率和 47 个议席。

奥尔班的核心诉求是要将他长期以来所寻求的、大选中给他带来三分之二多数的、在治国方针上向保守主义的转向不可逆转地巩固下来。他崇尚强调种族优越感的民族主义，用大匈牙利民族的豪言壮语来美化和升华匈牙利民族因 1920 年凡尔赛和平条约失去三分之二历史固有领土的"特里亚农创伤"①。他通过制定严格的法律，并且一旦有可能，即通过政府的人事变动来打击自由和左派媒体的影响。2011 年 4 月，匈牙利议会批准了一部新宪法。宪法将一系列有争议的新内容以文字形式固定下来，这些新内容必须要经过三分之二的多数同意才能予以废除。宪法的前言将圣伊什特万王冠②尊奉为匈牙利主权的根本代表和国家千秋万代的象征。2011 年底，继之又出台了同样是为匈牙利公民联盟服务的新选举法，以及一项关于中央银行听从政府领导的新法律。这两项法律均遭到欧盟和欧洲央行的强烈抗议。在欧盟委员会的要求和压力之下，奥尔班不得不对宪法、新闻媒体法和中央银行法进行重大修改。其中的一个原因是，有鉴于严重的经济和财政困难，匈牙利急需欧盟的支持和援助。但是，在使匈牙利的政治文化重新自由开放问题上，欧盟的相关机构未能达到目的。

奥尔班政府成功地剥夺了宪法法院的权力，这一举动在欧洲引起了人们的高度关注。在此之前，民族保守主义的议会多数派将宪法法院认为有问题的各种法律法规改头换面，不仅使其变成了合乎

---

① 特里亚农（Trianon）是位于法国巴黎凡尔赛的一座宫殿，亦称"大特里亚农宫"。1920 年，协约国集团和匈牙利在这里签订了一项划定匈牙利边界的条约。第一次世界大战结束前，奥匈帝国灭亡，奥地利帝国的伙伴匈牙利宣布独立。由于奥匈帝国包含数个不同民族，故此需要重新划定匈牙利、奥地利和其他刚刚独立的新国家的边界。条约于 6 月 4 日在凡尔赛的大特里亚农宫签署，战败国的代表是奥匈帝国的匈牙利。

② 圣伊什特万王冠（Stephanskrone），是自 13 世纪始匈牙利国王所佩戴的王冠，匈牙利国徽上也有此王冠作为其中的组成部分。

宪法的法律，而且成了宪法的组成部分。国家总统审查法律是否符合宪法精神，并酌情不予签字的权力，是阻止上述对自由宪法精神破坏行为的最后一道屏障。议会通过进一步的宪法修正案，将国家元首的这项审查权变成了走形式的批准手续。

在奥尔班采用立法手段为其"保守主义革命"提供保障的同时，目的明显是要削弱自由派和左派犹太人影响的倒行逆施的文化政策也在加紧推行。虽然奥尔班政府没有和极右派的反犹太主义同流合污，但是，奥尔班对他的亲信中持文化反犹的代表人物采取睁一只眼闭一只眼的态度。在 2014 年 4 月 6 日的议会大选中，匈牙利公民联盟以 44.5% 的支持率获胜。同 2010 年相比，维克托·奥尔班的党派虽然丢失了超过 8% 的选票，但是依靠新选举法，它仍然以微弱的优势保住了三分之二的议会多数。左翼党派联盟获得了 26% 的选票，实力大增的"尤比克争取更好的匈牙利运动"得到了 20.5% 的支持率，比四年前增加了近 4 个百分点。匈牙利加入欧盟九年后，奥尔班领导下的国家打算从根本上质疑西方的政治文化，这一点已毫无悬念。

倘若人们对匈牙利总理的真实意图还将信将疑，那么，他于 2014 年 7 月 26 日在匈牙利高级知识分子和政治家的暑期讲学基地——罗马尼亚的伯伊莱图什纳德镇（Baile Tusnad，匈牙利语叫 Tusnádfürdö）所做的一次讲演中，已完全消除了人们的这种疑虑。他明确表示，要把匈牙利变成一个"建立在劳动基础上的社会"，这个社会超越了"自由民主制度"，是一个"非自由的国家"。他列举新加坡、中国、印度、俄罗斯和土耳其为学习取经的榜样，认为这些国家的成功历程，在于它们没有遵循欧盟的"自由民主"的模式。匈牙利从经济上也必须从对欧盟单方面的依靠中解脱出来，抵制布鲁塞尔所宣扬的、威胁到各民族国家种族基础的移民政策。在欧盟历史上，以上言论是一个成员国针对哥本哈根入盟标准精神所提出的最激烈的挑战。尽管如此，欧洲理事会、欧盟委员会或欧洲议会均没有对奥尔班的这番言论予以回击。

无独有偶，与维克托·奥尔班治下的匈牙利破坏法治和民主制度有异曲同工之处的，是"社会民主党"总理维克托·庞塔（Victor Ponta）执政时期的罗马尼亚。庞塔政府于2012年5月成立。在此之前，罗马尼亚于2月爆发了反对以埃米尔·博克（Emil Boc）为首的"资产阶级"联合政府所制定的紧缩政策的群众游行，博克的继任者米哈伊·勒兹万·温古雷亚努（Mihai Razvan Ungureanu）因议会多数的反对，于2012年4月倒台。

庞塔是前总理阿德里安·纳斯塔塞的追随者和学术门徒，上任三个月，因被证实论文剽窃，被布加勒斯特大学收回了法学博士头衔。其时，他已卷入有意挑起的与保守派总统特拉扬·伯塞斯库的权斗之中。权斗的起因，是关于二人中由谁来代表罗马尼亚参加2012年6月28~29日在布鲁塞尔召开的欧洲理事会会议的问题。庞塔以近乎政变的方式对此争议做出了对自己有利的决定，并借助议会的一项决议，停止国家元首行使职权。宪法法院关于伯塞斯库没有违宪的结论，被无耻地置之不理：这一行为被欧盟司法委员维维安·雷丁定性为一场"议会政变"。

最终是否罢免伯塞斯库，将通过一次全民公投来决定。为了达到预期的目的，庞塔政府借助一项紧急条例取消了宪法的有关规定，即举行公民表决，需要至少50%登记在册的选民参与。这一举动引起了欧盟委员会最激烈的抗议。经过与欧盟委员会主席巴罗佐会晤之后，庞塔于7月12日同意收回由他下令实行的所有针对法治政体的限制措施。然而，布鲁塞尔抗议行动的唯一直接后果，是罗马尼亚议会重新实行原来的全民公投法定人数的规定。全民公投于2012年7月29日举行。根据公投的结果，虽然87.5%的绝大多数同意弹劾总统，但是预期的目标并未实现，原因是，只有46.2%登记在册的选民参加了投票。8月31日，宪法法院宣布公投无效。因此，庞塔不得不继续忍受与伯塞斯库"同床异梦"的脆弱政局。

尽管如此，庞塔并没有放弃他的长远计划。7月底，由庞塔于7月13日签署的一项协议公之于众。这份由他领导的社会党和自由党联盟（即由社民党－国民自由党－保守党的临时组合）与新成立的民间社会全国理事会之间达成的协议内容是：取消一系列制造麻烦的机构，其中包括现行组织形式的宪法法院、最高检察院特设的反贪局、管理社会主义时期秘密警察档案的特别档案部门，以及重新回到国家管控下的经济体系等。协议背后的牵线人物，是与秘密警察有关联的旧军官工会的主席。

昔日罗马尼亚秘密警察的工作人员一如既往地大量充斥在政府机构、司法系统、政党内部和经济部门。腐败现象犹如家常便饭无孔不入，在庞塔的政府内阁中也大行其道：交通部长雷卢·费内基乌（Relu Fenechiu）于2013年7月因相关罪行被判处五年徒刑。如同罗马尼亚历届政府一样，欧盟委员会也同样要求庞塔政府对贪腐和有组织犯罪予以坚决打击。2012年7月13日的协议再次证明，庞塔优先考虑的治国方略并不在此。这位政府首脑的用人政策说明了同样的问题：2012年11月5日，庞塔任命他的朋友蒂贝留·尼梦（Tiberiu Nitu）为总检察长。甫一上任，这位朋友立刻终止了针对庞塔涉嫌剽窃的诉讼程序。

与欧盟发生冲突和个人丑闻并没有影响庞塔在罗马尼亚的人气。在2012年12月9日的议会大选中，他的社会党和自由党联盟以优势胜选：在众议院选举中得票率为58.6%，在参议院选举中为60.1%，从而在两院均获得了多数。政府的当务之急，是对罗马尼亚宪法进行修订。2013年6月18日，以参议院主席、国民自由党人克林·安东内斯库（Crin Antonescu）为首的一个议会委员会提交了他们的建议：根据这份建议，即使在与宪法法院存在争议的情况下，议会也始终拥有最终决定权；议会可以邀请检察官和法官进行报告，并可以对全民表决结果的成立与否进行判决。无党派的立法委员会对这份提案提出了尖锐批评，独立的法律界人士和非政府组织也表达了同样的反对意见。倘若说持不同意见者还有一线成功的希望，那么这个希望就是欧盟。他们希望：欧盟委员会和欧洲委员会均不会接受这样一个如同布加勒斯特提案委员会于2013年夏天所提交的、明目张胆地违反西方成文或不成文规范的宪法。

2014年11月，总统大选在罗马尼亚拉开大幕。由于宪法规定只允许一次连任，所以，现任总统伯塞斯库不能再度竞选连任。社民党的竞选人是维克托·庞塔，代表2014年2月后成为在野党的国民自由党参选的是锡比乌市（Sibiu，德语叫Hermannstadt）德裔市长，以及人品端正、政绩斐然的克劳斯·约翰尼斯（Klaus Johannis）。在11月2日的第一轮选举中，庞塔获得了40%的选票，约翰尼斯的得票率为30%。在11月16日的第二轮选举中，约翰尼斯出人意料地以近55%的支持率获胜。他的当选不仅普遍被人们看作反对腐败和要求司法独立的公民表决，而且还有更深一层意义：结果证明了罗马尼亚的民权社会已经开始形成。然而，由于庞塔仍然担任总理一职，所以，他的挑战者的成功并不能决定，围绕建立一个新罗马尼亚的斗争最后将出现一个怎样的结果。

与罗马尼亚于2007年一同成为欧盟成员国的保加利亚在某种意义上可以算作东南欧国家中的一个范例。保加利亚相对很低的政府负债和严格的预算纪律得到了布鲁塞尔的高度认可。然而，欧盟委员会对以往历届保加利亚政府一再提出指责的是，保加利亚政府缺乏反腐败和打击有组织犯罪活动的魄力和力度。因此，这个结论在很大程度上造成了保加利亚和罗马尼亚于2008年受到高达2.2亿欧元的物质制裁，同时因德国和法国的反对，保加利亚和罗马尼亚均未被接纳到免签的申根国家中。由于各种暴行，有组织犯罪活动在保加利亚上头条新闻已是家常便饭。2010年1月，知名的"黑手党猎手"、记者鲍里斯·常可夫（Boris Tsankov）在索菲亚被暗杀。2012 年春，在六周时间内一共发生了五起重大的雇凶杀人案。

在 2011 年 10 月的总统大选中，自由保守派政党联盟竞选人罗森·普列夫内利耶夫（Rossen Plewneliew）击败社会党竞选人当选总统。2011 年 7 月议会大选后，出任政府首脑的是来自同一政治阵营的博伊科·鲍里索夫（Bojko Borissow）。2013 年 2 月，鲍里索夫的财政紧缩政策导致了大规模的群众游行，警察强硬地镇压了游行活动，结果造成 14 人死亡。因为这场悲剧，鲍里索夫宣布辞职。普列夫内利耶夫总统旋即任命保加利亚驻法国大使马林·拉伊科夫（Marin Rajkow）为过渡政府总理，其主要任务是为新大选做准备。选战期间，发生了数起令人震惊的自焚事件。5 月 12 日的投票选举没有产生明确的多数结果。鲍里索夫的自由保守派联盟以微弱优势领先于 2005~2009 年担任政府总理的谢尔盖·斯坦尼舍夫领导的社会党。然而，后者的社会党却变成了执政党，原因是，它同（有腐败不堪名声的）土耳其少数民族政党组成了联合政府，并且得到民族主义和极右势力的阿塔卡党的容忍。在这样一个令人毛骨悚然的联盟的支持下，一个以无党派人士普拉门·奥雷沙尔斯基（Plamen Orescharski）为首的"专家官僚内阁"于 2013 年 5 月上台执政。

刚上台不久，新政府就犯了一个严重的有代表性的错误：任命有争议的、据传从事不法生意及与黑手党有染的寡头德扬·佩耶夫斯基（Deljan Peewski）为国内情报部门的负责人，结果导致了以新生中产阶层年轻和有文化人士为主的大规模群众抗议。议会很快收回了对佩耶夫斯基的任命，但示威游行并未停止，并在 2013 年 7 月 23~24 日以占领议会大厦达到了高潮。抗议行动不仅针对执政的党派团体及它们中间实力最强的阵营——社会党，而且还针对保加利亚的政治毒瘤——不同政党中那些贪赃枉法、与有组织犯罪同流合污的"难兄难弟"对保加利亚的幕后统治。虽然示威群众没有达到推翻奥雷沙尔斯基政府和重新大选的目的,但他们向全世界昭示,如同罗马尼亚一样,保加利亚在加入欧盟六年之后,一个有民权意识的社会开始形成。

群众抗议活动未能达到之目标,在社会党于 2014 年 5 月底欧洲议会选举的惨败中变成了现实:奥雷沙尔斯基政府于 7 月 23 日宣布辞职,从而为新大选扫清了障碍。新大选于 10 月 5 日举行。鲍里索夫的自由保守派联盟获得了大约 33% 的选票,从而成了势力最强的政党。社会党和土耳其少数民族党分别获得了约 15% 的选票。但是,组成鲍里索夫政府所需要的议会多数却难觅踪迹。一个新的右翼政党联盟——斩获 9% 得票率的改革派集团起初明确拒绝前任总理担任政府首脑,但是数周之后又放弃了这一立场。11 月,鲍里索夫组成了一个由来自自由保守派联盟和改革家集团的部长组成的少数派内阁,该内阁得到了右翼民粹主义和极端反土耳其的爱国阵线的容忍。在此背景下,一个稳定的国内政局根本无从谈起。保加利亚再度面临前途难卜的局面。

巴尔干半岛的另一个国家——克罗地亚在 21 世纪第二个十年之初继续努力成为欧盟的正式成员国。2009 年 6 月,亦即克罗地亚被接纳为北约成员国两个月之后,欧盟取消了下一轮的入盟谈判,原因是,克罗地亚和斯洛文尼亚在关于皮兰湾的两国边界线走向和与此紧密相关的捕鱼权问题上旷日持久的争议始终未获得进展。同年 11 月,斯洛文尼亚改变了它迄今为止反对克罗地亚加入欧盟的态度。2010 年 6 月,斯洛文尼亚在一次全民公投中以 51.5% 的微弱优势同意与邻国克罗地亚就边界争议寻求国际调解。

一个月之后,社会党出身的克罗地亚总统伊沃·约西波维奇(Ivo Josipovic)向塞尔维亚发出了一个备受关注的和解信号:出访塞尔维亚，从而为开创双方和平合作的新时代打下了基础。11月，他在1991年遭到塞尔维亚军队重大破坏的巴洛克小城武科瓦尔（Vukovar）接待了塞尔维亚总统鲍里斯·塔迪奇（Boris Tadic）的回访。塔迪奇借会晤的机会，对当年塞尔维亚人对260个克罗地亚平民犯下的大屠杀罪行表示道歉。半年之后，克罗地亚民众和世界公众又再次面对90年代初克罗地亚人对塞尔维亚人犯下的战争罪行问题：2011年4月15日，设在海牙的前南斯拉夫国际刑事法庭因数起与武力驱赶塞尔维亚居民有关的反人类罪，分别判处克罗地亚的安特·戈托维纳将军和姆拉登·马尔卡奇（Mladen Markac）将军24年和18年监禁。但是，判决尚未生效：上诉程序最终于2012年11月16日结束，法庭以极其微弱的3：2表决结果决定将二人无罪释放。法庭审判从一开始在法律上和政治上就备受争议，并在克罗地亚引发了一场国民关注风潮。

2011年6月，克罗地亚顺利结束了与欧盟的谈判：若是克罗地亚如期履行自己的承诺，那么，它将于2013年7月1日被接纳为欧盟第28个成员国。入盟协议于2011年12月9日正式签署。2012年1月23日，克罗地亚人在一次全民公投中获得66%的多数赞同而加入欧盟。然而，43.6%的投票率却明显偏低。

在有了同保加利亚和罗马尼亚打交道的糟糕经验之后，至少从表面上看，欧盟委员会对克罗地亚采取了更为严格审慎的态度。之所以在谈判中采取这种强硬立场，有其充分的理由。尤其是克罗地亚经济中国有企业所占比重依然十分庞大，所以政府机构臃肿不堪。司法部门不仅人浮于事，而且完全不像一个法治国家那样具有独立性。纳税和工资在中欧和东南欧国家中处于最高水平，劳动力市场闭关自守，僵化死板。2013年5月的失业率为16.5%，政府债务迅速增加。根据欧盟的推测，2013年赤字占国内生产总值的4.7%。2012年经济下滑了1.9%，2013年止步不前。2012年初，克罗地亚的人均国内生产总值仅达到欧盟平均水平的 61%（葡萄牙和希腊为 75%，罗马尼亚为 49%，保加利亚为 47%）。在达沃斯世界经济论坛关于全球竞争力的排行榜上，克罗地亚在 2013 年排在 144个国家中的第 81 位，甚至落在了罗马尼亚之后。

克罗地亚有组织刑事犯罪和腐败现象的严重程度，使其欧洲邻居深感不安。2010 年 11 月，萨格勒布法院以采用黑手党方式暗杀记者伊沃·普卡尼奇（Ivo Pukanic）的罪名（如同保加利亚记者鲍里斯·常可夫一样，普卡尼奇专事揭露地下组织的活动），分别判处 6 名男子15 年和 40 年徒刑。2012 年 11 月，于 2009 年 7 月突然辞职的保守派政府总理伊沃·萨纳德尔因严重的贪腐罪被判处 10 年徒刑和 48 万欧元罚款。萨格勒布政府在打击有组织犯罪活动和反腐败方面缺乏作为，成了布鲁塞尔欧盟委员会所有进展报告的中心话题，同时，司法改革亦收效甚微。

尽管如此，欧盟委员会，特别是来自捷克的主管扩大事务的委员斯特凡·富乐（Štefan Füle）在谈判的最后阶段以及在谈判之后决定，按照预定时间，即 2013 年 7 月 1 日使克罗地亚成为欧盟的正式成员。其中，起决定作用的政治和战略因素是，归根结底，应当给巴尔干半岛西部地区的国家发出一个积极的、能够激发它们尽更大努力的信号。因此，克罗地亚国内存在的严重弊端常常都被轻描淡写地一笔带过，目的是想让所有 27 个成员国特别是德国在 2013年 5 月 16 日如期批准克罗地亚的入盟协议。于是，正如计划的那样，2013 年 7 月 1 日这天，萨格勒布隆重庆祝被接纳为欧盟成员国。

在加入欧盟之前几天，即 2013 年 6 月 28 日，应社民党政府总理佐兰·米兰诺维奇（Zoran Milanovic）的提请，克罗地亚议会批准了一项法律。该法律单方面将欧洲逮捕令的有效范围局限在 2002年 8 月 7 日以后，亦即仅适用于欧洲逮捕令生效之后所发生的犯罪行为。首先与此法令有关联的，是前南斯拉夫的秘密警察人员约瑟普·佩尔科维奇（Josip Perkovic）。此人因受指使谋杀一个流亡国外的反共产党人士，于1983年在德国被起诉。1991年后，佩尔科维奇曾经担任克罗地亚军方秘密警察的负责人，并且熟悉"内情"。因此，在某些萨格勒布的当事人眼里，将他引渡到德国无疑是个危险之举。

欧盟司法委员维维安·雷丁立刻对克罗地亚政府有目的的挑衅行为表示抗议，同时向萨格勒布下最后通牒：截至8月23日，必须收回6月批准的这项法律，并宣布采取具体措施，向其他成员国引渡犯罪嫌疑人。当米兰诺维奇政府故意逾期未做反应时，雷丁宣布，她将于下周向欧洲委员会建议，根据入盟协议第39条的相关规定，对克罗地亚进行制裁。

雷丁的威胁产生了效果。萨格勒布开始采取行动，但试图拖延至2014年夏再取消该法律。由于雷丁不买账，克罗地亚政府被迫认输。2013年9月25日，司法部长奥尔萨特·米列尼奇（Orsat Miljenic）向布鲁塞尔的司法委员承诺，拿出一部符合共同体法的新法律，并且最迟于2014年1月1日生效。除此之外，他还保证，欧洲逮捕令将适用于所有犯罪行为，不论时间远近。2013年10月4日，萨格勒布的国民议会以绝大多数票赞同批准了该项法律。2014年1月24日，佩尔科维奇被引渡到德国。欧盟与新成员国克罗地亚之间的第一场冲突就此尘埃落定。[5]

柏林墙倒塌25年之后，拥有28个成员国的欧盟与截至1995年芬兰、瑞典和奥地利加入共同体时的"欧盟12国"相比，已完全不可同日而语。八个中东欧国家（于2005年5月1日与马耳他和塞浦路斯同时成为欧盟成员国），除了匈牙利，在2013年和2014年前后都取得了长足进步，以至于人们对它们的民主政体不再有任何疑虑。相对而言，在保加利亚和罗马尼亚这两个于2007年1月1日加入欧盟的国家中，其法制政体和民主制度尚处于一种不成熟的阶段，因此，"布鲁塞尔"对其弊端经常加以指责，并在 2008 年甚至对保加利亚实行过制裁。第 28 个成员国克罗地亚的发展情况，在 2013 年 7 月 1 日加入欧盟时还完全是个未知数。

罗马尼亚和保加利亚的改革乏善可陈，从而印证了这样一个观点，即在 2007 年接纳其为成员国为时过早。然而，若要说有什么力量同这两个国家中破坏民主制度的现象在进行斗争，那么这股力量就是欧盟委员会。委员会不遗余力和公正无私地同三个新成员国中各种非自由化和反民主的趋向展开较量，其力度和公正性远大于两个所谓庞大的"政党大家庭"：虽然基督教民主党和保守党的联合组织——欧洲人民党集团对"左翼"的罗马尼亚政府总理维克托·庞塔的专横跋扈予以猛烈批评，但是，对发生在维克托·奥尔班治下匈牙利的破坏民主制度的现象（奥尔班的匈牙利公民运动属于人民党大家庭），其批评的火药味却明显轻描淡写得多。欧洲社民党和社会党则反其道而行之：庞塔这位"党友"能够从其他盟友那里得到相当程度的善意理解，而维克托·奥尔班的政策却一再受到谴责，甚至在 2011 年上半年匈牙利任理事会轮值主席国期间，人们在欧洲议会中曾当着这位来自布达佩斯的政府总理的面对其进行抨击。

然而，从更长的历史角度看，1989~1991 年的时代转折之后，中欧和东南欧国家中年轻的民主政体的发展总体上是一段成功的历史。与两次世界大战之间的时代截然不同，这些国家中没有一个在实行民主制度后变成了专制独裁国家。而且，这种现象很大程度上要归功于欧盟物质上和政治上的支持，这点有目共睹。尽管新成员中某些国家的政治文化状况不尽如人意，但是，倘若没有欧盟，那么，面对始于 90 年代的政治转折危机，之后又由 2008 年以后的金融危机所造成的社会震荡，民主制度在一些国家很难延续至今。

与某些怀疑论者的预期相反，欧洲货币联盟在债务危机中并没有土崩瓦解，其间，欧元成了世界上最强大的货币之一。然而，在雷曼兄弟银行破产五年之后，欧元区的存在还远没有达到坚不可摧的程度。没有人能够预测，由于改革反对派的选举胜利在希腊引发的政府换届，或是欧元区其他国家不充分的体制改革（特别是诸如法国和意大利这样的大国），将会带来什么样的后果及影响。

若是有人曾经希望，欧元货币不仅会使成员国的人民更加紧密地团结在一起，而且会加快欧洲的政治统一，那么，他将不得不清醒地认识到，事物的发展正好相反。在那些尤其受到紧缩政策影响的地中海国家中，债务危机不仅造成了人们对被误认为既富得流油又铁石心肠的德国的政治仇恨，而且他们还对持批评意见者表示不满，认为德国企图再度——尽管使用的手段不同于希特勒时代——将欧洲置于其统治之下。反之，一股福利沙文主义不仅在德国的马路小报中传播蔓延，而且，报章上针对其他民族的陈词滥调又使人回想起德皇威廉的时代。

同时，另一个愿望也未能实现：弗朗索瓦·密特朗和其他法国人曾经希望，可以用欧洲的共同货币来抵消德国重新统一后的经济和政治影响。事实上，没有一个欧洲国家像以出口为主的德国一样，在欧元投入使用后从中得到如此多的实惠。1999 年之后的德国已今非昔比。由于 21 世纪头一个十年的深入改革，德意志联邦共和国已不再是英国《经济学家报》曾经描写的"欧洲病夫"，而是欧元区的经济火车头，甚至正如这家报纸于 2013 年 6 月所评论的那样，是"欧洲最强盛的国家"："德国和法国经济的差距比之以往莫大于是。法国经济停滞不前，由于采取国家调控，所以缺乏竞争力，因之急需对之加以改革。……在北京和华盛顿，'欧洲往何处去？'的问题往往意味着'德国人想干什么？'的问题。"这篇文章的大标题叫《身不由己的霸权》（"The reluctant hegemon"），——率先提出这一概念的是在伯明翰任教的政治学家威廉·帕特森（William

Paterson）。毫无疑问，这一概念与欧盟的体制格格不入，而且偏离了这样一个事实，即一个成员国的任何霸权不可能得到其他成员国的认可。

2008 年之后的若干年中，不仅是德国，而且整个欧盟和国际货币基金组织都在号召危机国家巩固财政预算及减轻本国的债务负担。在受牵连国家的广大民众眼里，勒紧裤带过日子即意味着削减社会福利、降低收入和增加失业率，特别是年轻人的失业率。与 1989 年之后中东欧的转型国家截然不同，希腊、意大利、西班牙、葡萄牙和爱尔兰已经经历过很长一段时间的相对繁荣，或者哪怕是很大程度上通过无节制的消费带来的表面繁荣。因此，在这些欧元区的危机国家中，老百姓对来自柏林、布鲁塞尔和纽约的要求和约束的抗议，远比 90 年代波罗的海东岸三国以及波兰或捷克等国家更为激烈。除此之外，雅典、罗马、马德里、里斯本和都柏林政府的紧缩措施最初毫无例外地加剧了危机——国民生产总值进一步下滑。

对紧缩政策持批评态度的人士认为，单依靠节约开支并不能克服危机，巩固预算更应当辅之以有的放矢的增长和投资政策。这派观点固然不无道理。同理，如果没有势在必行的体制改革双管齐下，更多的资金投入必然会付诸东流。这样的观点也同样鞭辟入里。开放劳动市场和放宽对自由职业的禁锢，公共服务的现代化和司法制度的改革，持续打击逃税漏税、贪腐和有组织犯罪，教育改革特别是职业培训体制改革，使退休年龄与人的寿命的增加相适应，更灵活地安排每周工作时间，工资的增加和生产率的提高相匹配，——所有这些政策措施，每一项在经济衰退时期都势在必行，刻不容缓。因此，债务危机使所有身处其中者皆需面对一个必然的任务，即遵循共同货币的内在逻辑，对超出平均水平的债务和经济相对落后的深层原因追根问底，并从中得出切合实际的结论。如果不这样做，那么欧元区的继续存在就将岌岌可危。

/ 437

　　德国在克服债务危机的斗争中所扮演的角色不仅在欧洲备受争议，而且，来自美国、英国、法国特别是来自地中海地区危机国家的指责之声也同样不绝于耳：德国人以牺牲第三方利益为代价，误导它们从通货膨胀的创伤中走向一种对欧洲和世界经济造成损害的通货紧缩政策。不仅如此，一种无中生有的说法也不胫而走，即德国坚定地稳定经济路线的最终目的，是要建立一个"以周边国家为腹地的德意志帝国"（a German empire with the periphery as the hinterland）。出此惊人之语者，乃是金融大鳄乔治·索罗斯（George Soros）。2013年夏，对德国完全不持敌对态度的英国评论家蒂莫西·加顿艾什（Timothy Garton Ash）认为这是一个"新的德国问题"。

　　事实上，发生在20世纪的两次货币大贬值，至今仍深刻影响着德国人的集体意识。但是，即便没有这两次货币贬值的经历，德国的银行储户也认识到了共同货币带来的消极后果——往往低于通货膨胀率的极低存款利率造成的慢性财产损失。同时，随着存款收益的减少，私人养老保险的储备金也在不断缩水，因而引起了许多人的严重关切。虽然德国政府在欧洲央行的低息政策中看到了消除政府巨额债务的机会，但它并没有忽视老百姓担惊受怕的感受。从这个角度来说，有充足的理由要求人们谨防货币联盟逐渐演变成一个债务和担保联盟。

　　再者，用凯恩斯主义经济政策的手段来对付结构性的危机，以及用更多的债务来消除堆积如山的债务后果，是一种隔靴搔痒的徒劳无益之举，——德国的这一观点几乎无可辩驳。货币联盟给德国带来了巨大实惠，对此，德国的"政治阶层"也认为是不争的事实。欧元的崩溃将给德国、欧洲和全世界带来不可估量的后果，——同样也是具有真知灼见的结论。除此之外，德国的主要党派还普遍形成了一个共识，即在货币联盟建立时，没有同时建立一个财政联盟是一个严重错误，这个错误应当予以纠正。然而，关于政治联盟问题，

2012 年，安格拉·默克尔总理在接受一家报纸的采访时讲道，在一个很长的过程中，欧盟成员国将把更多的权力交给欧盟委员会，"委员会就像政府一样，起着行使欧洲职权的作用。为此，需要一个强有力的众议院，参议院则由欧洲理事会的政府首脑组成。最后，欧洲法院承担最高法院的角色。这或许是未来欧洲政治联盟的架构，正如我所说的那样，要经过许多中间的步骤"。

2013 年 8 月，即在联邦议会大选期间，默克尔总理在接受国家电视台"凤凰台"和同样为国有的德国广播电台的访谈中，明确表达了另外一种观点："扩大欧盟的权限不单单局限于将各国的某种权力交给欧盟，在各国本身的治国过程中，更严格和更积极地参与同其他国家协调一致的工作，也同样是在增加欧盟的权限。这是另一种形式的扩权。因此，我们可以来讨论这样一个问题：我们需要给欧盟更多的权力吗？或者，我们也可以这样来考虑：我们该退还回去什么？（从欧盟返还给成员国——本文作者注）"

欧洲货币联盟生效 14 年后，德国在欧洲问题上的观点似乎越来越接近英国的立场。让英国继续留在欧盟，也许只是默克尔总理和其在跨政府权力问题上态度变化所关注的一个次要问题。同时，方针的改变或许也是向法国总统弗朗索瓦·奥朗德发出的一个信号。迄今为止，在政治联盟和改革政策问题上，二人之间未取得过一致看法。除此之外，显而易见的是，安格拉·默克尔非常注意荷兰政局的最新情况。对此，她在一次电视访谈中明确谈到了这个问题。荷兰社民党主席、在右翼自由党人马克·吕特（Mark Rutte）领导的联合政府中任外长的法兰斯·蒂莫曼斯（Frans Timmermans），于 2013 年 6 月在一封写给海牙议会的信中提出一个口号："在任何政治领域中谋求更加紧密团结的欧盟的时代已经一去不复返了。"未来的口号应当是："如果必要，就靠欧盟；只要可能，就各自为政。"

　　然而，德国面对"布鲁塞尔"不断克制还有其他方面的原因。虽然欧盟委员会在债务危机期间通过新的流程和机制得以能够加强对成员国预算政策的控制（"European Semester"、"Six Pack"和"Two Pack"是相关配套措施的主要代名词），但是，真正的危机管理实权掌握在欧洲理事会，特别是欧元区国家财政部长手里。更大的实权则握在欧洲央行手中。德国曾经在《马斯特里赫特条约》谈判期间成功地迫使各方接受了央行拥有独立地位的主张，却未料到，如今自己的意见在央行理事会时常遭到否决。反之，德国的声音在欧洲理事会有一言九鼎的地位，因此，在默克尔看来，保持和巩固这一地位符合德国利益。

　　以往由德国提出的"更多的欧洲"的口号，亦即将更多主权交与欧盟的要求，始终与加强欧洲议会对欧盟委员会进行监督的要求相辅相成。随着欧元区从欧盟中脱离出来自成一体，棘手的问题也愈加严重。这是因为，在欧洲议会所代表的国家中，许多国家不是共同货币体系的成员。就货币联盟本身的问题而言，从议会角度对欧盟委员会的监督，可以通过一种缩小范围的，亦即由欧元区国家议员组成的议会来行使。另一个可能的选择方案是由成员国代表组成的欧元区特别议会。这种架构存在非常明显的缺点：欧洲议会的权力将遭到削弱，欧盟的分裂将会进一步加深。只要欧元区还没有一个共同的议会式的监督机构对国家元首和政府首脑进行监督，那么，只能由成员国自己的议会来承担具有民主合法性的监督职能：这是一个增加快速决策难度却又不可或缺的替代措施，目的是防止政府领导人闭门造车，造成既成事实。

　　世界金融危机爆发五年后，与《马斯特里赫特条约》签署时相比，欧盟离政治联盟的目标依然相去甚远。金融危机并没有像乐观主义者通常所希望的那样，给欧洲的融合带来推动力。相反，在经济衰退年代，欧盟委员会和欧洲理事会身上的政治唯意志主义造成了严重后果，其原因在于，委员会和理事会建立了一个没有财政和政治联盟的货币联盟，而且，每当涉及接纳新成员加入欧元体系和欧盟时，它们对新成员未满足约束性标准的状况过于宽容大度。欧洲政策的决策者不仅低估了有天壤之别的各国传统的惯性力量，而且也高估了自己点石成金的能力。

政治联盟与一系列政治前提条件密切相关，其中条件之一就是一个共同的政治文化，即1993年哥本哈根入盟标准中所阐述的西方民主文化。匈牙利、罗马尼亚和保加利亚的例子告诉人们，在28个欧盟国家中根本不存在这样的共识。再者，政治联盟要求其成员在经济和财政改革规划的重要目标问题上，必须取得根本性的一致看法。即便是在货币联盟18国的小范围中，这种共同立场也不存在。而且，在德国和法国这两个最大成员国的关系中，也同样缺乏这样的统一认识。

欧盟虽然主张一个共同的外交和安全政策，但在2011年面临利比亚冲突和2013年叙利亚冲突时，却不能就统一的行动达成共识。三个最大的成员国当中，没有一个将欧洲的外交和安全政策真正视为己任。德国以自己的历史和从中得出的"军事克制文化"为由，要求自己扮演一种特殊的角色，结果被欧盟和北约的伙伴认为不合时宜及怕担责任。英国和法国则极力坚持其核大国和联合国安理会常任理事国的地位，——两种截然不同的态度，使人不禁又回想起它们当年充当世界大国的时代。相比欧盟所代表的由后经典民族国家组成的内部四分五裂的国家联合体，在重大问题上以一个声音一致对外的欧洲，才是应对当前全球化世界挑战更加令人信服的答案。[6]

/ 令人失望的希望："阿拉伯之春"

2010年12月17日，在离突尼斯首都突尼斯市大约250公里的外省小城西迪布济德（Sidi Bouzid），发生了一件引起整个阿拉伯世界震荡的事件：出于对警察横行霸道和人身侮辱的抗议，26岁的蔬菜小贩穆罕默德·布瓦吉吉（Mohammed Bouazizi）在市政府大楼前将汽油浇在身上后点燃自焚。2011年1月4日，因伤势过重，布瓦吉吉不治身亡。他的自焚在突尼斯全国引起了一场群众示威的浪潮。这股浪潮在短时间内变成了一场革命，并且激起了其他阿拉伯国家（如埃及、利比亚、叙利亚、巴林、阿曼和也门）中对现实不满的群众走上街头进行反政府游行。

自1987年11月突尼斯的开国领导人哈比卜·布尔吉巴（Habib Bourgiba）被最终夺权后，统治这个国家的是以左派和社会主义面目出现的、自1989年起成为社会主义国际阵营成员的宪政民主联盟领袖宰因 – 阿比丁·本·阿里（Zine al-Abidine Ben Ali）。在担任总统期间，本·阿里家族和其原姓氏为特拉贝尔西（Trabelsi）的夫人莱拉（Leïla）家族横征暴敛，富可敌国。本·阿里政权不仅贪污腐败，而且施行暴政。多年来，老百姓对本·阿里总统及其政党给国家造成的现状的积怨和愤怒，在2011年1月遍及全国的和平和暴力游行中爆发了出来。治安部队用十分残暴的手段（包括使用武器）镇压示威群众，结果造成许多群众死亡和受伤。在抗议行动中，突尼斯的年轻人扮演了重要角色。他们在互联网中积极活动，并通过脸书（Facebook）或推特（Twitter）这样的社交平台相互联络。1月10日，迄今为止一直亲政府的突尼斯总工会（UGTT）号召人民进行全国总罢工。四天之后，本·阿里放弃顽抗，离开突尼斯逃往国外。在法国拒绝其座机在里昂降落之后，他转而前往沙特阿拉伯，并在那里获得政治庇护。

在出逃之前，本·阿里委托穆罕默德·加努希（Mohamed Ghannouchi）总理组成过渡政府。1月16日，有若干名来自未遭到禁止的反对党代表参加的新内阁宣布特赦政治犯，并向此前被封杀的政党开放党禁。所有政府部长皆退出宪政民主联盟，该党的中央委员会于1月19日解散。司法部门于当天宣布，不久将对本·阿里和他的几个亲属启动调查程序。在经过民众的强烈抗议之后，加努希被前政府部长贝吉·凯德·埃塞卜西（Béji Caïd Essebsi）所取代。未介入动乱的突尼斯军队表示效忠新政府。在2011年10月23日举行的制宪国民议会选举中，温和的"伊斯兰复兴运动"以41.5%的得票率胜出。它与世俗的和具有社会民主色彩的，以及提出穆斯塔法·本·加法尔（Mustafa Ben Jaafar）为制宪议会议长人选的"劳动和自由民主论坛"，以及同样是世俗的、经常被称为社会自由派的"保卫共和大会"组成了一届联合政府。保卫共和大会的民权活动家蒙塞夫·马佐基（Moncef Marzuoki）当选为过渡总统，复兴运动的哈马迪·杰巴里（Hamadi Jebali）出任政府总理。

埃及政局的最初情况与突尼斯有几分相似。在前任总统安瓦尔·萨达特（Anwar as-Sadat）于1981年10月被刺杀之后，胡斯尼·穆巴拉克（Hosni Mubarak）登上了总统宝座。如同本·阿里家族一样，穆巴拉克家族也同样肆无忌惮地横征暴敛、中饱私囊，其家族财产估计高达400亿~700亿美元。穆巴拉克政权建立在三大支柱之上：因操纵选举在议会中占有绝对多数的民族民主党，在老百姓中享有很高声望并拥有自己的经济帝国的军队，以及一个体系庞大、豢养着一大批告密者的治安部队。在穆巴拉克担任国家元首的30年中，生活在贫困线以下的埃及民众至少增加了20%。猖獗的腐败是这个国家的一颗毒瘤。

/ 443

2011年1月25日，突尼斯发生变革所引起的大规模群众抗议活动在开罗爆发。在埃及，"脸书一代"也成了抗议示威行动的推动力量，以至于有人过后将其称为一场"数字版的革命"。反之，数十年来一直受到压制的"穆斯林兄弟会"起初主要采取的是等待观望和不动声色的态度。1月28日，亦即"愤怒日"这天，有35人在警察和示威群众的冲突中丧生，民族民主党的总部大楼也在大火中化为灰烬。显然是为了故意造成混乱，并给示威群众脸上抹黑，有人将关押的数千名刑事犯，其中包括重刑犯从监狱中释放出来。开始阶段，军队始终保持克制。但是，显而易见，军队保持克制是不想因为穆巴拉克的顽固不化而被迫卷入一场内战之中。1月31日，军队通过其发言人宣布示威群众的要求合理合法，并且保证，军队不会使用武力对付本国老百姓。穆巴拉克几次在电视上向群众发表讲话。2月1日，他宣布，将不参加2013年的总统竞选。次日，在开罗市中心的解放广场上，穆巴拉克的支持者得到增援力量、大施暴行，后者是一群身穿便服的人，他们骑着马和骆驼冲进人群，造成了难以计数的群众受伤和死亡。

2月11日，穆巴拉克和他的家人离开开罗前往沙姆沙伊赫。数小时后，副总统奥马尔·苏莱曼（Omar Suleiman）宣布，总统放弃他的职位，武装力量最高委员会接管政权。此前，最高委员会承诺进行宪法改革和自由选举。人们在开罗的大街和广场上欢呼穆巴拉克下台，庆祝军队成为人民的盟友。根据官方统计，截至当日，一共有846人在抗议行动中丧生，6400多人受伤。2012年3月19日，埃及人民在全民公投中以77%的多数赞同修改宪法，从而使民主选举议会和国家总统成为可能。三周之后的4月9日，在解放广场上发生了军队和示威者的冲突，两人丧生；参加示威的未婚女性受到侮辱性的"贞操检查"。4月13日，穆巴拉克和他的两个儿子贾迈勒（Gamal）和阿拉（Alaa）被拘留审查。三天后，民族民主党解散。8月3日，对穆巴拉克的审判开始。

　　11 月下旬议会和总统大选之前，出于对军队不满，埃及各地几乎每天都发生游行示威和街头冲突。在 2012 年 1 月 20 日的第三轮和最后一轮选举中，伊斯兰主义的自由与正义党（即穆斯林兄弟会）和代表平原地区的政党，以 45.7% 的得票率获胜。紧随其后的是 24.6% 的沙拉菲派，即同样是伊斯兰主义的光明党。世俗的瓦夫德党为 8.4%，同属世俗党派的埃及集团党为 6.6%。在 2012 年 6 月 16~17 日的第二轮总统选举中，穆斯林兄弟会候选人、自由与正义党主席穆罕默德·穆尔西（Mohammed Mursi），以 51.7% 的得票率击败穆巴拉克于 2011 年 1 月任命的前总理艾哈迈德·沙菲克（Ahmad Schafiq）当选总统。

　　不久，围绕解散议会和宪法委员会的问题，在新总统、武装力量最高委员会和宪法法院之间展开了一场权力斗争。穆尔西在主要问题——宪法委员会续存问题——上赢得了这场斗争。但是，他未能改变由宪法法院解散议会的制度。制定法律的权力依然明确保留在参议院，即 2012 年 1 月和 2 月选出的协商会议手中。

　　2012 年 11 月 29 日，宪法委员会通过紧急程序批准了一项法律草案。该草案不仅将伊斯兰教法的基本原则视为比以往更具有约束力的主要立法源泉，而且给伊斯兰教艾资哈尔大学的学者赋予了对法律的某种最终解释权，以及有限保障新闻自由的权利。草案引起了世俗阵营及科普特基督徒的愤慨，并导致了赞同派和反对派之间的激烈冲突。但是，多数派的观点已经一目了然：在 2012 年 12 月 15 日的全民公投中，宪法委员会的草案以 63.8% 的支持率获得通过。公投的投票率为 32.9%。

　　2011 年 3 月，"阿拉伯之春"或称"阿拉伯起义"——这是西方记者爱用的两个对马格里布（Maghreb）和中东变革的称谓——也波及叙利亚。3 月 15 日，叙利亚靠近约旦的小城德拉（Dara）的年轻人将"人民要推翻现政府"的口号写在大街的墙壁上。旋即，他们遭到了治安警察的殴打并被关进监狱。三天后，德拉城的居民上街游行要求释放这些年轻人，警察向示威人群开枪，四人被打死。在随后的一周中，其他城市也发生了游行抗议行动。警察再次血腥镇压，并在有些地方（如德拉城）出动了装甲车。在 4 月 4 日一天内，有 26 名抗议群众丧生。

如同突尼斯和埃及一样，叙利亚民众也对现政权的统治积怨已深。在其父哈菲兹·阿萨德去世后，巴沙尔·阿萨德（Baschar al-Assad）于 2000 年继任总统。虽然实行过一些搞活经济的措施，但在短暂的犹豫不决之后，面对政治上放宽专制统治的问题，他投鼠忌器畏缩不前。2002 年后，反政府人士再度遭到残酷迫害，对掌权的阿拉伯复兴社会党和总统本人的公开批评均被警察禁止。阿萨德的身世背景是叙利亚的阿拉维少数民族人，其统治主要依靠的也是这支少数民族和两个宗教少数群体——什叶派和基督徒。占人口约四分之三的逊尼派多数群体被排斥在政权机构之外，库尔德少数民族也同样如此。在阿萨德的盟友中，除了黎巴嫩什叶派真主党和伊朗伊斯兰共和国政权，还有俄罗斯这个特殊盟友。俄罗斯自 1971 年以来在港口城市塔尔图斯（Tartus）拥有它在地中海地区唯一的军事基地，并且自苏联时代起，一直向叙利亚慷慨提供武器弹药和军事装备。由于阿萨德是宗教激进主义的死敌，而且被认为不会出尔反尔翻脸不认人，所以，美国和以色列也与之关系良好，欧盟和其成员国中的大国对之的态度也不例外。

叙利亚不是一个民权国家，即便是突尼斯那种刚刚显出端倪，或是埃及那种比突尼斯还要差的民权状况都比不上。此外，这个国家在种族和宗教上四分五裂，冤仇甚深。阿萨德政权的反对派各行其是，分作两大阵营：一派是未被禁止的、在大马士革议会中拥有席位的、拥护变革和自由的人民阵线（它被极端的反政府人士看作是亲政府的组织）；另一派是议会外的各种势力。在境外的土耳其进行活动的是 2011 年 10 月成立的、由乔治·萨布拉（Georges Sabra）领导的叙利亚全国委员会；一年后，该委员会归入新成立的全国性组织——叙利亚反对派和革命力量全国联盟旗下。尽管在某些问题上观点相左，全国委员会与 2011 年 9 月在叙利亚本土成立的、拥护民主变革的全国协调委员会之间依然进行合作。在武装的反对派成员中，有 2011 年下半年成立的、受逊尼派影响的叙利亚自由军，以及其他众多规模更小、更为激进的"圣战"团体。这些团体皆从海湾国家和沙特阿拉伯获取私人的资金援助。"基地"组织也未袖手旁观：与之有联系的是保卫地中海东岸地区的努斯拉阵线（Jabhat-al-Nusra，或支持阵线），该组织在交战期间的势力和影响不断壮大。议会外反对派在地方上的重要据点一直是叙利亚东北部的库尔德地区，以及穆斯林兄弟会和萨拉菲派的堡垒城市霍姆斯（Homs）和巴尼亚斯（Banias）。

叙利亚内部冲突于 2011 年夏升级并变成了公开的内战，9 月，双方的死亡人数已超过了 2000 人。数量不断增加的难民潮涌向周围的邻国，黎巴嫩、约旦、土耳其、伊拉克首当其冲，甚至埃及也未能幸免。根据可靠的估计，2013 年 9 月，叙利亚境内和邻近国家有 425 万人背井离乡。2012 年 4 月，土耳其领土上的一座难民营遭到来自叙利亚境内的炮火袭击。此后，不断有炮弹落在土耳其边境地区。为此，安卡拉出动自己的空军予以回击，并要求北约在 2012 年和 2013 年之交在土耳其东南部部署防空导弹，用以威慑阿萨德政权，并保护北约地处前亚细亚地区的成员国免遭攻击。

2012 年期间，反对派武装成功夺取了诸如靠近伊拉克边境的大片土地，占领了阿勒颇（Aleppo）包括机场在内的部分市区，并且一直推进到了大马士革的郊区。2013 年 3 月，反对派武装攻占了叙利亚东北部的大油田。尽管如此，政府军部队不断将叛军击退，其间，属于世界文化遗产的阿勒颇老城区遭到巨大破坏。除了正规军，阿萨德方面还与来自黎巴嫩的什叶派真主党和臭名昭著的沙比巴民兵等准军事组织一道同叛军作战。几乎可以肯定的是，叙利亚内战最凶残的大屠杀之一乃是沙比巴民兵所为：2012 年 5 月 25~26 日，在胡拉村（Al-Hula）有 100 多名居民被杀害，其中包括 49 名儿童和 25 名妇女。

安理会和联合国向交战双方发出的呼吁未能产生持久的效果。由于俄罗斯和中国使用否决权，对阿萨德政府的制裁未能获得通过。阿拉伯国家联盟于 11 月终止了叙利亚的成员资格，并宣布进行包括贸易禁令在内的制裁。美国和欧盟也采取了几乎相同的步骤。最晚自 2012 年夏天始，美国中央情报局的金钱也流向了温和的叙利亚反叛组织，其中一部分还流向了他们的阿拉伯支持者。然而，直接的军事干预在西方看来过于铤而走险：逊尼派占大多数的反对派及其极端盟友的胜利，可能会造成对劣势者特别是基督徒的大屠杀；叙利亚内战可能蔓延到这个地区的其他国家，进而使整个中东陷入动荡；与俄罗斯和中国的严重冲突将给世界政局带来不可预测的后果。另一方面，早在 2012 年就有迹象表明，叙利亚政府军曾经使用过毒气。对此，奥巴马总统于 2012 年 8 月 20 日谈到了阿萨德不可越过的一条"红线"。一年后，人们的怀疑得到证实。对此，后文将进一步论述。

2011 年 2 月中旬，在互联网发出号召后，包括的黎波里、班加西（Bengasi）和贝达（Al-Baida）在内的多座利比亚城市爆发了最早的反对穆阿迈尔·卡扎菲政权的抗议游行。治安部队迅速反应，出动大批部队，从而引发了其他城市居民的声援浪潮。2 月 17 日，除了警察，武装雇佣军也向示威的群众开枪。街头战斗在几天之内演变成了内战。2 月 20 日，第一座城市班加西落入反叛组织手中；两天后，反叛武装控制了整个昔兰尼加地区（Kyrenaika）。

如同突尼斯、埃及和叙利亚一样，利比亚人民的反抗行动也有各种不同的原因。从宗教上，甚至是从激进主义方面对世俗的卡扎菲政权的仇视仅仅是其中的原因之一。此外，对政治压迫、肆意抓捕和随意处决的反抗，许多部落对享有特权的卡扎法、瓦尔法拉和马加尔哈部落的不满，以及民众对石油出口的所有财富都集中在卡扎法家族及其一小撮同样腐败和贪婪的亲朋故旧手中的愤怒，都是人们揭竿而起的动机。而且，这种愤怒尤其在年轻人和有抱负的利比亚人中间广为传播。

自从明确表示同恐怖主义一刀两断后，卡扎菲在西方国家赢得了某种面子，美国、英国和法国对之的态度也有所转变。但是，人民对独裁者的反抗使西方民主国家不再将利比亚的当权者看作尊贵的、有经济价值的伙伴。特别是以哲学家伯纳德－亨利·列维（Bernard-Henri Lévy）为首的法国知识分子，为支持反抗人士奔走游说，不仅在道德上支持，还在行动中支持。在对起义民众进行探访之后，列维成功地在电话中说服萨科齐总统（他不久前在巴黎还以外交礼遇接待过卡扎菲），有必要在不派遣地面部队的情况下，对利比亚进行军事干预。对于正被民调数据弄得焦头烂额的萨科齐来说，这样一个能得到国内民众支持的行动也许正中下怀。

在同一时间以及几乎出于同样的原因，英国首相戴维·卡梅伦的决定与萨科齐不谋而合。可是，奥巴马总统并不想插手北非的冲突。直到卡扎菲的部队在反攻行动中于3月中开始包围起义部队的堡垒班加西时，他才采纳了国务卿希拉里·克林顿的所谓"好战"路线。与民调的多数结果和议会反对派领袖的意见保持一致，德国政府达成的共识是，德国不卷入利比亚的战争。在总理默克尔、外长韦斯特韦勒和国防部长德梅齐埃看来，这条路线之所以重要，原因是他们不愿意在即将举行的巴登－符腾堡州和莱茵兰－普法尔茨州的议会选举中减少执政党获胜的机会。

与叙利亚总统阿萨德不同，卡扎菲在安理会手握否决权的大国中没有自己的盟友。于是，美国、英国和法国这三个西方的常任理事国有理由希望，能够得到联合国对有关提案的授权。与俄罗斯代表事先协商过的、安理会将于2011年3月17日进行投票表决的提案，不仅要求利比亚立即停火并停止对平民百姓使用武力，而且要努力寻求一个满足利比亚人民合法诉求的解决方案。作为制裁措施，第1973号决议决定，建立保护利比亚平民的禁飞区，以及采取其他为此目的的必要措施。此外，2月26日批准的第1970号决议中对利比亚实行全面武器禁运的内容得到进一步确认，但是，决议排除了派遣"占领军"的可能性。

利比亚政府军部队及其雇佣军随时将对班加西的守城军民大开杀戒的危险，给安理会的投票表决增添了戏剧性的注脚。投票结果是：10票赞成，无反对票，5票弃权。5张弃权票来自俄罗斯、中国和三个非常任理事国——印度、巴西和德国。由于投了弃权票，德国便与它一贯视为自己最紧密和最重要的三个盟友国家的立场相背离，——这是迄今为止联邦德国历史上前所未有的在外交上自我边缘化的举动。德国用来对此加以说明的主要理由——德国的能力不足以应付一个新的"境外行动"——无法让三个盟友满意。柏林不久以后又命令它在突尼斯海岸前游弋的、参与对利比亚难民救援行动的两艘护卫舰退出北约的指挥系统，致使对武器禁运的海上监督无法进行，德国的理由就更显得苍白无力。与此同时，德国也没有提供战略上具有重要意义的预警机用于保障禁飞令的执行。不过，作为补偿措施，预警机被调往阿富汗，从而扩大了德国国防军在那里执行任务的范围。

就北约步调一致的行动而言，德国不是唯一制造麻烦的成员国。法国最初并不想倚重北约的力量，土耳其政府显得顾虑重重，其他国家则强调因参与阿富汗行动无法分兵。3月19日，法国空军对班加西附近的卡扎菲部队阵地开始进行空袭。3月20日，美国、英国和法国空军冒着利比亚的地面防空炮火对的黎波里的目标实施打击。次日，美国飞机又轰炸了利比亚政府军的地面部队和重要设施。3月22日，北约最终做出决议，接管执行对利比亚的武器禁运。3月24日，美国、英国、法国和土耳其达成一致，由北约承担所有军事行动。决议于3月31日生效。在3月24日同一天，美国参谋长联席会议主席、海军上将迈克尔·马伦（Michael Mullen）宣布，美国将于4月3日结束军事行动，之后将只在北约发出请求的情况下恢复行动。否则，美国愿意为一线部队提供后勤支援。

在3月26日消灭了利比亚空军之后，参战国的部队——其中也包括一支阿拉伯国家部队（即卡塔尔）——把打击重点转移到集中消灭坦克和摧毁地堡及弹药库上。在盟军空袭的掩护下，利比亚叛军从政府军手中夺取了可观的地盘。3月26日，位于班加西西部的重要石油城市布雷加（Brega）落入起义军手中（尽管只是暂时）。可是，在其根据地城市米苏拉塔（Misrata），起义军不得不继续冒着卡扎菲政府军的猛烈炮火奋力抵抗。在内战前线的其他地方，政府军的部队击退了他们的敌人。盟军立即加强空袭，并从现在起明确以推翻卡扎菲政权为军事打击的目标，从而使干预行动超出了联合国的授权范围。法国向反叛武装提供武器，直接违反了联合国第1970号和第1973号决议，对此，巴黎于6月29日不得不予以承认。

4月30日，在对卡扎菲位于的黎波里住所的空袭中，他的儿子赛义夫·阿拉伯（Saif al-Arab）和三个孙子被炸死。7月底，另一处民事目标——利比亚电视台的三个卫星地面站被摧毁。为了给向前推进的反叛武装占领的黎波里扫清障碍，利比亚首都的军事设施于8月底遭到系统的空中打击。8月23日，叛军攻占了卡扎菲的住所，从而结束了夺取的黎波里的军事行动。卡扎菲本人在陷落前逃往位于的黎波里东部的家乡城市苏尔特（Sirte）。10月20日，他被叛军抓获，并在至今未查明原因的情况下被处决。毫无疑问，这是一种有政治动机的私自行刑行为。三天后，由起义军成立的全国过渡委员会（NTC）正式宣布内战结束，并在八个月内举行民主选举。

尽管如此，利比亚各种势力之间相互为敌的状况并未就此结束。相反，在随后到来的几个月中，各派之间相互倾轧，你争我斗的情况层出不穷：手中有武器的旧政权的追随者与全国过渡委员会的部队之间，过渡委员会的部队与地方主义及伊斯兰民兵之间（包括在班加西地区），极端的"圣战"团体（有些与"基地"组织有瓜葛）与世俗的利比亚社会拥护者之间，犯罪团伙与新政权的治安部队之间等，不一而足。2012 年 1 月，卡扎菲的党羽成功攻占了班加西的部分城区。与此同时，心怀不满的革命卫队分子冲击了全国过渡委员会的总部。9 月，美国大使约翰·克里斯多夫·史蒂文斯（John Christopher Stevens）及其他三名美国公民在班加西的美国领事馆被杀——袭击事件的幕后推手是"基地"组织。

2012 年 7 月，一个鱼龙混杂的临时联盟——世俗的全国力量联盟以 48% 的支持率在国民大会普选中获胜。主要依靠它的支持，经过艰难谈判，著名的反对卡扎菲阵营代表人物、被认为是"自由派"的阿里·扎伊丹（Ali Seidan）组成了内阁政府。新政府并不能马上给利比亚带来和平。被推翻的独裁政权的武器仓库大部分遭到哄抢劫掠，所有对阿里·扎伊丹政府不怀好意的人（不论出于何种目的）从中自取所需。卡扎菲倒台一年后，利比亚的大部分地区仍处于动乱状态。特别是利比亚东部和班加西及周围地区，极端的伊斯兰民兵在那里横行霸道；的黎波里政府的权威有名无实，束手无策。

2014 年初，各自为政的民兵组织控制了利比亚东部的原油码头锡德拉（Al-Sidra）。3 月，它们自做出口生意，将一艘悬挂朝鲜国旗的轮船装满原油。尽管利比亚武力量的飞机试图阻止货轮驶出港口，但未能成功：货轮在装有高射炮渔船的护送下逃至公海。对此，国民大会于 3 月 11 日以对阿里·扎伊丹总理的不信任投票做出反应。

扎伊丹辞职，并于次日乘飞机前往瑞士。国防部长阿卜杜拉·萨尼（Abdullah Thenni）被任命为临时总理。在经过一场混乱的中间插曲——选举伊斯兰派商人艾哈迈德·米蒂克为总理——被宪法法院宣布为违法后，萨尼得以暂时保住了总理的位子。

2014 年 6 月，在只有独立候选人可以参选的议会选举中，伊斯兰派一败涂地。结果造成了伊斯兰民兵同政府军及原卡扎菲的追随者哈里发·哈夫塔尔（Khalifa Haftar）将军指挥的准军事部队之间的交战加剧。7 月底，的黎波里的局势极度不稳，几乎所有的外交大国将其外交使团从首府撤出，新选出的国民议会不得不在利比亚东部城市托布鲁克（Tobruk）举行首次全体会议。

国民议会的伊斯兰代表认为异地开会属于违法，于是联合起来成立了一个自己的"议会"。在其支持者米苏拉塔民兵组织占领了的黎波里机场之后，他们于 8 月下旬突然遭到猛烈的空袭。美国很快做出准确判断，空袭是受阿拉伯联合酋长国和埃及指使。对哈夫塔尔的反伊斯兰部队来说，外部的支持不啻一场及时雨，从而使他们阻止在利比亚建立"伊斯兰国"的机会明显加大。

利比亚局势动荡的一个连带现象是马里共和国北部阿扎瓦德地区（Azawad）图阿雷格族的分裂运动。多年以来，来自马里的图阿雷格人作为雇佣军为卡扎菲政权出生入死。2011 年卡扎菲独裁统治倒台后，他们带着大量武器返回故乡，并与其他部族盟友联合成立了一个民兵组织——阿扎瓦德民族解放运动，目的是要将阿扎瓦德从马里分离出去。2013 年 1 月，图阿雷格人开始公开反抗巴马科（Bamako）政府。在占领了包括廷巴克图（Timbuktu）、加奥（Gao）和基达尔（Kidal）这些城市在内的，他们对之有领土诉求的地方之后，于 2013 年 4 月 6 日宣布停火，阿扎瓦德宣告独立。由阿马杜·萨诺戈（Amadou Sanogo）上尉率领的部分马里部队，于 3 月 21 日以推翻阿马杜·图马尼·杜尔（Amadou Toumani Toure）总统的政变行动来对图阿雷格人势力的扩张做出反应。叛军给总统欲加的罪名是，他未就马里北方的问题同图阿雷格人商议出一个政治解决方案。联合国、非洲联盟和西非国家经济共同体（ECOWAS）对政变表示强烈谴责，后两个组织暂停了马里的成员资格；美国、世界银行和非洲发展银行中断了对马里的发展援助。

2012 年 6 月，一场公开的冲突在阿扎瓦德民族解放运动和三个极端的伊斯兰组织之间爆发：曾经支持过图阿雷格人分裂活动的伊斯兰卫士（Ansar Dine）、西非统一和"圣战"运动（MUJAO）以及马格里布伊斯兰"基地"组织（AQMI）。三个组织的最终目的，均是要在整个马里建立一个"伊斯兰国"。7 月中旬，马里北部三个最重要的城市——加奥、基达尔和廷巴克图落入伊斯兰分子手中。随后，他们在那里强制推行伊斯兰教法，其中包括公开处决犯人以及将被判刑的违法分子的双手斩断。廷巴克图的档案馆、图书馆和其他闻名遐迩的文物古迹遭到破坏。

2012 年秋，伊斯兰反叛分子进一步向南部和巴马科方向的腹地推进。2013 年 1 月，此前于 2012 年军事政变后上台的迪翁昆达·特拉奥雷（Dioncounda Traore）总统向当年的殖民帝国法国请求军事帮助。由于得到联合国的全面授权，并且得到美国、加拿大和多个西欧国家以及俄罗斯和阿拉伯联合酋长国在物质、军事和后勤方面的支持，奥朗德总统答应了马里总统的请求。法国部队在马里、乍得及数个西非国家士兵的支援下，于短短数周内很快占领了廷巴克图、基达尔和加奥。4 月，法国开始撤出它的部队。马里获得了40 亿美元的国际援助用于恢复建设；德国国防军参与了对马里编制混乱的军队的培训。2013 年 7 月，马里政府与阿扎瓦德民族解放运动缔结了一项和平协议，从而为 7~8 月举行的、作为援助国核心政治条件的总统选举铺平了道路。其间，伊斯兰反叛分子回撤到了更偏远的沙漠地区，从那里，他们不断对马里的安全部队进行袭击。2013年秋，马里的持久和平依然遥不可及。

在突尼斯，温和的伊斯兰复兴运动在如何行使他们2011年底所获得权力的方式问题上，引发了各种各样的矛盾。2012年5月，一场关于出售酒精饮料的争论导致了极端的萨拉菲分子和警察之间的激烈冲突。6月（被推翻的本·阿里总统在该月本人缺席情况下被宣判无期徒刑），杰巴里总理政府用实行宵禁的方法来应对对萨拉菲分子近来的骚乱（因一次有争议的艺术展览而起）。8月，成千上万来自世俗阵营的人士起来反对政府和在政府中担任要职的伊斯兰分子。此次反抗行动的起因是一份新宪法草案，该草案以伊斯兰教法的规定为圭臬，对妇女的权利加以种种限制。倘若1959年的宪法还讲男女平等的话，现在的草案则把妇女放在了"从属"于男人的地位。

2013年2月6日，世俗反对派民主爱国运动的著名政治家肖克里·贝莱德（Chokri Belaïd）在突尼斯市的家门口被凶手杀害。事件立刻在多座城市引发了包括在首都内政部前的示威游行，示威者指责复兴运动对血案负有不可推卸的责任，并要求政府辞职。突尼斯最大的工会组织——突尼斯总工会（UGTT）发起了一场全国总罢工。杰巴里总理建议成立专家治国内阁，遭到复兴运动的拒绝，于是被迫宣布辞职。复兴运动政治家阿里·拉哈耶德（Ali Larajedh）于3月14日继任总理。复兴运动主席拉希德·加努西（Rachid Ghannouchi）否认其政党对谋杀负有任何责任。事实上，所有迹象表明，谋杀是突尼斯伊斯兰教法信徒组织的极端沙拉菲分子所为，他们在以后的时间里经常挑起同警察的暴力冲突。

2013年2月6日，又发生了一起针对反对派政治家的谋杀事件：左翼人民运动党领导人穆罕默德·布拉米（Mohamed Brahmi）在光天化日之下被杀害。事件再次导致了群众自发的示威游行，并要求政府下台，突尼斯总工会再次号召全国总罢工。在后续的数星期里，工会努力使政府和反对派达成谅解。10月6日，政府和反对派签署一项协议。根据此协议，在三周之内将成立一个由无党派专家组成的政府，并且在四周内制定一部新宪法。对于复兴运动来说，同意组成过渡政府不啻是一种舍生取义之举：这一让步之举得到了立场坚定的左翼反对派的赞许和认可。2014年1月27日，制宪国民大会以绝对多数（对少数反对票）批准了一项新宪法。新宪法将伊斯兰教视为国教，伊斯兰教法不再作为立法的基础。同时，新宪法还包含了一系列基本权利，其中包括宗教自由、信仰自由、言论自由和男女平等。由此，新宪法为突尼斯未来的进一步发展打下了良好的基础。

在使迄今为止的执政党愿意与世俗反对派达成谅解的动机中，突尼斯明显的经济衰退起到了特殊的作用。兼之，发生在埃及的（后文将要讨论的）最新情况也给突尼斯上了生动而富有教育意义的一课：来自伊斯兰教派的穆尔西总统被军队和反对派组成的联盟所推翻。诚然，军队系统在突尼斯并不具备"国中之国"的地位，也不像在埃及那样受到民众如此的拥戴。另一方面，突尼斯的教育制度要比埃及发达得多，这点从突尼斯更高的脱盲率（2013年为77.6%，2012年为66.4%）即可见一斑。突尼斯不仅有更广泛的中产阶层，而且还有一大批受西方影响，准确地说是受法国影响的知识分子。这些特点加起来，即促成了在阿拉伯国家政治文化中甚为少见的国情：对以民主制度为前提的妥协让步必要性的认识。

/ 457

突尼斯议会大选于2014年10月26日举行。以前部长和议会议长、87岁高龄的贝吉·凯德·埃塞卜西为首的世俗政党——突尼斯呼声党（Nidda Tounes）在选举的角逐中获胜。该党聚集了不少布尔吉巴总统和本·阿里总统的旧部和党羽。温和的伊斯兰复兴运动党以大约32%的支持率成为第二大党，紧随其后的是得票率不足8%的自由派政党联盟——自由爱国联盟。由于没有一个政党赢得议会多数，所以不得不组成联合政府。两个最大政党联袂组阁，可保证政局的相对稳定。对此，复兴运动党在选战时已经明确表态。西方民主国家政府长舒了一口气：突尼斯仍然是一个具有最佳发展前景的阿拉伯国家。

在埃及，以失业率增加和货币不断贬值为表征的经济形势的恶化，也同样加速了老百姓对政府的不满。2013 年 1 月，至少有 45 人在街头的抗议中被打死。对此，军队首脑和国防部长阿卜杜勒·法塔赫·塞西（Abd al-Fattah as-Sisi）被迫发出警告：国家已处于崩溃的边缘。穆尔西总统的回应是，在特别受到动乱和暴力冲击的塞得港（Port Said）、苏伊士（Sues）和伊斯梅利亚（Ismailia）等城市实行紧急状态，并在上议院（舒拉会议）的同意下，将警察的职权交由军队行使。

2013 年 6 月底，即穆尔西担任总统一年后，抗议浪潮不断高涨。世俗势力新成立的反对派组织——"反抗运动"（Tamarod）声称，他们已收集到 2200 万个要求属于伊斯兰派的穆尔西总统下台的签名。7 月 1 日，激进的穆尔西反对派放火焚烧了穆斯林兄弟会的总部。同一天，有 16 人在游行示威中丧生，800 人受伤。面对此局面，曾经在两年前要求穆巴拉克与反对派进行对话的奥巴马总统与穆尔西通话，向他提出了同样的要求。军队在当天傍晚要求执政的伊斯兰派和世俗反对派在 48 小时内拿出解决冲突问题的办法。穆尔西政府的多名要员，其中包括外交部长穆罕默德·卡迈勒·阿姆鲁（Mohamed Kamel Amr）等，递交了他们的辞呈。

7 月 2 日晚，穆尔西在电视讲话中拒绝了军队将领的最后通牒，并且明确申明了他的态度：宁可舍生取义，也不放弃通过自由选举得到的总统职位。7 月 3 日 17 点的最后期限到了以后，军队封锁了穆尔西藏身的兵营。几小时之后，塞西将军以军队的名义罢免了穆尔西的总统职位，成立新政府并宣布 2012 年 12 月的宪法无效。宪法法院院长阿德利·曼苏尔（Adli Mansur）代行总统职权。示威群众在解放广场上欢呼庆祝政变成功，在他们看来，这不是一场政变，而是在执行民意。

一些西方国家对埃及政局的评论几乎用的是同一种论调。2013年 2 月 1 日接替希拉里·克林顿美国国务卿职务的约翰·克里于 8 月 1 日宣布，埃及并非由军队接管政权，因为民间政府仍然存在，而且军方的确重新恢复了民主制度。这里，美国对事件评价的策略考虑一目了然：假如华盛顿将推翻穆尔西称作政变，那么，有鉴于美国的现行法律，华盛顿必须停止对开罗的军事援助。迄今为止，在萨达特和穆巴拉克直至穆尔西执政时代，美国的军事援助帮助埃及在中东起到了一个稳定的作用，特别是埃及对以色列的友好政策从中获益匪浅。然而，不可否认的是，穆尔西片面地遵循伊斯兰主义路线，从而葬送了其总统职位的民主合法性。当然，埃及军方并没有把自己视作开罗世俗游行群众单纯的执行部门。借助其秘密情报机关，军方也对示威活动施加了推波助澜的影响，并且有意进一步激化了经济危机：在穆尔西任总统的最后阶段，军方人为地制造了电力、汽油和天然气供应的紧张局面。在 7 月 3 日政变之后，紧张状况立刻消失得无影无踪。

穆尔西被罢免之后，随之而来的行动是关闭亲伊斯兰派的电视台，逮捕同情穆斯林兄弟会的记者和有名有姓的穆尔西的追随者。伊斯兰派的抗议遭到残酷镇压。7 月 5 日，全国至少有 36 人在治安部队和游行示威者的冲突中丧生。第二天，国际原子能机构前负责人和 2005 年诺贝尔和平奖获得者穆罕默德·巴拉迪被提名出任过渡政府首脑，却因遭到沙拉菲派的光明党的反对而未能成功。7 月 9 日，前财政部长哈赞姆·贝伯拉威（Hasim al-Beblawi）取而代之被任命为总理，巴拉迪出任临时副总统。但是在七个星期之后，出于对新政府大量使用暴力的抗议，他于 8 月 14 日辞去这一职务。

7月8日，至少有51名被推翻总统的追随者在试图冲进羁押穆尔西的兵营时被治安部队打死，数百人受伤。7月27日，有80多人在示威者与警察和军队的冲突中丧生。8月14日，在对两处穆斯林兄弟会的抗议营地进行清场时，又引发了一起更大的流血事件：清场行动是实行紧急状态的一部分。次日，政府公布的死亡数字为638人，4000多人受伤；而穆尔西的追随者公布的数字要高得多。狂热的伊斯兰派分子大肆进行报复，他们攻击了多座科普特基督徒的教堂，指控基督徒与军方同流合污。9月23日，开罗的一家法院宣布取缔穆斯林兄弟会，并禁止他们的任何活动。11月4日，针对穆尔西的数重罪名，其中包括因煽动谋杀和卖国罪的刑事诉讼程序，开始了第一阶段的法庭审理。

穆巴拉克倒台两年后，埃及似乎正处在回到潜在的军事独裁之路，相当一大批城市中产阶层和知识分子显然对此安之若素。由伊斯兰派说了算的民主不是他们2011年游行示威所追求的民主。在他们看来，与穆尔西经过自由普选出来的伊斯兰化的制度相比，塞西的强硬政权不过是小巫见大巫罢了。美国和欧盟十分希望埃及很快有一个走向民主的新开端，对此，美国在2013年10月通过减少军事援助的方式以示强调。美国和欧盟均谴责穆斯林兄弟会对人民的残酷镇压，但是并没有对7月初军方的干涉表示谴责。事实上，埃及的例子再一次说明了这样一种论点，即民主的含义远不止于自由选举和多数派掌权。民主要求的是文明社会对不可剥夺的人权、三权分立、法治、对少数派的宽容和保护的基本共识，而这些前提在阿拉伯世界专制高压的政治文化中不可能自发生长。

/ 460

早在20世纪90年代，阿尔及利亚就曾经尝试实行民主制度。1962年获得独立后，在阿尔及利亚举行的第一次自由选举中，伊斯兰拯救阵线于1992年12月26日的首轮投票中获得了231个议席中的188席。这一结果成了军方支持的世俗政府的眼中钉，他们以此为由，不仅宣布选举结果无效，而且取消了第二轮投票，同时实行紧急状态，并取缔了拯救阵线。在随后的数年时间里，在地下活动的伊斯兰主义分子，其中包括于 2007 年初更名为马格里布伊斯兰"基地"组织的沙拉菲宣教和战斗组织，不断进行恐怖袭击，成千上万该组织的活跃分子被逮捕和处决，极端主义分裂团体针对平民百姓的大屠杀频频发生。

埃及无须重蹈阿尔及利亚的覆辙。但是，2014 年初的情况表明，新的国家领导人似乎并没有意识到针对政治上伊斯兰主义的纯粹压制政策所带来的危险。1 月中，埃及人民就一项不仅巩固老百姓的基本权利，同时也巩固军方权力地位的新宪法进行投票。根据官方统计，有 98% 的人投了赞成票，投票率为 38.6%，比 2012 年 12 月关于"穆尔西宪法"公投时的投票率仅高出 6 个百分点。穆斯林兄弟会号召对投票进行抵制。在投票结果中，塞西将军嗅到了他所希望的、有利于自己参选总统的全民公投的机会。

2014 年 3 月 26 日，塞西正式宣布竞选总统。在 5 月 26 日和 28 日的选举中，他以 96.9% 的绝对优势获胜，被媒体完全忽视的自由派候选人哈姆丁·萨巴西（Hamdin Sabahi）获得了 3.1% 的选票。然而，47.3% 的参选率比 2012 年第二轮的总统选举减少了大约 5 个百分点。尽管穆斯林兄弟会有 1400 人被杀，16000 人被捕，数以百计的人被法庭以莫须有的罪名判处死刑，但是显而易见，他们还是成功地发出号召，再次抵制了选举。尽管如此，没有任何迹象表明，胜选者会改变对他们的态度，并且，他还将不遗余力地把穆尔西的追随者送上法庭予以政治审判。

毫无疑问，穆斯林兄弟会的失败与其说是由于军队的原因，不如说是由于他们自己，以及由于他们对绝对和独享权力的要求。伊斯兰教里不存在对于基督教来说是结构性的对宗教和世俗法规的严格区分。由于缺少这种严格的界限，所以，试图在一个信奉伊斯兰教的社会里建立民主制度就受到先天不足的影响。1990年8月伊斯兰会议期间，该组织57个成员国的45名外长对《开罗伊斯兰人权宣言》表示拥护。根据此宣言，伊斯兰教法是人权的唯一基础，人权只有依据伊斯兰教法的法度才起作用。在2004年的《阿拉伯人权宪章》中，阿拉伯联盟理事会采取了同样的立场。只要诸如穆斯林兄弟会这样的伊斯兰主义政党以此为圭臬，那么，它们就不可能成为一个多元化民主的建设性力量，并且，自由和世俗力量对"阿拉伯之春"的希望就不可能实现。

2014年初，叙利亚内战鏖战正酣，战火何时平息，尚未可知。联合国于2013年9月初估计的内战死亡人数为10万人，难民为500万人。四分五裂的国家分别由阿萨德政权和其他相互角逐的敌对力量所控制。叙利亚是否能够复归一个国家，还是未知数：如同此前的黎巴嫩和伊拉克一样，叙利亚内战将奥斯曼帝国土崩瓦解后人为形成的国家疆域的内在脆弱性暴露无遗。第一次世界大战期间，英国和法国在1916年的《赛克斯－皮科协定》中设定了这些国家的边界，战争结束后，这些边界在国际联盟的名义下正式确立。

2013年开春以后，阿萨德的部队以及与之结盟的真主党和沙比哈民兵在多处地方成功击退叙利亚自由军和其他敌对武装，其中包括6月攻克大马士革郊区位于机场附近的阿赫马蒂耶（Ahmadiyeh），7月攻陷叛军堡垒霍姆斯一部分反复争夺的城区，10月初拿下连接大马士革和阿勒颇的重要战略城市卡纳萨尔（Khanassar）。但是，使反对派连遭败绩的不单是政府军。2013年夏秋之际，反对派阵营内部山头林立、各自为政的乱象不仅已暴露在光天化日之下，而且比之以往有过之而无不及。越来越多的叛军部队，尤其是有极端伊斯兰主义和"圣战"组织背景的武装势力纷纷不再听从在土耳其活动的全国联盟的号令。几支与"基地"组织关系密切的民兵组织，最初是努斯拉阵线，以后是其保护者——以阿布·巴克尔·巴格达迪（Abu Bakr al-Baghdadi）为首的伊拉克和叙利亚"伊斯兰国"（ISIS），滥施暴力，无恶不作。这些恐怖暴行最后都算到了反对派的头上，例如，2013 年 8 月在拉塔基亚（Latakia）沿海地区对阿拉维少数民族的大屠杀，至少有 190 人遇害。全国联盟主席艾哈迈德·杰尔巴（Ahmad al-Dscharba）在 9 月底针对这种群龙无首、山头林立的局面做了如下评述：极端伊斯兰武装的产生是阿萨德所推行策略的结果，其目的在于，将一场革命变成各宗教团体之间的冲突和争斗。

叙利亚内战中军事力量的对比明显朝着有利于阿萨德政权一方转变，迫使法国和英国于 2013 年 5 月敦促欧盟向反对派提供军事支持，并且为此目的，不再延长 2011 年 5 月实行的、于本年 5 月 30 日到期的武器禁运。法国和英国的要求没有得到其他国家的响应，尤其是德国对法国和英国的建议表示反对。由于延长武器禁运需要各国一致同意，并且这项决议没有形成，所以，从 2013 年 5 月 31 日起，巴黎和伦敦可以不受限制地向叙利亚自由军提供武器。由此，欧盟再次失去了在重大问题上用一个声音发言的时机。

2013 年 8 月 21 日，在大马士革附近一个由叛军控制的地区发生了一起大量使用毒气的事件，受害人数估计超过 1400 人。阿萨德政府和反对派相互指责对方是犯下这起反人类罪的元凶。绝大多数国际观察家根据蛛丝马迹推测，毒气袭击是阿萨德政府所为。借助其情报机关的分析结果，西方国家政府也持有同样观点。然而，俄罗斯总统普京采用了阿萨德的说法，并将责任推给了反对派。8 月 26 日，大马士革政府允许联合国对 8 月 21 日的事件进行调查。

几乎恰好是一年前的同一天，即 2012 年 8 月 20 日，巴拉克·奥巴马警告阿萨德不要越过禁用毒气这条"红线"。如今，这条红线使美国总统陷入了进退两难的尴尬境地：他的信誉受到了考验。法国总统奥朗德和英国首相卡梅伦敦促西方进行军事干预，必要时甚至可以不经联合国授权。对"短暂军事打击"（随后出现的语调缓和提法）持赞同意见阵营所面临的棘手问题是：根据当初的局势，行动的目的不可能是推翻阿萨德政权，而且，四分五裂的反对派获胜的风险太大。同时，避免将叙利亚内战的战火烧到邻国，也是他们必然要考虑的问题。有限军事打击的目的，只在于起到惩罚和威慑作用：对于如此明目张胆地违反 1925 年禁止使用毒气的《日内瓦公约》和 1993 年有 189 个国家签署的《关于禁止发展、生产、储存和使用化学武器公约及销毁此种武器的公约》（简称《禁止化学武器公约》）的行径，若是没有相应的反制措施，那么，其他"流氓国家"就会有竞相效仿的危险。

8 月 29 日晚，戴维·卡梅伦遭受了他任首相以来最严重的挫折：英国下院反对英国参与对叙利亚的军事干预行动。托尼·布莱尔于 2003 年用瞒天过海的方式得到了议会多数对介入伊拉克战争的支持，对此，包括保守派在内的议员们仍然记忆犹新。因此，投反对票是要让这类事情"永不再发生"。卡梅伦随即表示，他尊重议员们的表决。2013 年 8 月 29 日的表决是一个有重大意义的转折：英国告别了一直延续到不久前的、时常扮演的在世界上到处插手的大国角色，这个角色的含义是：在任何情况下皆本着所谓"特殊关系"的精神同美国站在一起。英国开始向欧洲大陆的处世模式，准确地说是德国的处世之道慢慢靠拢。在此期间是否会形成一种跟欧盟新的和积极的关系，目前看来还似乎难下结论。

/ 464

英国下院表决两天之后，即 8 月 31 日，奥巴马总统宣布，尽管宪法没有规定，他将要求国会就干预叙利亚的问题进行投票表决。由于参众两院都在夏季休会，美国军事介入叙利亚的问题暂缓决定。9 月 1 日，从巴黎传来消息：法国排除单独行动的可能性，但愿意和美国一道参与军事打击行动。

关于对叙利亚进行军事干涉的问题，奥巴马在国会获得多数支持的把握并不大。选民强烈要求参众两院的议员们对此说"不";民调显示，多数美国人拒绝对叙利亚进行打击。9月5~6日，在圣彼得堡举行的20国峰会上，美国和俄罗斯的立场针锋相对：奥巴马认为，阿萨德必须对毒气事件负责；普京则认为，反叛武装是罪魁祸首。20国峰会的欧洲成员无法掩饰他们的不同立场。默克尔总理离开圣彼得堡之后，在奥巴马的敦促下，英国、法国和意大利的国家元首及政府首脑卡梅伦、奥朗德、莱塔，以及作为客人受到邀请的西班牙首相拉霍伊，签署了一项声明，共同要求国际社会对或许是阿萨德政府所为的毒气袭击事件做出明确反应。一天之后，在维尔纽斯召开的28国欧盟外长会议上，形成了有德国支持的、内容相同的欧洲共同立场。

9月9日，局面出现了一个惊人的逆转。俄罗斯外长拉夫罗夫（Lawrow）引述了他的美国同事克里几小时前在伦敦非正式场合所讲的话：如果阿萨德销毁他的化学武器，那么就不再有必要进行军事打击。拉夫罗夫向阿萨德发出呼吁，要求他把叙利亚的化学武器置于国际组织的监督之下并将其销毁。叙利亚总统对这一（无疑事先经过商议的）建议迅速做出反应，而且是十分积极的反应。同时，他还威胁道，如果进行军事干涉，那么美国设在中东的机构就会受到攻击。

莫斯科的积极主动是一步好棋。普京总统不可能有兴趣看到俄罗斯继续充当一个因使用毒气而使自己成为"不法分子"的盟友国家。倘若他以华盛顿和大马士革之间调解人以及国际和平拯救者的身份亮相的话，那么，这对他本人和俄罗斯的形象无疑有百利而无一弊。在这种情况下，他的出面即使让奥巴马躲过国内政策方面可能阴沟翻船的败绩，亦即国会不同意对叙利亚进行军事打击，他也在所不惜。经过艰难的谈判之后，克里和拉夫罗夫于9月14日在日内瓦达成一项计划。根据这项计划，叙利亚必须将它的化学武器置于国际组织的监督之下，并在2014年5月前予以销毁。11月27日，安理会一致批准了一份相应的提案，即第2118号决议。这项决议未包含对叙利亚在未满足要求的情况下自动进行制裁的内容。自动制裁需要另行决议，而俄罗斯只要愿意，就可以使用它的否决权加以阻止。

至此，2013 年 8 月 21 日有人使用毒气已是一个明摆的事实。联合国化学武器检查员于 9 月 16 日向安理会提交了他们的调查报告。报告指出，在大马士革使用的数量较多的毒气为神经毒气沙林。由于授权所限，报告中对何人应对此负责的问题未置可否。但是，所有迹象皆表明，阿萨德政权是使用毒气的元凶。第 2118 号决议通过之后，检查员可以重新在叙利亚开始工作，并且对销毁那里储存的化学武器进行监督。大马士革政府表现出的合作态度得到了华盛顿的认可。10 月 14 日，叙利亚作为第 190 个国家成为此前刚获得 2013 年诺贝尔和平奖的禁止化学武器组织（OPCW）的成员。不过，化学武器争端的解决（如同安理会所希望的那样）是否能够起到促进终止内战的作用，还是一个悬而未决的问题。

2014 年 1 月 22 日，在有叙利亚政府和全国联盟参加的情况下，由联合国出面召集的叙利亚国际会议在瑞士的蒙特勒小城开始举行。1 月 24 日后，会谈移至日内瓦继续进行。初时，伊朗不属于与会国之列。联合国秘书长潘基文邀请伊朗前来蒙特勒赴会，但是，在叙利亚流亡反对派和美国的压力下，邀请很快又被取消。1 月 21 日，即会议开始的前一天，英国的《卫报》和美国的 CNN 电视台根据一个叛变的叙利亚军警的证词和照片材料证据，报道了阿萨德政权对 11000 多名被关押的反对派人士进行系统拷打和杀戮的情况。报道过后，绝大多数观察家认为，关于结束叙利亚内战谈判的成功希望更加渺茫。果然，来自阿尔及利亚的联合国调解人拉赫达尔·卜拉希米（Lakhdar Brahimi）只成功地就建立一条临时的"人道主义走廊"促使各方达成一致，200 多名平民百姓经过这条走廊得以离开自 2012 年后被政府军部队包围的霍姆斯城。2 月 15 日，谈判在没有进一步结果的情况下被迫终止。[7]

/ 向西方发出的信号：伊朗总统易人及其后果

在巴沙尔·阿萨德的盟友中，2005~2013 年任伊朗伊斯兰共和国世俗领导人的马哈茂德·内贾德总统是其最可靠的盟友之一。2009 年，内贾德再次当选伊朗总统。他的连任不仅伴随着温和及世俗势力的强烈反对以及极端什叶派革命卫队和反对派之间的暴力冲突，而且大批游行示威行动的鼓动者也遭逮捕。内贾德当政期间，伊朗和美国及欧盟的关系不断恶化。总部设在维也纳的国际原子能机构质疑，伊朗实施的原子能计划，特别是浓缩铀的生产，不仅用于民用产品，而且也用于军事目的。因此，联合国安理会多次制裁伊朗，而且，欧盟也于 2012 年 7 月宣布对伊朗实行全面石油禁运。早在 1995 年即对伊朗实行全面贸易制裁的美国，又分别于 2007 年和 2012 年进一步增加了制裁的力度。由安理会五个有否决权的国家和德国于 2009 年提出的在外国进行浓缩铀生产的建议，遭到了德黑兰的断然拒绝。

2013 年 6 月 14 日伊朗总统选举时（内贾德已不能竞选连任），在英国格拉斯哥获得法学博士学位的、竞选人中最温和的哈桑·鲁哈尼（Hassan Rohani）以 50.71% 的得票率赢得大选。他的获胜并没有被观察家认为是朝向民主化前进的步骤，而是被视为一种政权稳定的标志和向"务实政策"的转变。伊朗伊斯兰共和国的精神领导人阿亚图拉·阿里·哈梅内伊（Ayatollah Ali Khamenei）对新总统明确表示支持，这一姿态受到了国际社会的广泛重视。显然，哈梅内伊支持鲁哈尼的看法，即长此以往，国际社会的制裁将导致伊朗经济的崩溃，并且，新政府只有致力于同美国及欧洲的和解，局面才有可能出现好转。

2013 年 8 月 3 日，鲁哈尼首先向革命领导人哈梅内伊，次日又向议会宣誓就职。很快，伊朗方面就向西方发出了示好的信号。9

月初，新总统和他的外长、资深外交家贾瓦德·扎里夫（Dschawad Sarif）通过推特向所有犹太人祝贺犹太新年。不久，扎里夫对内贾德挑衅式的否定"二战"期间对犹太人大屠杀的言辞持保留意见。鲁哈尼谴责 8 月 21 日叙利亚毒气事件（但未指名道姓让阿萨德政权对事件负责），并且同奥巴马总统互致了书信。

鲁哈尼于 9 月 24 日在联合国大会的发言中强调，伊朗有权生产民用目的的浓缩铀，但同时做出保证，他的国家不会寻求制造原子武器，并且愿意立即就这一具有争议的问题进行国际谈判。扎里夫外长与美国国务卿克里在纽约举行深入会谈，——这是两国自 1980 年断交（1979 年"伊斯兰革命"的后果）以来第一次正式接触。哈梅内伊所希望促成的结果——奥巴马总统与鲁哈尼总统在联合国大会期间进行会晤，未能如愿以偿。但是，鲁哈尼于 9 月 29 日在前往纽约机场途中，接到了奥巴马打来的电话。美国总统在结束通话时用波斯语说了一句祝福的话："Khodahafez"（真主保佑您）。

美利坚合众国和伊朗伊斯兰共和国历史性的接触赢得了国际上普遍的积极反响。但是，沙特阿拉伯和以色列却是例外。作为什叶派伊朗的宿敌，逊尼派的沙特王国不仅对联合国在叙利亚危机问题上的一事无成，而且对美国放弃干预阿萨德政权，以及美国对德黑兰的友好姿态表示愤怒，并且出于抗议，它于 10 月拒绝当选安理会的常任理事国。以色列总理内塔尼亚胡警告美国和欧洲，不要上德黑兰新领导人的当；事实上，伊朗还在继续寻求它的核武备计划；以色列的生存继续受到威胁，倘若伊朗的原子弹计划不能及时得到阻止的话。显而易见，内塔尼亚胡担心，西方同伊朗的"交易"对以色列来说可能还会带来其他后果：国务卿克里在奥巴马第二届总统任期伊始，即督促耶路撒冷政府同巴勒斯坦方面进行新的谈判。由此观之，华盛顿有可能将以色列外部威胁的减少作为契机，进而反对以色列违反国际法的定居点政策，以及比以往更积极地致力于巴勒斯坦人民获得自决权。

无论内塔尼亚胡如何警告，安理会五个常任理事国和德国的代表在欧盟外交与安全政策高级代表凯瑟琳·阿什顿的率领下，于2013年10月15~16日在日内瓦同扎里夫外长为首的伊朗代表举行了新一轮关于原子能问题的会谈。双方首次达成了一项共同声明。声明宣布，会谈将于11月7~8日继续举行。伊朗谈判代表阿巴斯·阿拉格齐（Abbas Araghchi）的一个暗示引起了广泛的注意：德黑兰可能会同意联合国的派遣人员未经通报对伊朗的原子能设施进行检查。

2013年11月23日夜和24日凌晨，谈判获得突破：安理会五个有否决权国家的外长，德国和伊朗外长，以及欧盟外交事务委员在日内瓦签署了一项临时协议。根据协议，伊朗承诺，在今后六个月中不生产可用于制造原子弹级别的浓缩铀，不再投入运行其他离心机设备，不进一步在位于阿拉克（Arak）的重水堆中实施钚的生产计划，同意赋予国际原子能机构广泛的检查权，包括未经通报的巡视检查。作为回报，西方国家同意部分停止对伊朗的制裁，从而为伊朗创造了获得70亿美元资金援助的可能性。尽管2014年1月20日开始生效的协议并不意味着与伊朗的核争端已经解决，但是，在所有参与方都本着良好意愿的情况下，协议的签署乃是可以取得同样结果的一个步骤。[8]

　　在西方国家眼里，2008 年 5 月 7 日以总统身份成为俄罗斯最高领导人的德米特里·梅德韦杰夫不仅可看作一个"带来希望之人"，而且享有致力于加强俄罗斯的民主和法制，以及加强同西方民主国家良好关系的"自由派人士"的名声。2008 年夏季俄罗斯和格鲁吉亚之间的短暂战争，并没有改变外界对他的这一评价。2009 年 1 月，当梅德韦杰夫因付款纠纷停止向乌克兰输送天然气时，他在世人面前所表现出的形象，与他的前任及再度出任俄罗斯总理、不惜一切代价为俄罗斯争取利益的弗拉基米尔·普京毫无二致。然而，当奥巴马总统于 2009 年 7 月首次访问莫斯科，双方就一项限制核武器储备的协定达成一致，以及于 2010 年 4 月双方共同签署关于减少核弹头数量的《新阶段条约》时，他又表现出非常积极的合作态度。无独有偶，当梅德韦杰夫于 2010 年 6 月访问白宫，奥巴马表示同意接纳俄罗斯加入世界贸易组织（WTO）时，他表现出的积极认可态度，亦由此可见一斑（2012 年 8 月俄罗斯获得了成员国的地位）。2011 年 3 月 17 日，在联合国安理会就对卡扎菲政权实施军事制裁的决议进行投票表决时，俄罗斯投了弃权票，从而为美国、英国和法国所寻求的对利比亚的干涉行动开了绿灯。

/ 470

　　上任伊始，梅德韦杰夫并没有如其所愿，立刻着手进行国内政策的改革，而是不得不首先专注于应对俄罗斯因世界金融危机而面临的经济衰退（其间格鲁吉亚的冲突除外）：2009 年，俄罗斯的国内生产总值下降了 7.8 个百分点。依靠 400 亿美元的经济振兴计划，梅德韦杰夫和俄罗斯政府成功地阻止并扭转了经济下滑势头：2010 年和 2011 年，经济均增长 4.3%，2012 年降至 3.6%，2013 年为 3.7%。

　　但是，梅德韦杰夫未能做到其所寻求的、从根本上对俄罗斯经济的现代化改革。这个发展势头强劲的新兴国家的神话开始褪色。俄罗斯虽然一如既往拥有丰富的矿产资源，特别是石油、天然气、煤和铁矿石的储量巨大，但是，它的技术却远远落后于西方国家，甚至也落在许多亚洲国家后面；俄罗斯缺乏有国际竞争力的工厂企业，特别是缺乏具有创新精神的中小企业。除此之外，体制问题中最严重的弊端——结构臃肿的官僚体制极大地加重了俄罗斯的经济负担。梅德韦杰夫在四年总统任期内未能对这一现象有丝毫改变。

在国内政策方面，梅德韦杰夫施政的重点首先是对警察部门的改革（增加工资），打击腐败和改革教育体制。

即便是在梅德韦杰夫任总统期间，俄罗斯的"强人"依然是弗拉基米尔·普京。这位政府总理对梅德韦杰夫总统总体上亲美和亲西方的外交政策不以为然，并且从不做任何掩饰。姑且不论普京重新出任总统是否在二人之间早已达成默契，梅德韦杰夫在 2011 年 9 月的统一俄罗斯党党代会上宣布，普京是他 2012 年 3 月 4 日总统大选的候选人。在第一轮选举中，普京即以 63.6% 的得票率获胜。5 月 7 日，普京第三次走马上任，其任期因 2011 年 11 月的宪法修正案由此前的四年增加到六年。如同 2005 年 11 月至 2008 年 5 月一样，梅德韦杰夫再度出任俄罗斯总理一职。

入主克里姆林宫才两个月，普京就推出了一项向西方叫板的法律。该法律强行要求所有从非俄罗斯渠道获得资金的非政府组织，均应被登记为"外国特务机关"（该法律为 2013 年 3 月的搜查行动

提供了依据。在这次搜查行动中，大赦国际设在莫斯科的办事处，以及德国的康拉德·阿登纳基金会和弗里德里希·艾伯特基金会等皆受到牵连）。2012 年 8 月，"Pussy Riot"① 女子朋克乐队的两名成员娜佳·托洛科尼科娃（Nadeschda Tolokonnikowa）和玛利

---

① "Pussy Riot"有"造反猫咪乐队""暴动小猫乐队"等多种中文译法。

亚·阿廖基娜（Marija Alijochina）因在莫斯科救世主大教堂进行非法演出被判处两年劳教。2012 年 12 月底，普京签署了一项禁止美国夫妇领养俄罗斯孤儿的法律，以此回应美国宣布禁止俄罗斯官员入境美国的政府令。

普京所奉行的外交政策，其特点一方面是疏远西方，另一方面是同中国拉近关系。在普京任总理时的 2009 年 2 月，莫斯科和北京缔结了一项贸易协定。根据协定，中国向俄罗斯提供 250 亿美元的低息贷款，俄罗斯则保证，在今后 20 年内以优惠价格向中国供应原油。当普京在从中亚到高加索直至东欧的昔日苏联加盟共和国中，为加强经济合作建立欧亚经济联盟，以及为进一步发展 2010 年建立的俄罗斯－白俄罗斯－哈萨克斯坦欧亚关税同盟进行游说时，他也同样呼吁寻求类似的共同性。对他来说，一个以莫斯科为中心的、可与苏联和沙俄时代相提并论的新的庞大帝国并不是白日梦。在他眼中，这个远景即寓于俄罗斯的历史逻辑之中。9

/ **势头减退中的新兴国家：非西方世界的"自由"和"不自由"**

/ 480

俄罗斯、中国、印度及巴西，同属于美国纽约高盛投资银行于 2001 年命名的一个简称为 BRIC（Brasil、Russia、India、China）的国家集团。这个国家集团在某种程度上扮演了新兴国家先锋队的角色。所谓新兴国家指的是世界上的一些发展中国家，它们已经走过了主要以农业为主的社会阶段，但是，其工业化和现代化进程尚未达到完全可以算作工业和服务业社会的程度。

2013 年初夏，美联储主席本·伯南克曾经几次三番提到，轻而易举即可获得的贷款资金、几乎为零的利息以及大笔购买国债的时代不久即将结束。这番暗示在新兴国家的金融市场，特别是在印度和巴西这两个金砖国家的金融市场引起了强烈的震荡。此前，印度和巴西从美国的低息政策中获益匪浅，它们以明显高于别国的利息来吸引外国资本进入本国市场。如今，这张王牌将面临失去其魔力的危险。

从 2013 年初起，印度卢比从略高于 1.80 美元跌至 8 月底的 1.51 美元兑换 100 卢比，相比 2012 年初的水平（1.88 美元），汇率下降了 26%。2011 年初至 2013 年 8 月底，美元储备从 3200 亿美元减少了 13%。同一时间，印度的贸易逆差达到了创纪录的 1910 亿美元。2012 年国民经济的增长率为 4.5%，比 2010 年下滑了 5.6%。国际货币基金组织预测，2013 年的增长率为 3.8%；2013 年，新增加的政府债务占国民生产总值的 8.3%。10 年期国债的利润率在 2013 年 8 月 30 日为 8.62%，此前在 5 月 24 日还处在 7.11% 的水平上。因老百姓的购买力损失一度超过 10%，通货膨胀在 2013 年夏将面临失控的危险。

/ 481

令人担忧的消息也来自巴西。巴西的经济增长在 2009 年为 0.9%。根据国际货币基金组织 2013 年秋的预测，2013 年和 2014

年的增长率均为 2.5%。在 2003~2008 年经济蓬勃发展阶段，巴西的国民生产总值年均增长率还在 3.1%，2010 年甚至达到了 7.5%。2012 年的通货膨胀率为 6%；2013 年夏，巴西货币雷亚尔曾一度贬值 20%。这一切的经济原因有目共睹：在巴西"经济奇迹"的驱动力量中，世界范围的矿石原料价格上涨乃是重要的动力之一。巴西的矿产资源以铁、锰、煤和黄金为主，尤其是沿海地区和近海大陆架还蕴藏有丰富的石油资源。如今，原料价格一跌再跌。除此之外，政府和私人过度的债务负担、改革处处受阻（尤其是在税收、退休养老制度和劳动法方面）、千疮百孔的基础设施、南北方悬殊的贫富差距以及无孔不入的腐败现象等，让巴西的经济更是雪上加霜。就印度而言，观察家们在解释其经济衰退的原因时，除了首先列举上述最后提到的因素，还提到了印度庞大而效率低下的官僚机构、体制改革久拖不决（特别在土地购置和劳务市场方面），以及与巴西同样的极为落后的基础设施建设等原因。

在上述两个金砖国家中，不单单是经济的原因阻碍了国家的发展。2012 年 12 月，国际社会被一篇关于发生在德里的聚众强奸案的新闻报道所震惊。一名青年女子被施暴者以惨无人道的方式猥亵，之后又连同她的同伴被推出行驶中的公交车，最后因伤势过重不治身亡。这桩在残忍程度上有过之而无不及的罕见暴行，引起了国际社会对印度社会中一个更为普遍现象的注意——对妇女的传统歧视。来自美国的一项科学调查结果表明，2003 年，有将近 12% 的女性胎儿被人流；15 岁之前死亡的印度女孩占 1/4；18% 的妇女在 15~45 岁的生育期内死亡。印度存在严重的重男轻女思想。跟家庭中的兄弟相比，女孩吃的常常是更差的食物，而且有病时更少得到诊治；虽然自 1987 年起烧死寡妇现象（在印度谓之"萨蒂"）得到禁止，但是，倘若女方的嫁妆没有满足男方及其家人的愿望，杀妻以及将寡妇赶出家门的事情依然时有发生。

除了妇女遭受歧视外，其他的社会丑闻也屡见不鲜。每年有170万儿童因饥饿而死亡；自20世纪90年代初对经济实行开放政策以来，有4000多万儿童死于营养不良。超过80%的民众生活在贫困之中。与大多数人生活艰难的状况形成鲜明对比，是一小部分人所拥有的巨额财富。美国自由之家基金会的调查显示，2001~2010年，共有14000多人在被警察关押时死于非命。每年死于警察拷打的人数约180万。司法机关腐败成风，玩忽职守到了触目惊心的程度。在孟买（即当年被英国人称作Bombay的城市），2008年12月遭受了一次来自巴基斯坦伊斯兰组织的严重恐怖袭击。在这座城市，2012~2013年，几乎90%的刑事调查案件在法庭上不了了之。

2014年4~5月，印度举行国会大选。这是世界上史无前例的最大规模的自由选举活动，印度教－民族主义政党——印度人民党大获全胜。他们从此前执政的国大党和其他多为地方性政党的手中夺得了大约200个议席，从而赢得了议会的绝对多数。印度人民党的竞选人纳伦德拉·莫迪（Narendra Modi）自2001年起任西部古吉拉特邦的政府首脑，并在当地大刀阔斧地推行发展经济的政策。在莫迪的支持者眼里，古吉拉特邦高速发展的经济充分证明，莫迪能够领导全印度走向新的经济繁荣。同时，他也为坚定不移地反腐倡廉带来了希望。

然而，穆斯林、基督徒和世俗知识分子却对莫迪当选深感忧虑。莫迪在八岁时参加了具有沙文主义倾向的印度教国民志愿服务团RSS。该组织成立于1925年，曾经先后以意大利的法西斯主义和德国的纳粹主义为顶礼膜拜对象。2002年2月，当他在古吉拉特邦开始任首席部长时，发生了极端的印度教徒对穆斯林的大屠杀事件，大约1000人在屠杀中丧生。对此事件，莫迪坚决表示不负有任何责任。

对绝大多数观察家来说，在莫迪当政期间，印度不大可能蜕变为一个非多元化的民主国家。2014 年春大选之后，传统的自由权利并没有遭遇到危机。但是，很少有迹象表明，背负唯我独尊政客名声的新政府首脑会用更大的热情和更多的成效致力于把这些权利变成 12 亿印度人的现实生活。在国家独立 65 年后，印度距离"圣雄"甘地曾经为之奋斗的理想还有很长的路要走。

　　巴西在 1982~1985 年结束军事独裁之后，也（重新）成了一个多元化的民主国家。从 2002 年至 2010 年，这个国家的最高领导人是当年的工会领袖路易斯·伊纳西奥·卢拉·达席尔瓦（Luiz Inacio Lula da Silva）。他任职总统的八年，不仅是推行严格的稳定政策和以"家庭补助金"（Bolsa Familia）及"零饥饿"（Fome Zero）为标志的社会改革的八年，而且也是腐败猖獗的八年。他的继任者、于 2010 年 12 月当选的、同样来自工人党的迪尔玛·罗塞夫（Dilma Rousseff）把同腐败现象做斗争作为自己上任伊始的首要任务。但是，若要治理这一顽症，远非其能力所及。2012 年，工人党的著名人士因涉嫌贿选被判刑。面对腐败，巴西大部分的司法部门也同样见利忘义，丧失了自己的职业操守。长期以来，巴西一直是一个暴力刑事犯罪率极高的国家，每 10 万居民中就有 26 起谋杀案（全球平均为 7 起）。多年来，在里约热内卢、圣保罗和其他百万人口大城市的"贫民区"（favelas）里，有组织的团伙跟警察一直在打游击战。面对种种贿赂诱惑而失去原则的警察，采用拷打的方式对收审关押人员刑讯逼供。根据美国自由之家基金会的调查统计，巴西的监狱人满为患，其情形与传统的人权观念相去甚远。

　　巴西经济快速发展带来的负面影响之一，是对自然环境的持续破坏，特别是亚马孙河及其无数支流流域，由大土地所有者、大康采恩和由国家批准修建的水坝和发电站对热带雨林造成的破坏。2003 年，卢拉总统任命 1988 年底遭到一名大土地所有者和他的儿子杀害的拯救雨林运动的先驱齐科·门德斯（Chico Mendes）的战友玛丽娜·席尔瓦（Marina Silva）为环境部长，此项任命多少起到了一些亡羊补牢的作用：亚马孙森林的滥砍滥伐得到了明显的抑制（据称减少了80%），但是，热带雨林中的电站和水坝的建设仍在继续，其中最具争议的，是建在印第安人居住区的 Belo Monte 水坝。2008 年 5 月，因未得到政府对其最重要的环保目标的足够支持，玛丽娜·席尔瓦辞去了环境部长职务。

2013 年夏秋，年轻人，特别是都市年轻人的不满和愤懑在一场大规模并伴有暴力行为的游行示威中爆发了出来。抗议的矛头不仅针对示威者所认为的、大城市中定价过高的公交车票，而且，还指向因巴西成功申办 2014 年世界杯足球赛和 2016 年夏季奥运会这样的面子工程而被忽视的基础设施、教育和医疗卫生建设。迪尔玛·罗塞夫执政伊始很高的支持率开始骤然下跌。作为对群众抗议的回应，这个巴西历史上第一位女性领导人承诺，将加大对基础设施建设，其中包括机场、港口和高速公路，以及中小学和大学建设的投资力度。然而，一项高达 1920 亿欧元的经济振兴计划最初并没有取得预期的效果：2014 年中期，巴西陷入经济衰退之中，通货膨胀率上升至 7%。如同印度一样，巴西展现在世人面前的是一个雄心勃勃的新兴国家形象，但它却忽略了为其经济发展应当及时打好基础的工作。

2014 年 10 月，巴西举行总统大选。在 10 月 5 日的第一轮投票中，现任总统罗塞夫获得了 41.6% 的选票。保守的社民党候选人阿埃西奥·内韦斯（Aecio Neves）得票率为 33.6%，民调中很长一段时间内热门的社会党竞选人玛丽娜·席尔瓦仅获得 21.3% 的支持率。在 10 月 26 日的第二轮投票中，迪尔玛·罗塞夫以 51.64% 的微弱优势胜出，内韦斯以 48.36% 惜败。在当选后的首次表态中，罗塞夫承诺，从现在起，她将坚决整治腐败现象，努力实现更多的公平公正，在第二届总统任期内要比第一届干得更好。良好的决心是否会付诸行动，巴西人民将拭目以待。

2013 年夏，在证券交易所受到起伏跌宕的股市风云冲击的亚洲新兴国家中，若干国家早在 15 年前就成了交易所危机，即 1997~1998 年发生的"亚洲金融危机"的舞台，如印度尼西亚、韩国、泰国、马来西亚、菲律宾和新加坡等。彼时，因房地产热造成的贷款泡沫、缺乏外国货币的担保以及巨额的外债等，构成了这场金融危机最重要的原因。尽管如此，2013 年的股市崩盘远不如 90 年代后期那样严重。9 月，亚洲股票的基本指数已经开始迅速上扬，很快达到了前一年同月的水平。亚洲"四小龙"的银行从 1997 年和 1998 年的危机中吸取了教训；如今，各国货币在很大程度上均可以兑换；政府之间的沟通比以前更加频繁有效。

尽管如此，2013 年夏的这场卷土重来的危机是一个危险信号。许多亚洲国家的经济要比迄今为止西方人的估计脆弱得多，有些国家的房地产投机比例非常高；腐败威胁着所有东南亚的"经济奇迹国家"，其中，印度尼西亚是最深受其害的十个东南亚国家联盟国家之一：2012 年，印度尼西亚在"透明国际"（全球活动的非政府组织）发布的、包括 176 个国家在内的"全球清廉指数"名单上排在第 118 位。倘若有朝一日来自西方的"快钱"大规模撤资，这个地区就有成为全球性地震震中的危险。

当自由之家基金会于 2013 年发布关于民主、法制和人权在全球传播的年度报告时，印度尼西亚再度出现在被定性为"自由"的国家行列中。自 1955 年以来的首次自由选举于 1999 年举行，这一年，苏哈托（Suharto）在亚洲金融危机和大规模群众示威游行之后，在军方逼迫下辞职。印度尼西亚不乏相互角逐的政党。2014 年，新建立的民主党候选人苏西洛·班邦·尤多约诺（Susilo Bambang Yudhoyono）赢得总统大选。宪法为人民的基本自由提供了保障，

/ 486

宗教自由原则上也不例外。

尽管如此，当美国国务卿希拉里·克林顿于 2009 年 2 月访问雅加达时，认为可以证明印度尼西亚正在走向牢固的民主制，这个结论下得未免为时过早。事实上，在印度尼西亚的拘留所中，警察仍一如既往对关押人员刑讯拷打。根据刑事法典的规定，只要是用于逼供，拷打用刑就不是违法行为。除此之外，国家不仅对武装暴力的伊斯兰团体对少数基督教人群的歧视和迫害睁一只眼闭一只眼，而且，尤多约诺总统还支持印度尼西亚的伊斯兰主要教派打击艾哈迈迪耶教派的行动。2011 年 2 月，有两名该教派成员在西爪哇岛被杀，案件以不痛不痒的处罚草草了之。巴布亚岛（Papua）东部和摩鹿加群岛（Molukken）上少数民族要求独立的和平抗议遭到镇压，警察因态度强硬而受到政府表彰。

推翻苏哈托独裁统治 15 年后，印度尼西亚在通往多元化民主国家的道路上还有很长的路要走。在 2014 年 5 月的议会大选中，苏哈托的女婿普拉博沃·苏比安托（Prabowo Subianto）将军的保守党赢得了大约 60% 的选票，雅加达特区首长、改革家佐科·维多多（Joko Widodo）的政党得票率为 40%。在两个月之后的总统大选中，维多多以 53% 对 47% 战胜了苏比安托，他的胜利让西方国家政府松了一口气。

相对于印度尼西亚，自由之家基金会于 2013 年可以更加毫无保留地将"自由"的标签赋予韩国。1987 年开始向民主制转变的韩国，得到了自由之家基金会的积极评价。2012 年 12 月，当保守的新国家党候选人、昔日独裁者朴正熙（Park Chung-hee）的女儿朴槿惠赢得总统大选时，这一方向依然未有任何动摇。

自 20 世纪 90 年代起，被西方几乎忽略的另一个东亚国家——蒙古国转变成了一个民主国家。1990 年，蒙古国举行了首次多党选举。1996 年，执政权落到了此前的反对派手中。在 2008 年 6 月的议会大选舞弊引发严重骚乱之后，2009 年 5 月，昔日担任过总理的反对派民主党人士的查希亚·额勒贝格道尔吉（Tsachiagiin Elbegdordsch）当选为总统。2012 年 6 月，他的政党在议会大选中成为第一大党。虽然蒙古的司法部门被自由之家评价为执法独立，但在贿赂的诱惑面前，其意志并不十分坚定。美国的自由之家基金会认为，腐败现象也是严重影响蒙古民主制度发展的一种障碍。

在非洲，自由之家于 2013 年将 10 个国家评为"自由"国家，其中有塞内加尔、加纳和南非。三个国家当中，加纳的人口以穆斯林为主，其他两个则以基督徒为主。在评估人员眼中，非洲的贪腐问题是影响自由发展的最大危险。在"透明国际"发布的包括 176 个国家在内的清廉排行榜上，昔日的法国殖民地塞内加尔排在第 94 位。与大多数撒哈拉以南的非洲国家不同的是，塞内加尔的军事政变从未成功过。在列奥波尔德·桑戈尔（Leopold Senghor）（至 1980 年）和阿卜杜·迪乌夫（Abduo Diouf）（至 2000 年）总统执政期间，塞内加尔是一个由社会党温和专制统治的一党之国。在 2000 年的总统大选中，阿卜杜拉耶·韦德（Abdoulaye Wade）领导的反对派民主党取得了胜利。2009 年 9 月，韦德宣布参加有宪法争议的第三次总统竞选。一年后，他又为其子、任能源部长的卡里姆·韦德（Karim Wade）增设了一个国际合作、国家计划和航空部部长的职位，从而引发了老百姓的强烈抗议和部分带有暴力的骚乱。不过，2012 年 2~3 月举行的总统大选风平浪静，共和国反对派联盟的候选人麦基·萨尔（Macky Sall）赢得大选。自由之家对塞内加尔的评价是：近年来，政治权力得到了明显加强，但是存在的问题是，民众的权利，特别是妇女的权利始终未得到尊重，对被关押人员用刑的情况时有所闻。

加纳，这个亦被称作"黄金海岸"的昔日英国殖民地，在 2000 年的总统和议会大选中经历了一次和平的权力交接：前独裁者杰里·罗林斯（Jerry Rawlings）为首的执政党将执政权移交给了反对派领袖约翰·库福尔（John Kufuor）。后者在 2004 年的总统大选中再度当选连任，但在 2008 年 12 月，他被反对派约翰·阿塔·米尔斯（John Atta Mills）所取代。米尔斯于 2012 年 7 月突然去世后，副总统约翰·马哈马（John Mahama）接替他的职位，并于半年后赢得总统大选。在加纳，基本权利不仅得到宪法的保障，而且也受到尊重。司法制度具有独立性，但是，根据自由之家基金会的评估，如同整个国家一样，在腐败问题上它并非一尘不染。

在"透明国际"发布的清廉排行榜上，加纳的排名为第 64 位，而南非的排名是第 69 位，在加纳之后。针对这个非洲最南部的国家，自由之家的专家们指责 2002 年再次当选的、来自非洲人国民大会的雅各布·祖马（Jacob Zuma）总统，涉嫌贪腐丑闻，试图干涉法院办案的独立性。除此之外，警察刑讯拷打和使用其他暴力手段，以及打击暴力犯罪，特别是打击强奸案不力，也受到自由之家的诟病。虽然 2011 年和 2012 年的数字有所下降，但是，南非依然属于杀人、企图杀人和持枪抢劫犯罪率最高的国家。自由之家的报告，将至少 34 名矿工于 2012 年 8 月在马瑞康纳（Marikana）附近的警察行动中死于非命，定性为最严重的国家暴力事件。诚然，工人斗争中的暴力并非总是来自警察一方，罢工者往往也难辞其咎。这里，暂且不论罢工者是自发的，即"毫无组织地"，还是在工会的协调之下进行罢工（最大的公会联盟 COSATU 是执政的非洲人国民大会党的一部分）。

2010 年，南非的经济严重下滑。数年前，它曾经被看作金砖国家"俱乐部"的候选国，并于 2010 年被巴西、俄罗斯、印度和中国增选为内部峰会的参与国。由于经济严重下滑，2013 年 10 月，国际货币基金组织甚至将其评估为全球增长最快地区之一——非洲的增长障碍。2013 年，南非的国民生产总值仅增长了 3%；2014 年，国际货币基金组织专家的预测为 3%~3.5%。为了有效解决失业问题（2013 年的失业率超过 30%，今后的长期失业率将超过 20%），需要有 6% 的增长率作为保证。南非仅在 2005~2007 年达到过 5.2% 和 5.6% 的增长率，——此数据仅仅是接近上述的差距。根据国际货币基金组织的结论，南非经济疲软的主要原因是经常发生的罢工，因此，它向工会组织发出了保持克制的紧急呼吁（其时，劳资双方达成了工资增长大约 10% 的协议）。除此之外，国际货币基金组织的分析师认为，高通货膨胀率（2013 年 10 月为 6.3%）、高负债率以及政府预算的高赤字和国民生产总值的高亏空，也是影响南非经济的重要因素。在 2013 年的前十个月中，这个非洲最南部国家的货币对美元的比价损失了将近 1/5，因此，它是新兴国家最危险的货币之一。

在民族英雄纳尔逊·曼德拉逝世半年后，尽管背负祖马总统的腐败丑闻，非洲人国民大会党在 2014 年 5 月的议会大选中，依然以大约 62.2% 的支持率再度成为第一大党。此次选举结果仅比 2009 年的选举结果少了 4.7 个百分点的支持率。由白人政客海伦·齐勒领导的反对派民主联盟获得了 22.2% 的选票，左翼激进的经济自由战士党得票率约为 6.4%。雅各布·祖马应该对大选结果感到满意：在其任总统期间，只要他得到非洲人国民大会党的支持，就不会有来自新议会的危险。

由自由之家基金会所绘制的这幅全球民主发展现状图，其色彩并非暗淡无光、漆黑一团。1973 年，只有 44 个国家有资格称得上"自由"，2013 年发展到 90 个国家。被评为"不自由"的国家共有 47 个，其中包括古巴、伊拉克、伊朗、沙特阿拉伯、阿尔及利亚和刚果共和国。被认为"部分自由"的有 59 个国家，其中有欧洲的阿尔巴尼亚、科索沃、波斯尼亚和黑塞哥维那、乌克兰、格鲁吉亚，以及大部分疆域属于亚洲的土耳其；亚洲国家有巴基斯坦、斯里兰卡、新加坡和菲律宾；阿拉伯国家有突尼斯、利比亚和摩洛哥；非洲国家有利比里亚、几内亚、肯尼亚和马达加斯加；拉美国家有墨西哥、委内瑞拉、哥伦比亚、玻利维亚和厄瓜多尔。

无论对这家美国基金会的评估本身有何种看法：倘若人们将人权作为社会进步的指南，那么，自由之家的结论既非我们欢呼雀跃的动机，也非我们心灰意冷的缘由。假如有人认为，专制体制的国家比民主政体的国家通常有更好的机会去实现丰衣足食的社会目标，这种推测是站不住脚的。在 124 个自 1980 年起连续十年取得至少 5% 增长率的经济快速发展国家中，有超过一半（52%）的国家是体制各异的民主国家，大约不到一半（48%）是专制政体国家。在 1973~2013 年的 40 年中，自由、法制和民主在全球范围内已经深入人心。至于这项事业能否有朝一日在这个世界上得以全面实现，还依旧是个未知数。

不论"自由""部分自由"也好，还是"不自由"也罢，在全球金融危机爆发五年后，没有一个新兴国家的状况符合乐观的观察家们在新世纪第一个十年伊始的预言。经济增长率普遍减缓下滑，尽管依然高于老牌工业国，但两者之间的差别不再那样显著。就人均国民收入而言，新兴国家中最先进的国家属于中等国家集团行列。它们已经明确把底层国家集团甩到了身后。然而，它们是否正朝着上层集团迈进，并非确定无疑之事。若要进入上层集团，它们还需进行根本的，特别是体制上和观念上的变革，首先是在高度的法制保障、对政府部门的信任和个人的发展空间方面尚需努力。如果不能赢得这一挑战，它们就将在社会学家所说的"中等收入陷阱"（middle income trap），即支离破碎的因而是不充分的进步的泥淖中徘徊不前。[11]

/ **492**

2012 年 12 月，一家主要的美国智库——大西洋理事会发布了一份题为《展望 2030：后西方世界中的美国领导战略》的备忘录。这份备忘录是一份介绍和阐述战略转换和"新意识形态地图"（a new "mental map"）的文件。这张地图旨在适应"后西方世界"（post-Western world）及"后威斯特伐利亚全球体系"（post-Westphalian global system）的新情况。在上述的全球体系中，各个民族国家的重要性在不断削弱，而非国家的组织机构、网络系统和叱咤风云的个人的地位在不断上升。备忘录的作者认为，由于中国和印度这样的新兴大国，以及重大的不确定性和财政紧迫形势等错综复杂因素的影响，美国的行动空间受到了很大限制。他们援引奥巴马总统制定的《2010 年国家安全战略报告》的观点，认为恐怖主义的核武器攻击是最严重的威胁。同时，他们还进一步指出，巴基斯坦可能是第一个出问题的核国家（first failing nuclear state）。备忘录不仅强调了同北约以及同欧盟国家协作的跨大西洋伙伴关系的重要意义，而且还强调了同亚太地区国家进行合作的重要性。作者提出建议，除了"搞好国内建设"，美国还应致力于谋求同传统伙伴的一种"协作式的领导"，加深同中国的合作，以及谋求美国在从马格里布到巴基斯坦的大中东地区（greater Middle East）的"危机之弧"（arc of crisis）中发挥更富有创造性的作用。

"后西方世界"概念反映了一种理性的认识，即非美国一家也非美国和欧洲一道，能够将行为的法则强加给世界。在 1989 年和 1991 年的时代转折之后，为期十年的单极世界已经一去不复返了。在这十年中，横跨大西洋两岸的西方世界的集体霸权——当然首先还是美国——比以往任何时候更加锋芒毕露、咄咄逼人，尽管世界在这个时期距离"成为西方"依然十分遥远。前些年中，美国毫不掩饰地表示，它对"世界警察"的角色感到厌烦，而且从财政的角度来说，它已无力满足相关愿望。在对利比亚和马里的干涉行动中，美国虽然起了重要的作用，却是一种时间上和财力上精打细算的作用。在叙利亚问题上，华盛顿在 2013 年夏末留给人的是一种光说大话的印象，而且最终将解决危机的主动权拱手让给了俄罗斯。不久以后，当奥巴马总统因为国内的预算危机取消他的东南亚之行时，这一地区被其拉拢的国家得出结论认为，针对口头上大肆宣扬的在东南亚及太平洋地区有所作为的说法，美国始终缺少一个深思熟虑的战略规划。世界正处在历史性的向新的尚未可知的架构过渡的阶段。或许，正如备忘录的作者们援引此前由国家情报委员会刚发表的《2030 年全球发展趋势》报告所说的那样，这个阶段可与 1815 年、1919 年、1945 年和 1989 年的转折年代相提并论。

/ 493

就大西洋理事会所建议的保持与欧洲伙伴的关系而言，双方于 2013 年 7 月开始着手制订一项酝酿已久且雄心勃勃的计划：《跨大西洋贸易与投资伙伴关系协定》（Transatlantic Trade and Investment Partnership，简称 TTIP）。在这个问题上，加拿大的行动更快一步：与欧盟关于自由贸易协定的谈判在 2013 年 10 月已经取得初步成果。倘若美国和欧盟之间达成预期的协议，那么，其结果将形成一个有 8.21 亿人口的自由贸易区，从而也是囊括世界经济 50% 的全球最大经济区。

关于建立一个比世界贸易组织（WTO）更大的自由贸易区的愿望，迄今为止并未实现。2001 年 11 月开始的在多哈回合贸易谈判（Doha Development Round）框架内的相关谈判进展极其艰难，最终于 2008 年 7 月被迫中断。但是，在 2013 年 12 月进行的新一轮谈判中，似乎达成了部分共识：在印度尼西亚巴厘岛召开的会议上，世界贸易组织的 159 个成员国达成一项协议，该协议在取消关税壁垒和烦琐手续的基础上，为全球贸易打开了方便之门。发展中国家和新兴国家得以保障了自己的权益，即为了保证本国人口的粮食供应，可以暂时保留对农业的某些补贴政策。然而，印度对这份临时协议表示不满。在按照自身条件与饥饿问题进行长期斗争上，印度始终坚持自己的权利不让步。2014 年 7 月 31 日，新德里必须表示同意的期限届满。三个半月后，即 2014 年 11 月中旬，美国的妥协终于使印度放弃了它对巴厘岛协议的阻挠。

在通往北大西洋自由贸易和投资协定的路上，存在着一系列难以逾越的障碍。与美国人相反，欧洲人对转基因食品，如玉米、大豆、甜菜、经荷尔蒙处理后的牛肉或用氯消毒过的鸡肉等，大多持拒绝的态度。而在美国，法国生产的某些益生菌奶酪品种被视作潜在有害健康的产品。此外，分歧还包括工业和服务产品所使用的不同标准，以及劳动条件、消费者保护和环境保护问题。在美国，大型企业在工业和农业中占统治地位；在欧洲，工业和农业领域中活跃着无数中小型企业，它们担心在外来大公司排山倒海式的竞争挤压中，仅有微小的生存机会。除此之外，欧洲人还对采取非公开仲裁法庭方式在协议中加以规定的投资保护表示忧虑。根据欧洲人的经验，在这些非公开审理的仲裁法庭中，大公司有极大的胜算打败各国政府和议会，从而使普遍推崇的"政治优先权"失去效用。最后，双方未解决的争议点，还有是否将文化领域纳入协定的问题。法国首先想要保护它的电影和音乐产业免受任何"美国化"的影响，这个希望也得到了欧洲其他国家的拥护。在德国，人们对图书统一定价的前途表示担忧。

在这些保留意见的背后，不仅仅是个别行业纯粹的物质利益在起作用。欧洲人不愿意在自由贸易所带来的经济收益祭坛上做出牺牲的东西，归根到底是它们总体的文化认同感。因此，人们应当对这些针对如下一个几乎无可反驳论据的重要物质和非物质原因进行一番思考，即北大西洋自由贸易协定提供了一个千载难逢的机会：总数只占世界人口 13% 的美国人和欧洲人，能够辅佐整个西方比新兴的非西方竞争国家取得更高的世界经济和政治地位。

《跨大西洋贸易与投资伙伴关系协定》的谈判刚拉开帷幕，会谈就被笼罩在美国国家安全局（NSA）搞国际窃听活动的阴影之下。2013 年 10 月，由于爱德华·斯诺登（现已在俄罗斯获得临时政治避难权）的揭露，人们了解到，在过去几年中，美国情报部门于一个月之内在法国搜集了 7000 多万条互联网的通信信息。此后不久，类似的事件也在西班牙被爆料出来。在这种情况下，美国立刻宣称（当然也同样针对法国），这些信息乃是由当地情报机关根据约定提供给美国。同样是在 2013 年 10 月，德国民众从新闻报道中得知，NSA 从位于柏林巴黎广场的美国大使馆，有计划地窃听德国总理安格拉·默克尔及她的前任格哈德·施罗德达数年之久。于是，德国政府的女领导人成了巴西女总统迪尔玛·罗塞夫和墨西哥总统恩里克·培尼亚·涅托（Enrique Pena Nieto）（他们二人相同的受害者角色在数周前已经公之于众），以及（据称有）其他 32 位国家元首和政府首脑的"同病相怜之人"。

《华尔街日报》一则可能由白宫授意的报道称，奥巴马总统于2013 年夏才得知 NSA 搞窃听活动的情况，并立即下令停止进行活动。报道起初未能起到平息柏林的愤怒情绪的作用。《法兰克福汇报》的一位主编贝特霍尔德·科勒（Berthold Kohler）评论道，美国在德国的表现如同一个"数字化的占领军"。美国和德国之间的信任关系遭到了持续性的动摇，其程度之严重，自 2003 伊拉克战争以来，无出其右者。

2014 年 1 月 17 日，奥巴马总统首次就世界范围内针对美国窃听行动的争议做出表态。他在司法部的讲话是一个各打五十大板的平衡手腕：一方面，他对 NSA 的间谍活动进行辩护，说它始终没有超出法律的框架并且十分必要，其目的是保护美国和它的盟友以及整个世界免遭恐怖袭击；另一方面，他承认窃听获取的大量信息隐含了被滥用的危险，并承诺愿意帮助解决问题，其中包括扩大法院的监督范围，以及在政府机构之外，对所获取的电子数据进行（不论何种方式）合乎规范的保存；今后不再监听盟友国家领导人的通话，把在这些国家的间谍活动限制在对于国家安全利益绝对必要的范围之内。

奥巴马总统在讲话中所宣布的措施，在美国得到了普遍积极的反响，盟国方面则持保留甚至是怀疑态度。德国将奥巴马的解释评价为试图挽回损失和朝着正确方向迈出的一步。然而，德国政府所谋求的一项"无间谍活动协议"在1月17日的讲话之后仍然杳无踪影。美国人和欧洲人之间关于安全优先还是自由优先的意见分歧依然存在。

土耳其和日本始终是战后西方国家最紧密的两个盟友。但是自2012年以来，越来越多的迹象表明，这两个国家出现了脱离西方阵营的倾向。在土耳其，新闻自由和游行自由受到了威胁。2012年3月，报纸报道有104名记者被关押在土耳其的监狱，其中64人是库尔德人。根据大赦国际的统计，2013年夏，在警察针对民众反对在受人民喜爱的伊斯坦布尔盖齐（Gezi）公园搞施工建设的行动中，有8000多人受伤，3人死于非命。在土耳其同以色列的关系问题上，同样让西方感到困惑的是，埃尔多安政府正在向阿拉伯国家反犬儒主义的"主流"思潮靠拢。

2014年3月，埃尔多安下令关闭推特的短信服务，原因是，此前有人在平台上公布了埃尔多安总理被窃听的电话，电话似乎证实了这位政府首脑和他的一个儿子卷入一桩涉及面甚广的腐败丑闻。不久，视频网页YouTube也被关闭，原因是上面出现了土耳其高官和军方人士的一段谈话，谈话涉及土耳其可能在叙利亚的军事行动。对这些爆料，埃尔多安的追随者不仅毫不理会，而且也对政府惩罚性地下令调离那些对腐败丑闻进行调查的、不受待见的检察官和警员置若罔闻。在2014年3月30日的地方选举中，执政的土耳其正义与发展党（AKP）的支持率明显增加。

一个半月后，即2014年5月中旬，位于土耳其西部索玛镇（Soma）的一座煤矿发生矿难，300多名矿工在事故中遇难。反对党指责安卡拉政府，为了不影响近几年经济的快速增长，政府置法律和安全规范于不顾，大力推进化石原料的开采。不仅于此，被埋在井下矿工的家属也同样对政府提出指责。对此，埃尔多安恼羞成怒，甚至在现场动手推推搡搡，从而使他在党内忠实信徒心目中的形象大打折扣。

尽管如此，2014年夏，埃尔多安在首次总统直接选举中参与竞选国家最高职位的决心无人可挡。7月1日，他被AKP提名为候选人。8月10日，埃尔多安在第一轮选举中即以大约52%的支持率获得了绝对多数。获胜之后，这位当选者在面对其国内政治对手时，讲话的口气比选战期间有所缓和。埃尔多安指定现任外交部长艾哈迈德·达乌特奥卢（Ahmet Davutoglu）为他的继任者。第二天，即8月27日，达乌特奥卢当选为AKP主席。埃尔多安的下一个战略目标已经露出庐山真面目：谋求建立法国第五共和国那样的土耳其总统制国家。

2012年，日本的政府权力更迭，以及前首相安倍晋三领导下的自民党的卷土重来，导致了倒行逆施的民族主义的重新复活。自民党的竞选纲领不仅要求取消宪法中的和平主义内容，而且要求彻底取消战后宪法的第97条规定。根据该项规定，日本人民的人权永远不容侵犯。在极端保守派眼中，这一条款意味的是对美国式的思想，亦即西方思想的奴颜婢膝。相反，将国家视为一切权利的源泉，因而反对与生俱来的权利的存在，则是符合日本传统道德的思想。

2014 年 7 月 1 日，安倍内阁做出决定，尽管不针对和平主义的规定对宪法进行修正，但是，未来将对宪法予以不同于以往的解释，即日本有权超出自卫的范围，参加诸如保护盟友国家这类集体自卫行动。在外交上尤为引发争议的，是对日本历史进行民族主义的篡改。与篡改历史如出一辙的是，安倍政府拒绝向其邻国，如中国、韩国或菲律宾等，就其战争罪行进行道歉；执政党在每年 8 月 15 日，即正式投降纪念日，在靖国神社公开对"二战"后因战争罪被处决的政客和军人表示认同。安倍本人于 2013 年 12 月 26 日参拜靖国神社的行为，引起了许多邻国的愤怒，特别是中国和韩国的激愤。日本政府背离西方政治文化的另一个信号，是 2013 年 12 月 6 日出台的一项法律。根据该项法律，"泄露秘密"将面临被处以最高十年徒刑的危险。此法在日本国内和国外皆被视为对新闻自由的打击。

2010 年底，在隶属于澳大利亚的圣诞岛（Christmas Island）附近海面，"南半球的"（down under）① 西方以戏剧性的方式不得不面对一个联合国和欧洲也同样无法推卸责任的问题：来自第三世界贫困地区及常常因国内危机而动荡不安国家的人群蜂拥而至。12 月 15 日，在一次船难事故中，89 名来自东南亚地区寻求避难的难民中有 50 人罹难。救援组织当即指责，以总理吉拉德（Gillard）夫人为首的工党政府的强硬态度要为这场悲剧负责。

刚于数月前上台的吉拉德总理的确叫停了其社民党前任陆克文（Kevin Rudd）对难民较为友好的政策。政府在澳大利亚西部和南部有目的地为男性难民设立了简陋的收容营。但是，将难民转移到邻近东南亚国家的"海上处置"计划遇到了很大困难。因最高法院

---

① "Down under"在英语中专指大洋洲。

的一项判决，与马来西亚的一份相关协议在 2011 年 8 月搁浅。一年之后的 2012 年 9 月，吉拉德政府与太平洋地区的邻国瑙鲁和巴布亚新几内亚就接收澳大利亚不愿意接收的难民问题达成一致。

陆克文于 2013 年 6 月将他的继任者赶下台后，改弦易辙，接过了吉拉德夫人对"海上难民"的强硬路线。6 月，他的政府与巴布亚新几内亚又签署了一项协议，允许澳大利亚将寻求避难的难民送往邻国。作为回报，巴布亚新几内亚获得了慷慨的经济援助。然而，工党在 2013 年 9 月的议会大选中未能扭转它的败势。大选的赢家是不折不扣的"强硬派"——保守派自由党主席托尼·阿博特（Tony Abbot）。阿氏不仅是一个激进的、彻头彻尾主张开采和出口澳大利亚矿产资源的经济自由主义者，而且对环境保护和面向未来的产业和移民政策均不予重视。他在竞选中承诺，今后将截住从印度尼西亚开往澳大利亚途中难民搭乘的船只，并强行令其掉头返航。

在欧洲，地中海沿岸国家是来自非洲和亚洲的"船民"想方设法要登陆的第一站。没有确切数字统计，在前往土耳其海岸对面的希腊岛屿、意大利的兰佩杜萨岛、马耳他，或是在经过直布罗陀海峡前往西班牙途中，有多少人溺水身亡。仅在 2014 年 1~10 月，死亡人数就超过了 5000 人。当意大利于 2014 年 11 月初停止它在一年前开始的"地中海"（Mare Nostrum）救援计划时（超过 15 万人因此获救），遇难者的数字还将有增无减。其原因是，取而代之的"Triton"方案是一个负责共同边境安全的欧盟组织——欧洲边境及海岸警卫队（Frontex）的计划，该计划的区域行动半径要小于"地中海"，更何况欧洲边境及海岸警卫队本身的任务即是阻止非法人员进入欧洲。

在北非，西班牙的飞地梅利利亚（Melilla）和休达（Ceuta）试图借助高大的铁丝网来保护自己不受来自撒哈拉以南地区非洲难民潮的影响。美国也试图通过加强它与墨西哥边境地区的联系来阻挡所面临的来自拉美的难民潮。不仅澳大利亚，而且欧洲和美国都不可能在它们的领土上解决难民成群结队逃离出来的国家问题。为了给第三世界国家想要出国移民的人群提供帮助，除了有效的发展援助，简化合法移民的入境手续，也是西方国家力所能及之事。除此之外，欧洲还必须在受到移民浪潮严重影响的国家和其他国家之间，就压力的平衡问题达成共识。这就意味着，欧盟的相关法律（《都柏林第二公约》）将被抛弃，即难民只允许在抵达的国家申请避难的约定。采取平衡压力的步骤是不容推卸的责任，倘若西方不想在它的道德窘境中越陷越深的话：西方的政治实践和价值标准之间存在明显的差异，这些价值标准连同不容践踏的人权，是其矢志不渝的根本。[12]

/ 奉行冲突路线的普京：围绕乌克兰的东西方对峙

2013 年 11 月末，俄罗斯总统普京似乎赢得了一场外交上的重大胜利：在俄罗斯巨大的经济和政治压力下，乌克兰最高拉达（乌克兰议会）在与欧盟达成的联合协议即将于维尔纽斯召开的欧洲东部伙伴峰会上签署之前，中止了该协议的准备工作，并表示愿意与俄罗斯展开更加紧密的合作。乌克兰总统维克托·亚努科维奇和总理米克拉·阿扎罗夫（Mykola Asarow）政府的这一决定，挑起了一场严重的国内冲突。在拥欧派势力自发抗议之后，反对派党、尤利娅·季莫申科领导的政党（前总理季莫申科于 2011 年 8 月被关押，同年 10 月因所谓滥用职权罪被判处七年监禁，如今身患重病），以及拳击世界冠军维塔利·克利钦科（Vitali Klitschko）和激进的民族主义者奥列克·泰尼波克（Oleg Tjagnibok）领导的党派号召其追随者上街游行，数十万人响应号召走上街头，参加反政府示威活动。

12 月初，冲突升级。反对派群众设置路障，占领政府大楼，封锁通往议会的道路，并发出最后通牒，要求总统和政府下台。12 月 9~10 日，国家政权开始采取反击措施。政府下令，由情报部门的"金雕"特种部队占领季莫申科党派的总部，在几个广场进行清场，清理多处街道的路障。但是，在部队试图将示威者从占领的基辅市政厅和有象征意义的独立广场（Majdan）予以驱散时，行动未能成功。随后，治安部队于 12 月 11 日被撤回。12 月 13 日，显然是由于若干"行业寡头"的施压，政府继而宣布，仍将签署与欧盟的联合协议。与此同时，在华盛顿和布鲁塞尔的敦促下，政府向反对派发出号召，与政府进行圆桌对话谈判，并承诺不再对示威群众使用武力。12 月 13 日，双方举行会谈，但无果而终。

四天之后，即 12 月 17 日，亚努科维奇与普京总统在莫斯科会晤。普京将乌克兰称为盟友和战略伙伴，并且给这个濒临破产的国家提供一系列优惠，其中包括今后一段时间降低 1/3 的天然气价格，一笔高达 150 亿美元的贷款，以及承诺加大俄罗斯的投资和消除贸易障碍等。与欧盟的做法不同的是，普京没给这些"援助"捆绑内部改革和打击腐败的附加条件。为了做成这笔"生意"，亚努科维奇做了何种承诺，不得而知。他于 12 月 19 日在基辅召开的记者招待会上，暗示乌克兰可能加入由俄罗斯于 2010 年 7 月连同白俄罗斯和哈萨克斯坦一起建立的欧亚关税同盟。这时的普京俨然感觉自己是这场争夺乌克兰博弈的赢家。

2014 年 1 月 16 日，在未经事先宣布和讨论的情况下，基辅的议会以亚努科维奇的"地区党"、共产党和无议会党团身份的游散议员组成的多数，通过了一系列对游行示威权、议员豁免权、集会及新闻和言论自由权进行重大限制的法律。随后，基辅的暴力再次升级；反对派方面有多人丧生，数百人受伤；媒体上第一次出现了关于对反政府群众进行绑架、虐待和用刑的报道。不久，反对派势力先是在乌克兰西部，之后又在传统上亲俄的乌克兰东部几座城市开始包围和占领地区政府大楼。在被迫处于守势的情况下，亚努科维奇改变态度，向反对派做出让步。1 月 28 日，阿扎罗夫总理辞职。同一天，最高拉达议会取消了 1 月 16 日批准的带有镇压性质的法律。但是，大多数议员对赦免被拘捕示威者设置了各种条件，这些条件——撤离被占领的政府大楼、广场和街道，拆除在那里设置的路障等——遭到了反对派的拒绝。

/ 502

局势并未因此得到缓和。反对派继续坚持要求总统下台，回到2004 年的"议会制"宪法（该宪法于 2010 年被亚努科维奇出于加强总统权力授意进行修改），以及提前进行大选。政府当局回绝了这些要求。2 月 18 日，治安部队开始冲击独立广场，其间，不论是治安部队还是极端的反对派成员都使用了武器。2 月 18~20 日，在基辅的市中心，48 小时之内至少有 88 人丧生。除了金雕特种部队，是否还有俄罗斯情报机关人员混杂在狙击手中（大部分人皆死于狙击手的枪口下），至今仍是未解之谜。莫斯科声称，极右翼的乌克兰民族主义分子故意朝示威者开枪，对此，并没有证据可以证明。

2 月 20 日，欧盟通过制裁决议，倘若基辅政府继续使用暴力，制裁措施随即生效。同一天，所谓"魏玛三角"国家的外长——波兰外长拉多斯拉夫·西科尔斯基（Radoslaw Sikorski）、德国外长弗兰克-瓦尔特·施泰因迈尔和法国外长洛朗·法比尤斯——在基辅与总统和反对派举行会晤。稍后，普京本人的代表、人权事务专员弗拉基米尔·卢金（Wladimir Lukin）也加入了谈判。2 月 21 日凌晨，谈判取得一致：48 小时之内恢复 2004 年的"议会制"宪法，十天之内组成过渡政府，最迟至 2014 年 12 月，提前举行总统选举。

就在同一天，乌克兰最高拉达决定恢复 2004 年的宪法以及修改刑法法典，以帮助季莫申科于次日从监狱中被释放出来。声名狼藉的内政部长维塔利·扎哈尔琴科（Vitali Sachartschenko）被撤职。之后，形势急转直下：反抗行动变成了一场革命和政变交织在一起的混合体。当维塔利·克利钦科在独立广场上向人群报告谈判取得的折中结果时，抗议群众的嘘叫声打断了他的讲话。随后，极端民族主义"右区"组织（一个在独立广场上人多势众、崇尚暴力和有部分武装的少数派组织）的首领德米特里·亚罗什（Dmitrij Jarosch）在人群的欢呼声中发出号召：假如亚努科维奇至第二天上午 10 点不辞职下台，就将冲击总统府。随后不久，亚努科维奇匆忙坐上直升机飞往东乌克兰，几天后又从那里前往俄罗斯。

2 月 22 日晨，反政府派占领了总统府；一部分基辅警察倒戈投向反对派；议会议长、亚努科维奇的一个忠实亲信辞职，并由季莫申科的追随者亚历山大·图尔奇诺夫（Oleksandr Turtschinow）取而代之。下午，乌克兰最高拉达在地区党众多倒戈者的帮助下，解

除了亚努科维奇的职务，并将新的总统选举日确定为 2014 年 5 月
25 日，与欧洲议会选举同日举行。图尔奇诺夫当选为过渡总统，尤
利娅·季莫申科的祖国党领导层的"大总管"阿尔谢尼·亚采纽克
（Arsenij Jazenjuk）在得到"独立广场委员会"的批准后，于 2 月
27 日出任临时总理。

在亚采纽克任总理的政府内阁中，除了专家，还有独立广场上
的积极分子和民族主义的乌克兰"自由党"的成员；总检察长一职
也由后者出任。乌克兰多年来经济凋敝、腐败猖獗，致使国家濒临破
产边缘，因此，国家的未来非常需要依靠国际货币基金组织、欧盟和
美国的援助，换言之，乌克兰只有承诺实行坚定的改革路线，才能得
到所需的援助。

决心不以乌克兰博弈的失败者载入史册的普京，以展示武力来
对基辅的权力更迭做出反应。2 月 26 日，亦即对俄罗斯来说乃是其
举办最成功的索契冬奥会结束后第三天，他下令在俄乌边境举行大
规模军事演习。然而，项庄舞剑，意在沛公，普京眼中的目标是讲
俄语为主的克里米亚半岛。该半岛于 1954 年在赫鲁晓夫当政时刚被
归属乌克兰社会主义苏维埃共和国，并自 1991 年起成为乌克兰国家
联合体中的一个自治共和国。根据叶利钦总统和库奇马总统于 1997
年和 1999 年达成的协议，这里驻扎着俄罗斯的黑海舰队。俄罗斯联邦
从 1997 年起开始租用塞瓦斯托波尔港，为期 20 年；2010 年，普京总
统和亚努科维奇总统又达成协议，在协议于 2017 年到期后，俄罗斯允
许使用塞瓦斯托波尔港基地 25 年，并有再续用 5 年的备选可能。

2014 年 2 月 25 日，克里米亚的亲俄罗斯和亲乌克兰（多数为
克里米亚鞑靼人）的游行示威群众之间爆发冲突。两天后，没有国
家标识的武装人员占领了位于辛菲罗波尔（Simferopol）的地区议
会，并强行要求选举亲俄罗斯的政客谢尔盖·阿克肖诺夫（Sergej

Aksjonow）为总理。阿克肖诺夫是一个分离出来的党派主席，背负与团伙犯罪有瓜葛，甚至参与雇凶谋杀案的不良口碑。他上任后所做的最初几件事之一，就是请求俄罗斯联邦帮助新政府保护克里米亚半岛的俄罗斯居民。2月27日，克里米亚议会决定，就半岛的未来归属问题举行全民公投。公投最初定于5月25日，但不久又提前至3月30日举行。同样是在2月27日这天，俄罗斯联邦向逃亡的亚努科维奇做出为他提供保护的承诺。2月28日凌晨，身穿俄罗斯军服，但没有军衔和国家标识的士兵占领了克里米亚的两个战略上至关重要的机场，一个位于辛菲罗波尔，另一个位于塞瓦斯托波尔。

2月28日晚，有来自基辅的报道称，大约2000名俄罗斯士兵出现在克里米亚自治共和国，俄罗斯的武装力量封锁了半岛的空域。俄罗斯杜马的议员要求给生活在克里米亚半岛和东乌克兰的俄罗斯人授予俄罗斯国籍。3月1日，普京要求杜马和联邦委员会赋予他对乌克兰进行军事干预的全权。第二天，新任命的乌克兰海军司令倒向俄罗斯一方。据估计，投入到克里米亚的俄罗斯士兵这时已达8000人。从乌克兰东部城市，不断传出关于亲俄罗斯和亲乌克兰示威者之间发生冲突的报道。在哈尔科夫（Charkow，乌克兰语为Charkiw）、顿涅茨克（Donezk）和敖德萨（Odessa），亲俄罗斯势力占领了政府大楼，并取下乌克兰国旗，升起俄罗斯国旗。由此可以看出，俄罗斯在乌克兰使用的手段与2008年分裂格鲁吉亚的阿布哈兹和南奥塞梯两个自治区的举动如出一辙。

西方的反应摇摆于两种策略之间，一方面威胁进行制裁，另一方面要求设立一个国际接触小组，以致力于政治解决乌克兰问题。奥巴马总统于2月28日警告说，俄罗斯必须为在克里米亚半岛上的军事行动付出"代价"。德国总理默克尔在3月2日的电话中，向普京提出了设立接触小组的想法，遭到普京的一口回绝。出发点相同的努力也来自联合国秘书长潘基文。3月3日，西方主要工业国家和日本达成共识，暂时停止 6 月在索契举行八国峰会的准备工作。英国外交大臣黑格认为这是一场 21 世纪最严重的国际危机，他的波兰同仁西科尔斯基将之称为自南斯拉夫国体继承战争以来最凶险的危机，德国外长施泰因迈尔视其为柏林墙倒塌以来最尖锐的一场危机。

/ 506

然而，美国及其欧洲盟国皆不愿意进行一场军事干预：若如此，将有引发第三次世界大战的风险。鉴于欧洲在很大程度上依赖俄罗斯的燃料供应，经济制裁的空间也受到局限：欧盟 36% 的天然气、31% 的原油、30% 的煤炭要从俄罗斯进口。克里米亚危机带来的经济后果已经足够触目惊心：3 月 3 日，全球股市下跌，莫斯科交易所更是下挫了 12%。俄罗斯央行将基准利率上调至 7%，试图抑制卢布比价跌宕和资本外流，结果适得其反，反而加快了股市的进一步跳水。

普京对西方的反应无动于衷。在 3 月 4 日的一次记者招待会上，他不仅把基辅的政权更迭称作由西方导演的一场政变，而且把亚努科维奇称为乌克兰的合法总统；在克里米亚半岛活动的不是俄罗斯士兵，而是当地的"自卫部队"，理由是，当地居民感觉自己受到基辅和西乌克兰极右势力的威胁。关于亚努科维奇是否还有政治前途的问题，普京未予回答，并且说道，俄罗斯与乌克兰之间的关系，要等到宣布举行的大选产生结果后方才可以确定。然而，普京暗示，他不会接受任何一种结果；俄罗斯对乌克兰的军事干预是最后的手段，倘若生活在那里的俄罗斯人请求相应的帮助的话。

不论这番前景展望如何具有多重释义，甚至岌岌可危，普京的明确态度——俄罗斯目前没有在克里米亚半岛进行军事干预的必要，足以让国际股市的行情，包括莫斯科股市的行情重新回升。每日新闻媒体的头条报道是何内容，均由普京说了算，而非美国国务卿克里。克里于 3 月 4 日在基辅与乌克兰新政府举行会晤，同时也走访了独立广场。除此之外，前一天股市损失惨重的俄罗斯天然气石油股份公司也上了头条新闻：它宣布，4月将取消2013年12月普京因亚努科维奇未签署与欧盟的联合协议而给予乌克兰的30%优惠的天然气价格折扣。采取这一措施的理由是，乌克兰没有按2月的天然气进口价格支付。

针对危机问题于3月5日在巴黎举行会晤的北约－俄罗斯委员会，未能使双方的立场有所松动：在普京的指示下，俄罗斯外长拉夫罗夫拒绝同乌克兰新政府的代表进行任何直接会晤。3月6日，克里米亚议会做出了一项使危机继续升级的决议：未同基辅的中央政府进行任何商议，议员们表示同意加入俄罗斯联邦。原定于5月25日、之后又提前至3月30日的全民公投，被再度提前至3月16日举行。联合国和欧洲安全与合作组织（OSZE）的观察员被拒绝进入克里米亚。与此同时，俄罗斯的部队和准军事的民兵组织将乌克兰的军事基地逐个置于其控制之下。

3月6日，美国以禁止入境和冻结资产的方式，宣布对俄罗斯制裁。欧洲理事会在布鲁塞尔召开的一次特别会议上做出决定，暂停与俄罗斯关于简化签证手续和一项新基本协议的会谈，并且以更严厉的制裁相威胁，倘若政治解决争端的努力不成功的话。各国元首和政府首脑承诺一项向乌克兰提供110亿欧元的援助计划，条件是，乌克兰必须进行紧迫而必要的改革。对此，普京的应答是宣布反制裁，其中包括没收外国财产等。除此之外，他还授意安全委员会"研究"接纳克里米亚加入俄罗斯联邦的问题，并且起草一项简化俄罗斯以外的领土并入俄罗斯，以及给生活在俄罗斯境外的俄罗斯族人授予国籍的法律。

在克里米亚举行公投的前几日，局势进一步恶化。克里米亚议会于3月11日决定半岛宣布独立。美国向波兰和立陶宛派出作战飞机以炫耀武力；北约宣布派遣预警机前往波兰和罗马尼亚。在乌克兰东部，亲俄罗斯和亲乌克兰势力之间的流血冲突愈演愈烈；来自顿涅茨克的报道称，有两人在冲突中丧生。在联合国安理会，一项于 3 月 15 日由美国提交的指控克里米亚公投属违法的提案，因俄罗斯的反对票而未能通过。中国投了弃权票。莫斯科未能阻止联合国全体大会于 3 月 27 日通过了一项内容相同的决议：100 个国家表示赞同，11 个国家反对，58 个国家弃权。

/ 508

3 月 16 日举行的克里米亚公投在投票率为 83% 的情况下，产生了 96.8% 的多数赞同加入俄罗斯联邦的结果。次日，克里米亚议会决定，向普京总统发出相关的"请求"。基辅的乌克兰议会以"部分全民总动员"做出回应。同样是在 3 月 17 日，欧盟外长在布鲁塞尔就下一阶段的制裁达成一致，即冻结账户，禁止俄罗斯的政客、军人和经济界的头面人物入境，但不包括普京和梅德韦杰夫在内。美国的态度更为强硬，并宣布实行首轮经济制裁。

俄罗斯吞并克里米亚半岛公然破坏了国际法。莫斯科的举动不仅违反了《联合国宪章》、1975 年《赫尔辛基最终法案》和 1990 年《巴黎宪章》，而且也违反了 1994 年 12 月 5 日的《布达佩斯备忘录》：俄罗斯、美国和英国在备忘录中向乌克兰、白俄罗斯和哈萨克斯坦保证，作为对这些国家放弃核武器的回报，尊重它们的主权和领土完整以及它们的政治和经济独立。自 1945 年以来，第一次有一个欧洲国家以牺牲另一个欧洲国家利益为代价强行扩张了自己的边界：这不仅是欧洲大陆历史上的重大事件，也是国际主权体系历史上的重大事件。

3 月 18 日，普京向国家杜马议员以及地方最高行政长官和"社会各界代表"发表讲话。讲话中，他谈到了"克里米亚共和国关于加入俄罗斯联邦实体的请求"，回顾了俄罗斯和克里米亚悠久的共同历史。其中，不仅提到了长眠在那里的俄罗斯士兵的墓地——由于他们的英雄壮举，克里米亚于 1783 年归属到了俄罗斯的统治之下——而且还提到了作为黑海舰队故乡的塞瓦斯托波尔。他谴责赫鲁晓夫时代把克里米亚纳入乌克兰是一种危险之举和对俄罗斯的掠夺。他联系德国问题，将克里米亚加入俄罗斯联邦比作俄罗斯曾经予以大力支持的德国重新统一。

这位克里姆林宫的领导人将基辅的政权更迭称为"民族主义分子、新纳粹分子、仇俄分子和反犹分子"发动的一场政变。他抨击一项由乌克兰最高拉达批准的、过渡总统并未签署的、剥夺俄语为官方语言地位的法律为骇人听闻之举。他驳斥西方对他在克里米亚半岛的所作所为的批评，并反唇相讥，谴责西方特别是美国在诸如科索沃危机问题上一而再再而三地违反国际法，并且挞伐西方通过北约东扩继续实行针对俄罗斯的"遏制政策"。他把基辅称作俄罗斯的众城之母和古老的基辅罗斯，以及是俄罗斯和乌克兰的共同起源。他认同与这个邻国的友谊，但是希望它尊重生活在那里的数百万讲俄语居民的利益。讲话过后，国家杜马上下两院于3月20~21日批准克里米亚加入俄罗斯联邦只不过是走过场而已。

西方以加大相应的制裁力度来回应俄罗斯对克里米亚的吞并：进一步扩大被禁止入境和冻结账户有关人员的范围。3月24日，美国、加拿大、德国、英国、法国、意大利和日本在海牙达成共识，停止俄罗斯八国集团峰会的成员资格。两天之后，奥巴马总统在布鲁塞尔的美国和欧盟峰会上强调，华盛顿依然视欧洲和北约是美国全球行动的顶梁柱。会议期间，由奥巴马暂时搁置的在中欧和东南欧部署导弹防御系统的计划重新启动。数天前，欧盟于3月20日同乌克兰新的国家领导人就签署共同协议的政治内容取得一致意见，基辅方面承诺进行彻底的法制和政治改革。次日，乌克兰宣布退出独联体（GUS）。

2014年3月之后，国际社会的注意力焦点由克里米亚半岛转到了乌克兰东部地区。有越来越多来自那里的报道称，亲俄罗斯的分裂主义分子占领了当地的政府机关大楼。这些分裂分子不断得到来自俄罗斯的军用物资补给，而且还有训练有素的战斗人员源源不断加入其中。在这些新加入的人员中，尤以拉姆赞·卡德罗夫总统名字命名的、绰号叫"卡德罗夫马仔"的、在当地反分裂战斗中获得经验的车臣人为数最众。据称，车臣分裂分子中的武装变节人员也在乌克兰东部混在右区党民兵中参与交战行动。

冲突的热点首先是顿巴斯（Donbass）煤田地区的顿涅茨克、斯拉维扬斯克（Slawjansk）和卢甘斯克（Luhansk）三座城市。亲俄罗斯势力每攻占一座堡垒城市，就从那里不断传出其政治对手遭到绑架、刑讯和杀害的报道。顿涅茨克武装分子的为首人物亚历山大·博罗代（Alexander Borodaj）的真实身份是俄罗斯人。亲俄罗斯的、大多数本身就是俄罗斯人的极端主义分子以及犯罪团伙于4月控制了斯拉维扬斯克。在这个分裂分子的堡垒城市，八名欧洲安全与合作组织的军事观察员于4月底被扣作人质。迫于俄罗斯等方面的压力，他们才于5月3日得到释放。"当地的"乌克兰治安部队长时间内不进行任何抵抗，许多警察和士兵纷纷倒戈，投奔新当权者。

4月17日，局势似乎一度出现缓和迹象。俄罗斯外长拉夫罗夫、他的美国同仁约翰·克里、乌克兰临时外长安德烈·德谢茨亚（Andrej Deschtschyzja）和欧盟外交与安全政策高级代表凯瑟琳·阿什顿在日内瓦就危机问题举行会晤并达成一致：解除所有包括亲俄罗斯分裂分子在内的非法势力的武装，撤出所有被占领的建筑物，对参与这些行动的人员予以赦免。但是，这一共识并未产生实际效果。俄罗斯继续为乌克兰边境的大量部队提供后勤保障。俄方曾几度宣布撤走这些部队，但直到5月底方才实施。

5月初，乌克兰部队在斯拉维扬斯克附近的一次战斗中，一架政府军的直升机被武装分子击落，两名军人丧生。5月2~3日，敖德萨的亲乌克兰分子用自制燃烧瓶在对手占领的工会大楼放火，40多名包括武装分子在内的亲俄罗斯人员死于非命。一周之后，港口城市马里乌波尔（Mariupol）的乌克兰部队和分裂分子发生激烈交火，有20多名民兵被打死。5月11日，当分裂武装与乌克兰部队激战正酣之时，分裂分子在顿巴斯地区举行关于建立"顿涅茨克人民共和国"的全民公投。据称，公投取得了绝大多数人支持独立并于今后加入俄罗斯联邦的结果，但是，公投事实上只得到实力比较强大的少数派的支持。

自5月14日起，由慕尼黑安全会议主席、德国外交家沃尔夫冈·伊申格尔（Wolfgang Ischinger）主持的、没有武装分裂分子代表参加的"圆桌"谈判开始举行。谈判对不继续扩大反对基辅中央政府的武装冲突地区，起到了决定性的作用。乌克兰最富有的寡头里纳特·阿克梅托夫（Rinat Achmetow）在顿涅茨克组织他的企业员工进行反分裂主义和平示威，他的这一努力也取得了相同的效果。但是，亲俄罗斯的武装分子以及俄罗斯的武装部队依然故我，毫无收敛和退让之意。

在5月25日总统选举的前几天，基辅方面的安全部队在乌克兰东部明确保持克制。根据民调显示，乌克兰民主改革联盟候选人佩德罗·波罗申科的当选（党主席维塔利·克利钦科为其参选主动辞职让贤）呼声最高。波罗申科是乌克兰的大富豪之一，靠生产巧克力发家致富，但很快就将他的产业扩展到了造船、车辆制造和电视台。尤先科当政时期，他曾出任外交部长，在亚努科维奇时代又担任经济部长。2013年末，他转而支持独立广场的抗议运动。5月25日，他以54.7%的支持率获得了绝对多数选票，从而使第二轮投票成为多余。尤莉娅·季莫申科获得约13%的选票，乌克兰"自由党"和"右区党"的候选人分别为1.2%和0.7%。西部和中部民众的投票率很高，东部则很低。 在分裂分子控制的顿巴斯地区，大多数投票站关闭，绝大部分选票被销毁。凡是在能够进行投票的地方，波罗申科的支持率均处于领先地位。在首都基辅，波罗申科最重要的盟友获得了胜利：维塔利·克利钦科以绝对多数票当选基辅市长。

自乌克兰发生政权更迭以来，俄罗斯媒体便不遗余力地将基辅的新政府称作"法西斯"和由西方操纵的政府。这些口号在乌克兰东部颇受亲俄罗斯人群的拥护。在5月23日乌克兰议会选举的前两天，普京在对西方工商界人士，特别是德国工商界人士的讲话中宣称，他将"尊重"作为乌克兰人民意志表达的选举结果；人们应当把大批俄罗斯部队从乌克兰边境地区的撤出行动理解为俄罗斯进一步表达良好意愿的姿态。然而，就在讲话的同时，俄罗斯联邦对亲俄罗斯分子的支持还在继续。并且，当基辅方面加强对亲俄罗斯的志愿参战人员的军事行动，夺回具有重要战略地位的顿涅茨克机场，双方的死亡人数继续增加，以及分裂分子又一次扣押欧洲安全与合作组织观察员作为人质时，这种情况依然没有丝毫改变。

5月22日，一幕被莫斯科诠释为显示俄罗斯强大实力的大戏开演：在对中国进行正式访问期间，普京与中国政府缔结了一项内容广泛的经济协定，核心部分是一份向东方的邻居长期供应总值达4000亿美元的天然气合同。然而，同中国达成的天然气价格明显低于俄罗斯向西方国家索要的价格。

5月29日，俄罗斯总统普京、白俄罗斯总统亚历山大·卢卡申科和哈萨克斯坦总统努尔苏丹·纳扎尔巴耶夫（Nursultan Nasarbajew）在哈萨克斯坦首都阿斯塔纳签署了一项关于建立欧亚经济联盟的协定（如前文所述，其前奏是2010年由这三个国家建立的欧亚关税同盟）。从欧亚经济联盟中，不仅将发展出一个向其他国家开放的欧亚经济联盟，而且将产生一个与欧盟相抗衡的东方经济联合体。

按照普京的如意算盘，维克托·亚努科维奇也应是参与建立欧亚经济联盟的伙伴。然而，普京不得不放弃乌克兰这个预期的最重要的伙伴国家。2014年5月底时，普京已经拥有了对东乌克兰的部分地区，即顿巴斯地区的某种影响力。但是，没有迹象表明，克里姆林宫的领导人会按照吞并克里米亚半岛的模式来谋求吞并这个经济凋敝的煤炭和工业地区。倘若如此，他的举动将立刻引起美国和欧盟大规模的经济制裁，俄罗斯同西方的关系将遭到长久且不可修复的损害。其时，普京所得到的一切，无外乎是使乌克兰东部地区陷入动荡不安的危局而已。对于这样一个破坏性政策所造成的长远后果，他本人似乎并不十分了然。

早在乌克兰危机之前，普京在西方的"宣传阵线"上就已有所建树。在"后共产党"左派眼里，不管俄罗斯有何举动，它始终是"十月革命"的鼻祖。普京在克里米亚半岛的所作所为不仅挑战了西方，尤其挑战了美国，就这点而言，他的行为在政治上给他增添了更多的同情和好感。在普京有意识争取拉拢的右翼政党方面（特别是法国的国民阵线和奥地利的自由党），传统的反美情绪与对俄罗斯式的"法律和秩序"游戏的青睐，包括对莫斯科政权的"同性恋恐惧症"的认同不谋而合。克里姆林宫的领导人打算削弱欧盟，甚至希望看到欧盟走向失败，这点并没有让民族主义分子感到不快；相反，却与他们推行的路线有异曲同工之处。即便是在美国的基督教原教旨主义分子那里，普京对几代同堂家庭生活方式等传统价值的捍卫，也得到了他们的喝彩和赏识。帕特·布坎南——这位当年罗纳德·里根时代右翼保守派睿智的发言人之一，不仅毫不避讳地赞赏普京的"保守派运动"，而且认为这位俄罗斯总统对未来的见解比美国人更有远见卓识。

/ 514

尤为引人注目的是德国（具有讽刺性的）所谓"理解普京的人"。在"对欧洲持怀疑态度"的德国选项党（AfD）于2014年3月在艾尔福特（Erfurt）召开的党代会上，该党的副新闻发言人亚历山大·高兰（Alexander Gauland）对普京的种族民族主义政策表示理解。他说："由于 1989 年后欧洲的和平秩序无处可寻，所以，俄罗斯总统就想起了一个古老的沙皇时代传统，即收回俄罗斯的土地。基辅是俄罗斯帝国的元细胞，俄罗斯不可能认为它可有可无，就像塞瓦斯托波尔一样，那里，俄罗斯士兵分别于 1855 年在克里米亚战争中，以及在 1942~1943 年与德国侵略者的战斗中，两度流血牺牲。"

在另一派政治阵营，即左派政党眼中，普京虽然不折不扣地违反了国际法，但他们认为，西方也同样触犯过国际法，——这就淡化了普京违法行为的性质。类似的看法也见诸基督教社会联盟副主席彼得·高威勒，前联邦总理赫尔穆特·施密特和格哈德·施罗德这样的社民党"老政治家"，以及前发展援助部长艾哈德·埃普勒（Erhard Eppler）和前勃兰登堡州州长马蒂亚斯·普拉策克（Matthias Platzeck）的言论中。对于俄罗斯所宣称的观点，即西方违反了自己 1990 年所承诺的北约不向东扩展的诺言，尽管与事实不符，但是，这种说法在许多电视节目中得到了对之表示认同的反响。

对于国内的"普京友好"浪潮和俄罗斯所搞的宣传攻势，联邦德国的黑红两党联合政府并未受到影响。默克尔总理和施泰因布吕克外长明确表示，倘若俄罗斯在乌克兰继续制造局势动荡，并且继续支持顿巴斯的分裂主义分子，他们将批准下一阶段即第三阶段的制裁行动。与此同时，柏林大联合政府的最高领导人在七国集团、北约和欧盟内部还积极寻求一种缓和争端的策略。当波罗的海东岸三国和波兰敦促在中欧和东南欧长期驻扎北约联合作战部队时（是对西方于 1997 年在北约－俄罗斯协议中所做的意向声明的质疑），德国如同北约大多数国家一样，赞同采用暂时的、轮流在北约东部地区增派部队的方式，而不是以剑拔弩张的方式来宣示对新北约国家的支持。在制裁和做出反应问题上，地中海沿岸国家和两个中东欧国家捷克

/ 515

和斯洛伐克属于持"缓行"态度的国家之列。数年前，亲俄罗斯的寡头在这两个国家中的政治影响越来越大。其中，2013年3月当选的、不久即备受争议的米洛什·泽曼总统在捷克起了举足轻重的作用。

对"俄罗斯最友善的"是两个90%以上的天然气皆需依赖俄罗斯供应的国家：由保守派总理维克托·奥尔班执政的匈牙利和主要在社会党组阁政府领导下的保加利亚。两个国家都积极参与由俄罗斯天然气巨头——俄罗斯天然气工业股份公司兴建的，绕过乌克兰把天然气从俄罗斯经过黑海输送到保加利亚、塞尔维亚、匈牙利直到奥地利的南部溪流（South Stream）的天然气管道工程。由于两国的积极参与，索菲亚和布达佩斯在很大程度上对由欧盟扶持的、与之竞争的 Nabucco① 项目的失败起了推波助澜的作用：修建一条从阿塞拜疆经土耳其到欧洲的天然气管道，从而在能源政策上减少欧洲对俄罗斯的依赖。由于俄罗斯天然气工业股份公司不只是天然气供应商，还控制着管线的接入权，从而与欧盟的竞争规则背道而驰，因而引发了2014年欧盟委员会与已开工修建管道的保加利亚之间的一场严重冲突。2014年6月，保加利亚表面上叫停了项目的建设——这是欧盟对保加利亚威胁予以制裁的结果。事实上，索菲亚政府试图采用俄罗斯天然气工业股份公司想出的一条瞒天过海之计，以躲过布鲁塞尔的规定要求：South Stream 管道工程变成了似乎不受欧盟管辖的"海底管道工程"。索菲亚和莫斯科之间的紧密关系依然故我，以至于在2014年秋政府换届之前，保加利亚在欧盟，同时也在北约内部一直被认为是个"不可靠分子"。

6月的第一周，欧洲的高层外交接触不断，频繁会晤，其中相当一部分皆与历史性的纪念活动有关。6月3~4日，巴拉克·奥巴马访问波兰。在他逗留的第二天，波兰为庆祝1989年首次半自由选举25

---

① 中文译为"纳布科输油管线"。

周年，以及为庆祝新纪元举行了纪念活动。美国总统于 6 月 4 日在华沙的公开演讲中向俄罗斯发出警告：如果俄国进攻北约成员国，那么，将被视为对西方联盟所有国家的进攻。随后，来自华盛顿的客人又公开会晤了当选的波罗申科总统，不仅向其承诺美国的声援和支持，同时还保证，西方并不逼迫乌克兰在"东方或西方"之间做出抉择，而是赞同基辅同莫斯科之间的良好关系。早在一天前，奥巴马就已宣布，美国将在 2015 年拿出 10 亿美元用以增加美国在中欧和东南欧的驻军人数。同一天，德国、丹麦和波兰的国防部长做出决定，增加由自己国家承担的、在什切青（Stettin）的多国部队司令部的人员数量。

6 月 4~5 日，七国集团的国家元首和政府首脑齐聚布鲁塞尔。这是自 1998 年以来主要工业国家领导人首次在没有俄罗斯参加的情况下举行会晤。各国领导人向普京发出呼吁：必须与乌克兰的新领导人进行合作，迅速和全部从乌克兰边境撤走俄国部队，停止对亲俄罗斯分裂分子的支持，确保这个邻国可靠的天然气供应。倘若俄罗斯拒绝满足这些愿望，那么，它将面临进一步的制裁。与此同时，各国领导人也向基辅方面发出警告：乌克兰政府在恢复本国东部地区法律和秩序的过程中，应当有节制地采取行动。俄罗斯总理梅德韦杰夫对这一声明迅速做出回应，他的评论是："声明玩世不恭，令人忍俊不禁。"

纪念西方盟国部队于 1944 年 6 月 6 日，即"D-Day"在诺曼底登陆，从而在欧洲开辟具有决定战争成败意义的"第二战场"的庆祝活动成了各国领导人外交活动的高潮。在诺曼底举行主要庆祝仪式的头天晚上，法国总统奥朗德在巴黎先同奥巴马，之后同普京进行了会晤，继之，普京和卡梅伦又进行了交谈。第二天，在诺曼底海滨，奥巴马和普京举行会谈。之后，更进一步的会谈在普京和默克尔之间进行。同样具有重要意义的是，普京和当选的乌克兰总统波罗申科不仅进行了双边接触，而且也进行了有默克尔参加的三边以及有默克尔和奥朗德共同参加的四方会谈。借会谈之机，普京和波罗申科呼吁乌克兰东部交战双方停火。单就会谈本身而言，它给人留下了某种缓和的印象。乌克兰局势不断升级的危险似乎比数天前有所减少，此前，有来自顿巴斯的消息称，数百人在激烈交火中丧生。

佩德罗·波罗申科于6月7日在基辅的乌克兰最高拉达隆重宣誓就职，美国副总统乔·拜登、德国总统约阿希姆·高克和欧洲理事会主席赫尔曼·范龙佩等外国贵宾出席了就职仪式。最引起轰动的是俄罗斯大使米哈伊尔·祖拉博夫（Michail Surabow）的到场，此前，他已有三个月未在基辅露面。在乌克兰新任总统部分用俄语所做的就职演说中，具有重要意义的内容是，他宣布将致力于他的国家尽快加入欧盟。波罗申科再次要求立即停止在顿巴斯地区针对乌克兰部队的武装行动，并承诺，只要分裂分子不向无辜人群开枪并放下武器，就将得到赦免，同时，将设立一条让俄罗斯志愿人员能够顺利撤回俄罗斯的走廊。波罗申科强调乌克兰的领土完整，表示愿意以谈判方式解决乌克兰东部问题。在热烈的掌声中，总统重申，乌克兰永远不会承认俄罗斯对克里米亚半岛的吞并，但并未述及以怎样的具体步骤来收回失去的领土。

俄罗斯对此做出了有限的积极反应。俄罗斯驻基辅大使把波罗申科称作一个值得认真对待的、可马上与之进行对话的伙伴。就在6月7日当天，普京下令宣布在乌克兰边境实行更严格的边境检查。这一举动看似是一种对西方和乌克兰所提要求的回应，即俄罗斯总统终于愿意阻止来自俄罗斯的志愿人员和各种物资为亲俄罗斯的分裂分子提供支持。

乌克兰争端开始半年后，几乎没有任何迹象表明，普京将成为这场由他挑起的国际力量博弈的赢家。虽然他把克里米亚半岛重新纳入了俄罗斯的版图，但他同西方的关系却遭到了持续损害。他不仅试图离间欧盟，也试图分裂北约，二者皆未能如愿以偿。他拉近了同中国的关系，却又不得不担心，俄罗斯在双边关系中始终处于一个弱者的地位。他借助"保守主义革命"的游戏方式，在西方民主国家的右翼边缘地带以及在中东和非洲的专制国家中得到了同情，但是，俄罗斯作为大国中的大国却并未从中有所获益。

如今，虽然与白俄罗斯和哈萨克斯坦共同建立的欧亚经济联盟已成为现实，但是没有乌克兰，这个联盟始终是个四肢不全的怪物而已。尽管亚美尼亚承诺加入欧亚关税同盟（从而放弃加深同欧盟之间的关系），但这并不能对乌克兰的缺席有所弥补。乌克兰东部深陷于流血战乱之中，然而，从长远来看，即便这个凋敝萧条的工业地区被并入俄罗斯的版图，俄罗斯非但不能从中受益，反而会增加自己的物质负担。经济上，俄罗斯不仅面临陷入衰退，而且还面临更多资本转移到经济繁荣国家的危险。虽然克里米亚行动之后，普京的威望如日中天，但是，上述新情况必然会使其声望大打折扣。2014 年 6 月之初，人们有足够的理由认为，俄罗斯吞并克里米亚得不偿失，而且其外交政策的转向势在必行。

尽管如此，西方国家并没有理由志满意得。长期以来，乌克兰国内四分五裂的状况（国家形成过程尚未结束的一种表现）没有得到美国和西欧国家的重视，或是重视程度不够，——欧盟即是如此。

正如一度在加入北约问题上一样，在同乌克兰进行联合协议的双边谈判中，欧盟给人留下的印象，是逼迫基辅方面做出"非东方即西方"的抉择。乔治·W.布什总统曾努力促使乌克兰（以及格鲁吉亚）加入大西洋联盟，但遭到德国和法国的抵制。德国和法国在对待这两个前苏联加盟共和国的问题上，要比美国更加注重俄罗斯的安全利益。当布什的继任者掌权时，局势已完全不同：奥巴马在乌克兰加入北约问题上的态度非常留有余地，甚至近乎持否定的态度。

就基辅方面而言，它也同样有必要进行一番自我反省。2014年2月政权更迭后，两件事对俄罗斯反对所谓"以法西斯手段"推翻政府的宣传活动起了极大的推波助澜作用，即乌克兰最高拉达试图给俄语作为官方语言设置障碍（未果），以及出于策略考虑让极右派的自由党进入过渡政府掌权。波罗申科在其就职演讲中，针对非中央集权和乌克兰文化的多样性所说的一番话，让人看到了另一种政策的希望。然而，新总统敦促他的国家尽快加入欧盟的迫切要求，却遭到了欧盟几个"老牌"成员国特别是法国泼来的冷水。乌克兰即使只是想取得候选国资格，也必须经历一系列的变革，这些变革确实要求它付出巨大努力。同时，变革所需的时间要比波罗申科自己似乎想弄清楚，或是想传达给他的国民的时间概念长得多。

/ 520

乌克兰总统选举三周后，还没有迹象表明，这个国家东部的冲突会得到很快解决。俄方所宣称的在乌克兰边境进行更严格的检查也完全是一句空话。相反，在6月上半月，除了其他军用物资，首次有坦克和火箭炮不受阻碍地越过俄罗斯边界进入由分裂分子控制的顿巴斯的部分地区。6月中旬，激烈的交战再度发生，卢甘斯克周围尤为如此。6月13日，乌克兰军队重新夺回了马里乌波尔。次日，一架乌克兰军用飞机在卢甘斯克机场降落时被亲俄罗斯的民兵击落，机上所有乘员（40名伞兵，9名机组人员）遇难。基辅政府和美国提出强烈抗议，并且明确怀疑击落飞机所用的武器来自俄罗斯。在乌克兰首都，愤怒的示威群众包围了俄罗斯大使馆。事件招致了莫斯科的强烈抗议。

纵然不发生此类事件，俄罗斯也必定会在6月16日停止它的天然气供应。俄罗斯联邦不仅要求把与亚努科维奇商定的天然气价格从每1000立方米268.5美元提高到485美元，而且要求预付款。基辅方面没有同意这些要求，并就此向斯德哥尔摩的主管仲裁法院提出状告。乌克兰暂时还不会陷入天然气供应的紧张局面，它的储气罐里还有充足的储备。

波罗申科总统于 6 月 20 日提出了此前已多次宣布过的和平方案的基本原则。其要点是：赦免无重大罪行的分裂分子，设立为俄罗斯和乌克兰的雇佣军离开危机地区的撤离走廊，国家体制的非中央集权化，辅之以更多的地方自主权，通过修改宪法承认俄语的官方语言地位，以及沿着俄乌边界建立十公里宽的缓冲带等。与此同时，波罗申科还宣布了一个为时七天的停火期，其间，分裂分子应当放下武器。但这些建议立刻遭到了分裂分子的一概拒绝。

不久，局势再度恶化。在波罗申科总统提出他的和平方案和单方面在乌克兰东部停火建议后的第二天，普京出于所谓的演习目的，下令驻扎在俄罗斯中部从伏尔加河经乌拉尔山至西伯利亚西部的部分俄罗斯部队进入完全战斗状态。同时，他再次向乌克兰边境增派部队，——理由是，该措施是为了履行诺言，更好地保障两国之间的边境安全。此前，基辅政府曾宣布，它的部队现在几乎控制了通往俄罗斯联邦的所有关口。北约对俄罗斯的最新步骤做出反应，要求莫斯科停止继续激化局势行动，积极参与到乌克兰东部局势的稳定和恢复和平中来。西方国家政府再次发出严厉制裁警告，从而有可能迫使普京在 6 月 21 日表态支持波罗申科的停火建议。6 月 22 日，波罗申科首次表示愿意同"温和的分裂分子"进行会谈。但是，在顿巴斯始终毫无停火迹象可言。分裂分子没有停止对乌克兰政府部队的攻击，向东西两个方向逃难的人流终日不绝。

/ 521

此时，西方国家越发感觉到，普京似乎变成了一个把魔鬼召唤出来，却又无法摆脱其魔爪控制的蹩脚魔术师。他似乎失去了对俄罗斯极力支持的、被俄罗斯国家媒体吹捧上天的分裂分子的影响力；俄罗斯的民族主义者开始指责普京，在西方公开介入乌克兰东部地区的威胁面前畏首畏尾，从而出卖了那里的俄罗斯爱国人士。西方的另一个解读方法是，普京口头上声称愿意进行和解谈判，行动上却继续奉行破坏乌克兰稳定以及与西方对峙的政策。

6月23日，发生了一件人们始料未及之事：经过基辅政府、欧洲安全与合作组织以及俄罗斯的代表——所谓接触小组的努力，顿涅茨克和卢甘斯克的分裂分子同意停火至6月29日。普京的私人代表、曾经在列昂尼德·库奇马执政期间当过总统府幕僚长的乌克兰寡头维克托·梅德韦丘克（Viktor Medwedtschuk）也参加了停火协议的谈判。6月24日，莫斯科方面又传来了另一个缓和信号：普京请求联邦委员会取消此前授予总统可以下令进军乌克兰的全权决定，次日，此宪法机关接受了这一请求。然而，6月24日的情况表明，一部分亲俄罗斯的分裂分子对此置若罔闻：一架乌克兰军用直升机被击落，机上九名乘员全部丧生。同一天，有人在斯拉维扬斯克向街头岗哨开枪，但没有人员伤亡。

面对如此局面，西方国家不会收回对俄罗斯采取进一步严厉制裁措施的威胁。6月25日，正当北约国家外长在布鲁塞尔就进一步行动举行磋商时，有四方参加的电话会议也同时进行。奥朗德总统、普京总统和波罗申科总统以及默克尔总理达成共识：为了稳定局面，在有俄罗斯参与的情况下，委托一个扩员的欧洲安全与合作组织小组对俄罗斯和乌克兰边境进行检查。与此同时，四方还就向分裂分子所提出的要求达成一致，即立即释放被作为人质扣押的欧洲安全与合作组织观察员。6月26日，接触小组的另一次会晤在顿涅茨克举行，其间，分裂分子表达了愿意进行谈判的意向。在后续的两天中，四名被扣押的欧洲安全与合作组织观察员被释放。6月27日，亦即在由基辅单方面宣布的停火建议期满这天，因分裂分子和乌克兰部队违反停火协议，至少有四名乌克兰士兵被打死。

就在乌克兰东部继续鏖战之时，波罗申科总统于6月27日在布鲁塞尔的欧盟峰会上，签署了欧盟与乌克兰之间伙伴关系和合作协议中的经济分项协议。对此，莫斯科立刻以威胁姿态做出回应：倘若协议的缔结给俄罗斯经济带来不利影响，乌克兰将面临严重后果。与此同时，莫斯科还向在同一天与欧盟签署伙伴关系和合作协议的摩尔多瓦和格鲁吉亚发出了同样威胁。波罗申科对布鲁塞尔签字仪式的评价与普京的反应截然不同：他把协议的签署称为是乌克兰自1991年独立以来最重要的事件。

还在布鲁塞尔停留期间，乌克兰总统于6月27日下午建议将顿巴斯地区的停火状态延长三天。建议所要求的条件之一是，立刻释放仍被扣押的四名欧洲安全与合作组织的观察员。乌克兰国内民众对波罗申科过多的妥协举动表示质疑：军队系统（包括志愿人员团体在内）和民族主义势力都对他向莫斯科做出的让步予以猛烈批评。同样是在6月27日，欧盟的国家元首和政府首脑发表声明，在当前情况下，他们愿意放弃进一步的严厉制裁，但是希望俄罗斯至6月30日星期一为止，为停火及和平计划谈判做出建设性的贡献。这个声明不啻一份最后通牒，在欧盟历史上尚属首次。

6月28日，第二批于5月底被分裂武装扣押的欧洲安全与合作组织人质重获自由。尽管是在停火期间，这一天仍然发生了多起亲俄罗斯势力攻击乌克兰部队的事件。6月29日，默克尔、奥朗德、普京和波罗申科之间举行了第二次时长约两小时的四方电话会议。会议过后，从柏林和巴黎传出的消息称，莫斯科和基辅的敌对立场有所缓和。就波罗申科而言，这一姿态的变化与他此前一天宣布的意向有关，即通过修改宪法增加地方实权，并且给予乌克兰东部地区在税收分配上更多的话语权。与此同时，默克尔、奥朗德和其他欧盟国家元首和政府首脑呼吁俄罗斯联邦，希望它在针对波罗申科和平方案的"实质性"谈判问题上采取具体步骤，并积极参与到从被分裂分子占领的三个边境口岸撤出的行动中来。在6月30日下午举行的第三次四方电话会议中，这些问题将是讨论的重点。

但是，西方的希望只是一厢情愿。普京非但不准备满足乌克兰提出的最重要的一条要求，而且也不愿意对从占领的边境口岸撤离做出保证。于是，基辅政府于 6 月 30 日晚做出决定，不再延长停火状态，并重新开始对分裂武装的打击行动。7 月 1 日，欧盟宣布对俄罗斯进行新的制裁，制裁措施是进一步禁止入境和冻结账户；7 月 11 日，相关的制裁决议生效，受制裁牵连的俄方人员增加了 11 人。欧盟再度高抬贵手，未采取经济制裁的严厉手段。

应德国外长施泰因迈尔的邀请，法国、俄罗斯和乌克兰外长法比尤斯、拉夫罗夫和克利姆金（Klimkin）于 7 月 2 日在柏林举行会谈。会谈的结果是达成了一项比 6 月 30 日的局面略有进展的协议。俄罗斯同意乌克兰接管包括被分裂分子占领的关口在内的所有通往俄罗斯联邦的边境口岸，欧洲安全与合作组织的观察员参与对边境口岸的监督工作。同样具有重要意义的另一项决定是，在此后三天中，由欧洲安全与合作组织、俄罗斯和乌克兰代表组成的接触小组必须就一项经得起考验的停火协议制定出原则性条款。

7 月 5 日，乌克兰军方报告，几乎未经战斗便夺回了斯拉维扬斯克，分裂武装已从他们这座迄今为止的堡垒城市撤出。与此同时，基辅方面建议就停火状态进行谈判，但是莫斯科方面未予回应。7 月 6 日，亲俄罗斯的或是俄罗斯的武装分子也从克拉马托尔斯克（Kramatorsk）撤离，并退回到顿涅茨克。之后几天中，有越来越多的消息称，俄罗斯加强了对分裂武装的武器供应，以及莫斯科容忍东乌克兰的"人民共和国"在俄罗斯招募志愿参战人员。对此，美国和欧盟于 7 月 16 日以新的制裁措施做出回应，并首次将俄罗斯的企业纳入制裁名单，指责它们积极参与破坏乌克兰的局势稳定。与此同时，欧盟中止了对俄罗斯的项目贷款。

7 月 17 日，乌克兰冲突重新升级：一架从阿姆斯特丹飞往吉隆坡的马来西亚航空公司 MH17 班机在顿涅茨克以东的乌克兰和俄罗斯边境地区上空被击落，机上298名乘客全部遇难。众多迹象表明，击落客机的元凶是亲俄罗斯的分裂分子，他们把客机当成一架乌克兰的军用飞机，攻击中使用的明显是一种俄制地空导弹。起初，亲俄罗斯的武装分子在坠机现场百般阻挠国际组织的调查工作，从而愈发加剧了事态的紧张程度。荷兰航空安全部门于9月9日的初步调查结果显示，飞机被大量"物体"击中，从而进一步增加了被地空导弹击落的可能性。调查报告的作者虽然没有触及责任人的问题，但是，所有迹象依然表明，分裂武装是事件的罪魁祸首。德国的情报机关在10月也得出了同样结论。

7月，著名的非政府组织人权观察以及联合国的人权委员会也公布了它们的调查报告。报告指责亲俄罗斯的分裂武装肆无忌惮地侵犯人权，其中包括绑架、使用酷刑和执行枪决等。同时，报告还对乌克兰军方提出了战争罪行的指控。7月底，美国和欧盟进一步加强了对俄罗斯的制裁力度，其中包括首次禁止军火物资的出口，以及针对某些企业集团的制裁措施，如禁止其进入西方金融市场等。

与此同时，俄罗斯和乌克兰之间直接军事冲突的危险不断上升，基辅方面的部队离顿涅茨克越来越近。在乌克兰的东部边境，莫斯科又重新集结了大量部队。根据西方观察家的估计，大约有2.1万名士兵已进入战斗状态。因此，波兰政府于8月6日认为，俄罗斯部队进入乌克兰的可能性迫在眉睫。北约也对此表示担忧。普京依然我行我素。同一天，他宣布了俄罗斯对西方最新制裁的回应措施：首先是禁止从欧盟、美国、加拿大、澳大利亚和挪威进口农产品。不过，有鉴于俄罗斯迄今为止对西方食品的依赖，反制裁很快就表明是一个伤及自身之举。

正当乌克兰东部的交战愈演愈烈之时，8月中旬，俄乌之间围绕俄罗斯给卢甘斯克居民提供人道主义援助的较量也随之开始。在莫斯科和基辅达成基本一致后，对大约280辆俄罗斯载重卡车组成的车队的控制，成了双方激烈争执的焦点。乌克兰方面怀疑，在车队装运的货物中，也有提供给分裂武装的武器和弹药。德国、法国、俄罗斯和乌克兰外长于 8 月 17 日在柏林举行新一轮会晤，但未取得任何实质性结果。

稍后不久，有消息称，普京总统和波罗申科总统愿意于 8 月 26 日借欧亚关税同盟国家元首会晤之际，在明斯克同欧盟委员会的代表进行会谈。对此，西方国家均持审慎的乐观态度。与此同时，倘若从善意观察分析的角度出发，另外两则消息可以被诠释为莫斯科愿意就其在乌克兰东部的行动进行重新思考的信号：8 月中旬，两个大名鼎鼎的俄罗斯联邦公民——"顿涅茨克人民共和国总理"亚历山大·博罗代及"国防部长"和当地民兵"总司令"伊戈尔·斯特列尔科夫（Igor Strelkov）先后辞职。东乌克兰当地的分裂分子被任命为他们的继任者，其中东乌克兰人亚历山大·扎哈尔琴科（Alexander Sachartschenko）出任所谓"顿涅茨克人民共和国总理"。然而，莫斯科的另一个行动却充满挑衅意味：未根据协议等待乌克兰海关人员的检查，俄罗斯援助卢甘斯克的车队就越过了邻国的边境。基辅方面认为，这是违反国际法的行径，甚至是一种侵略行为，但没有采取任何措施阻止车队继续开进。

在普京和波罗申科会晤之前，德国总理默克尔两度出访东欧，并将此当作向莫斯科释放的信号。8 月 18 日，她在里加表示，北约有义务对受到威胁的成员国提供帮助。8 月 23 日，即《苏德互不侵犯条约》签署 50 周年这天，她在基辅承诺，向乌克兰提供慷慨的人道主义和经济援助，其中 2500 万欧元用于修建难民营，5 亿欧元作为贷款担保用于保障基辅的水电供应。两天之后，默克尔的东道主波罗申科总统解散了乌克兰议会，并确定新大选在 2014 年 10 月 26 日举行。在明斯克会晤时，波罗申科和普京都强调了他们的和平愿望和进行对话的意向。俄罗斯总统甚至原则上同意他的乌克兰对话伙伴的和平方案。

普京的承诺不久即被证明是空话套话。8月27~28日，大量从顿巴斯传来的消息称，俄罗斯部队入侵了东乌克兰地区。分裂武装首领扎哈尔琴科宣称，有3000~4000名正在休假的俄罗斯士兵自愿加入保卫"顿涅茨克人民共和国"的行列。北约估计，在乌克兰领土作战的俄罗斯部队超过1000人，同时，它还公布了证明有俄罗斯部队存在的卫星照片。波罗申科于8月28日将之称为俄罗斯的入侵行为。欧盟的国家元首和政府领导人随即于8月30~31日在布鲁塞尔召开的特别峰会上，委托欧盟委员会制定针对俄罗斯的新的和更严厉的制裁措施。

对乌克兰来说，分裂武装和俄罗斯部队向亚速海沿岸地区的推进似乎存在更大的危险。8月27日，分裂武装和俄罗斯部队占领了小城新亚佐夫斯克（Nowoasowsk），紧接着又向战略地位十分重要的马里乌波尔逼近。对于乌克兰军方来说，此举即意味着开辟"第二战场"。普京在乌克兰东南部地区问题上一而再再而三地，尤其是于8月29日明目张胆地给亲俄罗斯的武装分子释放信号，使用了"新罗西亚"（Noworossija）这一沙俄女皇叶卡捷琳娜时代的概念。此举让基辅方面愈发怀疑，俄罗斯总统的战略目标，是要建立一个通往克里米亚，甚至是通往德涅斯特河流域（Transnistrien）的陆地跳板，从而达到肢解乌克兰的目的。尤其引起西方警觉的是，普京在8月31日的讲话中，明确对乌克兰东南部地区"自己的国家地位"表示支持。

9月1日，克里姆林宫发言人出来辟谣，宣称俄罗斯联邦总统的讲话不是要将"新罗西亚"变成一个独立的国家，而仅仅指的是这个地区的自治地位云云。对此，西方国家并不买账。而且，当亲俄罗斯分裂势力的代表于同一天在明斯克同"接触小组"进行会晤，采取了与发言人相同的立场时，西方国家也没有听信他们的解释。对于意大利《共和国报》于9月1日刊载的普京所讲的一句话，莫斯科方面未出面进行辟谣。根据这家报纸的报道,克里姆林宫领导人在同欧盟委员会主席何塞·曼努埃尔·巴罗佐的电话会谈中曾表示,只要他愿意,他可以在两周内拿下基辅。莫斯科方面只是声称,报纸的报道是掐头去尾,断章取义。

2014年9月1日是纳粹德国策动第二次世界大战75周年的日子。这天,在1939年战争爆发的地方——波兰但泽市附近的维斯特布拉德半岛(Westerplatte)上举行了纪念活动。活动仪式上,波兰总统布罗尼斯拉夫·科莫洛夫斯基和德国总统约阿希姆·高克分别发表讲话。两人在讲话中皆未回避当前的局势,而且对俄罗斯破坏所有和平解决争端协议的做法进行了抨击。高克总统指出,俄罗斯实际上已经废止了1997年签署的北约-俄罗斯之间的基本协定。波兰的著名知识界人士,其中包括当年的抵抗战士、奥斯维辛集中营的囚徒和后来的外交部长瓦迪斯瓦夫·巴托谢夫斯基(Wladyslaw Bartoszewski)以及电影导演安杰伊·瓦伊达(Andrzij Waida),在但泽市举行的德国入侵波兰纪念日活动上发出呼吁,提醒西方国家,尤其是提醒法国和德国,警惕针对普京的"绥靖"政策。当日,丹麦前首相、北约秘书长安诺斯·福格·拉斯穆森宣布,为了保护中欧和东南欧的成员国,北约将给它现有的快速反应部队装上一支"箭头"。乌克兰方面宣称,正在考虑申请成为西方军事联盟的成员。

同样是在9月1日,俄罗斯部队和亲俄罗斯武装攻占了战略地位十分重要的卢甘斯克机场。鉴于亲俄罗斯武装在同乌克兰部队战斗中面临的颓势,俄罗斯几乎毫不掩饰的意图开始收到效果:分裂武装逐渐占得上风,乌克兰部队节节败退。次日,欧盟新任命的外交委员、意大利外交部长费代丽卡·莫盖里尼(Federica Mogherini)在欧洲议会上针对乌克兰冲突的最新局势进行评论时指出，与俄罗斯的"战略伙伴关系"已不复存在，莫斯科是危机的始作俑者。对于西方的决心和基辅政府投向北约怀抱，俄罗斯外长拉夫罗夫立刻做出回应：俄罗斯正面临威胁，因而将加强它的军事戒备。

9月3日上午，形势顷刻即变：乌克兰总统波罗申科通过他的发言人宣布，他和普京在一次电话会谈中达成了长期停火协议；然而，从普京周围传出的消息称，双方所持的立场有所接近，但是，俄罗斯不是冲突的当事方，因此，无权越俎代庖为东乌克兰的亲俄罗斯力量代言。旋即，乌克兰总统办公厅修正了之前的报道：双方就达成停火协议的方式达成了一致意见。在此同时，因参加威尔士召开的北约高峰会议抵达欧洲的奥巴马总统，在访问爱沙尼亚的过程中向波罗的海沿岸三国保证，美国对它们的支持不会动摇。

9月3日下午，普京从蒙古首都乌兰巴托发出了一份解决乌克兰问题的七点和平方案。方案的几个重要内容是：设置一个安全地带，由国际社会监督停火协议的遵守情况，以及设立一个"人道主义走廊"。根据西方观察家的分析，有迹象表明，普京的方案是一种策略上的伎俩。他"醉翁之意不在酒"，主要目的在于对北约峰会施加影响，并且让欧盟放弃对俄罗斯更严厉的制裁。基辅方面的反应则不尽相同：波罗申科总统原则上对和平方案表示赞同，而总理亚采纽克认为这是一个障眼法，并将俄罗斯称作一个恐怖主义国家；他的政府拒绝普京的和平方案。

北约峰会于9月4日在威尔士的纽波特（Newport）举行。会前，西方媒体已把此次峰会称作近几年来最重要的一次峰会（倘若不是自"柏林墙"倒塌以来最重要的一次峰会的话）。会议的第一天，波罗申科作为客人出席了会议。他宣布，第二天在明斯克接触小组的范围内开始与分裂武装进行谈判；从顿涅茨克和卢甘斯克共和国方面也传来了相同的信息，一项停火协议将于9月5日12点在乌克兰开始生效。次日，明斯克的谈判达成一项共识：9月5日，当地时间18点，停火协议开始生效；由欧洲安全与合作组织对协议的遵守情况进行监督。停火之后，双方交换战俘并撤走重型武器。

在纽波特的北约峰会上，与会国家通过了一个所有成员国都能共同承担的应对方案。作为对中欧和东南欧成员国表示支持的一种姿态，北约将建立此前宣布的、大约由4000名士兵组成的、在两天至五天之内即可投入战斗的快速反应部队的一支"箭头"，并且将之归属于驻扎在什切青的司令部麾下。北约没有应波罗的海沿岸三国和波兰的特别要求在上述地区长期驻扎作战部队，而是应德国的敦请，就建立一支各国轮流派兵、长期存在的合成部队达成了共识。此外，北约也未应几个中东欧国家的要求，将1997年签署的北约－俄罗斯协议予以废除，而是充分利用协议中包含的加强西方军事存在的可能性。峰会上，北约再度向所有成员国发出呼吁，将它们2%的国民生产总值用于国防开支；同乌克兰方面达成了加强军事合作的协议，其中包括此前已计划好的2014年秋季的联合军事演习。

与此同时，欧盟成员国由它们驻共同体的大使作为代表，就针对俄罗斯新的制裁措施达成一致。新措施主要涉及金融、能源和军事领域，除了其他企业，俄罗斯的国企——俄罗斯天然气工业股份公司下属的一个子公司也在制裁的名单中。制裁措施还包括进一步禁止入境和冻结账户。法国暂时中止了与俄罗斯的一项协议，根据此协议，法国需向俄罗斯交付两艘可用于登陆作战的"西北风"级两栖攻击舰。制裁于9月12日开始生效。欧盟同时声明，如果俄罗斯转变态度，它可以随时取消制裁。作为某种平衡策略和给俄罗斯留有余地，欧盟同乌克兰的联合协议将不按原计划于2014年11月1日生效，而是于2015年底或是2016年初生效。推迟生效的背后意图在于，采用"附件"的形式让协议能随俄罗斯利益的变化而变化：这是欧盟在乌克兰争端问题上一次重大的自我修正，甚至是承认在以往同乌克兰的谈判中存在着疏漏和未尽事宜的情况。

9月5日12时在东乌克兰地区开始生效的停火虽然被证明十分脆弱，但最初总体上得到了双方的遵守。西方国家仍在继续揣测，普京"仅仅是"想在顿巴斯地区建立一个跟以往一样被伪装起来的俄罗斯保护国，亦即一个通往克里米亚半岛或是德涅斯特河流域的陆地桥头堡，还是要将整个被称作"新罗西亚"的地区纳入其控制之下。就从政治上分裂和搞乱乌克兰而言，普京如今已向此目标靠近了一步。他不仅暴露了波罗申科总统和亚采纽克政府之间的政治分歧，而且使极端民族主义势力有了底气。在顿巴斯和马里乌波尔周围地区的参战人员中，这些极端民族主义势力的志愿部队占了很大比例。

志愿参战人员中最极端的一支部队是所谓的"艾达尔河"①营。大赦国际在9月初指控这股部队绑架、虐待、勒索，甚至还有行刑杀戮行为。民调显示，一个右翼党派，即以奥列格·莱亚什科（Oleh Ljaschko）为首的激进党，很可能在10月举行的议会选举中紧随波罗申科和克利钦科的政党成为第二大党。虽然俄罗斯截至9月中旬从东乌克兰撤走了它的一部分部队和装甲车辆，但是，根据北约的情报，9月11日还有1000多名俄罗斯士兵违反国际法一直留在乌克兰境内。毫无疑问，自8月中旬以来，政治和军事力量的天平已经倾向俄罗斯一方。

2014年9月16日，斯特拉斯堡的欧洲议会和基辅的最高拉达同时批准了欧盟和乌克兰之间的合作协议。协议的经济部分将在2016年初生效，生效前这段时间用来就俄罗斯的异议进行谈判。同一天，乌克兰议会在秘密会议上通过了以给予顿巴斯地区广泛自治

---

① "艾达尔河"（Ajdar）是流经俄罗斯和乌克兰的河流，属于北顿涅茨河的支流，全长264公里。

权为内容的法律，从而激起了民族主义者的不满和愤怒。

几天后，从基辅、明斯克和莫斯科分别传出了相互矛盾的消息。据悉，俄罗斯继续向克里米亚半岛派出了约4000名士兵组成的部队；在顿涅茨克方向，特别是在机场地区有猛烈的爆炸、火箭弹袭击和炮火攻击；但大多数情况下，由何方所为无从查证。9月20日的消息称，在由列昂尼德·库奇马主持的谈判中，乌克兰政府和分裂武装在白俄罗斯首都就扩大停火协议范围达成一致。根据协议，将撤走外国战斗人员和重武器，阻止双方部队进一步向前推进，设立一个十公里宽的缓冲区。顿巴斯的地位问题仍然悬而未决。同样是在9月20日，又一支俄罗斯的援助车队（即第三支）越过了乌克兰的边境。

有迹象表明，基辅方面，或至少是波罗申科总统已对顿巴斯地区在不远的将来将长期处在基辅政府主权管辖之外的状况一筹莫展。在此背景之下，基辅政府宣布的措施，即在数月之内用电网和其他安全措施对乌克兰和俄罗斯之间的边界进行封锁，这也不过是为选举前的造势宣传罢了。如同波罗申科总统于9月22日正式通报的那样，截至8月底，乌克兰部队在东部作战行动中已经损失了65%的军事物资。缘此，9月20日的协议不啻是承认自己的失败。面对双方真实的力量对比，没有第二条可替代的路可走。

在乌克兰问题上，普京将借2014年10月16~17日在米兰召开的、有来自亚洲和欧洲51个国家的国家元首和政府首脑参加的亚欧高峰会议之际向西方表示妥协，以达到缓解经济制裁的目的，这个愿望并未实现。乌克兰东部的停火状况依然十分脆弱，严格实行《明斯克协议》的规定无从谈起。莫斯科宣称的从乌克兰边境地区撤走演习部队的行动，进展十分缓慢。尽管如此，在2014年和2015年冬季俄罗斯天然气供应问题上，基辅和莫斯科之间终于形成共识。经过艰难谈判之后，双方达成了一项由欧盟能源委员根特·欧廷格

（Günther Oettinger）斡旋的妥协方案。基辅方面承诺，至2014年底分两次向俄罗斯支付31亿美元的拖欠款，并且同意今后先预付后供气的协议原则。为了让乌克兰在协议于2015年底到期前有能力支付莫斯科所要求的每1000立方米天然气385欧元的世界市场牌价，欧盟从现有对乌克兰的援助项目中拿出7.6亿美元用以支持基辅政府。

2014年10月26日，乌克兰举行议会大选。克里米亚半岛和由分裂武装控制的顿巴斯地区的选民无法参加选举。亲西方的党派是这次大选的明确获胜者。根据大选前的预测，包括维塔利·克利钦科政党在内的佩德罗·波罗申科集团的得票率在30%左右，但是事与愿违，该集团仅获得21.8%的选票，排在刚成立的、以阿尔谢尼·亚采纽克总理为首的、支持率为22.1%的人民阵线之后。由于在直接当选的议员中（一半议席由他们获得），波罗申科集团候选人获得的席位多于人民阵线议员所获得的席位，因此，波罗申科的政党依然成了第一大党。联合政府将由两个势力最大的政党组成，已无悬念。

以利沃夫（Lemberg）市长安德烈·萨多维（Andrij Sadowij）为首的、新成立的"自助联盟"（Samopomich）获得了近11%的支持率，从而脱颖而出成为第三大党。紧随其后的是得票率为9.4%、前总统亚努科维奇地区党的继任者反对派集团。以奥列格·莱亚什科为首的右翼民粹主义激进党为7.4%，远低于此前的预测。尤莉娅·季莫申科的祖国党兵败如山倒，仅为5.7%。极右的自由党（4.7%）和右区党（1.8%），没有超过5%的门槛，却获得了几个直选议席，其中一个东乌克兰第聂伯罗彼得罗夫斯克（Dnjepropetrowsk）的议席由右区党的创始人德米特里·亚罗什获得。共产党（3.9%）未能进入乌克兰最高拉达。东乌克兰是反对派集团最强大的根据地。但是，总体而言，亲西方政党同样也是这次大选的赢家。2014年的危机增强了乌克兰人民的团结意识：这是让普京始料不及和大失所望的结果。

前任和新任总理亚采纽克强有力的地位不难使人相信，在对待莫斯科的立场问题上，未来基辅政府将采取比迄今为止波罗申科的做法更为强硬的态度。不过，倘若克里米亚半岛居民以及被分裂武装控制的顿涅茨克和卢甘斯克地区的居民能够参加投票的话，将会出现一个怎样的选举结果，仍然是个未知数。在由亲俄罗斯势力控制的地区，当权者宣布11月2日为选举日，而且，选举是按照其各自的"法律"，而不是根据9月5日的《明斯克协议》规定的按照乌克兰的法律于12月初进行。在这样的条件下，若想在不远的将来解决围绕顿巴斯地区的冲突，无异于痴人说梦。

10月26日的选举在西方不仅被普遍认为是乌克兰人民政治成熟的表现，而且也是民主发展的一个良好前提。大多数评论认为，弗拉基米尔·普京属于这次选举的失败者之列。选举的结果证明，俄罗斯针对基辅"法西斯分子"的宣传都是谎言。选举的获胜者，是拥护西方民主制度和承诺跟腐败现象做斗争的党派力量。这一结果不仅表明了乌克兰国内某种程度的稳定，而且被俄罗斯具有民主思想的反对派组织看作是对它们自身行动的一种激励。不论克里姆林宫究竟如何评价选举结果，俄罗斯外长拉夫罗夫都做了积极的公开表态：莫斯科尊重选举结果，并将同乌克兰领导人进行建设性的合作。

正如所预料的那样，11月2日在分裂主义分子的堡垒城市——顿涅茨克和卢甘斯克"人民共和国"举行的非法选举使当地的权势人物——顿涅茨克的亚历山大·扎哈尔琴科获得了76%的支持率，卢甘斯克的伊戈尔·普洛特尼茨基（Igor Plotnizki）也收获了64%的得票率。俄罗斯迅速表示"尊重"这一选举结果，而西方国家和基辅政府则认为选举是一场闹剧并且不合法。

选举结束11天之后，亦即11月15日，波罗申科下令从被分裂分子控制的地区撤出国家机关，并停止向该地区的财务汇款。此举不仅是对数量越来越多的军用物资被运过俄乌边境的回应，同时也等于承认基辅政府已失去对顿巴斯地区的控制。同一天，普京在澳大利亚布里斯班举行的 G20 峰会上无奈地看到，由于其在乌克兰咄咄逼人的行径，他在外交上陷入了极大的孤立和冷落境地。峰会上，他同德国总理默克尔进行了三个半小时的会晤（其间，欧盟委员会新任主席让 - 克洛德·容克也参加了会晤），之后发布的简短消息称，会谈未取得任何实质性结果。不久，默克尔在悉尼发表的一次讲话中指出，普京践踏了国际法，用旧日的思维将乌克兰看成是俄罗斯的利益范围，从而破坏了整个欧洲的和平秩序。在之后的讨论过程中，这位柏林的政府领导人指出，乌克兰的战火有波及格鲁吉亚、摩尔多瓦和塞尔维亚这些国家的危险。

2014 年 11 月 24 日，亦即乌克兰民众在独立广场举行游行示威一周年纪念日，亚采纽克总理在基辅组成了联合政府，其成员是他自己的政党，波罗申科和季莫申科的政党，即"自救"改革党和右翼民粹主义的激进党。所有这些党派合在一起，拥有了可以修宪的三分之二多数，从而超过了联合政府为修改 2010 年的一部规定乌克兰为不结盟国家的法律所需要的人数。在关于乌克兰是否将成为北约成员国的问题上，波罗申科打算在 2019 年前后由乌克兰人民通过一次全民公投来做出决定。这一打算不可能指望得到西方国家的赞同，同时也被莫斯科认为是一种挑衅。

围绕乌克兰的国际危机导致了自"冷战"结束以来最严重的东西方对峙。对此，所有各方在 2014 年秋都有相同的认识。对峙并没有像 1962 年秋古巴导弹危机一触即发时那样，导致双方用核武器进行相互威胁。只要双方皆尊重北约东部边界的划界线，此类情况就不会发生。然而，俄罗斯已不再是一个可靠的"战略伙伴"：这是

/ 536

普京的行为给西方带来的新认识。

就未来而言，对美国、北约和欧盟具有决定意义的是，用一套深思熟虑的组合拳，即用既准备对抗又准备合作的两手方式来对付俄罗斯。那么，这套组合拳究竟是何种形式，这个问题要由在诸多事务上意见严重分歧的国家交流协商加以解决。在乌克兰危机问题上，美国、北约和欧盟自始至终达成的是一条共同的行动路线。对此，2013 年秋把希望寄托在冲突对峙上的普京始料不及。

2014 年秋，西方观察家仍然无法肯定，普京是否会对顿涅茨克和卢甘斯克的"特殊地位"感到满意，抑或继续坚持其建立通往克里米亚半岛陆地桥头堡的目标。无论何种情况，俄罗斯皆可以扩大对顿涅茨克和卢甘斯克的控制。普京的这手好牌使他能够给基辅施加压力，同时破坏乌克兰的稳定。如果基辅政府进一步倒向欧盟，甚至倒向北约，那么，普京可以随心所欲地让乌克兰东部地区的紧张局势升级。而且，自 2014 年 11 月初以来，越来越多的迹象表明，他下了决心：根据欧洲安全与合作组织的观察，在俄乌边界有明显的部队越界行动；在顿涅茨克、卢甘斯克和马里乌波尔附近，再度发生激烈交火；停火协议如今只是一纸空文。联合国于 11 月 22 日公布，自 9 月 5 日以来双方在交战中的死亡人数为 957 人。

对于乌克兰来说，顿巴斯已经成了失去合法的中央政府管制和被莫斯科实际统治的地区。乌克兰危机爆发一年后，基辅和莫斯科之间关系没有任何缓和的迹象。正如围绕德涅斯特河流域、阿布哈兹和南奥塞梯的争端一样，围绕克里米亚半岛的争端同样也变成一种"冷冻状态的冲突"（frozen conflict）。然而，围绕东乌克兰地区的争端尚未处于这样的阶段：为此，那里每天都在大量流血。

/ 537

北约组织接纳一个尚未解决领土问题的国家（诸如乌克兰有顿巴斯和克里米亚）为成员国，乃是极不可能之事。这一由普京政策造成的结果，是对基辅的独立广场运动破坏了俄罗斯总统原本计划的某种补偿：没有乌克兰参加的欧亚联盟无异于是克里姆林宫领导人所寻求之目标的一幅漫画。更有甚者，普京推行的对峙路线，给俄罗斯的经济带来了严重的损害：卢布汇价急剧下跌（2014 年 1~11 月，对美元的汇率下跌了约 40%，对欧元下跌了 25%），同时通货膨胀率上涨（2014 年 11 月为 8.6%）。对俄罗斯的制裁虽然也使实行制裁的欧洲国家蒙受了损失，但俄罗斯联邦遭受的损失有过之而无不及。加之在乌克兰危机期间，没有一个国家像很大程度上依赖石油出口的俄罗斯经济那样，遭到了原油价格下跌的沉重打击。很明显，普京认为，俄罗斯的经济可以通过保护主义来弥补自身的结构缺陷和西方制裁造成的后果。面对不断推进的世界经济的全球化，普京的观点不啻是一种笑谈。

在此背景下，有众多迹象表明，普京的对外行动是对其内部虚弱的一种平衡，亦即他试图通过赢取国家面子的政策来对俄罗斯民众没有得到物质上的满足进行精神补偿。的确，由于不费吹灰之力夺回了克里米亚半岛，普京从中收获了不少支持率。但是，这一手笔是否足以长期巩固他的统治，在 2014 年底似乎尚未可知。普京在国内的强势统治基础，很可能被证明并非如此牢不可破。[13]

/ 一场选举的后果：寻找权力平衡的欧盟

2014 年 5 月 25 日，即乌克兰总统大选的同一天，三天前在荷兰首先拉开序幕的欧洲议会第八次直接选举在欧盟 28 个成员国落下帷幕。此次直选的投票率为 42.54%，略低于 2009 年 43% 的水平。投票率最低的国家是斯洛伐克，为 13%，最高者是卢森堡和比利时，为 90%（比利时当天还举行了全国议会大选）。与前次的直接选举相比，结合为欧洲人民党议会党团的基督教民主党和保守党丢失了 44 个议席，但仍然是实力最强的议会党团。紧随其后的是社会党和社民党，此次增加了八个议席。从得票分布情况来看，人民党议会党团为 29.4%，欧洲社会党议会党团为 25.4%。引起最大轰动的是右翼和左翼民粹主义的反欧盟及抗议党派的得票结果，它们共获得了 228 个议席，大约占欧洲议会议席的 1/3。

尤其让人警醒的是，若干 1989 年时代转折之前的"老牌"欧盟成员国的选举结果。在法国，右翼激进的国民阵线以 25% 的支持率上升为第一大党，排在共和党（20.8%）和执政的社会党（14.0%）前面。在英国，英国独立党斩获了 27.9% 的选票，工党的得票率为 25.4%，执政的保守党为 24.0%。右翼民粹主义组织在丹麦也成了第一大党，丹麦人民党收获了 26.6% 的选票。在希腊，左翼民粹主义的激进左翼联盟党以 26.6% 的得票率高居榜首，紧随其后的是保守的新民主党（22.7%）和新纳粹主义的金色黎明组织（9.4%），泛希腊社会主义运动及其同盟者仅获得 8% 的选票。在意大利，以朱塞佩·格里洛为首的、显赫一时的五星运动的选举结果乏善可陈（21.1%），原因在于，年轻的马泰奥·伦齐总理所领导的民主党大获全胜（40.8%），相比 2013 年 2 月的议会大选，五星运动损兵折将，丢失了 4.5% 的支持率。在荷兰，海尔特·怀德的右翼民粹主义自由党得票率为 13.2%，明显低于民调的预测结果。在德国，对欧洲持怀疑态度的德国选择党取得了7%的支持率，这一结果明显超过了2013年9月联邦议会大选时的支持率（4.7%）。

非主流党派势力坐大，其原因不尽相同。在大多数受危机影响的国家中，其中也包括法国，人民群众对本国"老牌"政党的抗议不仅超过了所有其他迫在眉睫的动机和要求，而且也超过了人们对欧盟愤怒不满的动机。在英国，民众对四处揽权、有意损害各国主权的布鲁塞尔官僚机构的厌恶，以及对来自东欧和第三世界国家移民潮的抗议起了决定性的作用。在丹麦，老百姓对来自其他文化圈的外来移民改变本国文化特征的恐惧心理也同样占据了上风。在德国，某种福利沙文主义的思潮开始公开表达自己的诉求：欧元区最大的国家不该为那些据称不会与钱打交道的国家买单。因此。有人从中得出结论，要放弃作为共同货币的欧元，或是将欧元限制在跟德国同样有预算理性的国家中使用。

此次选举中出现的一个新鲜事物是最高候选人的提名问题。"最高候选人"[①]这个概念是个德文词，在2014年春变成了英语和其他欧洲语言的一个外来词。社会民主党，特别是德国的社民党，率先提出这个概念，并推举由其提名当选的欧洲议会议长马丁·舒尔茨（此概念的创始人）为欧盟委员会主席职务的候选人。稍事犹豫之后，基督教民主党也借用了这一概念。"欧元小组"前负责人、多年担任卢森堡首相的让-克洛德·容克脱颖而出，成了基督教民主党的最高候选人。容克曾因2013年7月卷入国内一场情报机关丑闻，不得不宣布重新大选，并在大选后同他所在的政党一道退出了政府内阁。自由党、绿党和左派党也效仿两大政党集团的样板，选出了自己的最高候选人。所有党派皆希望，《里斯本条约》能促使委员会主席一职政治化，并借此东风朝着欧盟的议会化方向迈进一步。根

/ 540

---

① 原文为"Spitzenkandidat"。

据《里斯本条约》第17条第7款的规定，欧洲理事会经过商议后，应向欧洲议会提交一个"考虑到"选举结果的人事建议。

"最高候选人"的提法尤其在两位最有获胜希望的竞选人的祖国——卢森堡和德国起了宣传和动员作用。在英国，所有政党均对这一想法——得票更多的候选人即可自动出任委员会最高领导人——表示拒绝；荷兰、北欧国家和中欧及东南欧的新成员国对此反应冷淡，或是普遍兴趣索然。德国的选战颇为耐人寻味：虽然社民党用马丁·舒尔茨的名字和相片为其竞选造势，但基督教民主联盟的竞选广告则用的是默克尔总理的照片，而非让-克洛德·容克的头像。以此观之，若是将全部选举结果皆看成联盟党选民赞同选举前卢森堡首相为委员会主席，那是对选民决定的一种肆意解读。

尽管如此，（旧）议会主席团已于5月27日形成共识，此次授命容克，为当选委员会主席寻求多数支持。有鉴于此，从委员会领导人的议会化原则出发，同时也出于推举马丁·舒尔茨作为另一个欧盟领导岗位候选人的考虑（比如出任特殊身份的委员会高级委员），比之基督教民主党阵营，社民党阵营对基督教民主党候选人的支持更为坚决。基督教民主党集团的保留态度并不让人感到意外：容克在基督教民主党阵营内部不仅被看成是欧洲精英项目的化身，而且也被当作是"保持路线不变"的代表人物，这条路线似乎将推进中的欧盟一体化视作无须再做任何解释的顺理成章之举。除此之外，容克还被看作在其任财政大臣和首相期间将自己的国家——卢森堡大公国变成了一个国际大公司避税天堂的政治家。

同一天，欧洲理事会中来自英国、瑞典和匈牙利的保守党政府首脑——戴维·卡梅伦、弗雷德里克·赖因费尔特和维克托·奥尔班对容克作为委员会主席提出异议。很晚才对其卢森堡前任同事作为最高候选人表示支持的德国总理默克尔，不同意立即进行投票表决。虽然容克的候选人提名在5月25日能够获得有效多数（仅需达到这一多数要求），但是，此结果很可能带来与少数派的长期冲突，并加大计划中将举行的关于英国是否继续留在欧盟的全民公投出现"说不"的可能性。

根据《里斯本条约》文本，各国元首和政府首脑在考虑选举结果的情况下必须向欧洲议会提出人事建议，而欧洲议会不能对各国元首和政府首脑提出什么样的人事建议加以规定。然而，正如设在斯特拉斯堡的欧洲议会所努力实现的那样，有诸多考量证明迈向议会化这一步骤的重要性。其一，欧盟委员会的工作在债务危机期间已高度政治化：形势的发展在形式上要求将欧盟的这一机构置于议会制度的控制之下。其二，作为欧盟另一个执行部门和始终是最重要机构的欧洲理事会，需要一个与之对应的强大制衡机关。其三，欧洲议会想根本改变其民主合法性与始终存在的缺少实权之间不相称的地位。

欧洲议会的这一要求能否得到满足，同时又不会面临一场内部纷争的考验，是问题的关键所在。正当"冷战"结束以来东西方对峙最严峻的时刻，欧盟无法承受这种内部纷争的局面。在这种情况下，如何在两难的境地中寻找一条摆脱困境之路，是欧洲人民党阵营最有影响力的政治家——德国总理默克尔首先必须面对的一项任务。这里，关键的关键是要在各国元首和政府总理意见不尽相同的阵营中，努力找到一个平衡之策。

/ 542

默克尔与瑞典、荷兰和英国政府领导人弗雷德里克·赖因费尔特、马克·吕特和戴维·卡梅伦于圣灵降临节后的星期一，即6月9日，在瑞典首相位于哈布松德的乡村庄园会晤，依然未能获得突破性进展。但是，目前形势下所能预见的情况是，倘若容克当选，那么他的支持者就将做出相当程度的回报，即所谓的"当选让步"，换句话说就是，未来的委员会主席必须把一部分实质性的管理权从布鲁塞尔返还给成员国。此外，意大利总理马泰奥·伦齐也对容克持保留意见，同样说明了这一推断并非空穴来风。伦齐认为，这位卢森堡人不是一位适合的候选人，原因是，他无法放宽欧盟迄今为止的"紧缩政策"，从而达到有的放矢地促进有利于经济增长的未来投资，特别是对教育事业的投资。

应弗朗索瓦·奥朗德的邀请，隶属于社会民主党和社会党的国家元首和政府首脑以及欧盟的政府代表于6月22日在巴黎举行会晤。会上达成一致，将讨论制订一个比迄今为止更有利于经济增长的稳定和增长计划，并且，方向路线的调整将与一项强有力的政改措施结合起来。此外，与会者还在支持容克出任委员会主席的问题上达成了共识。社民党最高候选人马丁·舒尔茨也出席了巴黎会议，并将再度被选为欧洲议会议长。欧洲人民党阵营对此解决方案表示认可，但持保留意见：二人的当选任期不应当是整个任期，而应同现行做法一样，为半届任期。此前，德国社民党已撤回了舒尔茨将在委员会中担任某个重要领导职位的要求，原因是，安格拉·默克尔坚持认为，向委员会派出来自德国的委员人选，依然是柏林联合政府实力最强的政党——基督教民主联盟的权利。

将要讨论决定人事问题和具体事务的欧盟国家元首和政府首脑夏季峰会，于6月26日在比利时的伊珀尔（Ypern）召开。会议开始时举行了一个纪念仪式：100年前的1914年10月，在这个比利时小城的周围地区，发生了第一次世界大战三次重大战役中的第一次重大战役，数十万士兵在这里成为冤魂。第二天，会议在布鲁塞尔继续进行。在理事会常任主席赫尔曼·范龙佩就最重大问题做了初步说明后，几项讨论结果事先已经板上钉钉。由于戴维·卡梅伦坚持要针对容克的候选人资格进行正式投票，所以不言而喻，欧洲理事会将以有效多数通过这一人事决定，并且只有两位政府领导人——卡梅伦和奥尔班将投反对票。同样可以预见的是，"欧洲北方国家"减少集权主义和增强竞争力的要求，如同"地中海沿岸国家"坚持更多的促进增长政策的要求一样，将得到与会者的支持。

6月27日，欧洲理事会以全票对英国和匈牙利政府的两票，决定向欧洲议会提名让－克洛德·容克为委员会主席候选人。为了确保欧盟的团结，以及给委员会主席设置特定的职责目标，各国元首和政府首脑于6月27日就《变革时代欧盟的战略议程》达成一致。该《议程》不仅强调了促进就业、经济增长和提高竞争力的决心，而且通过一项特别由伦齐和奥朗德所坚持的"投资条款"同时兼顾了危机国家的愿望：特殊的投资项目，如国家对新建的能源管线、交通运输道路和通信设施的资金拨款，不应当计入政府债务范围中。理事会同意，为国际投资商开放内部市场，于2015年结束关于跨大西洋自由贸易和投资协定的谈判，以及完成旨在减少欧洲对俄罗斯的石油和天然气进口依赖的能源联盟的谈判。此外，理事会还表示，将杜绝欧盟公民滥用自由迁徙权钻国家社会福利空子的现象。

会议的这些共识完全符合被普遍认为是布鲁塞尔斗法失败者卡梅伦的想法。同样与他的观点不谋而合的是，德国和荷兰政府领导人默克尔和吕特承诺，将积极支持自由贸易，扩大内部市场，以及把欧盟的部分管理权归还给成员国的改革举措。除此之外，对卡梅伦来说，德国总理默克尔的一个意向也同样有非常重大的意义，即不把容克出任委员会主席的提名变成2019年之后，亦即下届欧洲议会选举之后的一个先例。有鉴于此，在最高候选人问题上，欧洲议会策略手段的成功并不能算作它所取得的一项长期成果。有迹象表明，经过2014年夏的力量博弈，成员国在委员会和欧洲议会中为自己争取权利的倾向反而得到了加强。

/ 544

6月27日的理事会会议之后，容克当选委员会主席只是走个形式。7月15日，欧洲议会以422票对250票接受了欧盟理事会的建议。七周之后，即8月30~31日，欧盟理事会做出了两项紧张期待中的人事决定。波兰总理唐纳德·图斯克接替赫尔曼·范龙佩担任理事会常任主席：此决定不仅被认为是向中欧和东南欧成员国发出的一个信号，而且也被认为是乌克兰危机关头表示声援和支持的一个姿态。

与属于保守派阵营的图斯克不同，被提名接替凯瑟琳·阿仕顿出任欧盟外交和安全政策高级代表，同时也是委员会委员的意大利外长费代丽卡·莫盖里尼是一位社民党人。对于她的任命，不仅有人认为，莫盖里尼刚出任意大利外长不过数月，尚缺乏经验，而且波罗的海沿岸三国和波兰起初也提出异议，认为她迄今为止在乌克兰危机期间的言论过于讨好俄罗斯。这种观点和异议皆未产生影响。各国元首和政府领导人以及他们的外交部长们显然对一个"强势"的高级代表兴趣索然。如同在迄今为止被普遍认为"软弱"的凯瑟琳·阿仕顿的任期内一样，各国政府的目的，是要保留自己的最终话语权。——这便是 8 月 30~31 日两个人事决定所传达出的信息。

/ 545

9 月 10 日，让-克洛德·容克对外宣布了他的委员会人事组成和工作分配情况。几项人事任命不仅在欧洲议会，而且也在大众媒体招致了批评之声。负责经济、货币、税务和关税事务的委员皮埃尔·莫斯科维奇，在他担任法国财政部长时曾经执意违反过布鲁塞尔的有关规定。众所周知，保守派的英国人乔纳森·希尔（Jonathan Hill）勋爵与伦敦金融市场关系密切，而恰恰是他来负责对金融市场的管理，从而遭到了人们的普遍质疑。负责教育、文化、青少年和公民权利事务的委员是匈牙利外长蒂博尔·纳夫拉齐赤（Tibor Navracsics），他在国内任司法部长期间曾对新闻自由进行限制。来自捷克的司法委员在 2006 年曾因涉嫌贪腐被拘留审查。此外，斯洛文尼亚前总理阿伦卡·布拉图舍克（Alenka Bratusek）也被指控涉嫌贪腐，她在左翼联合政府于 7 月 13 日提前举行的议会大选中遭到败绩后，曾自己提名作为委员会委员的斯方最高候选人。

普遍受到积极评价的是一项新的改革之举，即设立七名副主席，其中包括三名女性。七人不仅肩负监督的职责，甚至对重大的具体事项拥有否决权，从而一跃成了所谓的"一等委员"。容克任命社民党人弗朗西斯·蒂莫曼斯为七人中的"首辅大臣"（primus inter pares），蒂莫曼斯此前担任荷兰外交大臣，曾经对"更加紧密的欧盟"（ever closer union）的前景明确表示反对，并且，作为"调整改革、机构内部关系和法制体系"的委员，负责克服官僚体制的推进工作。贸易委员由瑞典人塞西莉亚·马尔姆斯特伦（Cecilia Malmström）担任，如同其前任卡雷尔·德古赫特（Karel de Gucht）一样，马尔姆斯特伦是一个同美国签署自由贸易和投资协议的拥护者，身负与对手进行灵活而富有弹性谈判的众望。

马尔姆斯特伦是九名女性委员之一，借此，容克不仅保留了前届委员会中的女性比例，而且也满足了欧洲议会的一个最低条件。委员会女性委员中，有几位成了特别重要部门的最高领导：意大利人费代丽卡·莫盖里尼任外交事务委员，波兰人伊丽莎白·卞科夫斯卡（Elizbieta Bienkowska）任内部市场和工业事务委员，保加利亚人克里斯塔利娜·格奥尔基耶娃（Kristalina Georgieva）任预算事务委员，有争议的斯洛文尼亚人阿伦卡·布拉图舍克任能源事务委员，丹麦人玛格丽特·维斯塔格（Margrethe Vestager）负责竞争事务。来自波罗的海东岸国家的有两位前政府的领导人：拉脱维亚人瓦尔季斯·东布罗夫斯基斯（Valdis Dombrovskis）和爱沙尼亚人安德鲁斯·安西普（Andrus Ansip），他们分别负责货币事务和数字化内部市场。增长事务委员由前芬兰总理于尔基·卡泰宁（Jyrki Katainen）出任。三人皆提倡以稳定为目标的预算政策，并且作为副主席，他们属于享有特殊地位的委员会委员之列。此前负责能源政策事务的德国籍委员京特·欧汀纳被委任为数字化经济事务委员，许多观察家（尤其是在德国）认为这是一种降职。

鉴于存在争议的委员人数较多，容克麾下的委员会能否获得欧

/ 546

洲议会的批准，还完全是个未知数。在巨大的批评声下，斯洛文尼亚候选人阿伦卡·布拉图舍克缴械投降，于 10 月 9 日宣布放弃被委任的委员职位。卢布尔雅那政府随后提名属于自由派的企业咨询师和副总理比奥莱塔·布尔克（Violeta Bulc）为候选人，她未接任负责能源事务的副主席，而是受命领导此前从未打过交道的交通运输部门。能源事务委员由斯洛伐克的马罗什·谢夫卓维奇（Maros Sefcovic）出任。为了兼顾欧盟议员的反对意见，容克从有争议的匈牙利候选人蒂博尔·纳夫拉齐赤管辖的部门中，将公民权事务剥离出来。10 月 22 日，新一届委员会在欧洲议会中以 423 票赞同、209 票反对和 67 票弃权获得了广泛支持，从而得以如期于 11 月 1 日开始工作。

/ 547

欧洲理事会和欧洲议会在权力角逐中孰胜孰负——要回答这个问题在 2014 年秋还为时尚早，并且，就总体而论，欧盟事业发展的未来依然是个未知数。得益于欧洲法院的决断结果，欧盟的各种条约早就成了一部事实上的欧洲宪法。这部宪法事无大小，对许多事务的规定细致入微，以至于政治决策的空间越来越小。若要去其糟粕保留精华，只有向一部真正的宪法过渡才有可能。2005 年，力图向这一目标靠近的《欧盟宪法条约》功败垂成，此后，批准作为替代方案的《里斯本条约》又遭遇重重困难，——在这样的情况下，相比对条约做"简单的"修订，重新尝试制定一部宪法的可能性就更加微乎其微。因之，若想寻求欧盟的变革，就必须在可预见的将来试图遵守自 2009 年以来生效的体制框架。在这样的条件下，"一体化的飞跃"难以想象。

自 2008 年秋世界金融危机爆发以来，一个此后六年让欧盟投入巨大精力的问题——政府债务危机在 2014 年夏已不再是各方讨论的重点话题。因为，从某些表象上来看，欧盟似乎已经渡过了最困难的时期，并卓有成效地克服了自 20 世纪 70 年代以来最危险的挑战。继爱尔兰之后，葡萄牙也告别了救助计划。除了希腊，所有欧元国家皆重新获得了资本市场的准入权。倘若撇开债务偿还项目不计，甚至希腊也取得了少量的预算盈余。除了塞浦路斯，所有国家的经常项目收支都回到了健康的水平上来。2009~2013 年，欧元区国家的单位劳动成本降低，竞争力获得提高，失业人数小幅下降。2013 年 6 月至 2014 年 6 月期间，欧盟 28 国的失业率从 10.8% 降至 10.1%，欧元区的失业率从 12% 降至 11.5%。

尽管如此，欧洲政府债务危机事实上还远未烟消云散，由于经济和金融市场崩溃而暴露出的结构问题依然存在，而且，这一现象不仅出现在工业化起步很晚的地中海国家中。2014 秋，危机的信号接踵而至。法国再次未能实现它减少新增政府债务，按照条约规定逐步接近国民生产总值 3% 负债上限的目标，而且，它还不得不将 2014 年经济增长预期从 0.5% 下调至 0.4%。自 2013 年初以来，意大利经济一直处于衰退状态；2014 年二季度其国民生产总值相比一季度下降了 0.2%。欧盟的"学习榜样"——德国的情况也不容乐观。在 2015 财政年度，德国虽然实现了自 1969 年以来的首个财政收支平衡——一个"黑色的零"，但其经济产值却停滞不前，2014 年一季度至二季度甚至从 0.8% 下降到 -0.1%。在欧元区，2014 年一季度的增长率与 2013 年同期相比增长了 1%，二季度降到了 0.8%。由此观之，欧元区的经济形势落后于欧盟 28 国的经济发展，其同期增长率由 1.5% 降至 1.3%。通货膨胀率也同样呈下降趋势，欧盟 2013 年 7 月至 2014 年 7 月的通胀从 2.1% 降至 0.9%，欧元区国家则由 2.0% 减少为 0.7%。

/ 548

一段时间以来，欧洲央行一直担心通货紧缩情况的发生，因而于 2014 年 9 月 4 日制定了一系列应对措施。它将基准利率由 0.15% 下调为 0.05%，并且将 6 月初实行的针对存放在央行的银行资本的负利率由 -0.1% 降到 -0.2%。央行最为引人注意的一项决策是，购买各家银行的

"资产支持型证券"（Asset-Backed Securities，简称 ABS）及抵押债券，目的是为银行发放贷款减轻压力。由于大规模购买带有贷款风险的资产支持型证券曾经在美国对 2008 年的银行和金融危机起了关键性的推波助澜作用，所以，外界（特别是德国）对欧洲央行这一举措普遍持批评态度。对此，央行自己的辩护理由是，它将在选择购买何种证券时反复斟酌，慎重行事。根据媒体的报道，欧洲央行估计的援助资金总额最高达 5000 亿欧元。

　　但是，欧洲央行运用的资金强心剂并不能解决危机国家的体制问题。相反，这样的做法带来的危险是，新措施反而增加了这些国家避开国内的力量博弈，放弃施行不受民众欢迎的政改措施的倾向。反之，一个有约束力的一揽子计划，即以推进这一进程为目的的增长政策和大刀阔斧的体制改革，才是十分迫切和必要的改革之举。2014 年底的情况显示，倘若不向疏于改革的国家做出进一步的承诺，其中包括再度为法国巩固其财政预算宽限时间，那就无法实现这一目标。德国也不得不认识到，危机国家在这个问题上的顽固立场将给欧洲带来灾难性的后果。不唯如此，自 2013 年底以来，柏林大联合政府的政策也使德国关于紧缩政策的呼吁失去了诸多可信度。11 月 6 日，联邦财政部长沃尔夫冈·朔伊布勒宣布了一个为 2016 年以后制定的高达 100 亿欧元的投资计划，其意图在于，借此为新上任的委员会主席容克的增长倡议也助一臂之力。容克在就职演说时承诺，至年底时要准备好 3000 亿欧元的投资总量。[14]

2014年5月28日，美国奥巴马总统在西点军校发表了一次主旨演讲。演讲中他谈到有人企图给世人制造美国已日薄西山并已告别"全球领导地位"的印象，对此，他予以坚决回击。借用克林顿总统时代国务卿马德琳·奥尔布赖特所表达的立场，他强调，美国依然是并且始终是"一个不可或缺的国家"（the one indispensable nation）。这里，问题的关键不是在于美国是否要领导世界，而是美国要如何领导世界。美国的目的不仅是维护，而且是要在世界范围内将和平和繁荣发扬光大。

　　然而，奥巴马并不希望这一立场被外界所误解。并非每一个政治问题都有一个对应的军事解决方案，"我们手中握有最好的榔头，这并不意味着，每个问题都是一根钉子"。倘若其核心利益的需要，美国也将不得不单方面使用它的实力。假如险情已引起全世界的担忧，但尚未直接威胁到美国的安全，那么，军事干涉的标准就必须定得更高些。在这样的情况下，应当争取美国的盟友和伙伴一起参与行动——从外交手段到制裁措施，直至多方的军事干预。美国在打击国际恐怖主义时，也同样需要自己的合作伙伴，其中非常重要的一点是，除了要在战场上消灭敌人，不可四处树敌。归根结底，巩固国际和平乃是美国的根本目的。为此，除了北约、联合国、世界银行和国际货币基金组织这样的机构组织齐心协力，还始终应当将发挥世界舆论的作用纳入行动当中来。

/ 550

　　奥巴马的演讲是再一次的谋求平衡之举。他深知民调结果对自己不利，美国人对其外交政策的支持率由2012年底的50%下降到了2014年5月的34%。他一方面想要摆脱其前任大动干戈的干涉主义；另一方面又不得不小心翼翼，不给共和党留下口舌。一直以来，共和党指责他在维护美国在全球地位问题上的态度不够强硬。2014

年 11 月，国会大选在即。似乎有征兆表明，共和党在继 2010 年和 2012 年在众议院获得多数席位后，也将在参议院赢得多数席位。

也正因为如此，奥巴马在西点军校比之以往任何时候都更加充满激情，突出强调他那美国式的爱国主义。他说，他全身心地对美国卓异主义笃信不渝（I believe in American exceptionalism with every fiber of my being）。尽管如此，他对这一信条的解释方式也使其信奉自由主义的同胞心服口服："成就我们美国人卓尔不凡的原因，不是我们有本事蔑视国际规范和法律制度，而是用我们的行动增强国际规范和法律制度的决心。"

奥巴马的演讲在美国引起的反响毁誉参半。自由派民众对他拒绝像乔治·W. 布什那样草率地使用军事手段的立场表示赞许。保守派人士则大加挞伐，认为总统本人显然不知道美国应当如何有效地应对国际时局威胁，此是其一；其二是不知道美国应当如何有效地应对中近东地区和非洲的伊斯兰恐怖组织的威胁。

《纽约时报》刊载的两篇文章，典型地反映了这种对总统演讲毁誉参半的反响。保守派专栏作家大卫·布鲁克斯（David Brooks）的评论是，在总统的战略方针中没有见到针对"专制挑战"有说服力的回答。他认为，专制统治者都是一些头脑简单的野蛮之人，他们只懂得权力和暴力的语言。"倘若缺少一种旗帜鲜明和雷霆万钧的反击之力，这些人就会越过红线，现任总统或是他的继任者必须迫使他们遵守这些红线。"与之相反，自由主义专栏作家托马斯·劳伦·弗里德曼（Thomas Lauren Friedman）认为，就世界上花样繁多的冲突和争端而言，并没有常规的军事解决方案。因此，就叙利亚内战来说，他要求美国和俄罗斯之间相互合作，目的在于，通过斡旋在沙特阿拉伯、土耳其、伊朗和它们的盟友之间实现一种实力的分配。作者认为，中东的局势是外交政策上的典型案例，缘此，它"不是一种轻松愉快和充满浪漫的权宜之计，而是完全着眼于未来的长远大计"，但是冷静观之，它却是唯一的可行之策。

弗里德曼撰写这篇评论文章的地点位于伊拉克的北方，即库尔德斯坦地区。奥巴马的西点军校演讲大约两周之后，从伊拉克传来了令人不安的消息。已经羽翼渐丰脱离"基地"组织，并自2013年起给叙利亚内战打上血腥印记的逊尼派恐怖组织ISIS（即"伊拉克和叙利亚伊斯兰国"）在伊拉克攻城略地势如破竹。2014年初，他们攻占了逊尼派的城市费卢杰。6月10日，摩苏尔陷落；6月11日，萨达姆·侯赛因的老家提克里特也落入他们之手。在摩苏尔，他们占领土耳其领事馆，并挟持了包括领事在内的49名人质。6月22~23日，他们又拿下了叙利亚和约旦边境的数个地方。

ISIS的一系列战果很大程度上得益于同武装的萨拉菲分子，以及与2006年底被处决的萨达姆·侯赛因的追随者联手合作。这些萨达姆的追随者皆来自逊尼派部族，自2003年伊拉克战争后，他们被美国的什叶派盟友排除在任何国家权力机构之外，因而有充足的理由认为自己还会继续受到排挤和歧视。除此之外，正如叙利亚内战一样，成千上万来自欧洲和澳大利亚的伊斯兰志愿人员也加入到他们的行列当中。这一情况在两大洲引起了人们的广泛忧虑。根据联合国2014年底的统计，来自80个国家的外国参战人员已经达15000人。

反之，努里·马利基总理的部队似乎人心涣散、士气低落，他们不仅不进行任何抵抗，而且开小差和倒戈投敌者不计其数。与ISIS及其盟友兵戎相见的只有库尔德人的佩什梅格民兵组织。极端的逊尼派武装向伊拉克首都的挺进速度如此之快，似乎6月中旬巴格达的陷落已迫在眉睫。但凡在其立足之地，极端武装皆建立起残暴的恐怖政权：伊拉克官方的军事和民事官员被立刻处决，妇女被强奸、强迫卖淫或当作奴隶买卖，军火库和监狱被攻占，犯人（甚至包括重刑犯）被释放，政府大楼被破坏，国家和私人银行被抢劫，

/ 552

珍贵文物被拿去大肆贩卖，新统治者摇身一变，成了名副其实的暴发户。战略上具有特殊意义的局势变化，是ISIS逐步攻占了巴格达北部200公里处生产国内用油的巴伊吉（Baidschi）油田和炼油厂。向首都供电的一座发电厂也坐落在那里。

2014年的头五个月，伊拉克大约有4000人在恐怖主义暴力中丧生，6月的人数超过了2400人。6月发生的各种事件，意味着伊拉克陷入了一场公开的内战。由清一色什叶派组成的马利基政府所推行的两极分化政策，以及该政府深陷其中的猖獗腐败现象，对伊拉克面临越来越严重的山河破碎局面造成了决定性的影响。

逊尼派"圣战"者公开宣扬的目的，是要打破由英国和法国于1916年5月通过《赛克斯－皮科协定》在中东地区重新划定的后殖民主义时代的疆域界线，并且在伊斯兰教法基础上，建立起一个新的逊尼派国家政体——包括伊拉克、叙利亚和黎巴嫩大部分地区在内的"哈里发"。ISIS的首领们究竟是受宗教狂热驱使，还是受强权政治目标的左右，从外表上无从识别。或许是二者兼而有之，从而使"圣战"者也成了世俗逊尼派和萨达姆追随者的战略伙伴。

占伊拉克人口多数的什叶派不久便组织起了反击行动。特别是在该国南部什叶派实力最强的堡垒地区，精神和世俗两界的领袖不仅号召人们起来反抗叛乱的逊尼派，而且也号召所有热爱和平的伊拉克人进行全国对话。不仅如此，他们还得到了同样是什叶派的伊朗大张旗鼓的支持和撑腰。此前，伊朗曾经大力向广义上属于什叶派的阿萨德政权提供支持，如今又威胁要用军事干预行动站在伊拉克什叶派和马利基一边：自6月26日起，伊朗派出它的空军飞机轰炸了ISIS的阵地。迄今为止，向ISIS提供支持的是沙特阿拉伯和其他几个海湾国家，尤其是科威特和卡塔尔。这些国家本身或多或少都是美国的紧密盟友，如今开始与它们的盟主渐行渐远。对于居住在伊拉克北部自治地区的库尔德人来说，什叶派阿拉伯人和逊尼派阿拉伯人之间冲突的升级为他们提供了最终实现梦寐以求的完全独立的良机。这一前景不仅让伊拉克深感焦虑，而且也让其他有库尔德少数民族聚居的国家——伊朗、叙利亚，特别是土耳其寝食不安。

伊拉克的内战使美国再度面对 2003 年由乔治·W.布什挑起的、依靠其"自愿者联盟"从军事上赢得的那场战争的灾难性后果。曾于 2002 年 10 月投票反对伊拉克战争的 23 名参议员之一的奥巴马，对他在 2010 年兑现了从伊拉克撤出美国部队的诺言颇感自豪。由于马利基政府的敦促，美国军事人员于 2011 年底全部撤出伊拉克。美国部队是否过早地撤回了老家，或者换句话说，一种最低限度的美国军事人员的存在是否能够阻止伊斯兰恐怖组织夺取伊拉克的大部分地区，——就此问题，在两年半之后，即 2014 年 6 月，美国国内展开了一场大讨论。在中近东危机地区问题上，奥巴马的战略的确谈不上是一个有远见卓识的政策。因此，总统批评者们的意见言之有理，无可辩驳。

6 月 19 日从华盛顿传出的消息称，美国将向伊拉克派出大约 300 名军事顾问及特战部队，以保护那里的美国公民和设施。与此同时，乔治·H.W.布什号航空母舰也被派往波斯湾。虽然总统没有排除针对逊尼派"圣战"者及他们的补给线进行无人机打击和定点空袭行动的可能，但排除了重新派出地面部队的考虑。华盛顿注意到了来自德黑兰、有可能与美国进行合作打击逊尼派恐怖分子的信号，而且未予回绝。同样引人注目的是，ISIS 在伊拉克攻城略地如入无人之境，伊朗支持的叙利亚独裁者阿萨德从中大收渔人之利：在西方眼里，相比最崇尚暴力的"圣战"组织民兵而言，阿萨德不过是小巫见大巫而已。

/ 554

经过政府军部队首波成功反击之后，6 月 20 日前后 ISIS 武装进攻巴格达的危险暂时得到缓解。然而，在 4 月议会大选举中获胜，但远未取得绝对多数的马利基总统并没有感到自己可以稳坐钓鱼台。

美国不仅明确表示，他应当对首都安全局势的恶化负主要责任，而且希望"政府更迭"，或至少必须进行根本性的策略调整：换成一届有望将什叶派、逊尼派和少数民族团结在一起的全国和解政府。美国国务卿约翰·克里在6月23日突然访问巴格达时，向马利基做了相应的表态。马利基断然予以回绝。

为了达此目的，以及说服迄今为止以沙特阿拉伯为首的海湾地区的ISIS支持者改弦易辙，不论相关各方为此在幕后做了何种努力，2014年夏，华盛顿恐怕已无人对伊拉克的领土完整在不久的将来能够重新得到恢复抱有希望。就短期而言，美国所能寄予最积极的希望是，通过外交上与俄罗斯、伊朗和沙特阿拉伯的携手合作，来抑制叙利亚和伊拉克的内战。寄希望回到第一次世界大战后在中东所确立的那种国家体系，如今看来不过是一厢情愿而已。6月27日有报道称，美国在伊拉克除了使用没有武器的无人机，也使用了挂载武器的无人机，并且据称是出于保护其军事顾问的目的。但是，对"圣战"者的打击并未被排除在外。由此，美国在伊拉克的军事回归拉开了序幕。

同一天，即6月27日，伊拉克军队对提克里特展开大规模进攻，进攻行动使用了装甲车、武装直升机和战斗机投入作战。6月29日，即斋月的第一天，此后改称为"伊斯兰国"（IS）的ISIS首领阿布·巴克尔·巴格达迪宣布在"圣战"组织控制的地区成立"哈里发"。巴格达迪选用这个名称的目的，是为了唤起人们对当年东起伊朗、经过摩洛哥、西至安达卢西亚的哈里发帝国疆域的记忆。7月1日，因众多议员阻挠，巴格达议会议长选举胎死腹中，并带来严重后果：根据宪法，需由议会议长授权一名政党领袖——当时马利基是实力最强政党领袖——进行政府组阁。同样是在7月1日，库尔德自治地区的政府领导人马苏德·巴尔扎尼宣布，他将在数月之后就该地区的完全独立举行全民公投。他对此决定的解释是，伊拉克事实上已经四分五裂。

新议长的选举最终在 7 月 24 日举行，库尔德政治家福阿德·马苏姆（Fuad Masum）当选。但是，伊拉克政府首脑的人选一直迟迟未定。8 月 7 日，实力最强的第一大党，即马利基政党提名权的期限已到。由于现任总理阵营中许多议员不愿对他表示支持，议长马苏姆授权什叶派政治家海德尔·阿巴迪（Haider al-Abadi）进行组阁，期限为宪法规定的 30 天。8 月 14 日，马利基放弃竞选政府总理，并承诺今后将支持阿巴迪。

/ 556

与此同时，美国的作战飞机首次对 IS 武装组织不断向前推进的据点进行了攻击，目的是阻止这股势力继续对雅兹迪人和基督徒这样的宗教少数民族种族屠杀式的暴行。许多共和党人认为，奥巴马总统经过长时间的犹豫才下达了相关的命令，甚至民主党前国务卿希拉里·克林顿也认为，总统犹豫不决的时间过长。绝大多数总统的批评者，其中包括视 2003 年伊拉克战争为一场灾难的人士一致认为，2011 年底美国作战部队撤出伊拉克的行动过于仓促。因之，奥巴马于 2014 年夏不仅要面对其前任乔治·W. 布什的"罪孽"，而且也要面对其本人应承担责任的错误决策后果。

8 月 18 日，在美国飞机的支援下，库尔德人的佩什梅格民兵成功夺回了被 IS 占领的摩苏尔水坝。经过叙利亚库尔德战士和民主联盟"人民保卫军"的浴血奋战，大批逃往辛贾尔山脉（Sindschar-Gebirge）的雅兹迪人得以从饥渴的死亡线上被解救出来。自 8 月中旬以来，欧洲国家开始采取行动，不仅向 IS 恐怖主义的受害者提供人道主义援助，而且也通过提供军用物资和武器，支持同"伊斯兰国"进行作战的库尔德人。对迄今为止在任何情况下皆遵守不向战争和危机地区出口武器原则的德国来说，此举意味着一次重大的政策转变。显而易见的是，新政策有可能面临风险，即它可能对库尔德人争取独立，进而也可能对伊拉克的分崩离析起到推波助澜的作用。而且，同样无法排除的风险是，出口到这一地区的武器可能会落到错误的一方手中，亦即落到"伊斯兰国"或（被美国、欧盟和土耳其一直定性为恐怖组织的）库尔德工人党手中。然而，所有这一切与坐视对雅兹迪人和其他少数民族的种族屠杀，以及与 IS 恐怖政权继续向中近东的其他地区蚕食扩张相比，似乎利大于弊。

同一天，亦即德国政府于 8 月 20 日对外宣布向库尔德人提供武器的当天，白宫方面在华盛顿证实了一则视频的真实性，该视频记录了 2012 年 11 月被绑架、此后便告失踪的美国记者詹姆斯·福莱（James Foley）被斩首的过程。镜头中，杀害福莱并向西方观众宣讲这一过程的刽子手，明显操的是英国口音。按照视频的解释，行刑是 IS 对美国轰炸"圣战"组织阵地做出的回应。他威胁说，假如美国不停止军事干涉行动，那么另一个美国人质将遭到同样的命运。之后不久，奥巴马总统在一次电视讲话中提到了另一桩让全世界感到震惊的杀戮事件，并宣布对 IS 继续实施空中打击。

第二个遭遇不测的美国记者是史蒂芬·索特洛夫（Steven Sotloff），他于 2013 年 8 月在叙利亚被 ISIS 的宗教激进分子绑架为人质。他被斩首的视频于 9 月 2 日公布。在同一天，大赦国际指控"伊斯兰国"有计划地灭绝雅兹迪人和基督徒这样的宗教少数民族，并且引用有关强奸、钉十字架、砍头和大规模驱赶的详细报道作为指控的证据。一天之后，奥巴马总统在爱沙尼亚首都塔林发表声明，称美国不会被 IS 的行径吓倒，并增派 350 名士兵加强其军事存在。美国将扩大对 IS 武装分子的空中打击范围，看来只是时间问题。

9 月 8 日，被提名担任总理的海德尔·阿巴迪在巴格达议会的投票中，获得了 289 张投出选票中的 177 张，从而获得了对他的施政纲领及由他提名的政府部长人选的多数支持。内政部长和国防部长的人选暂时空缺。10 月 19 日，阿巴迪完成了政府组阁。曾经是萨达姆统治时期空军高官和逊尼派人士的哈立德·奥贝迪（Chaled al-Obeidi）出任国防部长，来自什叶派的、温和的穆罕默德·哈班（Mohammed al-Ghabban）被委任为内政部长。由于内阁政府均由什叶派人士及温和的逊尼派人士组成，所以，人们有理由相信，"团结政府"的组成将会对伊拉克国内局势的稳定做出贡献。

几天前，即 9 月 4~5 日，在威尔士举行的北约峰会上，美国、加拿大、英国、法国、德国、丹麦、意大利、波兰、土耳其和澳大利亚十国结成了一个非正式的抗击 IS 的联盟。然而，这并不意味着所有伙伴国都准备参与对"伊斯兰国"的空中打击行动。最不确定者是土耳其。鉴于被 IS 绑架的土耳其人质凶吉难卜，土耳其不仅忍辱负重保持了最大限度的克制，而且迄今为止一直继续对叙利亚的伊斯兰武装（其中也包括 IS）提供支持。除了伊拉克和库尔德人外，不遗余力地与"伊斯兰国"进行斗争的国家是美国、伊朗和阿萨德统治下的叙利亚。对于后者，华盛顿仍然一如既往拒绝与其合作。

奥巴马总统于 8 月 28 日公开承认，美国还没有形成对付"伊斯兰国"的国家战略。此言一出，立刻招致了不光是来自反对派的共和党的猛烈批评。大约两周之后，总统才于 9 月 10 日在一次公开讲话中阐述了他的方案的总体框架。美国不打算孤军奋战，而是与其他国家一道，其中包括同威尔士北约峰会上的"十国"一起行动，并且在任何情况下不向伊拉克派出地面部队。同时，进一步加强对 IS 的空中打击力度，以及向巴格达增派 450 名军人作为军事顾问和培训教官，以支持阿布迪政府。在叙利亚，奥巴马向"温和的"与阿萨德斗争的反对派组织提供支持。数月之前，他曾经将这些组织评价为不屑一顾的势力组织。他明确表示，将进一步扩大空中打击的范围，但是，施行这种打击的具体命令尚未下达。

　　奥巴马于 9 月 10 日向美国和世界公众所做的这番陈述，离一种全面的政治战略还相去甚远。尽管如此，美国的目标如今已昭示天下：削弱 IS 的势力并长期粉碎之。总统并未希望在他的任期内实现这一目标。他提出，至少需要三年时间才能消灭"伊斯兰国"。由于他依然排除与阿萨德合作的可能性，所以，美国不可能在扩大对叙利亚作战行动的问题上指望得到联合国的授权。对此，拥有否决权的俄罗斯和中国已经立即做了明确表态。在 9 月 10 日的讲话中，总统虽然仍旧避免使用"战争"一词，但两天后，他授权新闻发言人发表声明，美国与"伊斯兰国"已处于战争状态，——正如当年同"基地"组织不共戴天一样。

　　奥巴马的路线转变受到了美国公众舆论转向的决定性影响：两名美国记者被 IS 恐怖分子斩首的画面震惊了美国民众。民调显示，大多数美国人都在期待总统强有力的回答，哪怕这意味着重新回到"反恐战争"中去。

　　缘此，尽管犹豫再三，美国仍将再度扮演"世界警察"的角色。美国的"重操旧业"似乎也是一种迫不得已之举，这是因为，2014年，大多数世界政治危机的一个共同原因有目共睹：美国大规模从全球事务中退出，造成了世界政治的一个真空地带，于是，各种名目的反西方势力纷纷乘虚而入。俄罗斯在乌克兰咄咄逼人的动作，IS 的极端伊斯兰分子在叙利亚和伊拉克的恐怖活动，阿富汗的塔利班，以及尼日利亚"博科圣地"杀人累累的政治邪教组织（其口号是："禁止西方教育！"），——所有这些局势变化之间并不存在必然的相互关联，其唯一的共同之处，在于有意挑战美国，甚至是挑战整个西方世界。

　　毫无疑问，"伊斯兰国"不仅是向西方民主国家宣战，而且也向印度、俄罗斯、中国这些有穆斯林存在的国家，以及向所有不愿屈服于 IS 专制统治的伊斯兰国家宣战。缘此，对美国来说，有沙特阿拉伯和科威特这样的国家承诺加入反恐联盟，乃是一个意义非同小可的增援。9月15日，20个国家的代表，其中包括美国、俄罗斯和多个阿拉伯国家的代表齐聚巴黎，参加有关伊拉克和平和安全的国际会议，同时商讨打击IS的措施。

/ 560

在欧洲国家中，法国是第一个于9月19日参加对伊拉克的IS目标进行空袭的欧洲国家；稍后，荷兰、比利时、丹麦和英国也加入。在此同时，佩什梅格加民兵夺回了落入"圣战"者组织手中的小城市。但是，IS在叙利亚继续向北挺进。成千上万的库尔德人在安卡拉政府开放边境后，于9月19日逃往土耳其境内避难。在美国于9月16日对伊拉克首都附近的IS阵地实施首次空袭后，"圣战"者武装向巴格达的推进行动似乎暂时受到阻遏。尽管如此，"伊斯兰国"还没有遭到决定性的重创。

9月20日，安卡拉政府宣布，土耳其设在摩苏尔领事馆的49名人质（46名土耳其人和3名伊拉克人）重获自由，土耳其情报部门依靠自己的办法获得了这一问题的解决。土耳其驳斥了同IS进行"交易"的各种揣测，土方未向IS支付赎金。但是，埃尔多安总统在9月22日所做的讲话让外界了解到，为了争取释放人质，土耳其说服了伊拉克的一个亲土耳其反叛组织释放其手中扣押的IS参战人员。同一天，IS发出威胁，倘若美国及其盟友不停止空袭，就将对西方发动恐怖袭击。

次日，美国开始对IS及一个被视为特别危险的"基地"组织的分支——呼罗珊组织的目标实施空袭。大马士革政府事先得到了空袭行动的通报。五个阿拉伯国家，即约旦、沙特阿拉伯、阿拉伯联合酋长国、巴林和卡塔尔加入了反恐怖联盟。除了卡塔尔，其他所有国家皆出动战机参与作战行动。

迄今为止始终拒绝将IS定性为"恐怖组织"，甚至涉嫌暗中支持叙利亚"圣战"者组织的土耳其来了一个180度的大转弯：埃尔多安对打击行动表示欢迎，并承诺支持打击 IS 恐怖主义的行动，必要时也提供军事上的支持。与此同时，"圣战"者武装在科巴尼城（Kobane，又名艾因阿拉伯）附近推进到了离叙利亚和土耳其边境很近的地方，数十万库尔德人越过边境逃往土耳其。有鉴于此，作为北约成员国的土耳其有足够的理由与北约盟友，特别是与美国再度进行更紧密的合作。

10 月 2 日，土耳其议会向政府授权军事介入伊拉克和叙利亚，同时向盟友开放此前不允许使用的北约军事基地和土耳其机场，以利于对 IS 进行打击，为期一年。然而，西方观察家依然疑虑未消：许多人担心，安卡拉的目的不是粉碎"圣战"者组织，而是为了削弱土耳其边境两侧地区库尔德人的自治势力。除此之外，议会的授权还远非意味着政府确实将行使这一授权。

然而，在华盛顿的敦促下，安卡拉于 10 月 20 日同意佩什梅格民兵使用土耳其领土，以支援科巴尼的守城部队。与此同时，守城部队也首次直接得到美国空军提供的武器和弹药，美国空军进一步加强了对叙利亚北部 IS 目标的空袭。战争的天平似乎发生倾斜：佩什梅格民兵成功夺回了科巴尼的部分城区。

在非正式加入抗击 IS 联盟的阿拉伯国家中，其政府与美方联手合作，共同打击同属逊尼派"自家兄弟"的行动备受各方质疑。在穆斯林兄弟会组织有很强群众基础的约旦，民间的反干涉运动尤其声势浩大。对美国来说，与阿拉伯国家的合作有着无法估量的重要意义：由于其军事行动不仅没有国际法的依据，而且也没有联合国安理会的授权，因此，有了阿拉伯国家的合作，美国即使不能对上述缺憾有所弥补，至少可以有所减轻。俄罗斯虽然对美国不经过安理会决议的做法表示抗议，但态度不痛不痒，其主要原因在于：由于美国在空袭前向受莫斯科保护的阿萨德政权做过通报，俄罗斯将此视为是一种对自己地位的增强，并且在公开场合下也做了如此评价。9 月 24 日，俄罗斯在联合国安理会同所有其他成员国一道，对美国的一项提案投了赞成票。该提案的宗旨，是要通过吊销护照等措施来阻止"外国参战人员"对"伊斯兰国"的支持。

仅就由美国领导的临时联盟的目标而言——阻止 IS 在叙利亚继续扩张势力，在扩大空袭范围的第一天，实现这个目标即指日可待。可是，倘若没有地面部队参战，消灭 IS 根本就是天方夜谭。奥巴马早已排除了美国扩大军事介入范围的可能性。然而，来自美国军界和国会的一些声音显示，在不派出地面部队问题上，不少人对这一政策是否永远不变表示怀疑。美国及其盟友同"伊斯兰国"的战争进入了一个新的阶段。

早在 11 月 7 日，总统已增派 1500 名士兵前往伊拉克。同一天，各大通讯社发消息称，奥巴马于 10 月在一封致阿亚图拉·哈梅内伊的信中向伊朗建议，如果在核争端问题上双方达成一致，美国愿意在打击 IS 问题上同伊朗携手合作。11 月 9 日的报道显示，通过空袭力度的加大，美国成功地延缓了"伊斯兰国"向前推进的速度。IS 的头目阿布·巴克尔·巴格达迪在一次空袭行动中受伤。但是，专家们提醒，即便 IS 的头目被打死，伊斯兰国也不会群龙无首。

2014 年底，尤其让美国和欧洲深感不安的，是由伊斯兰激进主义分子恐怖活动所引起的难民潮给中东地区造成的严重不稳定局势。在叙利亚内战之前，已有大约 320 万人背井离乡逃往邻国。受战乱影响，人口大约 450 万的黎巴嫩接收了 110 万人，土耳其也同样接收了 100 多万人，约旦接收的人数为 62 万，伊拉克为 22.2 万，埃及为 14 万。此外，还有 650 万叙利亚本国内的难民，以及 10.4 万经过陆路、海路或坐飞机逃到欧盟国家的难民。那里，人们对阿拉伯国家的内部冲突"输入"到西方越来越忧心忡忡。这种担心对日益增长的不安全感在欧洲大陆的蔓延起了火上浇油的作用。

与此同时，伊斯兰恐怖主义的全球化还在继续。2014 年 10 月

20 日，一个皈依伊斯兰教的加拿大人在蒙特利尔驾驶一辆小汽车撞向两名加拿大士兵，致使其中一人死亡，凶手在随后警察的追击中丧生。两天后，另一名皈依伊斯兰教的加拿大人（其父是黎巴嫩人，其母是法裔加拿大人）在首都渥太华的阵亡将士纪念碑旁射杀了一名站岗的士兵，随后在附近的议会大楼里展开枪战，并在枪战中被打死。根据警方调查结果，两名凶手都是独狼。但是毫无疑问，此二人都受到 IS 恐怖主义影响：二人皆试图在一个积极参与打击"伊斯兰国"的民主国家中制造恐慌，其方式与以巴格达迪为首的"圣战"组织 9 月底所宣布的如出一辙。

伊拉克是被美国及其盟友在乔治·W. 布什任总统期间推入战争的两个国家之一，另一个被推入战争的国家是阿富汗。2014 年初夏，从那里传来了令人高兴的消息。尽管塔利班大肆威胁并实施了数起恐怖袭击，但总统选举在大约 60% 投票率的情况下如期举行。在 4 月初的第一轮选举中，前外长、2009 年作为哈米德·卡尔扎伊总统最大挑战者的塔吉克人阿卜杜拉·阿卜杜拉（Abdullah Abdullah）获得了 45% 的支持率，遥遥领先于卡尔扎伊支持的前财政部长、得票率为 32% 的普什图人阿什拉夫·加尼（Ashraf Ghani）。第二轮选举于 6 月 14 日结束后，有关卡尔扎伊和加尼阵营大规模甚至有系统选举舞弊的报道越来越多：根据中间统计结果，加尼的得票率明显领先于阿卜杜拉。

华盛顿和其他主要的西方国家曾一度希望，北约及其盟友的作战部队可以于 2014 年底离开一个政治上勉强稳定的阿富汗。这个希望在大规模选举舞弊丑闻曝光后成为泡影，取而代之的是对这个兴都库什山下的国家不乐观的局势判断。7 月 7 日，选举委员会公布了暂时统计结果：加尼获得 56.4% 的得票率，阿卜杜拉获得 43.6% 的选票。但是，选举委员会在一项声明中宣布，将继续就选举舞弊的指控进行调查，但最早在两周后才会得出结果。在此之前，两名候选人皆不可宣布自己为胜选者。阿卜杜拉遵照执行，并把舞弊称为是工业化生产式的，由在任总统卡尔扎伊、加尼的追随者和选举委员会的机器所炮制的作假行为。

尽管如此，经过美国国务卿克里的斡旋，两位竞选人于 7 月 12 日达成一项共识：在联合国的监督下，对所有选票进行重新统计。重新计票进展缓慢，以至于 8 月中旬喀布尔将发生政变的谣言四起 [《纽约时报》记者马修·罗森伯格（Matthew Rosenberg）因对此进行报道，被卡尔扎伊政府驱逐出阿富汗]。8 月底，阿卜杜拉宣布，他和他的阵营不再参加重新计票。据知情人士透露，争议升级的原因在于，加尼和阿卜杜拉未就克里建议的权力分配模式达成一致意见。随后，以美国为首的西方国家政府试图说服阿卜杜拉做出让步，重启两位竞争对手之间的谈判，结果未能成功。阿卜杜拉于 9 月 8 日再度退出国际选举委员会，并宣布他将不承认重新计票结果。

9 月 20 日，他再次改变态度。卡尔扎伊总统宣布，加尼和阿卜杜拉终于在全国统一政府的问题上达成一致意见。次日，选举委员会宣布加尼为胜选者，但没有公布二人得票情况。于是，加尼被提名为总统，阿卜杜拉将出任总理一职，部长职位由两个阵营的人选分别担任。9 月 29 日，加尼和阿卜杜拉被任命为总统和总理。新政府上任的第一件事，是缔结一项被卡尔扎伊久拖未决的与美国的安保协议，以及一项与北约的部队地位协议。通过该协议，西方国家士兵获得保护，从而免受阿富汗法庭，亦即免受伊斯兰教法追究刑事责任。这是美国及其盟友在 2014 年底作战部队撤出之后，培训教官和军事顾问继续长期驻扎在阿富汗必须满足的条件。总共有 12500 名盟国军队的军人，其中包括 9500 名美国人，将继续驻扎在兴都库什山下的这个国家。

加尼和阿卜杜拉之间的妥协是否能为未来的政府工作打下一个牢靠的基础，对此，绝大部分观察家皆持怀疑态度。阿富汗国内局势动荡，与此同时，有关塔利班的势力在阿富汗南部和北部卷土重来的报道越来越多。在 34 个省中，32 个省有交战情况发生；每周都有大约 100 名士兵阵亡。普遍的不安全状态也同样在经济下滑的数字里得到反映。在盟国作战部队按计划撤出之前的数月，阿富汗已暴露出"失败国家"的许多征兆。自 2001 年以后，在西方的民用建设项目中，特别是在教育、卫生以及基础设施领域，哪些项目将继续开展下去，始终悬而未决。2014 年底，阿富汗的前途扑朔迷离，凶吉难卜。

2014 年 6 月，从中东"传统的"危机地区——以色列和巴勒斯坦人居住区也传来了令人不安的消息。6 月 12 日，三名 16~19 岁的以色列塔木德经文学校学生被极端的巴勒斯坦人绑架。6 月 30 日，三人的遗体被发现。以色列政府指控哈马斯（自 6 月 2 日起在巴勒斯坦自治区作为法塔赫政府组阁伙伴）要对事件负责，并且要求阿巴斯总统取消同巴勒斯坦两大政党中的这个更加极端政党的合作。7 月 2 日，一名 16 岁的阿拉伯少年在约旦河西岸地区被活活烧死。巴勒斯坦方面立刻怀疑，甚至明确认为，这是犹太居民点中极端主义犹太居民的报复行为。于是，当天在愤怒的巴勒斯坦人和以色列警察之间爆发了激烈冲突。巴勒斯坦人再次暴动的危险一触即发。

随后数日，哈马斯从加沙地带不断向以色列境内发射火箭弹。以色列旋即动员预备役，向加沙地带边境派出部队，并向边境另一侧可疑的哈马斯据点发动空袭。在埋葬遇害的阿拉伯少年之后，在东耶路撒冷再次发生了巴勒斯坦人和以色列警察之间激烈的街头冲突，以及阿拉伯人对以色列居民点的袭击事件。7 月 6 日，以色列警察抓获了三名年轻的涉嫌参与杀害巴勒斯坦少年的以色列极端分子，其中两人来自以色列本土，另一人来自居民点。当天晚上，三人中的一人承认了所犯罪行，并指控另外两人也参与了犯罪过程。7 月 7 日，哈马斯再次向以色列的居民区发射火箭弹，其中包括特拉维夫、海法和耶路撒冷等城市。以色列空军随即对加沙地带发起了一系列攻击。以色列部队得到内塔尼亚胡总理的指示，做好从地面进攻哈马斯的准备。

7月12日深夜和13日凌晨，一支以色列特别小分队从地中海海上突袭到加沙地带北部，摧毁了那里的一个哈马斯火箭弹发射阵地。联合国安理会要求停止敌对行动的呼吁，双方起初均置之不理。根据巴勒斯坦方面的统计，截至7月13日，有160人在以色列的攻击（反击）行动中丧生，他们中大多数是平民，其中还有许多儿童，成千上万人背井离乡。7月14日，阿拉伯国家联盟的外长在开罗举行会晤，商讨停火的可能性。次日，德国外长弗兰克－瓦尔特·施泰因迈尔和他的意大利同事费代丽卡·莫盖里尼带着同样的调解意图抵达耶路撒冷和巴勒斯坦自治政府所在地拉马拉（Ramallah）。

7月15日，一项由埃及建议的停火协议由于哈马斯拒绝遵守而归于失败。第二天，以色列政府和哈马斯均表示，愿意在7月17日实行五小时的"人道主义"停火。这天晚上，冲突继续升级。在哈马斯的火箭弹袭击之后，以色列地面部队在海军和空军的支援下，在加沙地带南部发起进攻，其主要目的是摧毁哈马斯恐怖分子一再借以进入以色列领土的地道系统。在随后的两周内，加沙地带的几处联合国机构，包括一所学校，也多次被以色列的导弹击中，造成许多平民死亡和受伤。

/ 567

8月4日，以色列宣布，哈马斯的地道系统基本被破坏，大部分巴勒斯坦的火箭弹仓库被摧毁，至此，加沙地带的地面攻势停止。8月5日早上宣布并生效的、为时72小时的一项新停火协议得到冲突双方较好遵守。以色列和巴勒斯坦于8月5日在开罗就一项加沙地带的长期停火协议举行"间接"会谈。关于加沙战争的死亡人数，巴勒斯坦方面公布的数字是1860人，以色列方面的统计数字为167人，其中包括三个平民。由以色列方面于8月8日提出的延长停火时间的建议，因哈马斯的反对而流产。8 月 11 日，一项新的为时 72 小时的停火建议生效。

8 月 13 日晚，此项停火建议被延长五天，并于 8 月 18 日再次延长 24 小时。正当开罗谈判紧锣密鼓之时，巴勒斯坦的"圣战"者组织于 8 月 19 日又一次违反停火协议，并向以色列境内发射火箭弹。以色列对这一挑衅旋即用对加沙地带的空袭予以回击。

以色列的举动遭到了西方公众社会的强烈批评：鉴于巴勒斯坦一方大量平民（包括许多儿童）被打死，冲突双方军事实力更强的一方必须面对外界舆论对其过激反应的谴责，甚至是反人类罪的指控。以色列的辩解声称，是哈马斯故意将平民用作活人挡箭牌。当以色列和巴勒斯坦于 8 月 18 日在开罗就一项有时限的停火协议，以及协议到期四周后重新进行谈判达成一致时，这项共识实际上只是双方相互厮杀流血的一个结果。若要改变思维，创造和平解决争端的基础，对此目标，双方皆相去甚远。9 月初，以色列政府对外宣布，军管部门将在被占领地区征用 400 公顷土地用来修建居民点。——这一对巴勒斯坦人民的故意挑衅行为，其厚颜无耻程度比以往有过之而无不及。有鉴于此，如同多年以来一样，一个针对加沙地带的，甚至是涉及以色列人和巴勒斯坦人之间总体关系的可持续的"妥协方案"在 2014 年秋依然遥若星辰。

在 2014 年为数众多的危机中，没有哪一个危机比带有一个传染病名字的危机更令人不寒而栗：这年夏天，非洲西部染上埃博拉病毒的人越来越多，尤其受到此流行病牵连的是利比里亚、塞拉利昂和几内亚。恶劣的卫生环境、不健全甚至数量不足的医疗机构以及政府管理的失职，助长了这个危险且死亡率很高的疾病的迅速传播。多个地方实行的禁止外出的规定收效甚微。10 月，在美国和欧洲均出现了首例埃博拉病人的报道。

奥巴马总统于 9 月 24 日在联合国全体大会的讲话中，详细谈到了这种传染病的情况。他号召所有国家团结起来，共同对付这个迅速越过国界、破坏整个国家经济稳定并造成成千上万人死亡的传染病。如同美国一样，许多欧洲国家也纷纷表示，愿意为受到疾病严重威胁的国家提供医疗和物质帮助。许多医生和士兵自愿报名前往西非，其中，古巴在提供医疗帮助方面尤为积极主动；第一批流动医院和隔离收容站被建立起来。奥巴马针对埃博拉病毒对国民经济影响发出的警告，在随后不久的 10 月 2 日得到了国际货币基金组织主席克里斯蒂娜·拉加德的证实。联合国安理会于 9 月 18 日将之称为是对国际和平和安全的一种威胁。

2014 年 10 月中旬，据世界卫生组织（WHO）统计，西非染上埃博拉病毒的数字大约为 9000 人，死亡数字超过 4400 人（专家认为，未统计到的数字大约高出 3 倍）。世卫组织预测，到年底时，每周新感染的人数将会增加到 5000~10000 人。关于埃博拉病毒蔓延的消息举世震惊，其作用丝毫不亚于关于"伊斯兰国"、"博科圣地"及"谢巴布"民兵这样的伊斯兰恐怖组织在中东、尼日利亚、索马里和肯尼亚势力不断扩大的报道。这场疫情将以往人们未予重视的富国和穷国之间的发展落差摆在了西方国家面前。由于未予重视，世界卫生组织的经费多年来被大幅削减。这即是该组织在面对 2014 年疫情突发时行动迟缓，以及国际社会低估了疫情所造成危险的原因之一。埃博拉病毒不仅是不折不扣的具有世界末日性质的一种邪恶传染病，而且也是 2014 年在全世界不胫而走的一句话的根源之一：世界动荡，天下大乱。

/ 569

不论美国的批评家们在叙利亚、伊拉克和阿富汗问题上，抑或是在俄罗斯和中国问题上如何指责他们的总统缺少领导世界政治的能力，但从长远来看，奥巴马的路线不过是他仅能非常有限对之施加影响的内政和外交变化的一种表现而已。其前任的好战主义导致了美国社会对美国在万里之外的全球各地进行军事干预的清醒认识。巨大的政府债务和世界金融危机的影响依然阴云未散。"冷战"年代的显赫时光已不复存在，当需要在海外对"国家利益"进行定义和做出反应时，美国在物质上已不再是从前那个颐指气使、财大气粗的美国。

这种局面所导致的结果，就是一种世界政治决策上的谨小慎微主义，持批评态度的观察家一针见血地将之视为 2014 年国际危机数量戏剧般地增加的更深层原因。但是，美国这种谨小慎微在国际上并非仅此一例。如同所有西方国家一样，美国也变成了一个所谓的"后英雄主义国家"，尽管比之大多数欧洲国家来说，特别是与德国相比，程度略轻而已。由于"伊斯兰国"及其同类表现出的令人发指的残暴行径——斩首人质（继两个美国记者之后，又有两名英国人、一名法国人和另一名美国人被斩首，事件震惊了大西洋两岸的民众），美国终于调整了自己的方针。尽管如此，美国今后在何种程度上愿意重新扮演"世界警察"的角色，还是一个未知数。唯一可以肯定的是，除了美国外，无人可以担此角色。

/ 570

奥巴马在对待"伊斯兰国"恐怖主义问题上的政策调整不仅为时过晚，而且过于做表面文章，因此，其民众支持率始终未见提升。同时，他几次三番强调新就业岗位的增加及失业人数的下降以炫耀政绩，也未能帮助他获得更多的人气。2014 年 10 月底，被调查的美国百姓中仅有 42% 对他的执政业绩表示满意。

在 11 月 4 日的国会选举中，出现了奥巴马担心已久的局面：共和党不仅扩大了他们在众议院的多数优势，而且还赢得了参议院的多数席位，即拿到了 100 个席位中的 53 席，比此前增加了 8 席。有鉴于此，奥巴马在今后两年任期内终将难逃变成"跛脚鸭"的命运，尤其是当共和党一如数年前及竞选期间一样，继续与他的政策路线针锋相对之时。虽然奥巴马表示愿意妥协，并且在"大老党"方面也可以听到类似的声音，比如来自肯塔基州的参议院多数派领袖米奇·麦克康奈尔（Mitch McConnel）等，但是，两党的温和势力能否占据上风，仍然是个未知数。

11月20日，奥巴马宣布一项政令：在满足特定条件的前提下，将给予多达500万的非法移民以合法的居留身份，使其免遭被遣返回国的命运。当他兑现这一竞选承诺之时，引发了国内的一股抗议浪潮。迄今为止一直为亟待改革的移民法修改设置障碍的共和党宣布，有鉴于上述情形，无法同总统合作。对许多宪法专家、政治学家和知识界人士来说，这轮新的对峙再次证明了美国宪法的一个结构性缺陷：总统几乎跟独裁者一样的大权独断与国会可以行使的否决权并行而立，以及在国会的参议院中，有悖于民主原则，各州无论大小均拥有同等地位。

相比欧洲，美国2014年的经济状况相对良好，其经济增长率高于欧盟水平（与2013年同期相比，2014年第三季度为2.3%比1.3%），失业率则低于欧盟水平（2014年第三季度为6.0%比10.0%）。自2014年春起，欧元对美元的汇率也在下降：10月中旬，1欧元兑换1.28美元，1月初的汇率还是1.36美元。2013年12月之后，"美联储"持续减少购买国家债券和房地产债券，10月完全停止购买。反之，鉴于经济徘徊不前，欧洲央行被迫一如既往保持甚至增加购买债券的数量。

/ *571*

美国在恢复经济方面领先于欧洲的一个原因，是相对较低的能源价格，其中"水力压裂法"——通过深度钻井获取页岩天然气的方法——的成功也体现在能源价格中。美国企业在数字化网络系统、传统工业生产的"信息化"，即所谓的第四次工业革命或"工业4.0"方面，处于世界领先地位。就"工业4.0"而言，其基础是此前的三次工业革命，首先是蒸汽机，然后是化学和电气技术以及流水线，最后是自动化和电子技术给工业生产打上了深刻的烙印。欧洲在互联网和网络－物理系统领域，至今仍未摆脱美国的影响。这是古老的欧洲大陆落后于西方最强大的国家的又一原因。

/ 572

在其他领域，古老西方和新西方之间还存在着更进一步的差别。大西洋两岸围绕美国国家安全局窃听事件的冲突，完全是一个更大范围盟友关系中的代表性案例。今天的欧洲人生活在后经典的民族国家中，这些民族国家皆遵守国际法的准则，并且共同行使其部分国家主权，或是将部分主权移交给某些超国家的组织机构。而美国则一如既往是个完全的主权国家。一旦发生矛盾，它的"国家利益"就会与国际法的一般准则发生冲突。例如，直到福特总统于1976年借助一项法律明确予以禁止之前，美国中央情报局甚至可以谋杀外国的国家元首。1961年1月，即在艾森豪威尔总统任期的最后几天，被推翻的刚果民主共和国总统帕特里斯·卢蒙巴（Patrice Lumumba）遭此命运，古巴"最伟大的领导人"菲德尔·卡斯特罗（Fidel Castro）侥幸逃过一劫。

克林顿总统在2000年拒绝将关于国际刑事法庭的条约提交给参议院审议的做法，即是美国式的国家主权概念的内在逻辑结果。美国的单边行动以及与联合国保持距离的倾向，也非始于乔治·W.布什：在他于2001年对《京都议定书》说不之前，克林顿于1998年曾经拒绝签署《地雷禁止条约》。小布什将欲加之罪的战俘长期关押在美国境外的关塔那摩监狱，从而引发了一场与国际法的纠纷。奥巴马想要结束这场纠纷，却无法予以了断，其原因就在于国会的阻力明显过于强大。

除了在国际法问题上的不同见解，美国和欧洲还在许多涉及它们各自国体的根本问题上看法相左。美国宪法中源自建国时期的关于允许公民拥有武器的权利，与欧洲国家暴力垄断的理念格格不入。在国家刑事审判权问题上，比之经历过专制统治因而十分敏感的欧洲人，美国人的思维更多的是旧约《圣经》式的，或者说更加古老。如今，欧洲人将死刑看成是一种野蛮的报复思想的体现，因而已将其废除，而美国人在这个问题上则各有主见：18个州予以废除，在

31 个州还继续有效。

此外，大西洋两岸在国家的社会责任问题上的不同认识和实践也可以从不同的历史渊源影响中得到解释。倘若说，近代集权国家那种关怀照顾式的传统在欧洲还继续传承的话，那么，在美国依然发挥作用的则是自担其责、凡事完全依靠自己、视个人自由高于一切的新定居者传统。因此，现代福利社会的模式能够更早和更广泛地进入古老的欧洲大陆，而非率先在美国施行。在美国，虽然有罗斯福新政之后所取得的一系列社会政策方面的成就，但是，即便是在 21 世纪初期，现代福利社会的合法性依然受到来自右翼阵营偏见的巨大压力。对欧洲来说，"茶党"对奥巴马医疗改革的极力抵抗，就是典型美国式的、前现代－反国家主义的、几乎无法理解的范例。

在宗教问题上，大多数欧洲人认为，美国人与宗教的关系也同样是一种落后的关系。一方面，自美国建国以来，国家和宗教的严格分离对美国的国体来说乃是宪法的规定。另一方面，宗教在社会和政治生活中依然起着重要的作用。时至今日，一个以不可知论者甚至是无神论者面目登场的总统候选人，仍然完全无望赢得竞选的胜利。在欧洲，诸如传统上的世俗法国所代表的那种国家和宗教的严格分离虽是例外，但是，去教会化的进步如此之大，以至于从美国所代表的新西方角度观之，古老的欧洲已经看似没有了上帝或者是远离了上帝。因此，大西洋两岸相互陌生化的感觉皆有其历史的根源。然而，就问题的根本而言，欧洲人和美国人无论发生怎样的争执，这种争执所围绕的只是对共同价值的不同解释罢了，亦即，争执所涉及的是作为其文明基础的体现在大西洋两岸 1776 年和 1789 年两次革命中的那些价值观念。在这两种文明中，不可剥夺的人权、法治、三权分立、人民的主权和代议制民主乃是其基础和根本。

就双方的分歧点而言，实力地位的巨大差距可能是最大的差别。虽然经历了 2008 年以来的经济挫折以及中国的崛起，美国仍然是占领导地位的世界大国。反之，欧洲未能实现在世界政治中精诚团结拧成一股绳的目标。军事上，欧洲始终还要依靠美国，在反恐情报方面亦同样如此。在 2014 年 11 月 10 日和 14 日举行的三大亚洲峰会——北京的亚太经合组织（APEC）会议、缅甸的东南亚联盟（ASEAN）会议和东亚峰会（East Asian Summit）上，美国作为太平洋地区大国由奥巴马总统代表高调出席，欧盟不在与会国之列。于是，它只能随后在澳大利亚布里斯班举行的 G20 峰会上，以其五大成员国为代表出席。

出于对乔治·W.布什任总统时美国独步世界肆意妄为的思考，杰里米·里夫金（Jeremy Rifkin）和查尔斯·库普钱（Charles Kupchan）等美国自由主义社会学者认为，欧盟是具有优势的西方发展可能性的模式。十年后，已经很少有人会再议论这样一个"欧洲梦"：共同货币是否对欧洲的团结起了帮助作用，这个问题还无法形成定论。反之，债务危机期间人们所得到的印象是，欧元分裂了欧洲各国人民。德国和法国之间的经济差距越来越大，两家在改革问题上的统一认识无从谈起。英国如同撒切尔时代一样，对欧盟再度敬而远之，而且，就其情报机关——政府通信总部（GCHQ）针对德国等欧洲邻居的间谍活动而言，英国的表现未必比美国更好。尽管于 2014 年 2 月接管政府的意大利年轻总理马泰奥·伦齐致力于体制改革，但是，意大利能否找到摆脱贝卢斯科尼时代以及早年债务政策遗留问题的力量，还是一个未知数。在一些当年的社会主义国家，如匈牙利、罗马尼亚和保加利亚等，最大的危险莫过于民主制度的未来所受到的严重挑战。

2014 年乌克兰危机时，欧盟总体表现出一种团结一心的形象。继财政部长委员会之后，如今，外交部长委员会的地位也得到了提高。从某种意义上说，俄罗斯咄咄逼人的姿态反倒是帮助欧盟认清了自己的共同利益，并对之加以维护。大西洋联盟同样如此：由于

普京的政策，北约更进一步认清了自己"存在的理由"，这是西方
国家元首和政府首脑任何一种呼吁皆无法做到的。

然而，近年来大西洋两岸的陌生化（在德国特别是 NSA 丑闻带
来的后果）并没有因此烟消云散。2014 年 7 月初，德国和美国的关
系再次因两桩间谍案而受到影响：联邦情报局的一名工作人员为美
国中央情报局，以及一名联邦国防部的工作人员为美国国防情报局
从事间谍活动被揭穿。对此，德国政府做出反应，要求一名美国外
交官，即上述情报部门的代表离开德国。随后不久，媒体又登出了
其他美国针对德国政府和议会的间谍活动的报道。但是，即便是这

些华盛顿始终对柏林不信任的新证据，也不能抹杀这样一个观点，
即与大西洋彼岸重要伙伴的合作对于德国的安全具有无比重大的意
义。面对世界局势的风云变幻，清醒地看到欧洲和美国之间除了矛
盾对立之外，还有彼此紧密相连的共同点，这种认识在危机四伏的
2014 年，同样在德国比往年具有更为重大的意义。

2014 年是一个纪念活动之年：第一次世界大战爆发 100 周年，
第二次世界大战开始 75 周年，盟军诺曼底登陆 70 周年，欧盟东扩
10 周年。所有这些纪念活动给美国人和欧洲人提供了各种追忆历史
的机会。最晚自美国于 1917 年参加第一次世界大战起，这段历史在
它漫长的历程中成了大西洋两岸的共同历史。大西洋两岸人民从中
得出的经验教训，至今仍有着深刻的影响。

假如世界上存在让人回忆起类似"一战"前夕巴尔干半岛冲突
的危险地区的话，那么此地便是远东地区。但是，欧洲就总体而言
也同样不是世外桃源：乌克兰的冲突表明，俄罗斯和西方国家的关
系依然或者说如今再度变得岌岌可危。尽管如此，即便是悲观主义
者也不会认为，俄罗斯和北约之间会爆发一场军事冲突。北约或欧
盟成员国之间的一场战争则完全无法想象。几次三番给 20 世纪上半

叶打上自身印记的德国,在1945年之后成了一个西方的民主国家。自1990年重新统一以来,民主制不单盛行于德国西部,而且也遍及这个被分裂45年之久的国家的全部疆域。1990年10月3日以后,德国虽然重新成为一个主权国家,但是,由于它已被纳入北约和欧盟这样的跨国联合组织,新德国与1945年灭亡的德意志帝国有着本质的区别。

无论美国如何厌倦战争,它也不可能作茧自缚,退缩到孤立主义的保护壳中去。尽管美国将21世纪称作"太平洋的世纪",欧洲却依然保留着作为世界性地区的重要意义。出于物质的及非物质的利益,美国与欧洲有着最为密切的联系。倘若它拥有可为其"分担责任"的伙伴盟友的话,那么,这个盟友首先就是北约的欧洲成员国。

2014年,新的多极化局面比数年前似乎更加充满敌意和对抗,或者说"更加无极化"。首先是华盛顿和莫斯科之间的关系,同时华盛顿和北京的关系也不例外。当柏林墙于1989年秋倾覆时,西方民主国家纷纷希望,它们的价值观将迟早在全世界,或至少也将在当时尚未解体的苏联大地得以实现。在一年后,即1990年11月签署的《巴黎宪章》中,欧洲安全与合作会议,即后来的欧洲安全与合作组织的34个成员国对欧洲一个新时代的开始充满憧憬,并承诺,"将民主作为各自国家唯一的政府形式来进行建设、巩固和加强",并以和平方式解决所有争端。就俄罗斯、白俄罗斯和乌克兰边境西部的老欧洲大陆而言,除了某些国家打了些折扣,这一希望已经获得实现。2014年,所有的迹象皆表明,乌克兰将比以往任何时候更加坚定不移地朝着这个方向迈进。但是,白俄罗斯和俄罗斯的所有迹象皆指向反面。在中亚地区大多数同样也是欧洲安全与合作组织成员国的昔日苏联加盟共和国中,情况堪忧;阿塞拜疆和亚美尼亚也不例外。2013年10月发生在另一个高加索国家——格鲁吉亚的政府更迭,则让人们有理由对形势的发展有更为乐观的判断。

由此观之,1989年后,"新时代"只对一部分欧洲国家来说拉开了序幕。2014 年，与俄罗斯的"战略伙伴关系"成了再也无人关心的旧日话题。西方国家不得不再度改变方针，以适应未来以自身团结为目标的新阶段。北约所恪守的原则，也是欧盟所遵循的路线。只有两大组织学会在重大的外交和安全问题上用同一个声音说话，它们才有希望在西方联盟中充分发挥各自的作用，并在世界舞台上作为"全球玩家"受人尊重。

2014 年 7 月 8 日，《法兰克福汇报》以"从克里米亚说开去"为标题，登载了瑞典外长卡尔·比尔特（Carl Bildt）的一篇引人注目的文章。文章中，比尔特以历史进程为出发点，探讨了最新的国际形势发展。他写道："假如 20 世纪是从 1914 年开始的话，那么，未来的历史学家就可以说，21 世纪的开端是 2014 年。在为俄罗斯入侵和吞并克里米亚进行辩护的种种理由中，没有一个理由被人们接受之后，能够不对未来产生严重后果。尽管克里姆林宫可以找借口不赞成在基辅所发生的事件，但是，在一个邻国所发生的事件，绝不能变成一种侵略行径进行辩护的理由。"

紧接着这一论点，比尔特做了一个冷静的推断："与我们四分之一世纪前在时代巨变后所想象的完全不同，21 世纪有可能会以另外一副面孔出现在世人面前。我们观念理想的巨大胜利或许比我们所认为的更加流于表面。"因此，根据瑞典外长的观点，对欧盟来说只能有如下一个结论，那就是："欧盟的团结是欧洲和平和稳定的关键"。

2014 年秋，乌克兰危机还远未尘埃落定，西方对俄罗斯政策的判断与危机年的春夏期间没有本质的区别。然而，越来越多的声音指出，西方民主国家和俄罗斯，甚至和中国以及印度，有着根本的共同利益。这种共同利益要求进一步加强各方的合作，旨在共同面对在全球范围内活动的伊斯兰恐怖主义。

"若是两个危机同时发生，那么眼前较大的危机将掩盖掉较小的危机。"——这是历史学家雅各布·布克哈特（Jacob Burckhardt）

《世界史观》中的一句名言。2014 年末，如同围绕乌克兰问题的东西方对峙一样，"伊斯兰国"势力在叙利亚和伊拉克的不断扩张也同样让西方国家深感不安。恐怖主义的逐渐全球化使许多人愈发感觉到，所有的安全已经荡然无存。然而，这种因金融和债务危机又雪上加霜的不安全感，归根结底均植根于对"9·11"事件的震惊和魂魄未定之中：回顾历史，2011 年发生在纽约和华盛顿的恐怖袭击越发被人们认为是新世纪的一个危险缩影。由此观之，2014 年下半年的恐怖危机正逐步"掩盖掉"乌克兰危机。

可是，普京咄咄逼人的攻势不会就此善罢甘休。2014 年 11 月，所有迹象表明，莫斯科将关于顿巴斯地区停火状态的《明斯克协议》视作一纸空文，并继续给亲俄罗斯分裂分子的军事行动提供连续不断的支持。与此同时，俄罗斯还加大了对摩尔多瓦内政的影响力度，并给自 2014 年初与欧盟进行入盟谈判的巴尔干地区西部的一个国家施加压力：塞尔维亚不应继续倒向欧盟和西方，而应继续借重俄罗斯这座靠山。除此之外，俄罗斯武装部队还在波罗的海和大西洋上空，甚至在澳大利亚海域展示它的军事实力。

正因为如此，西方媒体中关于一场"新冷战"危险的议论又开始大量出现。事实上，在普京的政策与东西方冲突对峙时期的苏联政策之间，的确存在许多相似之处。然而归根结底，"冷战"始终是并且同时首先是一场意识形态的战争。

因此，西方有必要面对其挑战对手，在没有理论要求很高的制度竞争压力的情况下，也能够实现自己的主张和理想，并寻求一种和平的对各方皆"不失面子的"利益的平衡。但是，西方不得不告别 1989 年和 1990 年时所抱有的巨大希望，即在民主的基础上，从温哥华到符拉迪沃斯托克（海参崴）一个横跨三大洲的太平世界迟早将会到来。2014 年发生的种种事件已经将这一希望（倘若这一希望还一息尚存的话）釜底抽薪，化为乌有。[15]

1　Bernd Stöver, United States of America. Geschichte und Kultur. Von der
　ersten Kolonie bis zur Gegenwart, München 2012, S. 652 ff.; Josef Braml,
　Der amerikanische Patient. Was der drohende Kollaps der USA für die
　Welt bedeutet, München 2012 (Zitate Obama u. Hillary Clinton, Novem-
　ber 2009: 103 f., Pekinger Erklärung, 17. 11. 2009: 116); Britta Wald-
　schmidt-Nelson, Barack Obama (2009–): Der erste afroamerikanische
　Präsident: A Dream Come True?, in: Christoph Mauch (Hg.), Die ameri-
　kanischen Präsidenten. 44 historische Porträts von George Washington bis
　Barack Obama, München 2013⁶, S. 439–464; Theda Skocpol (ed.), Obama
　and America's Political Future, Cambridge, Mass. 2012; Bob Woodward,
　Obamas Kriege. Zerreißprobe einer Präsidentschaft (amerik. Orig.: New
　York 2010), München 2010 (Zitat aus der Osloer Dankesrede, 10. 12. 2009:
　442); Jeremy Scahill, Schmutzige Kriege. Amerikas geheime Kommando-
　aktionen (amerik. Orig.: New York 2013), München 2013, S. 305 ff.; Mar-
　tin Indyk/Kenneth G. Lieberthal/Michael E. O'Hanlon, Bending History.
　Barack Obama's Foreign Policy, Washington, D. C. 2012; Lawrence R. Ja-
　cobs and Demons King (eds.), Obama at the Crossroads. Politics, Markets
　and the Battle for America's Future, Oxford 2012; Carol McNamara and
　Melanie M. Marlowe (eds.), The Obama Presidency in the Constitutional
　Order, Lanham, Md. 2011; Bert A. Rockman et al. (eds.), The Obama
　Presidency. Appraisals and Prospects, Washington, D. C. 2012; Robert
　P. Watson et al. (eds.), The Obama Presidency. A Preliminary Assessment,
　New York 2012; Tom Lansford and Jack Covarrubias, Inherited Wars:
　Afghanistan and Iraq, ebd. S. 231–256; De-Yuan Kao, China Policy, ebd.
　S. 263–276; Leonard Cutler, Counterterrorism Policy, ebd. S. 277–296;
　Michael Lüders, Tage des Zorns. Die arabische Revolution verändert die
　Welt, München 2011, S. 179 ff. (Zahlen zur israelischen Besiedlung des
　Westjordanlands: 182); Christoph Hass/Wolfgang Jäger (Hg.), What a

President Can – Barack Obama und Reformpolitik im Systemkorsett der USA, Baden-Baden 2012; Stormy-Annika Mildner, Die Zähmung der Finanzmärkte – Barack Obamas Reform der Finanzmarktregulierung und -aufsicht, ebd. S. 86–112; Stephan Bierling, Geschichte des Irakkriegs. Der Sturz Saddams und Amerikas Albtraum im Mittleren Osten, München 2010, S. 205 ff. (Opferzahlen und Kosten: 216 f., Zitat Bierling: 218); Markus Kaim, Nachfolgemission Impossible, in: Internationale Politik 68 (2013), Nr. 5, S. 16–20 (Zahlen der getöteten afghanischen Polizisten, März bis Juli 2013); Ahmed Raschid, Weg vom Abgrund, ebd. S. 21–27 (getötete afghanische Soldaten und Zivilisten Januar bis Juni 2013); Suzanna Lipovac, «Die Lage der Frauen ist deutlich besser», ebd. S. 30–37 (Opferzahlen, Januar bis Juni 2013); Richard N. Haass, Die Doktrin der Restauration. Wie Amerika seine Führungsmacht im 21. Jahrhundert sichern kann, ebd., 67 (2012), Nr. 1, S. 70–77 (Zitate Haass: 70 f.); Roger Cohen, Bush Reloaded, in: Cicero 2013, Heft 9, S. 58–61 (Zahlen zu den Drohneneinsätzen: 58); Republicans Back Down, Ending Crisis Over Shutdown and Debt Limit, in: The New York Times, 17. 10. 2013; Paul Krugman, The Damage Done, ebd., 18. 10. 2013; Taliban töten immer mehr afghanische Polizisten, in: Frankfurter Allgemeine Zeitung, 4. 9. 2013 (Daten zu den getöteten Polizisten); Obama scheitert mit Verschärfung der Waffengesetze, ebd., 18. 4. 2013; 6 Fragen zum «fiscal cliff», in: DIE ZEIT, Nr. 2, 3. 1. 2013; Public Papers of the Presidents of the United States. Barack Obama 2009, Book 1: The Presidential Documents – January 20 to June 30, 2009, Washington, D. C. 2010, S. 760–768 (Kairo, 4. 6. 2009), 2009, Book II, Washington, D. C. 2013, S. 1490–1492 (Oslo, 10. 12. 2009). Obamas Rede in Canberra, 17. 11. 2011 in: http://www.smh.com.au/national/text-of-obamas-speech-to-parliament-20111117-1nkcw.html. Zum «unipolaren Moment» nach der Epochenwende von 1989 bis 1991: Charles Krauthammer, The Unipolar Moment, in: Foreign Affairs 70 (1990/91), No. 1, S. 23–33. Zur Überwachung der UNO durch die NSA: Codename «Apalachee», in: DER SPIEGEL 35, 26. 8. 2013; zum NATO-Angriff in Pakistan, November 2011: Mindestens 20 Tote bei NATO-Angriff in Pakistan, in: Der Tagesspiegel, 26. 11. 2011. Zu Fukuyamas These Heinrich August Winkler, Geschichte des Westens. Vom Kalten Krieg zum Mauerfall (fortan: Geschichte III), München 2014, S. 1117 ff. Zum Patriot Act siehe oben S. 209 ff., zur NSA 2010, zum «surge» im Irak 330 f.

2 Stefan Kornelius, Angela Merkel. Die Kanzlerin und ihre Welt, Hamburg 2013; Ralph Bollmann, Die Deutsche Angela Merkel, Stuttgart 2013; Dirk Kurbjuweit, Alternativlos. Merkel, die Deutschen und das Ende der Politik, München 2014; Stephan Bierling, Vormacht wider Willen. Deutsche Außenpolitik von der Wiedervereinigung bis zur Gegenwart, München 2014, S. 187 ff.; Simon Lee/Matt Beech, The Cameron-Clegg Government. Coalition Politics in an Age of Austerity, Basingstoke 2011; Timothy Happell/

David Seawright, Cameron and the Conservatives. The Transition to Coalition Government, Basingstoke 2012; Robert Hazell/Ben Young, The Politics of Coalition. How the Conservative-Liberal Government Works, London 2012²; Hans Kundnani, Die britische Frage, in: Internationale Politik 67 (2012), Nr. 5, S. 58–63; Franz-Olivier Giesbert, M. le président. Scènes de la vie politique, Paris 2011; Marcus Theurer, Großbritanniens neuer Aufschwung, in: Frankfurter Allgemeine Zeitung, 9.9.2013; Mehr Flexibilität für Frankreichs Unternehmen, ebd., 14.1.2013; Matthias Kullas, Frankreich unter Druck, ebd., 11.4.2012 (zu den Lohnstückkosten); Frankreich macht noch mehr Schulden, ebd., 12.9.2013; Deutsches Auslandsvermögen steigt auf 1,1 Billionen, ebd., 28.9.2013 (zu den Target-Forderungen der Bundesbank); Günther Nonnenmacher, Hollande in der Wirklichkeit, ebd., 15.1.2014; Christian Schubert, Hollandes neue Botschaft, ebd., 16.1.2014; Die gelähmte Nation, in: Süddeutsche Zeitung, 26.2.2013; Politik als Schauspiel, ebd., 11.9.2013; Cerstin Gammelin, Große Sorgenkinder, ebd., 16.9.2013 (zu Frankreich und Italien); Stefan Ulrich, Die Wende, ebd., 16.1.2014; Hollande lehnt Einmischung der EU in Haushalt ab, in: Die Welt, 20.5.2013; Reform im Schongang, in: Der Tagesspiegel, 29.8.2013; Karin Finkenzeller, Frankreichs vergiftete Arbeitsmarktreform, in: ZEIT Online, 12.1.2013; Gero von Randow, Bündnis für Arbeit, in: DIE ZEIT, 17.1.2013; ders., Survive la France, ebd., 11.4.2013. Camerons Europarede vom 23.1.2013 in: http://www.independent.co.uk/news/uk/politics/full-text-david-camerons-europe-speech-8462592.html. Zum Thermidor: Heinrich August Winkler, Geschichte des Westens. Von den Anfängen in der Antike bis zum 20. Jahrhundert (fortan: Geschichte I), München 2012³, S. 367 ff. Zum Ausscheiden Frankreichs aus der Militärorganisation der NATO 1966 ders., Geschichte III (Anm. 1), S. 453 ff., zum britischen Referendum von 1975 648 f., zu Mitterrands Kurswechsel 1983 845 ff., zu Tschernobyl 899 f. Zum deutschen Atomausstieg siehe oben 140, zum Barcelona-Prozeß S. 163., zur Agenda 2010 242 ff. Zur Wahl des Europäischen Parlaments im Mai 2014 siehe unten S. 537 ff.

3 Michael Gehler, Europa. Ideen, Institutionen, Vereinigung, München 2010², S. 441 ff.; Frank Illing, Deutschland in der Finanzkrise. Chronologie der deutschen Wirtschaftspolitik 2007–2012, Wiesbaden 2013, S. 77 ff. (Zitat Illing: 125); Hartmut Kaelble, Spirale nach unten oder produktive Krisen? Die Geschichte politischer Entscheidungskrisen der europäischen Integration, in: Integration 3 (2013), S. 169–182; ders., Eine beispiellose Krise? Die Krise der europäischen Integration seit 2010 im historischen Vergleich, in: Martin Heidenreich (Hg.), Krise der europäischen Vergesellschaftung? Soziologische Perspektiven, Wiesbaden 2014, S. 31–51; Christian Rank und Michael Zürn, Zur Politisierung in der Krise, ebd., S. 121–145; Bierling, Vormacht (Anm. 2), S. 187 ff.; Andreas Rinke, Was wurde entschieden? Ein Protokoll des historischen EU-Gipfels vom 28. und 29. Juni 2012, in: Internationale Politik 67 (2012), Nr. 6,

S. 22–29; Sebastian Schoepp, Im Sprung gestoppt. Warum Spaniens Wirtschaft abgestürzt ist, ebd., S. 68–74; Monti attacca lo Statuto dei lavoratori: «Ha danneggiato chi intendeva tutelare», in: Corriere della Sera, 13. 9. 2012; Alberto Nardelli, Mario Monti's Austerity Measures Lack the Innovation Italy Needs, in: The Guardian, 5. 12. 2011; Rainer Hermann, Fessel Klientelismus, in: Frankfurter Allgemeine Zeitung, 4. 8. 2012 (über Griechenland); Tobias Piller, Italiens entzauberter Arbeitsmarkt, ebd., 18. 9. 2012; Montis Reformprojekte für Italien werden größtenteils Makulatur, ebd., 10. 12. 2012; Die gespaltene Währungsunion, ebd., 20. 3. 2012; Staatsschulden der Euroländer steigen auf 9,5 Billionen Euro; OECD: Italien muss wettbewerbsfähiger werden, ebd., 22. 6. 2013 (über Portugal); Jörg Bremer, Die alte neue Kraft Italiens, ebd., 18. 11. 2013; Michael Martens, Am Ende ganz allein (zu Papandreous Plan eines Referendums), ebd., 30. 5. 2014; Cerstin Gammelin, Rechnen gegen die Realität, in: Süddeutsche Zeitung, 1. 3. 2012 (zu Griechenland); Alexander Hagelüken mit Christiane Schlötzer, Griechenland geht das Geld aus, ebd., 24. 8. 2012; Claus Hulverscheidt, Das Italienische an Herrn Monti, ebd., 30. 8. 2012; Thomas Urban, Volk der Überqualifizierten, ebd., 1. 6. 2013 (zu Spanien); ders., Das große Aufräumen, ebd., 13. 6. 2013 (zu Spanien); Ulrike Sauer, Wettlauf gegen die Zeit, ebd., 29. 7. 2013; (zu Italien). Die Rede der Bundeskanzlerin Angela Merkel vom 14. 12. 2011: Stenographischer Bericht. Deutscher Bundestag, 17. Wahlperiode, S. 17685. Zum italienischen Statuto dei lavoratori von 1970 Winkler, Geschichte III (Anm. 1), S. 591 f. Zu den Strukturproblemen Griechenlands S. 879 f., zu den europapolitischen Weichenstellungen von 1989/90 1018 f., 1047 ff. Zur irischen Immobilienkrise S. 260 f., 401 f.

4 Andreas Wirsching, Auf dem Prüfstand: Die Eurokrise in globaler, europäischer und deutscher Perspektive, in: Journal of Modern European History 11 (2013), S. 287–294; Jakob Tanner, Euro-Krise: europäische Großrechner und nationale Kleinrechner, ebd., S. 295–307; Dominik Geppert. Ein Europa, das es nicht gibt. Die fatale Sprengkraft des Euro, München 2013; Marc Beise, Machtanmaßung, in: Süddeutsche Zeitung, 30. 7. 2012; Hans-Jürgen Jakobs, Der Keim der Krise, ebd., 29. 9. 2012; Holger Steltzner, Retten ohne Grenze, in: Frankfurter Allgemeine Zeitung, 23. 8. 2012; Marc Schieritz und Wolfgang Uchatius, Draghi übernimmt, in: DIE ZEIT, 6. 9. 2012; Norbert Höring, Das Demokratiedefizit der Euroretter, in: Das Handelsblatt, 7./8./9. 9. 2012; Carsten Brönstrup, Die nächste Blase kommt bestimmt, in: Der Tagesspiegel, 17. 9. 2013. Draghis Rede vom 26. 7. 2012, in: European Central Bank. Eurosystem Verbatim of the remarks by Mario Draghi. http://www.ecb.europa.eu/pre ss/key/date/2012/html/sp120726.en.html.

5 Philipp Ther, Die neue Ordnung auf dem alten Kontinent. Eine Geschichte des neoliberalen Europa, Berlin 2014, S. 226 ff.; Jan-Werner Müller, Wo Europa endet. Ungarn, Brüssel und das Schicksal der liberalen Demokra

tie, Berlin 2013; ders., Europe Needs to send Hungary a Signal, in: The Guardian, 23.11.2012; Kai-Olaf Lang, Auf dem Weg in ein neues Ungarn. Innere und außenpolitische Folgen des Machtwechsels in Budapest, in: Stiftung Wissenschaft und Politik. SWP-Aktuell 43 (Mai 2010), S. 1–8; ders., Sicherheit für Ponta. Nach den Parlamentswahlen: Rumäniens innenpolitische Entwicklung bleibt ungewiss, in: SWP-Aktuell 5 (Januar 2013), S. 1–9; Keno Verseck, Scharf nach rechts. Wie Viktor Orbán Ungarn polarisiert, in: Internationale Politik 68 (2013) Nr. 4, S. 58–64; Dan Biletsky, Hungary in: The New York Times, 12.3.2013; ders., Romania Strains to Build True Democracy, ebd., 12.10.2012; Joëlle Stolz et Philippe Ricard, Viktor Orban défie Bruxelles et impose sa réforme constitutionelle en Hongrie, in: Le Monde, 12.3.2013; Poverty Protests, in: The Economist, 23.5.2013 (zu Bulgarien); Birth of a Civil Society, ebd., 21.9.2013 (zu Bulgarien); Stephan Löwenstein, Eine Art Stunde Null. Ungarn will wieder seine Verfassung ändern, in: Frankfurter Allgemeine Zeitung, 29.7.2012; Karl-Peter Schwarz, Ponta und die Entstalinisierung, ebd., 29.7.2012; Positive Signale? Der Europarat beobachtet die Bemühungen um eine Verfassungsreform in Rumänien, ebd., 10.7.2013 (hier das Zitat von Viviane Reding); ders., Sozialismus in den Köpfen. Kroatien hofft auf den Beitritt zur Europäischen Union, ebd., 4.2.2013; ders., Zagrebs langer Weg nach Brüssel, ebd., 29.6.2013; Die EU heißt ein neues Problemland willkommen. Kroatien tritt der EU bei, ebd., 29.6.2013; Reinhard Veser, Bürger gegen die Mafia, ebd., 10.7.2013 (zu Bulgarien); ders., Bulgarische Misere, ebd., 25.7.2013; Stephan Löwenstein, Orbán im Kampfmodus, ebd., 27.8.2014; EU überprüft ungarische Gesetz, in: Süddeutsche Zeitung, 3.1.2012; Csaba Györi, So hebelt man einen Rechtsstaat aus. Ungarns Regierungschef hat das Verfassungsgericht faktisch entmachtet, ebd., 3.5.2013; Martin Arnetzberger, Bulgarien hat jetzt eine Zivilgesellschaft, ebd., 26.7.2013; Zweifelhafte Absichten, ebd., 5.9.2013 (zu Bulgarien); Florian Hassel, Kroatien, schöngeredet, ebd., 21.6.2013; Ronen Steinke, Der Freisprecher, ebd., 26.6.2013 (zum Freispruch von Gotovina u. Markač); Javier Cáceres, Auf Linie gebracht. Kroatien beugt sich Druck aus Brüssel und wird Anforderung für EU-Haftbefehl erfüllen, ebd., 26.9.2013; Boris Kálnoky, Wie Victor Orbán die liberale Demokratie bekämpft, in: Die Welt, 12.3.2013; Rätsel um brutale Serie von Auftragsmorden, ebd., 12.4.2012 (zu Bulgarien); Rumäniens Regierungschef beschwichtigt die EU, in: ZEIT Online, 12.7.2012; Bulgarien taumelt in die nächste Regierungskrise, ebd., 26.6.2013; EU-Kommission streicht Bulgarien Hilfen in Millionenhöhe, in: SPIEGEL Online, 25.11.2008. Zur politischen Entwicklung Ungarns, Rumäniens und Bulgariens siehe auch die Länderberichte in: Bertelsmann Stiftung's Transformation Index (BTI) 2014 (http://www.bti-project.de/#1393860611707l&ifheight=869). Auszüge aus Orbáns Rede vom 26.7.2014 in: http://pusztaranger.wordpress.com/2014/07/30/viktor-orban-wir-bauen-den-illiberalen-staat-auf/.

Zum Vertrag von Trianon: Heinrich August Winkler, Geschichte des Westens. Die Zeit der Weltkriege 1914–1945 (fortan: Geschichte II), München 2011, S. 187, zu den Pfeilkreuzlern 1105 f. Zur Zerstörung von Vukovar Winkler, Geschichte III (Anm. 1), S. 1091. Zum Schengen-Abkommen siehe oben S. 38, zur Vertreibung der Serben aus der Krajina 57.

6 Angelo Bolaffi, Deutsches Herz. Das Modell Deutschland und die europäische Krise (ital. Orig.: Rom 2013), Stuttgart 2014; Ther, Ordnung (Anm. 5), S. 253 ff.; Jean-Claude Trichet, The Eurozone and the Global Crisis, in: The New York Times, 16. 3. 2013; Hugh Dixon, A Tool Kit for Future Euro Crises, ebd., 23. 9. 2013; Martin Winter, Mit Sicherheit nichts zu machen. Im Schatten der Währungskrise steuert die EU auf den Kollaps ihrer gemeinsamen Verteidigungspolitik zu, in: Süddeutsche Zeitung, 7. 5. 2013; The Biggest Problem, in: The Economist, 27. 3. 2013; Europe Bleeds Out, ebd., 30. 4. 2013; The Sleepwalkers, ebd., 25. 5. 2013; Zanny Minton Beddoes, Europe's Reluctant Hegemon, ebd., 15. 6. 2013; Martin Wolf, What Hollande Must Tell Germany, in: Financial Times, 8. 5. 2012; ders., Why the Euro Crisis Is Not Yet Over, ebd., 19. 2. 2013; Quentin Peel, Germany: A Test of Strength, ebd., 11. 4. 2011; George Soros, Remarks at the Festival of Economics, Trento, Italy, 2. 6. 2012, in: http://www.georgesoros.com/interviews-speeches/entry/remarks_at_the_festival_of_economics_trento_italy/; William E. Paterson, The Reluctant Hegemon? Germany Moves Centre Stage in the European Union, in: Journal of Common Market Studies 49 (2011). Annual Review, S. 57–75; Christoph Schönberger, Hegemon wider Willen. Zur Stellung Deutschlands in der Europäischen Union, in: Merkur. Deutsche Zeitschrift für europäisches Denken 66 (2012), Heft 1, S. 1–8; Werner Link, Integratives Gleichgewicht und gemeinsame Führung. Das europäische System und Deutschland, ebd., Heft 11, S. 1025–1034; Timothy Garton Ash, The New German Question, in: The New York Review of Books, 15. 8. 2013; Hans Kundnany, A German Empire? (21. 6. 2013), in: Project Syndicate, in: http://www.project-syndicate. org/blog/a-german-empire-; ders., Was für ein Hegemon? Berlins Politik führt zu keinem deutschen, sondern einem chaotischen Europa, in: Internationale Politik 67 (2012), Nr. 3, S. 21–25; ders., Die britische Frage, ebd., Nr. 5, S. 58–63; Jürgen Habermas, Die Krise der Europäischen Union im Licht der Konstitutionalisierung des Völkerrechts – Ein Essay zur Verfassung Europas, in: ders., Zur Verfassung Europas. Ein Essay, Berlin 2011, S. 39–96 (48 ff.); Das Interview mit Angela Merkel: «Europa ist unser Glück», in: Süddeutsche Zeitung, 26. 1. 2012. Zum Brief von Frans Timmermans an das niederländische Parlament: «National, wo es möglich ist», ebd., 2. 7. 2013; Europa nur wenn möglich, in: Frankfurter Allgemeine Zeitung, 4. 7. 2013. Das Zitat von Merkel aus dem August 2013 stammt aus dem am 13. 8. 2013 ausgestrahlten Interview mit Phoenix und Deutschlandfunk. Presse- und Informationsamt der Bundesregierung. Medienmonitoring Presse/TV/

Hörfunk, 13. 8. 2013. Zur Kultur der «militärischen Zurückhaltung» siehe oben S. 28 f.

7 Reinhard Schulze, Geschichte der islamischen Welt im 20. Jahrhundert, München 1994, S. 309 ff.; Tilman Seidensticker, Islamismus. Geschichte, Vordenker, Organisationen, München 2014; Olivier Roy, Der islamische Weg nach Westen. Globalisierung, Entwurzelung und Radikalisierung (frz. Orig.: Paris 2002), Frankfurt 2006; ders., The Transformation of the Arab World, in: Journal of Democracy 23 (2011), Nr. 3, S. 5–18; Johanna Pink, Geschichte Ägyptens. Von der Spätantike bis zur Gegenwart, München 2014, S. 249 ff.; Lucan Way, The Lessons of 1989, ebd. 22 (2011), Nr. 4, S. 13–23; Annette Jünemann u. Anja Zorob (Hg.), Arabellions. Zur Vielfalt von Protest und Revolte im Nahen Osten und Nordafrika, Wiesbaden 2013; Thorsten Gerald Schneiders (Hg.), Der arabische Frühling. Hintergründe und Analysen, Wiesbaden 2013; Marc Lynch, The Arab Uprising. The Unfinished Revolutions of the Middle East, New York 2012; Lüders, Tage (Anm. 1); Hamid Dabashi, The Arab Spring. The End of Postcolonialism, London 2012; Bassam Haddad (ed.), The Dawn of the Arab Uprisings. End of an Old Order, London 2012; Holger Albrecht/Thomas Demmelhuber (Hg.), Revolution und Regimewandel in Ägypten, Baden-Baden 2013; Markus Bickel, Syriens verlässliche Feinde, in: Internationale Politik 66 (2011), Nr. 5, S. 68–73; Andreas Rinke, Eingreifen oder nicht? Warum sich die Bundesregierung in der Libyen-Frage enthielt, ebd., Nr. 4, S. 44–52; ders., Der Deauville-Komplex. Syrien und der Masochismus der deutschen Europa-Debatte, ebd., 68 (2013), Nr. 6, S. 48–53; Franz-Josef Meiers, Zivilmacht als Willensfanatiker – Die libysche Deutschstunde, in: Reinhard Meier-Walser/Alexander Wolf (Hg.), Die Außenpolitik der Bundesrepublik Deutschland. Anspruch, Realität, Perspektiven, München 2012, S. 161–174; Wolfram Lacher, Bruchlinien der Revolution. Akteure, Lager und Konflikte im neuen Libyen. Stiftung Wissenschaft und Politik. SWP-Studie, März 2013; Anna Antonakis-Nashit, Legitimitäts- und Verfassungskrise in Tunesien, in: SWP-Aktuell 49 (August 2013); Wolfram Lacher/Denis M. Tull, Mali: Jenseits von Terrorismusbekämpfung, ebd., 9 (Februar 2013); Jean Marie Guéhenno, The Arab Spring Is 2011, Not 1989, in: The New York Times, 23. 4. 2011; Thomas Friedman, The Arab Quarter Century, ebd., 10. 4. 2013; Ben Hubbard and Rick Gladstone, Arab Spring Countries Find Peace Is Harder Than Revolution, ebd., 15. 8. 2013; Emma Bonino, The Arab Spring Label is Over. The Arab Struggle for a Better Future is Not, in: The Guardian, 25. 7. 2013; The Arab Spring. Has it Failed?, in: The Economist, 13. 7. 2013; Klaus-Dieter Frankenberger, Feuersturm. Was ist aus dem «arabischen Frühling» geworden?, in: Frankfurter Allgemeine Zeitung, 27. 8. 2013; Einigung in Tunesien, ebd., 7. 10. 2013; Sisi siegt in Ägypten, ebd., 30. 5. 2014; Sonja Zekri, Nahöstlicher Weltkrieg, in: Süddeutsche Zeitung, 1. 6. 2013; Tomas Avenarius, Das alte System lässt grüßen, ebd., 13. 7. 2013 (zur Einfluß-

nahme des ägyptischen Militärs auf die Demonstrationen gegen Mursi);
Weitere Rebellen-Brigaden sagen sich von syrischer Opposition los, in:
sueddeutsche.de, 27. 9. 2013; US-Außenminister Kerry rechtfertigt Putsch
gegen Mursi, in: SPIEGEL Online, 2. 8. 2013; Sicherheitsrat beschließt
Syrien-Resolution, in: ebd., 28. 9. 2013; Regierung bestätigt mehr als
600 Tote, in: ZEIT online, 17. 8. 2013; Rebellen sollen 200 Alawiten er-
mordet haben, in: ebd., 11. 10. 2013. Zu Kerrys Äußerungen in London,
9. 9. 2013: Kerry: Syrian Surrender of Chemical Arms Could Stop U. S. At-
tack. Reuters, 9. 9. 2013. Zur Kairoer Erklärung der Menschenrechte im
Islam, 1990 u. a.: Mattias G. Fischer/Amal Diab, Islam und Menschen-
rechte, in: Neue Juristische Wochenschrift 41 (2007), S. 2972–2975. Zum
Sykes-Picot-Abkommen von 1916: Winkler, Geschichte II (Anm. 5), S. 26;
zur territorialen Neuordnung im Nahen Osten nach 1918, ebd., S. 189,
207. Zum Wechsel von Sadat zu Mubarak 1981 Winkler, Geschichte III
(Anm. 1), S. 750. Zu Blairs Haltung zum Irakkrieg siehe oben S. 216,
220 f., 237 f., zu Gaddafis Abkehr vom Terror 333.

8 Walter Posch, Mäßigung statt Neuanfang. Iran nach den Präsidentschafts-
wahlen 2013. Stiftung Wissenschaft und Politik, SWP-Aktuell 39 (Juli
2013); ders., Dritte Welt, globaler Islam und Pragmatismus. Wie die
Außenpolitik Irans gemacht wird. SWP-Studie 4 (März 2013); Balman
Nirumand, Iran-Report 09/13 (Heinrich-Böll-Stiftung, September 2013);
Persian Power. Can Iran Be Stopped?, in: The Economist, 22. 6. 2013;
Iran's New President. Blood Under the Bridge?, ebd., 3. 8. 2013; Akbar
Ganji, Iran and the US Can Work It Out – But Mutual Respect is Key, in:
theguardian.com, 9. 8. 2013; Julian Borger and Ed Pilkington, Iran's
Rohani tells UN: We Pose No Threat to the World, ebd., 25. 9. 2013; Ne-
tanjahu will Druck auf Iran erhöhen, in: SPIEGEL Online, 5. 9. 2013;
Irans Präsident gratuliert Juden zum Neujahrsfest, ebd., 5. 9. 2013; Paul-
Anton Krüger, Charme-Offensive aus Teheran, in: Süddeutsche Zeitung,
20. 9. 2013; ders., Bis an die Schmerzgrenze, ebd., 17. 10. 2013; Rudolf
Chimelli, Und sie bewegen sich doch, ebd., 21. 9. 2013; Sonja Zekri, Belei-
digtes Königreich, ebd., 19./20. 10. 2013 (zu Saudi-Arabien); Andreas
Ross, Charme ist gut, Vertrauen ist besser, in: Frankfurter Allgemeine
Zeitung, 28. 9. 2013; Zustimmung in Iran nach Rohanis Amerikareise,
ebd., 30. 9. 2013; Hans-Christian Rößler, Vier Punkte statt der roten
Linie, ebd., 30. 9. 2013; Rainer Hermann, Die Last der Geschichte, ebd.,
30. 9. 2013; Stephan Löwenstein, Loblieder auf die Tonlage, ebd.,
17. 19. 2013; Matthias Nass, Pakt mit dem Satan, in: DIE ZEIT,
10. 10. 2013 (zum Gespräch Obama-Rohani).

9 Russia Country Report, in: BTI 2014 (Anm. 5); Ukraine Country Report,
ebd.; Wladislaw Inosemzew, Die drohende Krise, in: IP (Internationale
Politik), Nr. 2, Juli – Oktober 2014, S. 4–11; Ben Judah, Fragile Empire.
How Russia Fell In and Out of Love with Vladimir Putin, New Haven
2013; Miriam Elder, Sergei Magnitsky Verdict «Most Shameful Moment

Since Stalin», in: theguardian.com, 11.7.2013; Russia and the West. Cold Climate, in: The Economist, 31.8.2013; Benjamin Triebe, Gelähmte Wirtschaft im gelenkten Staat, in: Frankfurter Allgemeine Zeitung, 29.9.2013 (zu Rußland); Michael Ludwig, Ein hoher Preis. Weshalb Armenien Russland der EU vorzieht, ebd., 7.10.2013; Freispruch im Fall Mahnitskij, in: sueddeutsche.de, 28.12.2012; Frank Niehuysen, Der Traum von alter Größe. Russland will Ex-Sowjetrepubliken wirtschaftlich an sich binden, in: Süddeutsche Zeitung, 5.10.2013.

10 China Country Report, in: BTI 2014 (Anm. 5); Peng Gon, Cultural History Holds Back Chinese Research, in: Nature 481 (16 January 2012), S. 4–11; Lin Youfa, Neue Wege für die Wirtschaft. Wie Chinas neues Wachstumsmodell aussehen könnte, in: Internationale Politik 67 (2012), Heft 5, S. 31–35 (Zitat Youfa: 32); David Shambaugh, Der Scheinriese. Außenpolitisch ist Peking weit davon entfernt, eine echte Weltmacht zu sein, ebd., S. 38–42; Look Who's Afraid of Democracy, in: The New York Times, 28.8.2013; Adam Nossiter, China Finds Resistance to Oil Deals in Africa, ebd., 18.9.2013; China lockt asiatische Nachbarn mit Milliarden, in: Frankfurter Allgemeine Zeitung, 7.10.2013; Folgen einer abgesagten Reise, ebd., 10.10.2013; Christian Gernitz, Chinas Hinterhof, ebd., 11.10.2013; Klaus-Dieter Frankenberger, Dunkle Wolken über Fernost, ebd., 3.12.2013; Petra Kolonko, Der chinesische Traum und die Albträume der Nachbarn, ebd., 3.12.2013; Putin gewährt Kiew Finanzhilfen in Milliardenhöhe, ebd., 18.12.2013; Wolfgang Müller, Das Chinasyndrom (und der Westen), in: Süddeutsche Zeitung, 29.9.2012; Christian Hacke, Chinas Übermut nutzt den USA, in: Der Tagesspiegel, 7.1.2013; Josef Joffe, China: Entzaubert, in: DIE ZEIT, 18.7.2013; Kai Strittmatter, Amerikas Selbstdemontage, ebd., 11.10.2013. Der Text der Charta 08 u.a. in: Die Charta 08, Frankfurter Allgemeine Zeitung, 22.12.2008. Zur Virginia Declaration of Rights: Winkler, Geschichte I (Anm. 1), S. 275 f., zur französischen Erklärung der Menschen- und Bürgerrechte 317 ff. Zur Allgemeinen Erklärung der Menschenrechte 1948 Winkler, Geschichte III (Anm. 1), S. 132 ff., zur Charta 77 717, 736 f., zur Pekinger «Mauer der Demokratie» 1978 889.

11 Joachim Radkau, Die Ära der Ökologie. Eine Weltgeschichte, München 2011, S. 170 ff. (zu Chico Mendes), 613 (zu Silva Marina); Erich Follath, Die neuen Großmächte. Wie Brasilien, China und Indien die Welt erobern, München 2013; Ruchir Sharma, Broken BRICs. Why the Rest Stopped Rising, in: Foreign Affairs 91 (2012), No. 6, S. 2–7; ders., Breakout Nations. The Pursuit of the Next Economic Miracles, New York 2012; George Magnus, Asia's Fading Economic Miracle, in: Centre for European Reform, January 2012 (Online-Publikation), S. 1–12 (zur «middle income trap» 7 f.); Christian Wagner/Kristina Roepstorff, Indien im Aufruhr. Die Braveheart-Debatte und die Folgen für die indische Demokratie, Stiftung Wissenschaft und Politik. SWP-Aktuell 18, Februar 2013; Freedom

House. Freedom in the World 2013: http://www.freedomhouse.org/er-port/freedom-world /2013 (zu Indien, Brasilien, Indonesien, Taiwan, Süd-korea, Mongolei, Ghana, Südafrika); Country Reports, in BIT 2014 (Anm. 5); Siwan Anderson/Debraj Ray, The Age Distribution of Missing Women in India, in: Economic & Political Weekly 47 (2012), No. 47 & 48, S. 87–95 (hier das von Blume zitierte Datenmaterial); Georg Blume, Indien ermordet seine Frauen, in: DIE ZEIT, 21. 3. 2013 (mit Daten zur Frauen-und Kindersterblichkeit); ders., Was zählt ein Mensch?, ebd., 11. 7. 2013 (zu Indien); Martin Spiewak, Macht euch frei. Nicht nur in den Ländern des Arabischen Frühlings stehen die Zeichen auf Demokratie, ebd., 27. 3. 2013; Thomas Fischermann u. a., Das Kapital verlässt das Land, ebd., 29. 8. 2013; Christoph Hein, Indiens enttäuschte Hoffnungen, in: Frankfurter Allgemeine Zeitung, 1. 9. 2013 (ökonomische Daten zu In-dien), ders., Weckruf für Asien, in: ebd., 4. 10. 2013; Klaus-Dieter Fran-kenberger, Aufstieg mit Hindernissen. In den «Bric»-Staaten ist auch nicht alles Gold, was glänzt, ebd., 17. 1. 2013; Peter Sturm, Hinter den Hoch-glanzfassaden, ebd., 2. 3. 2013 (zu Indien und China); Peter Burghardt, Ende eines Wirtschaftswunders, ebd., 8. 7. 2013 (zu Brasilien); Die globale Krise trifft jetzt die Schwellenländer, ebd., 8. 10. 2013; Schwellenländer be-lasten die Weltwirtschaft, ebd., 9. 10. 2013; Carl Moses, Brasilianisches Mittelmaß, ebd., 12. 10. 2013; Hindu-Nationalisten triumphieren in In-dien, ebd., 17. 5. 2014; Bernankes langer Arm, in: Süddeutsche Zeitung, 22. 8. 2013; Sophie Crocoll u. Andreas Oldag, Wenn das billige Geld ver-schwindet, ebd., 22. 8. 2013; Andreas Oldag, Schwellenländer: Ende eines Traums, ebd., 26. 8. 2013; Harald Freiberger, Abschied vom Wirtschafts-wunder, ebd., 20. 10. 2013; Historischer Machtwechsel in Indien, ebd., 17. 5. 2014; Philipp Lichterbeck, Zehntausende protestieren gegen Bil-dungspolitik in Brasilien, in: Der Tagesspiegel, 8. 10. 2013, Online-Aus-gabe; Mark Landler, Clinton Praises Indonesian Democracy, in: The New York Times, 19. 2. 2009; India's Muslim Wary of Rising Political Star, ebd., 4. 3. 2014; Andreas Harsono, No Model for Muslim Democracy, ebd., 22. 5. 2012 (beide Artikel zu Indonesien); This Year's Model, in: The Economist, 18. 2. 2012 (zu Südkorea); Elbegdorj Scrapes Home, ebd., 29. 6. 2013 (zur Mongolei); Larry Diamond/Francis Fukuyama/Stephen Krasner, Mongolia's Next Challenge, in: Wall Street Journal, 24. 9. 2012 (Internetausgabe). Zur Entstehung von BRIC siehe oben S. 342.

12 Bernd Greiner, Spurensuche: Zum Erbe des Kalten Krieges, in: ders. u. a. (Hg.), Erbe des Kalten Krieges, Hamburg 2012, S. 9–43; Braml, Patient (Anm.1); Marcel Rosenbach/Holger Stark, Der NSA-Komplex. Der Weg in die totale Überwachung, München 2014; Hans-Ulrich Klose/Wolfgang Scharioth, Ein Gewinn für den Westen. Eine Handelspartnerschaft hat auch geopolitische Dimensionen, in: Internationale Politik 68 (2013), Nr. 5, S. 64–68; Atlantic Council (ed.), Envisioning 2030: US Leadership in a Post-Western World. A Report of the Strategic Foresight Initiative at

the Brent Scowcroft Center in International Security, Washington, D. C.
2012; Siobhan Gorman and Adam Entons, Obama Unaware as U. S. Spied
on World Leaders: Officials, in: The Wall Street Journal, 28. 10. 2013 (On-
line-Ausgabe); Dean Baker, The US-EU Trade Deal: Don't Buy the Hype,
in: theguardian.com, 15. 7. 2012; Hope and No Change. After Barack
Obama's Re-election It Is Time to Push for Transatlantic Free Trade, in:
The Economist, 10. 11. 2012; Press Freedom in Japan. Secrecy and Lies,
in: ebd., 19. 10. 2013; Carsten Germis, Abes Suche nach dem wahren
Japan, in: Frankfurter Allgemeine Zeitung, 12. 7. 2013; Till Fähnders,
Wechsel im Management. Australiens neue Regierung gibt sich industrie-
freundlich, ebd., 9. 9. 2013; Berthold Kohler, Freund hört mit, ebd.,
28. 10. 2013; Klaus-Dieter Frankenberger, Korrektur in Washington, ebd.
30. 10. 2013; Silvia Liebrich, Schöngerechnet, in: Süddeutsche Zeitung,
25. 8. 2013 (zum nordatlantischen Freihandelsabkommen); Nicolas Rich-
ter, Der Kampf der Lauschwilligen, ebd., 30. 10. 2013; Obama: Wir wer-
den uns nicht entschuldigen, ebd., 18. 1. 2014; Thomas Steinfeld, Etwas
Besseres als den Tod. Italien und das Ende von «Mare Nostrum», ebd.,
3. 11. 2014; Kai Strittmatter, Schreiben und leiden, in: sueddeutsche.de,
8. 3. 2012; Christiane Schlötzer, «Schlag gegen den unabhängigen Journa-
lismus», ebd., 17. 12. 2012 (beide Artikel zur Pressefreiheit in der Türkei);
Felix Will, Japans Abschied von Pazifismus, in: ZEIT Online, 24. 1. 2013.
Zum New Deal: Winkler, Geschichte II (Anm. 5), S. 643 ff. Zum japani-
schen Nationalismus nach 1945 und zum Yasukuni-Schrein ebd., S. 1181 ff.
Zu «Mare Nostrum» siehe oben S. 254.

13 Andreas Kappeler, Kleine Geschichte der Ukraine, 4. überarbeitete und
aktualisierte Ausgabe, München 2014, S. 334 ff.; Ther, Ordnung (Anm. 5),
S. 332 ff.; Sabine Fischer, Eskalation der Ukrainekrise. Stiftung Wissen-
schaft und Politik, SWP-Aktuell 13 (März 2014), S. 1–4; Steffen Halling/
Susan Stewart, Die Ukraine inmitten der Krise. Chancen und Probleme
einer neuen politischen Kultur, ebd., 15 (März 2014), S. 1–8; Alexander
Libmann, Außenwirtschaftlicher Protektionsismus in Russland. Endgül-
tige Abkehr von der Integration in die Weltwirtschaft?, ebd. 60 (November
2014), S. 1–4; Owen Matthews, Putins Masterplan, in: Cicero. Magazin
für politische Kultur, Nr. 4 (April 2014), S. 52–57 (Zitat Buchanan: 54);
Andreas Rinke, Wie Putin Berlin verlor. Moskaus Annexion der Krim hat
die deutsche Russland-Politik verändert, in: Internationale Politik 68
(2014), Nr. 3, S. 33–45; Eberhard Sandschneider, Nutznießer der Ukraine-
Krise. China profitiert von Putins Interesse an einer Ressourcenpartner-
schaft, ebd., 69 (2014), Nr. 4, S. 72–76; Mykola Rjabtschuk, Ukraine: Eu-
ropäische Identität gegen die eurasiatische, in: Dialog. Deutsch-polnisches
Magazin 27 (2014), Nr. 107, S. 55–58; Neil Buckley and Roman Olearchyk,
Ukraine: On edge, in: Financial Times. Online, 27. 2. 2014; Timothy
Garton Ash, Putin has more admirers than the West might think, in: The
Guardian, 16. 4. 2014; Tony Brenton, The unfolding Ukraine crisis signals

a new world order, in: theguardian.com, 16. 5. 2014; Timothy Snyder, Fascism, Russia, and Ukraine, in: The New York Review of Books, 20. 3. 2014; Heinrich August Winkler, Die Spuren schrecken. Putins deutsche Verteidiger wissen nicht, in welcher Tradition sie stehen, in: DER SPIEGEL, Nr. 16, 14. 4. 2014; ders., Die Rückkehr des völkischen Nationalismus, in: IP Online, https://zeitschrift-ip. dgap org/de/ip-die-zeitschrift/ themen/die-rueckkehr-des-voelkischen-nationalismus; Russland kritisiert G7-Erklärung zur Ukraine als zynisch, in: SPIEGEL Online, 5. 6. 2014 (Zitat Medwedew); Poroschenko strebt EU-Mitgliedschaft an, ebd., 7. 6. 2014; Zurück zum Kalten Krieg, in: DER SPIEGEL, Nr. 47, 17. 11. 2014; Gipfel des Scheiterns, ebd., Nr. 48, 24. 11. 2014 (zur Konferenz von Vilnius, November 2013); Putins großer Plan, in: DIE ZEIT, 20. 11. 2014; Neil MacFarqhar and David M. Herszenhorn, Ukraine Crisis Pushing Putin Toward China, in: New York Times, 19. 5. 2014; As Putin looks East, China and Russia sign $ 400-billion gas deal, http://www. reuters.com/article/2014/05/21/us-china-russia-gas-idUSBREA4-K07K20140521; Steinmeier: Europa in schärfster Krise seit Mauerfall, in: ZEIT Online, 3. 3. 2014 (Zitate Steinmeier, Hague); EU erwägt Sanktionen gegen Russland, in: NZZ Online, 3. 3. 2014 (Zitat Sikorski); Daniel Wechlin, Russland will die Krim nicht annektieren (zu Putins Pressekonferenz vom 4. 3. 2014), ebd., 4. 3. 2014; Cathrin Kahlweit, Klitschko vs. Janukowitsch, in: Süddeutsche Zeitung, 4. 12. 2013; Florian Hassel, Aus South Stream wird Seepipeline, ebd., 22. 8. 2014; Stephan Löwenstein/ Reinhard Veser, Eurasische Internationale, in: Frankfurter Allgemeine Zeitung, 5. 6. 2014 (zu Putins «rechter» Internationale); Obama will mehr Streitkräfte in Osteuropa stationieren, ebd., 4. 6. 2014; Karl-Peter Schwarz, Schleichende Oligarchisierung, ebd., 5. 11. 2014; Vorerst keine neuen Sanktionen gegen Russland, ebd., 18 11. 2014 (zu Merkels Warnung vor einem Flächenbrand); Konrad Schuller und Friedrich Schmidt, Ein offenes Staatsgeheimnis. Russlands Soldaten in der Ukraine, ebd., 22. 11. 2014; Reinhard Veser, Freundliche Ablehnung in Berlin, gereizte Reaktionen in Moskau. Die Ukraine strebt in die NATO, ebd., 26. 11. 2014; Ukrainians to Decide on NATO Membership in Referendum, in: Bloomberg, 24. 11. 2014. www.bloomberg.com/news/print/2014-11-24/ukrainians-to-decide-on-nato-membership-in-referendum.html. Putins Rede vom 18. 3. 2014: http://eng.kremlin.ru/news/6889; Der Aufruf polnischer Intellektueller an die europäischen Bürger und Regierungen in: http://www.euractiv.de/ sections/eu-aussenpolitik/1939–2014-sterben-fuer-danzig-leben-fuer-do-nezk-308119; Gaulands Rede vom 22. 3. 2014: http://www.alternative-fuer.de/rede-von-gauland-zur-krise-der-ukraine/; ObamasPressekonferenz in Brüssel, 26. 3. 2014: http://www.washingtonpost.com/world/transcript-obama-addresses-nato-strength-at-march-26-news-conference-in-brus-sels/2014/03/26/ade45c16-b4f2–11e3-b899–20667de76985_story.html; Remarks by President Obama at the 25th Anniversary of Freedom Day, in:

http://www.whitehouse.gov/the-press-office/2014/06/04/remarks-presi-
dent-obama-25th-anniversary-freedom-day. Merkels Rede in Sydney: Rede
von Bundeskanzlerin Merkel am Lowy Institute für Internationale Politik
am 17. November 2014. http://www.bundeskanzlerin.de/Content/DE/
Rede/2014/11/2014-11-17-merkel-lowy-institut.html. Zur russischen Früh-
geschichte Winkler, Geschichte I (Anm. 1), S. 48 ff. Zum «D-Day», 6. 6.
1944: ders., Geschichte II (Anm. 5), S. 1077 f., zur UN-Charta 1089 ff. Zur
kubanischen Raketenkrise von 1962: ders., Geschichte III (Anm. 1),
S. 377 ff., zur Helsinki-Schlußakte von 1975 711 ff., zur amerikanischen
Rechten unter Reagan 808 f., zur Charta von Paris 1990 1062. Zum Ver-
zicht der Ukraine auf Atomwaffen siehe oben S. 53, zu den vertraglichen
Vereinbarungen zwischen Moskau und Kiew zur Krim 104, zum NATO-
Rußland-Abkommen von 1997 108, zur Frage einer NATO-Mitgliedschaft
der Ukraine und Georgiens in der Präsidentschaft von George W. Bush 310,
zum Krieg in Georgien 2008 309 ff., zum Regierungswechsel in Bulgarien
im Herbst 2014 515, zur Bildung der Eurasischen Zollunion 2010 471.

14 Rauch/Zürn, Politisierung (Anm. 3), S. 121 ff.; Daniela Katz/Nicolai von
Ondarza, Das neue Machtgefüge im Europäischen Parlament, in: Stiftung
Wissenschaft und Politik. SWP-Aktuell, 47 (Juli 2014), S. 1–4; Populists'
Rise in Europe Vote Shakes Leaders, in: The New York Times, 27. 5. 2014;
Roger Cohen, The Banality of Anger, ebd., 27. 5. 2014; Timothy Garton
Ash, Europe: the continent for every type of unhappy, in: The Guardian,
26. 5. 2014; Européennes: les 5 enseignements de l'élection, Le Monde On-
line, 26. 5. 2014, http://www.lemonde.fr/europeennes-2014/article/2014/05/
26/europeennes-les-cinq-enseignements-du-scrutin_4425745_4350146.
html; Stefan Kornelius, Ein sensibles Monster, in: Süddeutsche Zeitung,
2. 6. 2014; Cerstin Gammelin, Der Ärmel-Graben, ebd., 28. 6. 2014; dies.,
Geschichte wird gemacht. Erstmals erhält die EU-Kommission eine Art
Regierungsprogramm, ebd.; Catherine Hoffmann, Geht doch, ebd.,
3. 7. 2014 (Bilanz der Eurokrise); «Von Putsch kann keine Rede sein» (Ge-
spräch zwischen Dieter Grimm und Thomas Assheuer), in: DIE ZEIT,
26. 6. 2014 (zur Einengung der politischen Handlungsspielräume durch
die EU-Verträge und die Rechtsprechung des Europäischen Gerichtshofs
sowie zu den Perspektiven einer «echten» EU-Verfassung); Dieter Grimm,
Die Stärke der EU liegt in einer klugen Begrenzung, in: Frankfurter Allge-
meine Zeitung, 11. 8. 2014; Josef Janning, Europäischer Auswärtiger
Dienst. Vier Thesen auf dem Prüfstand, in: Internationale Politik 69
(2014), Nr. 4, S. 50–61; Kaelble, Krise (Anm. 3), S. 31 ff. Zur Krise der EU
in den siebziger Jahren: Winkler, Geschichte III (Anm. 1), S. 594 ff., 643 ff.

15 Henry A. Kissinger, Weltordnung (amerik. Orig.: New York 2014), Mün-
chen 2014, S. 113 ff.; Charles Kupchan, Die europäische Herausforderung.
Vom Ende der Vorherrschaft Amerikas (amerik. Orig.: New York 2002),
Berlin 2003; Jeremy Rifkin, Der Europäische Traum. Die Vision einer
neuen Supermacht (amerik. Orig.: New York 2004), Frankfurt 2004; Pa-

trick Cockburn, The Jihadis Return. ISIS and the New Sunni Uprising, New York 2014; Guido Steinberg, Al-Qaidas deutsche Kämpfer. Die Globalisierung des islamistischen Terrors, Hamburg 2014; Behman T. Said, Islamischer Staat. IS-Miliz, al-Qaida und die deutschen Brigaden, München 2014; David Brooks, The Autocracy Challenge, in: The New York Times, 30. 5. 2014; Thomas L. Friedman, Obama's Foreign Policy Book, ebd., 1. 6. 2014; Nussaibah Younis, The Army Alone Can't Save Iraq, ebd., 12. 6. 2014; The Worsening Ebola Crisis, ebd., 13. 10. 2014; Peter Winkler, Amerika ohne klare Strategie, Neue Zürcher Zeitung, 13. 6. 2014; Jörg Bischoff, Unaufhaltsamer Vormarsch des Isis?, ebd., 12. 6. 2014; Inga Rogg, Milizen gegen Milizen im Irak, ebd., 13. 6. 2014; The Guardian view: the fall of Mosul threatens civil war in Iraq, in: The Guardian, 11. 6. 2014; The Guardian view on why the Ebola epidemic is spreading, ebd., 7. 9. 2014; Ian Black, How Iraq's crisis is affecting the region, ebd., 12. 6. 2014; Borzou Daragahi, Middle East: Three nations, one conflict, in: Financial Times Online, 27. 5. 2014; Hans-Christian Rößler, Jüdischer Extremismus, in: Frankfurter Allgemeine Zeitung, 8. 7. 2014; Netanjahus Fraktion gespalten, ebd.; Friederike Böger, Ein noch längst nicht endgültiges Ergebnis (zur Präsidentenwahl in Afghanistan), ebd.; Carl Bildt, Es geht um viel mehr als um die Krim, ebd.; Obama will Terrororganisation zerstören, ebd., 12. 9. 2014; Jan-Werner Müller, Fehler im Betriebssystem. Wie die Amerikaner unter ihrer einst geliebten Verfassung leiden, in: Süddeutsche Zeitung, 4. 11. 2014; Europa ohne Schwung, ebd., 5. 11. 2014; Christian Böhme und Martin Gehlen, Vertrieben, um zu bleiben (zum Flüchtlingsproblem im Nahen Osten), in: Der Tagesspiegel, 27. 10. 2014; Hans Monath, IS rekrutiert Kämpfer aus 80 Ländern, ebd., 1. 11. 2014. Obamas Rede in West Point: Transcript of President Obama's Commencement Address at West Point: http://www.washingtonpost.com/politics/full-text-of-president-obamas-commencement-address-at-west-point/2014/05/28/cfbcdcaa-e670–11e3-afc6-a1dd9407abcf_story.html (28. 5. 2014). Obamas Rede vor der Vollversammlung der Vereinten Nationen, 24. 9. 2014, in: Remarks by President Obama in Address to the United Nations General Assembly: http://www.whitehouse.gov/the-press-office/2014/09/24/remarks-president-obama-address-united-nations-general-assembly. Zu den Umfragen in den USA: Patrick O'Connor, Politics and Policy. Poll Shows Erosion in President's Support, in: Wall Street Journal, 18. 6. 2014 (Online-Ausgabe). Zu Madeleine Albrights Diktum: Michael Dobby and John M. Goshko, Albright's Personal Odyssey Shaped Foreign Policy Beliefs, in: Washington Post, 6. 12. 1996. Von dem Eindruck vieler Menschen, «die Welt sei völlig aus den Fugen», sprach wohl als erster Politiker, möglicherweise unter Anspielung auf Shakespeare, Hamlet, 1,5 («the time is out of joint», in der Schlegel-Tieckschen Übersetzung: «Die Zeit ist aus den Fugen»), der deutsche Außenminister Frank-Walter Steinmeier in einem Interview mit der «Sächsischen Zeitung» vom 23. 8. 2014

(«Konflikte lösen sich nicht über Nacht per Handauflegen»). Das Zitat von Jacob Burckhardt in: ders., Über das Studium der Geschichte. Der Text der «Weltgeschichtlichen Betrachtungen», auf Grund der Vorarbeiten von Ernst Ziegler, hg. von Peter Ganz, München 1982, S. 213. Zur Ermordung Lumumbas: Winkler, Geschichte III (Anm. 1), S. 326, zu den Plänen der Ermordung Castros 339 f., 378, zur ersten Intifada von 1987 975 f., zur zweiten Intifada von 2000 334 f., zur Charta von Paris 1062. Zur NATO-Rußland-Grundakte von 1997 siehe oben S. 108, zum Irakkrieg von 2003 221 ff., zum «fracking» 362 f., zum Abzug der US-Truppen aus dem Irak 367 ff.

从文明规范工程到文明规范进程：回顾与展望

在 2003 年 7 月 18 日欧洲制宪委员会通过的《欧盟宪法条约》草案中，据称，应法国前总统、制宪委员会主席瓦莱里·吉斯卡尔·德斯坦的请求，序言的开头引用了古希腊历史学家修昔底德（Thukydides）《伯罗奔尼撒战争史》中的一段话。根据修昔底德的记载，这段话出自雅典最伟大的政治家伯里克利（Perikles）于公元前 431 年，即战争的第一年所写的阵亡将士悼词："我们所拥有的这部宪法……叫作民主，因为国家存在的目的不是为了少数人，而是为了多数人。"

《宪法条约》草案在提交欧盟政府首脑会议进行审议时，这段引语被删除。不论出于何种原因导致这段话没有出现在草案中，取消它有其充分的理由。修昔底德本人曾经提醒说，这句借伯里克利之口说出的话，世人大可不必当作金科玉律。仅就其名义而言，伯里克利政府的确实行民主制度，但事实上却变成了一号人物的一手遮天和独断专行（字面意思是：变成了由一号人物进行统治的制度）。修昔底德所做的这番解释并不带有诋毁之意。后世的历史学家指出，即使出于其他原因，在伯里克利治下的雅典也无多数人的统治可言：除了妇女、外乡人，亦即在城市居住的外来人口和奴隶，均无公民权可言。因此，他们不能在人民大会（ekklesía）或是民众法庭（heliaia）进行投票。

某些历史学者的观点甚至更为极端，认为雅典的民主是一种没有任何形式个人权利的民主。这种不分青红皂白的指责，并不符合当时的实际情况：但凡拥有公民权者，不仅享有平等的言论和提案权利（isegoría），而且也享有言论自由（parrhesía）和法律面前的平等地位（isonomía）。但是在伯里克利时代，雅典人尚缺乏一种不可剥夺的、借此可以对奴隶制说不的人权观念。这是人们不应像迄今为止的流行做法那样，总是一概而论地将古代希腊宣布为欧洲或西方民主摇篮的重要原因。

对于建立第一个现代民主——美国民主的开山鼻祖们（他们中的大多数人对古希腊非常了解）来说，雅典民主的另一个特点，在于它近乎是一种群情激昂和煽动蛊惑式的民主。"倘若每个雅典公民都是苏格拉底的话，那么，雅典人的每一场集会都将是一场暴民的集会。"美国第四任总统詹姆斯·麦迪逊于 1787 年在所有关于美国宪法的评论文章（《联邦党人文集》）里最有名的一篇评论中如是写道。为了防止煽动者误导民众的危险（这是庶民统治的一个典型特征），美国的"建国之父们"创立了一种代议制和分权民主，这种民主建立在英国宪政历史的经验之上，其中包括"监督和平衡"，亦即权力制衡原则等思想。为此，他们不仅参照了上自柏拉图、亚里士多德，特别是波利比乌斯等古希腊思想家，而且也兼顾了下至从洛克到孟德斯鸠等理论家关于一种混合宪法对比纯粹的君主制、贵族制或民主制的优点的各种论述。缘此，就后世对民主及其优缺点的思考而言，比之雅典集会式民主的讴歌者伯里克利，其批评者留给后世的影响更为巨大。

"世界史上没有哪一种制度像雅典的民主那样，被人们用如此明显的时代错误尺度来予以评价"，——古代史学家维尔弗里德·尼佩尔（Wilfried Nippel）的点评既尖锐犀利又切中要害。倘若人们把公元前 508 前 507 年的克里斯提尼（Kleisthenes）改革视作滥觞和发端，并把公元前 322 年以财产决定选举权的宪法视为终结和尾声的话，那么，雅典民主的存在时间不足二百年，并且，正如尼佩尔指出的那样，它在古希腊时代是一个特殊案例。古希腊依然享有"我们今天"民主真正发源地的隆誉，其原因首先在于：它是一个"约定的谎言"。这种对雅典民主的解读方法不仅由来已久、根深蒂固，而且似乎在不断的重复中得到进一步的证实。[1]

/ 581

由于古希腊对一般意义上的欧洲文明史以及特殊意义上的政治思想史皆发生过巨大影响，所以，人们在民主问题上想澄清希腊也是欧洲民主的源头和发端，同样是不言而喻之事。此外，民主源自克里斯提尼和伯里克利时代雅典的结论，也为一种在西方被人们名正言顺地视为人类最伟大成就之一的国家形态的纯正世俗血统提供了可能。不过，这段历史并没有其连续性。在两千多年的历史长河中，没有一个欧洲国家曾经存在过一种可以对之用得上"民主"概念的政治制度。而且，但凡是社会阶层或是地方城邦有共同话语权的地方，这些话语权皆有其日耳曼的、凯尔特的、斯拉夫的或是其他世俗的而非宗教的渊源。若论何处存在古代遗产的连续性，那么，这种连续性在教会的历史中可以找到，因为罗马教会始终是西方数百年来保证连续性和统一性的唯一机构团体。

在法国传承的但不仅限于法国的，从世俗角度审视民主的历史沿革的解读方式中，教会、基督教和宗教事实上均杳无踪影。《欧盟宪法条约》序言中提到的"文化、宗教和人道主义传统"，在法国宪法中却被表述为"文化、思想和人道主义遗产"。但是，与从世俗角度的解读不同，对西方历史影响最大者，莫过于两种事物：一是宗教，其形态起初为犹太教的、之后为基督教的一神教，以及从基督教角度出发，以耶稣基督为根本的对上帝和帝王的严格区分；二是借助上述的严格区分才有可能的、在12世纪西方教会领域中对宗教权力和世俗权力的区分。这种区分乃是现代分权制度的中世纪雏形。

倘若没有只有一个上帝、在上帝面前所有人都平等的信仰，法律面前人人平等的思想就很难通行天下。每个人都有尊严的思想，寓于上帝按照自己的形象创造了人类的信仰。耶稣基督借助三位福音使者之口所说的"该撒的物当归给该撒，神的物当归给神"这番话，包含了对任何形式的宗教统治的否定。基督教对神的法律和世俗法律的区分——在同样是一神教的伊斯兰教中没有类似的区分——最终使世界的世俗化和人的解放成为可能。诚然，在经过了艰苦卓绝的斗争——首先始于教会内部的冲突之后，这种区分才产生了世界历史意义的影响。

这种对僧俗两界的区分只在欧洲的部分地区成为一种制度上的

分权。公元 395 年，罗马帝国被分成西罗马帝国和东罗马帝国两部分，这个分裂带来了影响深远的后果，以至于在此后的数百年中，并且直到土耳其人于 1453 年占领东罗马（或曰拜占庭帝国）时，天底下存在过两个皇帝，但只有一个教皇，即罗马的主教。12 世纪时，仅在西方教会的范围内完成了"imperium"、"regnum"与"sacerdotium"①的初步分离，即世俗统治与教皇统治逐渐分道扬镳。这种僧俗的分离对西方历史的发展无疑具有构建性的意义。凡是在宗教权力低于世俗权力的地方，比如在东正教派的基督教国家里，就缺少一种西方世界的决定性特征，即历史学家奥托·欣策（Otto Hintze）在 1931 年阐述的"二元制"精神。

倘若没有在 1122 年的沃尔姆斯（Worms）宗教协定中已见雏形的僧俗权力的分离，蕴含群体和个人自由内核的世俗二元制就很难得到发展。史学家欣策以市民阶层的代议制宪法，以及以市民阶层权力与帝王权力的分离，或曰国家和统治者的分离为例，对这种二元制进行了深入研究。不过，我们在地主和农民的农村经济、有自治权的市民城市和封建的郊区农村、合作社式的和专制统治的组织形态的同时并存中，也同样能见到这种二元制。宗教和世俗权力的初步分离——通史学家尤根·罗森斯托克－胡塞（Eugen Rostenstock-Huessy）称其为格里高利七世"教皇革命"的结果——不仅成了帝王和市民阶层权力分离可能性的条件（1215 年的英国大宪章为其象征），而且也成了所有其他分权制得以成为可能的条件。由此观之，在中世纪中期逐渐形成的二元制，乃是西方社会的立国前提和基本构建，其重大意义在于：若是没有二元制，多元主义、个人主义、世俗社会以及由马克斯·韦伯提出的、涵盖所有生活领域的、西方世界特有的理性皆不可能出现。

/ 583

---

① 三个名词均为拉丁文，意思分别为"帝国"、"世俗统治"和"僧侣统治"。

西方伟大的解放运动，上自人本主义和文艺复兴，中至宗教改革，下至启蒙运动和18世纪晚期大西洋两岸的革命及其后来的各种革命，本身都带有基督教中世纪"二元制精神"的传统，尽管它们自己常常对此并无意识。从历史的角度看，宗教改革的前提不仅在于被德国13世纪和14世纪的神秘主义者深化了的虔诚之心，而且也在于由图尔的贝伦伽尔（Berengar von Tours）和皮埃尔·阿贝拉尔（Pierre Abaelard）等神学家所开启的基督教的自我启蒙。马丁·路德将自己的良心置于宗教和世俗权威的命令之上，并宣扬一种普遍的僧侣精神，但仍然未使他成为成熟的公民社会的开路先锋。可是，若是没有他的功劳，就不会有16世纪和17世纪英国激进的清教徒运动（其中有早期民主思想的平等派是最激进的一派），而且那些"宗教改革中无人疼无人爱的孩子"也不会出现。新教神学家和宗教哲学家恩斯特·特勒尔奇（Ernst Troeltsch）不仅将那些被驱逐到北美地区的浸礼会教徒和贵格会教徒称作宗教改革时期无人疼无人爱的孩子，而且将他们（而不是新教教会）视为真正的早期人权宣言之父。

尽管如此，并非所有的美国开国元勋都是虔信的基督徒。美国神学家雷茵霍尔德·尼布尔（Reinhold Niebuhr）在他1952年出版的《美国历史的反讽》一书中，除了新英格兰的加尔文主义，还将弗吉尼亚的自然神论看作决定英帝国北美殖民地精神生活的两种宗教和道德传统之一，亦即，弗吉尼亚的自然神论是除了新教主义的分支外，欧洲启蒙运动的一个新分支。除了启蒙运动和清教主义的根源，天主教对人权的建立也提供过理论根据，这一论题在同时代以及科学的研讨中大多未给予足够的重视。然而，事实上正是西班牙的晚期经院哲学家，如弗朗西斯科·德·维多利亚（Francisco de Vitoria）和弗朗西斯科·苏亚雷斯（Francisco Suarez）等人，是16世纪和17世纪最早一批把做人的权利赋予印第安人的先驱。

美国的开国先辈当时还很少有普遍的人权思想。他们并没有像英国国王的白人臣民一样，准备给美国的原住民和从非洲贩运来的奴隶——后来成为南方各州种植业的支柱——赋予同样的权利。若是来自新英格兰的奴隶制的反对者当年坚持要废除这一制度，并立即禁止贩卖奴隶活动的话，那么就等同于放弃了争取独立的斗争。

因此，当 1776 年 6 月 12 日弗吉尼亚地方议会通过《权利宣言》，即第一部人权宣言时，并没有将奴隶包括在内。该宣言开宗明义阐述的根本立场是："所有人与生俱来皆同样自由和独立，并享有某些天赋权利。在建立一个政治共同体时，他们不能凭借任何契约剥夺或取消其子孙后代的这些权利，亦即生活和自由的权利，包括获取和拥有财产、追求和获得幸福及安全的可能性。"1776 年 7 月 4 日由北美洲 13 个英属殖民地共同签署的《独立宣言》也表达了同样的思想。与《权利宣言》的内容条文相反，所有人皆生来平等，皆由上帝赋予某些不可剥夺的权利，包括生活、自由和追求幸福的权利，——这一主张并没有真正适用于所有的人。

美国开国元勋们关于与生俱来、不可剥夺、先于所有成文法和至高无上的人权思想，与自然法的传统一脉相承。在这种自然法中，不仅融汇了 "nómoi ágraphoi"（即古希腊未成文法）、希腊－罗马斯多葛派关于一个人类的思想、古代和基督教关于人的尊严的理念、近代早期关于黎民臣子反抗专制统治者的权利学说，而且也包含了启蒙运动对人的理性自决权的信仰。除此之外，深受罗马法影响的关于权利的普遍性，特别是私有财产权的普遍性的观念，由宗教法规发展而来的禁止双重惩罚（"一罪不二罚"）等法律制度的基本要素，以及从 1215 年《大宪章》经 1679 年《人身保护法案》直到 1689 年《权利法案》的英国宪政史，也无一不是如此。

欧洲对美国人权宣言的深刻影响为欧洲对宣言的广泛反响打下了基础：美国《独立宣言》的主要作者、1785年至1789年美国驻巴黎特使、弗吉尼亚的托马斯·杰斐逊（Thomas Jefferson），与独立战争中和美国人并肩战斗的拉法耶特侯爵（Marquis de Lafayette）一道，为《人权和公民权利宣言》的起草制定做出了决定性的贡献。攻占巴士底监狱六周之后，即1789年8月26日，宣言在法国国民议会获得通过。这项革命性的宣言相比弗吉尼亚《权利宣言》、同盟其他各州的基本权利目录和1791年生效的美国1787年宪法的前十项附加条款，更加突出强调了公民在法律面前的平等，从而成了18世纪末大西洋两岸两场革命——1776年美国革命和1789年法国革命的共同成果。

随着两场革命的爆发，西方的文明规范工程应运而生。此后，所有对这两场革命表示认同的国家都必须以此作为衡量的标准。而且，当其他国家的内部反对派力量也竖起1776年和1789年革命思想的大旗时，这些国家也被拿来与此标准进行比较衡量。人权和公民权是构成这些思想的核心内容。同时，法制、分权（或曰立法、行政和司法的分权，亦即司法的独立）、代议制民主和人民主权亦如此。在这项革命性的纲领面前，欧洲的君主制度只能将其视为一种对自己的宣战。²

在早期的人权宣言条文与批准它的国家的政治和社会现实之间存在着有目共睹的巨大差距。关于犹太人的同等地位，法国国民议会在1789年8月26日的宣言中还只字未提。1791年9月27日，国民议会增补了这部分解放犹太人的内容。作为对1791年海地奴隶起义的反应，法国殖民地的奴隶于1791年2月4日才被赋予人权和公民权。1802年，拿破仑废止了这项决定；1848年，该决定被再度且永久做出。1808年，美国宣布禁止输入奴隶。为了禁绝南方州的奴隶制，1861~1865年的内战乃是历史必然，大势所趋。

奴隶制的案例表明，1776年和1789年的人权宣言蕴含着一种内在力量。那些被完全或部分剥夺权利的人群，同样可以用宣言的承诺作为自己诉求的依据：除了奴隶，还有那些美国的原住民，由于没有纳税或过低纳税而被剥夺了政治权利的工人，以及提出包括选举权要求在内的与男人具有同等法律地位的妇女。这里，一个重要的不同点在于：美国非洲黑奴和北美印第安人所坚持的诉求，是按照人权精神承认其做人的权利；而早期的工人和妇女运动首先要求的，则是完整的国家公民权。

根据英国社会学家托马斯·H.马歇尔（Thomas H. Marshall）的观点，18世纪时，市民阶层普遍的自由权是当时人们第一位的要求；19世纪时，要求同样的政治权利则居于首要地位；20世纪时，机会均等意义上的社会平等成了人们的主要诉求。诚然，这是一种刻意模式化的时代划分法，但是，就去芜存菁突出重点来说，此法不失为一种符合历史实际的学说。《人权和公民权利宣言》中所蕴藏的发展潜力，超出了其制定者的想象力。从法律面前人人平等，到政治权利平等，直至机会均等的社会权利，其演变历程皆寓于1776年和1789年思想的内在逻辑之中。同理，在性取向和伴侣选择问题上，克服传统对个人自由的束缚亦是如此。西方的文明规范工程嬗变为文明规范的进程，其原因在于，这项工程从一开始即始终作为对相关政治和社会实践的修正体系在发生作用。

但是，19世纪的欧洲还几无人权可言。在当时已存在的国家中得以实现的公民权，或是在尚需成立的民族国家中得以建立的公民权，对人们有着更为巨大的吸引力。就法国本身而言，1789年人权思想的民族化和非普世化是对保守欧洲方面的革命者们所面临的巨大压力的一种反应。在德国，19世纪早期的民族主义首先是对拿破仑外族统治的一种反应，亦即是对法国革命伴随现象的一种反应，而不是把法国人民依靠斗争所取得的在德国的邦国中还无处得以实现的公民权拒之门外。在德国和意大利，宪政国家的思想和未来民族国家的思想相互融合，并且，就此两方面来说，德意两国这场运动的各种力量都是革命的法国的莘莘学子。

人权概念在 1800 年以后很少得到使用，还有其他方面的各种原因。在 19 世纪，欧洲国家的殖民扩张又掀起了一轮新的高潮。正如历史学家斯蒂芬－路德维希·霍夫曼（Stefan-Ludwig Hoffmann）指出的那样，继奴隶制被废除之后，接踵而来的是"一种新的、伴随着欧洲内部社会民主化过程出现的、以人道主义为借口的欧洲殖民主义和种族主义"。这里，人们可以轻而易举地借助人权概念反击那些从事殖民活动国家的行径。这些国家深信，白种人远比其他人种优越，因此，他们没有理由将属于白种人的权利分享给那些"还未开化"的人。

在 18 世纪末，两部革命性的宪法创立四分之一世纪后，当时新生的政治制度只在一个国家获得了成功，它就是美利坚合众国。在欧洲，自从最终战胜拿破仑之后，没有一个国家可以自称，它已经实现了自由、平等和博爱的理想。但是，1789 年的思想并没有泯灭，它的光泽成了后来历次革命的精神源泉：19 世纪 20 年代地中海地区的革命，同一时间使拉丁美洲从西班牙和葡萄牙殖民统治下解放出来的革命，1830 年的法国七月革命和后续的各种革命，其中包括比利时革命和波兰革命，直至 1848 年的欧洲革命。关于 1848 年的这场革命，史学家莱因哈特·科泽勒克（Reinhart Koselleck）言之有据地认为，它是第一场也是最后一场全欧洲的革命。

倘若 1848 年的革命如同 1820 年以后的各种革命一样，带有一个共同的主题，那么，这个主题就是实现符合 1776 年和 1789 年的核心追求的一种社会制度。除了瑞士（瑞士的独立联盟战争在 1847 年就已经以自由州的胜利而告结束），自由运动未在任何一个地方获得成功。尽管如此，1848 年成了欧洲历史上一个影响深远的转折点，甚至是一个历史分水岭。自由主义者的失败引发了痛定思痛、吸取教训的学习过程，这个过程最后导致了与数百年以来的理想主义决裂。从此，实证主义、唯物主义和进化论在 19 世纪 50 年代的高歌猛进就绝非偶然。这个时期，由于墨西哥、加利福尼亚和澳大利亚丰富的金矿和银矿被发现，世界经济经历了一次全球化的推动。与此同时，工业革命的浪潮席卷了欧洲的中部地区，资本主义精神以股份公司的形式大行其道。不唯如此，这一时期，贸易、工业和资本之间在国际上的关系愈发密切。一个历史过程从此拉开大幕，直到 1914 年第一次世界大战爆发才戛然而止。

1848 年革命的政治诉求在 50 年代末再度回到两个国家的议事日程上来。这两个国家在继续不遗余力地谋求自由和统一，以及寻求一种宪政和民族国家。它们就是意大利和德国。两个国家均实现了国家的统一，但是，其方式却是一种非民间的、与 1848 年的自由主义者和民主主义者的想象不尽相同的方式。尽管如此，两个国家都成了"更加西方化"的国家，这是因为，它们——意大利自 1861 年，德国自 1871 年——皆成了民族国家。除此之外，就意大利而言，它甚至是经过议会批准的民族国家。

/ 589

对于美国来说，1848 年也是一个转折点。随着结束美墨战争的《瓜达卢佩－伊达尔戈和平条约》的签署，美国获得了它濒临太平洋的西部新边界。随后不久，围绕着在西部和西南部新获得领土上是否应该禁止或允许奴隶制的问题，爆发了一场辩论。60 年代美国内战的影子已现端倪。

在 1850 年之后的后理想主义时代，形成了若干为 20 世纪打上深刻烙印的党派运动和思想体系。马克思主义思想在欧洲工人运动中广为传播。鉴于相关国家经济发展程度和政治态势的不同，马克思主义的表现形式也不尽相同，出现了比较温和的社会民主派，也有激进的甚至革命的、寻求建立"无产阶级专政"的共产党。然而，中产阶层却是民族主义偏爱的温床。这种民族主义不再像1789~1848年那段时期以及19世纪60年代那样，与市民阶层的争取解放运动同时出现，而首先是作为反国际主义，亦即从右翼角度以反对社会主义左派力量的面目粉墨登场。

从右翼民族主义到帝国主义仅一步之差。帝国主义在19世纪70年代进入了一个新阶段——全盛时期的帝国主义。就英国而言，它在亚洲和非洲加强扩张也是对1870年和1871年普法战争的一种反应。保守派反对党领袖本杰明·迪斯雷利（Benjamin Disraeli）于1871年2月9日在下院辩论时曾说，普法战争是一次德国革命，因为它完全打破了实力的平衡。如同英国一样，法国在战后也试图用大张旗鼓的殖民政策来弥补它在欧洲失去的影响。但是，法国在1870年和1871年战争中失败的直接后果，是拿破仑三世的倒台和因此而导致的第二帝国的灭亡。这一事件为法兰西第三共和国的议会制度铺平了道路。法国大革命过去八十年之后，法国出现了一部宪法，这部宪法比法国此前所经历的政权更接近1789年的思想。

德意志帝国的政治制度是一种特殊类型的混合宪法：帝国议会选举的法律依据是一部为男人们制定的普遍平等选举法。这部选举法在民主程度上不仅丝毫不逊于法国的选举法，而且比英国的选举法更为民主。英国在1867年的改革之后，工人阶级的大多数仍然被排除在下院选举之外。但是，与法国和英国不同，在德国的君主立宪制中，政府无须依靠议会多数的信任。在第一次世界大战德国军事失败的阴影下，1918年10月的宪政改革使德意志帝国得以议会化：它使德国的第一个民主政体——魏玛共和国从一开始就存在严重的先天不足，并且构成了魏玛共和国走向失败的一个深层原因。

从意识形态角度来说，第一次世界大战在德国人眼里是"1914年思想"与1789年思想的一场较量。一方面是自由、平等、博爱的价值观；另一方面是责任、秩序和公正的原则，与之针锋相对。你有自由主义、个人主义和民主制度，我有为"大众群体"服务的强大国家。英国资本主义的对立面是"德国社会主义"，正如俾斯麦（Bismarck）的社会保障法所体现的那样。在托马斯·曼（Thomas Mann）1918 年的作品《一个不问政治者的观察》中，这种俾斯麦社会保障法的高度凝练形式遇到了以"三驾马车"，即法国、英国和美国为代表的西方普世思想的反击。在这部作品中，战争被阐释为德国文化与西方文明、内在性和外在性之间的一场搏斗。

直到 1917 年 3 月，欧洲的两个西部大国的意识形态攻势始终面临一个结盟道路上的巨大障碍：比之德国和奥匈帝国的不自由和专制极权，俄罗斯的沙皇帝国更是有过之而无不及。俄国的"二月革命"以及 1917 年 3 月 15 日沙皇尼古拉二世的垮台，使政局发生了骤然变化。三周之后，即 4 月 6 日，美国向德国宣战。由此，英国和法国不仅赢得了一个强大的盟友，而且，战争从这时起真正变成了围绕西方价值规范工程的一场意识形态的较量。

早在 1917 年 1 月，伍德罗·威尔逊（Woodrow Wilson）总统就已经将美国的民主原则——政府必须依靠人民的批准以及海洋航行自由——宣布为必将畅行于天下的"人类原则"。随后，总统又于 4 月 2 日发表了他的一个著名观点：要让世界成为民主的安全之地。在俄罗斯的沙皇统治被推翻之前，这样的呼吁很难想象。从西方的角度来说，自 1917 年 3 月 15 日起，战争才变成自由和压迫之间的一场决斗。也正是在这个转折之后，美国才有可能对在全世界实现 1776 年理想的目标进行宣传，并借此为自己创造一个扮演世界领袖角色的机会。

然而，美国总统所宣扬的各民族的自决权，始终只是针对"文明"国家而言的自决权，尤其针对的是"古老欧洲大陆"的自决权。作为美国南方人的威尔逊并不是一个"去殖民化"的旗手。当第一次世界大战以西欧大国的胜利而告结束，以及在巴黎议定战后世界秩序时，中国、朝鲜、印度和埃及的民族解放思想先驱和仁人志士不得不面对他们所看到的现实。威尔逊提出非常蛊惑人心的口号，首先是为了在中欧和东南欧争取独立的民族中，特别是在哈布斯堡王朝统治下的民族中得到响应。事实上，威尔逊的这番话在捷克和波兰获得了最强烈的反响。就自主权而言，英国和法国也从未忘记提到中东地区那些处在土耳其统治下的阿拉伯民族。但是，"醉翁之意不在酒"：英法并不是要建立新的主权国家，而是要争夺双方的利益范围，正如它们将各自的利益塞进了1916年5月的《赛克斯－皮科协定》中一样。换言之，两个欧洲最大的殖民列强的真实意图，是要瓜分奥斯曼帝国留下的巨大遗产。

正如史学家乔治·F. 凯南所论述的那样，对于1918年获得独立或重新获得独立的国家（如捷克、波兰和波罗的海沿岸国家等）来说，第一次世界大战并不是20世纪的"大灾难"。但是，若从其他各个角度来看，凯南的观点不无见地。1914~1918年，欧洲卷入战争国家在相互厮杀中所使用的手段，是它们此前专门针对殖民地人民使用的方法。对于古老的欧洲大陆来说，第一次世界大战是第一场采用现代技术手段大规模和匿名杀戮的战争。这场战争在胜利者和战败者那里均留下了深深的精神创伤。850万士兵阵亡，在战争中丧生的欧洲平民人数（俄国除外）估计达500万人。经济遭到巨大破坏，它以战败者（首先是德国）必须向胜利者支付战争赔款的形式给战后时代蒙上了阴影。更为严重的后果是，在巴黎郊区签署的《凡尔赛条约》在政治上引起了战败者的不满和愤怒。在德国，对"凡尔赛"的抗拒很快演变成了对民主的公开敌意；西欧大国的价值观不仅在德国广大的精英阶层眼里，而且也在广大的市民阶层眼里，变成了胜利者妖言惑众的法器，因此必须予以铲除；唯有如此，民族的复兴才能重整旗鼓、东山再起。

当威尔逊于1917年提出"民族自决"的口号时，他对中欧和东南欧国家典型的多民族混居状况并没有明确的认识。采用多数人的统治方式在这一地区很容易导致压迫少数民族的结果；在这种条件下，法国的"不可分割的同一民族"的理念就成了压制所有生活在不属于这个名义下的国家中的少数民族的一种纲领。经威尔逊的努力而成立的但是没有美国加入的国家联盟与中欧和东南欧国家签署的少数民族保护条约，并未能给民族问题带来满意的解决办法。其原因在于，这些条约中，多数都没有包含关于民族认同的内容。1918年之后，为什么民主没有在所谓"中部欧洲"生根开花？民族之间的矛盾冲突不是其中的唯一原因，却是一个重要的原因。1938年和1939年，在两次战争的间隙，这个地区只有两个国家存在议会制度，即捷克斯洛伐克和芬兰。

　　第一个抛弃民主的国家是意大利。意大利之所以抛弃民主，是因为它觉得自己在分配胜利果实时上当受骗，它所得到的领土回报与付出相比过于微不足道。在这种全国上下弥漫的沮丧情绪下，从中坐收渔利者，是贝尼托·墨索里尼的法西斯主义运动。在1922年10月的"向罗马进军"行动之后，墨索里尼又用了两年多时间，将意大利变成一个新的独裁政权。在这个意大利"领袖"的大批崇拜者中，德国纳粹党头目阿道夫·希特勒便是其中之一。当1930年3月底，即1929年10月纽约股市崩盘及由此引发世界经济危机大约半年之后，魏玛共和国最后一届议会多数政府垮台，并由一个半专制极权的总统制政府，即依靠帝国总统紧急法令进行统治的政府取而代之时，希特勒获得了一个可谓千载难逢的机会，帝国议会的自行解散正中下怀。这时，他手中握有两块敲门砖：其一是国内到处弥漫的对战胜国强加的所谓"非德意志的"制度——西方民主的抵触和不满；其二是自俾斯麦时代以来德国人民成文的、体现在普选权中的共同决定权。在魏玛共和国后期的总统制政府执政期间，此普选权几近有名无实形同虚设。换句话说，由于民主化在德意志帝国没有同时进行，希特勒成了下列现状的渔翁得利者：普选权（男人才有）的很早实行和姗姗来迟的政府制度的议会化。

1933 年 1 月 30 日，政权旁落希特勒是一个世界历史的转折点。他上台统治的 12 年达到了德国反对西方政治思想的高峰期。反对西方政治思想的德国是一个错综复杂的矛盾体，这是因为，德国是西方世界一个举足轻重的国家，曾经为它的解放运动——从宗教改革到启蒙运动——做出过重大贡献。然而，德国的精英们也曾经在很大程度上拒绝过启蒙运动的政治结果及 1776 年和 1789 年的思想：他们赞同法治国家的原则，但是不拥护人民主权和代议制民主的理念，以及拒绝接受不可剥夺的人权。德意志帝国属于世界上领先的工业和科技国家之列，但是，与欧洲有议会制度的国家相比，它的政治制度却十分落后。在战败的阴影下，因之而产生的魏玛共和国的议会制民主从一开始就先天不足，带有帝国议会和帝国总统之间权力分配不合理以及宪法制定者相对主义的缺陷。其时，宪法的制定者们不可能想到，当多数人对民主制表示反对时可能出现的后果。因此，他们没有为 1932 年夏出现的、使任命希特勒为帝国总理成为可能的复杂情况制定任何预防措施。

希特勒自当上总理后即开始紧锣密鼓策划并于 1939 年 9 月 1 日发动的第二次世界大战，也给他实施久已有之的计划，即从根本上"解决犹太人问题"，并以一种极端方式——从肉体上予以消灭——实现这一计划提供了可能。1941 年 6 月进攻苏联，同年 12 月向美国宣战，——由此，他迫使西方和东方两大阵营同仇敌忾，团结起来组成了一个反对他的临时联盟。这个貌合神离的联盟从一开始就几乎不具备战后继续存在的可能。尽管如此，两股力量阵营的携手联合已经注定了希特勒和德意志帝国走向灭亡的命运。

早在美国参战之前，富兰克林·德拉诺·罗斯福总统就与英国首相温斯顿·丘吉尔一道，在 1941 年 8 月 14 日的《大西洋宪章》

中勾勒了他所追求的新世界秩序的轮廓。他和丘吉尔共同表达了对各民族人民自己选择他们生活中政府形式的权利的尊重。两位国家领导人愿意支持那些被武力剥夺了这一权利的民族，并帮助他们重新建立自己国家的主权和自己的政府。最终战胜纳粹暴政之后建立起来的和平，将给世界上所有民族带来可以在没有恐惧和苦难下生活，尊重海洋航行自由原则的可能性。各国人民都将有从事自由贸易和获得世界原料的机会，以及在经济和社会领域进行相互之间的合作。未来，他们必须放弃使用武力，而且要解除那些对其他民族有威胁的国家的武装。

如同 1776 年美国《独立宣言》和伍德罗·威尔逊于 1917~1918 年所做的伟大演讲和阐述（特别是 1918 年 1 月 8 日的十四点内容）一样，《大西洋宪章》也包含了相当丰富的价值规范标准。宪章中表现的人道主义激情，首先是为了争取美国民众对一项雄心勃勃计划的支持。这项计划要求他们做出伟大的牺牲，而他们对该计划——与轴心国德国、意大利和日本进行武装斗争——还持有很多保留意见。由此，人们可以明显地看出原则和实践之间存在的矛盾。丘吉尔不想支持印度、缅甸和锡兰的独立运动人士，因此，他把主权解释为只适用于欧洲被压迫民族的主权。罗斯福和丘吉尔从他们在纽芬兰海岸的会晤地点给斯大林发出了一封热情洋溢的电报，不久，斯大林正式表示承认《大西洋宪章》的原则。但是，人们不能对他在未来会尊重各民族人民的自决权和没有恐惧生活的权利寄予希望。尽管如此，这部新版的美国式行为规范是一部具有世界历史意义的文献。《大西洋宪章》是一个世界组织的萌芽细胞，它将取代已经失败的多国同盟。1942 年 1 月 1 日，在华盛顿举行的英美阿卡迪亚会议上，罗斯福将这个世界组织定名为——联合国。

/ 596

第二次世界大战的结束是一个有着深远影响的历史事件。1945 年不仅终结了被夏尔·戴高乐和温斯顿·丘吉尔等同时代政治家称为"第二个三十年战争"的一个时期：这个时期始于第一次世界大战爆发，并且是 1618~1648 年那场大规模的欧洲战争以来，任何一个时代都没有被战争、危机和灾难如此深刻地打上烙印的一个阶段；同时，1945 年还标志了 1871 年由俾斯麦所建立的德意志帝国的灭亡，以及由此带来的一个四分之三世纪的结束：在这个四分之三世纪里，德国曾经扮演了一个核心角色，以至于人们完全可以把两次世界大战的时代称作西方历史上的"德国篇章"。

随着"第三帝国"的土崩瓦解，极权统治模式之一——法西斯主义灰飞烟灭。法西斯主义，特别是以纳粹主义为代表的法西斯主义是 1776 年和 1789 年思想最极端的对立面，因此也与 19 世纪初的反革命传统一脉相承。1945 年给苏维埃的共产主义带来了其历史上最大的领土利益：其统治范围扩大到了中欧和东南欧，其中包括从波罗的海沿岸经波兰和捷克斯洛伐克直到匈牙利的曾经属于西方世界的地区。

毛泽东所领导的中国共产党的胜利同样也是第二次世界大战，或曰日本在远东战场战败的一个伴生现象。正如 1917 年俄国"十月革命"以及 1918 年和 1919 年的中欧革命一样，中国 1949 年革命的成功证明了科泽勒克的一个论断，即 1848 年之后的所有革命都是"之前所发生的国家战争的次生结果"。从某种意义上说，这一论断也适用于后续时代所发生的大部分反殖民主义的革命。概言之，革命的成功皆是第二次世界大战持久地削弱了欧洲殖民大国实力的结果，特别是削弱了英国和法国实力的结果。因此，1945 年同时也成了欧洲停止在世界上耀武扬威、为所欲为的一年。希特勒发动的这场战争的大赢家是战后时代的两个世界大国——美国和苏联。它们之间的关系在随后四十五年中构成了世界政治的核心。[3]

正当第二次世界大战在欧洲已经结束以及在亚洲行将结束之际，联合国于 1945 年 6 月 26 日在旧金山宣告成立。其时，盎格鲁－撒克逊的民主国家和苏联之间的联盟在多长时间里能够经得起剑拔弩张时代的考验而历久不散，尚不可预见。当联合国全体大会于 1948 年 12 月 9 日批准关于《防止及惩治灭绝种族罪公约》以及于 12 月 10 日批准《世界人权宣言》时，东西方之间的"冷战"已经拉开大幕。

倘若没有对犹太人的大屠杀，就不会有人权宣言以及对宣言无条件的信仰。加拿大政治学家迈克尔·伊格纳季耶夫将迄今为止最大的反人类罪行和 1776 年及 1789 年思想普世化之间的关系做了上述精辟的归纳总结。实际上，宣言不是国际法有约束性的组成部分。但是，对 48 个投赞成票的国家来说，如今有了一个具有约束性的标准，它们必须以此作为衡量自身行为的尺度。这点也同样适用于属于西方民主国家之列的欧洲殖民大国与它们的海外殖民地之间的关系。此外，1945 年 6 月 26 日通过的《联合国宪章》中已经要求其成员国尊重人权和人的基本自由。

/ 598

倘若说 1914~1945 年这三十余年中发生了一系列战争、危机和灾难是一个特例时代，那么从其他原因观之，这个判定也可以用于 1945 年之后的三十年。自"二战"结束至 70 年代中期这段时间里，世界经历了一段长时间的繁荣。如今，有人将这个一派欣欣向荣的繁荣阶段称作"资本主义的黄金时代"。战争所造成的破坏在欧洲和亚洲的大部分地区引发了巨大的战后重建需求。自 1950 年起，朝鲜战争对军火工业所带动的经济腾飞起了助推器的作用。高度发展的电子技术、核能技术和廉价的石油推动了西方国家国民经济的空前增长。工业国家掀起了一场前所未有的消费热潮。拥有自己的汽车成了"大众福利"的象征：这个纲领性的名称即是西德"经济奇迹"之父路德维希·艾哈德（Ludwig Erhard）给自己著作所起的书名。

自 60 年代中期以来，越来越多的迹象表明，高速增长的时代已经临近结束。在美国，首先是由西欧和日本的出口顺差引起的国际收支逆差，然后是不断上涨的原油价格以及越战开支和林登·贝恩斯·约翰逊的社会福利计划，导致了美元汇率的下跌。1971 年 8 月，华盛顿放弃了美元自由兑换黄金的政策；随后，美元于 1973 年 3 月可以自由交易，由此彻底放弃了 1944 年建立的，以经过商议固定不变的但灵活的黄金和美元平价为基础的布雷顿森林世界货币体系。一年半之后的 1973 年 10 月，第一次石油冲击——石油输出国组织大幅度提高原油价格引发了一场严重的世界经济危机。长时间经济繁荣的时代就此永远成为过去。为了保证已达到的福利水平，大多数国家公布了经济振兴计划，这些计划又造成政府负债率居高不下。许多私人家庭也纷纷开始举债，以维持习以为常的奢华生活。经常性的经济下滑成了新时代的标志，同时伴随着普遍存在的危机气氛以及人们对经济增长和科技进步所带来的好处不断增加的怀疑。

从政治的角度来说，战后的数十年也同样是个特例时代。横跨大西洋两岸的西方形成了史无前例的政治统一；它作为前所未有的行动主体活跃在世界舞台上。1947 年以后的东西方对峙使西欧和北美的民主国家——美国和加拿大空前紧密地团结在一起。借助马歇尔计划，美国成了（不属于苏联势力范围的）欧洲战后经济重建的靠山和保证。随着一年后北约的建立，出现了一个对"西方"概念重新进行定义的防卫联盟：凡是加入北大西洋公约组织的国家，不论其是否曾是古老西方的一部分（如希腊和土耳其），皆可被称作"西方国家"。为了达到使自己成为自由民主国家联盟的目的，北约对此采取了一种非常实用主义的阐释方法，例如：专制政府统治的葡萄牙成了其创始国之一，土耳其反民主的国家制度并未妨碍它于1952 年成为北约成员。

"冷战"的第一个对峙阶段始于 1948~1949 年对柏林的封锁，以 1962 年几近将世界带到核战争边缘的古巴导弹危机的解决为结束标志。随之而来的是一个缓和阶段，该阶段以 1975 年夏在赫尔辛基签署欧洲安全与合作会议闭幕文件达到顶点。随着这份会议文件的签署，东欧集团国家用形式上的对某些基本人权的肯定"换取"了西方国家对既有边界和影响范围的承认。《赫尔辛基协议》给一系列反对派组织——如布拉格《七七宪章》和波兰独立的"团结工会"等——增添了新的力量，但是未能阻止东西方对峙一个新阶段的到来。此新阶段因 1979 年苏联对阿富汗的入侵，苏联在其境内部署针对西欧的中程导弹，以及这一挑衅在 80 年代前期所引起的北约"增加军备"等事件而拉开序幕。直到米哈伊尔·戈尔巴乔夫于 1985 年3 月当选苏共总书记，新的缓和，甚至是最终消除东西方冲突的机会方才出现。

/ 600

自 50 年代末以来，战后时代受到美苏矛盾深刻影响的双极格局由于诸多因素的作用而有所缓和：法国第五共和国创始人夏尔·戴高乐所奉行的、以法国的民族自决为目标的政策，一些东欧国家，首先是尼古拉·齐奥塞斯库（Nicolae Ceaupescu）领导下的罗马尼亚开始摆脱苏联的控制，两个社会主义大国——苏联和中国之间矛盾的激化，以及"第三世界"不结盟国家更加紧密的合作等，不一而足。不结盟国家更加紧密合作的象征是 1955 年召开的有 23 个亚洲国家和 6 个非洲国家参加的万隆会议，其推动力来自以 1947 年印度获得独立为开端，以 20 世纪 60 年代英国、法国和比利时在非洲的殖民统治被清算为高潮的"去殖民化"进程。

随着时间的推移，西欧国家不断扩大的一体化也对世界政治的双极对立格局起了削弱作用。从欧洲煤钢共同体经欧洲经济共同体和欧洲共同体直到欧盟，这个发展道路并不是一个"按部就班"的过程。由于法国国民议会否决了欧洲防务条约，共同体创立之父们关于一个联邦制欧洲的梦想早在 1954 年就已随风飘散。同时，法国国民议会的这项决定也是对法国在印度支那战争中遭受失败心理创伤的一种反应。1958 年后，戴高乐迫使欧洲经济共同体接受了他的"国家基础上的欧洲"的思想。随着英国、爱尔兰和丹麦于 1973 年 1 月 1 日加入欧共体，欧共体至少不会在整体上朝着一个类似联邦制国家那样的组织继续发展已成定局。欧共体作为超国家的国家集团所肩负的任务，是单一国家不再能或远不能有效加以完成的任务。正如英国经济史学家阿兰·米尔沃德（Alan Milward）指出的那样，欧共体是通过弥补其弱点的方式来拯救欧洲的民族国家。

曾几何时，相互较量国家之间的紧密合作是欧洲历史上的一个新生事物，亦可谓是吃一堑长一智的结果：这个吸取教训过程的开端是对民族主义潜在破坏性的深刻认识。所有成员国坚定地站在西方民主的立场上，使欧洲团结一致的成功史有了可能。这点同样适用于两个必须处理好法西斯主义和纳粹主义历史负担的国家——意大利和德意志联邦共和国。葡萄牙、希腊和西班牙在 70 年代中期铲除了专制独裁制度，也为这些国家加入欧共体铺平了道路。一个作为共同市场的欧洲日益被外部世界，特别是被美国看作一种经济的强大实力因素。

70 年代的石油价格危机不仅影响到了西方的工业国家，而且东欧集团国家也未能幸免。1973 年第一次石油价格冲击之后，其时已经是全球最大天然气和石油生产国的苏联提高了向欧洲委员会国家出口原油的价格，以换取买方的经济援助；此外，它还坚持要求，油价必须用外汇或是以诸如载重卡车等高价值产品作为支付手段。结果造成，一些东欧集团国家，其中包括波兰和德意志民主共和国，纷纷向"资本主义国家"贷款，亦即变成了依赖于"阶级敌人"的国家。第二次石油价格冲击两年后，当油价于 1981 年再度下跌时，苏联遭到沉重打击。在技术上缩小与西方差距的计划化为泡影，从低效转向密集使用自然资源和劳动力的过渡，也未获成功。当为时近二十年的勃列日涅夫时代于 1982 年走向终结时，所有的迹象皆表明，苏联正在全方位输掉这场"较量"。

1985~1991年任苏共总书记的米哈伊尔·戈尔巴乔夫踌躇满志，试图在经济、社会和政治上进行彻底的改革，同样无果而终。直到1991年，他的观念因循守旧抱残守缺，始终未能认清经济的现代化需要向市场经济的过渡。戈尔巴乔夫愿意放弃军备竞赛，愿意停止与西方的对峙，以及愿意让"社会主义阵营"的国家自己选择它们今后的发展道路，——这种意愿不仅使1989年中东欧的和平革命、1989年11月9日柏林墙的倒塌、德国在西方所提条件下的重新统一以及华沙条约组织的解体成为可能，而且也导致了1991年8月其党内对手的政变，以及被俄罗斯总统鲍里斯·叶利钦夺权和1991年底苏联的解体。作为改革家的戈尔巴乔夫是个失败者。但是，没有哪一个20世纪下半叶的国家领导人像他那样改变了世界，并且如此大规模地改造了俄罗斯。[4]

首先是东欧集团的解散，然后是苏联的解体，使1989~1991年成了世界历史一个阶段性的转折点。法国大革命两百年后，1776年和1789年的思想也在西方世界这个于1945年落入苏联势力范围的部分地区得以自由发展。

1989~1991年的时代特征之一，是在苏联解体后，世界变成了一个失去平衡以及美国没有可以与之平起平坐对手的世界。美国的全球霸权是乔治·W.布什于1990年9月首次提到的"新世界秩序"的主要特征。然而，仔细观察就会发现，美国的胜利并非如其外表那样耀眼夺目。当初，只要还有苏联这样的强大对手与之角逐竞争，它就可以在有争议的情况下以对手的影响不断扩大的危险，或是以国际共产主义占据优势地位的理由，来为其在拉丁美洲和非洲的干涉行动进行辩护。如今，这种理由已荡然无存。除此之外，美国的欧洲盟友感觉自己不再受到来自"东边"的威胁，因此不再一如既往地需要美国的鼎力支持。而且毋庸讳言，未来它们将以更大的自信活跃在国际事务中。最后，一个物质方面的因素也可以说明美国为何在国际舞台上保持克制的原因：美国很大一部分因军费开支引起的巨额公共债务。在比尔·克林顿任总统期间，对这一现实问题的认识，从总体上导致了美国政府小心谨慎的外交政策。

在克林顿的继任者乔治·W.布什执政时期，情况发生了根本的变化。新总统从一开始即倾向于一种单方面的、既未与联合国也未与欧洲盟友协调一致的对外政策。2001年9月11日的恐怖袭击对美国系统性地消除国内对总统权力的限制，以及置盟友的顾虑和国际法的不同意见于不顾，试图坚持推行其所认为的"国家利益"，起了根本性的帮助作用。2003年的伊拉克战争是华盛顿同其两个欧洲盟友——法国和德国的关系陷入迄今为止最低谷的一个标志。于尔根·哈贝马斯等欧洲学者纷纷批评美国，认为它破坏了自己在文明规范标准上树立的权威。欧洲与美国之间的隔阂越来越深刻地被人们所意识到，而二者之间的相同之处却被许多人几乎视而不见。

布什的继任者巴拉克·奥巴马于2008年11月当选总统，似乎是为大西洋两岸盟友的渐行渐远画上了句号。欧洲对这位新总统和坚定的自由主义者寄予了厚望，希望看到他所推行的政策能继承美国最优秀的传统，遵守"法律规范"并无条件地尊重人权。可是，希望不久便化为泡影。奥巴马未能像竞选时所承诺的那样，关闭关塔那摩监狱并由此结束这种有悖于法治国家原则的状态。他扩大了在打击伊斯兰恐怖主义以及打击阿富汗和巴基斯坦塔利班的战斗中使用无人机的范围，批准延长布什执政期间生效的国内对自由的严格法律限制，并且继续保留美国国家安全局对重要盟友，包括许多国家元首和政府首脑在内的电子监控。国家安全无条件地比个人自由和国际法享有优先权：这条从"9·11"的惨痛经验中得出的优先结论，也让欧洲知识分子中的铁杆亲美人士深感不解。

与美国相比，欧洲充其量可以在经济和金融领域和这个在大西洋联盟中占据领导地位的世界大国平起平坐。自 1999 年以来，欧盟拥有了自己的货币，欧元在美元面前站稳了脚跟，甚至取得了惊人的升值。尽管如此，货币联盟依然十分脆弱，原因即在于其成员国的政治和财政文化截然不同。即便是共同货币启用十五年之后，欧元国家距离一种共同的经济和财政政策还始终相去甚远。由于 2008 年世界金融危机和公共债务危机的爆发，欧元区也深陷危机之中。危机何时结束，尚无明确答案。从 1990 年至 2013 年，欧盟整体上由 12 个成员国增加到了 28 个成员国，其中包括 13 个当年共产党统治下的中欧和东南欧国家。虽然在深化方面采取了一些重要步骤，但是，欧盟距离在重要的外交和安全政策问题上用一个声音说话的目标，并未取得实质性的进展。在共同利益上形成一致看法，以及在第三方面前代表和维护自己的共同利益，——这种意愿的强烈程度还始终低于各民族国家自身的惯性思维。

1989 年的时代转折过去四分之一世纪后，世界既不像东西方对峙时期那样双雄对峙，也不像 90 年代那样一雄称霸——受一个超级大国美国的主宰，而是再度成了一个多极的世界（或如理查德·哈斯所说是个无极世界）。中国既是美国最大的债权国，同时也是它在世界政治上的竞争对手。尤其是在东亚和太平洋地区，中国在美国锋芒毕露的强权政治面前毫不畏惧。俄罗斯在弗拉基米尔·普京的统治下，企图在中亚、高加索和东欧地区编织一张由其主宰的经济和政治网。雄心勃勃的地区性大国，如意大利和巴西毫不掩饰地强调，它们与世界大国美国和中国相比，地位并不低一等。在美国的所有或部分亚洲盟友中，有两个盟友——日本和土耳其因咄咄逼人的民族主义而广受公众注目。因之，"冷战"时期那种"阵营化"

的时代已经一去不复返。

综而观之，跨大西洋的西方在 21 世纪早期尽管依然是一个经济上的庞然大物，但是，其统治世界的时代早已成为过去。它所创造出的种种事物，许多已被其他文明所接受，诸如各种时尚、技术、日常文化生活、大众消费、资本主义生产方式、互联网、数码革命，以及人们对经济持续增长必然性的信仰等。人们也常常相信作为民主重要因素的普选（通过它可以了解多数人的民意），却常常不大相信西方政治制度总体的基本结构，更不相信作为具有约束性的政治纲领的人民和公民权。在这个问题上，现代南非的立国之父纳尔逊·曼德拉是为数很少的例外。

从民主的角度来看，西方或是古典时代的希腊是否能将民主的创始权一家独揽，这个问题还有待探讨。早在波斯帝国时期苏萨（Susa）就已经存在民选理事会、人民代表大会以及由理事会提议、经人民大会选出的法官，这种制度长达数百年之久。同时，就另一个所谓的西方成就——宽容而言，也有人持不同看法：例如，阿马蒂亚·森（Amartya Sen）提到过的阿育王，这个印度皇帝早在公元前 3 世纪就曾提倡过宗教宽容。即便是伊斯兰世界也可以找到容忍异教的实例，比如在 12 世纪摩尔人时代的安达卢西亚，亦即阿拉伯文化在欧洲土地上那段传奇般的鼎盛时期即是如此。当然，这段时期始终是个历史的插曲而已。

古老的西方用了很长时间，即直到启蒙运动时，才认识并承认宽容是精神自由的一个条件。属于特定的西方的事物，不是 18 世纪末汇集在大西洋两岸两次革命思想中的这个或那个组成部分，而是构成西方文明规范工程的价值观的总和。使这些价值观成为可能的先决条件，是西方与理性相辅相成的、在中世纪中期形成的个人主义。从根本上说，是个人主义在地理大发现时代帮助西方决定性地走在了其他文明前面，并且毋庸置疑地使西方成了充满活力的世界性力量。

随着 18 世纪末大西洋两岸革命的爆发，一个新时代也随之到来。在这个时代，围绕着接受或摒弃 1776 年和 1789 年思想的争论成了欧洲历史决定性的主题。除了体现在西方宗教范畴中的西方，如今又形成了一个狭义上的西方，即西方价值观的西方。除了盎格鲁－撒克逊的民主国家（亦即英国、美国、加拿大、澳大利亚和新西兰）外，所有欧洲国家——加之 1948 年建国的以色列——都是这个西方概念的成员。对它们来说，人民主权、政府对议会负责和三权分立成了政治制度无可争议的基础。意大利和西德在第二次世界大战之后，以及西班牙和葡萄牙在 20 世纪 70 年代中期推翻独裁政权后，才正式属于这个国家集团的一员。1989/1991 年后，围绕着发扬光大西方价值观的斗争才在跨大西洋的西方范围内宣告结束。此后，从古老西方的东部边界直到美国和加拿大的西海岸有了一个文明规范的基本共识，即建立在 1776 年和 1789 年思想基础上的西方民主国家的根本价值观。

当然，跨大西洋的基本共识距离两岸之间观点的和谐统一还相去甚远。在什么才是西方政治文化的核心问题上，欧洲和美国的看法多有分歧，从关于死刑的争论，到关于国家的社会责任的探讨，直到政治和宗教的关系等，莫不如此。自"反恐战争"以来，关于国家安全和个人自由之间关系的不同认识又成了新的分歧点。在许多欧洲人看来，美国及由它所代表的安全优先的观点，向美国作为立国之本及成为西方文明规范基础的价值观提出了挑战。

在 21 世纪第一个十年中，跨大西洋的意见不合愈演愈烈，以至于美国历史学家玛丽·诺兰（Mary Nolan）将之称为"跨大西洋世纪"的终结。在她眼中，这个"漫长的 20 世纪"滥觞于 19 世纪的最后十年，亦即随着欧洲和美国之间关系明显加深而拉开序幕。然而，这个跨大西洋的历史阶段或许并没有真正完结。2014 年，北大西洋两岸的民主国家又再次相互走近，——两个原因使然：俄罗斯与乌克兰争端和中东伊斯兰恐怖主义的国际化。这两个原因让西方清楚地认识到了自己的根本共同点，自"9·11"事件后，还未曾有任何事件起过这样一种作用。

自从苏联解体以及西方在意识形态上面临的挑战不复存在之后，另一种类型的对其文明规范成就的威胁随之越来越明显地出现在世人面前：一种由不加监管的金融市场借助数码革命加以推行并使之成为可能的资本全球化。这种由西方自身所造成的威胁与美国国家安全局和其他情报机关用全方位电子监控方式对自由权的掏空侵蚀同时登场。与此同时，庞大的互联网巨头与情报机关密切合作，它们对数以亿计大众的私生活细节不仅了如指掌，而且常常能对之实施操控。"若是没有全球资质的反垄断组织，没有最高等级的全球信贷机构，没有全球范围的调节机制，没有全球社交网络的存在，也就没有全球民主可言。换言之，全球市场在薄弱的监管之下痛苦呻吟，因而在面对不稳定、低效率和缺乏民主合法性时，显得千疮百孔脆弱不堪。"美国经济学家丹尼·罗德里克（Dani Rodrik）曾对民主和现实的尴尬局面做了上述这番描述。

罗德里克对"超级全球化"的剖析批评正中问题的要害。他将此称为"世界经济三个根本性的政治难题"："我们不可能三管齐下，将民主、民族自决权和经济全球化这三件事情同时推进。倘若我们想要推动全球化，那么我们就必须告别民族国家或是民主制度。如果我们想要保留和扩大民主决策过程，那我们就必须在民族国家和国际经济一体化之间做出抉择。假如我们想要坚持自主的民族国家，我们就不得不在民主的进一步发展和推进全球化之间进行取舍。我们需要的是一个理性睿智的全球化，而非一个最大限度的全球化。"

在欧洲，人们的抉择是一种欧盟框架内的、超国家一体化形态的"小型全球化"。因此，民族国家本身的民主制与国际经济合作之间产生了非常尖锐的矛盾，以至于不同时扩大欧盟机构的民主合法性和民主监督，后续的一体化进程似乎寸步难行。但是，决定性地扩大欧洲议会的权限，使之超越 2014 年夏事实上专门针对欧盟委员会领导层所进行的议会化改革的范围，——在这个问题上，由于种种原因，人们的改革意愿却在不断减退。鉴于一项以牺牲大国利益而顾全小国利益的选举法，欧洲议会远不如各国自己的议会那样具有代表性。欧洲议会作为整体而言不可能成为欧元区的议会，这是因为，非欧元国家的议员也是它的成员；不仅如此，倘若"对欧洲持怀疑态度"的、民族主义的和右翼民粹主义政党的影响进一步扩大，那么，议会中的辩论文化和欧洲议会的声誉就有受到损害的危险。各民族国家的议会始终还是欧盟层面上对尚缺乏有效监督的执行机构——欧盟委员会、欧洲理事会和欧元区财政部长委员会的制衡力量。因此，从中期的角度来看，各国政府的合作将会比进一步的跨国家一体化进程发挥更大的作用。以更少的民主作为代价以换取"更多的欧洲"，理所当然不会得到成员国百姓的赞同。因此，在《里斯本条约》的条件下，"更加紧密的欧盟"的目标就缺少了一个根本性的前提条件。

在欧洲大陆，金融市场交易税、限制高度投机的股市交易以及限制食品和原料的投机买卖等调节欧盟跨国金融市场的措施和努力赢得了人们相对广泛的赞同，然而在盎格鲁－撒克逊的民主国家却无从谈起。缘此，西方在罗德里克所勾画的路线基础上所达成的共识，在可预见的未来不可能出现。由西方自己所引起的对西方文明规范基础的质疑或许还将继续下去。当然，这种质疑并非从"超级全球化"才开始，而是同西方文明规范工程本身一样历史悠久。贩卖奴隶和奴隶制、殖民主义和帝国主义不是西方历史上的"操作事故",而是西方个人主义内在势能的自然表露。但是,1776年和1789年的人权宣言不仅曾经向人们提供过,而且现在仍在向人们提供修正自己实际行动以及适应所宣扬的普世价值的机会,——这个机会有时被西方所利用,但又总是一再被其所抛弃。

1　Verfassung für Europa. Vertragsentwurf des Europäischen Konvents vom
　　18. Juli 2003, hg. von Thomas Läufer, Bonn 2004 (Thukydides-Zitat:
　　S. 21); Thukydides, Der Peloponnesische Krieg. Hg. u. übersetzt von Ge-
　　org Peter Landmann, Düsseldorf 2002 (Zitat aus der Rede des Perikles:
　　S. 111 f. [II, 37], Thukydides über Perikles: 130 [II, 65]; Gustav Adolf Leh-
　　mann, Perikles. Staatsmann und Stratege im klassischen Athen, München
　　2008, S. 19 f. (zum Urteil Thukydides' über die perikleische Demokratie);
　　Wilfried Nippel, Antike oder moderne Freiheit? Die Begründung der De-
　　mokratie in Athen und in der Neuzeit, Frankfurt 2008, S. 11 ff. (Athen als
　　Sonderfall: 17, zum Verhältnis von Bürgern, Metöken und Sklaven: 33 ff.,
　　zur fehlenden Vorstellung von Menschenrechten: 41, zu den Bürgerrechten
　　in Athen: 54, zum Athendiskurs der amerikanischen Gründerväter: 125 ff.,
　　Zitat Nippel: 344); ders., Mischverfassungstheorie und Verfassungsrea-
　　lität in Antike und früher Neuzeit, Stuttgart 1980; Paul Nolte, Was ist
　　Demokratie? Geschichte und Gegenwart, München 2012, S. 26 ff.; Hans
　　Vorländer, Demokratie. Geschichte, Formen, Theorien, München 2010[2];
　　Larry Siedentop, Demokratie in Europa (engl. Orig.: London 2000), Stutt-
　　gart 2002; John Dunn (ed.), Democracy. The Unfinished Journey 208 BC
　　to AD 1993, Oxford 1993[2]; John Keane, The Life and Death of Demo-
　　cracy, London 2009; Egon Flaig, Die Mehrheitsentscheidung. Entstehung,
　　Kultur, Dynamik, Paderborn 2013. Madisons Urteil über die athenische
　　Versammlungsdemokratie in: Alexander Hamilton, John Jay, James Madi-
　　son, The Federalist. A Commentary on the Constitution of the United Sta-
　　tes with an Introduction by Edward Mead Earle, New York o. J. (ca. 1975),
　　S. 361 (Zitat aus Federalist Nr. 55). Zum Einfluß der antiken Lehren von
　　der Mischverfassung auf die politischen Theoretiker der frühen Neuzeit
　　u. a. Heinrich August Winkler, Geschichte des Westens. Von den Anfän-
　　gen in der Antike bis zum 20. Jahrhundert (fortan: Geschichte I), München
　　2012[3], S. 178 ff.
2　Graham Maddox, Religion and the Rise of Democracy, Oxford 1996; Otto
　　Hintze, Weltgeschichtliche Bedingungen der ständischen Repräsentativver-
　　fassungen des Abendlandes, in: ders., Staat und Verfassung. Gesammelte

Abhandlungen zur Verfassungsgeschichte (Gesammelte Abhandlungen, Bd. 1), Göttingen 1980, S. 140–185 (Zitat Hintze: 169); Eugen Rosenstock-Huessy, Die europäischen Revolutionen und der Charakter der Nationen, Stuttgart 1961³, S. 131 ff.; Robert I. Moore, Die erste europäische Revolution. Gesellschaft und Kultur im Hochmittelalter (engl. Orig.: Oxford 2000), München 2011; Harold J. Berman, Recht und Revolution. Die Bildung der westlichen Tradition (amerik. Orig.: Cambridge, Mass. 1983), Frankfurt 1991¹; Philippe Nemo, Was ist der Westen? Die Genese der abendländischen Zivilisation (frz. Orig.: Paris 2004), Tübingen 2005; Graham Maddox, Religion and the Rise of Democracy, London 1996; Hans Joas, Die Sakralität der Person. Eine neue Genealogie der Menschenrechte, Berlin 2011¹; Horst Dreyer, Säkularisierung und Säkularität. Zum Selbstverständnis des modernen Verfassungsstaates, Tübingen 2013; Charles Taylor, Ein säkulares Zeitalter (amerik. Orig.: Cambridge, Mass. 2007), Frankfurt 2009; Volker Gerhardt, Partizipation. Das Prinzip der Politik, München 2007; Reinhold Niebuhr, The Irony of American History, New York 1952, S. 22 ff.; Winkler, Geschichte I (Anm. 1), S. 23 (zu Webers These von der okzidentalen Rationalität), 69 (zur Magna Charta), 75 ff. (zu den mittelalterlichen Grundlagen des Westens im Mittelalter), 149 (zur Habeas-Corpus-Akte, 151 (zur Bill of Rights), 259 ff. (zur Vorgeschichte der amerikanischen Menschenrechtserklärungen), 275–278 (Zitate aus der Virgina Declaration of Rights und der Unabhängigkeitserklärung), 282 f. (Zitat Troeltsch). Der französische Text des Entwurfs des Europäischen Verfassungsvertrags, in: Projet instituant une constitution pour l'Europe. La Convention Européene, Bruxelles, le 20 juin 2003, 820/03. Das Wort von Jesus in Matthäus 22, 21, Markus 12, 17 und Lukas 20, 25.

3   Thomas H. Marshall, Staatsbürgerrechte und soziale Klassen (1949), in: ders., Bürgerrechte und soziale Klassen. Zur Soziologie des Wohlfahrtsstaates (engl. Orig.: London 1981), Frankfurt 1992, S. 33–94; Pierre Rosanvallon, Die Gesellschaft der Gleichen (frz. Orig.: Paris 2011), Hamburg 2013; ders., Demokratische Legitimität. Unparteilichkeit, Reflexivität, Nähe (frz. Orig.: Paris 2008), Hamburg 2010; Stefan-Ludwig Hoffmann, Einführung. Zur Genealogie der Menschenrechte im 20. Jahrhundert, in: ders. (Hg.), Moralpolitik. Geschichte der Menschenrechte, Göttingen 2010, S. 7–37 (Zitat Hoffmann: 16); Reinhart Koselleck, Wie europäisch war die Revolution von 1848/49, in: ders., Europäische Umrisse deutscher Geschichte. Zwei Essays, Heidelberg 1999, S. 9–36 (bes. 16 f., Zitat Koselleck: 23 f.); Jörg Fisch, Das Selbstbestimmungsrecht der Völker. Die Domestizierung einer Illusion, München 2011, S. 144 ff.; Erez Manela, The Wilsonian Moment. Self-Determination and the International Origins of Anticolonial Nationalism, Oxford 2007; Pankaj Mishra, Aus den Ruinen des Empires. Die Revolte gegen den Westen und der Wiederaufstieg Asiens (engl. Orig.: London 2012), Frankfurt 2013, S. 227 ff.; Winkler, Geschichte I (Anm. 1), S. 368 ff. (zu Babeuf), 816 (Zitat Disraeli, 9. 2. 1871);

ders., Geschichte des Westens. Die Zeit der Weltkriege 1914–1945 (fortan: Geschichte II), München 2011, S. 27 ff. (zu Thomas Manns Position 1918), 50–54 (zu Wilsons Erklärungen von 1917), 127 (Zitat Kennan 1979), 952 ff. (zur Atlantik-Charta), 1197 ff. (zur These vom zweiten Dreißigjährigen Krieg), 1211 (Zitat Lepsius).

4 Michael Ignatieff et al., Human Rights as Politics and Idolatry, Princeton 2001, S. 3 ff. (Zitat Ignatieff: 81); Samuel Moyn, The Last Utopia. Human Rights in History, Cambridge, Mass. 2010, S. 176 ff.; Micheline R. Ishay, The History of Human Rights. From Ancient Times to the Globalization Era, Berkeley 2008²; Lynn Hunt, Human Rights. A History, New York 2007; Paul Gordon Lauren, The Evolution of Human Rights. Visions Seen, Philadelphia 2011³; Jan Eckel, Die Ambivalenz des Guten. Menschenrechte in der internationalen Politik seit den 1940ern, Göttingen 2014; ders., Utopie oder Moral, Kalkül der Macht. Menschenrechte in der globalen Politik seit 1945, in: Archiv für Sozialgeschichte 49 (2009), S. 437–484; ders. u. Samuel Moyn (Hg.), Moral für die Welt. Menschenrechtspolitik in den 1970er Jahren, Göttingen 2012; Akira Iriye/Petra Goedde/William I. Hitchcock (eds.), The Human Rights Revolution. An International History, Oxford 2012; Petra Gödde, Globale Kulturen, in: Akira Iriye (Hg.), 1945 bis heute. Die globalisierte Welt (Geschichte der Welt. Hg. v. Akira Iriye u. Jürgen Osterhammel, Bd. 6), München 2013, S. 535–669; Akira Iriye, Die Entstehung einer transnationalen Welt, ebd., S. 671–825; Hoffmann, Einführung (Anm. 3), S. 23 ff.; Mark Mazower, Ende der Zivilisation und Aufstieg der Menschenrechte. Die konzeptionelle Trennung Mitte des 20. Jahrhunderts, in: Hoffmann (Hg.), Moralpolitik (Anm. 3), S. 41–62; Bruce Mazlish, Civilization and its Contents, Stanford 2004; Burkart Lutz, Der kurze Traum immerwährender Prosperität. Eine neue Interpretation industrieller wie kapitalistischer Entwicklung im Europa des 20. Jahrhunderts, Frankfurt 1984; Anselm Doering-Manteuffel/Lutz Raphael, Nach dem Boom. Perspektiven auf die Zeitgeschichte seit 1970, Göttingen 2012²; Bernd Stöver, Der Kalte Krieg. Geschichte eines radikalen Zeitalters 1947–1991, München 2007; John Lewis Gaddis, Der Kalte Krieg. Eine neue Geschichte (amerik. Orig.: New York 2007), München 2007; Odd Arne Westad, The Global Cold War. Third World Interventions and the Making of Our Times, Cambridge 2005; Alan Milward, The European Rescues of the Nation-State, Berkeley 1992 (Milwards These: 446 f.); Kiran Klaus Patel and Kenneth Weisbrode (eds.), European Integration and the Atlantic Community in the 1980s, Cambridge 2013. Zu Erhards Parole: Ludwig Erhard, Wohlstand für alle, Düsseldorf 1957. Zum Ende des Kalten Krieges Winkler, Geschichte II (Anm. 3), S. 897 ff.

5 Mary Nolan, The Transatlantic Century. Europe and America 1890–2010, Cambridge 2012, S. 7 ff., 356 ff.; Samuel Huntington, Democracy's Third Wave, in: Journal of Democracy 2 (1991), No. 2, S. 12–34; ders., The Third Wave. Democratization in the Late Twentieth Century, Nor-

man, Oklahoma, 1991; Fareed Zakaria, Das Ende der Freiheit? Wieviel Demokratie verträgt der Mensch? (amerik. Orig.: New York 2003), München 2007; Kwameh Anthony Appiah, Der Kosmopolit. Philosophie des Weltbürgertums (engl. Orig.: London 2006), München 2007; Ian Buruma/Avishai Margalit, Okzidentalismus. Der Westen in den Augen seiner Feinde (amerik. Orig.: New York 2004), München 2004; Amartya Sen, Die Identitätsfalle. Warum es keinen Krieg der Kulturen gibt (amerik. Orig.: New York 2006), München 2007, S. 17 ff. (zum Thema «gefangen in der Kultur»: 54 f., zu Kaiser Ashoka: 62 f.); ders., Human Rights and Asian Values: What Lee Kuan Yew and Le Peng Don't Understand About Asian Values, in: The New Republic, 14. 7. 1997; Saskia Sassen, Das Paradox des Nationalen. Territorium, Autorität und Rechte im globalen Zeitalter (amerik. Orig.: Princeton 2006), Frankfurt 2008; Dani Rodrik, Das Globalisierungsparadox. Die Demokratie und die Zukunft der Weltwirtschaft (amerik. Orig.: New York 2011), München 2011, S. 9 ff. (Zitate Rodrik: 17, 20 f.); Joseph Stiglitz, Der Preis der Ungleichheit. Wie die Spaltung der Gesellschaft unsere Zukunft bedroht (amerik. Orig.: New York 2012), München 2012; Wolfgang Streeck, Gekaufte Zeit. Die vertagte Krise des demokratischen Kapitalismus, Berlin 2013; Zbigniew Brzezinski, Strategic Vision. America and the Crisis of Global Power, New York 2012; G. John Ikenberry, Liberal Leviathan. Origins, Crisis, and Transformation of the American World Order, Princeton 2011, S. 279 ff.; Alfred E. Eakes, Jr. and Thomas W. Zeiler, Globalization and the American Century, Stanford 2004; Roger Scruton, The West and the Rest. Globalization and the Terrorist Threat, Wilmington, Delaware 2002; Niall Ferguson, Der Westen und der Rest der Welt. Die Geschichte vom Wettstreit der Kulturen (engl. Orig.: London 2011), Berlin 2011[1]; ders., Der Niedergang des Westens. Wie Institutionen verfallen und Ökonomien sterben (engl. Orig.: London 2012), Berlin 2013; Heinrich August Winkler, Was heißt westliche Wertegemeinschaft?, in: ders., Auf ewig in Hitlers Schatten? Über die Deutschen und ihre Geschichte, München 2008[2], S. 180–201; ders., Macht, Moral und Menschenrechte. Über Werte und Interessen in der deutschen Außenpolitik, in: Internationale Politik 68 (2013), Nr. 4, S. 116–127; Molly Elgin, Asian Values. A New Model for Development?, in: Southeast Asia, Summer 2010, S. 135–145; Jürgen Habermas, Was bedeutet der Denkmalsturz?, in: Frankfurter Allgemeine Zeitung, 17. 4. 2003; Karl Marx, Der achtzehnte Brumaire des Louis Bonaparte (1852), in: Karl Marx/Friedrich Engels, Werke, Bd. 8, Berlin 1960, S. 111–207 (Zitat: 196). Zum «unipolaren Moment» nach der Epochenwende von 1989 bis 1991: Charles Krauthammer, The Unipolar Moment, in: Foreign Affairs 70 (1990/91), No. 1, S. 23–33. Zur Charta 77 Winkler, Geschichte III (Anm. 3), S. 736 f., zur «Neuen Weltordnung» von George H. W. Bush 1039, zu Fukuyama 1117 ff., zu Huntington 1120 ff., zu Cooper 1123 ff. Zur Charta 08 siehe oben S. 365, zu Richard N. Haass 367.

ABC-Waffen	atomare, bakteriologische/biologische und chemische Waffen
ABM	Antiballistic Missiles
ABS	Asset-Backed Securities
ACTOR	Activation Order
AfD	Alternative für Deutschland
AFDC	Aid to Families with Dependent Children
AFL/CIO	American Federation of Labor and Congress of Industrial Organizations
AIDS	Acquired Immune Deficiency Syndrome
AIG	American International Group
ANC	African National Congress
APEC	Asia-Pacific Economic Cooperation
AQMI	Al-Qaida au Maghreb Islamique/Al-Qaida des Islamischen Maghreb
ASEAN	Association of Southeast Asian Nations
ASEM	Asia-Europe Meeting
AUMF	Authorization for the Use of Military Force
AWACS	Airborne Warning and Control System
AWS	Akcja Wyborcza Solidarność/Wahlaktion Solidarność
BBC	British Broadcasting Corporation
BJP	Bharatiya Janata Party
BOT	Buoni Ordinari del Tesoro
BRIC	Brasilien–Rußland–Indien–China
BRJ	Bundesrepublik Jugoslawien
BSE	Bovine Spongiforme Enzephalopathie
CAF	Craxi–Andreotti–Forlani
CDU	Christlich-Demokratische Union Deutschlands
CEOE	Confederación Española de Organizaciones Empresariales
CFDT	Confédération Française Démocratique du Travail
CGL	Confederazione Generale del Lavoro
CGT	Confédération Générale du Travail
CIA	Central Intelligence Agency
CiU	Convergència i Unió

CNN	Cable News Network
COSATU	Congress Of South African Trade Unions
CPR	Congrès pour la République
CSU	Christlich-Soziale Union in Bayern
DC	Democrazia Cristiana
DDR	Deutsche Demokratische Republik
Depfa-Bank	Deutsche Pfandbriefbank
DIA	Defense Intelligence Agency
DM	Deutsche Mark
ECOWAS	Economic Community Of West African States
EFSF	Europäische Finanzstabilisierungsfazilität
EFSM	Europäischer Finanzstabilisierungsmechanismus
EFTA	European Free Trade Association/Europäische Freihandelszone
EG	Europäische Gemeinschaften
ENA	École Nationale d'Administration
ESM	Europäischer Stabilitätsmechanismus
ETA	Euskadi Ta Askatasuna/Baskenland und Freiheit
EU	Europäische Union
EUFOR	European Union Force
EULEX	European Union Rule of Law Mission
EUPM	European Police Mission
EURATOM	Europäische Atomgemeinschaft
EVP	Europäische Volkspartei
EWG	Europäische Wirtschaftsgemeinschaft
EZB	Europäische Zentralbank
FBI	Federal Bureau of Investigation
FDP	Freie Demokratische Partei
FEMA	Federal Emergency Management Agency
FIAT	Fabbrica Italiana Automobili Torino
Fidesz	Fiatal Demokraták Szövetsége/Bund Junger Demokraten
FISA	Foreign Intelligence Surveillance Act
FISC	Foreign Intelligence Surveillance Court
FPÖ	Freiheitliche Partei Österreichs
FSB	Federalnaja Siuschba Besopasnosti Rossijskoi Federazii/Föderaler Dienst für die Sicherheit der Russischen Föderation
FYROM	Former Yugoslav Republic of Macedonia
GAL	Grupos Antiterroristas de Liberación
GASP	Gemeinsame Außen- und Sicherheitspolitik
GATT	General Agreement on Tariffs and Trade/Allgemeines Zoll- und Handelsabkommen
GCHQ	Government Communications Headquarters
GERB	Graschdani sa Ewropejsko Raswitie na Balgaria/Bürger für eine europäische Entwicklung Bulgariens
GUS	Gemeinschaft Unabhängiger Staaten

HDZ	Hrvatska Demokratska Zajednica/Kroatische Demokratische Gemeinschaft
HZDS	Hnutie za demokratické Slovensko/Bewegung für eine demokratische Slowakei
IAEA	Internationale Atomenergiebehörde
IFOR	Implementation Force
IPTF	International Police Task Force
IRA	Irish Republican Army
IS	Islamischer Staat
ISAF	International Security Assistance Force
ISI	Inter-Services Intelligence
ISIS	Islamischer Staat in Irak und Syrien
IWF	Internationaler Währungsfonds
KFOR	Kosovo Force
KGB	Komitet Gossudarstwennoi Besopasnosti/Komitee für Staatssicherheit
KLM	Koninklijke Luchtvaart Maatschappij/Königliche Luftfahrtgesellschaft
KP	Kommunistische Partei
KSZE	Konferenz über Sicherheit und Zusammenarbeit in Europa
KVM	Kosovo Verification Mission
LAOS	Laikós Orthódoxos Synagermós
LDP	Liberaldemokratische Partei
MAP	Membership Action Plan
MCA	Millennium Challenge Account
MDF	Magyar Demokrata Fórum/Ungarisches Demokratisches Forum
MIÉP	Magyar Igazság és Élet Pártja/Ungarische Partei der Gerechtigkeit und des Lebens
MNLA	Mouvement National pour la Libération de l'Azawad
MSI	Movimento Sociale Italiano
MSZP	Magyar Szocialista Párt/Ungarische Sozialistische Partei
MUJAO	Mouvement pour l'Unicité et le Jihad en Afrique de l'Ouest/Bewegung für Einheit und Dschihad in Westafrika
NAFTA	North American Free Trade Agreement/Nordamerikanisches Freihandelsabkommen
NATO	North Atlantic Treaty Organization
ND	Nea Dimokratia
NDP	Nationaldemokratische Partei
NGO	Nongovernmental Organization
NHS	National Health Service
NKWD	Narodny Kommissariat Wnutrennich Del/Volkskommissariat für Innere Angelegenheiten
NMD	National Missile Defense
NRA	National Rifle Association

NSA	National Security Agency
NTC	Nationaler Übergangsrat
NTW	Nesawissimoje telewidenije
OAU	Organisation of African Unity/Organisation für Afrikanische Einheit
ODS	Občanská demokratická strana/Demokratische Bürgerpartei
OECD	Organization for Economic Cooperation and Development
OEF	Operation Enduring Freedom
ÖVP	Österreichische Volkspartei
OF	Občanské Fórum/Bürgerforum
OLC	Office of Legal Counsel
OMT	Outright Monetary Transactions
OPCW	Organisation for the Prohibition of Chemical Weapons
OSZE	Organisation für Sicherheit und Zusammenarbeit in Europa
PACS	Pacte civil de solidarité
PASOK	Panhellenische Sozialistische Bewegung
Patriot Act	Providing Appropriate Tools Required to Intercept and Obstruct Terrorism Act
PCI	Partito Comunista Italiano
PD	Partito Democratico
PDS	Partei des Demokratischen Sozialismus
PDS	Partito Democratico della Sinistra
PEPFAR	President's Emergency Plan for AIDS Relief
PHARE	Poland and Hungary: Aid for Restructuring of the Economies
PiS	Prawo i Sprawiedliwość/Partei Recht und Gerechtigkeit
PKK	Partiya Karkerên Kurdistan/Arbeiterpartei Kurdistans
PLO	Palästinensische Befreiungsorganisation
PO	Platforma Obywatelska/Bürgerplattform
PP	Partido Popular
PPACA	Patient Protection and Affordable Care Act
PS	Parti Socialiste
PSD	Partido Social Democrata
PSI	Partito Socialista Italiano
PSL	Polskie Stronnictwo Ludowe/Polnische Bauernpartei
PSOE	Partido Socialista Obrero Español
RAI	Radiotelevisione Italiana
RC	Rifondazione Comunista
RCD	Rassemblement Constitutionnel Démocratique
RPR	Rassemblement pour la République
RRF	Rapid Reaction Force
RSS	Rashtriya Swayamsevak Sangh
RUF	Revolutionary United Front
SCHIP	State Children's Health Insurance Program
SDI	Strategic Defense Initiative

SED	Sozialistische Einheitspartei Deutschlands
SFOR	Stabilisation Force
SLD	Sojusz Lewicy Demokratycznej/Bund der Demokratischen Linken
SLM	Sudan Liberation Movement
SPD	Sozialdemokratische Partei Deutschlands
START	Strategic Arms Reduction Treaty
SZDSZ	Szabad Demokraták Szövetsége/Bund Freier Demokraten
TARP	Troubled Asset Relief Program
TTIP	Transatlantic Trade and Investment Partnership
UÇK	Ushtria Çlirimtare e Kosovës/Befreiungsarmee des Kosovo
UDF	Union pour la Démocratie Française
UDK	Union Demokratischer Kräfte
UGT	Unión General de Trabajadores
UGTT	Union Générale Tunisienne du Travail
Ukip	United Kingdom Independence Party
UMP	Union pour la Majorité Présidentielle
UN	United Nations
UNAMID	United Nations-African Union Mission in Darfur
UNAMIR	United Nations Assistance Mission for Rwanda
UNHCR	United Nations High Commissioner for Refugees
UNITAF	Unified Task Force
UNMIK	United Nations Interim Administration Mission in Kosovo
UNMOVIC	United Nations Monitoring, Verification and Inspection Commission
UNO	United Nations Organization
UNOSOM	United Nations Operation in Somalia
UNPROFOR	United Nations Protection Force
UNSCOM	United Nations Special Commission
USA	United States of America
USL	Uniunea Social Liberală/Sozialliberale Union
UW	Unia Wolności/Freiheitsunion
WASG	Wahlalternative Arbeit und Soziale Gerechtigkeit
WHO	World Health Organization
WTC	World Trade Center
WTO	World Trade Organization/Welthandelsorganisation

人名索引

（索引页码为原书页码，即本书边码）

635

地名索引

（索引页码为原书页码，即本书边码）

"一文未名"工作坊简介

　　"一文未名"工作坊由跨界中西文化、有志于翻译之道的学界人士组成，其成员毕业于二十世纪八十年代初未名湖畔的北京大学西语系，后在德国、奥地利获得日耳曼语言文学博士，抑或长年在外交领域工作，并在德文译著方面卓有成就。

　　多年来，工作坊与社会科学文献出版社和德国歌德学院（中国）携手合作，翻译出版了一系列德国文学和社会科学方面的重要著作。为进一步深化合作，并致力于译介更多有分量的德语文学及社科著作，工作坊以"一文未名"正式冠名："一文"者，译文之谐音也，"未名"者，未名湖畔北大之谓也。冠以此名，首先是表达对母校北大的感恩之情，同时也借字面的自嘲调侃之意，苦心励志，脚踏实地，力争为读者带来更多高质量的德文译作，并在译界创出一个名副其实的优秀品牌。

成员简介

丁　娜

　　毕业于北京大学西语系日耳曼语言文学专业，获德国慕尼黑大学博士学位，现旅居慕尼黑。1999 年开始进行德语文学与社科书籍的翻译，主要译作有：《寻访行家》《红桃 J 德语新小说选》《幸福，在幸福远去的时代》《运动通史：从古希腊罗马到 21 世纪》《德意志之魂》《背对世界》和《应许之地》等。

杨　丽

毕业于北京大学，维也纳大学德语语言文学博士，欧华文学学会成员，现旅居维也纳。目前领导奥地利教育机构经济促进学院中国部，从事奥地利职业技能教育在中国的落地，重点培养农民工子女，使他们成为优秀的产业技工。一方面为在中国的奥地利企业输送技术人员，另一方面提高中国职业教师的质量，以适应现代化、数字化企业发展对人才提出的挑战。

业余时间承接国内诸多出版社的任务，从事有影响力的名著翻译工作。为北大出版社推荐和翻译了诸多实战型作品。参与了《德意志之魂》的翻译工作。

李　鸥

毕业于北京大学，维也纳大学德语语言文学博士，欧华文学学会成员，现旅居维也纳。在管理和规划本人参与的德国以及中国合资企业的同时，积极参与马拉松以及铁三运动，组织中国团队参加奥地利极限铁三等赛事。本人也获得业余运动员的较好成绩。

业余时间承接国内著名出版社有影响力的多部名著翻译工作。参与《德意志之魂》的译作，承担音乐和建筑部分的翻译。

朱锦阳

毕业于北京大学西语系，德国哥廷根大学日耳曼学系博士，德国康斯坦茨科技大学教授，主要研究领域为语言学。译有《从国家意识形态出走——中国新艺术展》，曾为南京《周末报》、香港《信报》和《明报》周刊撰稿。

吴 宁

北京大学西语系日耳曼语言文学专业毕业，获奥地利萨尔茨堡大学博士学位，曾任北京大学西语系德语专业讲师和奥地利萨尔茨堡大学中国中心高级讲师，现旅居奥地利萨尔茨堡。与德国歌德学院(北京)以及社会科学文献出版社有多次译书合作，其中包括:《德意志之魂》(合译)、《技术伦理学手册》、《西方通史》(第四卷)和《马克斯·韦伯——跨越时代的人生》(待出)。

图书在版编目（CIP）数据

西方通史：当前时代：上下 / （德）海因里希·奥古斯特·温克勒著；吴宁译. -- 北京：社会科学文献出版社，2020.4

ISBN 978-7-5201-3253-4

Ⅰ.①西… Ⅱ.①海… ②吴… Ⅲ.①西方国家-历史 Ⅳ.①K10

中国版本图书馆CIP数据核字（2018）第181185号

西方通史：当前时代（上、下）

著　　者 / ［德］海因里希·奥古斯特·温克勒（Heinrich August Winkler）

译　　者 / 吴　宁

出 版 人 / 谢寿光
责任编辑 / 周方茹
文稿编辑 / 赵晶华　张国荣

出　　版 / 社会科学文献出版社·联合出版中心（010）59367151
　　　　　　地址：北京市北三环中路甲29号院华龙大厦　邮编：100029
　　　　　　网址：www.ssap.com.cn
发　　行 / 市场营销中心（010）59367081　59367083
印　　装 / 北京盛通印刷股份有限公司

规　　格 / 开　本：787mm×1092mm 1/16
　　　　　　印　张：42　字　数：563千字
版　　次 / 2020年4月第1版　2020年4月第1次印刷
书　　号 / ISBN 978-7-5201-3253-4
著作权合同
登 记 号 / 图字01-2015-3040号
定　　价 / 128.00元（上、下）

本书如有印装质量问题，请与读者服务中心（010-59367028）联系